Thomas Maschke

Mac OS X Jaguar

Das Produktivitäts-Kompendium zu Mac OS X v10.2 Jaguar

Das SmartBook zu Mac OS X Jaguar

Bibliografische Information der Deutschen Bibliothek
Die Deutsche Bibliothek verzeichnet diese Publikation in der Deutschen Nationalbibliografie; detaillierte bibliografische Daten sind im Internet über http://dnb.ddb.de abrufbar.

Copyright © 2002 by SmartBooks Publishing AG

ISBN 3-908492-48-3
1. Auflage 2002

Konzeption / Koordination:	Daniel Mandl & Michael Schwarz – Lektorat & Layout GbR, Husum Nordsee info@mandl-schwarz.de
CoverIllustration:	Patrick Möller
Druck und Bindung:	Kösel, Kempten

Trotz sorgfältigem Lektorat schleichen sich manchmal Fehler ein. Autoren und Verlag sind Ihnen dankbar für Anregungen und Hinweise!

SmartBooks Publishing AG	Dorfstrasse 147, CH-8802 Kilchberg,
http://www.smartbooks.ch	E-Mail: smartbooks@smartbooks.ch
Aus der Schweiz:	Tel. 01 716 14 24, Fax 01 716 14 25
Aus Deutschland und Österreich:	Tel. 0041 1 716 14 24, Fax 0041 1 716 14 25

Alle Rechte vorbehalten. Die Verwendung der Texte und Bilder, auch auszugsweise, ist ohne die schriftliche Zustimmung des Verlags urheberrechtswidrig und strafbar. Das gilt insbesondere für die Vervielfältigung, Übersetzung, die Verwendung in Kursunterlagen oder elektronischen Systemen. Der Verlag übernimmt keine Haftung für Folgen, die auf unvollständige oder fehlerhafte Angaben in diesem Buch oder auf die Verwendung der mitgelieferten Software zurückzuführen sind. Nahezu alle in diesem Buch behandelten Hard- und Software-Bezeichnungen sind zugleich eingetragene Warenzeichen oder sollten als solche behandelt werden.

Besuchen Sie uns im Internet!
www.smartbooks.ch
www.smartbooks.de

Übersicht

	Vorwort	19
Kapitel 1 –	Systeminstallation und Optimierung	23
Kapitel 2 –	Die Konzepte hinter Mac OS X	59
Kapitel 3 –	Benutzeroberfläche Aqua	99
Kapitel 4 –	Systemeinstellungen optimieren	161
Kapitel 5 –	Programme für Mac OS X	201
Kapitel 6 –	Hilfsprogramme für Mac OS X	283
Kapitel 7 –	Produktiv mit Mac OS X	323
Kapitel 8 –	Classic	395
Kapitel 9 –	Internet	447
Kapitel 10 –	Netzwerke	541
Kapitel 11 –	Mac OS X Interna	607
Kapitel 12 –	Tipps, Tricks und Problemlösungen	635
	Index	659

Inhaltsverzeichnis

Vorwort	**19**
Kapitel 1 – Systeminstallation und Optimierung	**23**
Systemvoraussetzungen	24
Daten sichern	26
Mac OS X auf älteren Macs	27
Allgemeine Installationshinweise	28
Crashkurs Installation	29
Installation Schritt für Schritt	30
Installation vorbereiten	30
Installation auf einem brandneuen Mac	32
Einen OS 9-Rechner auf OS X aufrüsten	33
Installation von OS X auf OS-X-Rechnern	34
Saubere Installation	35
Installation von Classic	36
Installation von Mac OS X	38
Nach der Installation	41
Installation bereinigen	43
Programme nachinstallieren	45
Sicherheit	46
Update des Betriebssystems	47
Tipps zum Update	49
Installation von Jaguar	51
Developer CD	55
Backup des Systems	55
Mac OS X deinstallieren	56
Installation kurz gefasst	57
Kapitel 2 – Die Konzepte hinter Mac OS X	**59**
Auf dem langen Weg zu Mac OS X	61
Von UNIX zu Mac OS X	67
Kernel-Diskussionen	68
Kernel «Darwin»	70
Open Source	71
Stabilität	72
Softwarevielfalt	72
Geschützte Speicherbereiche	74
Speicherverwaltung und virtueller Speicher	74
Präemptives Multitasking	76
Multiprozessing	77
Multithreading	77

Kernel Panik	78
Quartz, OpenGL und QuickTime	78
Quartz für 2D-Grafik	78
OpenGL für 3D-Grafik	79
QuickTime für Multimedia	79
Quartz Extreme	80
Rendezvous	82
Classic	83
Carbon und Cocoa	84
Java	85
Aqua	87
Open Transport	87
Programme	87
Dateisysteme	89
Datenträgerformate	89
Besonderheiten bei HFS+ und UFS	92
Dateibenennung	94
Verzeichnisstruktur	94
Vorteile von OS X kurz gefasst	97
Die Neuerungen in «Jaguar» im Überblick	98

Kapitel 3 – Benutzeroberfläche Aqua   99

Annäherung an Aqua	100
Aqua erkunden	102
Organisation des Startlaufwerks	103
Organisation der Benutzer	107
Organisation der Organisation	109
Aqua beherrschen	109
Der Finder	109
Apfelmenü	111
Programm-Menü	111
Menü «Ablage»	112
Menü «Bearbeiten»	115
Menü «Darstellung»	116
Menü «Gehe zu»	116
Menü «Fenster»	117
Menü «Hilfe»	117
Finder-Einstellungen	119
Maus kontra Tastaturbedienung	121
Tipps zum «Finder»	121
Das Dock	123
Dock-Einstellungen	126
Tipps zum Dock	127
Docklets	129

    Die Fenster *129*
        Darstellungsoptionen *134*
        Fenster-Tipps *138*
        Fensterbefehle im Finder *139*
        Fenster-Symbolleiste anpassen *140*
    Kontextsensitive Menüs *141*
    Die Objekte *142*
        Ordner und Dateien *143*
        Aufspringende Ordner *145*
        Kopieren und Verschieben *145*
        Löschen und Umbenennen *146*
        Aliasdateien *147*
        Objektbefehle *148*
    Finden im Finder *151*
        Tipps zum Finden *154*
    Aqua organisieren *154*
    Sicherheit *155*
        Angriffsmechanismen *156*
        Das bessere Passwort *156*
    Aqua kurz gefasst *158*

Kapitel 4 – Systemeinstellungen optimieren   **161**

    Bereich «Persönlich» *163*
        Allgemein *163*
        Bildschirmschoner *164*
        Dock *167*
        Landeseinstellungen *168*
        Mein Account *170*
        Schreibtisch *171*
        Startobjekte *172*
    Bereich «Hardware» *172*
        CDs & DVDs *172*
        ColorSync *173*
        Energie sparen *173*
        Ink *175*
        Maus *176*
        Monitore *179*
        Tastatur *180*
        Ton *181*
    Bereich «Internet & Netzwerk» *182*
        Internet *182*
        Netzwerk *183*
        QuickTime *183*

Sharing *188*
Bereich «System» *188*
   Bedienungshilfen.. *188*
   Benutzer *190*
   Classic... *190*
   Datum & Uhrzeit *191*
   Software-Aktualisierung *192*
   Sprache *196*
   Startvolume.. *198*
Bereich «Sonstige» *199*
Systemeinstellungen kurz gefasst *200*

Kapitel 5 – Programme für Mac OS X   201

   Acrobat Reader *204*
   Adressbuch *204*
      Adressbuch-Einstellungen *207*
      Adressen importieren und exportieren *208*
   AppleScript *209*
      ScriptMenu *209*
      Script Editor *211*
   Chess... *213*
   Sprachsteuerung *213*
   Digitale Bilder *215*
   DVD Player *217*
      DVDs auf externem Monitor *220*
   iCal *221*
      Kalenderdaten... *223*
      Kalender abonnieren *224*
   iChat *225*
   iMovie *225*
   Internet Explorer *227*
   Internet-Verbindung (Internet Connect) *227*
   iPhoto *227*
      Fotos importieren *227*
      Fotos bearbeiten und organisieren *229*
      Fotos ausgeben.. *232*
   iTunes *233*
      Legal oder illegal? *234*
      Musik spielen *236*
      Musikimport vorbereiten *237*
      Musikstücke optimal importieren.............................. *238*
      iTunes konfigurieren *241*
      Wiedergabe steuern *241*
      Equalizer.. *244*

Internetradio	244
Audio-CD brennen	245
MP3-Player beschicken	247
LPs und Audiokassetten digitalisieren	247
iPod	248
Mail	250
Notizzettel	250
QuickTime Player	252
QuickTime	253
QuickTime Pro	257
QuickTime 6	259
QuickTime konfigurieren	260
Filme abspielen	260
Filme schneiden	264
Filmeffekte	265
Filme sichern	267
Digitale Tondateien	267
QuickTime TV	268
QuickDraw 3D	270
QuickTime VR	271
Rechner	273
Sherlock	275
Systemeinstellungen	275
TextEdit	275
Uhr	279
Vorschau	280

Kapitel 6 – Hilfsprogramme für Mac OS X — 283

AirPort Admin. Dienstprogramm	284
AirPort Assistent (AirPort Setup Assistant)	284
Apple System Profiler	284
Bildschirmfoto	287
ColorSync Dienstprogramm	288
CPU-Monitor	288
DigitalColor Farbmesser	290
Disk Copy	290
CDs vorbereiten und brennen	292
Festplatten-Dienstprogramm	293
Information	293
Erste Hilfe	294
Löschen	298
Partitionieren	299
RAID	304
Installationsprogramm	306

iPod Software Updater 306
Java 307
    Applet Launcher 307
    Java Plugin Settings 308
    Java Web Start 308
Kalibrierungs-Assistent 310
Konsole 311
NetInfo Manager 312
Netzwerk-Dienstprogramm 312
ODBC Administrator 313
Print Center 313
Prozess-Monitor 313
Schlüsselbund 315
    Sicherheit 317
StuffIt Expander 318
Tastatur 318
Terminal 320
Verzeichnisdienste 321

Kapitel 7 – Produktiv mit Mac OS X   323

Programme 325
    Programmschematik 326
    Programme installieren 326
    Programme deinstallieren 331
    Programme reparieren 332
    Programme kompilieren 333
    Programme terminieren 333
Dokumente 334
    Dokumente öffnen 335
    Dokumente organisieren 335
    Dokumente finden 336
    Dokumentenorientiert arbeiten 338
    Dateinamen 340
    Dateierkennung 342
    Dokumente zuordnen 344
    Kopieren und Verschieben 345
Daten austauschen 347
    Dienste 347
    Rechtschreibprüfung 350
    Zwischenablage 350
    Drag&Drop 351
Farbmanagement 353
    ColorSync 354
    ColorSync Dienstprogramm 356

  DigitalColor Farbmesser *359*
  Kalibrierungs-Assistent *360*
  Kette kalibrieren *363*
 Schriften *364*
  Bitmap-Schriften *367*
  TrueType-Schriften *368*
  PostScript-Schriften *368*
  Schriftausgabe *369*
  Zeichensätze installieren *370*
  Zeichensätze verwalten *371*
 Ausgabe *374*
  Druckertreiber *375*
  Nicht unterstützte Drucker *376*
  PostScript Printer Description (PPD) *377*
  Print Center *379*
  Lokale und vernetzte Drucker *380*
  Drucken *382*
  Ausgabe als PDF-Datei *385*
  Ausgabe als PostScript-Datei *386*
  PostScript- und PDF-Dateien drucken *386*
  Virtuelle Drucker *388*
 CDs brennen *390*
  Brennen im Finder *391*
  Brennen mit «iTunes» *392*
  Brennen mit «Disc Copy» *392*
  CD-RW löschen und beschreiben *392*
 Produktivität kurz gefasst *394*

Kapitel 8 – Classic   395

 Systemeinstellung «Classic» *398*
 Classic starten *400*
 Classic stoppen *403*
 Classic neu starten *403*
 Funktionalität *403*
 Konfiguration *405*
  Konfiguration optimieren *405*
  Überflüssige Systemerweiterungen und Kontrollfelder *406*
 Multifinder *407*
 Hilfemenü *408*
 Apfelmenü *409*
  AirPort *409*
  Album *409*
  Apple DVD Player *410*
  Apple System Profiler *411*

Auswahl	411
Benutzte Programme, Benutzte Dokumente, Benutzte Server	412
Favoriten	412
Netzwerk Browser	412
Notizzettel	413
Rechner	413
Remote Access Status	414
Sherlock	414
Tastatur	414
Kontrollfelder	**415**
Allgemeine Einstellungen	415
Apple Umgebungsassistent	416
Apple-Menü Optionen	416
AppleTalk	416
ColorSync	417
Dateien abgleichen	417
Datum & Uhrzeit	418
DialAssist	419
Energie sparen	419
Erscheinungsbild	420
Erweiterungen Ein/Aus	422
File Exchange	424
File Sharing	427
Infrarot	428
Internet	428
KlickStarter	429
Kontrollleiste	430
Maus	430
Mehrere Benutzer	431
Modem	431
Monitore	431
QuickTime Einstellungen	432
Remote Access	433
Schlüsselbund	433
Software-Aktualisierung	434
Speicher	435
Startvolume	435
Tastatureinstellungen	437
TCP/IP	437
Text	438
Ton	438
Trackpad	439
USB Printer Sharing	439

  Web Sharing 440
  Zahlenformat 441
Erfahrungen 441
  Programme unter Classic 441
  Speicherzuteilung von Programmen 442
  Drucken unter Classic 443
  Internetverbindung unter Classic 445
  Classic verschönern 446

Kapitel 9 – Internet   447

Internetprotokolle 449
Verbindung ins Internet 450
  Systemeinstellung «Internet» 452
  Systemeinstellung «Netzwerk» 455
  Systemeinstellung «Sharing» 456
  Konfiguration der Hilfsprogramme 458
  Internetverbindung via Modem 460
  Internetverbindung via AirPort 463
  Internetverbindung via DSL 463
  Internetverbindung via Mobiltelefon 465
  Mehrere Verbindungen nutzen 468
  Internet-Verbindung 469
AirPort 470
  Voraussetzungen für AirPort 472
  AirPort Basisstation 473
  Konfiguration ganz einfach 474
  Konfiguration der Basisstation 477
  Software-Basisstation 482
  Konfiguration von AirPort 483
  AirPort und DSL 485
  Standort optimieren 486
  AirPort Troubleshooting 488
Ein Internetzugang für mehrere Macs 489
  AirPort Basisstation als Bridge und Router 490
Das Internet hat viel zu bieten 492
  WWW – World Wide Web 492
  FTP – File Transfer Protocol 493
  Newsgroups 494
  Mailinglisten 497
  Internet Relay Chat 498
Effektive Suche im Internet 499
  Meta-Suchmaschine «Sherlock» 501
  Tipps zur Suche 504

E-Mail	504
E-Mail-Protokolle	504
E-Mail-Datenformate	506
«Mail»	507
Zugang einrichten	508
«Mail» konfigurieren	510
«Mail» bedienen	514
E-Mail verfassen und senden	517
E-Mail beantworten	519
E-Mail abonnieren	520
E-Mail organisieren	520
Daten importieren	521
«iChat»	522
«Internet Explorer»	523
«Internet Explorer» beherrschen	524
«Internet Explorer» konfigurieren	532
Abonnieren	534
Tipps und Tricks	536
Unterbrochene Dateiübertragung fortsetzen	537
Gepackte Daten	538
Sicherheit	538
Kleine Schlauberger – Cookies	538
Internet kurz gefasst	540

Kapitel 10 – Netzwerke   541

Benutzer	542
Benutzervielfalt	543
Benutzer einrichten	543
Benutzerrechte	546
Zugriffsrechte	546
Passwort ändern	547
Passwort zurücksetzen	548
Netzwerktopologie	549
Ethernet	550
Drahtloses Ethernet = AirPort	552
FireNet	553
Netzwerkstandards	553
Netzwerk-Protokolle	553
TCP und IP	555
IP-Adresse	555
Systemeinstellung «Netzwerk»	558
Systemeinstellung «Sharing»	559
Firewall	560
Apple-Netzwerke	561

Mac OS X Client konfigurieren	562
Mac OS X Server konfigurieren	565
Klassischen Client konfigurieren	568
Klassischen Server konfigurieren	570
Crashkurs Netzwerk einrichten	574
AirPort-Netzwerk	575
Zwei Rechner via AirPort verbinden	577
Netzwerk-Tipps	578
Printer Sharing	582
Kontakt zu anderen Rechnersystemen	583
VPN-Netzwerk	584
Mac und UNIX/Linux	585
Mac OS X als Server	585
NetBoot	586
Mac OS X als Server konfigurieren	586
Mac OS X als FTP-Server	588
Mac OS X als Webserver	590
Kopieren im Netzwerk	592
Fernsteuerung	593
VNC	593
telnet und ssh	595
X Window	597
Verzeichnisdienste	598
NetInfo Manager	599
Netzwerk-Dienstprogramm	600
Netzwerk-Probleme beheben	604
Sicherheit	605
Angreifer von aussen	605
Angreifer von innen	605

Kapitel 11 – Mac OS X Interna 607

Terminal und Shell	609
Terminal	609
System per GUI konfigurieren	612
Terminal konfigurieren	613
Terminal bedienen	614
Tipps zum Terminal	617
System überwachen	618
Installationen überwachen	619
Die wichtigsten Befehle	621
Shell auswählen und verstehen	624
Superuser	625
Superuser auf Zeit	627
Dateien und Rechte	628

	Programme kompilieren	*631*
	Developer CD	*632*
	Mac OS X Interna kurz gefasst	*633*

Kapitel 12 – Tipps, Tricks und Problemlösungen — 635

Notmassnahmen *636*
    Programme terminieren *636*
    Rechner ausschalten *637*
    Passwort vergessen *638*
Optionen beim Start *638*
    Open Firmware *639*
    NVRAM resetten *641*
    Passwort in «Open Firmware» setzen *641*
Systemkonfiguration optimieren *642*
    Voreinstellungen ändern *643*
    Voreinstellungen bereinigen *645*
Systemwartung *646*
Arbeitsumgebung optimieren *647*
Systemreparatur *648*
    Standardprozedur *649*
    System überwachen *649*
    Startvolume erzwingen *651*
    Laufwerke warten *651*
    CDs auswerfen *652*
Backup des Systems *653*
Backup der Daten *653*
    «Backup» *654*
    Daten sammeln *654*
    Sicherungsstrategien *655*
    Daten sichern *656*

Index — 659

Vorwort

Auf neuen Wegen

«Wir haben gewonnen. Heute ist jeder Computer auf der Welt in seinen Grundzügen ein Macintosh.»

Steve Wozniak,
Mitbegründer von Apple Computer

Apple machte es schon wieder: alte Zöpfe rigoros abschneiden. Mac OS X besitzt daher unter der Oberfläche eine völlig andere Struktur als alle bisherigen Betriebssysteme für den Macintosh. Es ist ein ganz neues und sehr modernes Betriebssystem, das intern mit dem alten Mac OS kaum mehr etwas gemein hat.

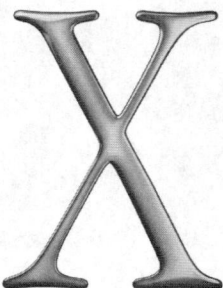

Mit Mac OS X beschreitet Apple nicht nur völlig neue Wege, sondern erweist sich auch (wieder einmal) als Pionier: Es ist das erste Mal in der Geschichte des Computers, dass ein Mehrbenutzersystem (basierend auf UNIX) auf sehr breiter Basis zu den Endanwendern gebracht wird. Bislang waren Mehrbenutzersysteme den «Kennern» vorbehalten. Doch Apple hat es geschafft, die Leistungsfähigkeit eines modernen Betriebssystems mit der bekannten Benutzerfreundlichkeit eines Mac zu kombinieren.

Die Neuentwicklung hat den Vorteil, dass sich Apple um keinerlei Altlasten kümmern musste und das neue Betriebssystem somit frei von Vorgaben gestalten konnte. Einziger Nachteil: Keines der alten Programme läuft unter Mac OS X.

Vor genau demselben Problem stand Apple schon einmal: Im Jahr 1994 wurde auf eine völlig neue Prozessorarchitektur gewechselt, den PowerPC (*Performance Optimization With Enhanced RISC Performance*) mit RISC-Befehlssatz (RISC = *Reduced Instruction Set Computing*). Auch damals lief kein einziges der für die CISC-Prozessoren (CISC = *Complex Instruction Set Computing*) entwickelten Programme unter der neuen RISC-Architektur. Apple schaffte es damals dennoch bravourös, diesen kompletten Wechsel zu vollziehen, und zwar ohne den Anwender zu brüskieren.

Die Firma entwickelte «einfach» ein Emulationsprogramm, das die alte Prozessorarchitektur auf den neuen Prozessor abbildete. Und der war und ist schnell genug, um auch alte Programme in der Emulation flüssig laufen zu lassen. Der Anwender bemerkte davon nichts: Wurde ein altes 68K-Programm gestartet, so sprang unbemerkt die Emulation ein und übersetzte die CISC-Befehle in Echtzeit in RISC-Befehle für den PowerPC.

Das Ganze wurde so glänzend gelöst, dass nahezu sämtliche alten Programme weiter benutzt werden konnten. Und sie liefen auf den ersten PowerPC-Prozessoren in etwa so schnell wie einst auf den 68K-Prozessoren; Rechenoperationen erfolgten trotz Emulation sogar schneller. Und auf den darauf folgenden, modernen und schnellen PowerPC-Chips laufen die alten 68K-Programme (immer noch in der Emulation) um Faktoren schneller, als sie das je auf den Originalrechnern taten. Kurz, Apple hatte damit den praktisch nahtlosen Übergang auf eine völlig neue Technologie geschafft, was in der Form Seltenheitswert in der Computerbranche hat und unseres Wissens sonst nur von DEC beim Übergang von PDP zu VAX und dann zur Alpha-Plattform geleistet wurde.

Dasselbe wiederholt sich jetzt beim Betriebssystem. Auch Mac OS X gibt Apple mit der *Classic-Umgebung* gewissermassen einen Emulator bei (auch wenn Apple das nicht gern hört, denn *Classic* läuft nativ und damit schnell unter OS X): Für ältere Programme wird ein komplettes Mac OS 9.1 aufgestartet, in dessen Umgebung sich die alten Programme wohlfühlen und laufen. Das tun sie bis auf wenige Ausreisser auch anstandslos. Ausnahmen sind all die Programme, die direkt auf die Hardware zugreifen müssen, etwa CD-Brennprogramme.

Und so geschieht bei der Einführung von Mac OS X dasselbe wie bei der Erstvorstellung des PowerPC: Der Anwender erhält modernste Technologie und kann sich bei all den Programmen, die bereits dafür optimiert sind, über den Leistungs- und Produktivitätsgewinn freuen. Er muss aber auch nicht auf die alten, lieb gewordenen Programme verzichten, die noch nicht angepasst sind. Sie laufen praktisch genauso schnell wie gewohnt unter der Emulation respektive unter *Classic*.

In Zukunft wird sich Apples zweiter kluger Schachzug (neben der Emulation) positiv auswirken. Apple setzt nämlich voll auf Mac OS X und liefert alle neuen Rechner damit aus. Für die Hersteller von Programmen gibt es damit kein Entweder-oder, sondern sie können und müssen für das neue Betriebssystem programmieren.

Und das führt dazu, dass neue Programmversionen auch tatsächlich alle Vorzüge des neuen Systems nutzen. Welche Vorzüge das im Einzelnen sind, wird uns ein ganzes Buch lang beschäftigen…

Danksagung

Dieses Buch wäre in dieser Form ohne die Hilfe zahlreicher Mac-Benutzer und -Kenner nicht möglich gewesen. Aus E-Mails, Mailinglisten, Newsgroups und ganz besonders auch aus den Nachfragen geneigter Leser habe ich viele Hinweise für die Neuauflage dieses Buches erhalten: Wo fehlt was, wo ist was unverständlich? Ihnen allen sei an dieser Stelle für die vielen Informationen und hilfreichen Anregungen herzlich gedankt.

Thomas Maschke,
Reckendorf, im Herbst 2002

1

Systeminstallation und Optimierung

Systeminstallation und Optimierung

Systemvoraussetzungen

Bereits im Vorwort war davon die Rede, dass Mac OS X alte Zöpfe abschneidet. Das gilt auch für ältere Macs. Auf denen läuft das neue Betriebssystem nämlich nicht. Mac OS X stellt folgende Anforderungen an die Hardware:

- Power Macintosh G3
- Power Macintosh G4
- PowerBook G3 (ausgenommen das Original PowerBook G3)
- PowerBook G4
- iMac
- iBook

Der Mac muss zudem folgende Voraussetzungen erfüllen:

- Mindestens 128 Megabyte Arbeitsspeicher
- Interne Monitorunterstützung oder eine von Apple gelieferte ixMicro, ATI oder NVidia Videokarte
- Mindestens 1,5 Gigabyte freier Festplattenspeicher

Bedenken Sie, dass die von Apple angegebenen Systemanforderungen die Minimalanforderungen beschreiben. So ist es auf jeden Fall besser, mehr Hauptspeicher zu besitzen, wie auch eine grössere Partition für die Installation zu bevorzugen ist. Statt der minimal empfohlenen 1,5 Gigabyte sollten Sie Ihrem Mac OS X etwa drei bis vier Gigabyte Platz gönnen.

Langsam schraubt Apple die Systemanforderungen immer mehr in die Höhe. In der Installationsanleitung zu *iPhoto* etwa ist zu lesen:

«*iPhoto setzt einen Macintosh mit integriertem USB und mit Mac OS X 10.1.2 oder neuer voraus. Für optimale Leistung wird mindestens ein G3-Prozessor mit 400 MHz und 256 MB Arbeitsspeicher (RAM) empfohlen.*»

Die Anforderungen, die Mac OS X stellt, folgen übrigens nicht unbedingt technischen Gegebenheiten. Technisch wäre es kein Problem gewesen, Mac OS X auch für ältere Rechner zu entwickeln. Das hätte allerdings eine Menge zusätzlicher Treiber – zum Beispiel für ältere Schnittstellen und Architekturen – erfordert, würde das System weiter aufblähen, hätte die notwendige Entwicklungszeit verlängert und die Verträglichkeitsprüfung noch schwieriger gestaltet. Aus diesen Gründen ist es sicherlich gut zu verstehen, dass Apple hier eine Grenzlinie gezogen hat.

Die Erfahrungen mit den Systemanforderungen und der Schnelligkeit von Mac OS X fallen sehr unterschiedlich aus. Es gibt Berichte zufriedener Anwender, die bei geringeren Voraussetzungen als von Apple empfohlen gute Erfahrungen mit dem Betriebssystem gemacht haben. Andere berichten hingegen trotz «übererfüllter» Voraussetzungen eher Negatives. Vor allem die Besitzer der ersten iMacs sind oft nicht ganz so glücklich.

Rundum zufrieden dagegen sind jene, die bereits das neue iMac-Modell erstanden haben: mit dem Gerät selbst, aber auch mit der Leistung unter Mac OS X. So sind kaum Klagen aus der Fraktion derer zu hören, die einen iMac, Mac oder ein PowerBook mit G4-Prozessor haben, denn Mac OS X nutzt die verbesserten Fähigkeiten dieser CPU (Central Processing Unit) sehr gut aus.

Unsere eigenen Erfahrungen laufen darauf hinaus, dass Mac OS X auf einem PowerBook G3 mit 500 Megaherz und 256 Megabyte RAM recht flüssig und sehr zuverlässig läuft. Wir haben das PowerBook so eingerichtet: Auf einer ersten, 1,5 Gigabyte grossen Partition befindet sich ein System 9.2, angepasst und aufgepeppt mit fremden Systemerweiterungen. Das war und ist unser bevorzugtes Arbeitslaufwerk für das klassische Mac OS. Auf einer zweiten Partition mit 9 Gigabyte befindet sich ein weiteres neues, «sauberes» OS 9.2, welches als *Classic*-Umgebung dient und auf dem auch Mac OS X installiert wurde. Das ist unser Arbeitslaufwerk für Mac OS X und die *Classic*-Umgebung. Und damit gibt es so weit keine Probleme. Ganz im Gegenteil herrscht hier die reine Freude, sowohl über das alte wie auch über das neue Betriebssystem.

HEISSER TIPP

Die Arbeitsgeschwindigkeit von Mac OS X liess sich durch die Installation zusätzlichen Hauptspeichers (von 256 auf 512 Megabyte) sichtlich steigern (siehe auch Kapitel *Tipps, Tricks und Problemlösungen*, Abschnitt *Arbeitsumgebung optimieren*).

Wenn Sie die Installationsanleitungen von Apple beziehungsweise die von uns geschilderte Installation befolgen, sollten Sie zu ähnlich stabilen und freudigen Ergebnissen gelangen.

Daten sichern

Es klang eben schon an und versteht sich fast von selbst: Wenn Sie ein neues Betriebssystem auf einem vorhandenen Rechner installieren oder einen neuen Rechner «aufsetzen», müssen Sie dafür sorgen, dass Ihre wichtigen Daten dabei nicht verloren gehen. Bedenken Sie Folgendes:

- Auch wenn Sie «nur» ein neues Betriebssystem installieren, ohne Festplatte oder Partitionen zu verändern respektive zu löschen, empfiehlt sich vorher ein Backup aller wichtigen Daten.
- Vorsichtige machen das Backup auch vor einem Systemupdate.
- Das Backup ist unerlässlich, wenn Sie die Festplatte komplett neu organisieren (partitionieren) möchten.
- Und nicht vergessen: Der alte Mac verlässt das Haus erst, wenn seine Daten gesichert sind, oder wenn alle wichtigen Daten auf den Neuen überspielt wurden.

Zum Backup finden Sie im Kapitel *Tipps, Tricks und Problemlösungen* im Abschnitt *Backup der Daten* weitere Hinweise.

Mac OS X auf älteren Macs

Obwohl es machbar ist, Mac OS X auch auf älteren Macs zu installieren, die den Empfehlungen von Apple nicht entsprechen, empfiehlt sich diese Vorgehensweise nur in wenigen Fällen. Denn zum einen ist die Prozedur recht aufwendig, und zum anderen gibt es keine Erfolgsgarantie. Vor allen Dingen aber sind die meisten älteren Macs einfach zu langsam für Mac OS X und hier im Speziellen für die Anforderungen der grafischen Benutzeroberfläche *Aqua*. Das Ganze macht in unseren Augen nur dann einigermassen Sinn, wenn Sie beispielsweise einen Rechner der 7500er bis 9600er-Serie mit einer G3- oder gar G4-Prozessorkarte «aufgebohrt» haben. So ein Rechner sollte einigermassen schnell genug sein, um auch Mac OS X in noch akzeptabler Geschwindigkeit ausführen zu können.

BEDENKEN SIE! Bedenken Sie dabei aber auch, dass die schnellere Prozessorkarte allein nur die halbe Miete ist: Die Taktfrequenz für Bus- und Speicherzugriffe folgt nach wie vor der alten Architektur, ist also im Vergleich zu heutigen Rechnern ziemlich langsam und bremst auch die schnellste Prozessorkarte ganz gehörig aus.

Wer sich an das Abenteuer wagen möchte, dem wird beispielsweise von Ryan Rempel geholfen, der den Kernel *Darwin* so angepasst hat, dass Mac OS X auch auf der Hardware älterer Macs lauffähig wird. Weitere Informationen zu diesem Thema finden Sie unter anderem auf den Webseiten `http://www.xlr8yourmac.com` und `http://homepage.mac.com/ryanrempel/`.

Die prinzipielle Vorgehensweise sieht dann vor, dass Sie entweder eine neue Installations-CD brennen oder ein Disk-Image erstellen, dieses neben dem Apple-konformen Mac OS X mit den von Ryan Rempel zur Verfügung gestellten, notwendigen Erweiterungen für die älteren Macs ergänzen und dann von diesem Volume installieren.

Allgemeine Installationshinweise

Normalerweise klappt bei der Installation eines neuen Betriebssystems alles wunderbar. Manchmal treten jedoch Schwierigkeiten auf, wobei diese meist auf den Anwender selbst zurückzuführen sind. Deshalb hier die wichtigsten grundlegenden Tipps für eine problemfreie und erfolgreiche Installation:

- Lesen Sie die Installationsanweisungen vor (!) der Installation gründlich durch.
- Drucken Sie die wichtigen Schritte aus, denn während der Installation können Sie am Rechner nichts nachlesen.
- Folgen Sie unseren Hinweisen zu Gunsten einer «sauberen» Installation.
- Bevor Sie sich an das Abenteuer der Installation wagen (Mac OS X ist ein völlig neues und anderes Betriebssystem), sollten Sie unbedingt all Ihre wichtigen Daten auf einem externen Medium sichern.

Ideal ist es zudem, wenn Sie einen zweiten Rechner – es darf ruhig ein älterer preiswerter Mac sein – als Arbeitsgerät in der Hinterhand behalten, bei dem sichergestellt ist, dass alle Geräte (externe Festplatten, Scanner, CD-Brenner und so weiter), die Sie für die tägliche Arbeit benötigen, auch tatsächlich funktionieren. Der Übergang kann so ein sanfter werden. Die notwendigen Geräte funktionieren gewiss, und wenn die benötigten nativen Treiber zur Verfügung stehen, können Sie sie dann auch unter Mac OS X nutzen.

Natürlich können Sie auch eine andere Strategie fahren: Behalten Sie Ihr altes System und installieren Sie Mac OS X auf einer eigenen Partition. Über das Kontrollfeld respektive die Systemerweiterung *Startvolume* können Sie Ihren Mac dazu veranlassen, mit der älteren Betriebssystemversion aufzustarten.

VORSICHT FALLE Es gibt auch andere Methoden, Mac OS X zu installieren. Sie können es beispielsweise über ein bereits eingerichtetes («unsauberes») System 9.2 oder über eine Betaversion von Mac OS X installieren. Wir raten jedoch dringend davon ab, denn die Erfahrung zeigt, dass derlei installierte Systeme ziemliche Probleme bereiten können. Eine «saubere» Installation dagegen macht in aller Regel nur Freude.

Das bedeutet nicht, dass Mac OS X ein unsicheres oder gar ein sich noch in der Experimentierphase befindliches Betriebssystem wäre, aber – es wurde bereits erwähnt – es ist ein völlig neu programmiertes Betriebssystem mit einem gänzlich anderen Konzept. Der Unkundige kann hier sehr schnell sehr viel mehr zerstören als er das für möglich hält. Deshalb empfehlen wir das eben geschilderte Vorgehen.

BEDENKEN SIE! Aus den soeben beschriebenen Gründen wird es notwendig sein, die Festplatte des Mac in mehrere Teilbereiche (Partitionen) aufzuteilen. Wie das genau geht und was dabei zu bedenken ist, können Sie im Kapitel *Hilfsprogramme für Mac OS X* im Abschnitt *Festplatten-Dienstprogramm* nachlesen.

Crashkurs Installation

Hier für alle Ungeduldigen und Wissenden (jene, die wirklich wissen, was sie tun) schon mal eine schnelle Übersicht:

1. Eine Festplatte mit dem *Festplatten-Dienstprogramm* neu partitionieren oder eine vorhandene Partition benutzen (am besten löschen). Idealerweise etwa 6–9 Gigabyte gross.
2. Ein neues, sauberes Mac OS 9 von CD installieren. *Classic* wird sich freuen, denn das OS 9 ist blütenrein und wird stabiler laufen.
3. Mac OS X neu und «sauber» darüber installieren. Fertig. Läuft zuverlässig und stabil.

HEISSER TIPP Ein altes, «unsauberes» OS 9 (mit den bösen, fremden Erweiterungen) können Sie auf einer anderen Partition behalten. Vorteil: Per Wahltaste (⌥) kann beim Start der *Startup Manager* aufgerufen und zwischen OS 9 und X gewählt werden.

Installation Schritt für Schritt

Lesen Sie sich zuallererst und in aller Ruhe die Dokumentation zu Mac OS X durch. Und zwar sowohl jene, die gedruckt beiliegt, als auch die besonders aktuelle Datei *Vor der Installation lesen. PDF* auf der System-CD. Die meisten Fehler treten auf, weil die dort angegebenen Hinweise nicht beachtet werden.

Installation vorbereiten

Idealerweise wählen Sie ein ganz neues Startvolume mit genügend freiem Speicherplatz (mindestens 1,5 Gigabyte, mehr ist besser) für die Installation aus. Dort installieren Sie zunächst ein ganz frisches Mac OS 9.2 und dann Mac OS X.

MERKET AUF!

Beachten Sie aber dabei, dass die Installation von Mac OS X auf einigen älteren Macs auf jeden Fall innerhalb der ersten acht Gigabyte der Festplatte erfolgen muss. Das gilt für folgende Rechner:

- Original Power Macintosh G3 (Beige)
- iMac mit CD-Schublade (Revision A, B, C D)
- PowerBook G3 Serie ohne USB-Anschluss

Ob das mit den acht Gigabyte für die vorgesehene Partition zutrifft, können Sie so feststellen: Rufen Sie das Programm *Apple System Profiler* aus dem *Apple-Menü* auf. Auf dem Reiter *Geräte und Volumes* sehen Sie Ihre Festplatte mit den einzelnen Partitionen in der richtigen Reihenfolge. (Im *Finder* ist die Ordnung unter Umständen eine andere, denn ganz oben steht immer das Startlaufwerk. Die restlichen Laufwerke werden abhängig vom verfügbaren Speicherplatz sortiert.)

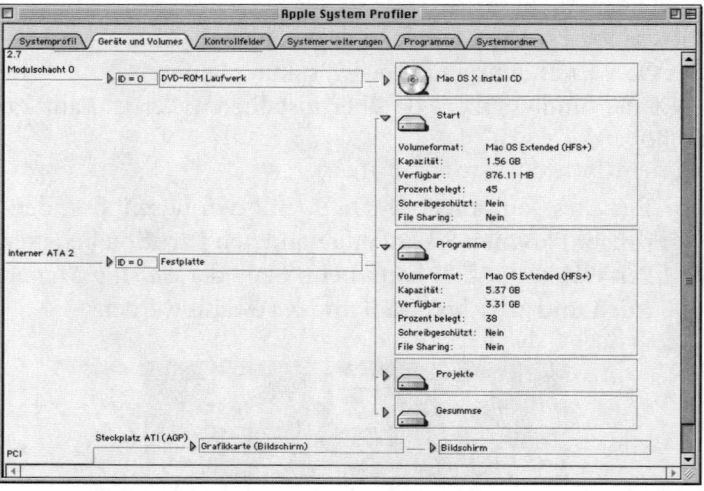

Jetzt müssen Sie nur noch nachrechnen, ob das gewählte Volume auch tatsächlich innerhalb der ersten acht Gigabyte liegt.

Sofern Sie über ein bereits vorhandenes System installieren möchten, sollten Sie vor der eigentlichen Installation Ihr konventionelles Mac OS auf ein anderes Laufwerk kopieren. Ziehen Sie dazu einfach den kompletten Systemordner auf das fragliche Volume. Damit ist schon einmal sichergestellt, dass Sie auf jeden Fall ein funktionsfähiges System besitzen, auch wenn bei der anschliessenden Installation von Mac OS X etwas schief gehen sollte.

Ob das auch tatsächlich funktioniert, können Sie überprüfen, indem Sie im Kontrollfeld *Startvolume* jenes Laufwerk auswählen, auf das Sie soeben den Systemordner kopierten, und einen Neustart durchführen.

Liegt alles im grünen Bereich, dann schalten Sie wieder zurück zu Ihrem ursprünglichen Startlaufwerk. Sie können dann nach einem weiteren Neustart mit der eigentlichen Installation von Mac OS X beginnen. Gegebenenfalls müssen Sie auch die Firmware Ihres Computers aktualisieren. Die jeweils aktuellste Version finden Sie entweder auf der System-CD, die mit Sicherheit neueste unter www.apple.com/de bei *Support*.

VORSICHT FALLE Mit den neueren Firmware-Updates ist Apple erstmals dazu übergegangen, eine Routine einzubauen, die den eingebauten Speicher überprüft. Mit RAM-Modulen, die ausserhalb der Spezifikationen liegen, kann es deshalb Probleme geben: Der Rechner blendet sie einfach aus und dem Benutzer steht weniger Hauptspeicher zur Verfügung. Da sich so ein Firmware-Update nicht rückgängig machen lässt, können Sie in dem Fall nur durch einen Austausch der fehlerhaften RAM-Bausteine Abhilfe schaffen.

Ob Ihr RAM die Apple-Spezifikationen erfüllt, können Sie mit dem kleinen Programm *DIMMCheck* überprüfen, das Sie auf unserer *SmartDisc* finden (Abbildung siehe bitte nächste Seite, oben).

Das Ganze ist übrigens keinesfalls böser Wille von Apple, sondern soll die Systemstabilität erhöhen: Apple hat sich die Spezifikationen nicht ausgedacht, sondern überprüft sie lediglich. Und leider erfüllen viele Speichermodule die Anforderungen nicht, die sie vorgeben einzuhalten. Das kann dann das fein austarierte Zusammenspiel der Chips ins Wanken bringen. Besonders tückisch: Das passiert nicht zwingend und nicht immer, sondern ab und an. Und Sie denken dann, das Betriebssystem sei instabil oder ein Programm lausig programmiert.

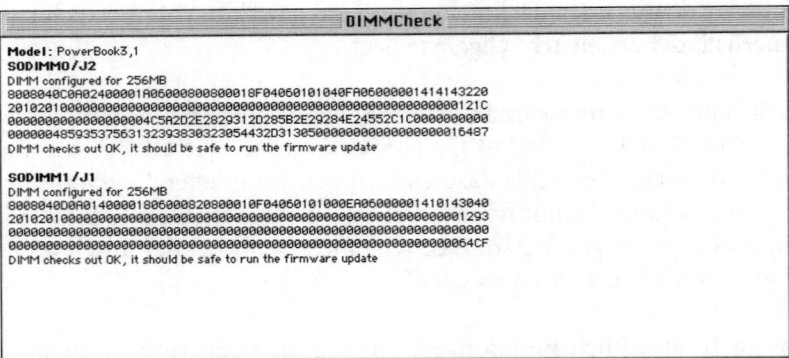

Installation auf einem brandneuen Mac

In früheren Zeiten kam ein Mac fix und fertig konfiguriert zum Anwender; die beiliegenden CDs dienten allein als Sicherung, Betriebssystem und Programme waren komplett vorinstalliert.

Heute befindet sich nur ein Minimalsystem auf der internen Festplatte, das Sie zum Einlegen der ersten CD von *Software Restore* auffordert und dann das gesamte System samt Programmen installiert.

Doch halt – vor diesem Schritt müssen Sie noch die Festplatte in Teilbereiche aufteilen (das Warum wurde weiter oben erläutert). Deshalb machen Sie Folgendes:

1. Legen Sie nach dem Einschalten schnell die CD *Mac OS 9 Installation* ein und drücken Sie gleich nach dem Startgong die Taste *C*, bis der Rechner von der CD aufstartet.
2. Wenn System 9 gestartet ist, öffnen Sie den Ordner *Dienstprogramme* und starten *Laufwerke konfigurieren*. Jetzt können Sie die Festplatte partitionieren. Hinweise zu Bedienung und Aufteilung finden Sie im folgenden Abschnitt und imKapitel *Hilfsprogramme für Mac OS X* im Abschnitt *Festplatten-Dienstprogramm*.
3. Starten Sie neu und halten Sie dabei die Maustaste gedrückt: Die CD wird ausgeworfen und der Mac fragt nach einer System-CD (die Festplatte und damit das Mini-System wurde ja gelöscht).

Jetzt legen Sie die erste CD *Software Restore* ein, der Mac startet den Installer und Sie können sich eine Partition auswählen, auf der System und Programme installiert werden sollen.

Beachten Sie dazu auch die folgenden Abschnitte in diesem Kapitel.

Einen OS 9-Rechner auf OS X aufrüsten

Sofern Sie noch zur älteren Garde der Macianer gehören, die einen vorhandenen Computer mit installiertem Mac OS 9 auf Mac OS X aufrüsten möchten, so haben wir in diesem Abschnitt die passenden Hinweise für Sie.

Wenn es sich nicht um das *Startvolume* handelt, ist die Vorbereitung eines Laufwerks für das neue System vergleichsweise simpel:

1. Sichern Sie alle Daten von allen Partitionen des Laufwerks, die Sie noch benötigen. Vergessen Sie dabei bitte die Ordner auf dem Schreibtisch nicht!
2. Klicken Sie das Laufwerk an, so dass es aktiviert ist, und wählen Sie im *Finder* aus dem Menü *Spezial* den Befehl *Volume löschen...* aus. In der folgenden Dialogbox wählen Sie HFS+ als das gewünschte Format aus:

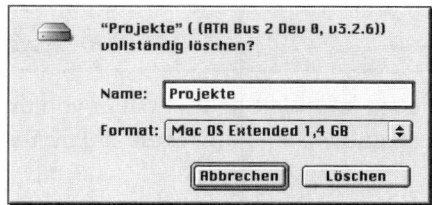

Alternativ können Sie auch das Programm *Laufwerke konfigurieren* starten, um Fest- und Wechselmedien im neuen Format zu initialisieren. Das geht aber nur, wenn sich auf keinem Teilbereich ein (augenblicklich aktiver) Systemordner befindet.

 Achtung: Beim Löschen respektive Initialisieren werden alle Daten auf dem Volume unwiderruflich gelöscht!

VORSICHT FALLE

Wenn Sie auch das aktive Startvolume löschen möchten, sind ein paar Schritte mehr notwendig. Am einfachsten geht das, wenn Sie eine System-CD mit Mac OS 9.1 oder neuer besitzen:

1. Erstellen Sie ein komplettes Backup Ihrer Festplatte.
2. Falls das nicht möglich ist, müssen Sie zumindest alle unwiederbringlichen Daten sichern. Besonders den Systemordner sollten Sie diesbezüglich gründlich durchsuchen, legen doch Programme wie *Album*, *Notizzettel* und *Notizblock* ihre Daten hier ab. Und vergessen Sie keinesfalls (!) all Ihre Ordner, die Sie auf den Schreibtisch gezogen haben.
3. Wählen Sie anschliessend im Kontrollfeld *Startvolume* Ihr CD-Laufwerk aus. Wenn Sie ein internes CD-ROM-Laufwerk besitzen, genügt es auch, beim Systemstart die Taste *C* zu drücken.

4. Nach dem Aufstarten des Systems können Sie das Laufwerk mit dem Programm *Laufwerke konfigurieren* in Teilbereiche aufteilen oder über den Befehl *Volume löschen...* im Menü *Spezial* löschen.

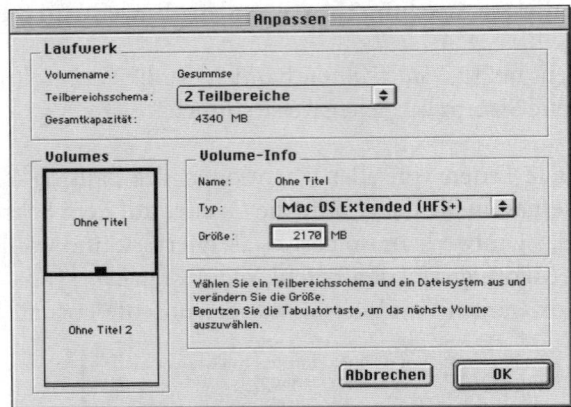

5. Nun installieren Sie ein komplett neues System von der System-CD. Folgen Sie hierzu unseren ausführlichen Hinweisen in den Abschnitten zur Systeminstallation.
6. Jetzt können Sie im Kontrollfeld *Startvolume* wieder auf das eben neu geschaffene Systemlaufwerk zurückschalten.
7. Der letzte Schritt wird sein, alle gesicherten Daten wiederherzustellen.

HEISSER TIPP

Wir empfehlen Ihnen, alle Programme, von denen Sie Sicherungen besitzen, komplett neu zu installieren, so dass die Programminstallation gleich optimal für das neue System erfolgen kann.

Installation von OS X auf OS-X-Rechnern

Wenn Sie ein vorhandenes System X neu installieren möchten, haben Sie mehrere Möglichkeiten.

Fall 1 – Nur das Startvolume soll ein neues System bekommen:
- Am einfachsten geht es mit einer genügend grossen und partitionierten Festplatte: Installieren Sie einfach auf einem anderen Volume völlig neu (siehe folgende Abschnitte) und löschen Sie das alte Volume komplett mit dem *Festplatten-Dienstprogramm*, damit sichergestellt ist, dass auch alle unsichtbaren Dateien gelöscht wurden. Ein Backup haben Sie ja bereits erstellt...
- Starten Sie von der System 9-CD (das Startlaufwerk legen Sie in der Systemerweiterung *Startvolume* fest) und löschen Sie das Volume mit dem Menübefehl *Spezial | Volume löschen*. Danach erfolgt die Neuinstallation.

- Möchten Sie OS X neu installieren, ohne Ihre Daten zu verlieren respektive ohne etwas an der vorhandenen Laufwerkseinteilung zu verändern, so geht auch das: Installieren Sie einfach Mac OS X erneut von der System X-CD auf das vorhandene Startvolume. Alle Daten und fremden Programme bleiben erhalten.

Fall 2 – Die Festplatte soll komplett gelöscht und neu aufgeteilt werden:
- Starten Sie von der System 9-CD und partitionieren Sie mit dem Programm *Laufwerke konfigurieren* (im Ordner *Dienstprogramme*). Alle Partitionen und damit Daten werden komplett gelöscht!
- Oder starten Sie das Installationsprogramm von der System X-CD (Kontrollfeld *Startvolume*) – ein Neustart wird ausgelöst – und rufen Sie dann im Installationsprogramm unter dem Menü *Installer* das *Festplatten-Dienstprogramm* auf, um die Festplatte neu aufzuteilen (sämtliche Daten werden gelöscht!) oder einzelne Teilbereiche zu löschen (die Daten des Teilbereichs werden gelöscht). Wie das Programm genau funktioniert, können Sie im Kapitel *Hilfsprogramme für Mac OS X* im Abschnitt *Festplatten-Dienstprogramm* nachlesen.

In jedem Fall empfiehlt sich aber unbedingt vorab ein Backup wichtiger Daten!

GRUNDWISSEN Beim Partitionieren der Festplatte können Sie unter Mac OS X zwischen den Formaten *Mac OS Extended* (HFS+) und *UNIX Dateisystem* (UFS = UNIX File System) wählen. Wir empfehlen Ihnen das Format *Mac OS Extended*, legen doch die Erfahrungsberichte mit Mac OS X nahe, dass dieses Format zuverlässiger ist. Ausserdem können *Classic*-Programme nur HFS(+)-Volumes lesen und beschreiben.

VORSICHT FALLE Soll neben Mac OS X auch *Classic* respektive Mac OS 9 gestartet werden können, dann müssen Sie das Volume auf jeden Fall als HFS+ formatieren, denn das klassische Betriebssystem kann nur mit HFS+ etwas anfangen. Unter einem auf einem UFS-Volume installierten Mac OS X laufen die *Classic*-Programme nicht!

Mehr zu den Dateisystemen erfahren Sie im nächsten Kapitel unter *Dateisysteme*.

Saubere Installation
Die bei einer Systeminstallation immer mit Abstand beste und sicherste Methode ist eine komplette und «saubere» Neuinstallation. Im Fall von Mac OS X benötigen Sie dazu zwei Betriebssysteme: Das konventionelle Mac OS 9 und das moderne Mac OS X.

Am besten, Sie belassen Ihr altes System 9 (sofern vorhanden) mit all seinen (fremden) Erweiterungen wie es ist (und haben so auf jeden Fall ein funktionsfähiges System) und installieren Mac OS X komplett neu auf einer Partition, die noch kein System enthält und ausreichend gross ist.

Die Trennung der Volumes für das gewohnte Mac OS und das neue Mac OS (X) hat zudem den Vorteil, dass Sie bei jedem Starten mit gedrückter Wahltaste zwischen einem OS 9-Volume und einem OS X-Volume wählen können, ohne den Weg über das Kontrollfeld *Startvolume* und anschliessendem Neustart gehen zu müssen.

Installation von Classic

Legen Sie die CD *Mac OS 9* ein und installieren Sie OS 9 auf dem freien Volume.

Da noch kein System installiert ist, wird das komplette Mac OS 9 in exakt der von Apple vorgesehenen und überprüften Konfiguration installiert. Beste Voraussetzungen auch für ein stabiles Mac OS X sowie *Classic*.

Dabei wird in der Standardeinstellung alles Wichtige installiert. Möchten Sie diese Vorgaben ändern, dann drücken Sie auf den Knopf *Anpassen* und wählen bestimmte Systembestandteile an oder ab.

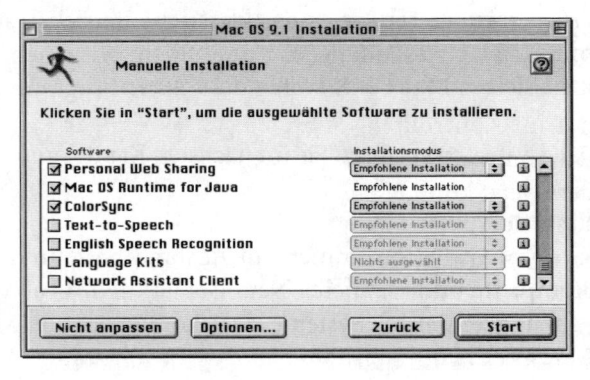

Rechter Hand im Fenster finden Sie ein kleines Pop-Up, mit dem Sie von *Empfohlene Installation* auf *Manuelle Installation…* respektive *Manuelles Entfernen…* umschalten können.

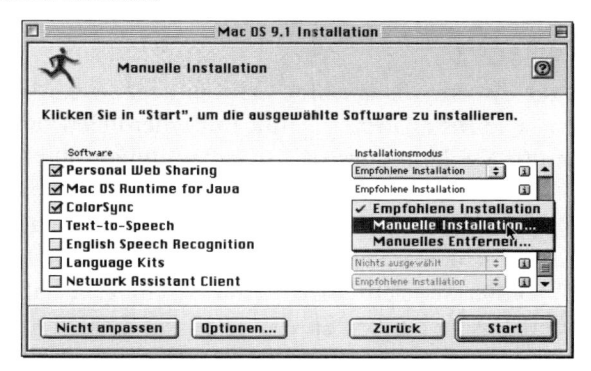

Wir empfehlen Ihnen, die Installationsoptionen erst einmal nicht anzupassen, sondern dem von Apple vorgegebenen Standard zu folgen. Damit installieren Sie ein komplettes System mit voller Funktionalität. Nur wenn Sie genau wissen, dass Sie den ein oder anderen Systembestandteil wie etwa *ColorSync* oder *Language Kits* auf jeden oder auf keinen Fall brauchen, sollten Sie die Option der manuellen Installation wählen.

Nach Druck auf den Knopf *Start* beginnt die Installation und ist – je nach Rechnergeschwindigkeit – nach rund fünfzehn Minuten beendet:

Wählen Sie jetzt im Kontrollfeld *Startvolume* das soeben mit einem neuen System versehene Laufwerk aus und führen Sie einen Neustart durch. Und jetzt wird es ernst, denn jetzt können Sie daran gehen, Mac OS X zu installieren.

Sofern Sie Mac OS 9 komplett neu installiert haben, erscheinen nach dem Neustart der System- und der *AirPort-Assistent*. Im Assistenten für das System können Sie einige Eingaben wie zum Beispiel Datum und Uhrzeit, Zeitzone und Netzwerkname des Computers tätigen. Tun Sie das ruhig, denn diese Einstellungen werden dann auch von der Mac OS X-Installation übernommen. Der *AirPort Assistent* sucht nach einer *AirPort Basisstation* und stellt den Computer auf deren Parameter ein (sofern er welche findet).

Installation von Mac OS X

Jetzt können Sie die System-CD für Mac OS X einlegen und das Installationsprogramm starten. Die Installation beginnt mit einem Neustart. Das Installationsprogramm führt Sie dann durch die Installation von Mac OS X.

BEDENKEN SIE! Im Folgenden müssen Sie einige Passwörter eingeben und sich auch merken. Damit Sie die im Eifer der Installation nicht vergessen, sollten Sie sich einen Zettel bereitlegen, auf dem Sie diese notieren. Aber denken Sie daran, diesen Zettel zu vernichten oder sehr sicher zu verstauen, sobald Sie sicher sind, dass Sie die Passwörter nicht vergessen haben.

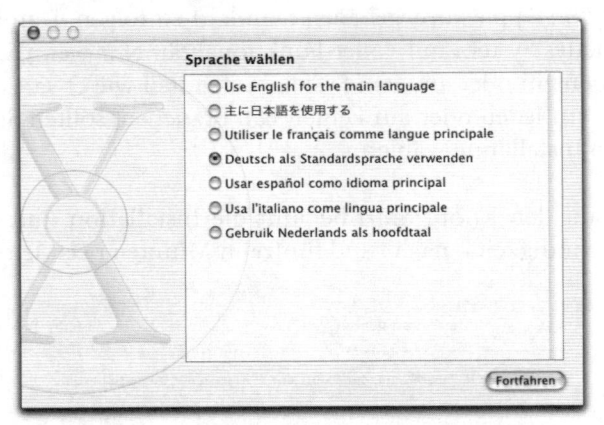

Sie können zunächst die Sprache für die Installation auswählen. Wie Sie dabei erkennen können, enthält Mac OS X bereits einige Sprachen und Sie könnten beispielsweise auch ein englisches oder japanisches Mac OS X installieren.

Vorteile bringt das vor allem bei zukünftigen Installationen und System-Updates, da Apple die verschiedenen Sprachversionen parallel entwickelt und gleichzeitig zur Verfügung stellt – das leidige Warten auf das deutsche Update (lange nach dem amerikanischen) hat ein Ende.

Wichtige Information

MERKET AUF! Anschliessend erscheinen Hinweise zum System und zu den Systemvoraussetzungen. Lesen Sie sie aufmerksam durch. Nicht umsonst ist das Ganze mit dem Titel *Wichtige Information* überschrieben. Das ist die letzte Gelegenheit, noch einmal abzuklären, ob Ihre Voraussetzungen für die Installation stimmen – viele vermeintliche Fehler bei der Installation lassen sich vermeiden, wenn die dort aufgelisteten Hinweise beachtet werden.

Sie müssen dann die Lizenzbedingungen akzeptieren und können dann im nächsten Schritt das Zielvolume auswählen, auf dem Mac OS X installiert werden soll:

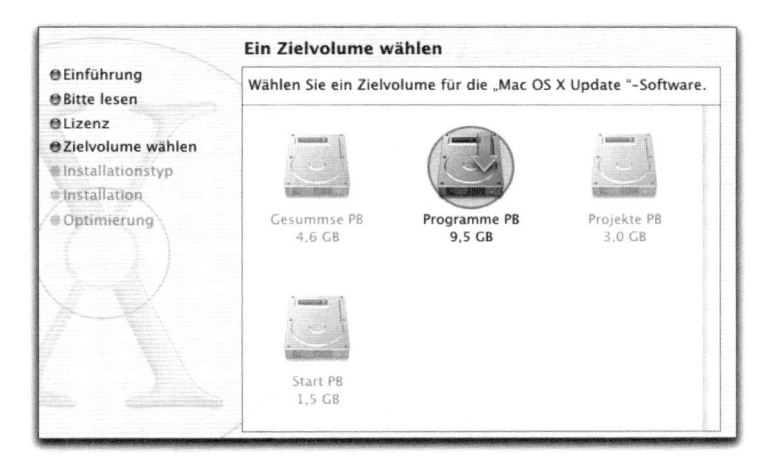

Dabei können Sie im unteren Bereich die Option *Zielvolume initialisieren als:* wählen und das Volume wahlweise im Format *Mac OS Extended* (*HFS+*) oder *UNIX Dateisystem* initialisieren.

MERKET AUF! Beachten Sie bitte, dass alle Daten auf diesem Volume dabei gelöscht werden! Diese Option wählen Sie deshalb nur, wenn Sie das klassische Mac OS 9 auf einer anderen Partition untergebracht haben und auch sicher sind, dass sich auf dem Zielvolume keinerlei (wichtige) Daten mehr befinden.

Sofern Sie sich für eine Initialisierung entscheiden, empfehlen wir Ihnen das Format *Mac OS Extended*, denn dieses Format scheint zuverlässiger zu sein. Ausserdem können *Classic*-Programme nur *HFS(+)*-Volumes lesen und beschreiben.

Im folgenden Schritt der Installation können Sie eventuell zwischen *Manuell* und *Einfache Installation* wählen. Wir empfehlen hier gleichfalls die *Einfache*

Installation, bei der die saubere Komplettinstallation sichergestellt ist (sie ist seit Version 10.1 Standard – eine Wahlmöglichkeit gibt es nicht mehr).

Bei einer manuellen Installation können Sie wahlweise das *BSD Subsystem* respektive *Additional Print Drivers* an- oder abwählen. Das *BSD Subsystem* stellt einige Dienste wie zum Beispiel das Drucken im Netzwerk bereit. Ist es nicht installiert, dann können Sie keinen Netzwerkdrucker ansprechen, sondern erhalten eine Fehlermeldung. Unsere Empfehlung: Auf jeden Fall installieren.

Die zusätzlichen Druckertreiber müssen Sie natürlich nur installieren, wenn Sie auch einen Drucker der entsprechenden Firma (Canon, Epson, Hewlett Packard...) besitzen. Standardmässig unterstützt Mac OS X *PostSript*-Drucker auch ohne die zusätzlichen Druckertreiber.

Und das war auch schon alles. Auf Druck des Knopfes *Installation* hin wird die Festplatte überprüft und dann Mac OS X installiert. Das dauert eine knappe halbe Stunde.

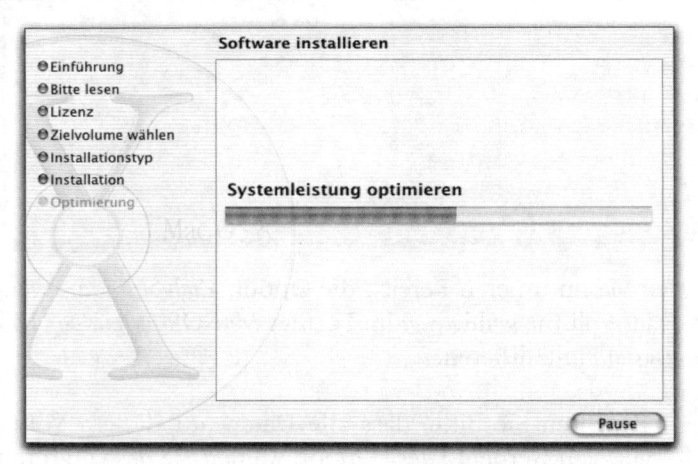

GRUNDWISSEN Während die Meldung *Systemleistung optimieren* anzeigt wird, wird der Befehl *update_prebinding* ausgeführt. Das sehen Sie, wenn Sie im Installationsprogramm den Menübefehl *Ablage | Protokoll einblenden* aufrufen. Beim *update_prebinding* werden die Adressinformationen (wo finde ich was?) von System und Bibliotheken kalkuliert und aktualisiert, so dass das künftig beim Programmstart nicht mehr notwendig ist – das Programm kann schneller gestartet werden. Oder wie es in einer E-Mail zu lesen war: «Ein Update für das Navigationssystem der Anwendungen, sozusagen...»

Nach der Installation

Nach erfolgreicher Erstinstallation erscheint ein Dialog zur Konfiguration Ihres Computers, in dem Sie zunächst Ihr Land und die Tastaturbelegung auswählen, um dann Ihre Adressdaten einzugeben.

Im Dialogfenster *Lokalen Benutzer anlegen* werden Sie erstmals mit den Konzepten von UNIX respektive den Neuheiten von Mac OS X konfrontiert: Während es im klassischen Mac OS allenfalls die Option gab, mehrere Benutzer einzurichten, die dann per Passwort Zugriff auf den Computer hatten, ist dies unter Mac OS X obligatorisch.

MERKET AUF! Bedenken Sie bei der Passworteingabe, dass zwischen Gross- und Kleinschreibung unterschieden wird. Das können Sie nutzen, um ein einfach zu merkendes und doch ziemlich sicheres Passwort zu schaffen: Statt des Wortes «Auto» wählen Sie beispielsweise «aUt0» (das «O» ist eine Null!). Und benutzen Sie weder Leerzeichen noch Sonderzeichen, die per *Wahltaste* eingegeben werden!

Es gibt prinzipiell keinen «offenen» Computer mehr, den jeder einfach per Einschalttaste aufstarten könnte. Jeder Nutzer kann und muss sich unter seinem Namen mit einem Passwort anmelden und erhält damit bestimmte Zugriffsrechte. In der Standardeinstellung sieht Apple allerdings die automatische Anmeldung vor – wie Sie die abschalten, lesen Sie weiter hinten unter *Sicherheit*.

Über den Dialog *Lokalen Benutzer anlegen* melden Sie sich als Administrator an. Das bedeutet, Sie dürfen viel, aber doch nicht alles (dazu im Kapitel *Netzwerk* unter dem Abschnitt *Benutzer* mehr).

Obwohl Sie das Passwort auch später noch ändern können (siehe Kapitel *Netzwerk*, Abschnitt *Benutzer*), ist es am einfachsten, wenn Sie sich hier bereits ein möglichst sicheres Passwort auswählen, das Sie sich dennoch merken können. Zur Wahl eines geeigneten Passwortes schlagen Sie bitte im Kapitel *Aqua* unter der Überschrift *Das bessere Passwort* nach.

VORSICHT FALLE Mac OS X wertet von dem eingegebenen Passwort nur die ersten acht Zeichen aus. *Jaguar* unterscheidet somit nicht zwischen *InDreiTeufelsNamen* und *InDreiTe*. Wählen Sie deshalb gleich ein Passwort, das bereits in den ersten acht Zeichen sicher ist.

Nachdem Sie diese Angaben getätigt haben, wird ein lokaler Benutzer eingerichtet.

Im folgenden Schritt dann wählen Sie, ob Sie Ihren Internetzugang jetzt gleich oder lieber später konfigurieren möchten. Sofern Sie das gleich erledigen möchten, geschieht das in folgenden Schritten:

1. Auswählen des Internetanschlusses (Modem, DSL-Modem, AirPort usw.).
2. Die Zugangsdaten für das Internet, die Sie entweder von Ihrem Internet Service Provider (ISP) oder von Ihrem Netzwerkadministrator erhalten haben.
3. Sie entscheiden sich für oder gegen die Verwendung von *iTools* (siehe Kapitel *Internet*). Kurzer Hinweis: Sagen Sie ja zu *iTools*, denn der Dienst ist kostenlos und durchaus nützlich.
4. Nach Eingabe eines Benutzernamens und eines weiteren Passwortes können Sie sich direkt bei *iTools* anmelden. Haben Sie bereits einen *iTools*-Zugang, dann können Sie die Daten (Benutzername, Passwort) hier auch direkt eingeben.

Wenn Sie alles richtig eingegeben haben, wird eine Internetverbindung über den von Ihnen spezifizierten Zugang hergestellt und Sie werden direkt bei *iTools* angemeldet. Sie können nun künftig aus Mac OS X heraus Ihren neu geschaffenen *iTools*-Account nutzen.

VORSICHT FALLE Überprüfen Sie nach erfolgreicher Installation von *iTools* auf jeden Fall einmal Ihren Telefonanschluss. Das Installationsprogramm baut zwar eine Verbindung ins Internet auf, beendet die aber nicht wieder!

5. Im nächsten Schritt müssen Sie eine Zeitzone auswählen. Beachten Sie dabei, dass Sie zunächst mit dem Mauszeiger auf jenen Teil der Weltkarte klicken müssen, in dem Sie sich befinden. Im Pop-Up unter der Weltkarte stehen nämlich nicht alle Zeitzonen zur Verfügung, sondern nur jeweils die für den angeklickten Bereich.

Und das war's dann auch – nach ein paar Sekunden sind Sie stolzer Betrachter der Benutzeroberfläche *Aqua* von Mac OS X (Abbildung siehe bitte nächste Seite, oben).

Installation bereinigen

Da OS X ein mehrsprachiges Betriebssystem ist, werden bei jeder Installation des Betriebssystems, aber auch für Updates und einzelne Programme mehrere Sprachpakete (Englisch, Französisch, Deutsch, Japanisch…) mitinstalliert. Überflüssige Sprachpakete können Sie daher unbesorgt löschen und so mehrere 100 Megabyte Speicherplatz freigeben. Gehen Sie so vor:

- Die Sprachpakete einzelner Programme lassen sich löschen, indem Sie das Programm aktivieren und dann die Information dazu aufrufen (Menü *Ablage | Informationen einblenden* oder *Befehl-I*):

- Sie können sich aber auch per *Control-Mausklick* auf das Programm die Sprachpakete anzeigen lassen:

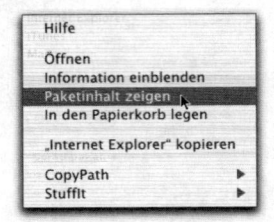

Die Sprachpakete sind in jenen Ordnern enthalten, die auf *.lproj* enden, und können wie jeder normale Ordner auch gelöscht werden, indem Sie diese aus dem jeweiligen Fenster in den Papierkorb ziehen.

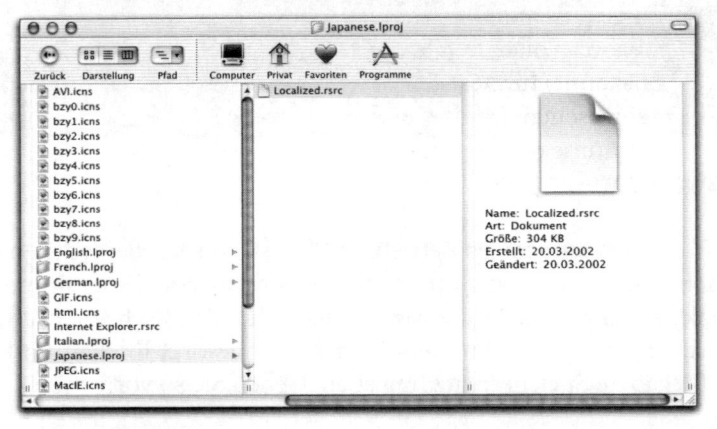

Bei manchen Programmen müssen Sie sich dazu als *root* anmelden, sofern Sie einen *root*-Zugang aktiviert haben, ansonsten genügt ein Administrator-Zugang (siehe Kapitel *Mac OS X Interna* im Abschnitt *Superuser*).

SMART DISC Möchten Sie das komplette Volume schnell bereinigen, dann eröffnet das Utility *Monolingual*, das Sie auf unserer *SmartDisc* finden, einen einfachen Weg, denn es löscht alle markierten Sprachpakete in allen Programmen auf einmal. Sie werden staunen, wie viel Platz danach wieder auf Ihrem Startvolume frei ist.

Wiederholen Sie den Vorgang von Zeit zu Zeit, denn natürlich werden die Sprachpakete bei jedem Update und bei jeder Neuinstallation eines Programms respektive des Systems wieder vollständig installiert.

Programme nachinstallieren

Wenn Sie ein Apple-Programm versehentlich gelöscht haben, weil Sie es vermeintlich nicht mehr benötigten, später aber feststellen, dass es doch ganz nützlich sein könnte, dann ist eine erneute Installation erstmal gar nicht so einfach, denn das gesamte System(-update) verbirgt sich in einem Paket.

SMART DISC In dem Fall hilft das kleine Utility *Pacifist* weiter, das Sie auf unserer *SmartDisc* finden. Es bringt die Funktionalität des *Tome-Viewer* (manchen vielleicht noch vom klassischen Mac OS her bekannt) für Mac OS X: Der Inhalt von Installationspaketen kann eingesehen werden und es ist weiterhin möglich, einzelne Programme oder Programmbestandteile nachzuinstallieren.

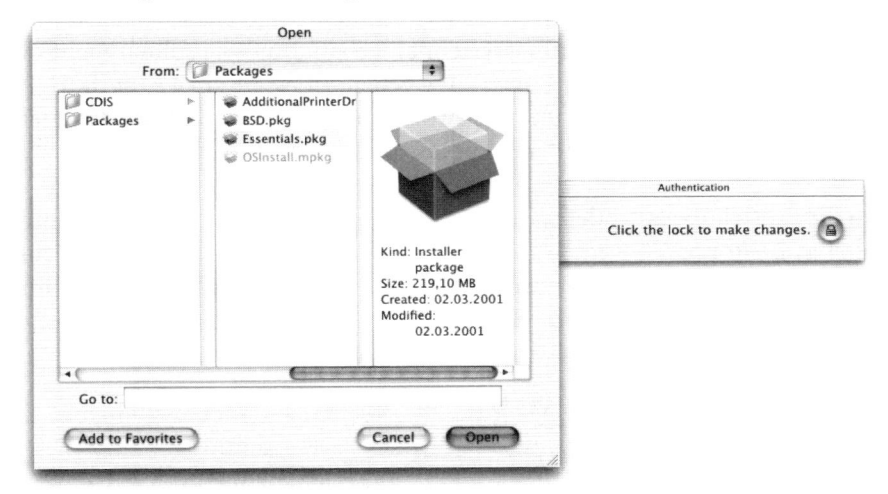

Beachten Sie dabei, dass *Pacifist* auch die normalerweise unsichtbaren Ordner und Dateien einer CD anzeigt! So finden sich Programme beispielsweise im Pfad *System/Installation/Packages/Essentials.pkg*.

Dieses Verfahren ist schnell, aber nicht ganz so unkompliziert, denn Sie müssen sich durch Ordner und Pakete wühlen, bis Sie hoffentlich das Gewünschte gefunden haben.

Etwas langwieriger, dafür aber verständlicher, sind folgende Vorgehensweisen:

- Laden Sie fehlende Programme einfach aus dem Internet. *iMovie* oder *iTunes* etwa finden Sie unter `www.apple.com/de`.
- Andere Programme, die nicht frei im Internet zur Verfügung stehen, können Sie sich auch einzeln von der *Software Restore CD* holen:

1. Kopieren Sie alle Disketten-Images (Endung *.dmg*) in einen Ordner. Dafür benötigen Sie recht viel freien Speicherplatz – so etwa zwei Gigabyte.
2. Öffnen Sie das erste Disketten-Image mit *Disk Copy* – die anderen werden automatisch nachgeladen.
3. Das Disketten-Image mit dem kompletten Inhalt der Restore-CD wird gemountet und Sie können die Programme auf Ihre Festplatte kopieren.

Sicherheit

Standardmässig ist nach der Installation die Option *Automatisch anmelden* für den Administrator-Zugang abgehakt. Ob Sie es dabei belassen, sollten Sie sich gründlich überlegen: So startet der Computer zwar bequem hoch – dies aber auch völlig unabhängig davon, wer den Computer eingeschaltet hat. Mac OS X hat ein ziemlich gutes Sicherungssystem eingebaut, und Sie sollten nicht ohne Not darauf verzichten. Es ist zwar zugegebenermassen ein wenig lästig, bei jedem Start Benutzername und Passwort einzugeben, garantiert dafür aber, dass auf die Schnelle kein anderer Ihren Computer benutzen kann.

Um die Einstellung zu ändern, wählen Sie im *Finder* unter dem Apfel-Menü die *Systemeinstellungen…* und da *Benutzer>* aus. Hier legen Sie unten im Fenster bei *Automatisch als «Benutzername» anmelden* fest, ob der gewählte Benutzer automatisch angemeldet wird oder nicht.

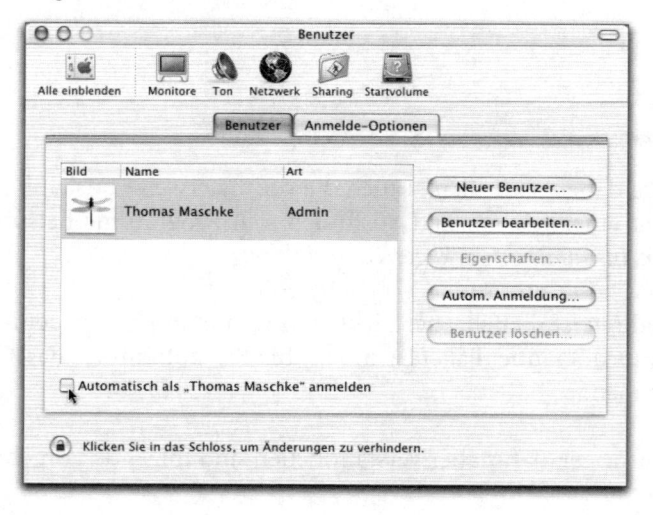

HEISSER TIPP Wenn Sie von der *Mac OS X System*-CD starten (Taste *C* beim Systemstart gedrückt halten, um vom internen CD-Laufwerk aufzustarten), wird automatisch das Programm *Install Mac OS X* aufgestartet. Und dort haben Sie über den Menübefehl *Installer | Kennwörter zurücksetzen* die Möglichkeit, jedem einzelnen Benutzer ein neues Kennwort zuzuweisen.

Das ist natürlich wirklich praktisch, sollten Sie Ihr Kennwort einmal vergessen haben. Andererseits kann jeder, der mit einer System-CD ausgerüstet ist und ein paar Minuten Zeit an Ihrem Computer verbringt, in das System einbrechen und (nicht nur) die Passwörter ändern.

Wenn Sie das nicht wünschen, sollten Sie die *Open Firmware Password Application* installieren, die Sie auf Apples Webseiten (www.apple.com/de) finden: Damit können Sie einige Sicherheitsmechanismen aktivieren, die die Startmöglichkeit von einem anderen Medium mit Systemordner unterbinden (siehe Kapitel *Tipps, Tricks und Problemlösungen* im Abschnitt *Open Firmware*).

Update des Betriebssystems

Von Zeit zu Zeit stellt Apple neue Versionen des Betriebssystems als Update oder Upgrade zur Verfügung – Updates können über das Apfelmenü *Systemeinstellungen... | Software-Aktualisierung* aus dem Internet geladen werden. «Updates» sind besonders schön, denn sie bieten verbesserte und erweiterte Funktionen – und kosten dabei nichts. «Upgrades» dagegen zeichnen sich immer auch durch eine deutliche Änderung der Versionsnummer aus – und kosten Geld.

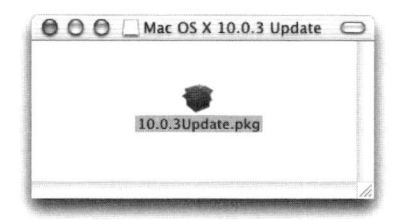

Das erste Update stellte Apple bereits relativ kurz nach Erscheinen der allerersten finalen Version von Mac OS X kostenlos zur Verfügung und ist seitdem nicht müde geworden, das Betriebssystem immer weiter zu optimieren. All diese Updates hielten tatsächlich, was wir bereits eingangs geschildert und erhofft hatten: Der Aktualisierer beinhaltet alle Sprachversionen, und die Benutzer lokalisierter (und damit nicht englischsprachiger) Versionen von Mac OS X kommen zeitgleich mit den Amerikanern in den Genuss der Verbesserungen.

> **MERKET AUF!** Mit dem ersten Update wurden die Dienste *telnet*, *rlogin*, und *rsh*, die den Fernzugriff auf Rechner ermöglichen und ursprünglich aktiviert waren, in das sicherere *OpenSSH* geändert. Mehr dazu im Kapitel *Netzwerke*.

Bevor Sie solch einen Aktualisierer starten, sollten Sie sich auf jeden Fall zunächst die (hoffentlich) beigefügte *Liesmich*-Datei zu Gemüte führen und sich die wichtigen Schritte gegebenenfalls notieren oder ausdrucken. Beachten Sie die dort gegebenen Hinweise peinlichst genau, denn somit können Sie sicher sein, dass das Software-Update reibungslos installiert werden kann.

Im Wesentlichen läuft so ein Update dann in drei Schritten ab.

1. Aktualisierer starten und die notwendigen Zugriffsrechte freigeben:

2. Zielvolume auswählen:

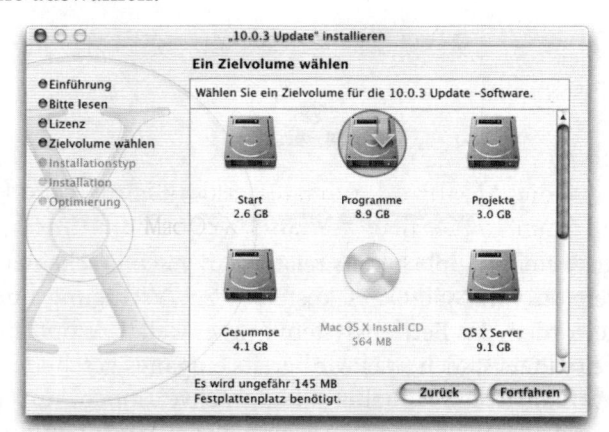

3. Den Rest macht der Aktualisierer. Er spielt die neuen Systemkomponenten auf und optimiert die Systemleistung:

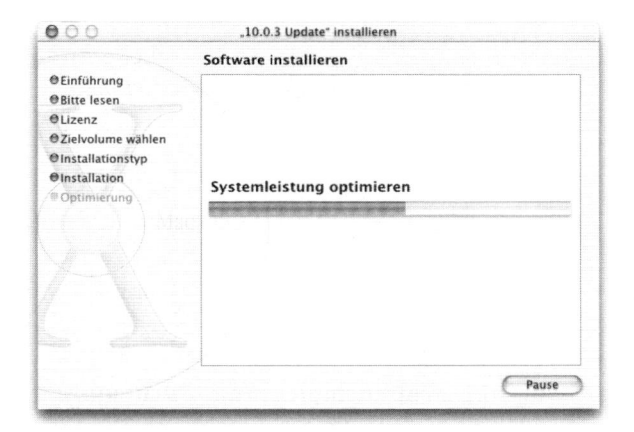

Wenn Sie das Update aufheben möchten, um es beispielsweise bei einer Neuinstallation des Systems nicht wieder herunterladen zu müssen, dann drücken Sie nicht (!) auf den Knopf *Installieren*, sondern wählen Sie stattdessen den Menübefehl *Aktualisieren – Ausgewählte Objekte auf den Schreibtisch laden* (genau dies geschieht dann auch). Erst danach drücken Sie dann den Knopf *Installieren* bzw. starten den Aktualisierer per Doppelklick. Vorteil: Der Aktualisierer steht jetzt zudem für eine spätere Verwendung zur Verfügung:

VORSICHT FALLE Aus den im Kapitel *Netzwerke* unter *Sicherheit* näher erläuterten Gründen sollten Sie auf System-Updates verzichten, die nicht vom offiziellen Apple-Server stammen. So gross die Versuchung auch sein mag: Ein bereits vorab im Netz zu findendes Update zu installieren lohnt sich nicht.

Tipps zum Update

Mittlerweile hat die Anzahl der Updates erklecklich zugenommen; Apple arbeitet fleissig daran, immer neue Verbesserungen und Fehlerbehebungen zur Verfügung zu stellen. Das Meiste davon finden Sie kostenlos im Internet unter `www.apple.com/de` beziehungsweise via *Software-Aktualisierung*.

VORSICHT FALLE Apple rät davon ab, ältere Systemversionen über neuere zu installieren. Sie sollten in so einem Fall das neuere System erst komplett löschen. Welche Version Sie aktuell haben, erfahren Sie im Apfelmenü unter *Über diesen Mac*.

In den Versionen vor 10.1 steht auch gleich die *Build*-Nummer darunter; in späteren Versionen klicken Sie auf die Versionsinformation, dann erscheinen die Angaben zum *Build*: Nach dem Programmieren muss ein Programm kompiliert (in Maschinensprache übersetzt) werden, und jede komplett neu kompilierte Version erhält eine interne Kennnummer, damit die Übersicht nicht verloren geht.

Kleinere Änderungen (Geschwindigkeit, Fehlerbereinigung) werden bei Apple durch Zahlen markiert (xK52, xK53…), grössere Entwicklungsschritte (neue Funktionalität) durch einen Buchstaben (4Kxx, 4Pxx). Und bei Versionssprüngen, die sowohl verbessert wurden wie auch neue Funktionen beinhalten, wird die führende Ziffer heraufgesetzt (4xxx, 5xxx…).

Die veröffentlichten Builds (es gibt natürlich noch viel mehr interne Testversionen, die nie freigegeben werden) präsentieren sich so:

Mac OS X (10.0)	Build 4K78
Mac OS X (10.0.1)	Build 4L13
Mac OS X (10.0.2)	Build 4P12
Mac OS X (10.0.3)	Build 4P13
Mac OS X (10.0.4)	Build 4Q12; Build 4R14 – Power Mac G4 (QuickSilver)
Mac OS X (10.1)	Build 5G64; Build 5L14 oder 5L17b – nach dem Security Update
Mac OS X (10.1.1)	Build 5M28
Mac OS X (10.1.2)	Build 5P48
Mac OS X (10.1.3)	Build 5Q45
Mac OS X (10.1.4)	Build 5Q125

Da Sie nun um die Systematik der Builds wissen, erkennen Sie sofort, dass Apple wahrlich nicht untätig ist und das Betriebssystem sehr häufig neu kompiliert und geprüft wird. Auch wenn nicht alle – aus guten Gründen – das Licht der Öffentlichkeit erblicken.

Obwohl die Updates eindeutig durchnummeriert sind (10.0.1, 10.0.2, ... 10.1, 10.1.2...) ist es doch nicht ganz einfach, den Überblick zu behalten, denn manche dieser Systemupdates lassen sich nur dann installieren, wenn zuvor andere Systemkomponenten aktualisiert wurden. So lässt sich die Version 10.1.1 nur dann installieren, wenn vorher das *Installer Update* aufgespielt worden ist. Das wiederum kann nur dann aufgespielt werden, wenn der *Security Patch* bereits erfolgreich angewandt wurde. So etwas kann bei einer Neuinstallation ganz schön verwirrend sein.

Speichern Sie deshalb immer auch die Liesmich-Dateien, denn bei den Updates selbst sind leider keinerlei Erklärungen über eventuelle Abhängigkeiten zu finden.

Haben Sie das versäumt und den Überblick ein wenig verloren, dann holen Sie sich diese Dateien aus dem Internet und lesen Sie vor der Installation nach.

Und wenn gar nichts mehr hilft, dann starten Sie die Systemeinstellung *Software-Aktualisierung* (bei aktiver Internet-Verbindung) und lassen sich dort anzeigen und gegebenenfalls auch gleich installieren, was Ihr System aktuell benötigt. Es kann – wie im eben geschilderten Fall mit dem *Security Patch* und dem *Installer Update* – dann auch durchaus Sinn machen, *Software-Aktualisierung* mehrmals aufzurufen, denn zunächst würde Ihnen *Software-Aktualisierung* nur den *Security Patch* anzeigen. Erst wenn der installiert ist, sind die Voraussetzungen für das *Installer Update* gegeben, so dass dieses auch erst beim nächsten Aufruf von *Software-Aktualisierung* angezeigt würde.

Installation von «Jaguar»

Während sich Updates (kleine Verbesserungen und Neuerungen) problem- und sorgenlos über ein bereits vorhandenes Mac OS X installieren lassen, ist nicht ganz so sicher, ob dies auch bei Upgrades (grössere Systemänderungen) der Fall ist. Keinerlei Gedanken darüber muss sich natürlich derjenige machen, der einen komplett neuen Rechner gekauft hat und dort das Betriebssystem völlig neu installieren möchte. Alle notwendigen Hinweise dazu finden Sie in den vorangegangenen Abschnitten.

Wer allerdings bereits ein Mac OS X auf seinem Rechner besitzt und beispielsweise von 10.1 auf das doch deutlich geänderte 10.2 (*Jaguar*) aufrüsten möchte, sollte die im Folgenden aufgeführten Hinweise, mit denen wir die besten Erfahrungen gemacht haben, beachten.

Dabei setzen wir voraus, dass die Festplatte bereits in geeigneter Weise partitioniert ist. Sollte sich allerdings herausstellen, dass Ihre Festplatte etwas ungünstig aufgeteilt ist und Sie doch lieber neue Teilbereiche einrichten möchten, dann ist jetzt ein guter Zeitpunkt gekommen, dies auch gleich mitzuerledigen.

In letzterem Fall sichern Sie zunächst alle wichtigen Daten. Ausführliche Hinweise dazu finden Sie im Kapitel *Tipps, Tricks und Problemlösungen* in den Abschnitten *Backup des Systems* und *Backup der Daten*.

Nach dem Backup der Daten können Sie die Festplatte unbesorgt löschen und neu partitionieren. Anschliessend installieren Sie das System komplett neu und spielen dann die Daten von der Sicherungskopie zurück auf die Festplatte. Genaueres dazu können Sie in den Abschnitten ab *Installation Schritt für Schritt* nachlesen.

Wenn Sie allerdings mit der Einteilung Ihrer Festplatte zufrieden sind, können Sie auch gleich loslegen. Gehen Sie so vor:

1. Alle Daten sichern. Siehe Kapitel *Tipps, Tricks und Problemlösungen*, Abschnitte *Backup des Systems* und *Backup der Daten*.
2. Lesen Sie das Beiheft und die Liesmich-Dateien auf der System-CD gründlich durch.

3. Starten Sie das Installationsprogramm von der System-CD. Nach einer Sicherheitsrückfrage erfolgt ein Neustart und der Rechner startet von der System-CD auf.

Das Installationsprogramm führt Sie nun schrittweise durch die Installation. So legen Sie beispielsweise zuerst die gewünschte Sprache für die Installation fest.

HEISSER TIPP Beachten Sie dabei, dass Sie im Menü *Installer* zwei interessante Befehle für Notfälle vorfinden: Zum einen können Sie hier das Passwort zurücksetzen, zum anderen haben Sie letztmalig die Möglichkeit, die Festplatte vor der Installation zu löschen und in Teilbereiche aufzuteilen.

Wissbegierige können auch den Menübefehl *Ablage | Protokoll einblenden* aufrufen. Dort finden Sie, wenn Sie die Option *Details einblenden* anklicken, ausführliche Informationen über den Fortgang des Installationsprozesses.

4. Nach Druck des Knopfes *Fortfahren* erscheint das Dokument *Bitte lesen*, in dem sich nochmals die wichtigsten Hinweise zur Installation zusammengefasst zeigen. Lesen Sie es gründlich, denn das ist Ihre letzte Chance, die Installation im Zweifelsfall abzubrechen.
5. Nachdem Sie die Lizenzbedingungen akzeptiert haben, können Sie ein Volume für die Installation auswählen. Da Mac OS X 10.2 ein vollständiges Betriebssystem ist (und nicht nur ein Update), kann es auf jedem vorhandenen Volume installiert werden. Wer also genügend Platz frei hat, kann das neue System auch parallel zu einem älteren auf einer anderen Partition installieren.

Vorteil: Mit der Systemeinstellung *Startvolume* oder per *Wahl-Taste* beim Aufstarten des Rechners kann dann zwischen den beiden Systemen gewechselt werden. Sollte also das neue System Probleme bereiten, können Sie so jederzeit auf das alte zurückgreifen.

Nachteil: Die Daten der alten Benutzer werden nicht in das neue System übernommen und müssen gegebenenfalls etwas mühsam per Hand kopiert werden.

Sollten Sie sich jetzt für diese komplette Neuinstallation entscheiden, dann folgen Sie einfach den weiteren Schritten des Installationsprogramms. Besonderes gibt es dabei hinsichtlich der Installation nicht zu bedenken.

Wir aber wollen alle Benutzerdaten erhalten und deshalb das neue System über das alte installieren:

6. Wählen Sie in dem Fall das Volume für die Installation aus, auf dem sich bereits ein älteres Mac OS X befindet.
7. Drücken Sie dann den Knopf *Optionen*... Sie haben jetzt folgende Möglichkeiten:

Mac OS X aktualisieren – mit dieser Option wird eine ältere Systemversion auf die neuere aktualisiert. Wir haben uns gegen diese Option entschieden, da uns nicht ganz klar war, was dabei eventuell an altem «Systemmüll» übrig bleiben könnte.

Archivieren und Installieren – das ist die unseres Erachtens interessanteste Installationsvariante, denn so wird einerseits ein komplett neues System installiert, andererseits werden die alten Systemdateien in einem Ordner *Vorheriges System* archiviert. Kundige können sich bei Bedarf dort die ein oder andere Datei wiederholen. Zu beachten bleibt aber, dass der Archivordner für das System in keinem Fall mehr startfähig ist. Er dient der Überprüfung und Beruhigung, und sollte in den darauf folgenden Tagen und Wochen alles glatt laufen, kann und sollte er gelöscht werden. Er wird dem neuen System zwar keine Probleme bereiten, belegt aber unnötig Festplattenspeicher.

Besonders praktisch: Bei dieser Installationsvariante wird der Punkt *Benutzer und Netzwerkeinstellungen beibehalten* aktiv, so dass Sie in der Summe ein sauber installiertes neues System bekommen, gleichzeitig aber mit den alten Benutzern und Netzwerkeinstellungen weiterarbeiten können.

Löschen und Installieren – das ist der harte Installationsweg, bei dem das alte System komplett gelöscht wird. Diese Installationsvariante empfiehlt sich nur für solche Benutzer, die bei Ihrem alten System mit heftigen Problemen zu kämpfen hatten.

8. Mit der Option *Installationstyp* schliesslich können Sie bestimmte Systembestandteile an- oder abwählen. Hier sollten Sie grundsätzlich alles an-

wählen und installieren lassen. Eine Ausnahme stellen lediglich die Druckertreiber dar: Wenn Sie beispielsweise keinen Epson-Drucker besitzen, können Sie das entsprechende Druckerpaket deaktivieren. Im europäischen Sprachraum können Sie in der Regel sicherlich auch *Zusätzliche asiatische Schriftsysteme* von der Installation ausnehmen.
9. Wenn Sie jetzt den Knopf *Installieren* drücken, erfolgt mehr oder weniger automatisch die Installation. Ein notwendiger Neustart wird automatisch ausgelöst und Sie werden gegebenenfalls aufgefordert, die *Installdisc II* einzulegen.

Nach etwa einer halben Stunde (je nach Rechner-Modell) ist die Installationsroutine fertig mit ihrer Arbeit und Sie können jetzt erstmalig das neue System bewundern.

Developer CD

Mac OS X 10.2. *Jaguar* wird auf drei CDs ausgeliefert: zwei davon installieren das Betriebssystem, die dritte ist die *Developer-CD*. Auf ihr finden sich die notwendigen Entwicklungswerkzeuge, um in *C++*, *Objective C* und *Java* zu programmieren.

Normale Anwender, die nicht programmieren möchten, können auf die Installation der *Developer-CD* verzichten. Allerdings ist hier auch sehr viel Dokumentationsmaterial enthalten, und wer sich für die tieferen Gefilde von Mac OS X interessiert und des Englischen mächtig ist, sollte sich die CD einmal anschauen.

Backup des Systems

Unter OS 9 war und ist es ganz einfach, das Betriebssystem zu sichern oder auf ein anderes Volume zu kopieren respektive zu bewegen: Dazu muss lediglich der komplette Systemordner dorthin kopiert werden.

HEISSER TIPP Erkennt der Mac nicht gleich, dass es sich dabei um einen Systemordner handelt (das Finder-Symbol fehlt dem Ordner), dann ziehen Sie die Datei *Finder* aus dem Systemordner auf den Schreibtisch und legen ihn gleich wieder zurück – fertig.

Mac OS X dagegen lässt sich aufgrund der vielen unsichtbaren Dateien und der unterschiedlichen Zugriffsrechte nicht so einfach sichern oder auf ein anderes Volume kopieren. Doch es geht. Siehe Kapitel *Tipps, Tricks und Problemlösungen*.

Mac OS X deinstallieren

Sollten Sie Mac OS X komplett deinstallieren wollen, dann geht das am einfachsten, wenn Sie es auf einem eigenen Volume installiert haben:

1. Sichern Sie alle Daten, die Sie behalten möchten. Am besten, Sie loggen sich dazu als *root* ein oder Sie erledigen das unter Mac OS 9, damit Sie auch Zugriff auf alle Benutzerordner haben.
2. Danach starten Sie von einer anderen Partition oder von der System X-CD und löschen im Menü *Installer* des Installationsprogramms mit dem *Festplatten-Dienstprogramm* diejenige Partition, auf der sich Mac OS X befindet.

Etwas umständlicher ist das Vorgehen, wenn Sie nur Mac OS X löschen wollen, den Rest aber nicht. (Wir empfehlen Ihnen nochmals das Backup und das Löschen.) Doch es geht:

1. Starten Sie Mac OS 9 auf und löschen Sie alle Dateien und Ordner, die ganz offensichtlich zu Mac OS X gehören: *Mach* und *Applications* und so weiter.
2. Jetzt sollten Sie auch noch die unsichtbaren Dateien von Mac OS X löschen:

- .DS_Store   - mach.sym   - dev
- .hidden   - mach_kernel   - usr
- .Trashes   - Network   - mach
- .vol   - private   - Volumes
- bin   - sbin

Das geht aber erst, wenn Sie sie sichtbar machen. Und das wiederum geht so:

1. Starten Sie *ResEdit* unter Mac OS 9.
2. Wählen Sie den Menübefehl *File | Get File/Folder Info...* aus und wählen Sie im Dateidialog eine Datei aus.
3. Wählen Sie *Get Info*.

4. Jetzt entfernen Sie das Kreuzchen bei der Checkbox *Invisible*.
5. Änderungen sichern, Fenster schliessen und die nächste Datei suchen...

Anschliessend können Sie die Dateien im Finder sehen und auch löschen.

Installation kurz gefasst

- Bevor Sie System oder Programme installieren respektive updaten: Überlegen Sie, ob Sie die Festplatte nicht besser und anders partitionieren sollten und ob nicht sowieso eine grössere Festplatte geeigneter ist.
- Die mit Abstand beste und sicherste Methode ist dann eine komplette und «saubere» Neuinstallation.
- Wählen Sie ein Passwort, das bereits in den ersten acht Zeichen sicher ist.
- Benutzen Sie weder Leerzeichen noch Sonderzeichen, die per *Wahltaste* eingegeben werden!
- Haben Sie das Passwort vergessen, dann starten Sie von der Mac OS X System-CD auf. Über den Menübefehl *Installer | Kennwörter zurücksetzen* haben Sie die Möglichkeit, jedem einzelnen Benutzer ein neues Passwort zuzuweisen.

2 Die Konzepte hinter Mac OS X

Die Konzepte hinter Mac OS X

«Links vor mir steht ein Mac, rechts vor mir ein schwarzer NEXT – und jeden Tag darf ich mich in der Firma mit ... herumschlagen. Ich halte die Oberfläche des Mac immer mehr für das Optimum an Bedienungsfreundlichkeit. Wenn da jetzt noch ein Schuss NEXTstep dazukommt, wird sie noch schöner.»

Aus einem Leserbrief an c't
– Magazin für Computertechnik, März 1997

Steve Jobs hat es doch noch geschafft: sein Computer NeXT ist – mehr als 15 Jahre nach der Erstvorstellung – auf den Schreibtischen erfolgreich. Denn das Betriebssystem Mac OS X ist nichts anderes als eine Variante von NEXTSTEP (das auf UNIX aufsetzte), und auch der (schwarze) würfelförmige NEXTcube feierte im (silbernen) iCube eine Art Wiederauferstehung.

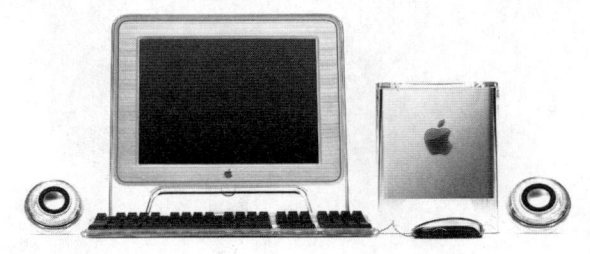

Der Mitgründer von Apple hatte sich von Apple getrennt, im Jahre 1985 eine eigene Firma gegründet und den *NEXTcube* herausgebracht, der sich allerdings nie wirklich durchsetzen konnte. Das lag aber nicht am schlechten Konzept, sondern ganz im Gegenteil daran, dass die Ideen hinter *NEXTcube* und dessen Betriebssystem *NEXTSTEP* zwar visionär, damals aber nicht allzu praktikabel waren. Ein kleines Beispiel: Der erste *NEXTcube* hatte als Wechsellaufwerk kein Diskettenlaufwerk mehr, sondern ausschliesslich ein CD-ROM-Laufwerk.

Was 1985 ungewohnt war, ist heute Standard. Im aktuellen Angebot von Apple gibt es keinen einzigen Macintosh mehr, der kein CD-ROM-Laufwerk hätte!

Und es gibt keinen mehr mit Diskettenlaufwerk. Das macht deutlich, dass Steve Jobs seiner Zeit (wieder einmal) um mehr als zehn Jahre voraus war.

Ironischerweise erfüllt Mac OS X ein Versprechen, das Apple vor mittlerweile nahezu 15 Jahren gab: *Pink*, *Taligent*, *Copland* und *Rhapsody* lauteten die Codenamen für die Projekte, die hoffnungsvoll angegangen und nie vollendet wurden. Das Projekt *Pink* wurde bereits im Jahr 1987 in Angriff genommen. Seitdem haben Apple-Benutzer System 7, System 8 und System 9 ins Land gehen sehen, aber keines von den immer wieder angekündigten, völlig neuen Betriebssystemen.

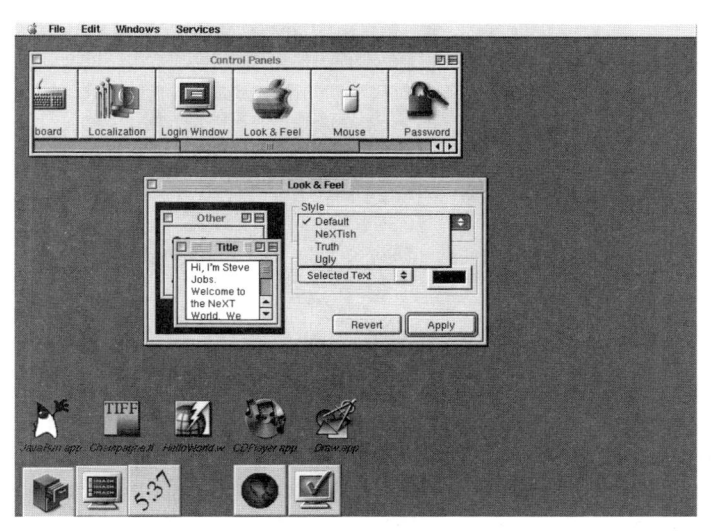

Das hat sich jetzt mit Mac OS X geändert. Dieses Betriebssystem wurde erstmals im Mai 1998 offiziell vorgestellt – aber erst nahezu drei Jahre später im März 2001 ausgeliefert. Auch hier ging nicht alles so glatt wie von Apple sicherlich gewünscht. Aber Mac OS X unterscheidet sich ganz elementar von den Vorgängerprojekten: Es wurde tatsächlich fertig gestellt und an die Endbenutzer ausgeliefert.

Auf dem langen Weg zu Mac OS X

Die Geschichte Apples beginnt am 1. April 1976 mit der Gründung der *Apple Computer Company* durch Stephen Wozniak und Steve Jobs (Abbildung hierzu siehe bitte nächste Seite, oben) in Palo Alto/Kalifornien. «Woz» und Jobs hatten in den Monaten vorher einen eigenen Computer entwickelt, der auf dem ersten frei verkäuflichen und bezahlbaren Prozessor «6502»MOS-Technology basierte. Innerhalb von sechs Monaten waren die Pläne fertig, und in nur 40 Stunden bauten sie den legendären *Apple I* zusammen.

Das Gehäuse bestand aus einer Sperrholzkiste (mit einer sehr schönen Laubsägearbeit von Woz) und beherbergte die Platine, eine Tastatur sowie ein Netzteil. Angeschlossen wurde der Computer an ein normales Fernsehgerät, eine Idee, die bis heute in den Spielekonsolen von Nintendo, Sony und Sega weiterlebt.

Die Verkaufsanzeige bewarb mit «Byte into an Apple» den Apple: «Das erste preiswerte Mikrocomputersystem mit Bildschirmanschluss und 8 Kilobyte RAM auf einer einzigen PC-Karte». Es geht das Gerücht um, dass daraus auch die Idee entstand, einen (bis 1998 regenbogenfarbenen) Apfel mit Biss als Apple-Logo zu verwenden.

Der Apple II war dann der erste Apple Computer, der auch wirklich aussah wie einer, und er wurde 1977 zum Preis von 1298 Dollar im Kunststoffgehäuse geliefert. Bastler konnten jedoch für 798 Dollar allein die Platine erstehen. Schon diese Tatsache zeigt, wie sehr die Computerindustrie damals noch in den Kinderschuhen steckte. Inbegriffen waren der Arbeitsspeicher von 4000 Zeichen, zwei Steuergeräte für Spiele und eine Demokassette. Zum Abspielen von Letzterer benötigte der Benutzer lediglich ein Audiokassettengerät. Angeschlossen an das heimische Fernsehgerät stellte der Apple II dann einen voll funktionstüchtigen Computer dar.

Das erste Softwareprodukt, bei dem die Philosophie von Apple erstmals offenkundig wird, war *VisiCalc*. Das Programm erschien 1979 und erlaubte es zum ersten Mal, eine Tabellenkalkulation zu bedienen, ohne über Programmierkenntnisse zu verfügen. Das führte dazu, dass der Apple II – neben dem üblichen Terminal – immer häufiger auch auf durchaus seriösen Büroschreibtischen zu finden war.

Andernorts hatte man schon 1974 begonnen, sich Gedanken über Benutzerschnittstellen zu machen. Im Mai 1981 wurde STAR von *Xerox* vorgestellt, eine neue Art der Dokumentenpräsentation auf dem Monitor. Apple hat viele Ideen davon übernommen und weiterverfolgt.

Die Essenz daraus manifestierte sich 1983 in der LISA (benannt nach Steve Jobs Tochter Lisa), dem ersten Computer, der über eine total neue Benutzeroberfläche verfügte und nicht mehr mit Befehlcodes, sondern mit Symbolen und einer Maus kommandiert wurde. Noch war der (horrende) Preis das Problem, und die Masse begriff nicht, was da vorgestellt wurde.

Der Nachfolger der LISA war der Macintosh (Macintosh war der Name eines beliebten Apfelsafts), der 1984 vorgestellt wurde. Das Konzept der LISA fand sich darin etwas redimensioniert wieder. Die einen fanden das Kistchen schlicht genial, die anderen wussten nicht so recht, was sie damit anfangen sollten und taten es als Spielzeug ab.

Dabei war die Grundidee revolutionär: Ein Computer soll so einfach und intuitiv zu bedienen sein, dass man seine Energie auf die kreative Arbeit verlegen kann und nicht seine Zeit damit verschwenden muss, das Ding überhaupt zum Laufen zu bringen. Das Betriebssystem – die wohl wichtigste Benutzerschnittstelle zwischen Mensch und Computer – spielt seitdem bei Apple immer eine entscheidende Rolle.

Systeme 1–6: System 1 wurde mit dem ersten Macintosh im Januar 1984 vorgestellt und in den folgenden Jahren immer weiter entwickelt. Die *Zwischenablage*, das *Album* und die anderen kleinen *Schreibtischprogramme* (Accessories) gehörten zu den wichtigsten Elementen, denn auf dem Mac konnten zwei oder mehr ausgewachsene Programme zunächst nicht gleichzeitig laufen – nur die *Schreibtischprogramme* waren immer da.

Um damals ein Element an eine andere Stelle hinzukopieren, musste es zuerst in dem einen Programm kopiert werden, welches dann beendet wurde. Danach wurde das andere Programm gestartet und das kopierte Element eingefügt.

Andererseits konnte bis einschliesslich System 6 noch von Diskette gestartet werden (voll funktionsfähig, wohlgemerkt) und der Start von der Festplatte dauerte nur wenige Sekunden.

Im Jahr 1987 wurden dem Macintosh mit System 4.2 der *Multifinder* und der Hintergrunddruck spendiert. 1988 erschien mit System 6 das letzte «schwarzweisse» Betriebssystem (die ersten Macs hatten Schwarzweissmonitore und der Finder war auf Farbe nicht sonderlich gut eingerichtet).

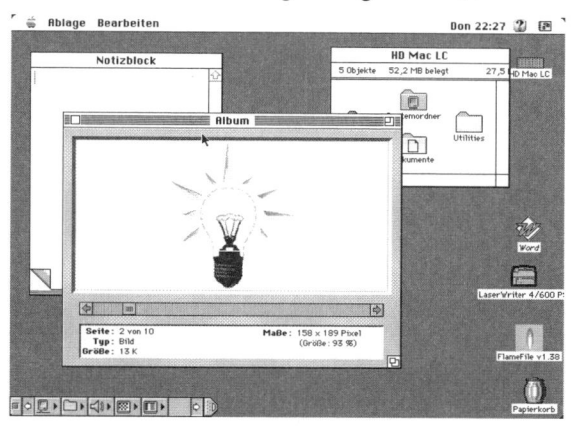

System 7: Der kleine Sprung von 6 nach 7 ist tatsächlich ein enormer gewesen, denn System 7 – 1991 eingeführt – bot mit dem *Multifinder* erstmals ein vom System so vorgesehenes und komplett unterstütztes kooperatives Multitasking. Mehrere Programme konnten gleichzeitig laufen, und wie enorm der Produktivitätsgewinn dadurch tatsächlich ist, kann wohl nur ermessen, wer sich einst schon ohne irgendwelches Multitasking am Computer tummelte.

Der Finder war auf farbfähige Macs zugeschnitten, alles wirkte eleganter und übersichtlicher. Im Zuge der verschiedenen Systemupdates wurden die Netzwerk- und Internetfähigkeiten immer weiter ausgebaut.

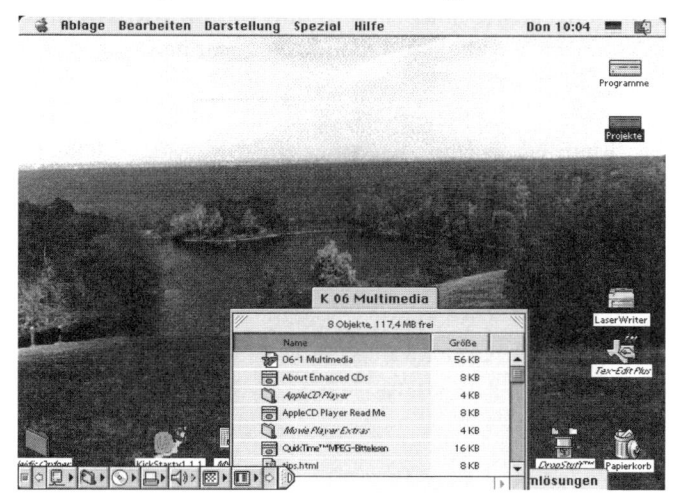

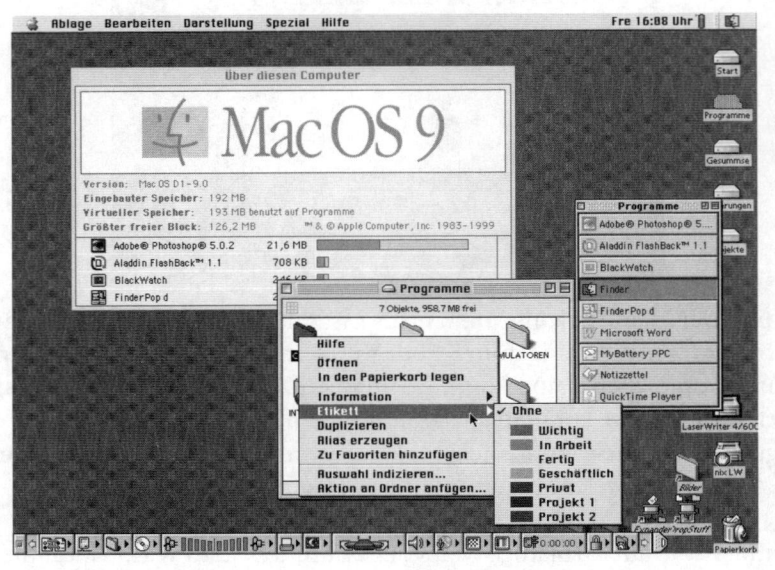

System 8: Bei dem 1997 eingeführten System 8 war das deutlich geänderte Erscheinungsbild der Schreibtischoberfläche augenfällig, von Apple «Platinlook» genannt. Neu waren auch die kontextsensitiven Menüs und die noch stärkere Ausrichtung auf das Internet. Mit OS 8.1 wurde im Jahr 1998 das neue Dateisystem *HFS+* eingeführt. Ende 1998 kam mit Mac OS 8.5 das erste Betriebssystem, das die einst verwendeten CISC-Prozessoren 68x00 nicht mehr unterstützte und nur noch auf Macintosh-Rechnern mit PowerPC-Chip lief. Das System wurde farbiger (nicht bunter!) und dreidimensionaler – «begreifbarer».

System 9: 1999 eingeführt, bot dieses System eine Mehrbenutzerfunktion, die Möglichkeit der *Software-Aktualisierung*, Dateienverschlüsselung, Kennworteingabe und -speicherung (*Schlüsselbund*) und war im Grossen und Ganzen ein verbessertes OS 8 ohne wirklich aufregende Neuerungen. Die kamen dann mit:

System X 10.0: Dieses völlig neue Betriebssystem wurde im Mai des Jahres 2001 eingeführt, nachdem schon Monate vorher eine öffentliche Beta erhältlich war; ein absolutes Novum in der Geschichte Apples. Es ist von Apple im Laufe der darauf folgenden Monate intensiv gepflegt und verbessert worden, so dass sich heute (Stand Herbst 2002) folgende Versionsgeschichte zeigt:

    Mac OS X 10.0   Codename Cheetah
    Mac OS X 10.1   Codename Puma
    Mac OS X 10.2   Codename Jaguar

Von UNIX zu Mac OS X

Das klassische UNIX besteht im Wesentlichen aus den Bestandteilen (Schichten) Kernel, Filesystem und Shell. Der Kernel stellt die grundlegenden Funktionen des Betriebssystems bereit, verteilt die Ressourcen wie Haupt- und Massenspeicher und Rechenzeit. Darüber liegt das Filesystem, das die Dateien hierarchisch verwaltet. Und obenauf schliesslich sitzt die Shell, ein Kommandozeilen-Interpreter (der Fachmann sagt CLI – Command Line Interpreter – dazu), über den der Benutzer das System mit Befehlsfolgen steuern kann, die auf den Unbedarften sehr kryptisch wirken.

Die UNIX-Varianten wie *Solaris* von Sun, *AIX* von IBM oder *Linux*, das einer Privatinitiative des Programmierers Linus Torvalds entspringt, waren denn auch lange Zeit auf äusserst fachkundige Benutzer angewiesen, die bereit waren, sich gründlich mit der Befehlssyntax der Shell auseinander zu setzen. Weitere Verbreitung erfuhren UNIX und im Besonderen Linux erst mit dem Aufkommen diverser Windowsmanager wie *KDE* und anderer für *X Window*, die der kryptischen Shell eine nachvollziehbare und verständliche Bedienoberfläche überstülpten.

Und genau dasselbe hat Apple – allerdings gleich zu Beginn – bei Mac OS X gemacht. Über den Basisschichten Kernel, Filesystem und Shell liegt die Benutzeroberfläche *Aqua*, und normalerweise kommt der Benutzer gar nicht mehr in die Verlegenheit, diverse Befehle und Schalter erlernen zu müssen.

In einer schematischen Übersicht von Apple stellt sich Mac OS X so dar:

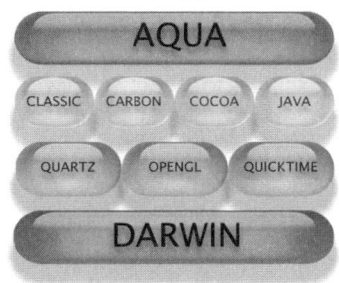

In dieser Übersicht über die Bestandteile von Mac OS X wird deutlich, dass Apple bei diesem Betriebssystem eine ganze Menge unterschiedlichster Technologien nahtlos vereint hat. *BSD* und *QuickTime*, um nur ein Beispiel zu nennen, unterscheiden sich sowohl in ihrer Geschichte wie auch hinsichtlich der zugrunde liegenden Standards und Konventionen. All das hat Apple unter einen Hut gebracht.

Kernel-Diskussionen

Das Betriebssystem von Apple sorgt für eine Menge Gesprächsstoff und es ist abzusehen, dass im Laufe der Jahre wieder ganz ähnliche Diskussionen über Pro und Kontra entstehen werden, wie dies immer wieder auch zwischen den Prozessor-Architekturen *RISC (Reduced Instruction Set Computing)* und *CISC (Complex Instruction Set Computing)* geschah. CISC-Prozessoren, wie sie in Windows-PCs verwendet werden, bieten sehr viele spezialisierte Befehle, RISC-Prozessoren kommen dagegen im Apple Macintosh zum Einsatz und kennen wesentlich weniger Befehle. Wenn nun eine bestimmte, komplizierte Funktion ausgeführt werden muss, werden bei einem RISC-Prozessor mehrere einfache Befehle miteinander kombiniert, während bei einem CISC-Prozessor nur eine einzige Anweisung notwendig wäre. Das macht zwar die RISC-Programme grösser, aber da die leichtfüssigen RISC-Prozessoren viel schneller sind als ihre Konkurrenten, wird dieser Nachteil mehr als wett gemacht.

Nachdem letztgenannte Diskussion schon über eine ganze Reihe von Jahren geführt wird und immer wieder einmal heftig aufflammt, kann dazu ein Fazit gewagt werden: Für den Anwender ist das alles letztlich völlig egal. Prinzipielle Vorteile werden immer auch durch etwaige Nachteile aufgewogen, und ein vernünftiges und stabiles Betriebssystem, das sowohl dem Programmierer wie dem Benutzer möglichst eingängige Hilfen an die Hand gibt, ist weit entscheidender als die zugrunde liegende Prozessortechnologie.

Ein ähnlicher Disput scheint sich über die «richtige» Implementierung des Betriebssystemkernels anzubahnen: Linux zum Beispiel hat einen monolithischen Kernel, wohingegen Mac OS X einen Mikrokernel aufweist. Ein monolithischer Kernel stellt alle wesentlichen Dienste eines Betriebssystems bereits auf unterster Ebene zur Verfügung. Ein Mikrokernel wie *Mach* bei Mac OS X dagegen übernimmt nur rudimentäre Aufgaben des Systems wie beispielsweise Speicherzuweisung, Programmverwaltung (einschliesslich von Threads, das heisst dem sozusagen gleichzeitigen Abarbeiten mehrerer Programmteile). Weitergehende Aufgaben wie Ein- und Ausgabe, Netzwerkdienste, Dateisystem und so weiter, die ein Betriebssystem in den Grundzügen erst komplett machen, finden sich in einer darüber liegenden Schicht. Im Fall von Mac OS X ist das *FreeBSD*.

Systeme mit einem solch reinen Mikrokernel sind theoretisch extrem absturzsicher. Stürzt zum Beispiel ein darüber liegender Prozess wie der Netzwerkdienst ab, dann läuft *Mach* unbeeindruckt weiter und die Netzwerkdienste können neu aufgestartet werden. Ideal ist diese Sicherheit für die Server in grossen Netzwerken. Der wohl grösste Nachteil dieser «reinen Lehre» aber liegt in den

Leistungseinbussen, müssen doch der Mikrokernel und die darauf aufbauenden Prozesse ständig kommunizieren – und das beansprucht nicht eben wenig Rechenzeit.

Die meisten modernen Betriebssysteme für Schreibtischrechner und Netzwerkserver benutzen deshalb eine modifizierte Mikrokernel-Architektur. So auch Mac OS X. Das *BSD Subsystem* läuft nicht als User-Prozess auf *Mach* aufgesetzt, sondern im Kernel-Modus wie auch *Mach* selbst. Damit wird ein Grossteil des ansonsten notwendigen Datenaustausches zwischen *Mach* und *BSD* unnötig; das BSD Subsystem kann mit *Mach* mittels normaler Funktionsaufrufe interagieren.

Trotz dieser engen Verzahnung von *Mach* und *BSD* bleibt Mac OS X allerdings ein weitgehend reines Mikrokernel-System, denn die nativen Kernel-Schnittstellen von *Mach* bleiben für andere Subsysteme zugänglich: So sind zum Beispiel *Cocoa*, *Carbon*, *Java* und *Classic* auf *Mach* aufgesetzt.

Natürlich bedingt diese Abweichung von der «reinen Lehre» des Mikrokernels, dass *Mach* von Abstürzen des Subsystems *BSD* mit in den Abgrund gerissen werden kann. Dafür sind die Geschwindigkeitsgewinne aufgrund dieser Verzahnung nicht zu unterschätzen.

Und so heben sich in der Praxis die Vor- und Nachteile der unterschiedlichen Kernel-Implementierungen doch wieder auf: Linux, als ein Beispiel für einen monolithischen Kernel, kann Module dynamisch nachladen und damit im Betrieb eine ähnliche Funktionalität nachrüsten, wie es *Mach* mit den aufgesetzten Diensten kann. Bei einem monolithischen Kernel allerdings laufen alle dynamisch nachgeladenen Module im Kernelspace und reissen bei einem Absturz deshalb auch meist das gesamte System mit sich. Bei einem Mikrokernel dagegen können die Subroutinen meist wieder neu gestartet werden.

Andererseits wurde bei Windows NT (das nicht zu Unrecht als das mit Abstand stabilste Windows-Betriebssystem gilt) der Leistungssteigerung wegen gleich das gesamte GUI (Graphic User Interface) mit in den Kernel gepackt. Ob man dieses im Ansatz als Mikrokernel-System angelegte Betriebssystem dann noch als ein solches bezeichnen kann, ist zumindest fraglich.

Doch sei's drum. Linux und Windows NT sind stabil und Mac OS X ist es auch. Denn es kommt, wie gesagt, nicht auf die Theorie an, sondern allein auf die tatsächliche Realisierung. Und die ist in allen Fällen gut gelungen.

Dass Mac OS X dennoch das Zeug zum «Klassenbesten» hat, liegt an etwas ganz anderem: An der Benutzeroberfläche *Aqua* nämlich. Es kann kaum besser ausgedrückt werden, als es in einer E-Mail einmal zu lesen war:

> «Mein Auto, meinen Schreibtisch und auch meinen Computer suche ich ja nicht allein nach technischen Gesichtspunkten aus. Es muss mir gefallen, das ist ebenso wichtig.»

Zwei dicke Pluspunkte für Apple, denn sowohl die Computer selbst als auch die Benutzeroberfläche sind einfach nur schön.

Kernel «Darwin»

Der Systemkern *Darwin* ist keine völlige Neuentwicklung von Apple, sondern hat verschiedene Väter. Da ist zum einen das gleichfalls UNIX-ähnliche Betriebssystem *NEXTSTEP*, das Steve Jobs (der heute wieder zu Apple zurückgekehrt ist) schon vor vielen Jahren seinem wegweisenden Rechner *NeXT* spendiert hat. Es basierte auf *Mach*, einem prinzipiell UNIX-kompatiblen Betriebssystem, dessen Grundlagen an der Carnegy Mallon University gelegt wurden. Mit *FreeBSD* entwickelte die Universität Berkeley gleichfalls die Grundlagen für ein modernes Betriebssystem. Nach Angaben von Apple beruht *Darwin* auf einer Kombination der beiden Betriebssysteme *Mach 3.0* und *BSD 4.4* (Berkeley Software Distribution).

Der Grund, weshalb Apple sich ausgerechnet für *BSD Unix* entschieden hat, speist sich aus mehreren Quellen:

1. Eine Menge Code von Mac OS X stammt ursprünglich aus *OPENSTEP*, das wie der Vorgänger *NEXTSTEP* auf *4.3 BSD* basierte. (Apple kaufte *NeXT-Software* und damit *OPENSTEP* im Jahr 1997.)
2. *BSD* gilt als sauberer, robuster und einfach zu wartender Code, für den eine grosse Entwicklergemeinde existiert (historisch bedingt vor allem im Umfeld der Universitäten).

Der Kernel versorgt die darüber liegenden Schichten mit den wichtigsten Funktionen des Betriebssystems. Im Besonderen handelt es sich dabei um:

- Präemptives Multitasking.
- Virtueller Speicher mit Speicherschutz und dynamischer Speicherzuweisung.
- Symmetrisches Multiprozessing.
- Mehrbenutzerzugang.

- Auf *VFS* (Virtual File System) basierendes Dateisystem.
- Gerätetreiber.
- Netzwerkdienste.

RAFFINIERT Wenn Sie sich einmal von *Darwin* willkommen heissen lassen möchten: Geben Sie bei der Anmeldung >*console* ein. Mit *exit* verlassen Sie *Darwin* wieder.

Open Source

Apple hat sich übrigens erstmals bei *Darwin* zu einem für die Firma äusserst ungewöhnlichen Schritt entschlossen: Der Programmcode von *Darwin* ist *Open Source*, was nichts anderes bedeutet, als dass der gesamte Programmcode offen liegt und von jedem Programmierer eingesehen und geändert werden kann – was in der kommerziellen Welt der Betriebssysteme bisher völlig unüblich war, Linux aber zu seinem grossen Erfolg verholfen hat.

Denn an Linux werkeln sehr viele findige und kluge Programmierer, jeder respektive jede Gruppe an einem bestimmten Teil. Und wenn ein Problem auftaucht, ein fehlender Treiber zum Beispiel oder ein Treiberkonflikt, dann braucht es nur noch irgendwo auf der Welt einen Programmierer, der sich dieses Problems annimmt. Es ist also nicht mehr notwendig, dass Apple für alles selbst sorgt.

Jeder, der möchte, erhält ein voll funktionsfähiges Betriebssystem im Quelltext und kann damit machen, was er will (Interessierte finden den binären Code von *Darwin* unter `http://publicsource.apple.com/projects/darwin/`).

So ist es nicht ausgeschlossen, dass *Darwin* einmal auch auf völlig anderen Computerplattformen mit einem völlig anderen Prozessor auftaucht: es muss sich nur ein fähiger Programmierer finden, der das Projekt dorthin portiert. Und in dem Fall sollten dann alle Programme, die für Mac OS X geschaffen worden sind, auch auf dem fremden System laufen. Das beinhaltet natürlich die Programme nicht, die auf besondere Hardware-Eigenschaften eines Macintosh oder auf die besonderen Fähigkeiten der über *Darwin* liegenden Schichten wie *QuickTime* oder *Aqua* zugreifen.

Dieses offene Softwarefundament von Mac OS X hat für beide Seiten Vorteile: Einerseits konnte die Firma Apple auf ein bereits vorhandenes, bewährtes Betriebssystem zurückgreifen (*BSD*) und es um die Routinen erweitern, die für den Macintosh notwendig sind. Andererseits aber arbeitet Apple eng mit den entsprechenden Entwicklergruppen zusammen und stellt den Code von *Darwin* zur freien Verfügung. So fliessen Anregungen von Apple an die Entwicklergemeinde und von dort wieder zu Apple zurück. Und der (programmierende) Anwender kann *Darwin* bei Bedarf auch ganz nach seinen Wünschen anpassen.

Stabilität
Dazu wusste Apple auf seiner Webseite Folgendes:

> «*Darwin* wird unter Apple Open Source Lizenz vertrieben, und deshalb können Entwickler rund um den Erdball Apple dabei helfen, aus Mac OS X das beste Betriebssystem des Planeten zu machen.»

Und tatsächlich fand sich bereits in der ersten finalen Version von Mac OS X eine ganze Menge an Code, den Freiwillige zur Verfügung stellten. Im Speziellen handelt es sich dabei um Fehlerbereinigungen, die notwendig wurden, weil ungewöhnliche Konfigurationen nicht liefen. Je mehr Menschen mit einem Kernel arbeiten (und den auch für sich anpassen können), desto wahrscheinlicher können Probleme erkannt und somit gelöst werden. Und so wird Mac OS X zunehmend immer besser werden; leistungsfähiger und stabiler als Apple allein das je leisten könnte.

Auch für die Zukunft ist Mac OS X gut gerüstet. Der *Darwin*-Kernel bietet alle Möglichkeiten, «sauber» erweitert zu werden. Wie das stabil und fortdauernd geschehen kann, zeigt sich nicht zuletzt an UNIX, das seit den siebziger Jahren bis heute ständig weiterentwickelt wurde.

Hier ist für den Mac eine ganze Menge zu erwarten, denn man darf nicht vergessen, dass es sich um das erste kommerzielle Betriebssystem handelt, dessen Basis jedem willigen Programmierer frei zur Verfügung gestellt wird.

Softwarevielfalt
«Weil UNIX darunter liegt, läuft auch UNIX darauf.» Aufgrund der Mac OS X zugrunde liegenden UNIX-Technologien können Programmierer auf einen riesigen Pool bereits vorhandener Programme zugreifen und diese mit vergleichsweise wenig Aufwand portieren. Prinzipiell kann das gesamte riesige Softwareangebot, das für UNIX und Linux existiert, auch für Mac OS X, genauer für *Darwin*, mit (meist) relativ wenig Aufwand kompiliert werden. «Kompilieren» bedeutet, dass aus dem Programmcode ein ablauffähiges Programm erstellt wird. Damit ein Programm für *Darwin* kompiliert werden kann, ist im Wesentlichen Folgendes notwendig:

- Der Programmcode.
- Die richtigen Kompilieranweisungen für Darwin (die sich von denen für UNIX oder Linux unterscheiden).
- Ein Programm zum Kompilieren (das Sie auf der Developer-CD finden).

Etliche der wichtigen UNIX-Programme wie zum Beispiel *Apache* oder *MYSQL* wissen bereits um die Existenz von *Darwin* und konfigurieren die Kompilation richtig (für «einfache» Anwender gibt es immer auch bereits fertig kompilierte Pakete). Bei anderen mag der Hinweis beim Kompilieren genügen, dass es sich um ein BSD-ähnliches System handelt. Und natürlich gibt es noch sehr, sehr viele, die einer Anpassung unter *Darwin* harren.

Für den Benutzer des modernen Mac OS steht jetzt und in Zukunft das Hineinwachsen in einen riesigen Softwarepool zu erwarten. Die (neue) Macintosh-Welt erlebt eine Flut bislang noch nicht gesehener Anwendungen und Hilfsprogramme. Denn neben Bekanntem, das für das neue Betriebssystem übertragen wird, kommt auch viel Neues aus der UNIX-Welt auf den Macintosh. Dass vieles davon neu ist, reflektiert sich schon in den Versionsnummern, die oft nicht mehr bei *8* oder *10* oder gar *2001* liegen, sondern wie zu den Anfangszeiten des Mac wieder mit *1* oder gar *0* beginnen. Eine ganz neue Programmgeneration wächst heran...

Was daran auch noch besonders schön ist: Vieles davon wird als Freeware oder unter der GNU-Lizenz veröffentlicht, was nichts anderes heisst, als dass es dem Anwender kostenlos zur Verfügung gestellt wird.

Geschützte Speicherbereiche

Darwin benutzt eine geschützte Speicherarchitektur, die jeder Applikation einen eigenen Speicherbereich zuweist. Da die Programme im eigenen Speicherbereich isoliert sind und weder in den Speicherbereich eines anderen Programms noch in den des Systems schreiben können, betrifft ein Absturz (so ärgerlich er auch immer sein mag) lediglich dieses eine Programm. *Darwin* beendet die fragliche Applikation einfach, der Rest des Systems kann nahtlos weiter genutzt werden.

NEXTSTEP-Anwender – die das Konzept schon länger kennen – rühmten deshalb auch insbesondere die hohe Stabilität des Betriebssystems. Beim klassischen Mac OS bedeutete ja der Absturz eines Programms in aller Regel auch, dass der gesamte Rechner lahm gelegt wurde – und damit waren auch nicht gesicherte Daten aus anderen geöffneten Programmen verloren.

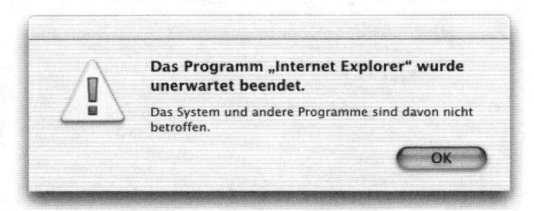

Wie fantastisch Mac OS X in seinen Konzepten tatsächlich ist, erkennen Sie spätestens dann, wenn Ihnen *Classic* einmal abstürzt: Der Crash eines einzigen Programms genügt, um die gesamte *Classic*-Umgebung mit in den Abgrund zu reissen. Das kennen wir alten Hasen ja. Doch Mac OS X und all die nativen Programme laufen unbeeindruckt weiter. Und stürzt ein natives Programm einmal ab, dann passiert weiter gar nichts. Der Rest des Systems läuft stabil weiter. Tage, Wochen und Monate…

Speicherverwaltung und virtueller Speicher

Sie wissen vielleicht noch vom klassischen Mac OS um die ein wenig knifflige Speicherverwaltung. Zum einen wies das Betriebssystem jedem Programm explizit einen bestimmten Speicherbereich zu; zum anderen verwaltete es den vorhandenen Speicher nicht allzu effektiv:

Finder	SimpleText	AppleWorks	Route 66	freier Speicher
				Speicherbereich, der vom System zugewiesen werden kann

Die den Programmen zugewiesenen Speicherbereiche waren fest vergeben, und wenn ein grosses Programm mitten in dieser Reihe beendet wurde, dann belegte es zwar keinen Speicher mehr, doch konnte dieser auch nicht freigegeben werden. Dieser Speicherbereich lag brach und konnte nicht von anderen Programmen benutzt werden, solange die dahinter liegenden Programme nicht auch beendet wurden.

Finder	SimpleText	freier Speicher	Route 66	freier Speicher

Speicherbereich, der vom System zugewiesen werden kann

Unter Mac OS X muss keinem Programm explizit Speicher zugewiesen werden; das besorgt das Betriebssystem automatisch. Es kümmert sich darum, dass dem Programm immer genügend Speicher zur Verfügung steht. Und es bietet eine wesentlich ausgefeiltere Speichertechnik, wobei es voll auf den *Virtuellen Speicher* setzt (der unter UNIX/Linux respektive bei den «Fachleuten» auch gerne als *swapfile* bezeichnet wird). Neben dem physikalischen Hauptspeicher benutzt es dazu virtuellen Speicher – das sind Speicherbereiche, die auf die Festplatte ausgelagert und nach Bedarf (in 0,8-Megabyte-Schritten) angepasst werden. Die Grösse des virtuellen Speichers passt ein Hintergrundprozess *dynamic_pager* an. Sinkt der von den Programmen benötigte Speicherbedarf, dann werden überflüssige Swap-Dateien gelöscht.

POWER USER Den tatsächlich von einem Programm genutzten Speicher können Sie sich mit dem Programm *ProcessViewer* ansehen. Das Ganze ist aufgeschlüsselt nach physikalischem und virtuellem Speicher (sofern *Mehr Informationen* ausgeklappt und der Reiter *Statistiken* angeklickt wurde):

So erkennen Sie im Beispiel, dass dem *TrueBlueEnvironment* (= *Classic*) rund 1 Million Kilobyte (= 1 Gigabyte) virtueller Speicher zugewiesen wurden, wovon aktuell 28800 Kilobyte (= 28,8 Megabyte = 0,028 Gigabyte) physikalischer Speicher tatsächlich benutzt werden.

Oder geben Sie im Terminal *vm_stat 1* ein und Sie bekommen die Aktivitäten des virtuellen Speichers angezeigt, die Anzeige wird jede Sekunde aktualisiert. Beobachten Sie die letzten beiden Spalten. *pageins* listet die Anzahl der von der Festplatte ins RAM zurückgeholten Seiten (in vier Kilobyte grossen Speicherblöcken), *pageouts* bezeichnet die Anzahl der ausgelagerten Seiten.

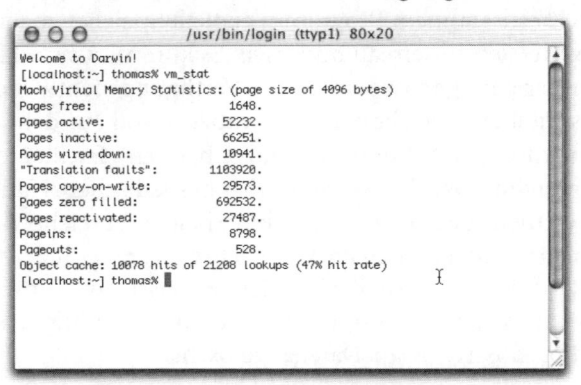

```
Welcome to Darwin!
[localhost:~] thomas% vm_stat
Mach Virtual Memory Statistics: (page size of 4096 bytes)
Pages free:                     1648.
Pages active:                  52232.
Pages inactive:                66251.
Pages wired down:              10941.
"Translation faults":        1183920.
Pages copy-on-write:           29573.
Pages zero filled:            692532.
Pages reactivated:             27487.
Pageins:                        8798.
Pageouts:                        528.
Object cache: 10078 hits of 21208 lookups (47% hit rate)
[localhost:~] thomas%
```

Sie erkennen hier, wie stark das Betriebssystem auf den virtuellen Speicher setzt. Nicht selten wird einem Programm mehr virtueller als physikalischer Speicher zugewiesen. Und das Ganze wird natürlich «dynamisch» verwaltet, will heissen, freigegebene Speicherbereiche kommen sofort anderen Programmen zugute. Ein Programm ist jetzt auch nicht mehr auf einen vorher fest zugewiesenen Speicherbereich angewiesen, sondern bekommt den Speicher dynamisch vom Betriebssystem zugeteilt. In der Summe ist die Speicherverwaltung unter Mac OS X damit viel effektiver, variabler und stabiler.

Spezielle Software wie das Kontrollfeld *Erweiterungen Ein/Aus* unter dem klassischen Mac OS, mit dem aktuell nicht benötige Systemerweiterungen abgeschaltet werden, um mehr Speicher frei zu bekommen und – vor allem bei fremden Erweiterungen – ein möglichst stabiles System zu erhalten, ist unter Mac OS X unnötig. Prozesse, die nichts zu tun haben, verbrauchen kaum oder gar keine Rechenzeit oder Hauptspeicher; das System lagert sie auf die Festplatte aus.

Präemptives Multitasking

Vor Mac OS X wurde unter den Systemen 6 bis 9 das so genannte «kooperative Multitasking» verwirklicht – jedes Programm kann selbst entscheiden, wie viel

Rechenleistung es anfordern will und ob es den anderen auch etwas gönnt. Und genau in dieser Kooperation liegt der Knackpunkt, denn nur, wenn die Programme auch wirklich kooperativ miteinander arbeiten, funktioniert das Ganze.

Beim präemptiven Multitasking verteilt das System Zeitscheiben an die Programme und überwacht deren Priorität. Einzelne Programme lähmen nicht mehr das gesamte System (unter dem alten Mac OS legte eine einzelne Dialogbox, die bestätigt werden wollte, das System erstmal lahm).

Auf den ersten Blick hat präemptives Multitasking auch einen Nachteil: Kein Programm kann sich mehr rücksichtslos die gesamte Rechenzeit holen. Deshalb kann ein einzelnes Programm unter Mac OS X tatsächlich langsamer laufen als ein vergleichbares unter dem klassischen Mac OS. Doch je mehr Programme gleichzeitig genutzt werden (und gerade damit steigt ja die Produktivität), desto deutlicher zeigen sich die Vorteile: Kein Programm ist blockiert, alle laufen, auch die im Hintergrund. Und bekommen von *Mach* je nach Aktivität mehr oder weniger Rechenzeit zugeteilt.

Multiprozessing
Das OS (Operating System = Betriebssystem) kann mehrere Prozessoren ansprechen und verteilt die Aufgaben nach Anforderung; das einzelne Programm muss diese Funktion nicht explizit unterstützen (unter dem klassischen Mac OS profitieren nur speziell angepasste Programme von Multiprozessor-Macs).

Darwin unterstützt augenblicklich Dual-Prozessor-Systeme; zwei Prozessoren also. So kann das System zum Beispiel den einen Prozessor für eine komplexe Bildberechnung nutzen, während es dem anderen eine MP3-Datei anvertraut.

Multithreading
Ein Programm kann seine Aufgaben in mehrere Unteraufgaben (Threads) zergliedern, und der Prozessor kann sie effektiver und quasi gleichzeitig bearbeiten. Systeme mit zwei oder mehr Prozessoren profitieren besonders davon; das Programm läuft bei zwei Prozessoren annähernd doppelt so schnell.

Es ist gewissermassen das «Multitasking» fürs einzelne Programm, das auf diese Weise eben auch gleichzeitig mehrere Aufgaben erledigt; zum Beispiel sowohl eine Benutzereingabe bearbeitet als auch Daten sortiert. Auch bei den Unteraufgaben existiert die Unterscheidung zwischen kooperativen und präemptiven Threads.

Kernel Panik

Aufgrund der geschilderten Mechanismen ist Mac OS X laufstabil und sehr absturzsicher. Selbst wenn ein Programm einmal aussteigt, ist das in der Regel kein Problem, ist doch Mac OS X auch auf solche Unliebsamkeiten vorbereitet und sorgt dafür, dass wenigstens das restliche System nicht von einem Amok laufenden Programm mit in den Abgrund gerissen werden kann.

In seltenen Fällen allerdings ist auch ein Komplettabsturz des gesamten Systems denkbar. Apple bezeichnet diesen grössten anzunehmenden Crash als *Kernel Panic*. Glücklicherweise tritt so ein Totalcrash wirklich nur äusserst selten ein (manche bekommen ihn gar nie zu sehen).

Quartz, OpenGL und QuickTime

Die Module *Quartz*, *OpenGL* und *QuickTime* sind für Anzeige und Darstellung im weitesten Sinn zuständig: *Quartz* sorgt für die 2D-Bildschirmdarstellung, *OpenGL* für die 3D-Darstellung und *QuickTime* kümmert sich unter anderem um Bilder, Filme und Töne.

Quartz für 2D-Grafik

Quartz ist ein 2D-Grafiksystem und basiert auf Adobes *Portable Document Format* (PDF) – genauer gesagt auf Acrobat 3 und der PDF Spezifikation 1.2. PDF bietet gegenüber *PostScript* einige Vorteile wie etwa ein besseres Farbmanagement, eingebaute Komprimierungsmöglichkeiten und die Unabhängigkeit von Zeichensätzen (PDF-Dokumente werden auch dann richtig skaliert und dargestellt, wenn der verwendete Zeichensatz nicht verfügbar ist).

Folgende Eigenschaften zeichnen *Quartz* aus:

- Anzeigen und Sichern von PDF-Daten.
- Einheitliche Möglichkeiten für alle Drucker.
- Konvertierung von PDF-Daten in Rasterdaten für Drucker oder *PostScript*.
- Hochauflösende Bildschirmdarstellung.
- Farbmanagement mit *ColorSync*.

Dank dieser Technologie versteht sich Mac OS X auf Bézierkurven, Transparenz und Schattenwurf. Was *Quartz* zu leisten vermag, erkennen Sie unter der Benutzeroberfläche *Aqua*: durchscheinende Kontrollelemente und Menüs und «visuelle Tiefe» dank der Schlagschatten um die Fenster. All das kann – eine geeignete Grafikkarte vorausgesetzt – per Hardware beschleunigt werden und OS X unterstützt die Hardwarebeschleunigung auch.

Das Format *PDF* (Portable Document Format) ist auch Ihnen schon mehrfach begegnet: Softwareanbieter verzichten zunehmend auf gedruckte Handbücher und packen statt dessen das Handbuch als PDF auf die Programm-CD. Adobe hat dafür gesorgt, dass PDF ähnlich universell arbeitet wie HTML: Der *Acrobat Reader* wird für alle wichtigen Plattformen angeboten und kostenlos verteilt; lediglich der *Distiller* zum Erzeugen der PDF-Dokumente kostet etwas.

Das Besondere ist, dass unter Mac OS X das PDF-Format ins Betriebssystem integriert ist und deshalb alle Programme PDF-Dateien lesen und auch schreiben (!) können. Mehr dazu im Kapitel *Produktiv mit Mac OS X*.

OpenGL für 3D-Grafik

OpenGL ist ein *Application Programming Interface* (API) von Silicon Graphics, das dreidimensionale Grafiken, die auf die Bibliotheken von *OpenGL* zugreifen, beschleunigt. Damit können Entwickler die Leistungsfähigkeit eines Prozessors und vor allem einer Grafikkarte fürs Rendering, für Texturen und für Spezialeffekte nutzen. Sie ahnen, worauf das Ganze hinausläuft: Vor allen Dingen Spiele profitieren von *OpenGL*. Aber auch Anwendungen aus dem Bereich CAD/CAM (Computer Aided Design, Computer Aided Mounting), 3D-Modelling und Animation können sich die Routinen zunutze machen.

OpenGL ist ein plattformübergreifender Standard und wird von den allermeisten 3D-Grafikkarten unterstützt. Auch Programmierer haben es damit einfacher, ihre Software für den Mac zu portieren.

QuickTime für Multimedia

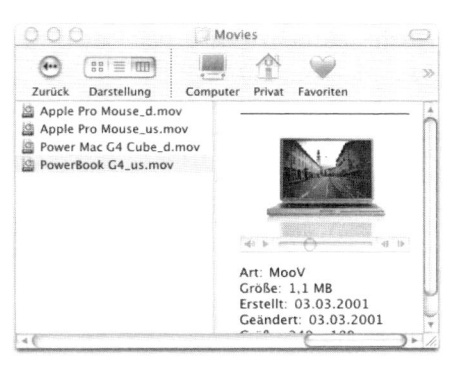

QuickTime ist die Multimediakomponente auf dem Mac, die immer im Hintergrund mitwirkt, wenn Sie Videos, Grafiken, Töne, Sprites, Texte, Musik, 3D-Bilder oder Animationen in Dokumenten, auf CD-ROMs oder im Internet erstellen, bearbeiten und abspielen. Weiterhin ist in *QuickTime* der MIDI-Standard implementiert, so dass diese Systemerweiterung das «Schweizer Taschenmesser» für Multimedia darstellt.

Mehr zu diesem Themenbereich finden Sie im Kapitel *Programme für Mac OS X*.

Quartz Extreme

Mit *Jaguar* hat Apple die Bild- respektive Fensterdarstellung von *Quartz* nach eigenen Angaben deutlich optimiert und beschleunigt und nennt das Ganze jetzt *Quartz Extreme*. Fensteroperationen wie Öffnen, Verschieben und Verändern sollen dadurch deutlich beschleunigt werden.

In der Summe «bemächtigt» sich *Quartz Extreme* der Fenster- und Texturelemente von Programmen (auch der *Finder* ist eins), *OpenGL* und *QuickTime* und gibt sie zur Berechnung idealerweise an den für solche Bildoperationen weit geeigneteren Grafikprozessor der Grafikkarte weiter, statt sie an den Hauptprozessor zu senden.

Als die ersten Details zu *Quartz Extreme* bekannt wurden, ging leichter Unmut durch die Mac-Gemeinde. Missverstanden doch einige das Konzept und glaubten, dass *Quartz Extreme* nur auf den neuesten Rechnern mit speziellen Grafikkarten greife. Tatsächlich ist es so, dass *Quartz Extreme* umso effektiver ist, je besser auch die Hardware mitspielt. Die Verbesserungen wirken sich aber auf jedem Macintosh aus:

- G3-Prozessoren zeigen leichte Verbesserungen.
- G4-Prozessoren zeigen besonders beim Fensteraufbau und beim Scrollen deutliche Beschleunigung.
- Noch deutlicher wird der Geschwindigkeitszugewinn bei Dual-Prozessor-Systemen mit G4.
- Und am meisten profitieren jene Systeme, die eine passende Grafikkarte eingebaut haben. Hier wird die Hauptlast der Berechnungen von ihr übernommen, der Prozessor entlastet.

So profitiert also jeder Rechner mehr oder weniger von den Verbesserungen in *Quartz*; er profitiert aber auf jeden Fall.

Damit *Quartz Extreme* voll greifen kann, muss der Rechner mindestens 16 Megabyte VRAM (32 Megabyte werden empfohlen) und einen AGP-2x-Bus (4x oder besser empfohlen) aufweisen. Weiterhin muss die Grafikkarte spezielle Befehle von *Quartz Extreme* verarbeiten können. Aus diesem Grund unterstützen nur die Grafikkarten in den neueren Macintosh-Rechnern die Hardwarebeschleunigung.

GRUNDWISSEN *AGP* (Accelerated Graphics Port) ist ein beschleunigter Datenbus, der mehrmals (2x, 4x…) 32 Bit pro Taktzyklus übertragen kann und so Datenraten von 533 Megabyte pro Sekunde (2x) und mehr erreicht. Damit werden die Zeichenbefehle schneller von der CPU an den Grafikchip geliefert, und der kann wiederum die Texturen schneller nachladen.

Hier nun ein paar Möglichkeiten, mit denen Sie die Fähigkeiten von *Quartz Extreme* testen können:

- Rufen Sie die *Systemeinstellungen* unter dem Apfel auf und wählen Sie die *Bedienungshilfen* aus: Klicken Sie auf den Reiter *Hören* und dort den Knopf *Bildschirm blinken lassen*.
- Rufen Sie in den *Systemeinstellungen* den *Schreibtisch* auf und stellen Sie unten bei *Bild ändern:* die Option *Alle fünf Sekunden* ein. Die verschiedenen Schreibtischhintergründe werden ständig ineinander eingeblendet.
- Lassen Sie den Bildschirmschoner als Schreibtischhintergrund laufen. Dafür gibt es eine Reihe von Utilities, die Sie zum Beispiel über `www.versiontracker.com` finden. Sie können aber auch einfach folgende Zeile im *Terminal* eintippen:

  /System/Library/Frameworks/ScreenSaver.framework/Resources/ScreenSaverEngine.app/Contents/MacOS/ScreenSaverEngine –background
  (In dieser Befehlszeile darf nur ein Leerzeichen vorkommen!)

Beenden können Sie diesen Befehl mit *Befehlstaste-Punkt* im *Terminal*. Und damit Sie den Befehl nicht jedes Mal wieder neu tippen müssen, markieren Sie die Befehlszeile im *Terminal* und ziehen Sie per *Drag&Drop* auf den Schreibtisch. Wenn Sie diesen Clip dann wieder ins Terminalfenster bewegen und loslassen, startet der Bildschirmschoner auf dem Schreibtisch gleich wieder.

Mit diesen kleinen Spielereien können Sie nicht nur die Fähigkeiten von *Quartz Extreme* testen, sondern auch die Leistungsfähigkeit Ihres Macintosh. Insbesondere der Bildschirmschoner wird nur dann ohne Leistungseinbussen auf dem Schreibtisch laufen, wenn *Quartz Extreme* hardwarebeschleunigt ist.

HEISSER TIPP Ob bei Ihrem Mac *Quartz Extreme* aktiv ist, finden Sie mit Hilfe des kleinen Utilitys *Quartz Extreme Check* heraus, das Sie auf unserer *SmartDisc* finden.

Rendezvous

Mit *Jaguar* führt Apple auch eine neuartige Netzwerktechnologie namens *Rendezvous* ein, die die Konfiguration und Verwaltung von Netzwerken deutlich zu vereinfachen verheisst. Dank dieser neuartigen Technologie genügt es, die vorhandenen Geräte zu verkabeln beziehungsweise einzuschalten (bei drahtloser Technologie) – und dank *Rendezvous* werden alle Geräte und Netzwerkteilnehmer selbsttätig gefunden und konfiguriert.

Wenn also beispielsweise ein Drucker mit der drahtlosen *BlueTooth*-Technologie in Reichweite steht oder ein Ethernet-Kabel zu einem anderen Mac (oder auch Windows-PC) gelegt wird, dann konfiguriert sich der Macintosh automatisch und Sie können ab sofort drucken oder netzwerken.

Voraussetzung dafür ist, dass beide Geräte *Rendezvous* kennen und verstehen. So haben beispielsweise alle grossen Druckerhersteller bereits ihre Bereitschaft signalisiert, diese Technologie zu unterstützen. Von der technischen Seite her betrachtet kümmert sich *Rendezvous* um folgende Punkte:

1. Autokonfiguration des IP-Interfaces.
2. Übersetzung zwischen Host-Namen und IP-Adressen.
3. Diensteerkennung.
4. Zuweisung von IP-Multicast-Adressen.

Etliche dieser Funktionen kennen und nützen Sie wahrscheinlich bereits. So erfolgt beispielsweise die Übersetzung zwischen Namen und IP-Adressen mit Hilfe eines *DNS*-Servers und Adressen werden üblicherweise über einen *DHCP*-Server zugewiesen.

Doch bislang musste dafür entweder besondere Hardware (ein Router zum Beispiel) oder das Internet zur Verfügung stehen. Was *Rendezvous* so interessant macht ist die Tatsache, dass sich damit ein lokales Netzwerk ohne die Hilfe dezentralisierter Server selbst konfigurieren kann.

Damit wird auch die Zielrichtung von *Rendezvous* deutlich: Es soll kein Ersatz für weltweite Netzwerke werden, sondern es eignet sich viel mehr für kleine und mittlere lokale Netzwerke.

Diese Dinge mögen erfahrenen Mac-Anwendern nicht unbedingt so revolutionär neu vorkommen, konnte doch unter dem klassischen Mac OS in der *Auswahl* auch recht komfortabel auf die verschiedenen Netzwerkdienste zugegriffen werden. Das Neue an *Rendezvous* ist, dass es im Gegensatz zu *AppleTalk* auf den industrieweiten Standard *IP* (Internet Protocol) setzt. Es muss damit keine Apple-eigene Insellösung mehr bleiben, folgt es doch allgemein gültigen Standards.

In der Summe bietet *Rendezvous* das Potential, auf einfachste Weise zu finden und zu steuern. Ob das ein anderer Rechner, ein Drucker oder aber die Licht- respektive Musikinstallation eines Hauses ist, spielt dabei prinzipiell keine Rolle. Die neue Technologie kann auf jeden Fall die Mac-Welt unter Mac OS X vereinfachen. Ob daraus aber auch ein plattformübergreifender Standard wird, hängt massgeblich auch von der Akzeptanz der restlichen Computerindustrie ab.

Classic

Mit der *Classic*-Umgebung liegt gewissermassen ein Emulator bei (auch wenn Apple das nicht gern hört, denn *Classic* läuft nativ und damit schnell unter OS X): Für ältere Programme wird ein komplettes Mac OS 9 aufgestartet, in dessen Umgebung sich die alten Programme wohlfühlen und laufen. Das tun sie bis auf wenige Ausnahmen auch anstandslos. Probleme bereiten vor allem all die Programme, die direkt auf die Hardware zugreifen müssen: CD-Brennprogramme oder Diskutilities etwa.

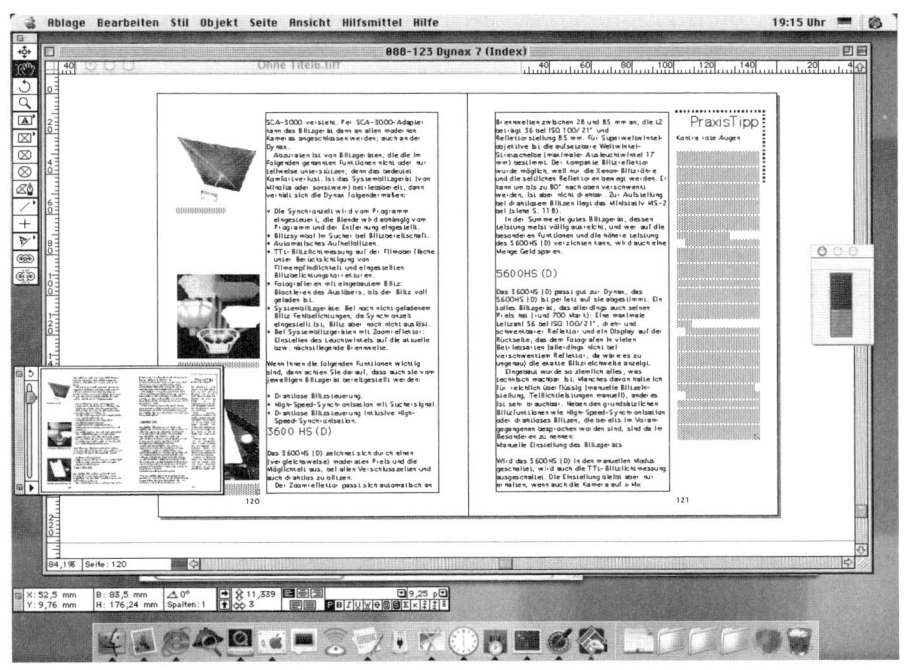

Und so wiederholt sich mit der Einführung von Mac OS X dasselbe wie bei der Erstvorstellung des PowerPC: Der Anwender erhält modernste Technologie und kann sich bei all den Programmen, die bereits dafür optimiert sind, über den Leistungs- und Produktivitätsgewinn freuen. Er muss aber auch nicht auf die alten, lieb gewordenen Programme verzichten, die noch nicht angepasst sind. Sie laufen praktisch genauso schnell wie gewohnt unter *Classic*. (In der Praxis sind sie etwa 10 Prozent langsamer.)

Aufgrund der Unterschiede in den Betriebssystem-Architekturen können Mac OS 9 und die darauf laufenden Programme natürlich nicht alle Vorteile der Kernel-Umgebung ausnutzen. So stehen beispielsweise präemptives Multitasking und der Speicherschutz unter *Classic* nicht zur Verfügung, was wiederum bedeutet, dass ein abstürzendes *Classic*-Programm oft die gesamte Umgebung mit sich reisst. Neu gestartet werden muss dann allerdings nur *Classic*, nicht etwa das komplette Mac OS X-System.

Classic ist während der Umstiegszeit sehr wichtig und uns deshalb ein eigenes Kapitel wert.

Carbon und Cocoa

Unter *Aqua* können grundsätzlich zwei verschiedene Arten von Programmen gestartet werden, nämlich solche des Typs *Carbon* und solche des Typs *Cocoa* (sprich kuku). Carbon-Programme zeichnen sich durch ihre Fähigkeit aus, sowohl unter dem klassischen Mac OS als auch unter Mac OS X benutzt werden zu können (dafür liefert Apple eigens eine Carbon-Bibliothek für das klassische Mac OS).

Programme des Typs *Cocoa* laufen ausschliesslich nativ unter Mac OS X und nutzen deshalb in der Regel die Funktionalität dieses Betriebssystems deutlich besser aus. Eine reine *Cocoa*-Applikation ist beispielsweise das E-Mail-Programm *Mail*.

Die Programmierer von Software für Mac OS X können sich zwischen zwei verschiedenen APIs entscheiden. Das «Application Programming Interface» stellt dem Programmierer wesentliche Funktionen des Betriebssystems schon in einer Art Baukasten zur Verfügung und er kann die grundlegenden Funktionen des Betriebssystems wie das Aussehen von Fenstern oder die Gestaltung von Dialogboxen für seine eigenen Programme übernehmen, ohne das Rad jedes Mal neu erfinden zu müssen.

Bei den *Carbon*-APIs wurden die Bibliotheken des klassischen Mac OS für Mac OS X angepasst. Programme, die bereits unter dem klassischen Mac OS laufen, können damit mit vergleichsweise wenig Aufwand an OS X angepasst werden. Weiterer Vorteil: Diese Programme laufen auch noch unter dem klassischen Mac OS.

Mit dem *Cocoa*-API dagegen werden Programme entwickelt, die allein unter Mac OS X lauffähig sind, dafür aber dessen Fähigkeiten voll ausnutzen können.

Grundsätzlich ist es aber so, dass keines der beiden APIs generelle Vorteile bietet. Etwas vereinfacht läuft es darauf hinaus, dass jedes API die Funktionen des Betriebssystems von einer anderen Warte und mit ein wenig anderer Bezeichnung aus aufruft. Aber, beide nutzen dasselbe System und dieselben Funktionen. Ein *Cocoa*-Programm ist deshalb nicht notwendigerweise besser oder schneller als ein *Carbon*-Programm. Und ein *Carbon*-Programm muss unter OS X nicht notwendigerweise weniger Funktionalität zeigen als ein *Cocoa*-Programm. Es könnte sogar die *Dienste* benutzen – wenn es denn nur implementiert würde.

Java

Java kommt der berühmten «eierlegenden Wollmilchsau» schon recht nahe, kann es doch Programmiersprache, Programm oder Dokument sein. Mit *Java* wurden Sie wahrscheinlich bei Ihren Internet-Streifzügen schon mehrfach konfrontiert, wenn nämlich beispielsweise Ihr Browser eine kürzere oder längere Pause macht und dabei irgendwo eine kleine Meldung auftaucht, die sinngemäss *Java Applet loading* lautet. Hier greift Ihr Browser dann auf eine Java-Applikation aus dem Internet zu, lädt dieses kleine Programm und erweitert damit beispielsweise die Fähigkeiten der gerade angezeigten Webseite um ein Berechnungsprogramm.

Doch *Java* ist nicht nur im Internet interessant. Ganz im Gegenteil hat dieser hoch interessante Ansatz einer universellen Programmiersprache nur einen einzigen wesentlichen Nachteil, der darin besteht, dass *Java*-Programme im Vergleich zu Programmen anderer Programmiersprachen deutlich langsamer sind. Der Grund dafür ist die *Java Virtual Machine* (VM), die Highlight und Bremsklotz in einem darstellt.

Diese «virtuelle Maschine» ist eine im Grunde ganz ausgezeichnete Idee, denn sie sorgt für die Kommunikation von *Java*-Programmen mit dem jeweiligen speziellen Computer. Hardwareabhängig ist dann auch nur diese virtuelle Maschine, während die *Java*-Programme auf allen beliebigen Computern dieser Welt laufen können, für die eine *Virtual Machine* (VM) existiert. Und das sind fast alle.

So ist beispielsweise das kleine Programm *AirPort Configurator* in *Java* programmiert und kann demzufolge ohne weiteres sowohl auf einem Macintosh wie auch auf einem Windows- oder UNIX-Rechner benutzt werden. Unter *Java* entwickelte Programme sind extrem unabhängig von der Hardware. Voraussetzung ist nur, dass auf dem Betriebssystem eine kompatible Version der *Java VM* läuft.

In diesem Zusammenhang ist bemerkenswert, dass Apple diesmal wohl eine wirklich gelungene Implementierung von *Java* realisiert hat. Langjährige Mac-Benutzer wissen, dass das bislang immer ein etwas leidiges Thema war. So bot beispielsweise die eine Zeitlang von Microsoft mit dem *Internet Explorer* mitgelieferte *Java*-Umgebung mehr Möglichkeiten und war zudem stabiler als Apples eigene *Java*-Implementierung. Doch das ist Schnee von gestern. Als sich Mitte des Jahres 2000 die beiden Chefs der Firmen Apple (Steve Jobs) und Sun (Scott McNealy) trafen, bemerkte Letzterer, dass es Apple sei, die mit Mac OS X die «beste Java-Plattform des Planeten» zur Verfügung stelle. Dieses Wort bekommt umso mehr Gewicht, wenn man weiss, dass die Firma Sun *Java* entwickelt hat.

Aqua

Die im Vergleich zum klassischen *Platinum* völlig anders aussehende Bedienoberfläche *Aqua* macht auf den ersten Blick deutlich, dass es sich hier um ein komplett neues Betriebssystem handelt, bei dem es eine ganze Menge zu entdecken gibt.

Ganz obenauf hat Apple die Benutzeroberfläche *Aqua* gesetzt, die dem Benutzer den Umgang mit seinem Mac gewohnt einfach macht. Was daran neu und anders ist und was es für Tipps und Tricks zu *Aqua* gibt, davon soll im nächsten Kapitel die Rede sein.

Open Transport

Open Transport regelt den Datenverkehr des singulären Mac in die restliche Computerwelt und ist Apples Netzwerk- und Kommunikations-Subsystem. *Open Transport* unterstützt sowohl LAN (Lokal Area Networks) wie WAN (Wide Area Networks) und kümmert sich damit ebenso um den Datentransfer zwischen den im Büro vernetzten Macs als auch um die Anbindung an Netze ausser Haus. Und das heisst im Besonderen, dass es den Datentransfer mit dem Internet regelt.

Open Transport erlaubt einen Wechsel zwischen unterschiedlichen Umgebungen (Modem, *AirPort*, Ethernet... – zu definieren und aufzurufen über *Systemeinstellungen...* | *Netzwerk*) und unterstützt vor allem mehrere Verbindungen gleichzeitig. So kann beispielsweise gleichzeitig per *AppleTalk* auf einen Netzwerkdrucker zugegriffen und per *TCP/IP* eine Verbindung ins Internet unterhalten werden.

POWER USER Komfortabel ist, dass mehrere definierte Verbindungen der Reihe nach abgearbeitet werden: Ist beispielsweise eine Umgebung mit *AirPort*-, Modem- und zwei Ethernet-Verbindungen definiert, dann sucht *Open Transport* automatisch nach der ersten gültigen Verbindung. Zuhause könnte das die *AirPort*-Basisstation sein, im Hotel das interne Modem und im Büro sowie beim Kunden eine der Ethernet-Anbindungen.

Programme

Programme sind unter Mac OS X nicht mehr nur einzelne Dateien, sondern können ganze Pakete sein, die unter Umständen neben dem eigentlichen Programm auch noch weitere Komponenten wie Lokalisierungstexte, Plug-Ins und private wie öffentliche Bibliotheken enthalten. Sie sind allerdings der besseren Übersichtlichkeit halber zu einem Paket zusammengefasst, das der Finder als ein einzelnes Icon darstellt. Wenn Sie so ein Programmpaket anklicken und die Information dazu aufrufen (*Befehl-I*), dann erhalten Sie einige Informationen auch zu den Paketbestandteilen:

Und per *Control-Mausklick* können Sie sich den Paketinhalt anzeigen lassen, ganz wie einen normalen Ordner:

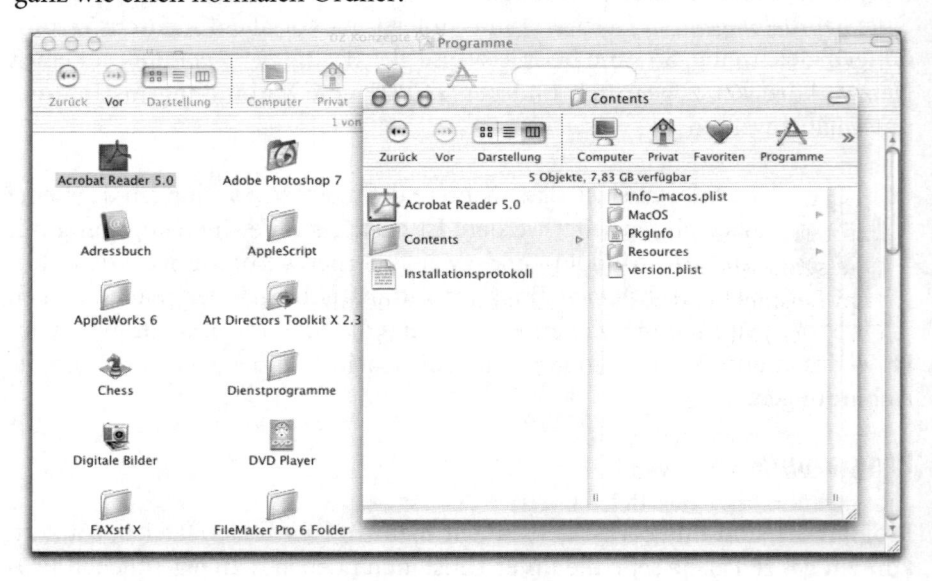

Ein Vorteil dieser Paket-Technologie ist, dass sich Programme ganz einfach installieren und deinstallieren lassen. Ein spezielles Installationsprogramm wird nur noch in den seltensten Fällen benötigt.

Zum Installieren wird das Paket einfach an den gewünschten Ort auf der Festplatte gelegt. Und zur Deinstallation wird es einfach gelöscht. In beiden Fällen sind auch alle zugehörigen Komponenten erfasst.

Dateisysteme

Obwohl unter Mac OS X verschiedene Dateisysteme verwirklicht wurden und die Architektur des Betriebssystems folgerichtig diese unterschiedlichen Dateisysteme kennen und verwalten muss, erscheinen sie dem Benutzer beim Kopieren oder Bewegen als ein einziges. Um die Interna kümmert sich das Betriebssystem und sorgt dafür, dass auch die Dateioperationen zwischen unterschiedlichen Dateisystemen richtig erfolgen. Der Benutzer merkt noch nicht einmal, dass er Daten zwischen unterschiedlichen Dateisystemen bewegt.

Es ist dabei völlig unnötig, dass der normale Benutzer inklusive des Administrators alles sieht. Das hilft nicht, sondern verwirrt nur. Das Betriebssystem bietet deshalb mehrere Möglichkeiten, Dateien vor dem Benutzer zu verstecken (und deren Zahl kann unter Mac OS X in die Zehntausende gehen):

- Auf *HFS+*-Volumes kann die Dateieigenschaft *Unsichtbar* gesetzt werden. Mit dieser Option versteckte auch schon das klassische Mac OS einige Dateien wie zum Beispiel *Desktop DB* und *Desktop DF* (Schreibtischdateien) vor dem Anwender.
- Ein Punkt vor einer Datei oder einem Ordner legt gemäss UNIX-Konvention fest, dass dies Element unsichtbar sein soll.
- Liegt eine reine Textdatei mit dem Namen *.hidden* in einem Verzeichnis, dann werden alle in dieser Datei aufgelisteten Dateien im Finder verborgen.
- Und schliesslich kann auch der Finder selbst Ressourcen verbergen, wie es zum Beispiel bei den Paketbestandteilen eines nativen Programms für Mac OS X der Fall ist.

Datenträgerformate

Aufgrund der verschiedenen Technologien, die Mac OS X zugrunde liegen, und auch wegen der Notwendigkeit, sich mit anderen Rechnerwelten zu unterhalten, unterstützt das Betriebssystem mehrere Dateisysteme auf den unterschiedlichsten Datenträgern:

Mac OS Standardformat

Auch *Hierarchical File System* oder *HFS* genannt. Dieses Format wird bei wiederbeschreibbaren Medien wie Disketten, Zips und Festplatten benutzt. Mac OS X liest und schreibt HFS-Volumes, kann aber nicht darauf installiert werden.

Bei allen Systemen vor Mac OS 8.1 war es das ausschliessliche Standardformat. Es ist mittlerweile von der Zeit und der Entwicklung der Datenspeicher überholt worden: Beim Formatieren wird ein Medium in Blöcke aufgeteilt. Früher konnte der Mac maximal 65536 solcher Blöcke ansprechen, von denen jeder einzelne zunächst nur 512 Byte gross sein durfte. Das ist völlig ausreichend für kleine Medien wie eine Diskette, bei einer Festplatte aber nicht sehr viel. Beim Nachrechnen wird schnell klar, dass 65536 x 512 Byte exakt 33554432 Bytes oder 32768 Kilobyte oder 32 Megabyte ergeben. Wäre das bereits alles, könnte keine Festplatte für den Macintosh grösser als 32 Megabyte sein.

Um dieses Limit aufzuheben, wurden mehrere Blöcke zu einem so genannten Cluster (was etwa so viel wie Gruppe oder Büschel heisst) zusammengefasst. Ein Cluster wird genauso wie ein einzelner Block behandelt. Unter System 7.1 konnte ein Festplattenbereich nie grösser als zwei Gigabyte sein. Durch Änderung der Clustergrössen gelang es immerhin, unter System 7.5 Partitionen von bis zu vier Gigabyte Grösse zu ermöglichen. Und beginnend mit System 7.5.2 unterstützte das Betriebssystem gar Massenspeicher mit bis zu zwei Terabyte (2000 Gigabyte), wobei die einzelne Datei maximal 2 Gigabyte gross sein darf und auf einem Volume höchstens 65536 Dateien gespeichert werden können.

Trotz der Grenzausweitungen blieb aber die maximal mögliche Anzahl an Clustern gleich. Je grösser die Kapazität der Festplatte respektive Partition ist, desto grösser ist deshalb auch der einzelne Cluster. Und wenn eine Datei nur ein Kilobyte gross ist und in einen Cluster von 32 Kilobyte geschrieben wird, gehen insgesamt 31 Kilobyte verloren, denn ein Cluster kann immer nur die Daten einer Datei aufnehmen. Auf einer 9-Gigabyte-Partition beträgt die kleinste Blockgrösse deshalb stolze 170 Kilobyte!

Mac OS Extended Format

Wird auch *Hierarchical File System Plus* oder *HFS+* genannt und wurde mit System 8.1 eingeführt. Auch dieses Format wird bei wiederbeschreibbaren Medien wie Disketten, Zips und Festplatten benutzt. Es ist das (von Apple empfohlene) Standardformat für das Startlaufwerk unter Mac OS X. Gegenüber *HFS* wuchs die Anzahl der Blöcke pro Volume bei *HFS+* von 65536 auf 4294967296 (recht viel mithin), und damit ist ein effektiverer Umgang mit den Clustern erreicht.

Diese erweiterte Version von *HFS* kann also deutlich mehr Cluster verwalten als das ältere HFS, weshalb auch der Platz, der einer Datei mindestens zugewiesen werden muss, deutlich sinkt. Besonders die kleinen Dateien belegen so nicht mehr übermässig viel Festplattenspeicher.

Volumegrösse	Blockgrösse HFS	Blockgrösse HFS+
32–256 Megabyte	0.5–4 Kilobyte	0,5 Kilobyte
256–0,5 Gigabyte	4–8 Kilobyte	1 Kilobyte
0,5–1 Gigabyte	8–16 Kilobyte	2 Kilobyte
> 1 Gigabyte	16– >170 Kilobyte	4 Kilobyte

Seit System 8.1 und natürlich erst recht seit Mac OS X kommt das Betriebssystem auch mit Dateien klar, die grösser als zwei Gigabyte sind. Die Grenze wurde bis weit in den Terabyte-Bereich verschoben. Die maximale Grösse eines Volumes liegt bei 2 Terabytes; auch eine einzelne Datei darf bis zu 2 Terabyte gross sein (unter OS 8.x bleibt es bei 2 Gigabyte, unter OS 9 gilt das nur, wenn die Programme das vorsehen).

GRUNDWISSEN Sowohl *HFS* wie *HFS+* speichern Ressourcen und Daten in separaten «Forks» (= Datenzweigen) einer Datei und benutzen verschiedene Dateiattribute wie *Type* und *Creator*.

UFS
Das *UNIX File System* ist das Standardformat der meisten UNIX-basierten Betriebssysteme. Dieses Datenformat kennt keinen Unterschied zwischen Daten- und Ressourcenzweig einer Datei, weshalb sich Mac OS X beim Kopieren von *HFS+* nach *UFS* auch um die richtige Konvertierung einer Datei kümmert (siehe folgender Abschnitt). *UFS* unterstützt auch *POSIX*, das von vielen Netzwerkservern benutzt wird.

POSIX ist das Akronym für *Portable Operating System Interface for UNIX*. Dieser ISO- und IEEE-Standard definiert eine Schnittstelle zwischen Programmen und Betriebssystem. Programme, die diesem Standard folgen, können relativ einfach auf POSIX-kompatible Betriebssysteme portiert werden.

VORSICHT FALLE Vor OS X 10.1 wird eine *AirPort*-Karte nicht erkannt, wenn von einem UFS-Volume gebootet wird. Bei den Versionen 10.1 und späteren ist das Problem gelöst.

FAT und FAT32
Zwei Dateisysteme aus der Windowswelt. Der Finder kann seit Version 10.1 nicht nur das ältere *FAT*-Format, sondern auch *FAT32* lesen und schreiben. Das ist praktisch, wenn Wechselmedien (Zip, CD-ROM, MO...) zwischen Mac und PC ausgetauscht werden sollen.

UDF
Das *Universal Disk Format* basiert auf der ISO 13346-Norm und unterstützt sowohl einfach als auch mehrfach beschreibbare Speichermedien. *UDF* ist der Standard bei DVD-Medien; im Wesentlichen also Spielfilmen. Es wird zudem beim direkten Beschreiben von CDs verwendet (auch bekannt als *PacketCD* oder *DirectCD*).

Das Datenformat ist plattformunabhängig; optische Medien und CD-ROMs können auf UNIX-Rechnern sowie unter DOS, Mac und Windows ausgelesen werden.

ISO 9660
Das Standardformat für CD-ROMs. CDs in diesem Format können von allen Betriebssystemen gelesen werden.

Besonderheiten bei HFS+ und UFS
Während *UFS* zwischen Gross- und Kleinschreibung intern Unterschiede macht (= «case sensitive»), merkt sich *HFS+* die Schreibweise, unterscheidet intern aber nicht zwischen beispielsweise *Macintosh* und *macintosh* (= «case preserving»).

Die Unterscheidung von Gross- und Kleinschreibung ist zwar manchmal hilfreich, da mehr Möglichkeiten der Namensgebung bestehen, setzt aber einen sehr aufmerksamen Benutzer voraus, der sich dem System anpasst. Der normale Benutzer hingegen macht selten so feine Unterschiede. Ob die Bilddatei «Am See1.jpg» heisst oder «amsee1.jpg» ist ihm egal – er möchte nur sein Urlaubsbild wiederfinden und ansehen.

E-Mail-Adressen sind auch nicht «case sensitive» und deshalb ganz offensichtlich viel leichter einzugeben als wenn sie es wären. Das freut uns alle...

Abgesehen davon ist dieses «case preserving» schwieriger zu realisieren und Apple hat sich bei HFS+ durchaus was gedacht.

HFS+ unterstützt sowohl Erstellungs- als auch Änderungsdatum, während *UFS* nur das Änderungsdatum kennt.

Aliasdateien werden nur von den Macintosh-Dateisystemen *HFS* und *HFS+* unterstützt, wohingegen *UFS*-Volumes *symbolische Verweise* (symbolic links) benutzen (siehe Kapitel *Benutzeroberfläche Aqua*, Abschnitt *Aliasdateien*).

Classic kann zwar von *UFS* gestartet werden, aber sonst geht recht wenig:

- *Classic*-Programme erkennen *UFS* nicht und können nicht darauf speichern.
- Bei uns lassen sich auch keine *Classic*-Programme starten, die auf *UFS*-Volumes gespeichert sind.
- Wenn Mac OS 9 gestartet wird, erscheinen *UFS*-Volumes nicht auf dem Schreibtisch und können demzufolge auch nicht benutzt werden.

HFS+ muss immer den gesamten einer Datei zugewiesenen Mindestplatz benutzen. Bei der Initialisierung (Formatierung) wird eine Festplatte in kleine Teilbereiche, so genannte Cluster, aufgeteilt und *HFS+* nimmt sich davon immer einen oder mehrere. Freie Clusterbereiche werden mit Nullen überschrieben. *UFS* dagegen unterstützt eine Speichertechnologie, bei der lediglich die reine Datei geschrieben wird – der freie Clusterbereich muss nicht beschrieben werden. Das beschleunigt das Speichern ein wenig.

HFS+ unterstützt mehrere Datenzweige (und zusätzliche Metadaten), typischerweise den Daten- und Ressourcenzweig einer Datei. In Letzterem sind Charakterisierungsdaten wie *Type* und *Creator* enthalten, die die Datei beschreiben und dem System mitteilen, ob es sich um eine Programm- oder Datendatei handelt, wer sie erstellt hat (bei Dokumenten legt das auch fest, welches Programm dieses Dokument öffnen soll) und um was für einen Dateityp (wie etwa *AAPL* für ein Programm oder *RTF* für eine Textdatei im Rich-Text-Format) es sich handelt. Demgegenüber unterstützt *UFS* lediglich einen singulären Zweig.

Für Dateioperationen unter Mac OS X hat Apple das Problem elegant gelöst: Wird eine Datei von einem *HFS+* auf ein *UFS*-Volume kopiert, dann trennt der Finder jene Informationen ab, die sich nicht im Datenzweig befinden (das sind im Speziellen *Type* und *Creator*), und schreibt diese Information in eine unsichtbare Datei, die im gleichen Pfad wie die restliche Datei liegt. Kopieren Sie beispielsweise die Datei *Bild 1* auf ein *UFS*-Volume, dann findet sich dort bei dieser Datei auch eine unsichtbare Datei *._Bild 1*. Wird der Dateiname geändert, wird automatisch auch die unsichtbare Datei umbenannt.

Kopiert der Finder umgekehrt eine Datei von einem *UFS*- auf ein *HFS* oder *HFS+*-Volume, dann sucht er nach dieser unsichtbaren Datei. Findet er eine, dann erzeugt er eine *HFS*-Datei unter Einbeziehung der Informationen aus der unsichtbaren Datei. Existiert keine unsichtbare Datei, dann besitzt die kopierte Datei auch keinen Ressourcenzweig.

VORSICHT FALLE Aus den geschilderten Gründen zerstören die Shellbefehle *cp* (Kopieren) respektive *mv* (Umbenennen) Programmdateien, die Sie zwischen *HFS+* und *UFS* bewegen (Pakete – Programme und andere – werden richtig behandelt). Ausgenommen natürlich, Sie kopieren die unsichtbaren «._»-Dateien mit.

Wer die «Developer Tools» installiert hat, findet dort auch das von Apple mitgelieferte Programm *CpMac*, das diese Arbeit im *Terminal* übernimmt und dafür sorgt, dass Programme beim Kopieren auf ein *UFS*-Volume funktionsfähig bleiben.

Dateibenennung

Hinsichtlich der Länge eines Dateinamens war das klassische Mac OS auf 31 Zeichen begrenzt. Mehr ging nicht. Das hat sich mit Mac OS X gründlich geändert, denn hier sind bis zu 255 Zeichen für einen Dateinamen erlaubt.

Das klassische Mac OS erkennt Dateien anhand von *Type* (Bild-, Textdatei und so weiter) und *Creator* (welches Programm ist dafür zuständig). Diese Daten werden mit der Datei gespeichert. Eine sehr elegante und zuverlässige Geschichte, bei der auf Dateiendungen völlig verzichtet werden konnte.

Mac OS X dagegen kann eine Datei auf mehrere Arten identifizieren:

- anhand von *Type* und *Creator*,
- anhand der Dateiendung,
- anhand des Dateiinhalts.

Mehr dazu im Kapitel *Produktiv mit Mac OS X* im Abschnitt *Dateierkennung*.

Verzeichnisstruktur

Mac OS X hat eine völlig andere Dateistruktur als das klassische Mac OS, die sich im Wesentlichen wie folgt darstellt und so bei jedem UNIX-System zu finden ist:

/   Wurzelverzeichnis *root*. Alles inklusive gemounteter Volumes findet sich in diesem Verzeichnis.

/bin   Binärdateien (binaries), die beim Start des Betriebssystems benötigt werden.

Die Konzepte hinter Mac OS X

/dev   Gerätetreiber (device files).

/users   (UNIX: home). Das private Verzeichnis der einzelnen Benutzer.

/sbin   (system binaries) Dateien, die das System benötigt und die nur der *Superuser* einsehen und ändern kann.

/etc   hier finden sich Konfigurationsdateien. Entspricht dem Ordner *Preferences* beim klassischen Mac OS. Diese Konfigurationsdateien sind reine Textdateien und können (vom kundigen Anwender) beliebig geändert werden.

/libraries (UNIX: lib). Gemeinsam genutzte Bibliotheken.

/usr   (UNIX system resources). Wichtige Elemente des Systems wie Quellcodes, Hilfedateien usw. sind hier gesichert.

/tmp   Ablage für temporäre Dateien.

/var   (variable data). Hier finden sich unterschiedlichste Daten verschiedener Programme. Etwa von *Mail* und vom Druckerspooler.

All dieses Verzeichnisse – die unter Mac OS X respektive *Aqua* normalerweise verborgen sind – können Sie mit *Sherlock* finden, wenn Sie unter Mac OS 9 starten.

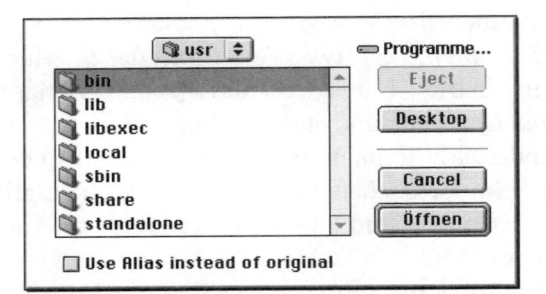

Und mit *ResEdit* können Sie sie sogar einsehen und manipulieren. Es ist aber wirklich keine gute Idee, auf diese Weise die Systemdateien von Mac OS X zu manipulieren.

Der Kundige loggt sich natürlich über das Terminal als *Superuser* ein (siehe Kapitel *Mac OS X Interna*) und kann dann auch alles sehen:

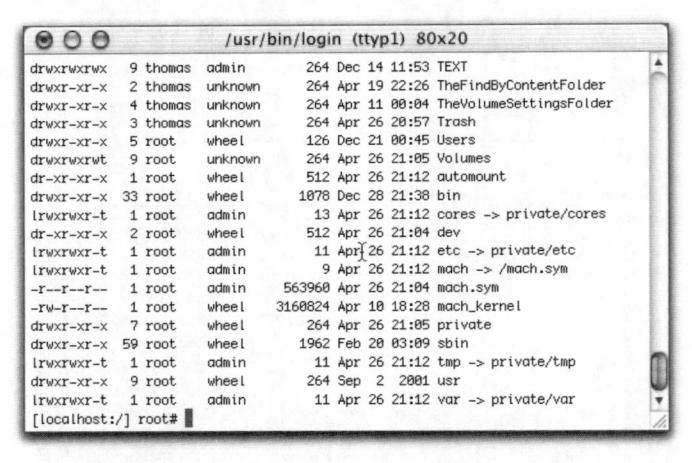

Aber auch in dem Fall ist es keine wirklich gute Idee, hierbei die Systemdateien von Mac OS X zu manipulieren...

BEDENKEN SIE! Diese Verzeichnisstruktur von UNIX ist für den interessant, der mit dem *Terminal* arbeitet. Normalerweise bleibt sie, wie erwähnt, verborgen. Unter der Benutzeroberfläche *Aqua* stellt sich die Situation anders dar. Siehe Kapitel *Benutzeroberfläche Aqua* im Abschnitt *Organisation des Computers* und folgende.

Vorteile von OS X kurz gefasst

- Der UNIX-basierte Kernel bietet alle Möglichkeiten, Programme aus der UNIX-Welt auch auf Mac OS X zu portieren. Dank *Cocoa* ist es auch relativ einfach, dem Programm eine grafische Benutzeroberfläche (GUI) überzustülpen, was die Bedienung anschaulicher macht und oft auch vereinfacht.
- Mac OS X ist mittlerweile das wohl am weitesten verbreitete Betriebssystem auf UNIX-Basis (schiesslich ist es standardmässig auf jedem neuen Mac installiert). Das animiert Programmentwickler, ihre Programme zu portieren respektive gleich auch für OS X zu entwickeln.
- Ausgefeiltes Speichermanagement auf Systemebene. Der Benutzer muss einzelnen Programmen keinen Speicher manuell zuweisen.
- Keine Speicherfragmentierung mehr. Der vorhandene Hauptspeicher wird optimal verwaltet und den einzelnen Programmen den Erfordernissen entsprechend zugeteilt.
- Fortschrittliches Programm-Management. Programme im Hintergrund werden (weitgehend) auf Festplatte ausgelagert und beanspruchen kaum RAM oder Rechenzeit. Prinzipiell ist es unter Mac OS X egal, ob ein einziges oder 100 Programme gestartet wurden. Alles, was nicht aktiv ist, frisst auch keine Ressourcen.
- Hohe Systemstabilität. Der Absturz eines Programms ist kein Drama mehr wie einst, das einen Neustart nahe legte, ja oft sogar wegen Systemstillstands erzwang.
- Unterstützung für Dual-Prozessor-Systeme schon auf Betriebssystemebene.
- Einfachste Installation und Deinstallation von Programmen aufgrund der Pakettechnologie. Installieren und Deinstallieren durch Kopieren respektive Löschen einer (scheinbar) einzigen Datei.
- PDF-Fähigkeiten sind integriert. Portable Dokumente sind so einfach zu erstellen wie der Ausdruck eines Dokuments.

Die Neuerungen in «Jaguar» im Überblick

Über 150 Funktionen hat Apple nach eigenen Angaben in Mac OS X 10.2 alias *Jaguar* geändert, verbessert oder hinzugefügt. Hier ein Überblick über die wichtigsten Änderungen:

- Die wichtigsten neuen respektive geänderten Programme: *iChat, Sherlock 3, Mail, Addressbuch, Rendezvous, QuickTime 6, Inkwell, Finder, Quartz Extreme, Bedienungshilfen, TextEdit, Disk Copy, Rechner, Vorschau.*
- Neuerungen im Finder: Suchen-Funktion, aufspringende Ordner, animierte Ordner-Icons.
- Der UNIX-Unterbau wurden aktualisiert.
- Die Kompatibilität zu Windows (Netzwerken) wurde verbessert.
- Systemeinstellung *Energie sparen* wurde erweitert.
- *Classic* startet schneller.
- Schnellere Systemoptimierung.
- Besseres Antialiasing (Glättung) bei LCD-Monitoren.
- SmartCards werden unterstützt.
- PowerBooks können mit geschlossenem Deckel (bei Zweitmonitor- oder TV-Anschluss) betrieben werden.
- Unterstützung der drahtlosen *BlueTooth*-Technologie.
- Dateien grösser als 1 Terabyte werden unterstützt.

Benutzeroberfläche Aqua 3

Benutzeroberfläche Aqua

Mit dieser Benutzeroberfläche werden Sie im Laufe Ihres Umgangs mit dem Mac viel Zeit verbringen, werden Daten kopieren, verschieben und löschen, Programme starten, Systemeinstellungen vornehmen und so weiter. Je besser Sie mit dieser Oberfläche vertraut sind, desto besser und flüssiger können Sie mit Ihrem Mac arbeiten.

BEDENKEN SIE! Wahrscheinlich haben Sie schon etwas über Mac OS X gehört oder gelesen und wissen um kryptische Befehle, nicht aber, was das alles eigentlich so genau soll. Machen Sie sich erst einmal überhaupt keine Gedanken deswegen und erkunden Sie in aller Ruhe und voller Freude die Benutzeroberfläche *Aqua*. Sie erlaubt es Ihnen, fast alles zu tun, was wesentlich und wichtig ist, und mehr werden Sie erst einmal nicht benötigen. Später dann haben wir ein Kapitel für Sie, das Ihnen die intern ablaufenden Prozesse erklärt und Ihnen Tipps dazu gibt (*Mac OS X Interna*).

Annäherung an Aqua

Nach erfolgreicher Installation startet Mac OS X auf und Sie sehen das erste Mal die Schreibtischoberfläche *Aqua*. Sie wird sich Ihnen in etwa so darstellen:

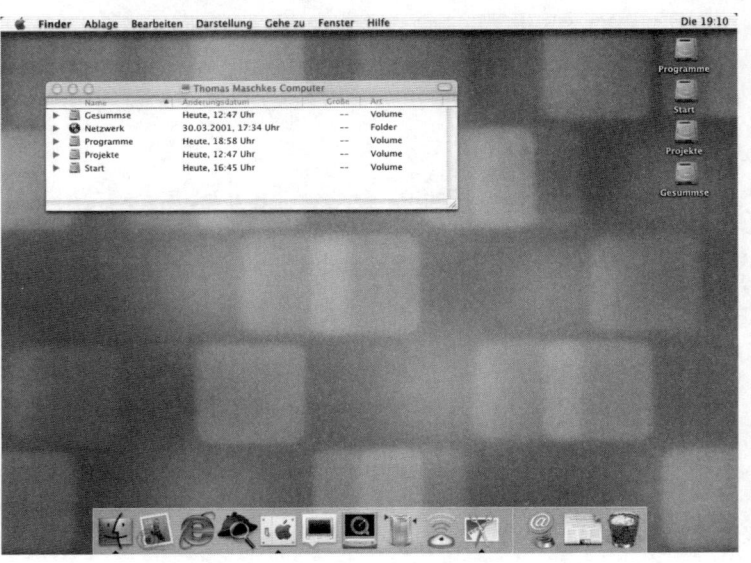

Das GUI (Graphik User Interface) von Mac OS X, die Benutzerschnittstelle *Aqua*, verbirgt die dem Betriebssystem zugrunde liegenden Konzepte auf äusserst elegante Art und Weise vor dem normalen Benutzer. Er kann das Betriebssystem ganz ohne tiefere Kenntnisse hervorragend für seine Zwecke einsetzen.

Doch unter der Oberfläche «lauert» ein waschechtes UNIX-Derivat, über dessen Vorzüge – wie zum Beispiel präemptives Multitasking – bereits im einleitenden Kapitel die Rede war.

Mac OS X ist nichts weniger als ein spannendes Abenteuer. Benutzer, die im Umgang mit dem klassischen Mac OS erfahren sind, mögen geneigt sein, hier zunächst mehr Frust als Lust zu empfinden. Denn nicht alles funktioniert so wie gewohnt. Manches erschliesst sich erst mit Vorgehensweisen, die unter dem klassischen Mac OS völlig unbekannt waren.

Doch genau das ist ja das Spannende und Aufregende an Mac OS X: Es gilt, eine ganz neue Welt und ganz neue Möglichkeiten zu entdecken, wenigstens hinsichtlich des Betriebssystems. Wer das Gewohnte, leicht verbessert vielleicht, erwartet, der wird enttäuscht sein. Wer dagegen bereit ist, das Neue zu erkunden und für sich zu nutzen, der wird Mac OS X gleich von Beginn an viel abgewinnen können.

Wer den Übergang vom alten Motorola 680x0 auf den PowerPC mitgemacht hat, der weiss, was ihn in etwa beim Übergang von Mac OS 9 auf Mac OS X erwarten wird: Die Technologie ist faszinierend, aber die Anwendungsprogramme brauchen eine geraume Zeit, bis sie von den neuen Vorteilen Gebrauch machen können. So hat es nach Markteinführung unserer Schätzung nach etwa eineinhalb bis zwei Jahre gedauert, bis ein Macintosh mit PowerPC tatsächlich all seine Vorteile ausspielen konnte.

Das ist – trotz aller Bemühungen seitens Apple und der Softwarehersteller – auch beim Übergang zum Mac OS X so. Es braucht einfach seine Zeit, bis alles so läuft wie gewünscht und geplant. Folgendes sollten Sie sich dick unterstreichen und gut merken:

> Mac OS X ist kein verbessertes oder aufgebohrtes Mac OS 9, sondern ein gänzlich anderes Betriebssystem mit einer völlig anderen, zugrunde liegenden Funktionalität.
>
> Es kann das Gleiche, ja sogar mehr, aber es tut es auf eine andere Art und Weise.

Was Sie an der Oberfläche sehen, mag ein wenig an das alte, gewohnte Mac OS erinnern. Darunter aber liegt etwas gänzlich Neues. Wenn Sie dieses Wissen immer im Hinterkopf behalten, dann sind Sie schon gegen ein paar der gröbsten Fehler im Umgang mit Mac OS X gefeit. Als da wären:

- Ich kenne mich mit dem Mac OS aus, also behandle ich Mac OS X wie Mac OS 9.
- Ich bin langjähriger Mac-Benutzer und weiss, wie etwas funktioniert. Das wird unter Mac OS X nicht anders sein.
- Es gibt nichts Neues, ich kenne schon alle Funktionen des OS.
- Was früher funktioniert hat, wird das auch jetzt tun.
- Was früher nicht funktioniert hat, geht auch jetzt nicht.
- All meine (alten) Geräte funktionieren problemlos mit dem Macintosh und seinem neuen Betriebssystem.

Wenn Sie genau diese Haltung nicht einnehmen, dann werden Sie wenig Frust und viel Lust mit dem neuen Betriebssystem haben.

Bedenken ob der völlig neuen Systemtechnologie sind nicht angebracht. Obwohl Mac OS X tatsächlich ein UNIX-Derivat ist und die Erwähnung von *Command Line Interface*, *Terminal* und kryptischen Befehlen dem ein oder anderen den Schweiss auf die Stirn treiben mag, ist dank *Aqua* letztlich alles kein Problem: Damit hat der normale Anwender seinen Mac voll im Griff. Die (zu Teilen) weiter gehenden Möglichkeiten der Shell können genutzt werden, müssen es aber nicht.

Ausserdem – weshalb schliesslich arbeiten wir mit Macs? Der einfachen Bedienung wegen. Die ist gegeben. Und täglich erscheinen zunehmend mehr Utilities (meist Freeware), die auch für Einstellungen der Systeminterna ein GUI (Graphics User Interface) zu bieten haben. Statt kryptische Befehlsfolgen ins Terminal einzutippen werden einfach – verständlich benannte – Optionen abgehakt.

Aqua erkunden

Bevor Sie etwas Ernsthaftes mit Ihrem Computer anstellen, spielen Sie doch ein wenig mit der neuen Benutzeroberfläche *Aqua* herum, um sie kennen und lieben zu lernen.

Sie werden dabei einige Neuerungen feststellen. Wenn Sie beispielsweise ein Fenster verschieben, so wird das komplette Fenster inklusive Inhalt «solide» verschoben. Der früher übliche einfache Umrissrahmen ist verschwunden.

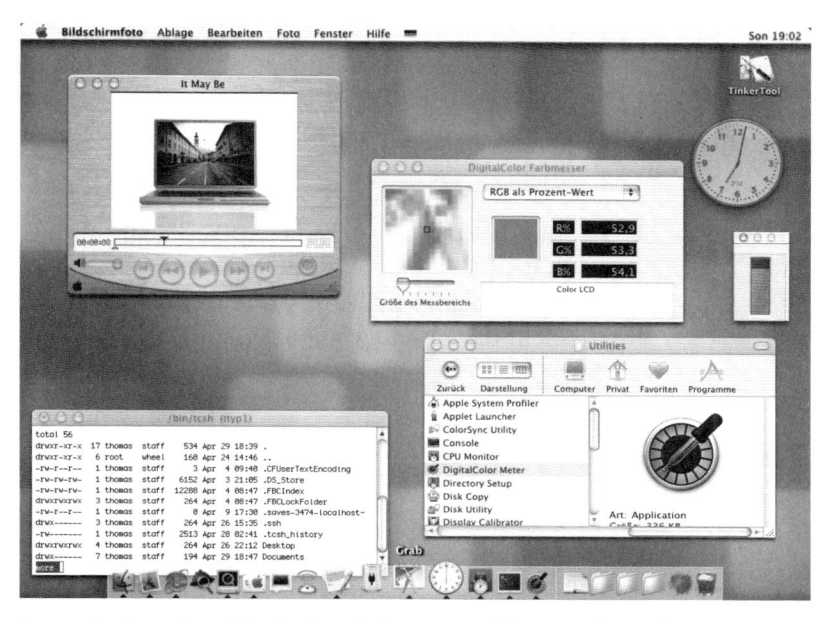

Neu ist auch, dass das sich drehende bunte Rädchen nicht mehr irritieren muss. Unter dem klassischen Mac OS war das ein sicheres Zeichen dafür, dass Sie jetzt nichts mehr an Ihrem Computer machen konnten. Unter Mac OS X können Sie einfach in ein anderes Fenster klicken oder einen anderen Befehl auswählen und dort weitermachen, während der aktuelle Prozess im Hintergrund weiterläuft. Das ist es, was man unter «präemptivem Multitasking» versteht.

Organisation des Startlaufwerks

Wenn Sie in der Symbolleiste eines Fensters auf das Icon *Computer* klicken oder im *Finder* den Befehl *Gehe zu | Computer* aufrufen und das Startlaufwerk anwählen, bietet sich Ihnen in etwa folgendes Bild:

Hier finden sich all die Verzeichnisse versammelt, die Mac OS X für seine Arbeit benötigt. Es sind nicht allzu viele (die sichtbar sind) und sie sind übersichtlich und einleuchtend. Alles, was hier oder in den zugehörigen Unterordnern abgelegt ist, kann von allen Benutzern dieses Mac genutzt werden (Programme, Zeichensätze, Schreibtischbilder...).

Applications (Mac OS 9) Standardordner für alle Apple-Programme unter System 9.

Benutzer die lokalen Verzeichnisse der einzelnen Benutzer. Mehr dazu im folgenden Abschnitt.

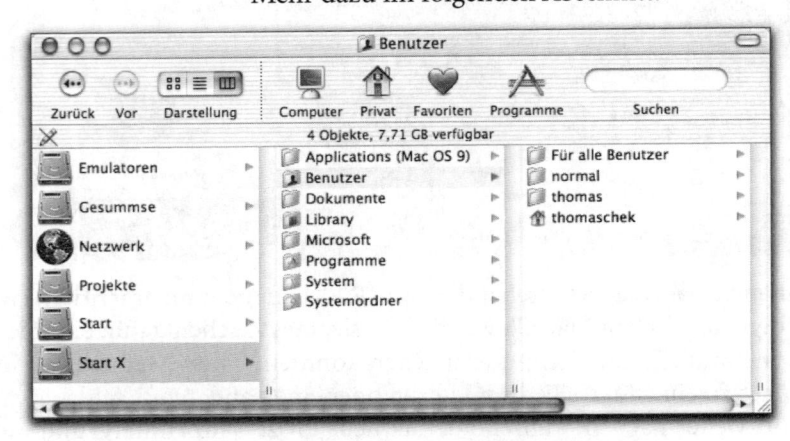

Developer Tools und Bibliotheken für Entwickler (sofern die Entwickler-CD installiert wurde).

Library Ressourcen, die nicht zum reinen Mac OS-Kernel gehören wie beispielsweise Browser-Zusätze, Plug-Ins, Schreibtischbilder und von Programmen gemeinsam benutzte Bibliotheken (Shared Libraries). In der *Library* (Bibliothek) finden sich weitere interessante Unterordner. Nachfolgend die Wichtigsten:

ColorSync ICC-Profile und Skripte für *AppleScript* zur Automatisierung des Farbmanagements.

Contextual Menu Items Erweiterungen für das kontextsensitive Menü des Finder (das per *Control-Mausklick* auftaucht).

Desktop Pictures Bilder für den Schreibtischhintergrund.

Documentation Hilfedateien.

Fonts Zeichensätze.

Modem Scripts Definitionsdateien für diverse Modems.

PreferencePanes		Erweiterungen für die *Systemeinstellungen*, die dort im Bereich *Sonstige* auftauchen.
Preferences		Hier legen Programme ihre Voreinstellungsdateien ab. Der entsprechende Benutzerordner (*/Users/Benutzername/Library/Preferences*) ist aber viel gefragter, weil sich die Programme sinnvollerweise die Einstellungen des jeweiligen Benutzers merken (sollen) und deshalb die vom Benutzer getätigten Voreinstellungen auch im jeweiligen Benutzerordner ablegen.
Printers		Druckertreiber und Druckerbeschreibungsdateien (PPD).
Receipts		An den hier liegenden kleinen Paketen erkennt *Software-Aktualisierung*, was bereits an Updates vorgenommen wurde. Es handelt sich aber nicht um die kompletten Installationspakete!
Screen Savers		weitere Bildschirmschoner.
Scripts		Skripte für *AppleScript*. Auf hier abgelegte Skripte greift ScriptMenu zu.
User Pictures		die kleinen Bildchen, die einem Benutzer zur Anmeldung zugeordnet werden können.
Programme		der Standardordner für alle nativen Programme, die systemweit und somit allen Anwendern zur Verfügung stehen.
System		das eigentliche Mac OS X-Betriebssystem. Hier finden sich im Ordner *Library* alle Bibliotheken und Erweiterungen von Apple. Die Wichtigsten sind:
	ColorSync	ICC-Profile und Skripte für das Farbmanagement.
	CoreServices	Hier finden sich *Finder, Dock*, System usw. Entspricht in etwa dem Systemordner des klassischen Mac OS.
	Extensions	Erweiterungen für Geräte, Schnittstellen und Karten wie Grafikkarten, Mäuse, USB und FireWire. Entspricht in etwa dem Ordner *Systemerweiterungen* des klassischen Mac OS.
	Filesystems	Hier sind die notwendigen Dateien abgelegt, die OS X in die Lage versetzen, mit verschie-

	denen Dateisystemen wie *HFS+* oder *UFS* umzugehen.
Fonts	Zeichensätze.
Frameworks	Programmbestandteile für die über *Darwin* liegenden Schichten des Systems wie *Cocoa* oder *Quartz*.
Keyboards	Tastaturlayouts in den unterschiedlichen Sprachen.
PreferencePanes	alle Module von Apple für die *Systemeinstellungen*. Eigene Module finden sich unter */Library/PreferencePanes*.
Printers	die für die Druckerarchitektur notwendigen Dateien.
QuickTime	essentielle Bestandteile von *QuickTime*.
Screen Savers	Bildschirmschoner.
ScriptingAdditions	Erweiterungen zu *AppleScript*.
Services	*Dienste*.
Sounds	Warntöne im Format *AIFF*.
Speech	Stimmen, Synthesizer und weitere Dateien für die Spracherkennung und -wiedergabe.
StartupItems	all die Dienste und Funktionen, die beim Systemstart geladen werden. Eigene Startobjekte haben hier nichts zu suchen! Die werden bitte unter *Systemeinstellungen…	Anmeldung* auf dem Reiter *Startobjekte* eingetragen!
Systemordner	das Mac OS 9-Betriebssystem.

Sie sehen, dass sich in diesen Ordnern noch tief verschachtelte Hierarchien finden können. So finden sich beispielsweise im Ordner *Library* die Unterordner für *ColorSync*, *Fonts* oder *Preferences*, um nur einige zu nennen.

Trotz der Vielfalt ist das Ganze gut und übersichtlich geordnet und bleibt weitgehend verständlich. Um beispielsweise dem Farbmanagement-System *ColorSync* ICC-Profile hinzuzufügen, müssen Sie die Profile nur in den Verzeichnisbaum *Library/ColorSync/Profiles* legen, wenn sie allen zur Verfügung stehen sollen. Unter */Benutzer/Benutzername/Library/ColorSync* dagegen werden sie abgelegt, wenn sie nur diesem einen Benutzer zugänglich sein sollen.

Organisation der Benutzer

GRUNDWISSEN Etliche der soeben beschriebenen Ordner finden sich zusätzlich in den jeweiligen Benutzerverzeichnissen; zum Beispiel */Benutzer/ Benutzername/Programme*. Auf die Dateien (Programme, Zeichensätze, Voreinstellungen…), die dort abgelegt sind, können nur der jeweilige Benutzer und *root* zugreifen.

Im Einzelnen handelt es sich um folgende Verzeichnisse:

Bilder	Ablageort für Bilddateien, zum Beispiel von *Digitale Kamera*.
Documente	Dokumentordner. Der *Sichern*-Dialog vieler Programme schlägt diesen Ordner standardmässig vor.
Filme	Ablageort für *QuickTime*-Filme.
Library	Ordner für Plug-Ins, Schreibtischbilder, Zeichensätze etc. (siehe vorheriger Abschnitt), nur diesmal ausschliesslich dem Benutzer vorbehalten.
Musik	Ablageort für Musikdateien, zum Beispiel jene von *iTunes*.
Öffentlich	Ablageort für jegliche Art Dateien, auf die andere Benutzer zugreifen können.
Schreibtisch	das Heimatverzeichnis, in dem alle anderen Ordner dieses Benutzers liegen.
Web-Sites	Ablageort für Webseiten (allgemein zugänglich).

Der Versuch, das Benutzerverzeichnis eines anderen einzusehen, sieht so aus:

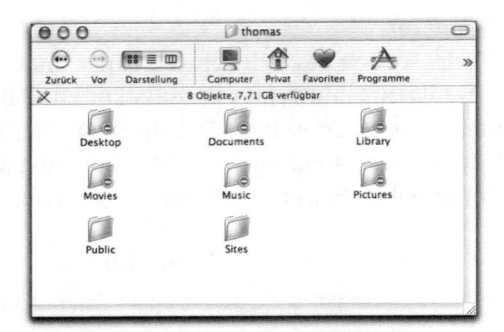

Nur was dieser Benutzer in seinen Ordner *Public* respektive *Öffentlich* gelegt hat oder als Webseiten (*Web-Sites*) öffentlich machen möchte, ist zugänglich. Diese Dokumente können gelesen und kopiert werden; im *Briefkasten* dürfen andere Benutzer Dateien ablegen, der Inhalt aber bleibt ihnen verborgen.

MERKET AUF! Die eingeschränkten Zugriffsrechte gelten erst einmal nur für das Startvolume und da auch wieder nur für die Benutzerordner. Haben Sie Ihre Festplatte in mehrere Teilbereiche aufgeteilt, dann sind die anderen Partitionen für alle Benutzer frei zugänglich. Um das zu ändern, müssen Sie die Information für das Volume aufrufen und die Benutzerrechte einschränken:

Deaktivieren Sie die Option *Eigentümer auf diesem Volume ignorieren* und schränken Sie dann nacheinander die Möglichkeiten für *Jeder* und anschliessend gegebenenfalls auch für *Gruppe* ein. Klicken Sie auf den Knopf *Anwenden*.

Organisation der Organisation

Wie Sie aus den vorangegangen beiden Abschnitten ersehen konnten, können sich dieselben Dateitypen an ganz unterschiedlichen Orten finden. Ein Zeichensatz etwa kann seinen Platz in mehreren Ordnern *Fonts* finden, und es kann durchaus vorkommen, dass derselbe Zeichensatz mehrmals installiert ist.

Um nicht aus dem Tritt zu kommen, arbeitet Mac OS X die Ordner in einer bestimmten Reihenfolge ab und benutzt die erste Datei, die es gemäss folgender Reihenfolge findet:

1. */Benutzer/Benutzername/*
2. */Library/*
3. */Network/Library*
4. */System/Library/*
5. Systemordner von *Classic*.

Aqua beherrschen

Im Finder können Sie eine ganze Menge Dinge tun, und in der Regel stehen Ihnen dazu mehrere Wege offen. Ein Dokument etwa oder ein Programm kann auf unterschiedliche Art geöffnet oder umbenannt werden. Nachfolgend finden Sie eine Auflistung aller Möglichkeiten; darunter sind offensichtliche, aber auch nahezu unbekannte. Wissen Sie, wie man den «Flaschengeist-Effekt» beim Ablegen eines Fensters im Dock beeinflussen kann? Hier steht's.

Hier werden Sie alle Möglichkeiten kennen lernen und Sie können sich mit der Vielfalt ein wenig vertraut machen. In der Praxis nutzen Sie dann die Wege, die Ihnen am sympathischsten erscheinen.

Der Finder

Beginnen wollen wir mit dem Sichtbaren, dem nahezu Offensichtlichen von *Aqua*. Erfahrene Mac-Benutzer kennen ihn bereits, den virtuellen Schreibtisch, der leicht greifbar und verständlich über Symbole und Metaphern gesteuert wird, die einem realen Schreibtisch nachempfunden sind.

Die Menüleiste nutzt den verfügbaren Platz seit Version 10.1 besser: Die Anzeigen für Verbindung und Verbindungsstatus ins Internet (Modem, *AirPort*), für die Lautstärke und den Ladezustand der PowerBook-Akkus sind nach rechts oben zur Zeit-/Datumsanzeige gewandert:

Viele dieser kleinen Icons geben Befehle preis, wenn sie angeklickt werden:

Früher waren sie im *Dock* enthalten, waren zwar schön bunt und gross, nahmen aber auch den Applikationen Platz weg und waren nur bei eingeblendetem *Dock* sichtbar.

Eine Besonderheit sind die so genannten *MenuExtra plugins* – eines davon (*ScriptMenu*) finden Sie im Ordner *AppleScript* im *Programme*-Ordner. Wenn Sie das in die Menüleiste ziehen, wird automatisch ein neues Menüleistensymbol installiert und Sie können auf verschiedene *AppleScripts* zugreifen:

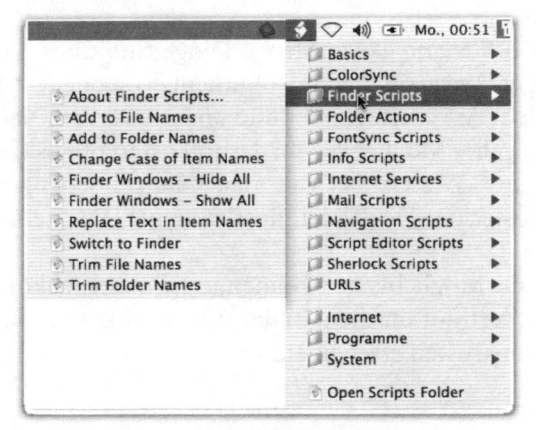

Alle Scripts, die im Pfad */Library/Scripts/* oder *Benutzer/Library/Scripts/* liegen, werden hier aufgelistet und können direkt ausgeführt werden.

HEISSER TIPP
Die Icons können Sie per Tastatur und Maus bewegen: Mit gedrückter *Befehlstaste* lassen sich die Symbole anders anordnen und auch löschen, wenn Sie ein Symbol aus der Menüleiste nach unten wegziehen. Aktivieren und Deaktivieren können Sie sie auch in den Systemeinstellungen – unter *Monitore* etwa oder *Energie sparen*.

Apfelmenü
Das Apfelmenü war so zunächst nicht in Mac OS X vorgesehen, wurde dann aber auf Wunsch vieler Mac-Anwender hin doch aufgenommen.

Hier finden Sie wichtige Steuerbefehle (*Ausschalten*, *Neustart*...) und können auf die *Systemeinstellungen*... zugreifen (die Sie auch im *Dock* finden).

Der Ordner *Benutzte Objekte* merkt sich, wenn Sie ein Programm oder ein Dokument öffnen, so dass Sie auf die jeweils zuletzt benutzten Objekte sehr schnell über das Apfelmenü zugreifen können. Wenn die Maximalanzahl erreicht ist, wird gleichzeitig das älteste Objekt gelöscht:

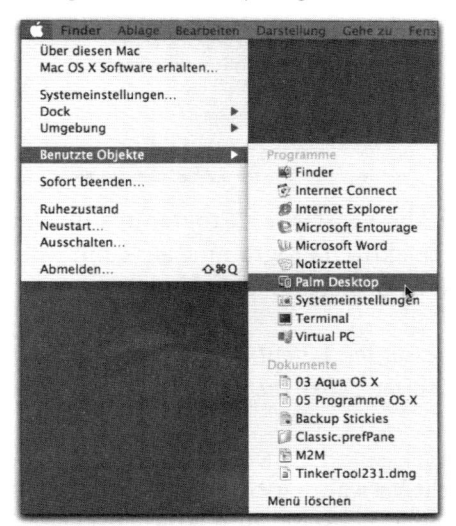

Sie können in den *Systemeinstellungen*... auf der Tafel *Allgemein* die Anzahl vorgeben, die sich der Finder merken soll.

Programm-Menü
Rechts daneben ist das Programm-Menü, das sich genauso nennt wie das Programm, das gerade im Vordergrund ist. *Mail* oder *Finder* zum Beispiel.

Unter dem Menüpunkt *Einstellungen…* (heisst oft auch *Voreinstellungen…*) werden die Voreinstellungen für das aktive Programm festgelegt. Nachfolgend ein Beispiel für den Finder:

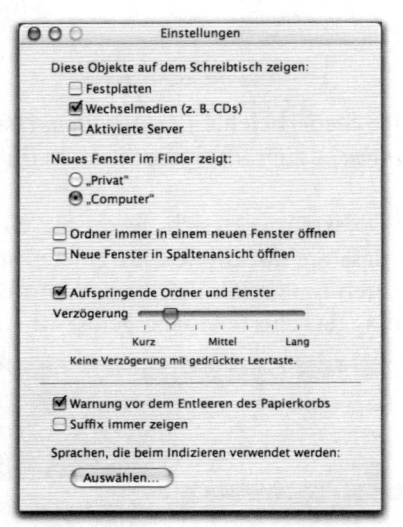

Hier lassen sich auch die Fenster des Programms im Vordergrund respektive die Fenster der anderen aktiven Programme aus- und einblenden (zum Beispiel *Word ausblenden, Alle einblenden, Alle ausblenden*).

Was es mit dem interessanten Befehl *Dienste* auf sich hat, wird im Kapitel *Produktiv mit Mac OS X* unter *Daten austauschen – Dienste* noch näher erläutert.

Menü «Ablage»

Das Menü *Ablage* stellt Verwaltungsbefehle bereit: Hier lassen sich die Befehle zum Öffnen eines neuen Fensters, zum Anlegen neuer Ordner und für verschiedene Vorgänge wie etwa *Finden* auslösen.

Bei gedrückter *Wahltaste* ändert sich der Menübefehl *Ablage | Fenster schließen* in *Alles schließen*.

RAFFINIERT

Seit *Jaguar* hat Mac OS X einen neuen interessanten Befehl gelernt: *Öffnen mit*. Er steht auch über das Kontextmenü (*Control-Mausklick* auf eine Datei) zur Verfügung und erlaubt es, ein Dokument auch mit einem anderen als dem vorgesehenen Programm zu öffnen:

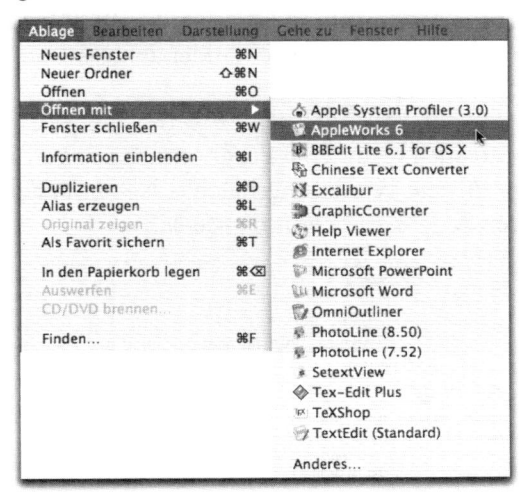

Der Befehl *Information einblenden* zeigt diverse Infos zu einem aktivierten Objekt. Seit *Jaguar* werden multiple Informationsfenster unterstützt: Wenn Sie mehrere Objekte anklicken, erscheint für jedes ein eigenes Infofenster.

Hier können Sie auch die Benutzerrechte für bestimmte Objekte einsehen und ändern – es besteht keine Notwendigkeit mehr, das Terminal zu bemühen.

HEISSER TIPP Mitunter kann es praktischer sein, ein einziges sich aktualisierendes Infofenster zu haben: Halten Sie dazu die *Wahltaste* gedrückt, wenn Sie den Befehl *Information einblenden* aufrufen: Es erscheint ein Infofenster, und wenn Sie jetzt ein anderes Objekt markieren, erscheint dessen Info im gleichen Fenster. Praktisch, um sich die Informationen mehrerer Objekte nacheinander anzuschauen, ohne jeweils den Menübefehl aufrufen zu müssen.

Dieses Menü steht so auch in anderen Programmen zur Verfügung und enthält dort programmspezifische Verwaltungsbefehle. Neben anderen beispielsweise so wichtige Befehle wie *Sichern* oder *Importieren*.

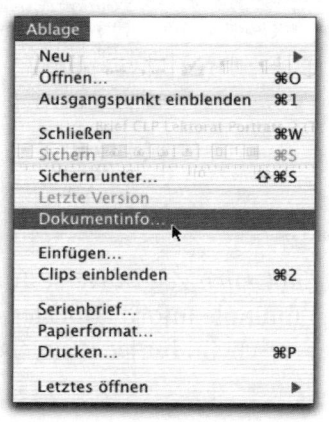

Was es mit dem Befehl *CD/DVD brennen* auf sich hat, erfahren Sie im Kapitel *Produktiv mit Mac OS X*.

Menü «Bearbeiten»

Das Menü *Bearbeiten* – das ebenso in den Programmen zur Verfügung steht – enthält im *Finder* die Befehle für die *Zwischenablage*: *Ausschneiden, Zwischenablage einblenden* und so weiter. Da dies für den Datenaustausch zwischen Programmen wichtig ist, beschäftigt uns dieses Thema im Kapitel *Produktiv mit Mac OS X* im Abschnitt *Daten austauschen* noch genauer.

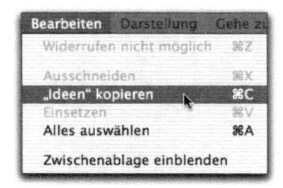

HEISSER TIPP Auch der *Finder* kennt wie die Programme den Befehl *Widerrufen* respektive *Wiederholen* (*Befehl-Z*), und im Gegensatz zu früher funktioniert der fast immer. Da muss man sich dran gewöhnen (dass es tatsächlich nahezu immer geht) – dann aber ist es ungeheuer praktisch.

Die Befehle *Kopieren* und *Einsetzen* können Sie unter Mac OS X auch auf markierte Objekte (Dateien, Programme, Ordner) anwenden:

- Markieren Sie ein oder mehrere Objekte und rufen Sie den Menübefehl *Bearbeiten | Kopieren* auf. Navigieren Sie jetzt zu einem anderen Ordner, dann können Sie mit dem Befehl *Bearbeiten | Objekt einsetzen* die soeben kopierten Objekte «in echt» dorthin kopieren. Bitte beachten Sie, dass ein Ordner oder ein Volume (nicht eine einzelne Datei) ausgewählt sein muss, denn nur dorthin kann ja auch kopiert werden.

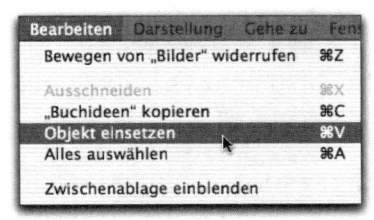

- Wenn Sie Objekte markieren, den Befehl *Objekte kopieren* (*Befehl-C*) aufrufen und dann beispielsweise in *TextEdit* wechseln, erhalten Sie mit *Objekte einsetzen* (*Befehl-V*) eine Liste der Objekte.

Menü «Darstellung»

In diesem Menü legen Sie die Darstellungsweise für die *Finder*-Fenster fest – mehr dazu im Abschnitt *Die Fenster* weiter unten.

Menü «Gehe zu»

Hier können Sie schnell an bestimmte Orte navigieren: zum *Computer*, zu den *Favoriten* und so weiter.

Der Befehl *Benutzte Ordner* enthält die zuletzt geöffneten Fenster, so dass Sie auf die jeweils zuletzt benutzten Ordner sehr schnell über dieses Menü zugreifen können. Wenn die Maximalanzahl erreicht ist, wird das älteste Objekt gelöscht und das neueste aufgenommen.

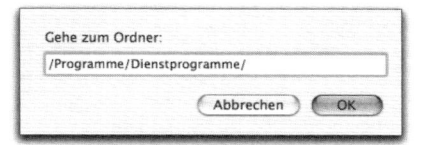

Der Befehl *Gehe zum Ordner...* führt recht schnell zu solchen Ordnern, deren Pfade dem Benutzer bekannt sind: Die Eingabe */Programme/Dienstprogramme* und die Bestätigung mit der Return-Taste (⏎) öffnet ein Fenster des Unterordners *Dienstprogramme* im Ordner *Programme* auf dem Startlaufwerk. Der Befehl */Projekte/ Texte/Computerbücher/* öffnet dementsprechend den Ordner *Computerbücher* im Ordner *Texte* auf dem Volume *Programme*.

HEISSER TIPP Und – tippen Sie nicht zu schnell, denn oft genügen schon ein paar Zeichen. Sowie das System einen eindeutigen Namen identifizieren kann, wird der automatisch vorgeschlagen: Nach dem Tippen von */Pro* etwa wird automatisch zu */Projekte* ergänzt.

Menü «Fenster»

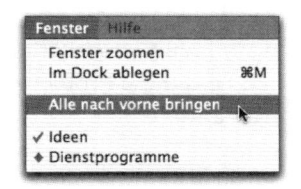

Dieses Menü, das die geöffneten Fenster auflistet, zwischen denen Sie dann umschalten können, ist weitgehend selbsterklärend. Ein paar Bemerkungen dennoch dazu:

- Bei gedrückter *Wahltaste* zeigen sich neue Befehle:
  Aus *Alle nach vorn bringen* wird der Befehl *Vorne anordnen*, der alle Fenster schön ordentlich aufreiht.
  Aus *Im Dock ablegen* wird der Befehl *Alle im Dock ablegen*.
- Im *Dock* abgelegte Fenster sind an einer Raute vor dem Fensternamen kenntlich.

Menü «Hilfe»

Mit dem Menü *Hilfe* greift Apple dem Benutzer unter die Arme, wenn der mal nicht weiter weiss. Es ist eine Art elektronischer Index, den man durchwühlen kann, um mehr Informationen zu einem bestimmten Stichwort zu erhalten.

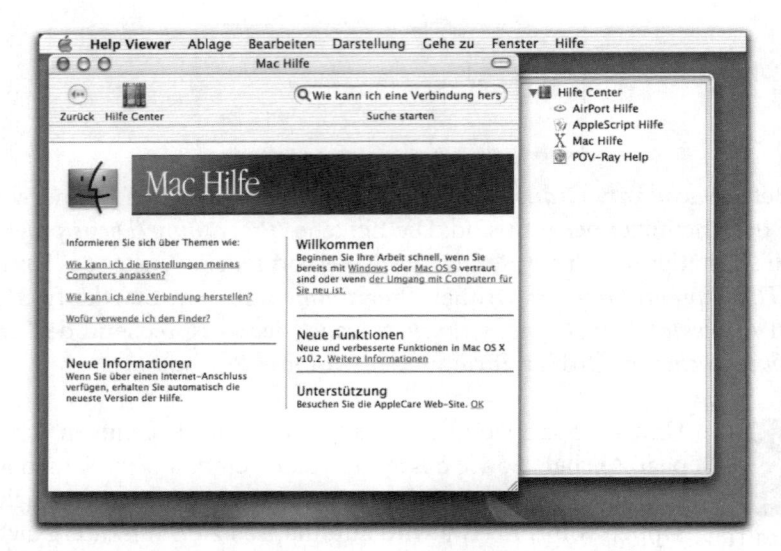

BEDENKEN SIE! In der Hilfe erfahren Sie sehr viel über Ihren Mac, zu Netzwerken, zur Datenfernübertragung usw. Unterschätzen Sie dieses Angebot keinesfalls. Sehr viele Fragen, die Mac-Anwender stellen (an mich, an Mailinglisten, an Freunde…) hätten sich mit einem Blick in die *Hilfe* beantwortet. Und diese Problemlösung erfolgt weit schneller als jede Anfrage an andere.

In anderen Programmen verbirgt sich hinter dem Menü *Hilfe* die Hilfefunktion des jeweiligen Programms:

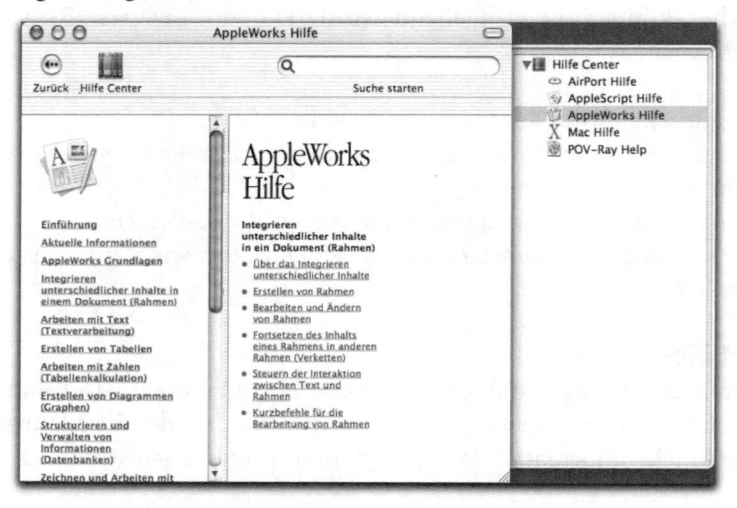

Ein wenig ärgerlich ist, dass mancher Verweis nicht auf eine Datei, sondern ins Internet zeigt, und dass das erst klar wird, wenn man den Verweis angeklickt hat.

Die Hilfe ist seit *Jaguar* noch leistungsfähiger geworden:

- Hilfetexte lassen sich kopieren und in andere Programme einsetzen.
- Die Symbolleiste lässt sich via *Darstellung | Symbolleiste anpassen* um häufig benötigte Befehls-Icons erweitern.
- Über das Menü *Gehe zu* können Sie schnell auf die zuletzt aufgerufenen Hilfethemen zugreifen.

Finder-Einstellungen

Das grundsätzliche Verhalten des *Finder* respektive von *Aqua* können Sie mit dem Befehl *Finder | Einstellungen…* wählen.

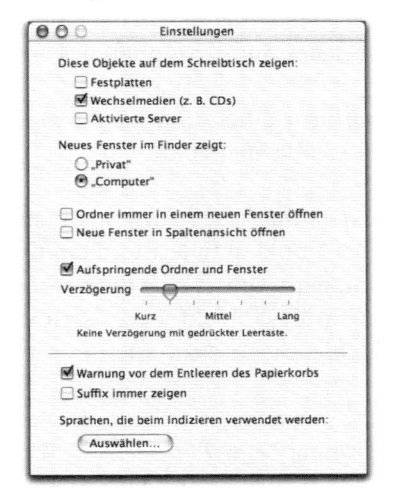

Hier legen Sie fest, ob Festplatten, Server, CDs usw. auf dem Schreibtisch angezeigt werden oder nicht. Sofern Sie die Anzeige der Volumes ausschalten: Über den Befehl *Gehe zu | Computer* können Sie jederzeit ein Fenster öffnen, in dem all Ihre Volumes aufgelistet werden:

Die Option, Volumes auf dem Schreibtisch anzuzeigen, ist noch ein Relikt aus alten Mac OS-Zeiten, wohl zur besseren Umgewöhnung für uns «alte Hasen». Probieren Sie es aber ruhig einmal eine Zeit lang aus, sich die Volumes nicht anzeigen zu lassen, denn dem Konzept vom Mac OS X entspricht es eher, auf Volumes via *Gehe zu | Computer* und das sich daraufhin öffnende Fenster zuzugreifen.

Neues Fenster im Finder zeigt: Hier legen Sie fest, ob ein per Menübefehl *Ablage | Neues Fenster* (*Befehl-N*) neu geöffnetes Fenster den Computer- oder den Benutzerpfad zeigen soll.

Ordner immer in einem neuen Fenster öffnen bedeutet, das bei Doppelklick auf einen Ordner ein neues Fenster mit dem Inhalt des Ordner geöffnet wird.

Neue Fenster in Spaltenansicht öffnen macht genau das: Jedes neu geöffnete Fenster zeigt standardmässig die Spaltenansicht.

Aufspringende Ordner und Fenster ist praktisch, um sich schnell durch Hierarchien zu hangeln: Ist dieser Punkt aktiviert und ein Objekt wird mit der Maus auf einen Ordner gezogen, dann öffnet sich dieser, und dann der nächste, und dann wieder der nächste, bis das Objekt losgelassen wird: So landet es schnell tief in der Ordnerhierarchie. Siehe dazu auch den eigenen Abschnitt weiter hinten.

Das Ankreuzfeld bei *Warnung beim Entleeren des Papierkorbs* erschliesst sich nicht auf Anhieb: Es bezieht sich allein auf die Tastenkombination *Shift-Befehl-Rückschritt*. Damit kann der Papierkorb schnell entleert werden und das Ankreuzfeld entscheidet darüber, ob nach dem Drücken dieser Tastenkombination eine Warnmeldung erscheint oder ob der Papierkorb ohne Rückfrage geleert wird.

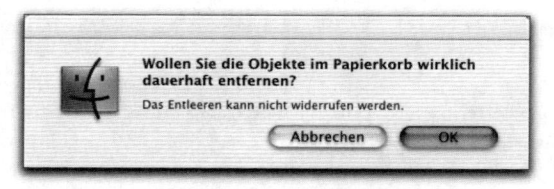

Wird dagegen das Kontextmenü *Papierkorb entleeren* per *Control-Mausklick* auf den Papierkorb aufgerufen, dann wird er in jedem Fall ohne Rückfrage geleert.

Suffix immer zeigen entscheidet darüber, ob der Finder die Dateianhängsel generell anzeigen soll oder eben nicht. Viele Suffixe wie *.doc, .jpg* usw. sind dem Finder bekannt und er weiss daraufhin (und auch aufgrund anderer Informationen – siehe Abschnitt *Dateierkennung* im Kapitel *Produktiv mit Mac OS X*), zu welchem Programm diese Datei gehört. Der Benutzer kann sich diese Angabe verbergen lassen, denn ihn interessiert das *.jpg* in aller Regel ja gar nicht.

Und letztlich können Sie noch die Sprachen wählen, die für das Indizieren und dann das Suchen verwendet werden. Je weniger, desto flotter die Indizierung und desto kleiner die Indexdatei.

Maus kontra Tastaturbedienung

Gewöhnen Sie sich an, mit Tastaturkürzeln zu arbeiten. Es lohnt sich, ab und zu einen Blick auf die in den Menüs aufgeführten Tastendefinitionen zu werfen – Sie werden sie mit der Zeit automatisch in den Griff bekommen. (Das gilt natürlich nicht nur für den *Finder*, sondern für alle Programme.)

Nun grossartig Strategien zu entwickeln, wann es denn besser sei, die Tastatur oder die Maus zu benutzen, ist vergebene Liebesmüh. Lassen Sie ganz einfach die Praxis entscheiden. Zu Beginn dürfte immer die Mausbedienung einfacher sein, weil man sehr anschaulich sieht, was man da macht. Und da in den Menüs auch immer die entsprechenden Tastenkombinationen aufgelistet sind (und Sie diese quasi automatisch auswendig lernen), werden Sie bald feststellen, dass Sie häufiger benutzte Funktionen wie von selbst per Tastatur eingeben.

Später beherrschen Sie dann beides – Maus- und Tastenklick – und entscheiden je nach Situation: Ist die Maus gerade zur Hand, weil Sie einen Abschnitt damit markiert haben, dann wird der Menübefehl *Speichern* gewählt, andernfalls drücken Sie *Befehl-S*.

Eines der (vielen) schönen Dinge bei einem Macintosh ist, dass alle wichtigen Befehle (*Sichern*, *Kopieren*…) durchgängig in allen Programmen gleich zu bedienen sind: Sie finden sich an gleicher Stelle im gleichen Menü und sie werden mit derselben Tastenkombination ausgelöst.

Nebenbei: Überprüfen Sie immer wieder einmal Ihre Sitzposition sowie die Positionen von Tastatur, Maus und Monitor, ob diese ergonomisch angeordnet sind oder ob Sie das Ganze nicht etwas bequemer und effektiver gestalten können.

Tipps zum «Finder»

- Wenn Sie ein Dokument mit einem anderen als dem vorgesehenen Programm öffnen möchten, dann ziehen Sie einfach das Symbol des Dokuments auf das Symbol des gewünschten Programms (in einem Fenster oder im *Dock*). Sofern sich das Programm-Icon dabei dunkel färbt, ist alles im

grünen Bereich, denn das bedeutet, dass dieses Programm die fragliche Datei öffnen kann.
- Alternativ können Sie auch das Kontextmenü per *Control-Mausklick* aufrufen und da den Befehl *Öffnen mit* anwählen.
- Speichermedien respektive Laufwerke werden mit dem Befehl *Ablage | Auswerfen* im *Finder* (*Befehl-E*) ausgeworfen respektive entfernt. Sie können aber auch auf den Papierkorb gezogen werden, der sich dabei in ein Auswerfen-Symbol verwandelt:

- Im *Finder* wählt die Return-(↵) oder Enter-Taste (⌤) den Namen einer markierten Datei zum Editieren an.
- Der Befehl *Rückgängig* (*Befehl-Z*) funktioniert tatsächlich fast immer.
- Befehle, die augenblicklich keinen Sinn machen, sind sowohl im *Finder* wie in den Programmen hellgrau dargestellt und lassen sich gar nicht erst anwählen.
- Die Icons der Objekte – auch der Laufwerke – können Sie ändern, indem Sie andere Bildchen in die Zwischenablage kopieren und dann einsetzen, nachdem Sie die Information aufgerufen und das alte Icon angeklickt haben:

Icons finden Sie unter anderem über die URLs http://www.iconfactory.com/ oder http://xicons.com/.
- Gefällt Ihnen das neue Icon nicht mehr, dann schneiden Sie es einfach aus (*Befehl-X*). Daraufhin wird wieder das normale Icon benutzt.
- *Befehl-Shift-3* – legt einen Screenshot (= Bildschirmaufnahme) des gesamten Bildschirminhaltes auf dem Schreibtisch ab.
- *Befehl-Shift-4* – erlaubt es, einen rechteckigen Bildschirmausschnitt aufzuziehen und zu sichern.
- *ESC* bricht den Vorgang ab.

Das Dock

Unten am Bildschirmrand findet sich eine ganz besondere Symbolleiste, das so genannte *Dock*. Es ist gewissermassen die visuelle Darstellung des aktuellen Speicherinhaltes Ihres Macintosh – des für den Benutzer wichtigen Inhaltes, nicht des gesamten. Im Hintergrund werkeln noch viele andere Prozesse.

Das *Dock* ist zunächst einmal optisch aufregend und Sie können das Verhalten in weiten Grenzen selbst konfigurieren (siehe Abschnitt *Dock-Einstellungen*). Es dauert eine geraume Weile, bis man dahinter kommt, dass das *Dock* nicht nur schön, sondern auch ungeheuer praktisch ist, vereint es doch die Funktionalität mehrerer Elemente des alten *Finder*. So ersetzt es *Kontrollleiste*, (abreissbares) *Multifinder-Menü* und die *Aufspringenden Ordner*. Das *Dock* bietet all diese Funktionalität und mehr.

RAFFINIERT Wie ausgefeilt das *Dock* realisiert wurde, erkennen Sie daran: Starten Sie ein *QuickTime*-Movie und ziehen Sie das *Fenster*, noch während das Movie läuft, ins Dock. Das Movie läuft in (stark) verkleinerter Form munter weiter.

Viele Objekte (Bildchen) im *Dock* sind sehr aussagekräftig. Das Mailprogramm signalisiert neue Mails, die Internetverbindung zeigt den Internetstatus an, ein Dokumentfenster enthält den verkleinerten Fensterinhalt...

Das *Dock* ist übrigens zweigeteilt: Linker Hand finden sich alle Programme, rechter Hand Dokumente und Ordner. Hier sehen Sie genau, welche Programme und Dokumente gerade geöffnet sind: Das trifft auf alles zu, das ein kleines Dreieck darunter hat.

Sie können Programme und Dokumente, die Sie häufig benötigen und auf die Sie schnell zugreifen möchten, in das *Dock* legen: Ziehen Sie das fragliche Symbol einfach aus seinem Fenster ins *Dock*. Diese Symbole haben jetzt kein Dreieck im Dock, werden aber auf Mausklick hin sofort gestartet. Und sind sie einmal gestartet, dann erhalten auch sie richtig ein kleines Dreieck im *Dock*.

Ebenso einfach, wie sie hineinkommen, lassen sich Symbole auch wieder aus dem *Dock* entfernen: Ziehen Sie sie einfach aus dem *Dock*. Eine kleine, nett animierte Rauchwolke zeigt deren Verschwinden an. Dabei werden die Objekte nicht real gelöscht – nur aus dem *Dock* entfernt.

Im rechten Teil des *Dock* (dem Teil für Ordner und Dokumente) lassen sich auch weitere Ordner ablegen. Und wenn Sie dann ein wenig länger auf so einen Dock-Ordner klicken, erscheint eine Verzeichnisliste, in der Sie sich dann durch die Unterordner bewegen können.

RAFFINIERT So können Sie die Funktionalität des *Dock* erweitern: Legen Sie einen neuen Ordner an und in diesen hinein Aliasdateien all der Programme, auf die Sie schnell zugreifen möchten. Sie können die Programme auch mit weiteren Unterordnern nach Gruppen ordnen. Dieser Ordner kommt nun ins *Dock* und Sie können per *Control-Mausklick* (oder etwas längerem Mausklick) schnell die Ordnerinhalte aufrufen und durchforsten.

Wenn Sie etwas länger auf ein Programm-Icon im *Dock* klicken (oder *Control-Klicken*), erscheint ein Pop-Up-Menü, in dem Sie zwischen den einzelnen geöffneten Fenstern dieses Programms umschalten können.

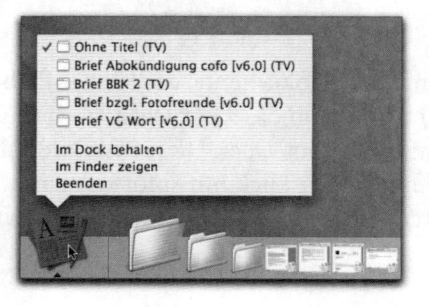

Zudem können Sie das Symbol *Im Dock behalten* verwenden. Das bedeutet, das Programm bleibt auch dann dort, wenn es wieder beendet wird, und Sie können es jederzeit schnell über das *Dock* starten. *Im Finder zeigen* öffnet das Fenster desjenigen Ordners, in dem sich das Programm befindet. Mit *Beenden* schliesslich tun Sie just das mit dem Programm. Drücken Sie die *Wahltaste*, dann ändert sich der Befehl in *Sofort beenden* und das Programm wird ohne Rückfrage und Datensicherung terminiert.

Im Dock finden Sie auch den *Papierkorb*. Dessen Symbol verrät genau, ob er gerade geleert oder gefüllt ist. Alle Dinge, die Sie gewiss nicht mehr brauchen, ziehen Sie einfach in den Papierkorb. Dort bleiben Sie, ganz wie in einem richtigen Papierkorb, so lange liegen, bis er entleert wird: Das erledigen Sie entweder per *Control-Mausklick* auf den *Papierkorb* und Anwahl des Befehls *Papierkorb entleeren* oder über den Menübefehl *Finder | Papierkorb entleeren…* Und auch die Tastenkombination *Shift-Befehl-Rückschritt* besorgt dies.

RAFFINIERT

Wenn Sie den *Papierkorb* ohne den (mitunter lästigen) Rückfrage-Dialog entleeren möchten, dann halten Sie einfach die *Wahltaste* gedrückt, während Sie den Befehl zum Entleeren wählen.

Will das Dock einmal nicht mehr so recht, was zwar selten, aber doch der Fall sein kann, dann können Sie es wie jedes andere Programm auch beenden. Allerdings nicht per *Befehl-Wahl-ESC* (in der Liste taucht es nicht auf), wohl aber über den *Prozess-Monitor*:

1. Starten Sie den *Prozess-Monitor* und suchen Sie das *Dock* in der Liste.
2. Markieren Sie das *Dock* und beenden Sie den Prozess mit dem Menübefehl *Prozesse | Prozess beenden*.

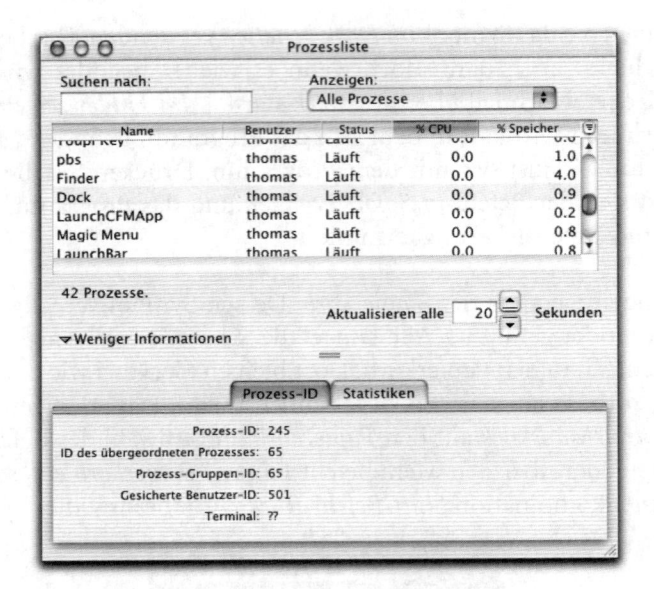

Das *Dock* wird beendet und sofort wieder automatisch gestartet.

Dock-Einstellungen

Unter dem Apfel finden Sie den Befehl *Dock* und können darüber bestimmte Vorgaben für das *Dock* tätigen:

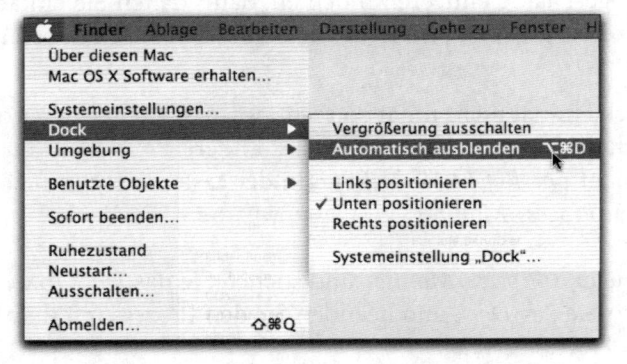

Mit *Vergrösserung ausschalten* schalten Sie die nette Animation aus, die auftaucht, wenn Sie mit dem Mauszeiger über das *Dock* fahren.

Automatisch einblenden lässt das *Dock* erst einmal verschwinden. Erst dann, wenn Sie mit dem Mauszeiger an den unteren Bildschirmrand fahren, taucht das *Dock* wieder auf. Eine besonders praktische Einstellung, wie wir meinen. Ist das *Dock* ausgeblendet, ändert sich der Befehl richtigerweise zu *Immer im Vordergrund*.

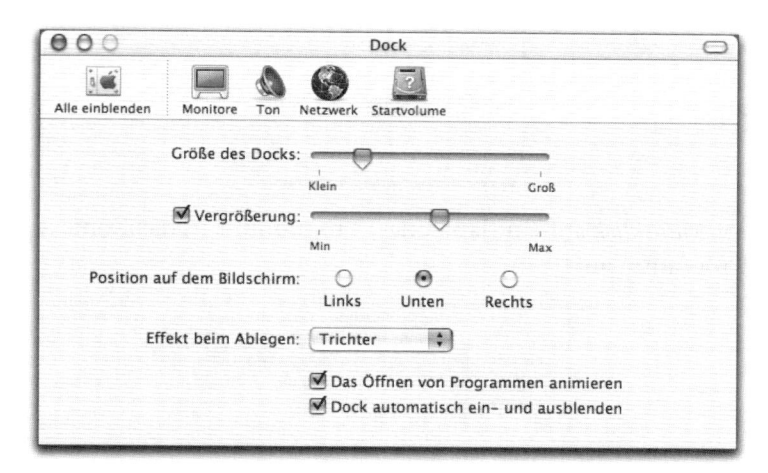

Mit dem Befehl *Systemeinstellung «Dock»...* erscheint der Dialog für die Grundeinstellungen wie *Grösse des Docks:* und *Vergrösserung:*. Hier können Sie die Dock- respektive Symbolgrösse und die Vergrösserung der Symbole stufenlos einstellen, wenn Sie mit dem Mauszeiger darüber fahren. Spielen Sie einfach ein wenig damit herum, bis Ihnen die Einstellungen gefallen.

Schlicht perfekt scheint uns die Einstellung *Automatisch ein- und ausblenden* in Kombination mit der Tastenkombination *Befehl-Wahl-D*: Üblicherweise ist das *Dock* dann unsichtbar, aber schnell per Mausbewegung zum unteren Bildschirmrand erreichbar. Per Tastenkombination allerdings taucht es dauerhaft aus der Versenkung auf. Das kann manchmal nützlich sein, denn die Symbole im Dock geben auch Rückmeldungen: über den Batterieladezustand eines PowerBook, über die Signalstärke einer *AirPort*-Karte oder über die Aktivierung einer Internet-Verbindung, um nur ein paar Beispiele zu nennen.

Tipps zum Dock
- Mit der Tastenkombination *Befehl-Wahl-D* lässt sich das *Dock* schnell ein- und ausblenden.
- Symbole lassen sich mit der Maus anfassen und zu einem beliebigen anderen Ort im *Dock* verschieben. Sie können sie also ganz nach eigenem Gusto anordnen.

- *Control-Mausklick* auf ein (laufendes) Programm ruft das Kontextmenü zu dem Programm auf.
- *Control-Mausklick* auf den Trennbereich zwischen Dokumenten und Programmen ruft das Kontextmenü zum *Dock* auf.
- *Control-Mausklick* oder ein längerer Normalklick auf einen Ordner zeigt den Ordnerinhalt.
- Mausklick auf die Trennlinie und Maustaste gedrückt halten und ziehen: Die Einstellung *Grösse des Docks* kann ohne Umweg über die Systemeinstellung *Dock* grösser oder kleiner gezogen werden.
- *Befehl-Mausklick* auf ein Symbol im *Dock* öffnet den Ordner, in dem sich das Original befindet; das Original wird markiert.
- Wird bei gedrückter *Wahltaste* ein anderes Programm im *Dock* angewählt, dann blendet sich das eben noch aktive Programm aus.
- Wird bei gedrückter *Befehl-Wahl-Tastenkombination* ein anderes Programm im *Dock* angewählt, dann blenden sich alle anderen Programme aus.
- Mit *Befehl-Tabulator* springen Sie von einem aktiven Programm zum anderen (aktive Programme sind an dem kleinen Dreieck im *Dock* kenntlich).
- *Befehl-Shift-Tabulator* wechselt in umgekehrter Reihenfolge zwischen den Programmen.
- Ein Klick auf den gelben Knopf eines Fenster legt es im *Dock* ab.
- Das geht auch per Doppelklick auf die Titelleiste des Fensters.
- Bei gedrückter Tastenkombination *Shift-Control* zoomt das Fenster im Zeitlupeneffekt ins *Dock*.
- Der Menübefehl *Fenster | Fenster verkleinern* (*Befehl-M*) legt das aktive Fenster im *Dock* ab.
- Bei gedrückter *Wahltaste* erscheint im Finder der Menübefehl *Fenster | Alle Fenster verkleinern* und alle geöffneten Fenster werden im Dock abgelegt (*Befehl-Wahl-M*).

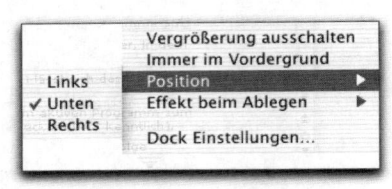

Docklets

In den Versionen vor 10.1 fanden sich im *Dock* auch spezielle kleine Programme, so genannte *Docklets*, die in etwa dieselbe Funktionalität bieten wie die Module für die Kontrollleiste unter Mac OS 9. Alles, was sich auf dem Startvolume im Verzeichnis */Applications/Dock Extras* befindet und ein *Docklet* ist, wird automatisch ins *Dock* geladen. Darunter unter anderem ein Batteriemonitor für die PowerBooks und ein Modul für Monitore, mit dem sich Auflösung und Farbtiefe schnell umstellen lassen.

In neueren Versionen des Betriebssystems hat Apple diese *Docklets* wieder aufgegeben: Kleine Einstellhilfen finden sich oben in der Menüleiste (und nehmen weniger Platz weg), der ganze Rest sind normale Programme, die einfach ins *Dock* gezogen werden.

Die Fenster

Fenster und Dialogboxen sind seit Mac OS X so genannte Sheets (Blätter), das heisst, sie schieben sich zwar in den Vordergrund, müssen aber nicht – wie früher – unmittelbar bedient werden, weil sie den Rechner blockieren. Das tun sie eben nicht (blockieren nämlich), und wann Sie eine Dialogbox bestätigen oder eine Eingabe machen, bleibt Ihnen überlassen. Sie sind nicht mehr gezwungen, alles sofort zu erledigen.

Die Fenster sind auch nicht mehr alle wie einst sklavisch aneinander und an das Programm gebunden: Rufen Sie beispielsweise ein Programmfenster per Mausklick in den Vordergrund, dann bleiben eventuell weitere geöffnete Fenster da, wo sie waren.

Vorteil: Es ist kein Problem, zwei ganz unterschiedliche Programme gleichzeitig zu beobachten – zum Beispiel den Download einer Datei im kleinen Statusfenster des Browsers zu überwachen, während man in *AppleWorks* arbeitet. Oder ein Element per *Drag&Drop* von einem Programmfenster in das eines anderen Programms zu ziehen. Die restlichen Fenster kommen einem nicht in die Quere.

Nachteil: Das ist – zumal im Finder – etwas gewöhnungsbedürftig, denn wenn Sie den Finder oder den *Notizzettel* aufrufen, heisst das noch lange nicht, dass auch alle Fenster (und damit das, das Sie suchen) im Vordergrund liegen. Doch die Abhilfe ist einfach: Wählen Sie das fragliche Programm bei gedrückter *Wahltaste* an: das soeben noch aktive Programm wird ausgeblendet, das gewählte Programm blendet sich inklusive all seiner Fenster ein.

Wir beschreiben hier die Fenster des Finder: diese Steuerelemente finden Sie aber überall wieder; auch in den Programmen. Wenn Sie ein Volume oder einen Ordner doppelklicken, dann öffnet sich ein neues Fenster:

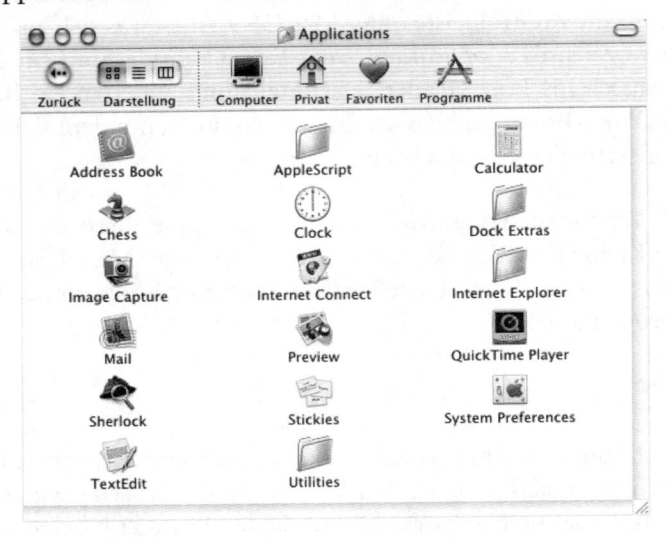

Sie sehen darin kleine Bildchen, Icons genannt, die Ihnen genau sagen, ob es sich um ein Programm, ein Dokument oder einen Ordner handelt. Per Doppelklick können Sie das entsprechende Symbol öffnen: Ein Ordner öffnet sich dann und zeigt Ihnen, was sich darin befindet; Programme und Dokumente werden geöffnet, wobei der Doppelklick auf ein Dokument automatisch gleich auch das dazugehörige Programm startet, welches dann das Dokument öffnet.

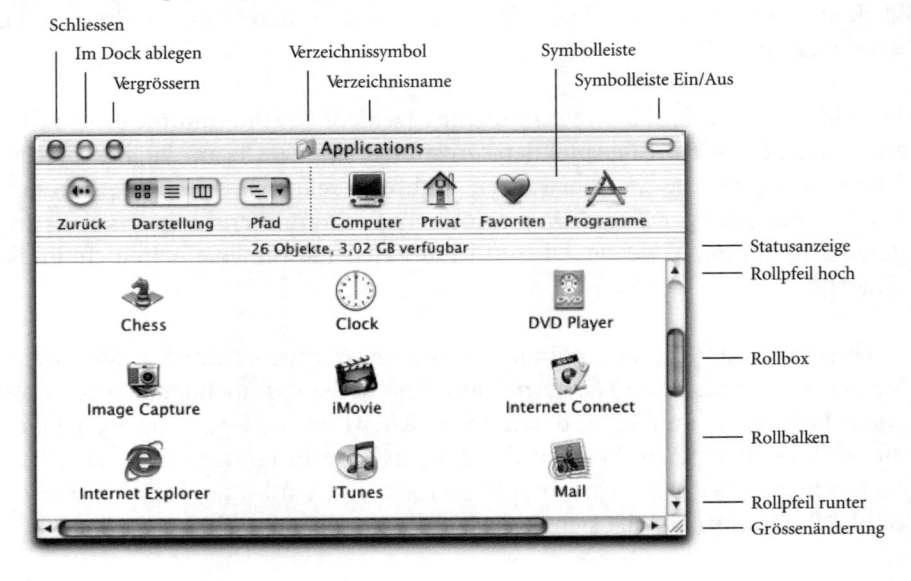

Jedes Fenster hat zudem etliche Steuerelemente, die aber nicht immer alle sichtbar respektive aktiv sein müssen.

Oben am Fenster befindet sich die *Titelleiste*. Wenn Sie mit der Maus dort hinfassen und die Maustaste gedrückt halten, können Sie das Fenster bewegen. Sie werden dabei bemerken, dass das Fenster inklusive seines Inhalts verschoben wird. Das ist insofern ein Novum, als unter dem klassischen Mac OS immer nur eine Fenster-Umrisslinie beim Bewegen sichtbar war. So ist das natürlich viel schöner.

Ganz links in der Titelleiste finden Sie drei «Ampelsymbole». Mit dem roten Knopf schliessen Sie das Fenster. Drücken Sie den gelben Knopf, dann wird das Fenster im *Dock* abgelegt und Sie können es von dort jederzeit wieder hervorholen (einfach darauf klicken). Der grüne Knopf schliesslich stellt die optimale Fenstergrösse ein.

- Wird der grüne Knopf gedrückt, dann zoomt ein Fenster über die volle Bildschirmhöhe.
- Wird der grüne Knopf mit gedrückter *Wahltaste* betätigt, dann zoomt ein Fenster auf die volle Bildschirmgrösse.

OSTEREI Wenn Sie den gelben Knopf mit gedrückter Tastenkombination *Shift-Control* betätigen, dann zoomt das Fenster im Zeitlupeneffekt ins *Dock*.

In der Mitte der Titelleiste ist der Fenstername aufgelistet (das ist der Name des geöffneten Ordners respektive Volumes).

HEISSER TIPP Wenn Sie mit gedrückter *Befehlstaste* auf den Fenstertitel klicken, dann klappt ein Pop-Up mit der Ordnerhierarchie auf und Sie können sich schnell in übergeordnete Verzeichnisse navigieren:

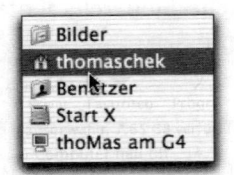

Der schmale helle Knopf ganz rechts in der Titelleiste schliesslich schaltet die Symbolleiste ein respektive aus.

Mit Hilfe der Symbole in der Symbolleiste können Sie die Darstellungsform für das Fenster wählen, zurückblättern, suchen und schnell zwischen den Verzeichnissen *Computer*, *Privat*, *Favoriten* und *Programme* wechseln.

Diese Knöpfe sind weitgehend selbsterklärend und mit ein wenig Ausprobieren und Experimentieren finden Sie schnell heraus, was es damit auf sich hat.

RAFFINIERT Sie können übrigens auch jedes beliebige andere Element – zum Beispiel Ihr Datenvolume oder die wichtigsten Unterordner davon – aus dem Fenster nach oben in die Symbolleiste des Fensters ziehen und dann per einfachem Mausklick schnell darauf zugreifen.

Passen einmal nicht alle Symbole in die Symbolleiste, dann erscheint ein Pfeilsymbol, hinter dem sich die restlichen Symbole verbergen und ausgeklappt werden können:

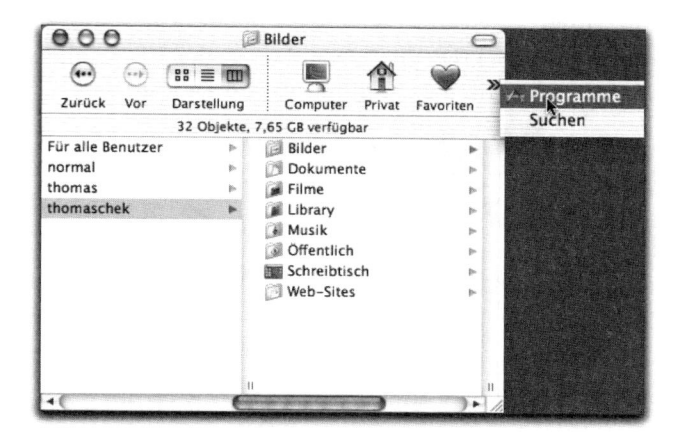

Sofern nicht alle Dateien in ein Fenster passen, erscheinen unten und rechts am Fenster Rollbalken, mit deren Hilfe Sie dann auch die bislang noch nicht sichtbaren Fensterbereiche herbeiholen können.

Die Rollbalken sind proportional angelegt, das bedeutet, je nachdem, wie viel sich im unsichtbaren Teil des Fensters noch verbirgt, sind sie länger (wenig verborgen respektive kurz zu scrollen) oder kürzer (viel verborgen respektive lang zu scrollen).

Die Spaltenbreite für die einzelnen Darstellungsattribute können Sie mit der Maus grösser und kleiner ziehen, indem Sie das rechte Ende des Spaltentitels mit dem Mauszeiger anfassen und ziehen.

Unten rechts schliesslich ist ein kleiner Anfasser, mit dessen Hilfe Sie das Fenster auf eine Ihnen genehme Grösse auf- oder zuziehen können.

Darstellungsoptionen

Im Menü *Darstellung* respektive per Anwahl eines der Icons links in der Symbolleiste können Sie unter drei Darstellungsvarianten wählen:

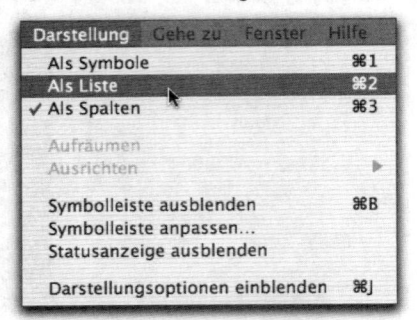

Wird ein Fenster *Als Symbole* dargestellt, so zeigen sich die kleinen Bildchen – die Icons – in voller Pracht und Grösse (die Grösse legen Sie via *Darstellung | Darstellungsoptionen einblenden* fest):

Bei *Symbolgrösse:* können Sie die Grösse für alle Symbole stufenlos festlegen. Weiterhin lassen sich die Hintergrundfarbe und seit *Jaguar* auch die Schriftgrösse definieren – für dieses oder für alle Fenster.

HEISSER TIPP Wenn Sie auf den Schreibtisch klicken, können Sie auch diesen via *Darstellung | Darstellungsoptionen einblenden* konfigurieren.

Unter *Symbolanordnung:* wählen Sie, ob die auf dem Schreibtisch liegenden Symbole an einem imaginären Raster ausgerichtet werden sollen oder nicht respektive ob sie nach bestimmten Eigenschaften sortiert werden sollen:

Und so sieht die Darstellung *Als Liste* aus, die mehr Informationen über die einzelnen Objekte bereithält:

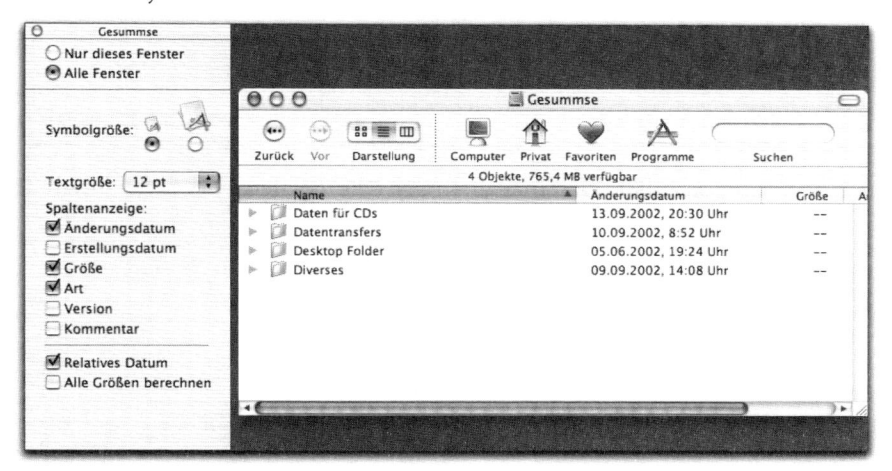

- Bei einem Fenster in Listendarstellung können Sie wahlweise nach den angezeigten Attributen wie *Name* oder *Grösse* sortieren, indem Sie oben im Fenster auf das gewünschte Attribut klicken.
- Erneuter Klick auf das Attribut kehrt die Sortierreihenfolge um.
- *Befehl-Pfeil-hoch/runter* bewegt einen Schritt in der Ordnerhierarchie.
- Bei gedrückter *Befehl-Wahl*-Tastenkombination kann der Fensterinhalt mit der Maus verschoben werden (entspricht dem Bewegen des Rollbalkens).
- Der Ordnerinhalt wird angezeigt, indem das kleine Dreieck links eines Ordners angeklickt wird. Damit lässt sich der Ordner auch wieder schliessen.

- Wird das Dreieck bei gedrückter *Wahltaste* angeklickt, öffnen respektive schliessen sich auch alle Unterordner.
- Die Spaltenbreite kann angepasst werden, indem die Trennlinie zwischen den Spaltentiteln mit der Maus verschoben wird.

In der Darstellung *Als Spalten* schliesslich können Sie vor allem bequem hin und her navigieren:

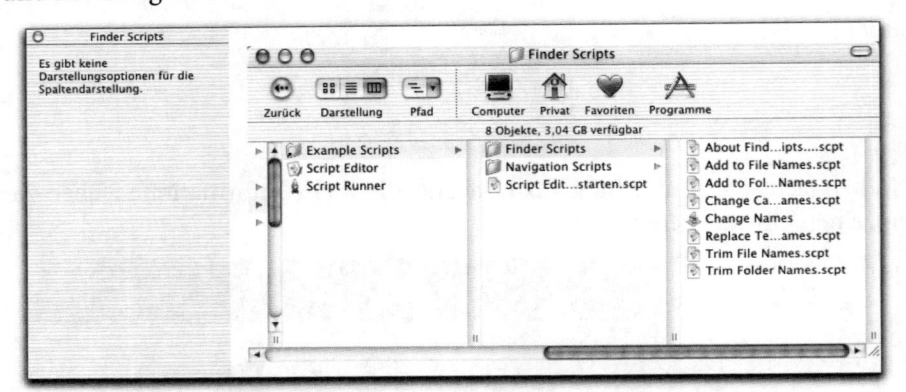

- Bei einer angewählten Datei wird je nach Typ das Icon oder der Inhalt angezeigt.

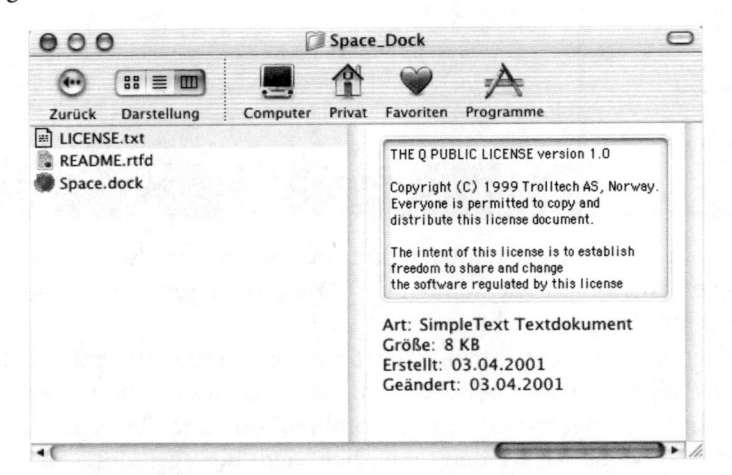

- Handelt es sich bei der Datei um ein *QuickTime*-Movie, dann kann der Film sogar im Vorschau-Fenster direkt abgespielt werden:

RAFFINIERT

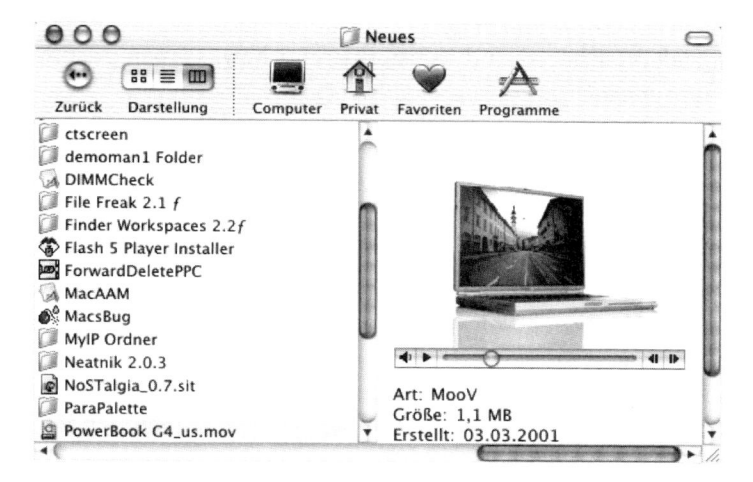

In der Spaltendarstellung können Sie die gesamte Verzeichnishierarchie, die Sie «aufgeklappt» haben, schnell mit dem vertikalen Rollbalken durchblättern:

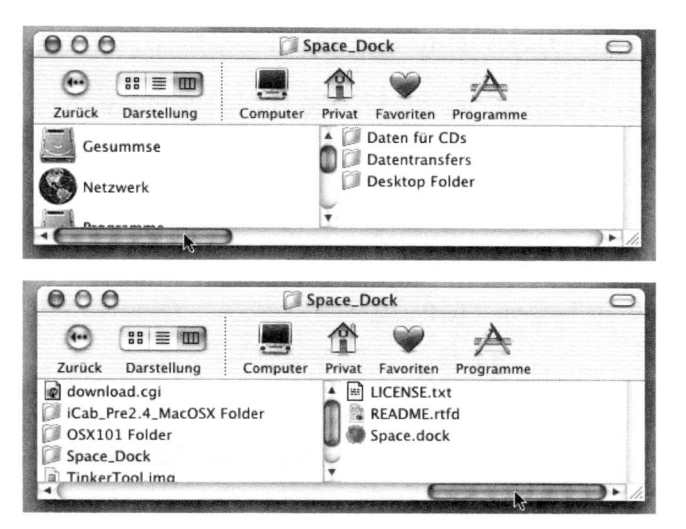

- In der Spaltendarstellung können Sie auch mit den Pfeil- und Buchstabentasten sehr schnell navigieren: Mit den Pfeiltasten bewegen Sie sich durch die Verzeichnisse und in einer Liste nach oben und unten, mit den Buchstabentasten können Sie schnell zu einem bestimmten Namen springen. «N» beispielsweise springt zu dem ersten Namen, der mit diesem Buchstaben beginnt. Tippen Sie zwei Buchstaben schnell hintereinander, dann können Sie noch gezielter springen.

Die beiden Befehle *Aufräumen* und *Nach Namen sortieren*, die Sie gleichfalls im Menü *Darstellung* finden, sind selbsterklärend bzw. schnell ausprobiert. Das gilt auch für *Symbolleiste ein-/ausblenden*.

Vielfältiger ist der Befehl *Symbolleiste anpassen* – siehe Abschnitt *Fenster-Symbolleiste anpassen* ein wenig weiter hinten.

Mit *Statusanzeige ein-/ausblenden* entscheiden Sie, ob die Statusleiste angezeigt wird, die Informationen zum aktuellen Ordner (Anzahl der enthaltenen Objekte) und zum gewählten Volume (freier Speicher) preisgibt.

Bleiben schliesslich noch die Darstellungsoptionen, die sich je nach Fensterinhalt etwas anders präsentieren. Davon war bereits soeben bei den einzelnen Fensterdarstellungen die Rede.

Fenster-Tipps

RAFFINIERT

Wie ein neues Fenster aussieht, das Sie öffnen (Menübefehl *Ablage | Neues Fenster*, *Befehl-N* oder *Wahl-Doppelklick* auf einen Ordner), bestimmen Sie so:

1. Alle Fenster schliessen (*Wahltaste-Mausklick* ins Schliessfeld eines Fensters).
2. Ein neues Fenster öffnen und wie gewünscht einstellen (Grösse, Darstellung...).
3. Fenster schliessen. Künftig werden alle neuen Fenster genau so auftauchen.

- Welches Verzeichnis in einem neuen Fenster dargestellt wird, legen Sie unter *Finder | Einstellungen...* fest:

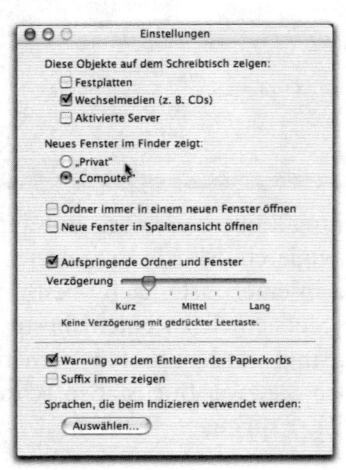

- Wenn Sie die Menüs des *Finder* einmal durchforsten, dann werden Sie feststellen, dass dort etliche Befehle auch mit einer *Befehlstasten*-Kombination belegt sind: *Befehlstaste-W* beispielsweise schliesst ein Fenster. Entscheiden Sie dann selbst, was Ihnen angenehmer ist: die Bedienung per Tastatur oder jene per Maus.
- In den Systemeinstellungen legen Sie auf dem Reiter *Allgemein* Voreinstellungen für die Fenster fest.

Ordner in einem Fenster verhalten sich unterschiedlich, je nachdem, ob die Symbolleiste des Fensters ein- oder ausgeblendet ist (dazu den kleinen Schalter rechts oben am Fenster drücken):

- Wenn die Symbolleiste nicht sichtbar ist, öffnet der Doppelklick auf einen Ordner ein neues Fenster mit dem Ordnerinhalt.
- Ist die Symbolleiste des Fensters sichtbar, dann wird ein doppelgeklickter Ordner in diesem Fenster geöffnet. Um ein neues Fenster zu erzwingen, drücken Sie während des Doppelklicks die *Befehlstaste*.

Fensterbefehle im Finder
- Wird bei gedrückter *Wahltaste* zu einem anderen Programm gewechselt, blendet sich das eben noch aktive Programm aus. Alle Fenster des aufgerufenen Programms blenden sich ein.
- Der Menübefehl *Ablage | Fenster schliessen* wird bei gedrückter *Wahltaste* zu *Alles schliessen*.
- Der Menübefehl *Fenster | Fenster verkleinern* wird bei gedrückter *Wahltaste* zu *Alle Fenster verkleinern*.
- Der Menübefehl *Fenster | Alle einblenden* wird bei gedrückter *Wahltaste* zu *Im Vordergrund anordnen*.

Ein neues Fenster öffnen Sie so:

- Per Menübefehl *Ablage | Neues Fenster*.
- Per Tastenkombination *Befehl-N*.
- Wird ein Ordner mit gedrückter *Befehlstaste* geöffnet, wird der Inhalt in einem neuen Fenster dargestellt.

Fenster im Finder lassen sich so schliessen:

- Klick auf den roten Knopf des Fensters.
- Per Menübefehl *Ablage | Fenster schliessen*.
- Per Tastenkombination *Befehl-W*.

Wird eine dieser drei Aktionen mit gedrückter *Wahltaste* ausgeführt, dann schliessen sich alle Fenster.

Die Fensterdarstellung beeinflussen Sie so:

- Ein Klick auf den grünen Fensterknopf optimiert die Fenstergrösse auf Bildschirmhöhe (mehr oder weniger). Wird dabei die *Wahltaste* betätigt, dann zoomt das Fenster auf die volle Bildschirmgrösse.
- Klick auf eines der Symbole für die Fensterdarstellung (links oben) schaltet auf die entsprechende Ansicht um.
- Sie können die Ansicht auch im Menü *Darstellung* auswählen.

Fenster-Symbolleiste anpassen

Wenn ein Fenster geöffnet und dessen Symbolleiste sichtbar ist, dann ist auch der Befehl *Darstellung | Symbolleiste anpassen* aktiv. Wenn Sie ihn aufrufen, dann können Sie die Symbolleiste ganz nach Wunsch um weitere Symbole ergänzen oder auch Symbole aus ihr entfernen:

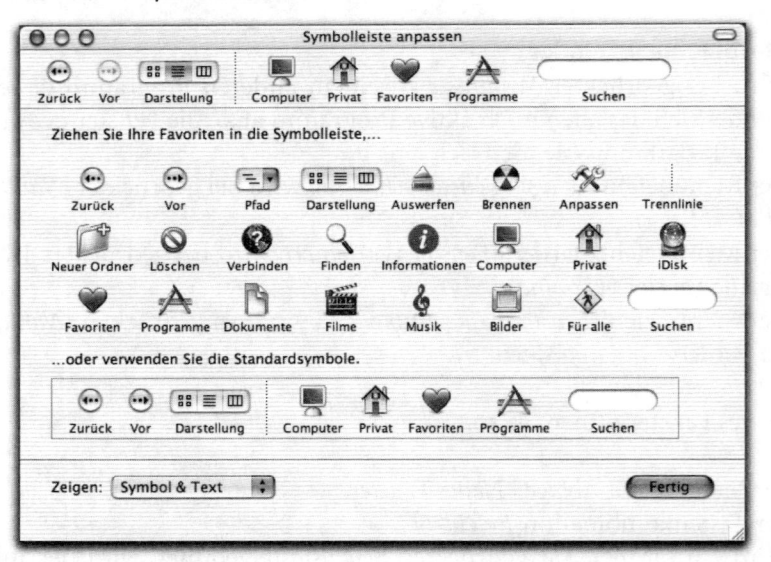

Diese Ansicht erreichen Sie auch, indem Sie mit gedrückter *Shifttaste* auf den hellen Knopf rechts oben im Fenster klicken. Oder, wenn Sie die Symbolleiste bereits entsprechend angepasst haben, über die Schaltfläche *Anpassen*.

Zum Modifizieren ziehen Sie die fraglichen Symbole einfach entweder in die Symbolleiste oder aus ihr heraus. Sie werden an der Stelle in der Symbolleiste abgelegt, an der Sie die Maustaste loslassen. Änderungen an der Symbolleiste sind global, das bedeutet, sie gelten für alle Fenster.

- Sie können auch Ordner und Dateien in die Symbolleiste des Fensters ziehen!

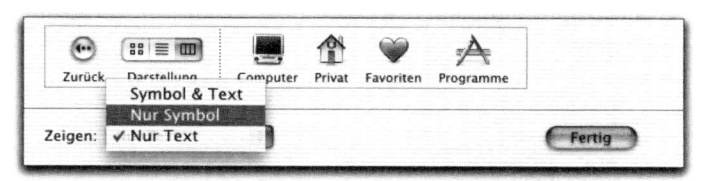

- Im Dialogfenster des Befehls *Darstellung | Symbolleiste anpassen...* können Sie bei *Zeige:* wählen, ob Sie Symbole und Text oder nur den Text respektive nur die Symbole angezeigt bekommen möchten. Besonders die Anzeige *Nur Text* spart viel Platz im Fenster.

HEISSER TIPP Die Symbole oben im Fenster sind vollwertige Aliase für die Objekte, die sie repräsentieren: Sie können eine Datei oder einen Ordner jederzeit beispielsweise auf das Favoriten-Symbol ziehen und künftig steht das Objekt unter *Favoriten* zur Verfügung.

Kontextsensitive Menüs

Wenn Sie im *Finder* oder einem (Programm-)Fenster auf ein Objekt zeigen und dann die *Control-* und *Maustaste* drücken, klappt an der Stelle des Mauszeigers ein Pop-Up-Menü auf, in dem all die Befehle enthalten sind, die für dieses Objekt in Frage kommen.

Und deshalb heissen sie auch «kontextsensitiv», passt doch der jeweilige Befehlsumfang immer zum aktuellen Kontext (= Zusammenhang).

Seit *Jaguar* kennt der Finder den praktischen Kontextbefehl *Öffnen mit,* mit dessen Hilfe sich Dokumente auch von anderen Programmen als dem vorgesehenen öffnen lassen:

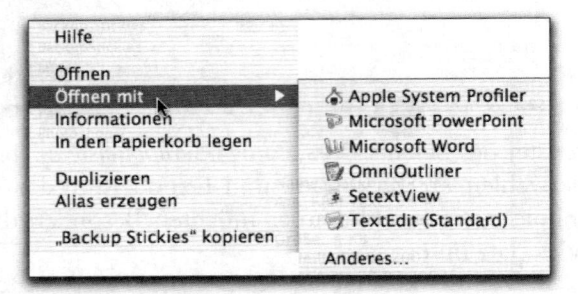

RAFFINIERT

Wenn Ihnen das Drücken der *Controltaste* zu umständlich erscheint, sollten Sie sich eine programmierbare Maus mit mehreren Tasten kaufen; zum Beispiel ein Modell von Kensington oder Logitech. Dann legen Sie auf eine freie Maustaste die Tastenkombination *Control-Mausklick* – und schon müssen Sie die Tastatur nicht mehr bemühen.

Die Objekte

Icons, jene schönen, kleinen und bunten Bildchen, die den Schreibtisch bevölkern und Programme, Dokumente, Ordner und so weiter auf einen Blick kenntlich machen, können unter Mac OS X bis zu 128 x 128 Pixel gross sein (gegenüber früher maximal 32 x 32 Pixel). Das macht sie auf der einen Seite auf Wunsch schön gross und bunt, auf der anderen können im Icon aufgrund dieser Grösse auch nützliche Informationen wie beispielsweise eine Inhaltsvorschau bei einer Textdatei enthalten sein.

Die Icons unter *Aqua* nutzen die Möglichkeiten der Grafikbibliothek *Quartz* voll aus und bieten deshalb unter anderem Anti-Aliasing zur Kantenglättung, Alpha-Kanäle, Schatten- und Transparenzeffekte. So sind die Icons nicht auf eine Grösse festgelegt, sondern können von ganz klein bis ganz gross skaliert werden. Ein Beispiel dafür ist das *Dock,* in dem sich die Icons beim Darüberfahren mit dem Mauszeiger stufenlos vergrössern und verkleinern.

Dass sich mit 128 x 128 Pixeln (was zunächst nicht allzu aufregend klingt) doch eine ganze Menge machen lässt, wird im historischen Rückblick deutlich:

Computer wie der Commodore C 64 oder der Atari ST boten eine Farbauflösung von 320 x 200 Pixeln – und das nicht etwa bei Echtfarben, sondern bei einer Farbtiefe von 16 oder 256 Farben. Ein Icon unter Mac OS X würde auf solch einem Bildschirm rund ein Viertel der Darstellungsfläche ausfüllen.

Ordner und Dateien
Ordner und Dateien sind die wichtigsten Ordnungsstrukturen Ihres Macintosh – ganz wie in einem Büro können Sie Ordner für verschiedene Projekte anlegen, dort hinein weitere Unterordner packen und schliesslich Ihre Dateien geordnet sammeln und aufbewahren.

RAFFINIERT Wenn Sie mit gedrückter *Wahltaste* mit dem Mauszeiger über einen langen Dateinamen fahren, wird er in kleinerer Schrift und komplett angezeigt.

Bereits das Aussehen der kleinen Bildchen sagt etwas über deren Bestimmung aus, ob es ein Ordner, ein Programm oder ein Dokument ist:

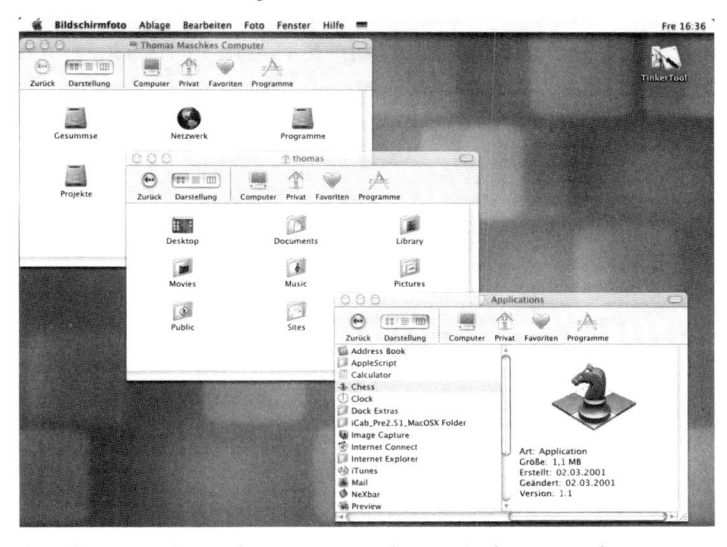

Egal ob einzelne Dateien oder ganze Ordner: Sie können deren Icons mit der Maus anklicken, sie aktivieren (sie werden dabei dunkel) und daraufhin etwas befehlen.

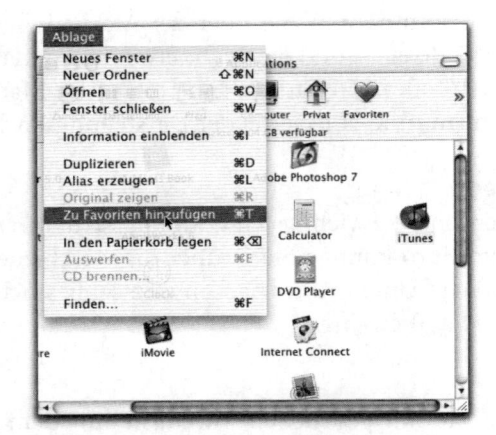

Alle passenden Befehle aus den Menüs des *Finder* (oder aus dem Kontextmenü) sind schwarz, nicht durchführbare Befehle sind grau dargestellt und lassen sich gar nicht erst anwählen.

Hinter den einzelnen Befehlen des Menüs sind auch gleich die jeweiligen Tastenkombinationen angegeben, die dasselbe bewirken. Im Laufe der Zeit werden Sie viele davon übernehmen und dann beispielsweise schnell *Befehl-I* drücken, um sich Informationen zu einem aktivierten Objekt anzeigen zu lassen.

Sie können das Objekt auch anfassen, hin- und herschieben, kopieren, löschen, öffnen oder ein Attribut vergeben. Wenn Sie ein Dokument aktivieren und die Information dazu aufrufen, können Sie die Attribute *Geschützt* und *Formularblock* vergeben:

Geschützt bedeutet, dass dieses Dokument zwar geöffnet, nicht aber geändert werden kann. Änderungen an so einem Dokument lassen sich nur speichern, wenn ein neuer Name für die Datei vergeben wird (*Datei sichern unter…*); die Ursprungsdatei bleibt immer unversehrt. Das Icon bekommt ein kleines Vorhängeschloss.

Haken Sie das Attribut *Formularblock* ab, so wird die Datei künftig nicht mehr direkt geöffnet, sondern immer eine Kopie davon – aber mit allen Elementen (Bildern, Markierungslisten, Text), die in der Ursprungsdatei enthalten sind.

Aufspringende Ordner

Mit dem Menübefehl *Finder | Einstellungen…* können Sie die aufspringenden Ordner einschalten und deren Zeitverhalten festlegen:

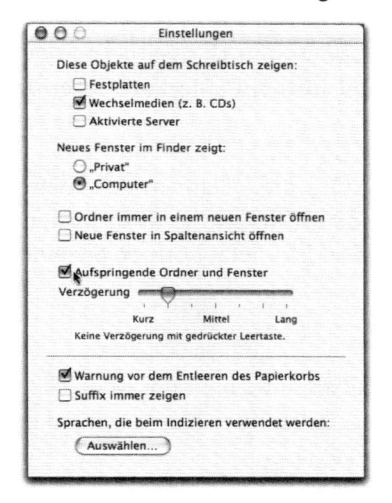

Das ist praktisch, um sich schnell durch Hierarchien zu hangeln: Wird ein Objekt wird mit der Maus über einen Ordner gezogen, dann öffnet sich der alsbald, und dann der nächste und der nächste – bis das Objekt losgelassen wird: So landet es schnell ganz tief in der Ordnerhierarchie. Ausprobieren!

Kopieren und Verschieben

Das Kopieren und Verschieben von Dateien ist nach unserem Dafürhalten nicht ganz logisch gelöst, obwohl sich wohl viele daran gewöhnt haben und das kaum mehr registrieren. «Unlogisch» ist der Vorgang deshalb, weil dieselbe Aktion *entweder* ein Verschieben *oder* ein Kopieren auslöst, abhängig vom Zielort: Befindet sich das Ziel auf dem gleichen Laufwerk, wird verschoben. Auf ein anderes Volume wird immer kopiert.

Kopieren. Um ein Objekt definitiv zu kopieren, halten Sie beim Verschieben die *Wahltaste* gedrückt. Der Mauszeiger signalisiert den Kopiervorgang durch ein kleines Pluszeichen.

Sie können markierte Objekte (Dateien, Programme, Ordner) auch mit den Menübefehlen *Bearbeiten | Kopieren* und dann *Bearbeiten | Objekt einsetzen* an einen anderen Ort kopieren.

Verschieben. Um ein Objekt definitiv zu verschieben, halten Sie die *Befehlstaste* gedrückt (das kleine Pluszeichen am Mauszeiger, das ein Kopieren signalisiert, verschwindet).

Löschen und Umbenennen

Löschen. Ziehen Sie das fragliche Objekt in den Papierkorb oder wählen Sie bei aktiviertem Objekt den Befehl *In den Papierkorb legen* aus dem Menü *Ablage* an.

Dort ist auch das nützliche Tastaturkürzel vermerkt, mit dem sich aktivierte Objekte besonders schnell in den Papierkorb legen lassen: *Shift-Befehl-Rückschritt*.

Umbenennen. Sämtliche Objekte – Dateien, Aliasdateien, Ordner, Laufwerke – können umbenannt werden. Klicken Sie dazu in den Namen und warten Sie kurz, bis der Name markiert ist – jetzt können Sie einen neuen Namen tippen.

Objekte lassen sich schneller umbenennen, wenn Sie direkt nach der Markierung *Return* oder *Enter* drücken; der Name wird dann sofort zur Umbenennung freigegeben.

Bei der Benennung und Umbenennung von Objekten sind folgende Hinweise nützlich:

- *Pfeiltaste hoch* und *Pfeiltaste runter* springen an Anfang respektive Ende des Ausdrucks.
- *Wahl-Pfeiltaste rechts/links* springt wortweise.
- *Shift-Pfeiltaste* markiert zeichenweise.
- *Wahl-Shift-Pfeiltaste* markiert wortweise.
- *Befehl-Wahl-Shift-Pfeiltaste* markiert den restlichen Text ab Cursorposition.

HEISSER TIPP Das funktioniert nicht nur bei der Dateibenennung, sondern systemweit in allen Eingabefeldern, unter anderem auch im Dialog zum Sichern einer Datei.

Aliasdateien

Aliasdateien sind kleine Dateien, die einen Verweis auf eine Originaldatei (Ordner, Datei, Programm) enthalten. Ihr Vorteil: Sie sind kleiner als die Originaldatei, man kann beliebig viele an den verschiedensten Orten anlegen – und beim Öffnen einer Aliasdatei wird immer die Originaldatei geöffnet.

| Gesummse | Applications 2 | Chess | startseite.html |

Aliasdateien sind an dem kleinen Aufwärtspfeil links unten kenntlich und Sie können sie folgendermassen anlegen:

Objekt aktivieren – Menü *Ablage | Alias erzeugen* aufrufen oder *Befehl-L* drücken. Am Ablageort der Originaldatei wird ein Alias erstellt. Dieses können Sie nun wie gewohnt kopieren oder verschieben.

Schneller und praktischer geht es, wenn Sie so vorgehen:

Objekt mit Mauszeiger anfassen, Tastenkombination *Befehl-Wahl* gedrückt halten und das Objekt an den Zielort Ihrer Wahl ziehen. Dort wird automatisch ein Alias angelegt.

Und wenn Sie gern das Original zu einem Alias sehen möchten: Aktivieren Sie es und wählen Sie im Menü *Ablage | Original zeigen* oder drücken Sie *Befehl-R* (R für resolve = auflösen). Schon öffnet sich der Ordner, in dem das Original liegt, und es wird aktiviert.

Da die logische Ordnung oft eine andere ist als die praktische, benutze ich Aliasdateien sehr gern und oft. So lege ich Artikel und Notizen, privater wie geschäftlicher Natur, in verschiedenen Ordnern auf der Festplatte ab. Im Ordner *Sammelsurium* etwa finden sich Tagebuchnotizen, Artikelideen, Konzepte usw. Manuskripte für SmartBooks finden sich im Pfad *Projekte/Texte/Computerbücher/*.

Eine – für mich – logische Art, die Dinge dauerhaft zu speichern, denn dort finde ich sie auch nach langer Zeit immer wieder.

Kurzfristig allerdings ist es so, dass ich ganz verschiedene Dinge aktuell bearbeiten möchte. Einen Artikel, ein Manuskript (wie das zu diesem Buch), Notizen und Ideen. Damit ich die Dateien nun nicht ständig hin- und herschieben oder gar jedes Mal suchen muss, lege ich jede Datei gleich an ihrem logischen Platz ab. Gleichzeitig lege ich aber von denen, die ich bearbeiten und keinesfalls aus den Augen verlieren möchte, ein Alias an (das geht mit Einzeldateien genauso wie mit Ordnern) und schiebe sie gleich in einen Ordner auf dem Schreibtisch, den ich «Aktuelles» genannt habe.

Name	Größe
Daten <> PPC	4 KB
Ideen & Konzepte	4 KB
Sammelsurium	4 KB
2001/10 Kenia für tours	4 KB
Digitale Fotografie Premium	4 KB
Fotonotizen 4 (tours)	4 KB
iMac Luxo	4 KB
Mac OS X –2	4 KB
Office X	4 KB
Willkommen zu Macintosh	4 KB
Word X	4 KB

Fenster «Aktuelles»: 11 Objekte, 1,61 GB verfügbar.

Nun kann ich mit den wichtigen Dokumenten hantieren und vergesse nichts. Ist die Arbeit erledigt, dann lösche ich einfach die Aliasdatei.

POWER USER Abhängig vom Dateisystem des Speichermediums unterscheidet sich die Realisierung von Aliasdateien. Exakt formuliert ist es so, dass Aliasdateien von den Macintosh-Dateisystemen *HFS* und *HFS+* unterstützt werden, wohingegen *UFS*-Volumes «symbolische Verweise» (symbolic links) benutzen.

Aliasdateien beziehen sich auf ein Laufwerk und einen Ablageort und jede dieser Referenzen erhält eine einzigartige Identität. Dadurch bezieht sich ein Alias immer auf dieselbe Datei respektive denselben Ordner, egal, wohin sie im Dateisystem bewegt werden. Solange sie nur auf dem gleichen Volume bleiben.

Ein symbolischer Link dagegen ist ein Verweis auf einen festgelegten Pfad im Dateisystem. Beispielsweise */applications/utilities/terminal.app*. Wird in diesem Fall das Programm *Terminal* in einen anderen Ordner gelegt, dann kann der symbolische Link den Pfadverweis nicht mehr auflösen, das heisst, er findet das Programm nicht mehr.

Objektbefehle
Objekte können Sie folgendermassen auswählen:

- Anklicken.
- Per Buchstabe (*d-e*, schnell getippt beispielsweise springt zum ersten Objekt, das mit *de* beginnt).

- Mit den Pfeiltasten springen Sie zum nächsten Objekt in der Richtung.
- Alle Objekte wählen Sie mit dem Menübefehl *Bearbeiten | Alles auswählen* oder per *Befehl-A* aus.
- Eine unzusammenhängende Auswahl erstellen Sie, indem Sie bei gedrückter *Befehlstaste* die fraglichen Objekte anklicken.
- Eine zusammenhängende Auswahl erzielen Sie mit gedrückt gehaltener *Shifttaste*, nachdem das erste Objekt per Mausklick markiert wurde.
- Oder durch Aufziehen eines Vierecks mit der Maus.
- Oder mit *Shift-Pfeiltaste*.
- Dabei sind auch Kombinationen möglich! Beispielsweise wird ein Bereich bei gedrückter Maustaste überfahren und damit markiert. Einzelne Objekte werden dann mit *Befehl-Mausklick* demarkiert. Oder eine Reihe Objekte wird schnell mit *Shift-Mausklick* markiert, einzelne Objekte mit *Befehl-Mausklick* aus der Auswahl genommen.
- Markierte Objekte fügen Sie mit dem Menübefehl *Ablage | Zu Favoriten hinzufügen* (*Befehl-T*) Ihren Favoriten hinzu.

Öffnen lassen sich Objekte (das dürfen auch mehrere sein) so:

- Per Doppelklick.
- Objekt markieren und Menübefehl *Ablage | Öffnen* (*Befehl-O*).
- Objekt markieren und Befehl *Öffnen* im Kontextmenü, das mit *Control-Mausklick* erscheint.
- Objekt markieren und *Befehl-Pfeil-nach-unten*.
  Bei gedrückter *Wahltaste* wird das Objektfenster nach dem *Öffnen*-Befehl geschlossen.

Lange Dateinamen können Sie sich so anzeigen lassen:

- Mauszeiger etwas länger über dem markierten Namen stehen lassen.
- *Wahltaste* drücken, während Sie den Mauszeiger auf den Namen bewegen.
- Objekt markieren und per Menübefehl *Ablage | Information einblenden* (*Befehl-I*) die Information dazu aufrufen. Mit den Pfeiltasten können Sie durch lange Dateinamen scrollen.

Den Namen eines Objekts ändern Sie so:

- Objekt auswählen und einmal auf den Namen klicken. Nach einer kurzen Verzögerung wird der Name «aktiv» und kann geändert werden.
- Schneller geht es so: Objekt auswählen und *Return* drücken.

- Objekt markieren und per Menübefehl *Ablage | Information einblenden* (*Befehl-I*) die Information dazu aufrufen. Im Feld ganz oben steht der Name und kann geändert werden.

Ein oder mehrere markierte Objekte duplizieren Sie so:

- Per Menübefehl *Ablage | Duplizieren* (*Befehl-D*).
- Per Befehl *Duplizieren* im Kontextmenü, das auf *Control-Mausklick* hin erscheint.
- Per Menübefehl *Bearbeiten | Kopieren* und *Einsetzen*.
- *Wahltaste* drücken und Objekte mit dem Mauszeiger ein wenig bewegen. Loslassen.
- Beim Bewegen auf ein anderes Volume wird automatisch kopiert.
- Erzwingen lässt sich das auch für dasselbe Volume (wo normalerweise verschoben wird), wenn Sie das Objekt mit – kurz nach Beginn der Aktion gedrückter – *Wahltaste* verschieben.

Ein oder mehrere markierte Objekte verschieben:

- Beim Bewegen auf dem gleichen Volume wird automatisch verschoben.
- Erzwingen lässt sich das auch für andere Volumes, wenn Sie das Objekt verschieben und kurz nach dem Beginn des Verschiebens die *Befehlstaste* drücken.

Eine Aliasdatei von ein oder mehreren markierten Objekten erstellen Sie so:

- Per Menübefehl *Ablage | Alias erzeugen* (*Befehl-L*).
- Per Befehl *Alias erzeugen* im Kontextmenü, das auf *Control-Mausklick* hin erscheint.
- Objekt in ein anderes Verzeichnis verschieben und dabei *Befehl-Wahl* gedrückt halten.
- Per Menübefehl *Ablage | Original zeigen* (*Befehl-R*) finden Sie von einer markierten Aliasdatei zum Original.

Neue Ordner können Sie folgendermassen anlegen:

- Per Menübefehl *Ablage | Neuer Ordner* (*Befehl-Shift-N*).
- Per Symbol in der Symbolleiste eines Fenster. Das entsprechende Symbol müssen Sie allerdings erst nach Aufruf des Menübefehls *Darstellung | Symbolleiste anpassen* in die Symbolleiste ziehen.

Ein oder mehrere markierte Objekte in den Papierkorb legen:

- Auf den Papierkorb ziehen und loslassen.
- Per Menübefehl *Ablage | In den Papierkorb legen* (*Befehl-Shift-Rückschritt*).
- Per Befehl *In den Papierkorb legen* aus dem Kontextmenü, das auf *Control-Mausklick* hin erscheint.
- Per Symbol in der Symbolleiste eines Fenster. Das entsprechende Symbol müssen Sie allerdings erst nach Aufruf des Menübefehls *Darstellung | Symbolleiste anpassen* in die Symbolleiste ziehen.

Der Weg zu ganz bestimmten wichtigen Objekten steht auf mehrerlei Wegen offen. Etliche Objekte wie *Computer* oder *iDisk* sind im Menü *Gehe zu* bereits vorgesehen, andere erreichen Sie so:

- Das entsprechende Bildchen in der Symbolleiste eines Finderfenster anklicken. Das entsprechende Symbol müssen Sie sich unter Umständen erst nach Aufruf des Menübefehls *Darstellung | Symbolleiste anpassen* in die Symbolleiste ziehen.
- Per Menü *Gehe zu*. Dort sind auch die Tastenkombinationen notiert, mit denen Sie das Fenster von *Computer* usw. schnell aufrufen können.
- Sie können aber auch jedes beliebige Objekt (Datei oder Ordner) in die Symbolleiste eines Finderfensters ziehen und haben es dann ständig griffbereit.

Die Icons – auch der Laufwerke – lassen sich ändern:

1. Kopieren Sie ein anderes Bildchen in die Zwischenablage
2. Rufen Sie die Information zum Objekt auf, klicken Sie auf das Icon links oben und setzen Sie das Objekt ein (*Befehl-V*). Icons finden Sie unter anderem unter `http://www.iconfactory.com/` und `http://xicons.com/`.

Gefällt Ihnen das neue Icon nicht mehr, dann schneiden Sie es einfach aus (*Befehl-X*). Daraufhin wird wieder das normale Icon benutzt.

Finden im Finder

Das Finden-Konzept von *Jaguar* hat sich komplett gewandelt und ist unseres Erachtens deutlich übersichtlicher geworden. Jetzt ist nicht mehr die Suchmaschine *Sherlock* sowohl für die Finder- als auch für die Internetsuche zuständig, vielmehr wurden diese beiden Suchbereiche wieder getrennt.

Damit führt *Jaguar* unter Mac OS X ein neues Konzept ein, das manchem altbekannt sein mag. Unter System 7 gab es einst mit *Dateien finden* einen ganz ähnlichen Ansatz im klassischen Mac OS. Mit System 8 und der zunehmenden Internetnutzung kam dann die Suchmaschine *Sherlock*, die zunächst nur der Internetsuche diente. Im Laufe der weiteren Entwicklung des klassischen Mac OS schliesslich wurden die beiden Suchfunktionen in dem einen Programm *Sherlock* zusammengefasst.

Jaguar nun trennt diese beiden Suchbereiche wieder, und wer etwas im Internet finden möchte, bemüht *Sherlock* oder eine andere Suchmaschine (siehe Kapitel zum Internet). Wer dagegen Informationen auf seiner lokalen Festplatte oder im lokalen Netzwerk sucht, der greift auf den Finder-Befehl *Ablage | Finden...* zu. Und damit trägt der «Finder» seinen Namen mit noch grösserer Berechtigung...

Dabei haben Sie zwei Möglichkeiten: Dateien lassen sich entweder schnell oder aber gründlich finden. Wenn Sie um den ungefähren Dateinamen wissen, können Sie die schnelle Suche bemühen:

1. Markieren Sie in einem Finder-Fenster das Volume oder den Ordner, in dem gesucht werden soll.
2. Jetzt geben Sie in der Symbolleiste bei *Suchen* den Suchbegriff ein und drücken die *Return*-Taste:

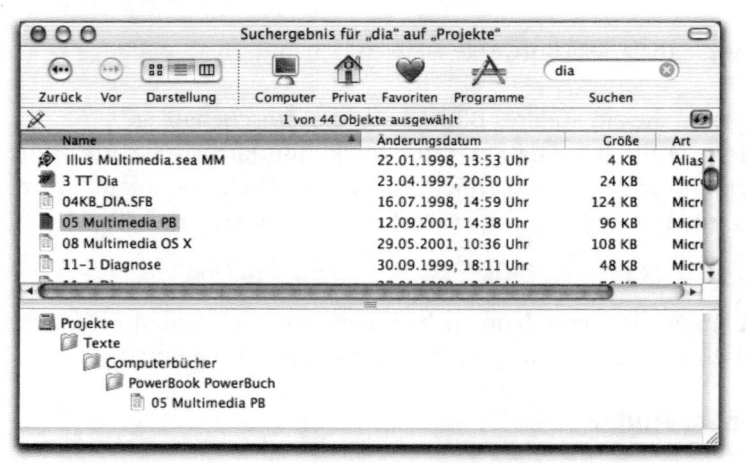

Es wird nach allen Objekten gesucht, die diesen Begriff im Namen tragen.

Reicht das Suchkriterium *Dateiname* nicht, dann rufen Sie den Finder-Befehl *Ablage | Finden...* auf:

1. Legen Sie oben bei *Suchen:* den Ort fest, wo gesucht werden soll.
2. Im unteren Fensterbereich können Sie bei *Kriterium hinzufügen...* nach diversen Eigenschaften wie zum Beispiel *Sichtbarkeit* suchen lassen:

3. Wenn Sie jetzt den Knopf *Suchen* drücken, werden alle Dateien gesucht, die den von Ihnen definierten Eigenschaften entsprechen:

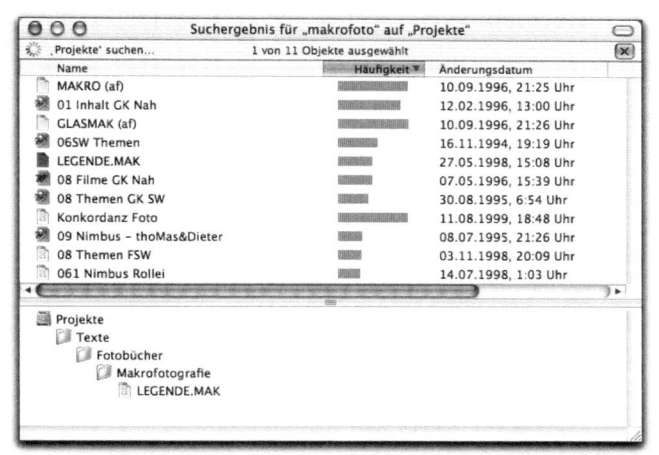

Das kann unter Umständen ein wenig länger dauern – aber wozu haben Sie Mac OS X? Sie können währenddessen nahtlos in anderen Programmen weiterarbeiten.

HEISSER TIPP Selbstverständlich ist es unter Mac OS X möglich, mehrere Suchläufe gleichzeitig anzustossen.

Leider zeigt *Finden* das Ergebnis nur per Dateiname an, ein Einblick in den Inhalt ist nur per Doppelklick auf den Fund möglich – dabei wird dann das erstellende Programm geöffnet.

Tipps zum Finden

- Bei einer Suche nach Dateinamen oder -inhalten muss nicht unbedingt der exakte Begriff angegeben werden. Teile reichen auch. Die Suche nach *liesmich* etwa findet dann Dateien wie *Liesmich gleich, Liesmich ja nicht, Statt eines Liesmich* und so weiter. Gleiches gilt für Dateiinhalte.
- Nicht nur komplette Laufwerke, sondern auch einzelne Ordner lassen sich durchsuchen: Ziehen Sie den fraglichen Ordner einfach in das Fenster von *Finden* und lassen sie los, oder drücken Sie den Knopf *Hinzufügen*. Jetzt kann dieser Ordner abgehakt und ganz gezielt durchsucht werden.
- Überflüssige Suchpfade werden markiert und per Knopf *Entfernen* gelöscht (aus *Finden* – nicht wirklich!).
- Es lässt sich nach Dateinamen, Kommentaren, Grösse und vielem anderen mehr fahnden.
- Einzelne oder mehrere ausgewählte Dateien können gleichzeitig im Papierkorb oder in einem anderen Ordner abgelegt werden. Einfach markieren (das geht per *Shift-Mausklick*), mit der Maus anfassen und an den gewünschten Ort ziehen. In den Papierkorb lassen sie sich auch per *Befehl-Rückschritttaste* legen.
- Wenn Sie als Kriterium *Sichtbarkeit* die Option *aus* wählen, zeigt Ihnen *Finden* auch normalerweise verborgene Dateien an.

Aqua organisieren

Bereits im vorigen und eingangs dieses Kapitels klang an, dass Mac OS X zum Teil andere Konzepte verfolgt als das klassische Mac OS. Das heisst, auch die Arbeitstechniken wollen ein wenig geändert werden. Im Besonderen haben sich bei uns folgende Tipps und Techniken für ein effektives Arbeiten bewährt:

- Legen Sie all Ihre X-Programme im Ordner *Applications* ab. Dann können sie die *Dienste* nutzen (sofern die Programme das unterstützten – das tun aber leider nicht alle) und über die Fenster-Symbolleiste und den Knopf *Programme* schnell darauf zugreifen.

- Bevorzugen Sie für Programme – zum Beispiel die von *Classic* – einen anderen Speicherort, dann ziehen Sie diesen Programme-Ordner in die Fenster-Symbolleiste.
- Die häufig benötigten Dokumente und Dokumentordner können zwecks schnellen Zugriffs in die Fenster-Symbolleiste oder ins *Dock* gelegt werden.
- Nutzen Sie die Favoriten, denn damit können Sie Objekte, die Sie häufig benötigen, besonders schnell erreichen. Zum Beispiel auch in Dialogboxen.
- Wenn Sie Ordner im *Dock* ablegen, können Sie sich per verlängertem Mausklick oder *Control-Mausklick* die Ordnerhierarchie anzeigen lassen und diese durchblättern.
- Der Sichern-Pfad der meisten Programme verweist standardmässig in *Benutzer/Documents*. Legen Sie in diesen Ordner Aliasdateien all der Ordner, in die Sie tatsächlich speichern möchten. So sind sie schneller greifbar.
- Mit zusätzlichen Utilities können Sie den schnellen Zugriff auf Daten und Programme weiter optimieren. So habe ich im *Dock* Internet- und Hilfsprogramme (*Entourage*, *TextEdit*...) sowie Dokumentordner (*Aktuelles*, *Zu erledigen*...) abgelegt. Etliches habe ich rausgeschmissen (*Sherlock*, *Systemeinstellungen*...), denn darauf kann auch aus dem Finder respektive unter dem Apfel schnell zugegriffen werden; weiterhin belegen sie auf diese Weise keinen unnötigen Platz im *Dock*.

Sicherheit

Im Zuge eines möglichst reibungslosen und für den Benutzer problemlosen Übergangs vom klassischen Mac OS zum neuen Mac OS X hat Apple an manchen Stellen ein wenig zu viel des Guten getan. Dazu gehören die Sicherheitseinstellungen. Sie sind unter UNIX-basierten Systemen eigentlich hoch und sehr gut konfigurierbar. Doch an dieser Stelle traut Apple seinen (alten) Mac-Benutzern anscheinend nicht allzu sehr:

Standardmässig ist die Option *Automatisch anmelden* für den soeben geschaffenen Administrator-Zugang abgehakt. So startet der Computer zwar bequem hoch – dies aber auch völlig unabhängig davon, wer den Computer eingeschaltet hat. Ist das tatsächlich in Ihrem Sinne? Um die Einstellung zu ändern, wählen Sie im *Finder* unter dem Apfelmenü die *Systemeinstellungen...* und da *Anmeldung* aus. Hier legen Sie fest, ob der aktuelle Benutzer automatisch angemeldet wird oder nicht.

Angriffsmechanismen
- Wird der Rechner mit einer System 9-CD aufgestartet, dann sind alle Sicherheitsmechanismen von Mac OS X ausgehebelt und der Eindringling kann auf alle Daten zugreifen. Abhilfe: Legen Sie ein *UFS*-Volume an, das kann das klassische Mac OS nicht lesen.
- Wenn Sie von der Mac OS X System-CD aufstarten (Taste *C* beim Systemstart gedrückt halten, um vom internen CD-Laufwerk aufzustarten), wird automatisch das Programm *Install Mac OS X* aufgestartet. Und dort besteht über den Menübefehl *Installer | Kennwörter zurücksetzen* die Möglichkeit, jedem einzelnen Benutzer ein neues Passwort zuzuweisen.
Das ist natürlich wirklich praktisch, sollten Sie Ihr Kennwort einmal vergessen haben. Andererseits kann jeder, der mit einer System-CD ausgerüstet ist und ein paar Minuten Zeit an Ihrem Computer hat, in das System einbrechen – und das ist ganz sicher nicht im Sinne des Erfinders.

Das bessere Passwort
Spätestens seit Filmen wie *Das Kartell* weiss nicht nur der versierte Hacker um die beliebtesten und damit unsichersten Passwörter. Im genannten Film späht der Gute den Computer seines Kontrahenten mit Hilfe eines Computerspezialisten aus. Der wiederum muss, um an die Daten zu gelangen, das richtige Passwort finden. Und er versucht es sogleich mit Vorname, Autonummer, Geburtsdatum, Name der Tochter und Katze – all das in richtiger und umgekehrter Schreibweise (Vera – Arev).

VORSICHT FALLE Ertappt? Wenn auch Sie vergleichbar simple und leicht zu erratende Passwörter benutzen, kann jeder Neunjährige, der diesen oder einen vergleichbaren Film gesehen hat (oder ein wenig nachdenkt), Ihren Schutz innert weniger Minuten knacken!

Es ist also nicht ratsam, dass Sie als Passwort Ihre Telefonnummer, das Geburtsdatum Ihrer Tochter oder die Autonummer verwenden. Wenn Sie ganz auf Nummer Sicher gehen wollen, dann meiden Sie sogar ein Passwort, das im Duden steht. (Tatsächlich wurde einmal ein Computersystem geknackt, weil der Eindringling sich tausende Male automatisch anmeldete und dabei bei jedem Versuch als Passwort ein neues Wort aus dem elektronischen Wörterbuch einer Textverarbeitung verwendete. Allerdings trifft hier auch den Programmierer Schuld, denn ein anständiges System hätte spätestens nach der fünften Fehleingabe den Zugriff dauerhaft verweigert.)

Optimal wäre natürlich ein Passwort, das etwa so lauten würde: Px/6=*m!°&&-!27. Dummerweise lässt sich das aber schlecht merken. Da der Passwortschutz zwischen Gross- und Kleinschreibung unterscheidet, können Sie ein Wort aus der Umgangssprache verwenden, aber bewusst falsch schreiben, zum Beispiel AuTObahN. Die mathematische Wahrscheinlichkeit, dass jemand zufälligerweise darauf kommt, ist unglaublich klein. Oder verwenden Sie einfach ein Sonderzeichen: Auto%bahn. Das lässt sich leicht merken, aber nicht leicht erraten.

Ein schönes Beispiel zur Anregung kommt von Apples Website: Der Satz «To be or not to be, that is the question» könnte in folgendem Passwort münden: 2BrntB-Titq. Klasse! Einfach zu merken, und doch sehr kryptisch.

Kurz, verwenden Sie kein Passwort, das auch nur halbwegs nahe liegend ist. Und vor allen Dingen – verraten Sie das Passwort niemandem und schreiben Sie es auch nirgendwo auf.

GRUNDWISSEN Mac OS X wertet nur die ersten acht Zeichen des Passwortes aus. Es unterscheidet nicht zwischen Auto%bahn und Auto%bah. Wählen Sie deshalb ein Passwort, das bereits in den ersten acht Zeichen sicher ist. Und benutzen Sie weder Leerzeichen noch Sonderzeichen, die per Wahltaste eingegeben werden!

Aqua kurz gefasst

- *Aqua* ist in unseren Augen schon jetzt ein Klassiker – und sieht einfach klasse aus. Das Erscheinungsbild *Platinum* (Mac OS 8 und 9) wirkt dagegen etwas trist. Gut mithalten kann übrigens das Design von System 7.
- Die Vorschau auf Dateien, Filme und Musik direkt im Finder-Fenster ist sehr anschaulich und hilfreich. Ein Dokument muss nicht erst geöffnet werden, um seinen Inhalt zu erahnen.
- Legen Sie die Standardansicht für Ihre Fenster fest: Alle Fenster schliessen, ein Fenster öffnen, Ansicht einstellen und wieder schliessen. Jedes neu geöffnete Fenster übernimmt künftig diese Voreinstellung.
- Nutzen Sie *Drag&Drop*. Ziehen Sie Dokumente, die nicht vom Standardprogramm geöffnet werden sollen, auf das Icon des Programms (im *Dock*).
- Haben Sie 256 Megabyte RAM oder weniger Hauptspeicher, dann legen Sie möglichst viele Fenster ins Dock respektive blenden Sie die Fenster häufig aus (*Wahltaste* beim Wechsel zu einem anderen Fenster gedrückt halten). Umso weniger muss der *Finder* verwalten, und umso seltener muss er auf den Swapspeicher (= virtueller Speicher) zurückgreifen.
- Die effektivste Massnahme (neben dem Neukauf eines schnelleren Rechners) ist der Speicherausbau. Zwei Megabyte RAM erhalten Sie für rund 1€; gönnen Sie Ihrem Rechner also 256 oder 512 Megabyte zusätzlich.

Wie wirkungsvoll das ist, zeigt *top* an (aufzurufen über das Hilfsprogramm *CPU-Monitor* unter dem Menübefehl *Prozesse | Top starten...*). Hier die Auslastung meines PowerBook mit 256 Megabyte RAM:

```
                        /usr/bin/top
Processes: 48 total, 2 running, 46 sleeping... 127 threads    16:42:34
Load Avg: 0.48, 0.43, 0.67    CPU usage: 13.4% user, 16.0% sys, 70.6% idle
SharedLibs: num =  100, resident = 14.0M code, 1.06M data, 4.37M LinkEdit
MemRegions: num = 3517, resident = 99.3M + 7.62M private, 34.4M shared
PhysMem:  31.5M wired, 117M active, 103M inactive, 252M used, 4.05M free
VM: 2.17G + 47.4M   38898(0) pageins, 8218(0) pageouts

  PID COMMAND      %CPU   TIME    #TH #PRTS #MREGS RPRVT  RSHRD  RSIZE  VSIZE
 2067 lookupd      0.0%  0:00.41   2    20    21   244K   380K   708K   2.34M
 2060 netinfod     0.0%  0:00.06   1    17    15   160K   292K   424K   1.59M
 2059 nibindd      0.0%  0:00.01   1    10    13    76K   208K   140K   1.26M
 2003 CPU Monito   2.5%  0:34.32   3   125    77  2.19M- 4.32M  5.52M  42.4M
 1733 top         14.4%  1:59.66   1    20    15   288K   220K   504K   1.39M
 1732 Terminal     0.8%  0:18.57   4    73    61  1.56M  4.23M  4.61M  41.5M
 1730 ProcessVie   0.0%  0:13.51   2    68    56  1.41M  4.12M  4.46M  41.6M
 1245 Disk Copy    0.0%  0:05.58   2    77    51  1.39M  3.41M  3.47M  39.9M
 1240 Disk Utili   0.0%  0:05.61   2   120    96  2.20M  4.56M  5.35M  41.9M
 1116 tail         0.0%  0:00.55   1    17    13    60K   192K   132K   1.23M
```

Sie sehen, dass noch 4,05 Megabyte physikalisches RAM frei sind. Hier nun der Vergleich nach der Aufrüstung auf 512 Megabyte:

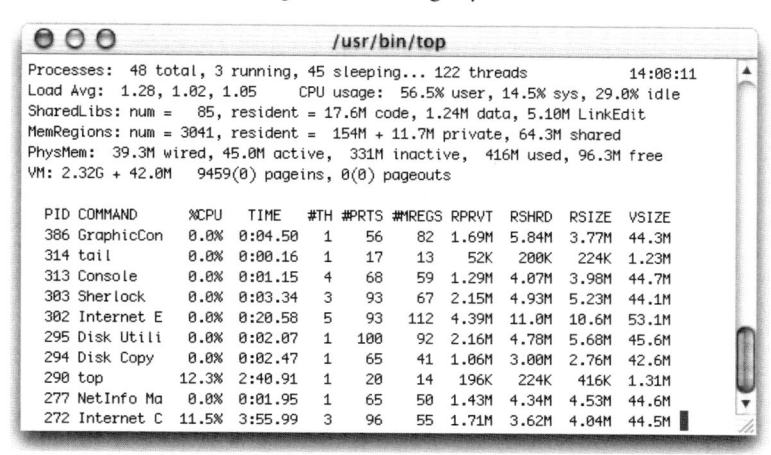

```
000                         /usr/bin/top
Processes:  48 total, 3 running, 45 sleeping... 122 threads      14:08:11
Load Avg:  1.28, 1.02, 1.05    CPU usage:  56.5% user, 14.5% sys, 29.0% idle
SharedLibs: num =   85, resident = 17.6M code, 1.24M data, 5.10M LinkEdit
MemRegions: num = 3041, resident =  154M + 11.7M private, 64.3M shared
PhysMem:  39.3M wired, 45.0M active,  331M inactive,  416M used, 96.3M free
VM: 2.32G + 42.0M   9459(0) pageins, 0(0) pageouts

  PID COMMAND      %CPU   TIME   #TH #PRTS #MREGS RPRVT  RSHRD  RSIZE  VSIZE
  386 GraphicCon   0.0%  0:04.50   1    56    82  1.69M  5.84M  3.77M  44.3M
  314 tail         0.0%  0:00.16   1    17    13   52K   200K   224K   1.23M
  313 Console      0.0%  0:01.15   4    68    59  1.29M  4.07M  3.98M  44.7M
  303 Sherlock     0.0%  0:03.34   3    93    67  2.15M  4.93M  5.23M  44.1M
  302 Internet E   0.0%  0:20.58   5    93   112  4.39M  11.0M  10.6M  53.1M
  295 Disk Utili   0.0%  0:02.07   1   100    92  2.16M  4.78M  5.68M  45.6M
  294 Disk Copy    0.0%  0:02.47   1    65    41  1.06M  3.00M  2.76M  42.6M
  290 top         12.3%  2:40.91   1    20    14   196K   224K   416K   1.31M
  277 NetInfo Ma   0.0%  0:01.95   1    65    50  1.43M  4.34M  4.53M  44.6M
  272 Internet C  11.5%  3:55.99   3    96    55  1.71M  3.62M  4.04M  44.5M
```

Bei etwa vergleichbarer Anzahl und Grösse der Programme sind immerhin noch 96,3 physikalisches RAM frei. Das PowerBook kann nun gewissermassen «freier atmen» und alles geht ein wenig flotter.

4

Systemeinstellungen optimieren

Systemeinstellungen optimieren

Im Apfel-Menü finden Sie den wichtigen Befehl *Systemeinstellungen*...

Dahinter verbergen sich all die Grundeinstellungen und noch mehr Optionen, die Sie wahrscheinlich bereits aus dem klassischen Mac OS als *Kontrollfelder* kennen. Unter *Systemeinstellungen* werden Sie auch einige alte Bekannte finden, die sich fast genauso wie von früher gewohnt bedienen lassen. Sie werden aber auch auf Neues treffen. Im Folgenden möchten wir die *Systemeinstellungen* näher erläutern. Folgen Sie uns bitte dabei, denn hier legen Sie wichtige Grundeinstellungen des Systems fest. Es ist gewissermassen das «Finetuning» für Ihren Macintosh, das Sie hier vornehmen können.

HEISSER TIPP Einstellungen, auf die Sie häufig zugreifen möchten, können Sie in den oberen Teil des Fensters ziehen und auch dann sofort und ohne Umweg über *Alle zeigen* darauf zugreifen, wenn gerade eine andere Systemeinstellung gewählt ist:

Üblicherweise sind die Systemeinstellungen in Kategorien geordnet (Menübefehl *Einstellungen | Alle in Kategorien anzeigen*). Sie können sie aber auch alphabetisch sortieren lassen, wenn Ihnen das übersichtlicher scheint (Menübefehl *Einstellungen | Alle alphabetisch anzeigen*).

GRUNDWISSEN Wer welche Systemeinstellung ändern kann, hängt vom Status des aktuellen Benutzers ab. Der *Administrator* kann grundsätzlich alles ändern, inklusive der Zugriffsrechte. Andere Benutzer können die *Systemeinstellungen* zwar weitgehend frei für sich konfigurieren, können aber beispielsweise nicht auf die Dateien anderer zugreifen, sofern die nicht freigegeben sind (siehe Kapitel *Netzwerk*).

POWER USER Bei einigen Systemeinstellungen wie zum Beispiel *Anmeldung* oder *Sharing* finden Sie ganz unten im Fenster ein kleines Vorhängeschloss-Symbol. Durch einen Klick darauf können Sie die aktuellen Einstellungen verriegeln. Beachten Sie dabei, dass die Verriegelung für alle (!) Systemeinstellungen gilt, die verriegelt werden können. Umgekehrt schalten Sie auch alle Verriegelungen wieder aus, wenn Sie in irgendeinem Dialog auf das Schloss klicken und dann das richtige Passwort eingeben.

Bereich «Persönlich»

Allgemein

Die Einstelltafel *Allgemein* ist im Grunde selbsterklärend und wir überlassen es Ihrem Forscherdrang, die Einstellungen auszuprobieren und zu wählen. Insbesondere das Erscheinungsbild von *Aqua* können Sie hier anpassen.

So lassen sich hier beispielsweise das *Erscheinungsbild* oder die Position der Rollpfeile festlegen. Spielen Sie einfach mit den Einstellungen – die Änderungen werden sofort wirksam – und suchen Sie sich die Ihnen genehmsten aus.

Benutzte Objekte merken: bezieht sich natürlich auf das Apfelmenü und da wieder auf den Menüpunkt *Benutzte Objekte*. Hier legen Sie fest, wie viele der zuletzt benutzten Programme und Dokumente sich das System merken soll.

Im unteren Bereich schliesslich nehmen Sie die Einstellungen für die Schriftglättung vor. *Jaguar* kann die Schrift sowohl in Carbon- wie auch Cocoa-Programmen glätten. Das funktioniert, vereinfacht dargestellt, so: Jeder Monitor baut das Bild aus einzelnen Pixeln (Bildpunkten) auf. Schräge Linien zeigen deshalb einen Treppcheneffekt und Buchstaben wie das «w» wirken deshalb leicht zerfranst. Bei der Schriftglättung (Antialiasing) nun bekommen die schwarzen Treppchenkanten noch ein paar mittelgraue Nachbarpixel spendiert; schräge Linien erscheinen dadurch glatter.

Apple empfiehlt hier auch gleich zwei Einstellungen: *Standard – optimal für CRT*, und *Mittel – optimal für Flachbildschirme*. Mit CRT (cathode tube ray) sind Röhrenmonitore gemeint, während die modernen TFT-Displays auch als Flachbildschirme bezeichnet werden.

Bildschirmschoner

Schlicht fantastisch ist die Systemeinstellung *Bildschirmschoner*. Wenn Sie bislang noch nicht so recht wussten, wo die Schönheiten und Vorzüge von Mac OS X liegen oder wenn Sie den Benutzer eines anderen Computersystems nachhaltig und restlos beeindrucken möchten, dann lassen Sie doch einmal eines der Bildschirmschoner-Module von Mac OS X laufen: höchst beeindruckend und wunderschön!

SYSTEMEINSTELLUNGEN OPTIMIEREN   KAPITEL 4

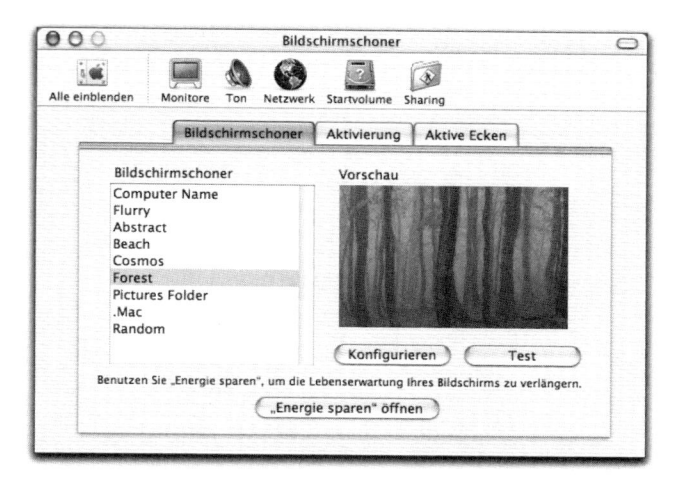

Nachdem *Bildschirmschoner* ursprünglich als «Rechtfertigung» für sich in Anspruch nahmen, ein Einbrennen des Monitorbildes zu verhindern, sind sich die Experten heute einig, dass zu diesem Zweck kein Bildschirmschoner benötigt wird. Bei modernen Monitoren muss ein Bild schon tage- und wochenlang angezeigt werden, um bleibende Spuren zu hinterlassen. Dem aber wirken schon die modernen Energiespar-Monitore entgegen, die sich nach einer bestimmten Zeitspanne abschalten. Doch ein Bildschirmschoner, so schön wie der von Mac OS X, mag zwar keinen sinnvollen Nutzen haben, erfreut aber allemal den Betrachter.

Unter dem Reiter *Modul* können Sie unter verschiedenen Bildschirm-Modulen auswählen, eines schöner als das andere.

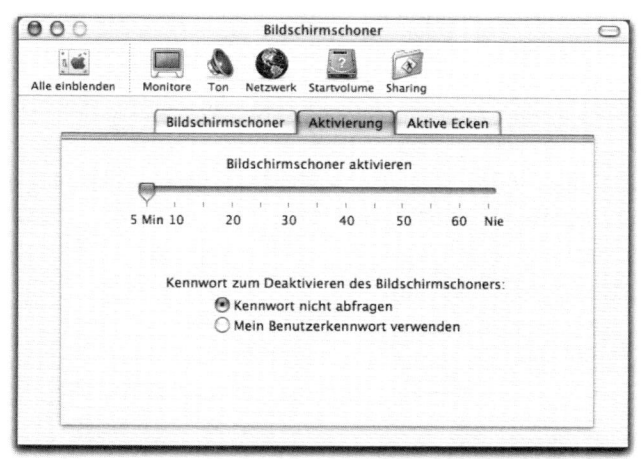

Der Reiter *Aktivierung* gibt die Einstellungen zur Startzeit und zur Kennwortabfrage frei. Hier legen Sie fest, nach wie viel Minuten der Bildschirmschoner startet und können zudem eine zusätzliche Sicherheitsabfrage beim Beenden einbauen: Das ist besonders praktisch, wenn Sie den Computer nur kurzzeitig verlassen, dennoch aber nicht möchten, dass jeder daran herumspielen kann.

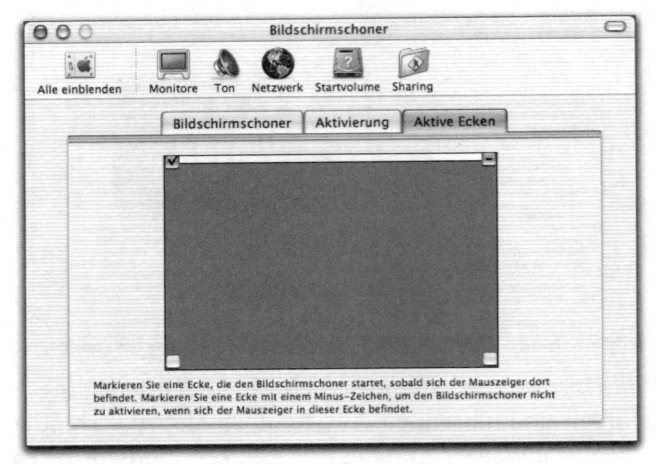

Unter dem Reiter *Aktive Ecken* schliesslich bestimmen Sie, wie der *Bildschirmschoner* auf jeden Fall oder auf keinen Fall eingeschaltet werden kann: Klicken Sie einfach (mehrmals) in das kleine Feld der gewünschten Ecke. Ein Häkchen bedeutet, dass der Bildschirmschoner sofort gestartet wird, wenn Sie den Mauszeiger in diese Bildschirmecke bewegen – natürlich unabhängig davon, in welchem Programm Sie sich gerade befinden. Ein Strich bedeutet, dass die automatische, zeitabhängige Aktivierung des Bildschirmschoners unwirksam ist, so lange sich der Mauszeiger in dieser Ecke des Bildschirms aufhält.

Neben den mitgelieferten Modulen können Sie auch andere Module einbinden (sie finden einige davon auf unserer *SmartDisc*). Entsprechende Module sind durch den Anhang *.saver* kenntlich und müssen in den richtigen Ordner gelegt werden, damit sie erkannt werden. Dabei haben Sie zwei Möglichkeiten:

1. Module, die allen Benutzern zur Verfügung stehen sollen, legen Sie in den Pfad *System/Library/Screen Savers*:

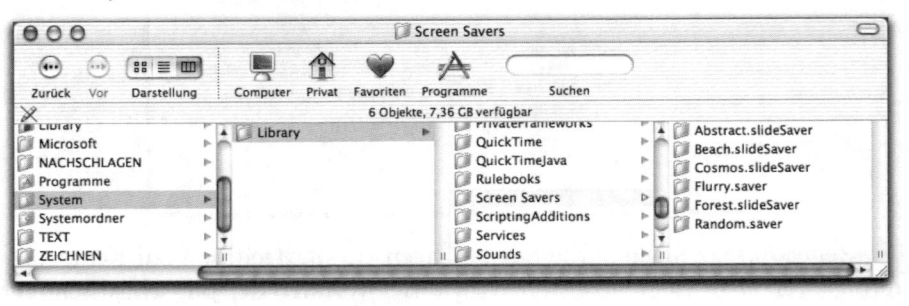

SYSTEMEINSTELLUNGEN OPTIMIEREN

2. Module, die nur einem bestimmten Benutzer zur Verfügung stehen sollen, legen Sie in den Pfad *Benutzername/Library/Screen Savers*.

Anschliessend können Sie das Modul wie gewohnt in den Systemeinstellungen aktivieren und konfigurieren.

HEISSER TIPP Lassen Sie den Bildschirmschoner als Schreibtischhintergrund laufen. Dafür gibt es eine Reihe von Utilities, die Sie zum Beispiel über www.versiontracker.com finden. Sie können aber auch einfach folgende Zeile im Terminal eintippen:

/System/Library/Frameworks/ScreenSaver.framework/Resources/ScreenSaverEngine.app/Contents/MacOS/ScreenSaverEngine –background
(In dieser Befehlszeile darf nur ein Leerzeichen vorkommen!)

Beenden können Sie mit *Befehlstaste-Punkt* im *Terminal*.

Bequemer geht das künftig, wenn Sie die Befehlszeile in *TextEdit* eintippen, sichern, und dann bei Bedarf per *Drag&Drop* ins Fenster von *Terminal* ziehen.

Dock

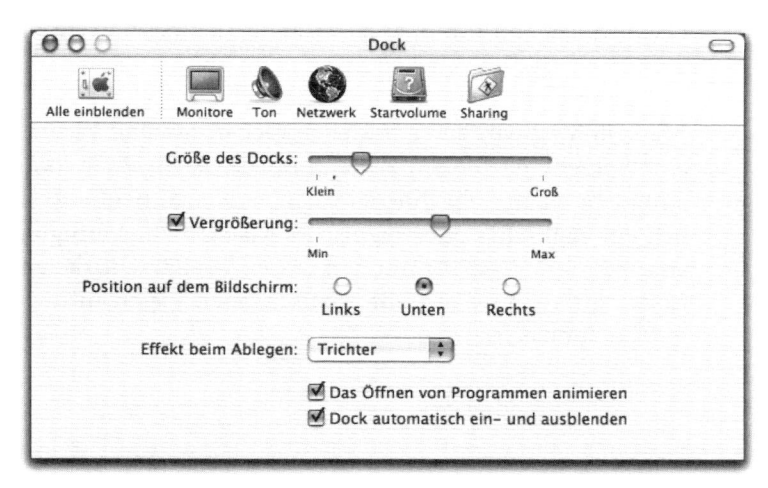

Hier können Sie die Dock- respektive Symbolgrösse und den Vergrösserungseffekt, wenn Sie mit dem Mauszeiger über Symbole im *Dock* fahren, stufenlos einstellen. Spielen Sie einfach ein wenig damit herum, bis Ihnen die Einstellungen gefallen.

Mehr dazu finden Sie im vorigen Kapitel unter *Dock-Einstellungen*.

Landeseinstellungen

Unter *Landeseinstellungen* können Sie die Darstellungsweise von Zahlen, Zeitformaten und Währungen auf Ihrem Macintosh den Landeskonventionen anpassen. Programme sollten diese Einstellungen dann übernehmen.

HEISSER TIPP

Mac OS X ist wirklich ein Mehrsprachen-System! Wenn Sie hier eine Sprache nach oben ziehen, so dass sie als Erste in der Liste auftaucht, dann steht Ihnen – nach der Neuanmeldung – tatsächlich ein englisches oder spanisches Mac OS zur Verfügung! Und all die Programme, die mit den passenden Sprachpaketen ausgerüstet sind, sind dann automatisch auch gleich in der betreffenden Sprache nutzbar.

Auf dem Reiter *Tastaturmenü* können Sie aus einer ganzen Menge unterschiedlichster Tastaturbelegungen wählen. Jene, die Sie zur Auswahl angezeigt haben möchten, haken Sie einfach ab.

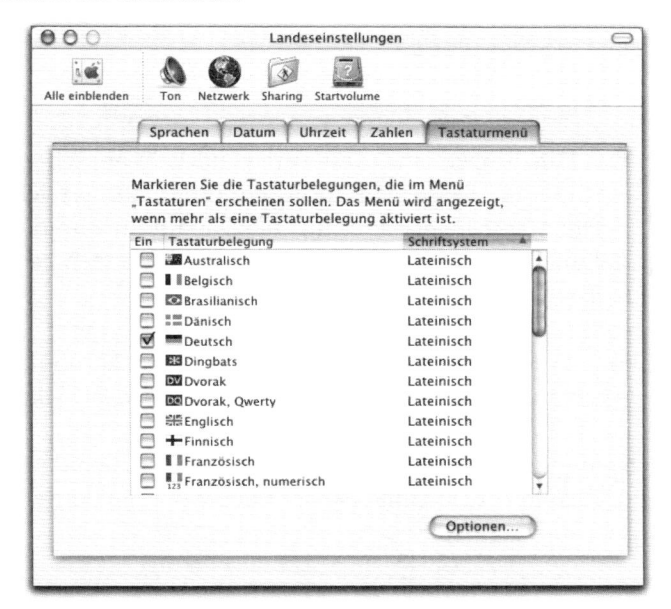

In der Menüleiste ist ein Symbol mit der Landesflagge zu erkennen, sofern Sie mehr als eine Tastatur angewählt haben und Sie können über dieses Flaggen-Menü jederzeit eine andere Tastaturbelegung aktivieren.

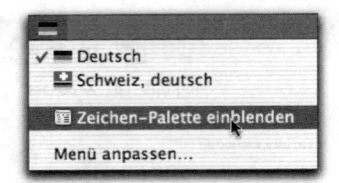

Egal, was auf Ihrer realen Tastatur aufgedruckt ist: Wechseln Sie beispielsweise zur amerikanischen Tastaturbelegung, so werden Sie feststellen, dass die Tasten, auf denen bei Ihnen die Umlaute aufgedruckt sind, plötzlich ganz andere Zeichen hervorrufen.

RAFFINIERT

Kreuzen Sie im *Tastaturmenü* unbedingt auch die Option *Zeichen-Palette* an! Da finden Sie dann nicht nur die tollsten Sonderzeichen (die sich per Doppelklick oder Konpf *Einfügen* in Textfenster übernehmen lassen), sondern sehen auch gleich, in welchem Zeichensatz sie vorrätig sind.

HEISSER TIPP

Das Hinzufügen eines Tastaturlayouts geht am schnellsten, wenn Sie unter der Flagge (die aus jedem Programm erreichbar ist) den Befehl *Menü anpassen...* aufrufen: Daraufhin wird die Systemeinstellung *Tastaturmenü* aufgerufen und Sie können beliebige Tastaturlayouts ein- oder ausschalten.

Umschalten können Sie über die Flagge oder per Tastenkombination *Befehl-Wahl-Leerschlag*, sofern Sie das unter *Tastaturmenü | Optionen...* aktiviert haben.

Wird lediglich eine Tastaturbelegung angekreuzt, so verschwindet – und das ist eigentlich ganz logisch – das Fahnensymbol aus der Menüleiste, gibt es jetzt doch nichts mehr umzuschalten.

Mein Account

In der Systemeinstellung *Mein Account* («Account» heisst so viel wie Konto) ein paar persönliche Grundeinstellungen vornehmen. Die möglichen Einstellungen sind selbsterklärend und bedürfen keiner weiteren Erläuterung.

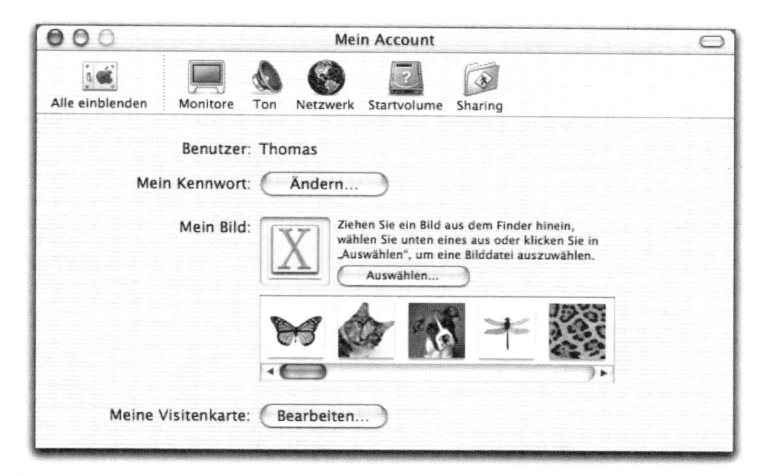

MERKET AUF! Wenn Sie das Passwort ändern möchten, beachten Sie bitte Folgendes: Wählen Sie ein Passwort, das bereits in den ersten acht Zeichen sicher ist. Und benutzen Sie dabei weder Leerzeichen noch Sonderzeichen, die per *Wahltaste* eingegeben werden.

Schreibtisch

Unter *Schreibtisch:* wählen Sie ein Schreibtischbild aus, das Ihnen gut gefällt und das künftig als Schreibtischhintergrund angezeigt werden soll. Das neu gewählte Bild erscheint normalerweise sofort; spätestens aber dann, wenn Sie sich das nächste Mal einloggen.

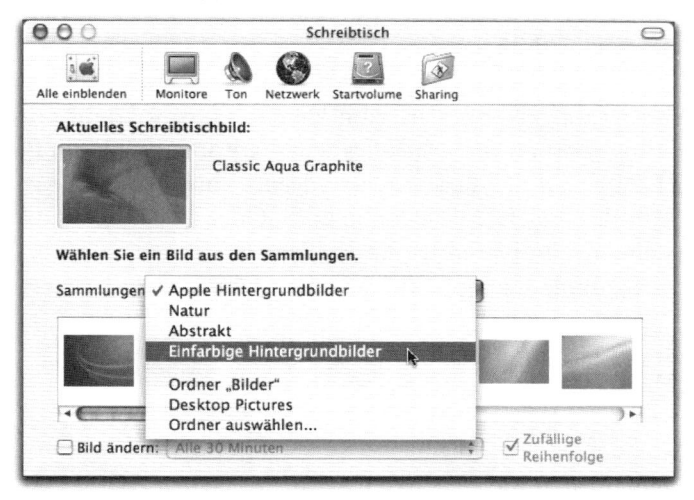

Neue Schreibtischmuster und -bilder lassen sich per *Drag&Drop* oder per *Kopieren&Einsetzen* einfügen. Schreibtischbilder werden standardmässig im Verzeichnis */Library/Desktop Pictures/* abgelegt.

Sie können aber auch einen anderen Ordner wählen, aus dem das Schreibtischbild geholt werden soll.

Die Bilder können unter anderem in den Formaten JPEG, PICT oder Photoshop eingelesen werden.

Startobjekte

Unter dem Reiter *Startobjekte* finden Sie all die Programme, die automatisch aufgestartet werden, wenn sich der aktuelle Benutzer einloggt. Diese Liste ist zunächst einmal leer. Es gibt allerdings Programme, die hier bei der Installation selbsttätig eigene Starthilfen ablegen.

Um eigene Programme – das darf vom kleinen Hilfsprogramm bis zu ausgewachsenen Programmen wie *Mail* alles sein – automatisch beim Einloggen zu starten, klicken Sie auf den Knopf *Hinzufügen...* und wählen die gewünschten Programme in der folgenden Dialogbox aus. Oder ziehen Sie die Programme einfach aus einem Finder-Fenster in das Fenster von *Anmeldung*. Durch Verschieben der Symbole nach oben oder unten können Sie die Startreihenfolge festlegen.

Bereich «Hardware»

CDs & DVDs

In der Systemeinstellung *CDs & DVDs* geben Sie vor, was beim Einlegen bestimmter Medien geschehen soll. Mehr gibt es dazu nicht zu sagen. Ausser, dass diese Vorgaben äusserst praktisch sind, denn Sie haben damit die volle Kontrolle über die Verhaltensweise des multimedialen Mac.

ColorSync

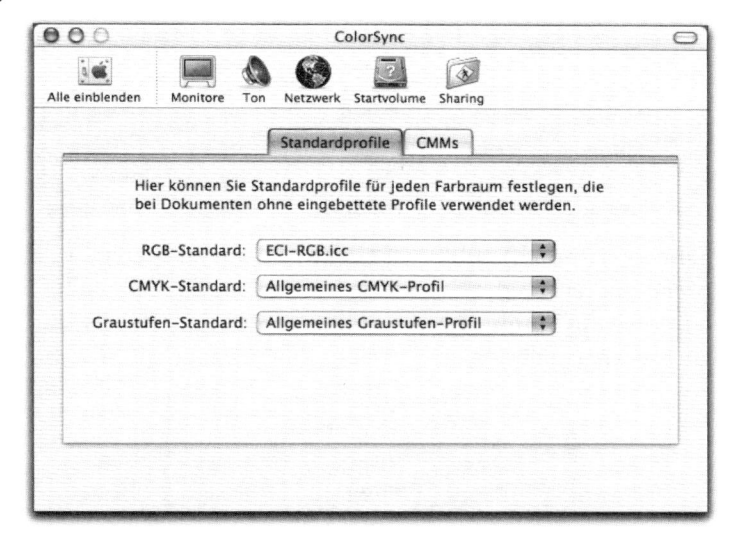

ColorSync ist eine Systemerweiterung von Apple, die ähnlich wie *QuickTime* im Hintergrund arbeitet. Darauf können alle Programme zugreifen und sich die Routinen von *ColorSync* zunutze machen, um eine möglichst einheitliche Farbwiedergabe zwischen Eingabe- und Ausgabegeräten (Scanner, Kameras, Bildschirm, Drucker…) zu erzielen. Mehr dazu im Kapitel *Produktiv mit Mac OS X* unter *Farbmanagement*.

Energie sparen

Die Schaltzentrale für das Energie-Management ist *Energie sparen*. Hier lassen sich Geräte nach einer bestimmten Zeitspanne der Inaktivität abschalten:

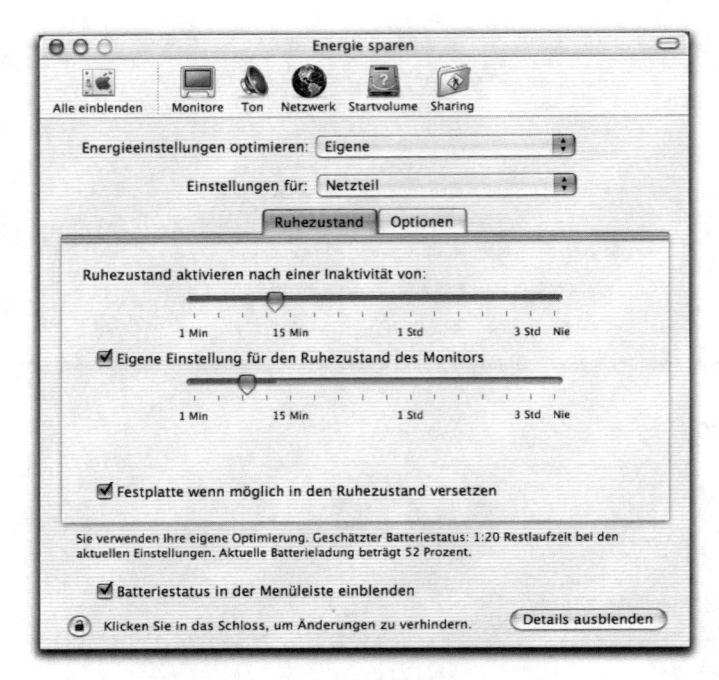

Screenshot: Systemeinstellung "Energie sparen" mit Reiter Ruhezustand, Schieberegler für Inaktivitätszeiten und Optionen für Festplatte und Batteriestatus.

Hauptaufgabe ist natürlich, möglichst effektiv Strom zu sparen, was besonders für ein PowerBook fernab der Steckdose wichtig ist. Deshalb sollte unterwegs der Regler immer auf minimalen Stromverbrauch eingestellt sein, damit der Akku möglichst lange hält.

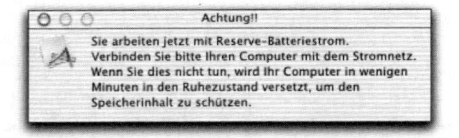

Warnhinweis: "Achtung!! Sie arbeiten jetzt mit Reserve-Batteriestrom. Verbinden Sie bitte Ihren Computer mit dem Stromnetz. Wenn Sie dies nicht tun, wird Ihr Computer in wenigen Minuten in den Ruhezustand versetzt, um den Speicherinhalt zu schützen."

Seit *Jaguar* kennt *Energie sparen* auch die bereits vom klassischen Mac OS bekannten erweiterten Einstellmöglichkeiten: getrennt nach Netzteil und Batterie. So ist es jetzt möglich, ein PowerBook bei Akkubetrieb schneller in den Ruhezustand zu schicken als bei Netzbetrieb.

Wenn Sie auf dem Reiter *Optionen* den Knopf *Details einblenden* drücken, können Sie auch die Prozessor-Leistung getrennt für Batterie- und Netzbetrieb vorgeben, sofern Ihr PowerBook das unterstützt: Stellen Sie hier auf *Maximal*, so arbeitet der Hauptprozessor mit voller Taktfrequenz. Bei *Minimal* hingegen wird er mit reduzierter Taktfrequenz betrieben, was Strom spart.

Eine «minimale» Prozessorleistung klingt nicht sehr verlockend und man ist deshalb geneigt, lieber die maximale Leistung zu wählen. Bei normaler Nut-

SYSTEMEINSTELLUNGEN OPTIMIEREN	KAPITEL 4

zung des Rechners allerdings sind die Leistungseinbussen praktisch nicht feststellbar. Das PowerBook Titan mit 800 Megaherz etwa schaltet bei der Einstellung *Minimal* auf 667 Megaherz zurück – das bemerken Sie in der Praxis normalerweise überhaupt nicht. Eine Ausnahme bilden lediglich intensive Rechenvorgänge, wie sie beispielsweise bei einigen Filteroperationen von Photoshop vorkommen. Wer das letzte Quentchen Rechenleistung braucht, wird auch unterwegs die Prozessorleistung auf *Maximal* stellen.

Ink

Auf die Systemeinstellung *Ink* (= Tinte) werden nur die stossen, die ein Grafiktablett angeschlossen haben. In dem Fall nämlich ist es mit Hilfe der Erkennungssoftware *Inkwell* möglich, handschriftliche Notizen auf dem Grafiktablett in Text zu übersetzen:

Die Grundeinstellungen, um die Genauigkeit der Handschrifterkennung zu verbessern, erfolgen in Ink:

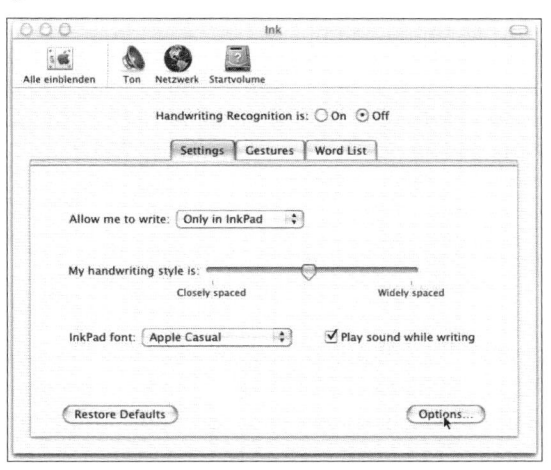

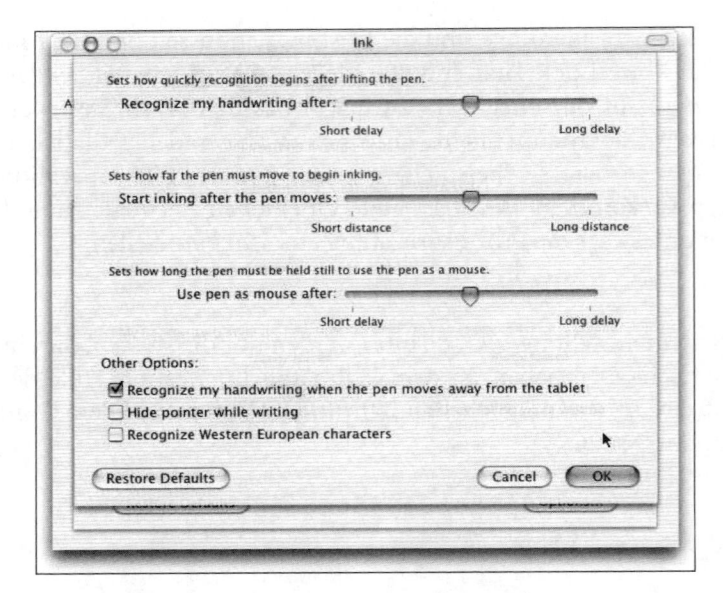

Ink ist dabei so ins Betriebssystem integriert, dass die Handschrifterkennung nahtlos in jedem Programm funktioniert, das Text akzeptiert. Die Programme müssen also nicht eigens für *Ink* angepasst werden. Wird *Ink* benutzt, poppt ein kleiner gelber Notizzettel auf, der die Handschrift aufnimmt, übersetzt und dann den erkannten Text an das Programm weiterreicht. Das ist ein wirklich durchdachtes Interface.

Trotzdem kann man *Ink* zum gegenwärtigen Zeitpunkt nicht anders als hoch interessant, aber weitgehend nutzlos bezeichnen. Es ist sicherlich ein nettes Gimmick und es macht Spass, damit zu spielen. Doch wer vor einem Computer mit Tastatur sitzt und auch nur ein wenig geübt ist im Tippen, der gibt seine Texte weit schneller und genauer mit Hilfe eben dieser Tastatur ein.

So richtig Sinn macht *Ink* erst bei einem (kleinen) Computer ohne Tastatur. Und vielleicht ist *Ink* ja tatsächlich die erste Vorstufe zu einem *iPod* mit berührungssensitivem Display oder einer Neuauflage des *Newton*.

Maus
Hier legen Sie fest, wie schnell sich der Mauszeiger auf dem Bildschirm bewegt und wie flott Sie die Maustaste beim Doppelklicken drücken müssen.

Auf jeden Fall: diverse Einstellungen ausprobieren, bis die persönlich optimale gefunden ist! Und von Zeit zu Zeit sollten Sie diese Einstellungen überprüfen und anpassen, denn mit wachsender Fertigkeit im Umgang mit der Maus stimmen die alten Einstellungen nicht mehr.

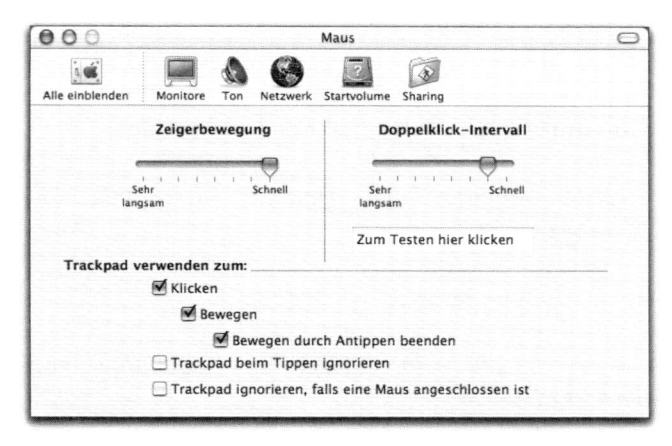

Für das Trackpad eines PowerBook kann auch festgelegt werden, wie sich der Mauszeiger beim Klicken verhalten soll: Normalerweise muss zusätzlich die Taste vor dem Trackpad gedrückt werden, um ein Objekt zu aktivieren, über dem der Zeiger steht. Werden die Optionen bei *Trackpad verwenden zum: Klicken...* angekreuzt, kann auf Klick und Doppelklick hin ein Objekt allein auf «Fingerklick» hin aktiviert und sogar bewegt werden, ohne die Taste zu drücken oder gedrückt zu halten. Auch hierzu wieder der Rat, das einmal auszuprobieren. Manche (mich eingeschlossen) schätzen dieses Verhalten sehr, andere kommen damit nicht so zurecht und finden den Knopfdruck logischer.

Wenn Sie bei Tastatureingaben oft versehentlich den Mauszeiger sonst wohin bewegen, sollten Sie es einmal mit der Option *Trackpad während der Eingabe ignorieren* versuchen.

Werden eine Maus oder ein Trackpad mit Scrollrad angeschlossen, dann ist es jetzt auch möglich, die Scrollgeschwindigkeit (verbirgt sich hinter dem Punkt *Geschwindigkeit*) einzustellen:

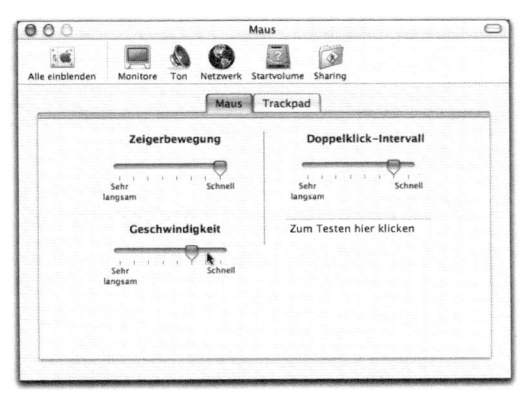

POWER USER

Wenn Ihnen der Mauszeiger trotz höchster Einstellung immer noch zu langsam ist, dann geben Sie im *Terminal* Folgendes ein, um ihn knapp aufs Doppelte zu beschleunigen:

defaults write «Apple Global Domain» com.apple.mouse.scaling 2.700000000000000e+00

Und so stellen Sie den Standardwert wieder ein:

defaults write «Apple Global Domain» com.apple.mouse.scaling 1.700000000000000e+00

Und mit folgender Befehlszeile stellen Sie den Mauszeiger ein, wenn Sie ein PowerBook oder iBook mit Trackpad besitzen:

defaults write «Apple Global Domain» com.apple.trackpad.scaling 2.7

Standardwert ist hier 1.7.

Mit dem Befehl *defaults read «Apple Global Domain»* und ein wenig Sucharbeit können Sie leicht andere Voreinstellungen finden, die Sie verändern möchten:

```
/usr/bin/login (ttyp1) 83x32
                {
                        com.apple.print.PrintSettings.PMPageRange = (1, 2147483647);
                        com.apple.print.ticket.client = com.apple.printingmanager;
                        com.apple.print.ticket.modDate = 2002-05-01 12:32:43 +0200;
                        com.apple.print.ticket.stateFlag = 0;
                }
            );
        };
        com.apple.print.PrintSettings.PMReverseOrder = {
            com.apple.print.ticket.creator = com.apple.printingmanager;
            com.apple.print.ticket.itemArray = (
                {
                        com.apple.print.PrintSettings.PMReverseOrder = 0;
                        com.apple.print.ticket.client = com.apple.printingmanager;
                        com.apple.print.ticket.modDate = 2002-05-01 12:32:54 +0200;
                        com.apple.print.ticket.stateFlag = 0;
                }
            );
        };
        com.apple.print.ticket.APIVersion = 00.20;
        com.apple.print.ticket.privateLock = 0;
        com.apple.print.ticket.type = com.apple.print.PrintSettingsTicket;
    };
    com.apple.sound.beep.sound = /System/Library/Sounds/Submarine.aiff;
    com.apple.sound.output.balance = 0;
    com.apple.sound.output.mute = 0;
    com.apple.sound.output.volume = (0.4375, 0.4375);
    com.apple.trackpad.scaling = 1.7;
    cpLastPicker = cray;
    iToolsMember = thomaschek;
}
[localhost:~] thomas% []
```

Aber Achtung: Ändern Sie nur dann etwas, wenn Sie wissen, was Sie da tun!

Monitore

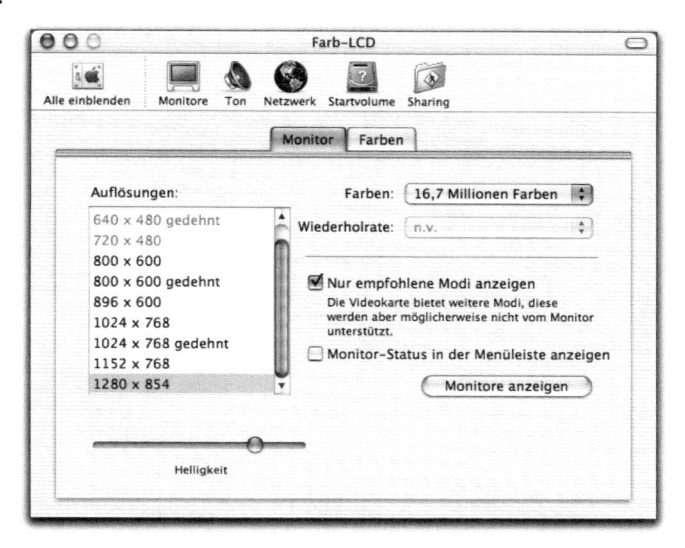

Unter *Monitore* können Sie Einstellungen für Ihren Monitor (Auflösung, Anordnung, Farbtiefe) vornehmen. Bei Verwendung mehrerer Monitore lässt sich zudem festlegen, auf welchem die Menüleiste des *Finder* erscheinen soll.

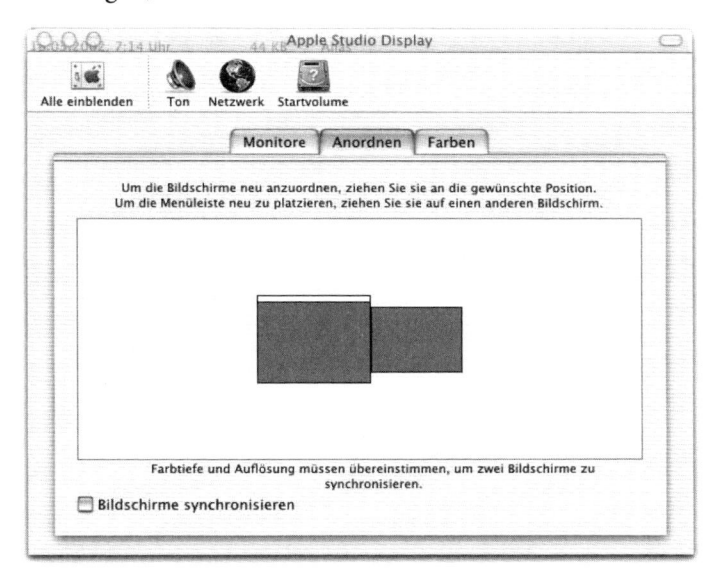

HEISSER TIPP Langsame Rechner profitieren unter Umständen von einer geringeren Farbtiefe.

Unter dem Reiter *Farben* können Sie auch auf die Farbprofile von *ColorSync* zugreifen und Ihren Monitor sogar – nach Druck auf den Kopf *Kalibrieren...* – kalibrieren:

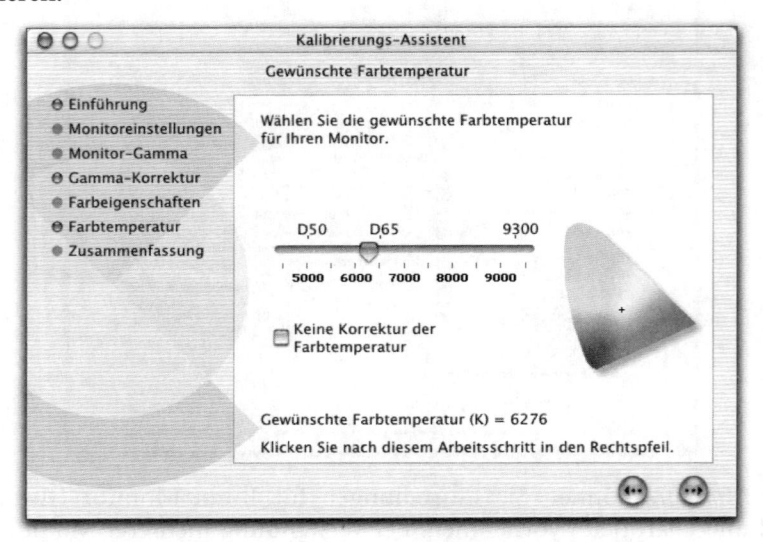

Das sollten Sie jetzt auch gleich tun, um Bildschirmhelligkeit und -farbe Ihres Mac an die Umgebung anzupassen und den besten Kontrast einzustellen.

Mehr zum Farbmanagement erfahren Sie im Kapitel *Produktiv mit Mac OS X*.

Tastatur

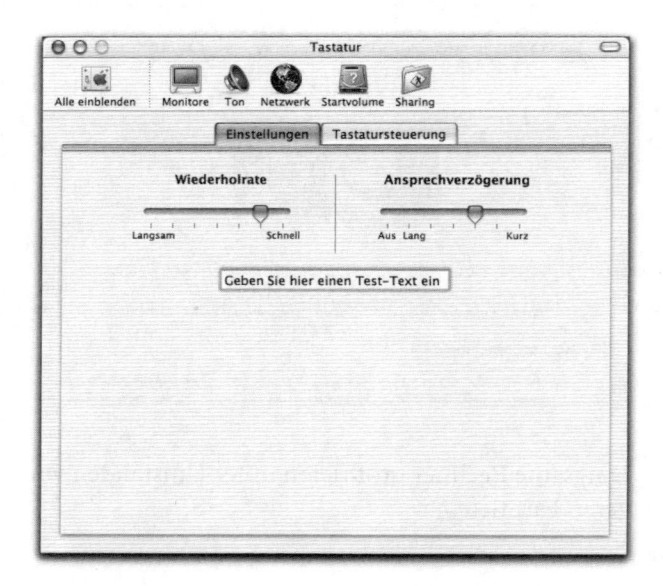

Einstellungen für die Ansprechzeit und die Wiederholrate der Tastatur. Wichtig für komfortables Schreiben. Die beste Einstellung ausprobieren und von Zeit zu Zeit überprüfen.

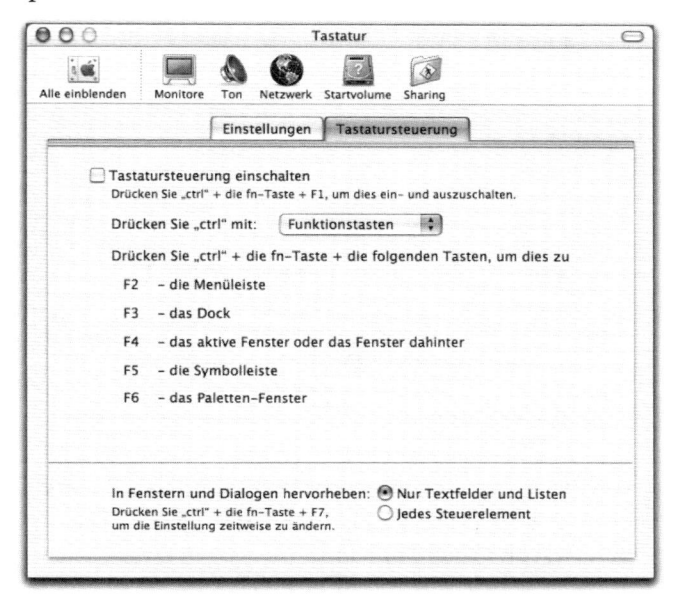

Hinter dem Reiter *Tastatursteuerung* können Sie – sofern der Punkt *Tastatursteuerung einschalten* abgehakt ist – mit definierten Tastaturkürzeln schnell auf wichtige Elemente wie das *Dock* oder auch die Menüleiste zugreifen. Dort bewegen Sie sich dann mit der Tabulator- und den Pfeiltasten.

Wenn *Jedes Steuerelement* aktiviert ist, können Sie auf diese Weise sogar die Steuerelemente in Dialogboxen bedienen.

Ton
In der Systemeinstellung *Ton* können Sie Lautstärke, Toneingang und -ausgang und Warntöne definieren. Warntöne sind in den Verzeichnissen */System/Library/Sounds* (für alle) und */Users/Benutzer/Library/Sounds* (für den einzelnen Benutzer) abgelegt. Dort hinein können Sie auch andere, eigene Tondateien (im *AIFF*-Format) legen und diese dann via Systemeinstellung *Ton* als Warnton auswählen.

HEISSER TIPP Warntöne vom klassischen Mac OS müssen Sie erst in das *AIFF*-Format konvertieren, bevor Sie brauchbar sind. Das geht zum Beispiel mit *QuickTime Pro*.

Bereich «Internet & Netzwerk»

Internet

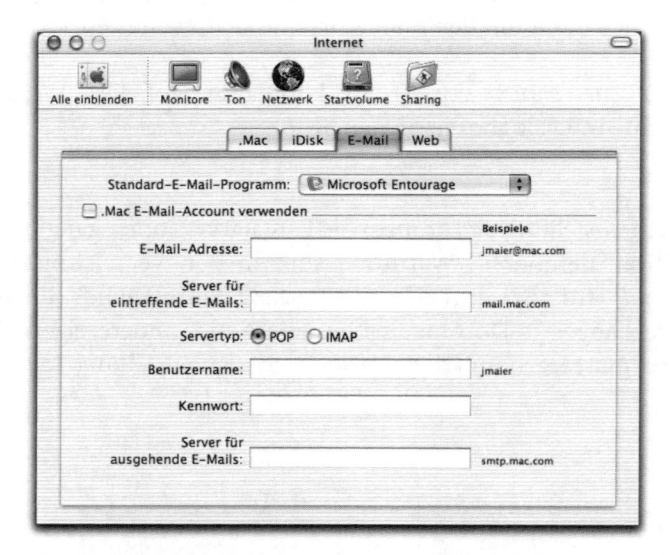

Oben stehende Systemeinstellung wird uns im Kapitel *Internet* noch ausführlich beschäftigen.

Netzwerk

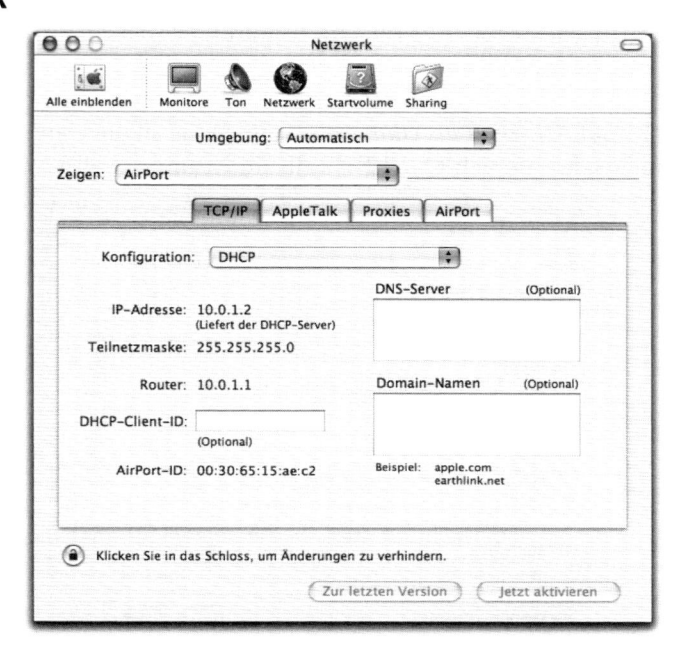

Diese Systemeinstellung zur Netzwerkkonfiguration wird im Kapitel *Netzwerke* sehr ausführlich beschrieben.

QuickTime

Hier können Sie das Verhalten aller *QuickTime*-Komponenten einstellen und steuern. Mehr zu *QuickTime* sowie was das ist und kann erfahren Sie im Kapitel *Programme für Mac OS X*.

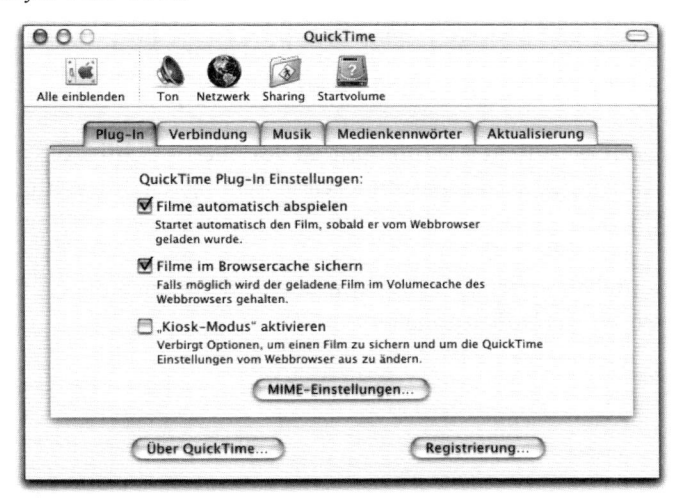

Plug-In: Die Einstellungen wie *Filme automatisch abspielen* sind dank der beigefügten Erläuterungstexte sehr gut verständlich und hier haken Sie die Optionen ab, die Sie gerne hätten.

Hinter dem Knopf *MIME | Einstellungen...* wählen Sie all die Datenformate für Bild und Ton aus, für die sich *QuickTime* zuständig fühlen soll:

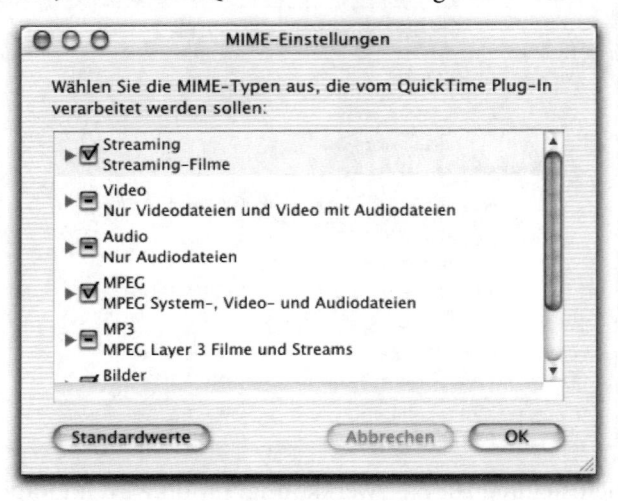

Hier erhalten Sie auch eine sehr gute Übersicht über all die Datenformate, auf die sich *QuickTime* versteht.

Über den Knopf *Registrierung...* gelangen Sie zu einem Dialog, in dem Sie den Freigabeschlüssel für *QuickTime Pro* eingeben und damit die erweiterten Möglichkeiten der professionellen *QuickTime*-Variante freischalten können. Sie müssen diesen Freigabeschlüssel bei Apple käuflich erwerben, zum Beispiel im Apple Store unter *www.apple.de*. Mehr zu den Unterschieden zwischen *QuickTime* und *QuickTime Pro* im Kapitel *Programme für Mac OS X*.

Verbindung: Auf dem Reiter *Verbindung* ist vor allem wichtig, dass Sie bei *Verbindungsgeschwindigkeit:* die passende Geschwindigkeit Ihrer Internetverbindung auswählen.

Bei einem schnellen Internetzugang können Sie dann auch die Option *Mehrere Streams gleichzeitig erlauben* abhaken.

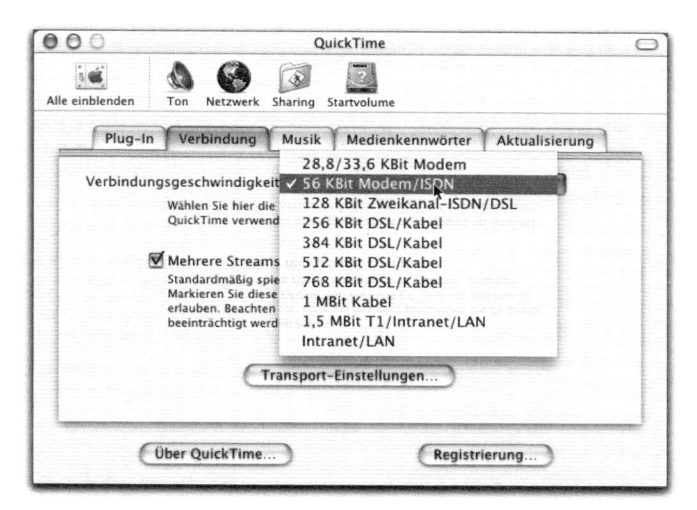

Hinter dem Knopf *Transport-Einstellungen...* verbergen sich die entsprechenden Einstellmöglichkeiten für das Transportprotokoll beim Videostreaming.

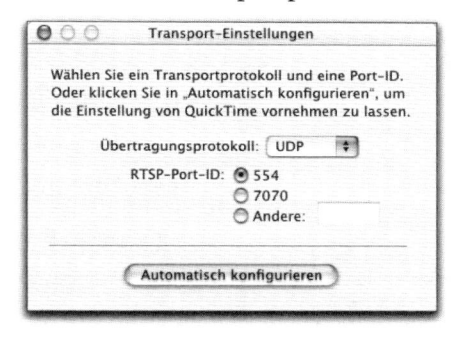

Wenn eine aktive Verbindung ins Internet steht, können Sie auch den Knopf *Automatisch konfigurieren* benutzen, woraufhin *QuickTime* die Protokolle überprüft und sich selbständig konfiguriert.

QuickTime realisiert das so genannte «progressive Streaming», bei dem das Video schon während des Herunterladens abgespielt wird. Da dieses Verfahren im Gegensatz zum *echten* Streaming nicht ganz so hohe Anforderungen an die Verbindungsqualität zum Server stellt, kann es sowohl per *http* (serverless streaming) wie auch *udp* (User Datagram Protocol) genutzt werden. Das Protokoll *udp* wurde speziell wegen der hohen Datenmengen entwickelt, die bei Videos übertragen werden müssen. Im Gegensatz zu anderen Protokollen wie zum Beispiel *tcp* garantiert *udp* die Vollständigkeit der Datenübertragung nicht und schont so die Bandbreite.

Das *Internet Realtime Transport Protocol* (*rtp*) kümmert sich dabei um den zeitgerechten und synchronisierten Ablauf: Datenpakete können anhand ihrer Zeitstempel sortiert und zeitrichtig abgespielt werden. Mit einer Erweiterung zu *rtp*, dem so genannten *Realtime Streaming Protocol* (*rtsp*) wird es dann auch möglich, noch während des Streamings vor- und zurückzuspulen. *QuickTime* beherrscht beide Protokolle.

Musik: Hinter diesem Reiter verbergen sich die Synthesizer für die Musikerzeugung. Einige MIDI-Beispiele finden Sie auf der Mac OS 9-CD im Verzeichnis */CD Extras/QuickTime Samples/Roland – MIDI*, die Mac OS X beiliegt.

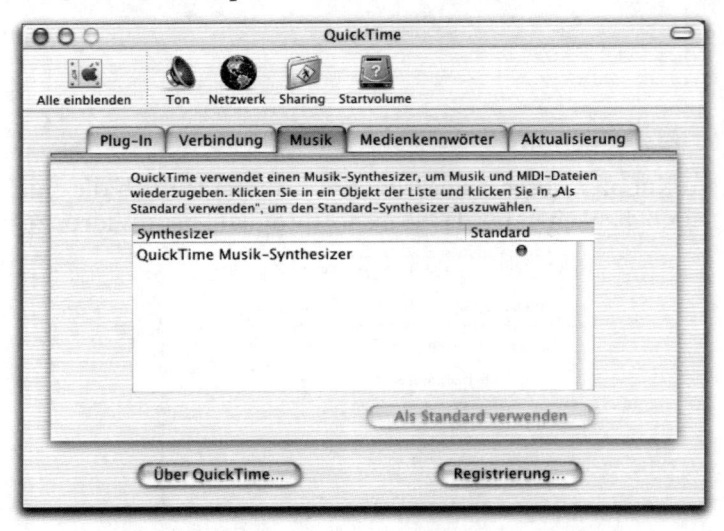

Normalerweise sind hier lediglich die *QuickTime Music Synthesizer* beigefügt, die Apple von verschiedenen Herstellern wie Roland lizenziert hat. Diese Synthesizer sind vor allem für MIDI interessant. Es gibt auch andere und bessere, und wenn ein entsprechendes Programmpaket mit anderen Synthesizern installiert wird, dann tauchen sie hier als Option auf.

Medienkennwörter: Hier können Sie Kennwörter für jene Mediadateien definieren, für die so etwas nötig ist:

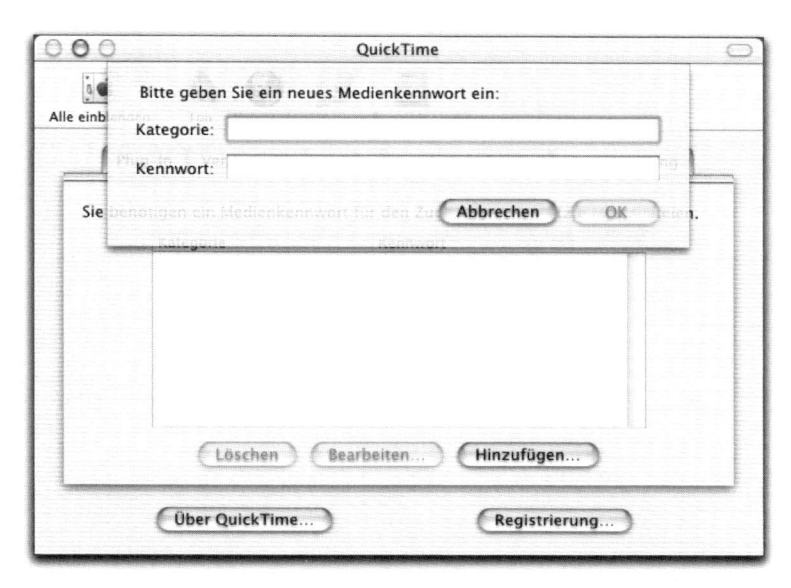

Aktualisierung: Unter dem Reiter *Aktualisierung* schliesslich legen Sie fest, wann und wie im Internet nach neueren Versionen von *QuickTime* gesucht werden soll.

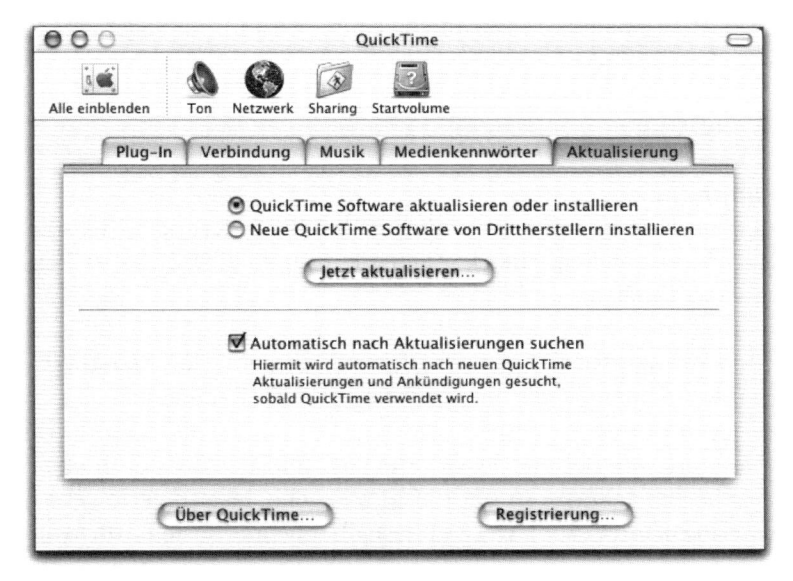

Sharing

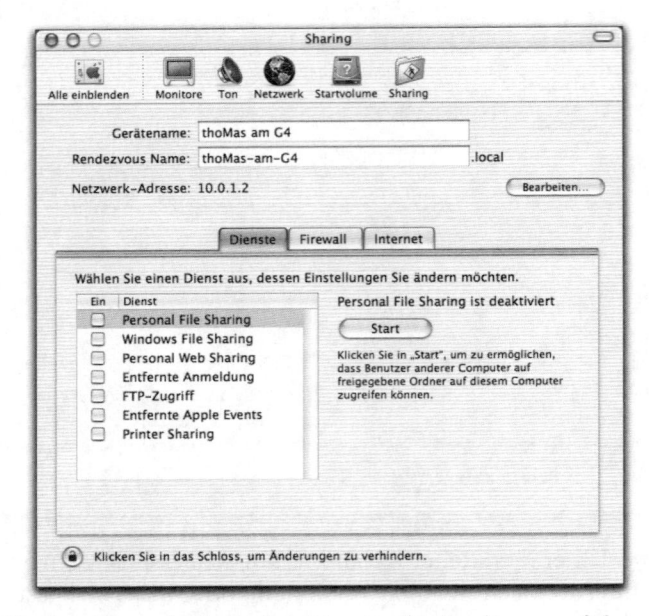

Hier legen Sie fest, ob und wie andere Netzwerkteilnehmer auf Ihren Macintosh zugreifen dürfen. Auch diese Systemeinstellung wird im Kapitel *Netzwerke* sehr ausführlich beschrieben.

Bereich «System»

Bedienungshilfen

Die Systemeinstellung *Bedienungshilfen* ist bei Behinderungen (beispielsweise Arm gebrochen) nützlich. Hier können Sie diverse Hilfen bei der Benutzung des Rechners einstellen.

Wählen Sie auf den Reitern den Bereich aus, in dem Sie unterstützt werden möchten und nehmen Sie die entsprechenden Einstellungen vor.

Richtig klasse ist zum Beispiel das Zoomen des Bildschirms. Beachten Sie dabei aber, dass die Einstellungen über die numerische Tastatur erfolgen. Besitzer eines PowerBook oder iBook müssen deshalb folgende Tasten drücken:

Einschalten der Zoomansicht: *Befehl-Wahl-fn-P*
Vergrössern: *Befehl-Wahl-fn-Minus*
Verkleinern: *Befehl-Wahl-fn-Ö*

Die Taste *fn* finden Sie ganz links unten auf der Tastatur.

Systemeinstellungen optimieren   Kapitel 4

Lassen Sie bei *Hören* auf jeden Fall mal den Bildschirm blinken – der Effekt ist dank Quartz richtig klasse.

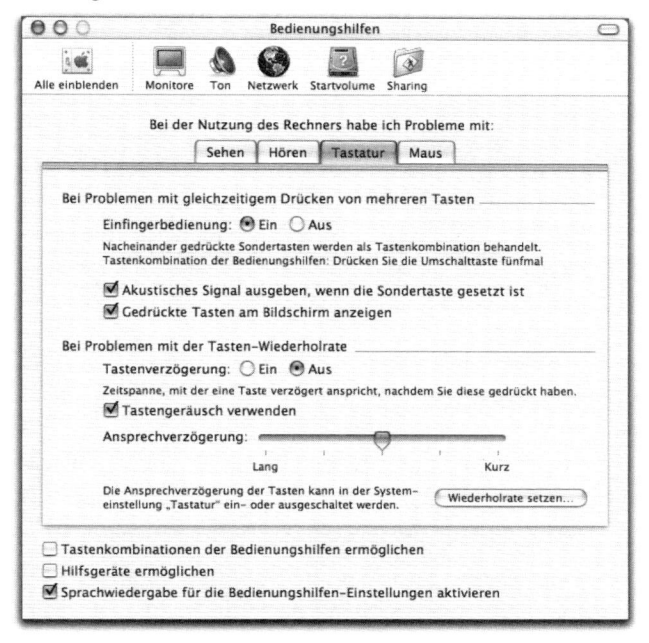

Auf dem Reiter *Tastatur* wird es bei eingeschalteter Einfingerbedienung möglich, Tastenkombinationen wie *Befehl-V* mit nur einem Finger korrekt aufzurufen, ohne die Tasten gleichzeitig drücken zu müssen.

Und bei Problemen im Umgang mit der Maus können Sie unter *Maus* den Mauszeiger mit der numerischen Tastatur steuern.

Benutzer

Über die Systemeinstellung *Benutzer* können neue Benutzer angelegt werden, die sich bei diesem Computer anmelden dürfen. Das darf aber nur der *Administrator*. Ein normaler Benutzer kann hier lediglich sein Passwort ändern.

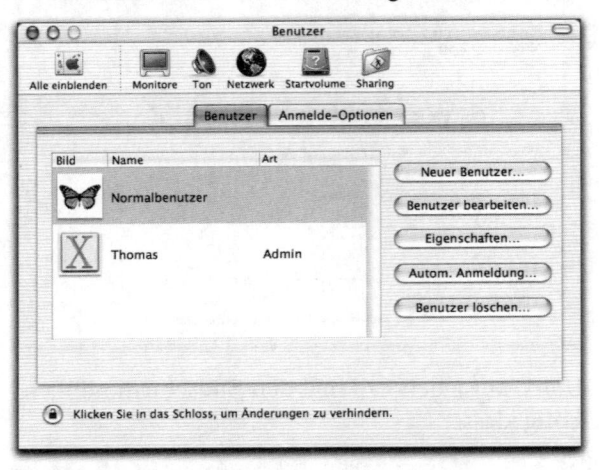

Mehr dazu im Kapitel *Netzwerk* unter *Benutzer*.

Classic

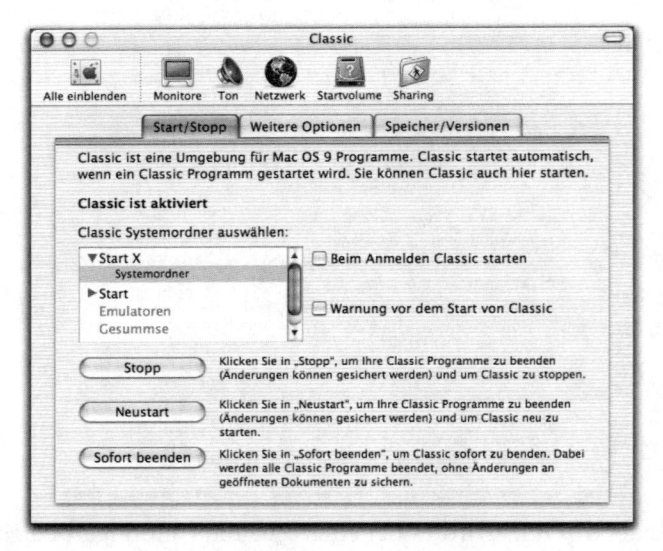

Die Systemeinstellung *Classic* erlaubt es, das Verhalten von Mac OS 9 zu steuern. Mehr dazu im Kapitel zu *Classic*.

Datum & Uhrzeit

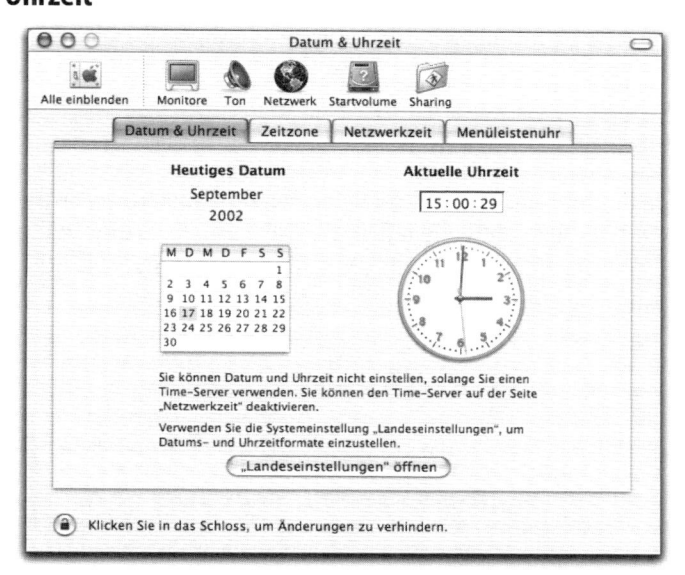

In dieser Systemeinstellung können Sie Ihre Zeitzone auswählen sowie Datum, Uhrzeit und deren Format für Ihren Macintosh einstellen. Abhängig von der gewählten Zeitzone respektive dem Standort weiss *Datum & Uhrzeit* um Beginn und Ende der Sommerzeit und stellt die interne Uhr des Mac selbsttätig auf Sommer- und Winterzeit um. Wahlweise lassen sich in der rechten oberen Ecke der Menüleiste Uhrzeit oder Datum anzeigen.

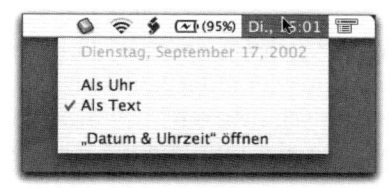

Es besteht sogar die Möglichkeit, die lokale Zeiteinstellung mit der eines Timeservers abzugleichen. Das bedeutet, der heimische Macintosh holt sich die supergenaue Zeiteinstellung bei einem Server im Internet ab (automatisch oder manuell gesteuert) und stellt seine Uhr entsprechend ein.

HEISSER TIPP Neben den von Apple vorgegebenen Timeservern können Sie auch eigene eintippen. Zum Beispiel ptbtime1.ptb.de oder ptbtime2.ptb.de, die beide bei der physikalisch-technischen Bundesanstalt in Braunschweig beheimatet sind und sich die Zeit direkt von einer supergenauen Atomuhr holen.

Software-Aktualisierung

Mit *Software-Aktualisierung* schafft Apple ein leidiges Problem aus der Welt: Die bohrende Frage nämlich, ob der Anwender tatsächlich die neuesten Systemupdates und Treiber installiert hat. Apple unterhält dazu eine Datenbank, in der alle Änderungen und Neuerungen enthalten sind.

Dieses lästige Suchen nach der aktuellsten Version macht *Software-Aktualisierung* hinfällig. Hier lässt sich einstellen, ob die Aktualisierung manuell oder zu bestimmten Zeiten erfolgen und ob die Software automatisch oder auf Nachfrage aktualisiert werden soll:

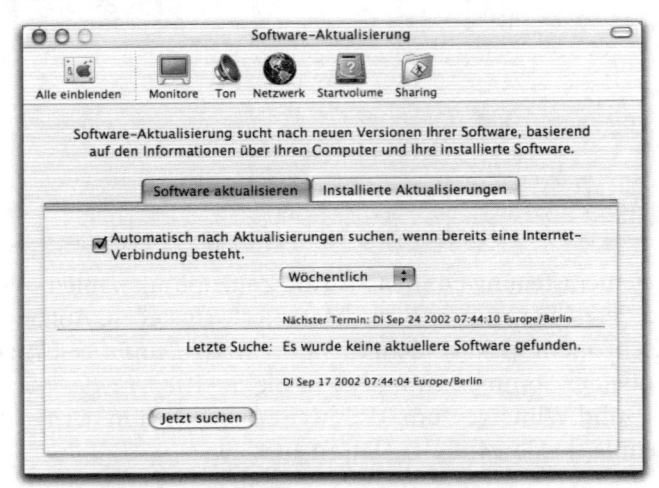

Wird der Aktualisierungsvorgang angestossen (Kopf *Jetzt suchen* drücken), so wird eine Verbindung ins Internet aufgebaut (ein Internet-Anschluss ist also zwingend notwendig!) und nach neueren Versionen gesucht. Gefundene aktuellere Versionen werden angezeigt und können installiert werden (Abbildung siehe bitte nächste Seite, oben).

RAFFINIERT Pakete, die Sie nicht benötigen (Druckertreiber zum Beispiel) können Sie mit dem Befehl *Deaktivieren...* im Menü *Aktualisieren* abhaken und dann künftig ausblenden lassen.

Sowie Sie den Knopf *Installieren* drücken, wird die aktuelle Software geladen und anschliessend auch gleich automatisch installiert. Die Updates werden im Pfad */Library/Receipts/* abgelegt – allerdings nur als «Quittung», anhand derer das System erkennt, welche Updates bereits geladen wurden. Erneut installieren lassen sie sich von hier aus nicht. Trotzdem können Sie Updates speichern und mehrfach installieren – dazu gleich mehr.

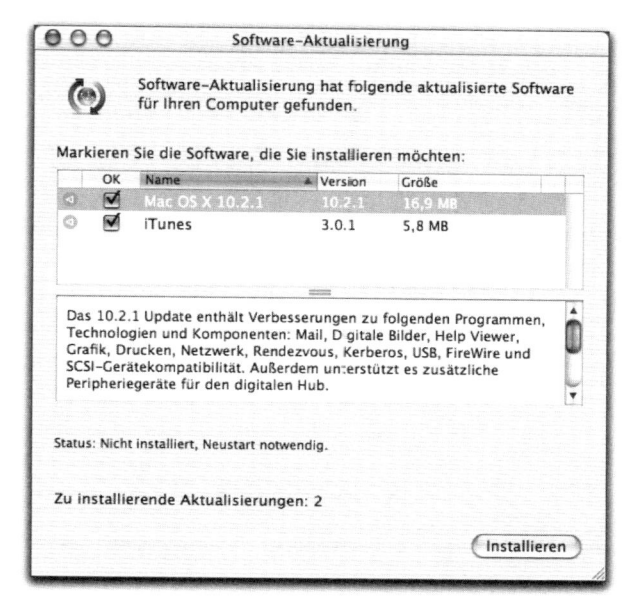

```
┌─────────────────────────────────────────────────┐
│ ⦿⦿⦿           Software-Aktualisierung            │
│  ⟳  Software-Aktualisierung hat folgende aktualisierte Software │
│     für Ihren Computer gefunden.                 │
│                                                  │
│ Markieren Sie die Software, die Sie installieren möchten: │
│  ┌──┬─────────────────┬──────────┬─────────┐    │
│  │OK│ Name            │ Version  │ Größe   │    │
│  ├──┼─────────────────┼──────────┼─────────┤    │
│  │ ✓│ Mac OS X 10.2.1 │ 10.2.1   │ 16,9 MB │    │
│  │ ✓│ iTunes          │ 3.0.1    │ 5,8 MB  │    │
│  └──┴─────────────────┴──────────┴─────────┘    │
│                                                  │
│  Das 10.2.1 Update enthält Verbesserungen zu folgenden Programmen, │
│  Technologien und Komponenten: Mail, Digitale Bilder, Help Viewer, │
│  Grafik, Drucken, Netzwerk, Rendezvous, Kerberos, USB, FireWire und │
│  SCSI-Gerätekompatibilität. Außerdem unterstützt es zusätzliche │
│  Peripheriegeräte für den digitalen Hub.         │
│                                                  │
│ Status: Nicht installiert, Neustart notwendig.  │
│                                                  │
│ Zu installierende Aktualisierungen: 2           │
│                                                  │
│                                  ( Installieren )│
└─────────────────────────────────────────────────┘
```

Diese Funktion ist äusserst bequem und komfortabel, enthebt sie den Anwender doch von der Notwendigkeit, sich zunächst über die installierten Versionsnummern seiner gesamten Systemsoftware kundig zu machen und dann einzeln zu forschen, ob es davon neuere Versionen gibt. All das erledigt *Software-Aktualisierung* automatisch und gewährleistet so, dass Sie immer mit den neuesten Komponenten des Betriebssystems arbeiten.

HEISSER TIPP Nebenbei: Dabei kümmert sich *Software-Aktualisierung* auch um die richtige Reihenfolge notwendiger Aktualisierungen, die unter Mac OS X manchmal nicht ganz so einfach zu merken sind (nur wenn A bereits installiert ist, lässt sich B installieren). Wie Sie die Übersicht über die einzelnen Updates behalten und auch bei einer Neuinstallation in der richtigen Reihenfolge installieren, das können Sie im Kapitel *Systeminstallation und Optimierung* unter dem Abschnitt *Update des Betriebssystems* nachlesen.

Welche Updates bereits installiert wurden, erkennen Sie, wenn Sie den Reiter *Installierte Aktualisierungen* anklicken:

Dieser automatisierte Vorgang hat den Nachteil, dass die Software direkt installiert wird. Installationsdateien bleiben nicht erhalten. Wenn Sie also das System neu installieren, müssen Sie sich auch alle Updates wieder neu herunterladen. Das ist zum Beispiel dann etwas unglücklich, wenn Sie mehrere Rechner aktualisieren möchten, denn Sie müssen bei jedem Einzelnen den Download erneut durchführen.

HEISSER TIPP

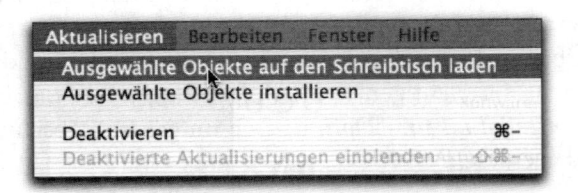

Glücklicherweise ist in *Software-Aktualisierung* eine Funktion enthalten, die das Abspeichern als Installer-Package erlaubt:

Drücken Sie nicht (!) einfach auf den Knopf *Installieren*, sondern wählen Sie stattdessen den Menübefehl *Aktualisieren | Ausgewählte Objekte auf den Schreibtisch laden*. Genau das geschieht dann und der Aktualisierer steht für eine spätere Verwendung zur Verfügung.

Nach erfolgreichem Download dürfen Sie auch den Knopf *Installieren* drücken, können den Aktualisierer aber später auch per Doppelklick starten.

Das Ganze hat aber auch einige Nachteile, die es zu bedenken gilt:

- Abgebrochene Downloads lassen sich nicht so einfach fortsetzen (trotz entsprechenden Hinweises von *Software-Aktualisierung* begann das Laden bei uns immer von Beginn). Der *Internet Explorer* und andere Browser dagegen (über die Sie das Datei-Update herunterladen) unterstützen die Wiederaufnahme: Das Laden der Datei wird (meist) an der Stelle weitergeführt, an der die Verbindung abbrach.
- Zudem ist das Ganze ein recht undurchsichtiger Prozess. Unseres Wissens ist nirgends dokumentiert, welche Daten *Software-Aktualisierung* austauscht. Auf jeden Fall muss mindestens die aktuelle Systemkonfiguration übermittelt werden, damit *Software-Aktualisierung* überhaupt wissen kann, was der Aktualisierung würdig ist. Die restlichen Überlegungen überlassen wir dem Grad Ihrer persönlichen Paranoia... Mit *Snort* oder *MacSniffer* können Sie dem auf die Spur kommen.

Alternative: Suchen Sie stattdessen ab und an einen Nachrichtendienst wie `www.macnews.de` auf: Da werden Sie neben vielen anderen interessanten Meldungen auch über Updates auf dem Laufenden gehalten, und es wird bekannt gegeben, sowie die Software-Updates auch über eine normale Internetadresse abrufbar sind (aus Sicherheitsgründen aber nur die offizielle von Apple nehmen!).

In der Regel stehen die Updates ein paar Tage (im besten Fall sogar wenige Stunden) nach *Software-Aktualisierung* bereit. Dort bekommen Sie dann eine Installationsdatei, die Sie speichern und mehrfach installieren können.

Sprache

Einst absolut einmalig (so etwas gab es nur auf dem Mac – war das vor 15 oder mehr Jahren?), dann ein wenig im Verborgenen blühend (nur via manueller Installation verfügbar), aber nie aufgegeben und unter Mac OS X neu auferstanden: die (englischsprachige) Software *Speakable Items* und *Text-to-Speech*, mit der Sie Ihren Mac per Spracheingabe auf Englisch steuern können und Texte in Gesprochenes verwandeln können.

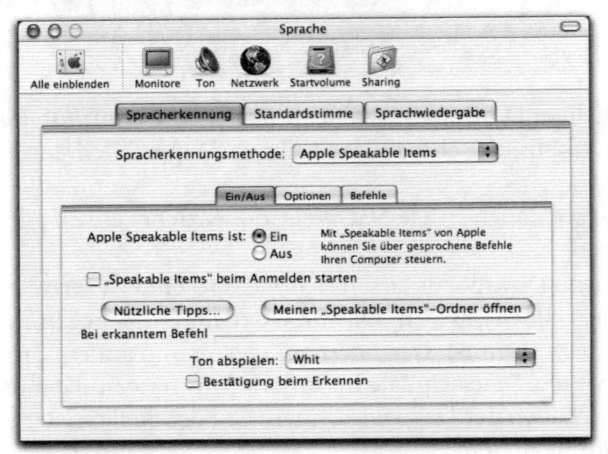

Unter dem Reiter *Spracherkennung* schalten Sie die Funktion ein und legen fest, mit welcher Taste die Sprachsteuerung ausgelöst wird und in welchen Bereichen die Spracherkennung greifen soll.

HEISSER TIPP Wenn Sie sich die implementierten Befehle anzeigen lassen (per Knopf *Meinen Speakable Items-Ordner öffnen*), erhalten Sie eine gute Übersicht über die sprechbaren Befehle und können sich daran versuchen:

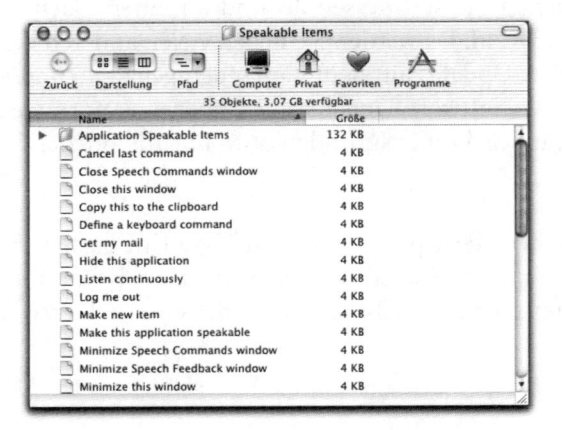

Versuchen Sie dann mal Folgendes:

1. Schalten Sie ein. Das Aufzeichnungsfenster erscheint:

Tipp: Das kleine Dreieck unten am Fenster enthält Befehle und öffnet unter anderem die Befehlsliste, die bei einem Wechsel zwischen Programmen jeweils auch die möglichen Sprachbefehle anzeigt.

2. Halten Sie im *Finder* die Taste *ESC* gedrückt und sprechen Sie den Satz *Close this window*. Wenn alles gut geht, sollte sich jetzt das aktive Fenster schliessen.
3. Lassen Sie die Taste *ESC* wieder los.

Wenn Ihnen das behagt: Per Sprache steuern lassen sich der *Finder*, *Chess* und in allen Programmen grundlegende Befehle wie *Sichern*.

HEISSER TIPP Um die Erkennungsrate zu verbessern, sollten Sie a) des Englischen mächtig sein und b) leicht abgehackt – mit kurzen Pausen zwischen den Worten – und nicht zu schnell – aber auch nicht zu langsam – sprechen. Der Mac trainiert Ihre Sprechweise...

Sie können sich sogar Texte vorlesen lassen, wenn auch mit amerikanischem Akzent. Aus «Mein Mac ist klasse!» wird so etwas wie «Mijn mäc ist klaas». Trotzdem eine nette Idee, die bei englischen Texten auch ganz gut funktioniert, lassen sich doch sogar verschiedene Stimmen wählen. Darauf eingerichtete Programme – wie etwa *TextEdit* – lesen Ihnen dann markierte Textteile oder ganze Dokumente laut vor. In *TextEdit* etwa finden Sie den Befehl im Menü *Bearbeiten | Sprachausgabe*, im *Rechner* wird das Vorlesen über das Menü *Sprache* gestartet. Weiterhin können Sie sich in allen Programmen, die die *Dienste* unterstützen, Text mit dem Menübefehl *Programmname | Dienste | Speech* vorlesen lassen.

Die Grundeinstellungen werden in der Systemeinstellung *Sprache* auf dem Reiter *Standardstimme* gesteuert. Es existieren zwei verschiedene Synthesizer, die jeweils mit eigenen Stimmen arbeiten. Ob die Stimmen zu den Synthesizern *MacinTalk 3* oder *MacinTalk Pro* gehören, können Sie neben *Beschreibung:* ablesen. Die Synthesizer unterscheiden sich in der Qualität der Sprachwiedergabe. Die bessere Wiedergabe erzielt *MacinTalk Pro*.

> Machen Sie sich unbedingt einmal die Freude, sich die verschiedenen Stimmen anzuhören! Jede hört sich anders an, und jede hat etwas anderes zu sagen.
>
> **HEISSER TIPP**

Startvolume

Unter *Startvolume* kann das Laufwerk ausgewählt werden, von dem der Mac das nächste Mal hochstarten soll. Hier können Sie auch zwischen Mac OS 9 oder Mac OS X wählen und sehen, dass auch ein Netzwerkstart möglich ist.

Diese Einstellung können Sie auch im Kontrollfeld *Startvolume* unter *Classic* vornehmen. Die jeweils zuletzt getätigte gilt, denn beide – Kontrollfeld wie Systemeinstellung – schreiben in dieselbe Voreinstellungsdatei.

Sofern im Netzwerk verfügbar, können Sie hier auch einen *Mac OS X Server* anwählen und den Rechner über das Netzwerk booten. Den Vorteil hat vor allem der Netzwerk-Administrator: Er kann das System für den entfernten Rechner bei sich bequem so einrichten, wie er das möchte, und auch jederzeit ändern. (Alternativ drücken Sie die Taste *N* beim Aufstarten.)

Bereich «Sonstige»

Apple hat die «Schnittstelle» zu den Systemeinstellungen mittlerweile so gestaltet, dass es anderen Entwicklern ohne unsaubere Tricks möglich ist, eigene Systemeinstellungen zu entwickeln und in OS X einzubinden.

Ein Beispiel ist das fantastische Utility *TinkerTool*, das Sie selbstverständlich auf unserer *SmartDisc* finden.

Solche neuen Systemeinstellungen werden ganz einfach eingebunden, indem sie in das Verzeichnis */Library/PreferencePanes/* gelegt werden (nötigenfalls muss der Ordner *PreferencePanes* angelegt werden).

Systemeinstellungen kurz gefasst

- Einstellungen, auf die Sie häufig zugreifen möchten, ziehen Sie in den oberen Teil des Fensters von *Systemeinstellungen* und können dann sofort und ohne Umweg über *Alle zeigen* darauf zugreifen.
- Langsame Rechner profitieren unter Umständen von einer geringeren Farbtiefe, einzustellen in der Systemeinstellung *Monitore*.
- Auch wer 256 Megabyte RAM oder weniger hat, sollte einmal probehalber die Farbtiefe unter *Monitore* verringern. Schalten Sie dazu den Monitor auf *Tausend Farben* um.
- Auf langsamen Rechnern kann das aufwendige Antialiasing (= Glättung) der Zeichensätze das System merklich ausbremsen. Probieren Sie aus, ob es ohne schneller geht. Dabei hilft Ihnen das Utility *TinkerTool*, das Sie auf unserer *SmartDisc* finden.
- Warntöne vom klassischen Mac OS müssen Sie erst in das *AIFF*-Format konvertieren, bevor Sie brauchbar sind. Das geht zum Beispiel mit *QuickTime Pro*. Legen Sie die Warntöne dann unter */System/Library/Sounds* (für alle) und */Users/Benutzer/Library/Sounds* (für den einzelnen Benutzer) ab.
- Prinzipiell kann jede Tondatei, die im *AIFF*-Format vorliegt, in der Systemeinstellung *Ton* zum Warnton werden. Wenn sie allerdings recht lange spielt, ist das eher unpraktisch...
- Unter *Sharing* können Sie *File Sharing*, *FTP-Zugriff* etc. ausschalten, wenn Sie die Netzwerkdienste nicht benötigen. *File Sharing* muss nur eingeschaltet sein, wenn andere Netzwerkteilnehmer Ihren Mac kontaktieren können sollen.
- Unter *Netzwerk* können Sie *AppleTalk* ausschalten, wenn Sie die Netzwerkdienste nicht benötigen. *AppleTalk* brauchen Sie nur dann, wenn Sie auf andere Macs oder Geräte (Drucker zum Beispiel) im Netzwerk zugreifen möchten.

5 Programme für Mac OS X

Programme für Mac OS X

Mac OS X – das ist nicht nur das reine Betriebssystem, sondern dazu gehören auch eine ganze Reihe ausgewachsener Programme, die anderswo entweder Geld kosten oder die es so gar nicht gibt.

Seit einiger Zeit propagiert Apple den Mac als «digital hub», als Schnitt- und Steuerzentrale für digitale Daten, und hebt seine ausgezeichnete Eignung für den «digital lifestyle» hervor. Und in der Tat gibt es aktuell keinen anderen Computer, der digitale Daten so elegant, problemlos und universell darstellen und bearbeiten kann. Und nicht das Schlechteste daran: Die notwendigen Programme liegen bei oder können kostenlos aus dem Internet geladen werden.

So ist es bei einem modernen Mac ohne weiteres möglich:

- Digitale Fotos einzulesen, zu katalogisieren und zu verbreiten (*iPhoto*).
- Digitale Videos voll digital zu schneiden und wieder zu exportieren (*iMovie*).
- Digitale Musik einzulesen, zu spielen und auch wieder auszugeben (*iTunes*, *iPod*).

Nicht zu vergessen die nahtlose Integration eines CD/DVD-Brenners ins Betriebssystem, der die Datensicherung und -weitergabe übernimmt.

Zugegeben, das können andere manchmal auch. Aber oft nicht kostenlos, selten so elegant und kaum in der Fülle.

«Multimedia» – die Kombination von Film, Bild und Ton – beherrscht ein Mac schon lange ohne zusätzliche aufwendige und teure Hardware. Lediglich für analoge Videodaten (Fernsehen, Videofilme) muss Ihr Macintosh mit einer AV-Karte oder einem TV-Tuner ausgerüstet werden. Und für Stereoton sollten zwei Lautsprecher herumstehen – sonst klingt es etwas mono-Ton. Das andere aber kann er auch so:

- Musik machen
- Texte vorlesen
- Sprache erkennen
- Filme vorspielen
- Virtuelle Welten zeigen

HEISSER TIPP Wenn Sie den Mac nicht ausschliesslich zum Arbeiten benutzen, sondern auch Filme und Musik damit abspielen, dann sind die *SoundSticks* von Apple – entwickelt von Harman Kardon – eine dicke Empfehlung wert. Sie sind zwar nicht ganz billig (gut 200 €), sehen aber wirklich toll aus – und klingen auch so.

Anwendungsprogramme und Hilfsprogramme, die den Umgang mit Mac OS X steuern, den Internetzugang ermöglichen oder auch einfach nur Spass machen, finden sich im Pfad */Startlaufwerk/Programme/*. Im Folgenden finden Sie eine Beschreibung all dessen.

HEISSER TIPP Es ist recht nützlich, wenn Programme, die oft gebraucht werden (*Notizzettel* oder *Uhr*), gleich nach dem Start zur Verfügung stehen. Gehen Sie dabei so vor:

1. Unter dem Apfelmenü führt Sie der Befehl *Systemeinstellungen...* zu *Startobjekte*. Hier legen Sie fest, welche Programme automatisch gestartet werden sollen.

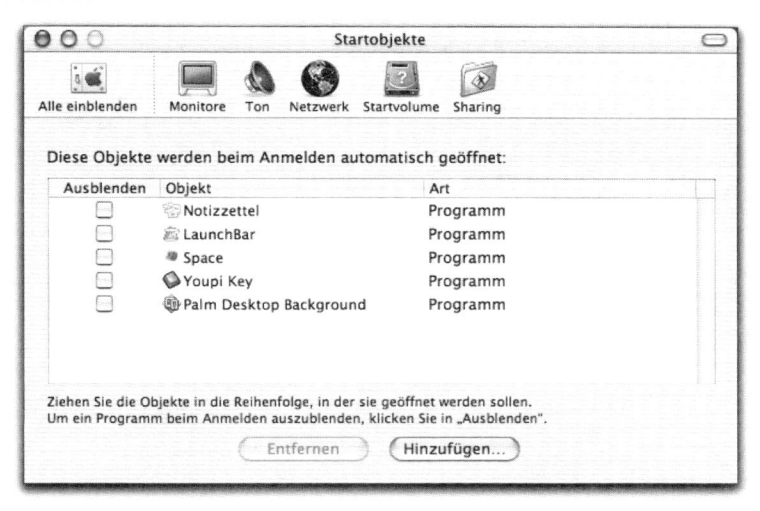

2. Klicken Sie auf den Knopf *Hinzufügen...* und wählen Sie die gewünschten Programme in der folgenden Dialogbox aus. Oder ziehen Sie die Programme einfach aus einem Fenster in das Fenster von *Anmeldung*.

3. Durch Verschieben der Symbole nach oben oder unten können Sie die Startreihenfolge festlegen.

Acrobat Reader

Der *Acrobat Reader* wird vom Hersteller Adobe für alle wichtigen Plattformen angeboten und kostenlos verteilt. Und eine PDF-Datei wird exakt in der Gestaltung angezeigt, die Sie vorgesehen haben. So lässt sich «Gedrucktes» wie Handbücher, Prospekte usw. auf Speichermedien (CD, Zip etc.) oder per E-Mail verteilen.

Siehe auch Kapitel *Produktiv mit Mac OS X* im Abschnitt *PDF-Druck*.

Adressbuch

Mit dem *Adressbuch* lassen sich – wen wundert's noch angesichts des Namens – Adressen anlegen und verwalten. Das Besondere daran ist, dass andere Programme wie zum Beispiel *Mail* auf diese Daten zugreifen können. So entfällt eine Mehrfacheingabe für all die Programme, die sich die Datensätze des *Adressbuches* zunutze machen.

POWER USER

Die Einträge des *Adressbuches* liegen im Verzeichnis *Benutzer/Benutzername/Library/Application Support/AddressBook/AddressBook.data*.

Das *Adressbuch* ist nicht nur eine ideale Ergänzung zu *Mail*, sondern es steht systemweit zur Verfügung und alle Programme können auf die Daten von *Adressbuch* zugreifen – wenn sie es denn nur tun würden. Praktisch ist das schon, denn *Adressbuch* verwaltet nicht nur E-Mail-Adressen, sondern auch recht umfangreiche Kontaktinformationen.

Besonders raffiniert sind die fetten Bezeichnungen linkerhand der Adressdaten wie *Arbeit* oder *Privat*: Wenn Sie darauf klicken, erscheinen weitere Befehle:

In diesem Beispiel können Sie gleich eine E-Mail an diesen Adressaten schicken. Dazu wird das E-Mail-Programm benutzt, wie Sie es in den *Systemeinstellungen* unter *Internet* auf dem Reiter *E-Mail* definiert haben.

Noch mehr Möglichkeiten eröffnen sich bei Empfängern, die ein Konto bei .*Mac* haben. Denen können Sie nicht nur E-Mails senden, sondern auch deren Homepage oder *iDisc* besuchen und sogar direkt mit ihnen «chatten»:

Hier noch ein paar weitere Tipps:

- Probieren Sie das Kontextmenü (*Control-Mausklick*) in allen Bereichen von *Adressbuch* aus. Es ist sehr leistungsfähig:

- Gruppen sind praktisch, wenn Sie eine Nachricht an mehrere Empfänger gleichzeitig senden möchten. Wählen Sie den Menübefehl *Ablage | Neue Gruppe*. Daraufhin wird eine neue Gruppe angelegt, die Sie benennen und einer Kategorie zuordnen. Dann können Sie die gewünschten Empfänger aus Ihrer bereits vorhandenen Adressliste durch einfaches *Drag&Drop* in das Gruppenfenster aufnehmen.
- Sie können einer Adresse Bilder in den Formaten JPEG, TIFF, GIF, PNG und PDF hinzufügen. Ziehen Sie sie per *Drag&Drop* auf das Bildfenster oder klicken Sie darauf, und wählen Sie im Dateidialog die Bilddatei aus. Die Bilder werden automatisch skaliert.

- Eine geöffnete Adresse kann per *Ablage | vCard exportieren...* (oder per *Drag&Drop*) als Visitenkarte gesichert werden. Die *vCard* ist ein Standard für Visitenkarten, die an E-Mails angehängt werden können. Üblicherweise ist es allerdings besser, Signaturen zu verwenden, die direkt unten an Ihre E-Mail angehängt werden. Das ist übersichtlicher und verbraucht weniger Speicher. So eine *vCard* sieht aber unzweifelhaft eleganter aus (und kann

vom Empfänger auch leicht mit den kompletten Adressinformationen übernommen werden).
- Wenn Sie eine E-Mail mit einer *vCard* als Anlage erhalten, dann können Sie diese gesammelten Informationen ganz einfach in Ihr Adressbuch übernehmen: Öffnen Sie das Fenster mit der E-Mail und das Fenster des Adressbuches und ziehen Sie die *vCard* auf das Adressbuch-Fenster. Sofort wird ein neuer Adressbucheintrag mit allen Informationen der *vCard* angelegt.
- Mit Hilfe des Suchfensters rechts oben können Sie gezielt und schnell nach Adressen suchen.

Adressbuch-Einstellungen

Unter dem Menübefehl *Adressbuch | Einstellungen...* finden Sie wie sonst auch die Einstellungen für das Programm:

Hier können Sie auf dem Reiter *Allgemein* die Sortierreihenfolge und einige andere Einstellungen tätigen, die weitgehend selbsterklärend sind. Einer etwas genaueren Erklärung bedarf allerdings der Reiter *LDAP*:

Mit Hilfe des Protokolls *LDAP* (Lightweight Directory Access Protocol) kann ein Benutzer im Intra- oder Internet Dateien und Netzwerkgeräte, aber auch

Firmen und Einzelpersonen lokalisieren. Das bedeutet im Grunde, dass man damit überprüfen kann, ob eine Person im Internet oder ein Drucker im lokalen Netzwerk auch tatsächlich erreichbar ist. Hier können Sie nun die *LDAP*-Server wie zum Beispiel *ldap.yahoo.com* oder *ldap.bigfoot.com* angeben, die *Adressbuch* benutzen soll.

Adressen importieren und exportieren

Der Im- und Export von Adressen erfolgt am einfachsten über das so genannte *vCard*-Format, das die meisten modernen E-Mail-Programme unterstützen. Damit ist das Ganze im Wesentlichen dann nurmehr eine Frage des Hin- und Herschiebens, sprich des *Drag&Drop*:

1. Markieren Sie in Ihrem E-Mail-Programm alle fraglichen Adressen.
2. Ziehen Sie diese Adressen per *Drag&Drop* in einen Ordner Ihrer Wahl.
3. Nun holen Sie diese Adressen gleichfalls per *Drag&Drop* aus dem Ordner in das Fenster von *Adressbuch*.

Ein alternativer und unter Umständen etwas bequemerer Weg sieht so aus:

1. Installieren Sie das *Scriptmenü* (siehe folgender Abschnitt *AppleScript*). Hier finden Sie den Befehl *Mail Scripts | Import Addresses*:

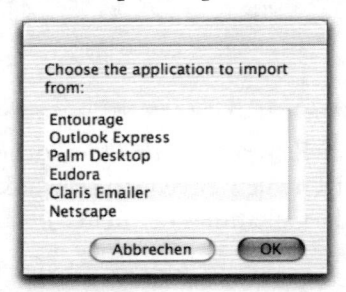

2. Wählen Sie in der Dialogbox das E-Mail-Programm aus, von dem Sie importieren möchten; den Rest erledigt das Skript.

Zum Export von Adressen aus *Adressbuch* ist jetzt gar nicht mehr viel zu sagen, denn er folgt dem Prinzip nach dem Import: Ausgewählte Adressen werden per *Drag&Drop* oder über den Menübefehl *Ablage | vCards exportieren...* in ein Verzeichnis Ihrer Wahl exportiert und können von da aus an alle Programme übergeben werden, die sich auf *vCards* verstehen.

AppleScript

Mit *AppleScript* können Sie Aufgaben automatisieren. Das bedeutet, nicht mehr Sie erledigen die Arbeit, sondern Ihr Macintosh macht das für Sie. Und das ist doch fein.

Fast das gesamte Betriebssystem ist «scriptable», kann also von *AppleScript* angesprochen und gesteuert werden. Dazu zählen Druckvorgänge, der Netzwerkzugriff, die Suchmaschine *Sherlock*, *ColorSync* und der Finder.

Mit *AppleScript*-Makros lassen sich zudem auch Programme wie der *Internet Explorer*, *GraphicConverter* oder *QuickTime Player* steuern. Nicht selten werden den jeweiligen Programmen gleich auch fertige Makros mitgegeben.

AppleScript ist bei der Erledigung seiner Aufgaben nicht unbedingt rasend schnell – es ist aber trotzdem viel bequemer, die lästigen Routineaufgaben dem Makroprogramm zu übertragen, als all das selbst per Hand (und noch viel langsamer) zu tun. Langwierige Makros können Sie ja in die Nachtstunden verlegen, oder Sie beschäftigen sich während dieser Zeit mal mit etwas anderem als immer nur mit dem Computer. Der beschäftigt sich ja jetzt selbst.

Übrigens: Mit der Tastenkombination *Befehl-Punkt* können Sie ein laufendes Skript jederzeit anhalten. Sie müssen es dazu allerdings erst in den Vordergrund holen.

ScriptMenu

HEISSER TIPP *ScriptMenu* (zu finden im Verzeichnis */Programme/AppleScript/*) installiert in der Menüzeile ein systemweites Menü, in dem alle Scripts enthalten sind, die in den Pfaden */Library/Scripts/* und *Benutzer/Library/Scripts/* liegen. Damit lassen sich *Perl*-, *Shell*- und *AppleScript*-Skripte direkt starten.

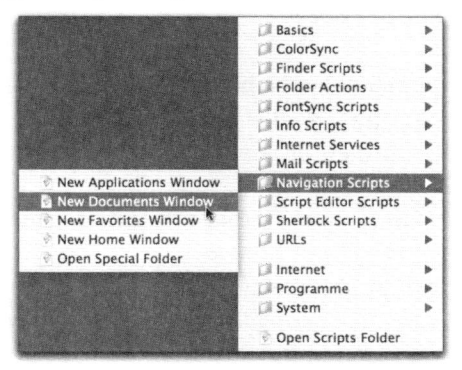

Zur Installation wird dieses so genannte *MenuExtra plugin* einfach in die Menüleiste gezogen; deinstalliert wird es durch Herausziehen aus der Menüleiste (*Befehlstaste* dabei gedrückt halten).

ScriptMenu ist ungeheuer praktisch, denn es ist immer über die Menüleiste erreichbar, womit sich Skripte schnell ausführen lassen. Ihre Skripte sucht sich die Erweiterung hier:

- */Startlaufwerk/Library/Scripts/* – diese Skripte stehen allen Benutzern zur Verfügung.
- */Benutzer/Benutzername/Library/Scripts/* – diese Skripte stehen nur diesem Benutzer zur Verfügung.

Skripte, die an einem dieser beiden Orte gespeichert sind, erscheinen in *ScriptMenu*. Sie können die Skripte in Unterordnern des Ordners *Scripts* ablegen und damit hierarchisch organisieren!

MERKET AUF! Sie können ohne weiteres auch ältere Skripte ausprobieren und diese dann für *Script Runner* in den Ordner *Scripts* legen. Damit sie erkannt werden, müssen sie aber die Endung *.scpt* erhalten. Probieren Sie die Skripte vorher einmal im *Script Editor* aus, damit Sie wissen, was Sie davon brauchen können.

Um Ihnen noch ein wenig mehr Appetit auf *AppleScript* zu machen, schildern wir im Folgenden einige nützliche Skripte aus dem Ordner */Programme/AppleScript/Example Scripts/*:

Add to File Names / Add to Folder Names. Diese Makros fügen ausgewählten Dateien respektive Ordnern eine Vor- oder Nachsilbe an. Statt also mühselig alle Dateien, die Sie an einen Windows-PC weiterreichen möchten, einzeln und per Hand mit dem Anhang *.DOC* zu versehen, lassen Sie sich diese Arbeit vom Computer abnehmen.

Trim File Names / Trim Folder Names. Umgekehrt können Sie mit diesen Makros solch lästige Endungen (die glücklicherweise auf dem Macintosh ja meist nicht notwendig sind) entfernen.

Replace Text in Item Names. Suchen und Ersetzen in Dateibezeichnungen.

Wenn Ihnen die englischen Begriffe nicht gefallen: Benennen Sie sie einfach ins Deutsche um, dann zeigt der *Script Runner* die Befehle verständlicher in der Muttersprache an.

Das soll genügen, Ihnen die Nützlichkeit von *AppleScript* ein wenig schmackhaft zu machen. Es gibt noch viele, viele weitere Makros zur Nummerierung, zum Umbenennen, für die Automatisierung vieler Aufgaben. Schauen Sie mal unter http://applescript.apple.com/ nach.

Script Editor

Einfachere Vorgänge können Sie mit dem Makrorekorder von *AppleScript* aufzeichnen und anschliessend immer wieder abspielen. Starten Sie dazu den *Script Editor* und drücken Sie den Knopf *Aufzeichnen*.

Leider ist manchmal Voraussetzung, dass Sie ein wenig in die Tiefen der Programmierung einsteigen und sich mit der Syntax von *AppleScript* beschäftigen. Das ist sicher nicht jedermanns Sache.

Glücklicherweise ist das oft gar nicht notwendig: Mit dem System liefert Apple bereits einige nützliche Skripte mit (siehe Abschnitt *Script Runner* weiter unten), und viele weitere finden Sie im Internet auf Apples Site: http://applescript.apple.com/. Neben direkt einsetzbaren Skripten gibt es dort auch sehr ausführliche und fundierte Informationen zu *AppleScript*.

Wir können Ihnen nur empfehlen, sich einmal auf die Suche nach fertigen AppleScripts zu begeben und sich die brauchbarsten davon herauszusuchen. Denn nicht nur Apple hat Skripte entwickelt, sondern auch viele andere Programmierer. Zu finden sind sie auf CDs, im Internet und bei Online-Diensten.

HEISSER TIPP
Es ist viel einfacher, bereits vorhandene Makros im *Script Editor* zu bearbeiten und an die persönlichen Bedürfnisse anzupassen, als ein komplettes *AppleScript*-Makro völlig neu zu schreiben. Suchen Sie sich deshalb aus den verfügbaren Skripten die brauchbaren Teile heraus und basteln Sie sich daraus Ihr eigenes Makro zusammen.

Mit *Run* können Sie überprüfen, ob das Makro zu Ihrer vollen Zufriedenheit läuft, und wenn das der Fall ist, können Sie es sichern. Sichern Sie einmal den Text, damit Sie ihn später immer wieder modifizieren können, und erstellen Sie zum anderen ein Skript-Programm, das dann per Doppelklick gestartet werden kann. Dazu wählen Sie im Menü *Ablage* den Befehl *Sichern unter...* und wählen in der Dateiauswahlbox ganz unten neben *Format:* die gewünschte Speicherform *Programm*.

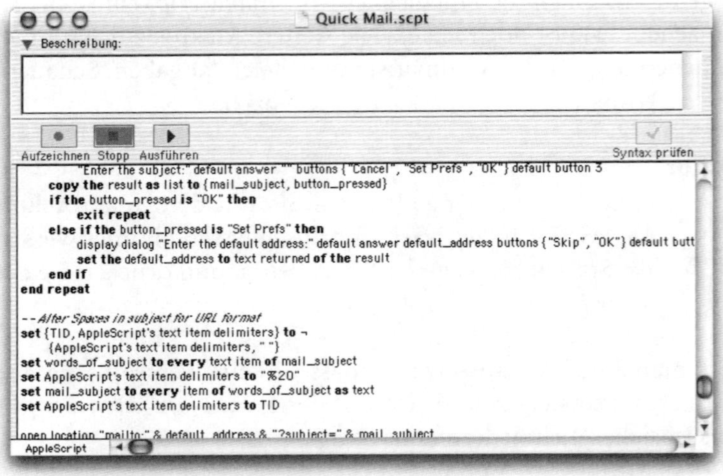
Quick Mail.scpt
Beschreibung:
Aufzeichnen Stopp Ausführen
Syntax prüfen
"Enter the subject:" default answer "" buttons {"Cancel", "Set Prefs", "OK"} default button 3
copy the result as list to {mail_subject, button_pressed}
if the button_pressed is "OK" then
exit repeat
else if the button_pressed is "Set Prefs" then
display dialog "Enter the default address:" default answer default_address buttons {"Skip", "OK"} default butt
set the default_address to text returned of the result
end if
end repeat
--Alter Spaces in subject for URL format
set {TID, AppleScript's text item delimiters} to ¬
{AppleScript's text item delimiters, " "}
set words_of_subject to every text item of mail_subject
set AppleScript's text item delimiters to "%20"
set mail_subject to every item of words_of_subject as text
set AppleScript's text item delimiters to TID
AppleScript

Viele Anwendungen verstehen sich auf *AppleScript*. Um festzustellen, ob eine Anwendung *AppleScript*-tauglich ist und welche Befehle diese Anwendung unterstützt, gibt es einen einfachen Trick:

Starten Sie den *Script Editor* und öffnen Sie mit ihm eine beliebige Applikation (Menü *Ablage*, Befehl *Verzeichnis öffnen…*).

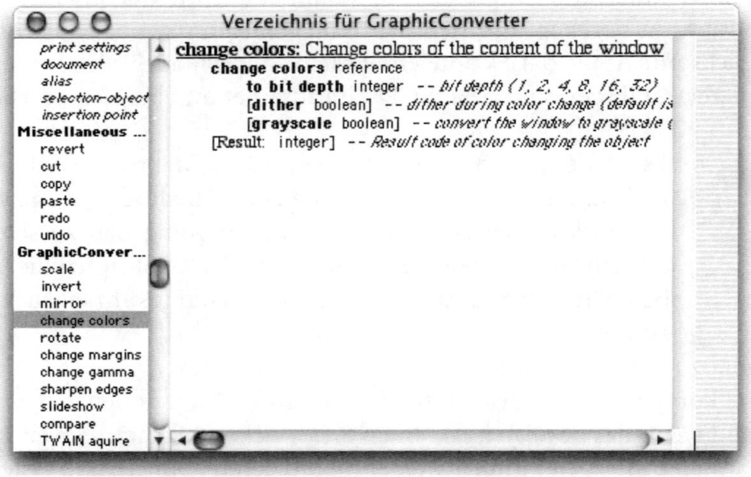
Verzeichnis für GraphicConverter
print settings
document
alias
selection-object
insertion point
Miscellaneous ...
revert
cut
copy
paste
redo
undo
GraphicConver...
scale
invert
mirror
change colors
rotate
change margins
change gamma
sharpen edges
slideshow
compare
TWAIN aquire
change colors: Change colors of the content of the window
change colors reference
to bit depth integer -- bit depth (1, 2, 4, 8, 16, 32)
[dither boolean] -- dither during color change (default is
[grayscale boolean] -- convert the window to grayscale (
[Result: integer] -- Result code of color changing the object

Es erscheint ein Fenster, in dem alle Befehle aufgelistet sind. Neben den Standardbefehlen von *AppleScript* auch die speziellen für die fragliche Applikation. Klicken Sie im linken Teil des Fensters auf einen dieser Befehle, so erscheint rechts eine Kurzbeschreibung zu diesem Befehl.

Chess

Ein Schachprogramm in 3D-Optik, das alle freuen wird, die des Schachspielens kundig und einigermassen gut sind. Denn der Computer ist stark...

Wer damit spielen möchte, bewegt einfach die Figuren mit der Maus. Standardmässig spielt der Benutzer Weiss und gegen den Computer. Unter *Chess | Preferences...* lässt sich das ändern.

Noch eine allgemeine Anmerkung zu diesem Programm:

- Wenn Sie des Englischen einigermassen mächtig sind, sollten Sie sich unbedingt einmal die *Gnu Chess License* unter dem Menü *Chess* holen und lesen. Denn die GNU-Lizenz ist ein hoch interessanter Ansatz, Software frei verfügbar zu machen – und diesen Status zu halten.

Sprachsteuerung

Dass sich der Mac auch per (englischer) Sprache steuern lässt – und Ihnen sogar Texte vorlesen kann – davon war bereits im Kapitel *Benutzeroberfläche Aqua* unter *Sprache* die Rede. Die Grundlagen lesen Sie bitte dort nach.

Und dann versuchen Sie sich und Ihr Englisch doch einmal am Schachprogramm:

1. Öffnen Sie *Chess*.
2. Unter *Chess | Preferences* schalten Sie die Spracherkennung (*Use Speech Recognition*) ein.

Und schon können Sie mit Ihrem Mac reden und Schach spielen. Dazu noch zwei Tipps:

- In der Systemeinstellung *Sprache* legen Sie auf dem Reiter *Spracherkennung* fest, mit welcher Taste die Sprachsteuerung ausgelöst wird.
- Die möglichen Befehle einer Applikation zeigen sich, wenn Sie im Steuerungsfenster auf das kleine Dreieck unten klicken und den Befehl *Open Spech Commands Window* anwählen.

Digitale Bilder

Mit dem Programm *Digitale Bilder* lassen sich Bilder aus Digitalkameras, Lesegeräten und Scannern herunterladen, speichern und auf Wunsch auch gleich automatisch skalieren oder rotieren. Voraussetzung: Kameras müssen das *PTP* (Picture Transfer Protocol) unterstützen oder aber sich via USB als Massenspeicher anmelden.

Normalerweise müssen Sie dieses Programm gar nicht eigens aufstarten: Sowie eine Digitalkamera an den Schnittstellen *USB* oder *FireWire* oder eine Speicherkarte im PC-Card-Slot eines PowerBook erkannt wird, startet das Programm selbsttätig. Das ist wirklich praktisch, denn es wird kein separates Programm samt Treibern mehr benötigt, sondern das System stellt diese Funktionalität zur Verfügung.

Vergessen Sie dabei aber keinesfalls, die Voreinstellungen einmalig auf Ihre Bedürfnisse einzustellen, denn hier legen fest, wie sich das Programm verhalten soll:

Das Menü *Hilfe* gibt einige nützliche Tipps für den Einsatz, schweigt sich aber darüber aus, welche Kameras unterstützt werden. Da sich aber die meisten Digitalkamerahersteller (so Canon, Kodak, Olympus, Panasonic und Sanyo) zu *QuickTime* bekannt und die *QuickTime*-Technologie in ihre Modelle integriert haben, sind das wohl recht viele. Im Zweifelsfall probieren Sie es einfach aus.

Die zur Erkennung von Kamera respektive Speicherkarte (PC-Card-Slot mit Kartenadapter bei PowerBooks) notwendigen Treiber liegen übrigens unter */System/Library/Image Capture/*.

ERSTE HILFE Was auf jeden Fall funktionieren sollte: Nehmen Sie die Speicherkarte aus der Kamera und benutzen Sie ein Lesegerät (mit Treibern für Mac OS X!). Die Karte wird dann wie ein Laufwerk auf dem Schreibtisch erscheinen.

Wenn die Verbindung klappt, erscheint die Kamera wie ein Volume auf dem Desktop und wird auch so behandelt: Vor dem Kappen der Verbindung sollte das «Laufwerk» also ausgeworfen werden.

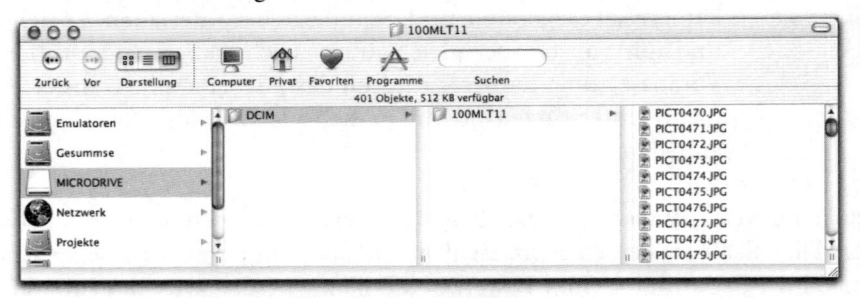

Damit die Verbindung klappt, gehen Sie bitte so vor:

1. Kabeln Sie die ausgeschaltete (!) Kamera an der Schnittstelle an.
2. Schalten Sie die Kamera ein und stellen Sie den Transfermodus ein (siehe Kamerahandbuch). Manchmal – etwa bei der Minolta Dimage – ist es notwendig, diese Einstellung noch mal eigens an der Kamera zu bestätigen. Warten Sie ein paar Sekunden.
3. Jetzt sollte *Digitale Bilder* automatisch starten und sich präsentieren:

Der Bildimport kann beginnen. Vorher aber drücken Sie bitte noch den Knopf *Optionen…* und legen die Voreinstellungen für den Bildimport fest:

Beim Drücken des Knopfes *Alle Laden* werden die Fotos gleich an den gewünschten Speicherort transferiert (den Sie unter *Sichern in:* vorgeben können).

Der Knopf *Einige Laden* zeigt erst einmal eine Vorschau:

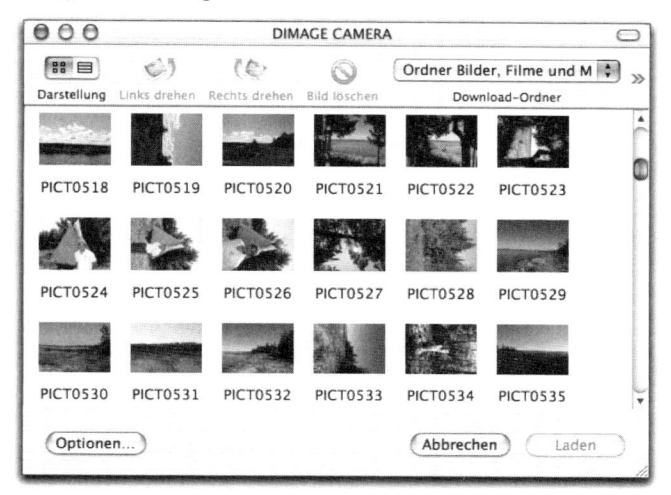

Per Mausklick (kombiniert mit *Befehl* oder *Shift*) können Sie nun eine Auswahl erstellen, die dann heruntergeladen wird.

VORSICHT FALLE Vor dem Abziehen des Kamerakabels respektive Entfernen der Speicherkarte müssen Sie das Laufwerk im Finder abmelden (*Ablage | Auswerfen*) respektive die Kamera ausschalten.

Sofern Sie nach obiger Anleitung vorgehen und die Kamera wird trotzdem nicht erkannt, dann können Sie davon ausgehen, dass Ihr Kameramodell (noch) nicht unterstützt wird.

DVD Player

Mit dem *DVD Player* lassen sich DVD-Filme (das sind vor allem Spielfilme, die statt analog auf Videoband digital auf einer CD gespeichert sind) auf den mit einem DVD-Laufwerk ausgerüsteten Macs abspielen.

Der *DVD Player* startet auf Wunsch automatisch und auch die bevorzugte Sprache kann eingestellt werden (*DVD Player | Einstellungen...*):

Die Steuerung, die wahlweise nach einiger Zeit ausgeblendet wird (per *ESC* erscheint sie wieder), erlaubt es, Zeitlupe und Schnellvorlauf anzuwählen und zwischen den einzelnen Kapiteln eines Films zu springen.

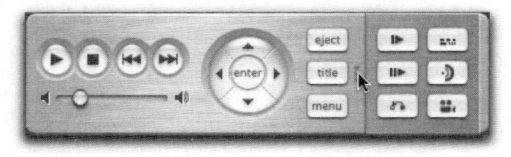

MERKET AUF! Prinzipiell sind von einem Spielfilm keine Bildschirmfotos möglich! Das liegt am Video-Overlay; das Filmbild ist nicht Bestandteil des eigentlichen Monitorsignals (nur so ist es möglich, einen Film in Millionen von Farben zu betrachten, auch wenn der Monitor auf weniger eingestellt ist). Das Utility *Snapz Pro X* erlaubt es allerdings, Bilder von DVDs aufzunehmen, die über eine NVidia-Grafikkarte abgespielt werden.

Es werden bereits viele DVD-Spielfilme angeboten, und neben der hervorragenden Qualität (da digital aufgezeichnet und wiedergegeben) sind sie auch deshalb interessant, weil diese Filme zum Beispiel zweisprachig (Original und eingedeutscht), als Directors Cut (in der Schnittfassung wie vom Regisseur ursprünglich vorgesehen), in Originallänge oder mit besonders guter Tonspur versehen sind. All dies sind Möglichkeiten, die aber nicht zwingenderweise verwirklicht sein müssen.

HEISSER TIPP Manche DVDs spielen den Ton etwas leise ab. Setzen Sie dann die Lautstärke herauf, und zwar sowohl im Kontrollfeld *Ton* wie auch in der Steuerung des *Apple DVD Player*. Reicht das immer noch nicht, dann behelfen Sie sich mit einem kleinen *AppleScript*: «set volume 10»: einfach im *Skripteditor* eintippen, starten oder für den künftigen Gebrauch als *Programm* mit der Option *Kein Startdialog* sichern. Das setzt die Lautstärke – wen wundert's noch – auf den Wert 10. Interessant ist das, weil Sie in der Kontrollleiste und im Kontrollfeld *Ton* maximal den Wert 7 einstellen können.

Theoretisch lassen sich DVD-Filme digital und damit verlustfrei kopieren, wenn ein geeigneter DVD-Brenner vorhanden ist. Beim Verabschieden der Standards ging jedoch die Angst vor Raubkopien und Wettbewerb bei den grossen Medienkonzernen um, und sie haben deshalb sowohl einen Kopierschutz als auch einen Ländercode eingebaut.

- Der Kopierschutz sorgt dafür, dass die Daten der DVD beim Überspielen unbrauchbar werden. Der Kopierschutz ist übrigens bereits geknackt.
- Der Ländercode (Regionalcode) soll gewährleisten, dass nur DVDs aus der jeweiligen Region (Europa, Asien, USA usw.) auf dem Player abspielbar sind.

Da der Hersteller des Computers respektive Laufwerks nicht genau wissen kann, in welche Region das Gerät geht und welche DVDs der Anwender bevorzugt, kann und muss der Ländercode zunächst einmal eingestellt werden. Das geschieht beim ersten Einlegen einer DVD, und dieser Ländercode kann insgesamt vier Mal geändert werden – dann bleibt er fest eingestellt.

> Ländercode des Laufwerks
>
> Der Ländercode der DVD passt nicht zum Ländercode des Laufwerks.
>
> Benötigte Laufwerks-Einstellung: Ländercode 1
>
> Derzeitige Laufwerks-Einstellung: Ländercode 2
> Sie können den Ländercode des Laufwerks nur noch 4 Mal ändern.
>
> Klicken Sie in das Schloss, um Änderungen vornehmen zu können.
>
> [Abbrechen] [Ländercode ändern]

POWER USER Das ist ärgerlich, wenn Sie beispielsweise sowohl deutsche Produktionen als auch amerikanische in der Originalversion sehen möchten. Sich deswegen zwei Macs zu kaufen, das wäre denkbar, aber teuer. Doch wozu gibt es das Internet und die Suchmaschine *Sherlock* beziehungsweise www.google.de? Nicht zu vergessen die findigen Programmierer, die kleine Tools geschrieben haben, um den Zähler des Ländercode zurückzusetzen.

VORSICHT FALLE Alle neueren DVD-Laufwerke sind (auf Betreiben der Filmindustrie) mit «Regionalcode 2» ausgerüstet. Dabei wird – im Gegensatz zum früher üblichen Regionalcode 1 – die Länderinformation und der Wechsel fest im Laufwerk (und nicht mehr nur in der Software) gespeichert. Bei solchen Laufwerken nützt eine einfache Software zum Zurücksetzen rein gar nichts – aber auch da weiss das Internet Rat.

DVDs auf externem Monitor

Vor allem mit PowerBooks kommt nicht selten der Wunsch auf, die DVD auf einem Grossbildschirm oder Videobeamer anzuschauen. Definieren Sie dazu den externen (grösseren) Monitor respektive TV-Schirm in der Systemeinstellung *Monitore* als Hauptmonitor.

Wenn das nicht klappt:

1. Schalten Sie in den Ruhezustand.
2. Schliessen Sie den externen Monitor und das Netzteil an. (Aufgrund des erhöhten Energieverbrauchs wacht das PowerBook sonst nicht aus dem Ruhezustand auf.)
3. Schliessen Sie eine externe USB-Tastatur und -Maus an (nicht zwingend notwendig, aber praktisch zur Steuerung).

Das PowerBook erwacht mit dem Anschluss der USB-Peripherie aus dem Ruhezustand, erkennt den hinzugekommenen externen Monitor und schaltet die Bildschirmdarstellung um.

PROGRAMME FÜR MAC OS X — KAPITEL 5

Um das interne Display wieder zu aktivieren, schalten Sie erneut in den Ruhezustand und wecken das PowerBook mit aufgeklapptem Display wieder auf.

Alternativ dazu funktioniert auch folgende Vorgehensweise:

1. Schalten Sie das PowerBook aus.
2. Schliessen Sie den externen Monitor und das Netzteil an.
3. Schalten Sie ein und klappen Sie gleich den Deckel zu – nur der externe Monitor wird erkannt.

MERKET AUF! Haben Sie sowohl am VGA- wie S-Video-Ausgang einen Bildschirm angeschlossen, dann wird nur das Signal am VGA-Ausgang dargestellt.

VORSICHT FALLE Moderne TFT-Displays mit digitaler Ansteuerung (das betrifft unter anderem alle TFT-Displays von Apple) können nicht direkt am analogen VGA-Ausgang angeschlossen werden. Hier benötigen Sie noch eine PC-Card mit passendem digitalen Anschluss DVI (Digital Video Interface) respektive ADC (Apple Display Connector) – oder eines der neuen G4-PowerBooks.

iCal

iCal ist ein Kalender in der Reihe der i-Programme, der sich ähnlich wie *iTunes* oder *iPhoto* in der Oberfläche «Gebürstetes Metall» präsentiert:

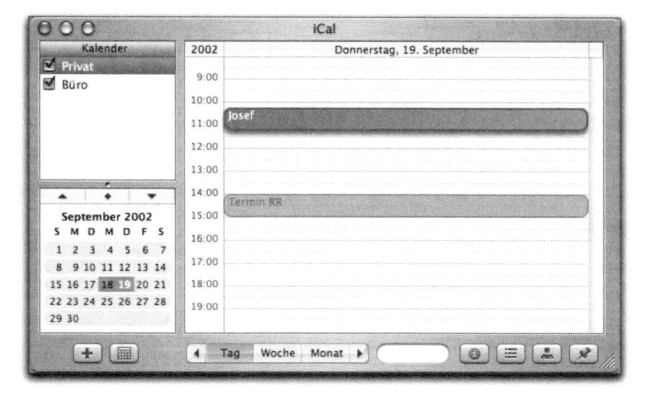

Das Programm setzt mindestens Mac OS X 10.2 (alias *Jaguar*) voraus und ist ähnlich einfach zu bedienen wie die anderen i-Programme. Wenn Sie ein wenig herumspielen, kommen Sie schnell hinter das Prinzip. Konfigurieren Sie *iCal* zunächst einmal für Ihre Bedürfnisse:

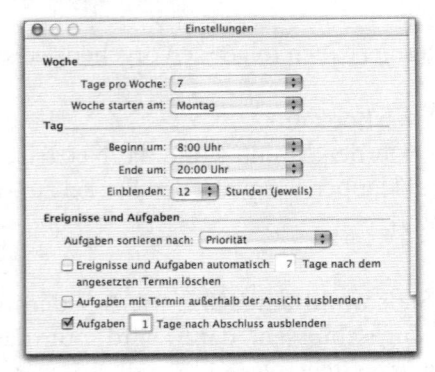

Es ist ein einfaches Kalenderprogramm ohne allzu grosse Gimmicks, das den Anforderungen der meisten Benutzer gerecht werden sollte. *iCal* hat aber auch einige Besonderheiten zu bieten.

- Mehrere Kalender lassen sich ohne Probleme verwalten; beispielsweise einer für jedes Familienmitglied oder für unterschiedliche Tätigkeitsbereiche. Neue Kalender werden mit dem Menübefehl *Ablage | Neuer Kalender* angelegt.
- Kalender können auch im Internet publiziert und von dort abonniert werden. Dazu ist eine *.Mac*-Mitgliedschaft oder Zugang zu einem *WebDAV*-Server erforderlich. Spätestens diese Sharing-Funktion macht *iCal* zu etwas Besonderem, können doch jetzt zum Beispiel Formel-1-Begeisterte ebenso wie Kulturliebhaber themenspezifische Kalender ins Netz stellen – und alle anderen können sie sich in ihr *iCal* holen.
- Zu jedem Kalender wird auch eine Aufgabenliste verwaltet, die Sie sich per Klick auf den kleinen Pin rechts unten ein- oder ausblenden lassen können:

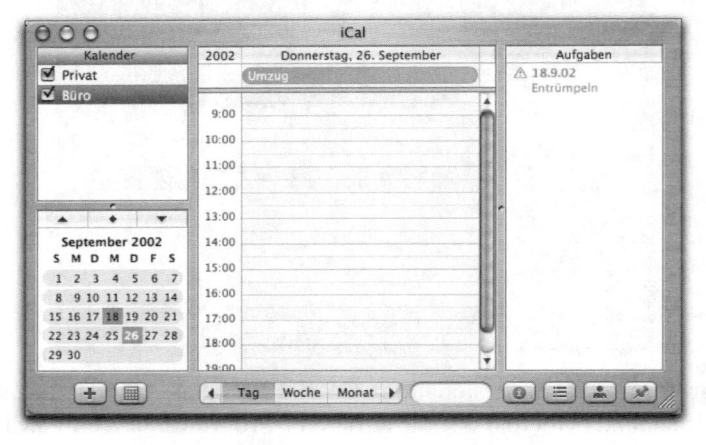

Kalenderdaten

Der Umgang mit *iCal* und den Kalenderdaten ist eigentlich recht einfach und intuitiv gelöst. Neue Aufgaben und Ereignisse erstellen Sie entweder mit dem Menübefehl *Ablage | Neues Ereignis* respektive *Neue Aufgabe* oder aber Sie doppelklicken einfach in der Tages-, Wochen- oder Monatsansicht in den gewünschten Bereich.

Um dann beispielsweise einen Termin von 9.30 Uhr auf 10.30 Uhr zu legen, verschieben Sie ihn einfach mit der Maus.

Beim Eingeben und Editieren von Kalenderdaten hilft Ihnen das Informationsfenster, das Sie über den Menübefehl *Bearbeiten | Information* aufrufen:

Hier lassen sich dann alle wichtigen Angaben zu einem Ereignis wie beispielsweise Titel, Alarmfunktion, Dauer und so weiter komfortabel überprüfen und ändern.

iCal hat dabei einige Raffinessen zu bieten:

- So kann man sich beispielsweise per E-Mail an anstehende Termine erinnern lassen.
- Personen und Gruppen lassen sich aus dem *Adressbuch* zu einem bestimmten Termin einladen. Rufen Sie dazu das *Adressbuch* (Knopf unten rechts) und die *Ereignis-Information* auf und ziehen Sie die fraglichen Personen oder Gruppen aus dem *Adressbuch* in das Ereignisfenster:

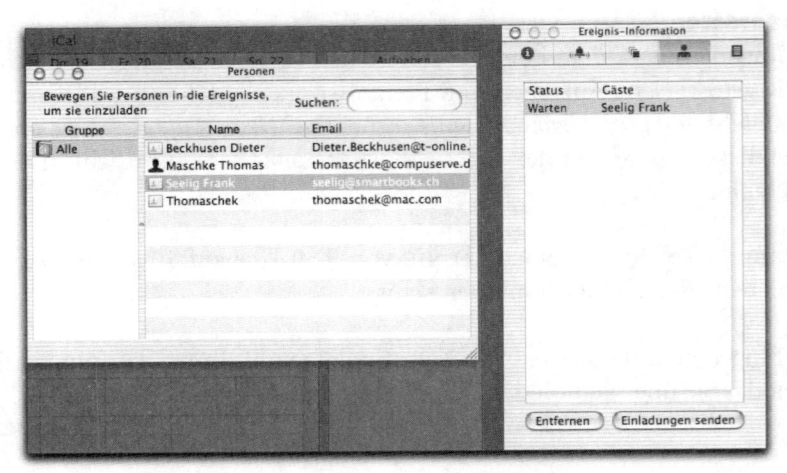

Nachteil: Der Informierte kann nicht nachvollziehen, von wem die Einladung kam (wenn es nicht im Betreff steht), und er kann den Termin in seinem Kalender verschieben – wovon der Einladende aber nichts weiss.
- Wirklich nett ist auch, dass *iCal* im *Dock* in seinem Icon immer das aktuelle Tagesdatum reflektiert.

So richtig rund wird das Konzept von *iCal* mit *iSync*. Mit Hilfe des Synchronisationsprogramms *iSync* lassen sich dann Termine zwischen *iCal* und allem anderen abgleichen, was die *iSync*-Funktionalität unterstützt. Das betrifft zum Beispiel auch den *iPod* und Mobiltelefone.

Kalender abonnieren

Das Abonnieren eines «fremden» Kalenders ist eigentlich ganz einfach. Sie müssen dazu nur wissen, wo sich der veröffentlichte Kalender befindet. Feiertage für diverse Länder finden Sie zum Beispiel hier: `www.apple.com/ical/library/holidays.html`

Wenn Sie zu dieser Webseite gehen und den Link *subscribe* anklicken, öffnet sich *iCal* und Sie können den Kalender abonnieren:

Nach Druck auf den Knopf *Abonnieren* wird der Kalender geladen und steht Ihnen künftig zur Verfügung:

Diese Kalenderdaten lassen sich vom Benutzer nicht editieren, sie können nur über das Abonnement geändert respektive aktualisiert werden. Der Name des Kalenders allerdings lässt sich ändern – so können Sie beispielsweise aus dem etwas unschönen *German* ein *Feiertage* machen.

iChat

iChat ist ein in Mac OS X 10.2 eingebautes Chatprogramm, das für Benutzer des *AOL Instant Messenger-Netzwerks* (AIM) respektive eines *.Mac*-Accounts gedacht ist. Mehr dazu deshalb im Kapitel *Internet*.

iMovie

Für die Regisseure unter uns liefert Apple die Videoschnitt-Software *iMovie*. Voraussetzung dafür ist eine Videokamera mit DV-Ausgang (DV = Digital Video), die sich an der *FireWire*-Schnittstelle des Mac anschliessen lässt. (*FireWire* wird auch IEEE 1394 oder – von Sony – i.LINK genannt.)

iMovie bietet nicht allzu viele Gimmicks, kann aber das Wichtigste: Szenen anordnen, schneiden, betiteln, Übergänge gestalten und ein paar Effekte. Es empfiehlt sich sehr, das beiliegende Tutorial einmal durchzuarbeiten, das alle Funktionen von *iMovie* ausführlich vorstellt (das Tutorial liegt nur der CD-Version bei; nicht der Internet-Version).

MERKET AUF! Da *iMovie* – im Gegensatz zu anderen Videoschnittprogrammen – direkt mit den Originaldaten arbeitet, sollten Sie nur Kopien der Filmdaten schneiden. Das ist sicherer, obwohl das Programm den Befehl *Rückgängig* kennt.

Eines jedenfalls ist sicher: Mit dem Mac, *iMovie* und DV-Video lassen sich Videofilme schneller und besser und schöner schneiden als das mit Analog-Video möglich ist.

HEISSER TIPP Eine aktuelle Liste der unterstützten Geräte sowie Neuigkeiten und Informationen über *iMovie* finden Sie im Internet: `www.apple.com/de/imovie` führt zu allgemeinen Infos, und `www.apple.com/de/imovie/shoot.html` listet die aktuell unterstützten Geräte auf. In der Liste der unterstützten Geräte findet sich auch ein DV-Adapter von Sony, mit dem das Signal analoger Videokameras in das DV-Signal gewandelt wird!

Wenn Sie einen Film mit *iMovie* geschnitten haben und diesen nun zurück in die Kamera sichern wollen, dann geht das leider in Europa öfter mal nicht: Aufgrund von Importbeschränkungen ist bei vielen Videokameras der DV-Eingang stillgelegt worden (die Zollkosten sind sonst höher). Obzwar *iMovie* die Bildfolgen ausgibt, kann die Kamera sie nicht empfangen.

Das Zurücksichern funktioniert deshalb nur bei den (teureren) Videokameras für den semiprofessionellen und professionellen Bereich. Und daran ist nicht *iMovie* schuld!

Ob es Möglichkeiten gibt, solche «toten» Ausgänge wiederzubeleben, entzieht sich unserer Kenntnis. Aber das Internet (zum Beispiel die Suchmaschine `www.google.de`) kann da sicher weiterhelfen…

HEISSER TIPP Soundeffekte und Hintergrundmusik aus verschiedenen Bereichen zur Untermalung Ihrer Filme finden Sie im *MP3*- und *AIFF*-Format unter: `http://apple.com/imovie/freestuff/macosxaudio.html`.

Internet Explorer

Der *Internet Explorer* ist ein Erforscher des Internets, ein so genannter «Browser» – ein Blätterer für die Webseiten im Internet. Folgerichtig wird er im Kapitel *Internet* noch ausführlich vorgestellt.

Internet-Verbindung (Internet Connect)

Mit dem Programm *Internet-Verbindung* steuern Sie den Zugang ins Internet. Hier können Sie neben *Konfiguration:* aus bereits bestehenden Einstellungen auswählen, neue Konfigurationen anlegen (Menü *Ablage | Neue Verbindung*) und sich per Knopf *Verbinden* ins Internet einwählen.

Die Grundeinstellungen für das Internet werden in den *Systemeinstellungen...* bei *Netzwerk* und *Internet* getätigt – genaueres zu diesen Systemeinstellungen und zum Internetzugang lesen Sie bitte in den Kapiteln *Netzwerk* und *Internet* nach.

iPhoto

Nachdem Apple zunächst die Filmer unter uns mit *iMovie* beglückte, kam einige Zeit später mit *iPhoto* ein Programm für die Digitalfotografen, das die Archivierung und Ausgabe digitaler Fotos in die Hand nimmt.

iPhoto ist ein einfaches und unkompliziertes Programm, das übersichtlich und leicht verständlich ist, die Ansprüche von Profis aber sicherlich nicht erfüllen kann – und das auch gar nicht will.

Fotos importieren

Fotos können direkt aus einer angeschlossenen Kamera oder Speicherkarte (beziehungsweise einem Lesegerät) importiert werden. Das geschieht entweder automatisch beim Anschluss der Kamera, sofern diese Option gewählt ist, ansonsten drücken Sie den Knopf *Importieren*.

Eine Liste der von *iPhoto* unterstützten Drucker und Digitalkameras finden Sie unter `www.apple.com/de/iphoto`. Die ist aber nicht vollständig. Obwohl dort von Minolta überhaupt nicht die Rede war, wurde eine Dimage 7 anstandslos erkannt. Ein Versuch lohnt also auf jeden Fall.

Es ist aber auch möglich, einen Inhalt eines Ordners oder auch einzelne Fotos von der Festplatte mit dem Menübefehl *Ablage | Importieren...* oder einfach per *Drag&Drop* zu importieren.

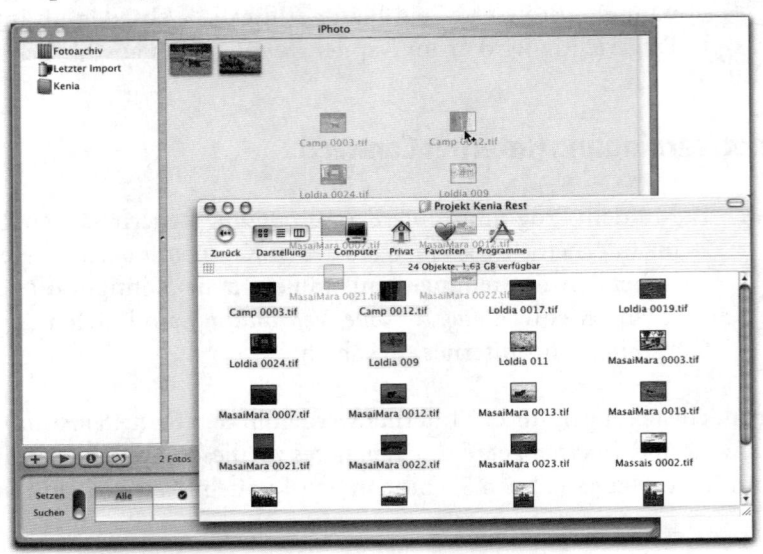

Dabei gilt Folgendes:

- Für jeden Import wird ein neuer *Film* angelegt. Unabhängig davon, ob mehrere oder einzelne Fotos von Kamera, Festplatte oder Photo-CD importiert werden.
- Wenn Sie einen Ordner mit Fotos per *Drag&Drop* importieren, wird automatisch auch ein Fotoalbum dafür angelegt.
- Wenn Sie einen Ordner mit Unterordnern per *Drag&Drop* importieren, wird automatisch pro Unterordner ein *Film* angelegt.

Wie auch immer, die Daten werden dabei – in Kopie – im Verzeichnis */Users/ Benutzer/Pictures/iPhoto Library* abgelegt. Das macht durchaus Sinn, denn es ist ein Schritt auf dem Weg zur Datensicherheit:

Sie müssen sich nur noch darum kümmern, die Originaldaten von Kamera oder Festplatte auf CD oder DVD zu brennen und haben damit ein Backup der originalen Fotos, auf das Sie bei Bedarf jederzeit wieder zugreifen können.

Das beruhigt, denn was immer Sie mit den Fotos in *iPhoto* anstellen, die Originale bleiben unangetastet. Und das soll so sein.

Fotos bearbeiten und organisieren

Nach dem Import drücken Sie den Knopf *Ordnen* und können dann Ihre digitalen Fotos benennen, ihnen Schlüsselworte zuweisen und sie rotieren:

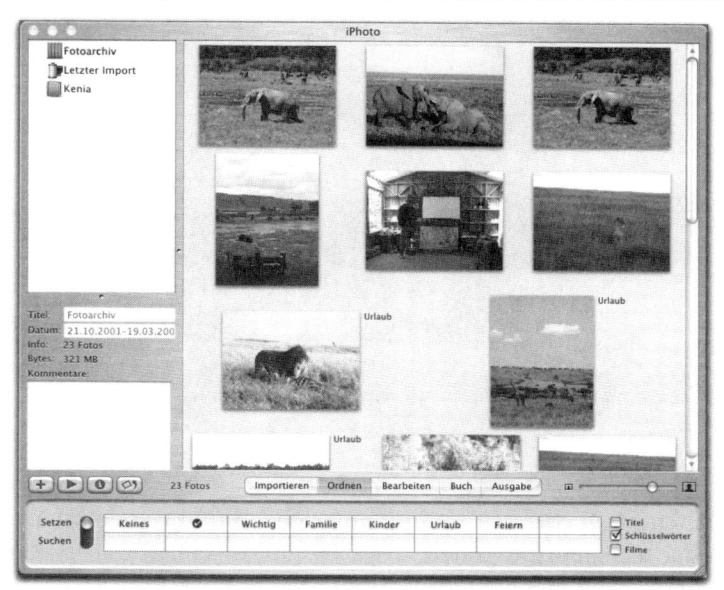

Dazu werden ein oder mehrere Fotos markiert, die die Informationen erhalten sollen, dann wird geändert. Beachten Sie den Schalter links unten, mit dem Sie zwischen *Schlüsselworte setzen* und *suchen* umschalten.

BEDENKEN SIE! Wenn Schlüsselworte geändert werden (via *Bearbeiten | Schlüsselwörter bearbeiten*), dann übernehmen alle bis dato erfassten Fotos das neue Schlüsselwort – aus *Familie* wird *Mischpoche*.

Im Unterschied zu vielen anderen derartigen Programmen kann *iPhoto* die Fotos nicht nur katalogisieren, sondern bietet auch einfache – und oft ausreichende – Manipulationsmöglichkeiten.

Sie können die Fotos rotieren und nach Doppelklick oder Druck auf den Knopf *Bearbeiten* auch einfache Korrekturen vornehmen.

Helligkeit, Kontrast und rote Augen lassen sich korrigieren und das Foto kann freigestellt und in Schwarzweiss umgewandelt werden. Das geht auch zu mehreren: Alle Fotos mit *Befehl-Klick* markieren und bearbeiten.

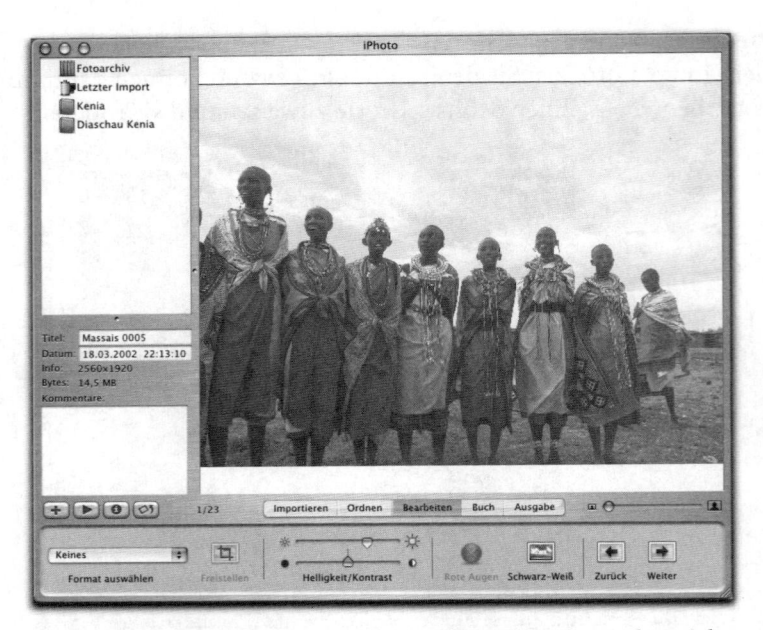

Die gebotenen Möglichkeiten sind oft ausreichend und wenden sich ganz eindeutig an den Amateurfotografen, der seine Fotos schnell und problemlos in guter Qualität zeigen möchte.

Bei weitergehenden Ansprüchen bieten aber andere Programme – beginnend mit dem sehr brauchbaren und kostengünstigen *GraphicConverter* (siehe *SmartDisc*) – mehr. Für diesen Fall kann in *iPhoto* ein Hilfsprogramm bestimmt werden, das bei Doppelklick auf ein Bild aufgerufen werden soll:

iPhoto kann auch die *EXIF*-Daten anzeigen, die alle Fotos enthalten, die noch im originalen Kameraformat vorliegen (Befehl *Ablage | Information einblenden*):

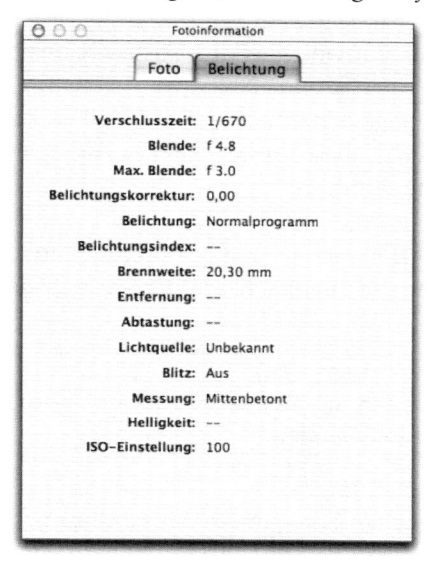

Mit dem Befehl *Ablage | Neues Album* legen Sie genau das an, und nun können Sie beliebige Fotos aus dem *Fotoarchiv* in ein oder mehrere Alben ziehen.

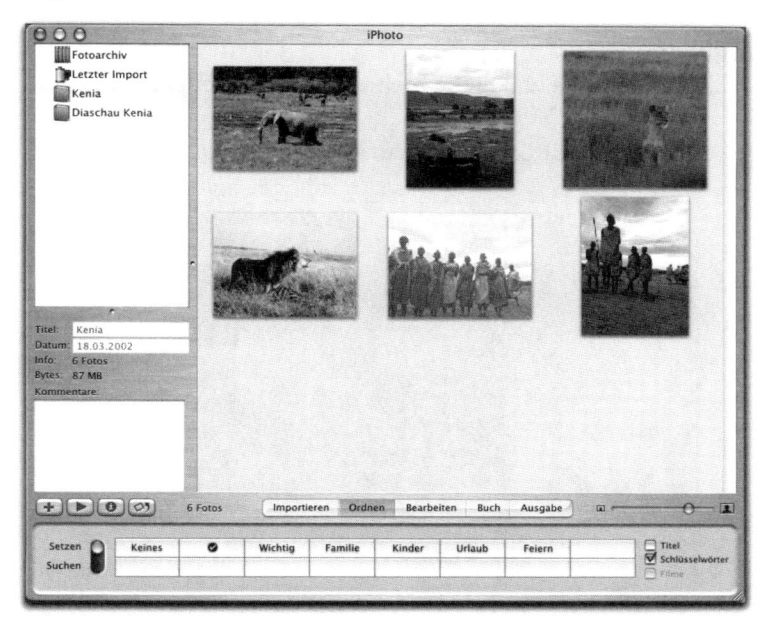

Dabei wird nur ein Verweis auf das Foto angelegt. Sie können Fotos aus den Alben und auch die Alben selbst also ganz ungeniert löschen (*Bearbeiten |*

Löschen); die Fotos bleiben im *Fotoarchiv* erhalten. Um sie tatsächlich und endgültig zu löschen, müssen Sie im *Fotoarchiv* gelöscht werden.

Es erweist sich meist als sinnvoll, die Fotos so zu organisieren:

- Ereignisse (Geburtstage, Urlaube) werden in Alben zusammengefasst.
- Einzelnen Fotos werden bestimmte Charakteristika als Schlüsselwort zugewiesen (Oma, Tante, Auto…).

So kann man über die Alben schnell auf bestimmte Fotokollektionen mit einem Termin zugreifen, über die Schlüsselworte finden sich dagegen alle sachbezogenen Fotos im Nu.

RAFFINIERT

So lassen sich Schlüsselworte besonders schnell und einfach auf viele Fotos anwenden:

1. Ziehen Sie die fraglichen Fotos in ein neues Album.
2. Vergeben Sie – nachdem Sie alle markiert haben – die Schlüsselworte.
3. Löschen Sie das Album. Die Fotos und auch die Änderungen daran bleiben erhalten.

Fotos ausgeben

Hinsichtlich der Ausgabe haben Sie mehrere Möglichkeiten:

- Ausgewählte Fotos können ausgedruckt werden (*Ablage | Drucken*).

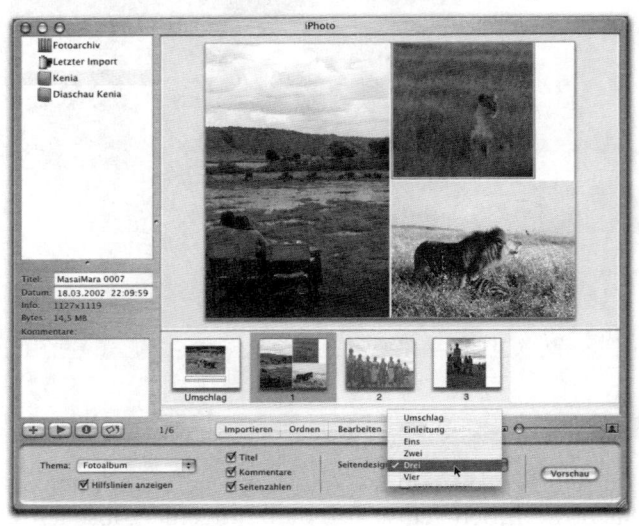

- Sie können das *Album* als *Buch* anzeigen, drucken oder auch als PDF-Datei sichern, die von praktisch jedem Computer dieser Welt gelesen werden kann.

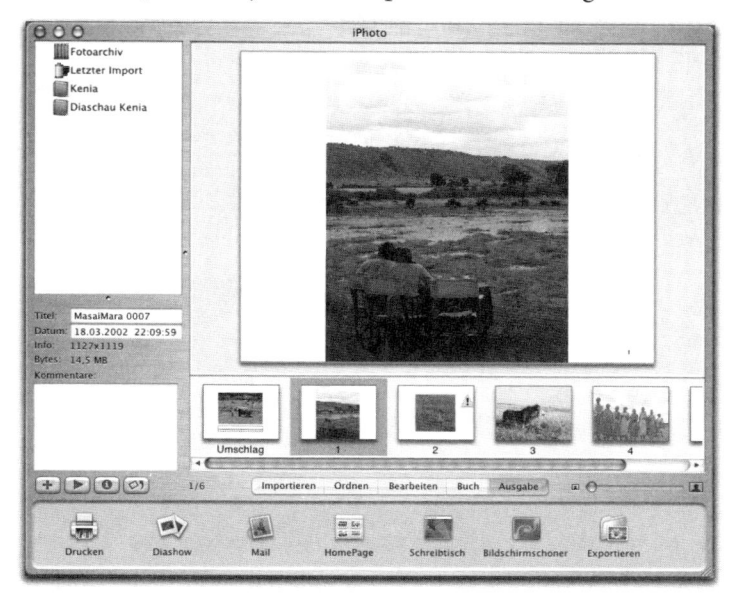

- Es kann eine einfache Diaschau abgespielt werden.
- Sie können Fotos mit *Mail* versenden.
- Fotos können auf der eigenen Homepage in *iDisk* präsentiert werden.
- Die Fotos können als Schreibtischhintergrund oder Vorlage für den Bildschirmschoner dienen.
- Und letztlich lassen sich die Fotos als Datei, Webseite oder *QuickTime*-Film exportieren.

iTunes

Der neueste Hype sind *MP3*-Dateien. Musik im kompakten Format für den Player in der Westentasche oder für die Audio-CD. *iTunes* kann Audiodateien in kompakte *MP3*-Daten wandeln, kann aber auch unkomprimierte Audio-CDs schreiben.

Musik spielen kann es natürlich auch. *iTunes* ist ein Musikabspieler, mit dem sich Audiodateien in den Formaten *AIFF* (Audio Interchange File Format) und *WAV* (Microsoft Wave) – beide unkomprimiert – und *MP3* (komprimiert) abspielen lassen. MP3 ist die Abkürzung für *MPEG Layer 3*, wobei *MPEG* wiederum eine Abkürzung für *Moving Picture Experts Group* ist.

Da *iTunes* auf die Routinen von *QuickTime* zurückgreift, kann es all die Audiodateien einlesen und abspielen, auf deren Formate sich *QuickTime* versteht. Sie können also ohne weiteres eine ganz normale Audio-CD (Format *AIFF*) einlegen und mit *iTunes* abspielen.

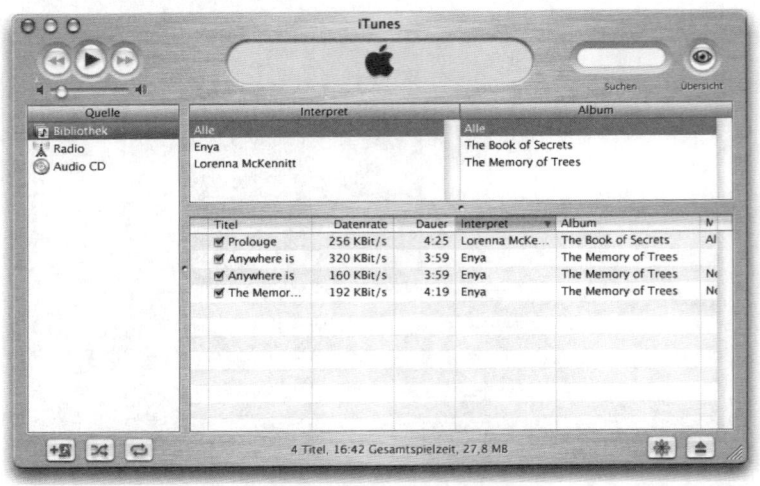

Das ist soweit noch nichts Besonderes, denn das kann der *QuickTime Player* auch. Das Besondere an *iTunes* ist, dass es die verschiedenen Formate problemlos in das kompakte *MP3*-Format konvertieren kann und dass das Programm sowohl herkömmliche Audio-CDs mit eigener Zusammenstellung der Titel (Playlist) brennen als auch die gewandelten Musikdaten an MP3-Player schicken kann. Und natürlich können Sie sich Ihre Lieblingsstücke auch auf die Festplatte speichern und immer wieder von *iTunes* vorspielen lassen.

Mit *iTunes* kann man sich auch Audible-Dateien (= aufgenommene Sprache, siehe `audible.com`) wie Hörbücher, Zeitschriften und Radioprogramme anhören – allerdings ist das augenblicklich nur für Englischsprechende interessant.

Legal oder illegal?
MP3-Dateien erhalten Sie zuhauf aus dem Internet, wenn auch nicht immer auf legale Weise. Nach geraumer Zeit ist jetzt auch die Musikindustrie aufgewacht und verfolgt das illegale Musikangebot mit Vehemenz. Das grosse Stichwort ist hier sicher *Napster*, der Musiktauschdienst, auf dem es einst so ziemlich alles an Audiomaterial gab. Dieses Angebot wurde mittlerweile sehr radikal gekappt, doch das Internet ist gross...

Ohne das hier allzu sehr zu vertiefen, sollen doch ein paar Aspekte vorgestellt und verglichen werden:

- Die Musikindustrie hat ein sicherlich berechtigtes Interesse daran, mit geschützten Musiktiteln auch Geld zu verdienen.
- Andererseits bietet sie ältere oder weniger erfolgreiche Alben, die nicht dem Mainstream folgen, gar nicht oder nicht mehr an.
- Einige Künstler, bekannte wie unbekannte, sehen im Internet eine Möglichkeit, sich aus dem «Würgegriff» der Industrie zu befreien und stellen Kostproben ihres Könnens legal und unentgeltlich zur Verfügung.
- Auch unbekannte (oder bislang erfolglose) Künstler haben damit ein weltweites Forum.

FEHLERTEUFEL Seit einiger Zeit versucht die Musikindustrie zudem, das Abspielen und vor allem Kopieren von Musik-CDs auf dem Computer zu verhindern. Die realisierten Kopierschutzmechanismen sind teilweise recht aggressiv beziehungsweise wirklich inkompatibel mit den eingebauten CD-Laufwerken. Nicht nur, dass sich die CDs nicht mehr abspielen lassen. Sie können den Computer zum Absturz bringen und verweigern sich oft sogar dem Auswerfen (so dass der Rechner immer wieder abstürzt).

Das beabsichtigt die Musikindustrie in der Form natürlich nicht, es ist lediglich ein billigend in Kauf genommener Nebeneffekt des Kopierschutzes. Wenn so eine CD bei Ihnen feststeckt, haben wir im Kapitel *Tipps, Tricks und Problemlösungen* im Abschnitt *CDs auswerfen* Tipps für Sie.

Hier ein paar Aspekte zu diesem Kopierschutz:

- Kopiergeschützte CDs sollten mit dem Hinweis *Auf PC/Mac nicht abspielbar* gekennzeichnet sein.
- Das Logo *Compact Disc Digital Audio* darf nicht verwendet werden, denn kopiergeschützte CDs folgen diesem Standard nicht.
- Geben Sie solche CDs zurück beziehungsweise kaufen Sie sie erst gar nicht.
- Zumindest in Deutschland ist die private Kopie vom Gesetzgeber (noch) ausdrücklich erlaubt.
- Die Musikindustrie geht dabei aber – ebenso wie die Filmindustrie – nicht leer aus: «Aufgrund des Urheberrechtsgesetzes (UrhG) schulden Hersteller bzw. Importeure von Bild- und Tonaufzeichnungsgeräten sowie von Bild- oder Tonträgern, die erkennbar zur Vornahme von Vervielfältigungen für den privaten oder sonstigen eigenen Gebrauch bestimmt sind, für jedes im Geltungsbereich des UrhG in den Verkehr gebrachte Aufzeichnungsgerät oder Speichermedium (insbesondere Leerkassetten, MD, DCC, DAT, Audio-CD-R und Audio-CD-RW) schon seit 1.7.1985 eine gesetzlich festgelegte Vergütung.»
Zitat GEMA (Gesellschaft für musikalische Aufführungs- und mechanische Vervielfältigungsrechte).

- Will heissen, im Kaufpreis eines jeden CD-Recorders und auch einer jeder CD-R und CD-RW ist ein Obolus enthalten, der an die GEMA geht, die dieses Geld dann nach einem Schlüssel an die Rechteverwerter verteilt.
- Jeder Käufer bezahlt also automatisch für das Kopieren mit. Und das bei jeder CD-R und jedem CD-Recorder, egal, ob er Musik kopiert oder nicht.
- Man kann sich sicherlich darüber streiten, ob diese Kopiervergütung ausreichend hoch ist (aktuell 1,28 Euro für jedes Tonaufzeichnungsgerät und 0,0614 Euro für jeden Tonträger pro Stunde Spieldauer), aber grundsätzlich ist es jedenfalls so, dass selbst das vermeintlich kostenlose Kopieren von Musikdaten das nicht ist – der Preis dafür wurde bereits automatisch mit dem Kauf des Datenträgers bezahlt.

Wir möchten im Folgenden einen auf jeden Fall legalen Weg beschreiben, wie Sie zu *MP3*-Dateien gelangen können und dabei auch gleich die grundlegende Bedienung von *iTunes* etwas detaillierter darstellen.

Musik spielen

1. Legen Sie eine Audio-CD ein. Das Programm *iTunes* startet automatisch und die Audio-CD wird in einem Fenster angezeigt:

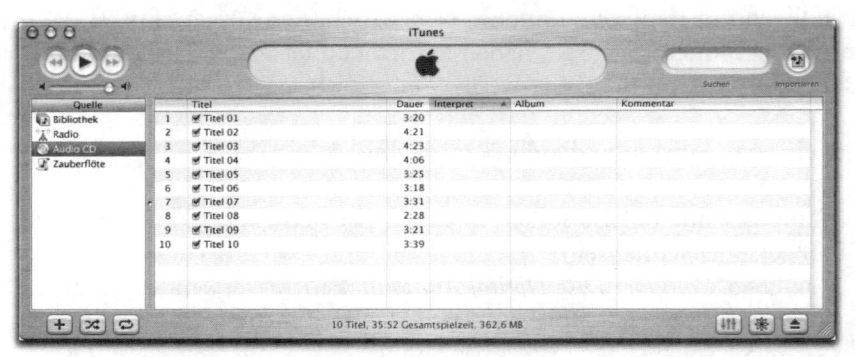

Sie können sich die Audiodaten aber auch im Finder anzeigen lassen (Menübefehl *Ablage | Original zeigen*).
Die Endung *.aiff* respektive *.cdda* (cd data) zeigt an, dass es sich um das unkomprimierte Audioformat *AIFF* handelt und sagt uns auch gleich, dass sich *iTunes* auf dieses Format versteht (Abbildung siehe bitte nächste Seite, oben).
2. Durch Doppelklick auf einen CD-Titel oder mit der Play-Taste können Sie sich jetzt einzelne Titel respektive die gesamte CD vorspielen lassen. Die kleinen Icons links unten im Fenster von *iTunes* dienen der Steuerung. So können Sie die Titel in zufälliger Reihenfolge spielen lassen, können aber auch eine Wiedergabeliste erstellen, in der Sie die Titel dann einfach mit der Maus in die gewünschte Reihenfolge ziehen.

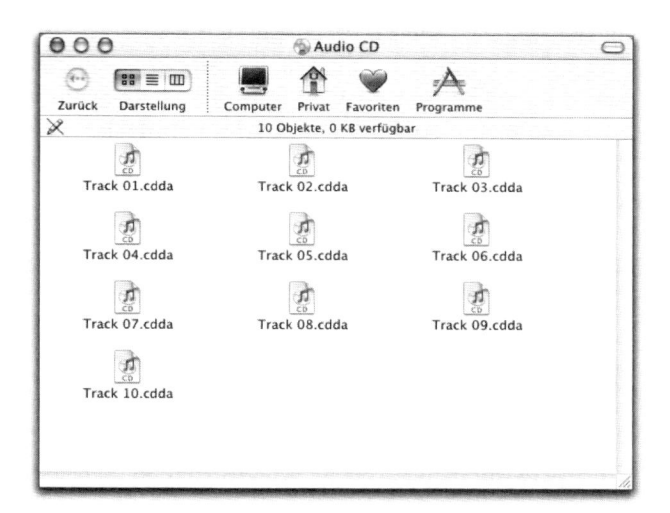

> Wenn Ihnen die Abspiellautstärke noch nicht genügt: Starten Sie den *Script Editor*, tippen Sie «set volume 10» ein und drücken Sie *Ausführen*. Damit wird die normalerweise nicht zugängliche Maximallautstärke eingestellt.

HEISSER TIPP

Musikimport vorbereiten
Bevor Sie Musikstücke importieren, sollten Sie zunächst die Einstellungen von *iTunes* auf Ihre persönlichen Bedürfnisse abstimmen (*iTunes | Einstellungen… | Importieren*):

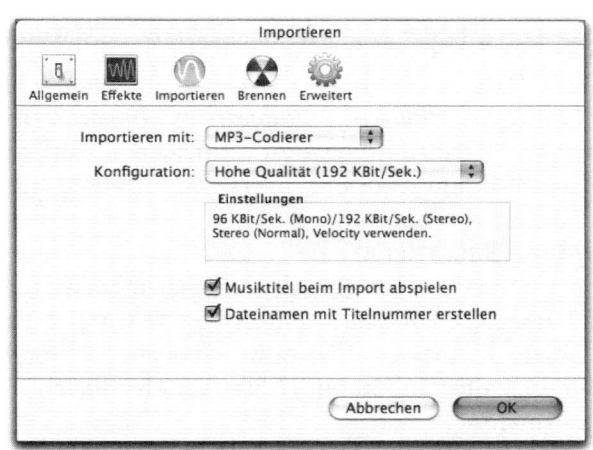

Uns interessiert besonders der Reiter *Importieren* und da wiederum die *Konfiguration:* für den *MP3*-Codierer. (Es sei hier nur am Rande erwähnt, dass Sie neben *Importieren:* auch andere Codierer auswählen können.)

Die Einstellung des *MP3*-Codierers beeinflusst massgeblich die Grösse der MP3-Datei, wirkt sich aber auch auf die Qualität der Tonwiedergabe aus. Eine unkomprimierte Audio-Datei von 40 Megabyte Grösse beispielsweise wird bei einer Datenrate von 160 KBit/s um annähernd das Zehnfache auf 4,5 Megabyte komprimiert. Wird statt dessen eine Datenrate von 320 KBit/s gewählt, so ist die resultierende MP3-Datei 9,1 Megabyte gross.

Für welche Komprimierung Sie sich letztlich entscheiden, sollten Sie einmal in Ruhe experimentell ermitteln, indem Sie den gleichen Titel mit unterschiedlichen Datenraten importieren und sich das Ergebnis im Vergleich anhören. Dabei wird Ihr persönliches Hörvermögen ebenso eine Rolle spielen wie die Hardware zur Wiedergabe. So macht es sehr wohl einen Unterschied, ob die Musik über die eingebauten Lautsprecher des Macintosh oder über externe bessere Lautsprecher wie beispielsweise die *iSoundSticks* wiedergegeben werden soll.

Bereiten Sie Ihre Musikstücke für einen MP3-Player vor, dann sollten Sie sich das Ergebnis auch auf diesem Gerät im Vergleich anhören. Denn es wird von der Qualität des Players und der Kopfhörer abhängen, welche Komprimierung am besten klingt.

Aus unserer Erfahrung sind Abtastraten unterhalb von 160 KBit/s für die Musikwiedergabe allerdings gänzlich ungeeignet. Selbst mit den internen Lautsprechern eines PowerBook klang der Datenstrom mit 160 KBit/s in unseren Ohren noch ein wenig «dünn». Doch experimentieren Sie selbst...

HEISSER TIPP Für das Brennen einer Audio-CD sollten Sie unkomprimierte *AIFF*-Dateien benutzen (einzustellen unter dem Menübefehl *iTunes | Einstellungen... | Importieren | Importieren: | AIFF-Codierer*), um Qualitätsverluste zu vermeiden, die bei einer Wandlung nach *MP3* und zurück nach *AIFF* unweigerlich auftreten.

Musikstücke optimal importieren
Wenn Sie eine Audio-CD einlegen, dann erscheinen die einzelnen Titel zunächst ohne Namen. Sie könnten sich nun das CD-Cover zur Hand nehmen und die Titel einzeln eintippen. Viel raffinierter aber ist es, wenn Sie eine Internet-Verbindung aufbauen und in *iTunes* den Menübefehl *Erweitert | CD-Titel abfragen* aufrufen:

Daraufhin wird der *Disc Recognition Service* (*CDDB* heisst mittlerweile *gracenote*) kontaktiert – und sämtliche Informationen werden zu der jeweiligen CD abgerufen und eingetragen. Wenn das kein Service ist!

Diese Daten merkt sich *iTunes*, und wenn Sie die CD das nächste Mal einlegen, werden alle Informationen gleich richtig und komplett angezeigt.

MERKET AUF! Das gilt aber zunächst einmal nur für die Daten der CD – importierte Musikstücke werden so abgelegt, wie sie beim Importieren benannt sind – im Zweifelsfall also als «Ohne Titel». Deshalb: Audio-CD einlegen und zuerst den *Disc Recognition Service* aufrufen, dann importieren. Dann stimmen auch die Daten.

Der optimale Importvorgang sieht deshalb so aus:

1. Legen Sie sich all die CDs zurecht, die importiert werden sollen.
2. Starten Sie *iTunes* und überprüfen Sie die Voreinstellungen für den Import (siehe Abschnitt *iTunes konfigurieren*).
3. Bauen Sie die Internetverbindung auf.
4. Legen Sie eine Audio-CD nach der anderen ein und rufen Sie jeweils den Menübefehl *Erweitert | CD-Titel abfragen* auf.
5. Beenden Sie danach wieder die Internetverbindung.
6. Wenn Sie jetzt eine dieser Audio-CDs erneut einlegen, erscheint sie richtig mit Albumname und Titelbezeichnungen und Sie können die gewünschten Musikstücke komplett mit allen Angaben in *iTunes* importieren.

Alternativ könnten Sie die Titel auch erst – mit «Ohne Titel» – importieren und dann die CD-Datenbank aus dem Internet aufrufen. Markieren Sie die *Bibliothek*, damit die Daten dafür gesucht werden. Auch hierbei werden dann die bereits importierten Titel benannt und in einem neuen Ordner mit dem Namen des Albums abgelegt. Da aber alle Musikstücke «Ohne Titel» im Verzeichnis «Unbekannter Interpret – Unbekanntes Album» erhalten bleiben, sollten Sie sie anschliessend löschen, um Speicherplatz zu sparen.

Haben Sie die geeignete Datenrate gefunden und die Titelliste aktualisiert, dann drücken Sie auf den Knopf *Importieren*:

Dabei wird immer die gesamte Audio-CD importiert. Sie können aber auch einzelne Audiotitel gezielt per *Drag&Drop* auf die *Bibliothek* ziehen, um sie zu importieren.

iTunes ist nun eine Weile damit beschäftigt, die Titel zu importieren, zu konvertieren und auf Ihrer Festplatte zu speichern. Die Titel finden Sie übrigens in Ihrem Benutzerverzeichnis im Pfad */documents/itunes/*.

MERKET AUF! Die importierten Musikstücke werden im Benutzerordner verwaltet und stehen damit nur dem angemeldeten Benutzer zur Verfügung. Sollen alle, die sich am Mac einloggen dürfen, auch Zugriff auf die Musikstücke haben, dann speichern Sie die *iTunes*-Daten doch einfach im Verzeichnis *Users/Shared*. Sollen andere Benutzer einen anderen Ordner nutzen oder die Daten ändern können, dann müssen Sie den Ordner, in dem Daten für *iTunes* liegen, für den (Schreib-)Zugriff freigeben (siehe Kapitel *Netzwerke – Zugriffsrechte*) oder die Titel in einem standardmässig «freien» Bereich – etwa auf einem anderen Volume – lagern.

Diese Musiktitel können Sie dann direkt aus der Bibliothek heraus abspielen, Sie können Sie aber auch in eine Wiedergabeliste aufnehmen, um sie gezielt abzuspielen. Und Sie können sie sogar auf eine Audio-CD brennen oder an einen MP3-Player transferieren.

Selbstverständlich können Sie die CD-Daten auch jederzeit ändern und ergänzen (Menü *Ablage | Information*):

iTunes konfigurieren

Unter *Bearbeiten | Darstellungsoptionen...* legen Sie fest, welche Informationen zu den einzelnen Titeln angezeigt werden sollen:

Die in einem Fenster angezeigten Kategorien lassen sich mit der Maus grösser und kleiner ziehen, verschieben und per Klick auf das kleine Dreieck kehrt sich die Sortierreihenfolge um.

Wiedergabe steuern

Die Wiedergabe können Sie über die Knöpfe von *iTunes* oder aber auch mit der Tastatur steuern. Statt vieler Worte: Werfen Sie einmal einen Blick in das Menü *Steuerung*.

iTunes läuft natürlich auch im Hintergrund weiter und spielt dort seine Musik.

Sie können das Programm über die Dock-Erweiterung von *iTunes* steuern:

Bei Klick auf die Zeitanzeige im oberen Fensterbereich von *iTunes* schaltet die Anzeige um:

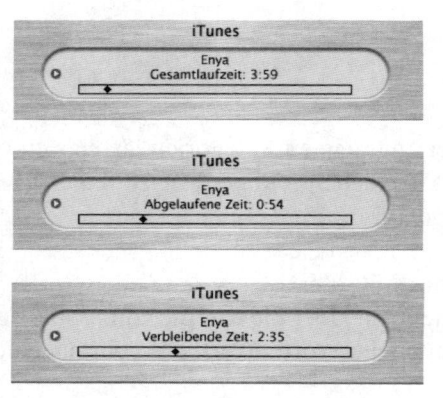

Im oberen Fensterbereich von *iTunes* können Sie auch zwischen der Titelanzeige und einem Synthesizer umschalten, wenn Sie auf das kleine Dreieck klicken:

HEISSER TIPP Wenn Sie beim Abspielen sind, dann rufen Sie unbedingt einmal den Menübefehl *Visuell | Visuelle Effekte ein* auf:

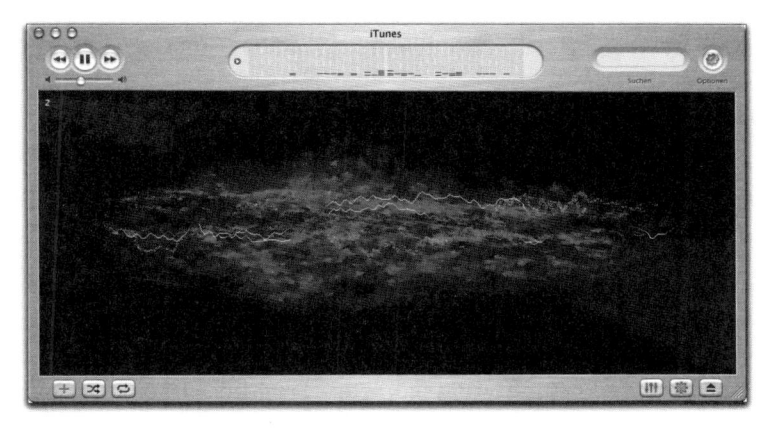

Sie sehen jetzt mit *G-Force* eines der wohl besten optischen Plug-Ins, und wenn Sie davon gar nicht genug bekommen können, dann schalten Sie doch mit dem Menübefehl *Visuell | Bildschirmfüllend* (*Befehl-F*) die Darstellung auf den gesamten Monitor um.

Mit den Tasten *A, F, M, N, S, Q, X* und *Z* lassen sich Farbgebung und Thema der grafischen Darstellung steuern. *H* ruft die Hilfe auf, *I* zeigt die Titelinformation und *D* setzt auf Standardeinstellungen zurück. Geben Sie dem Programm nach einem Tastendruck ein wenig Zeit, den neuen Effekt aufzubauen.

Halten Sie unbedingt auch einmal die Musik an (Leertaste drücken), während die visuellen Effekte laufen: Sie erkennen im Vergleich sofort, dass sich die Effekte stark an die Musik anlehnen und von ihr abhängig sind, sofern Musik spielt. Das unter anderem macht sie so eindrucksvoll.

Equalizer

Seit Version 2.0.3 besitzt *iTunes* auch einen eingebauten Equalizer, der die Wiedergabequalität beim Abspielen beeinflussen und nach unserer Meinung auch deutlich verbessern kann:

Stellen Sie einfach die Musikrichtung ein und haken Sie *Ein* ab; den Rest macht der Equalizer.

HEISSER TIPP
Spielen Sie unbedingt auch einmal links mit dem Schieberegler vom *Vorverstärker*!

Internetradio

Wenn Sie im linken Fensterbereich auf *Radio* klicken (dazu sollte eine Internet-Verbindung bestehen), dann zeigt Ihnen *iTunes* eine ganze Reihe von Radiosendern an, die ihre Musik im Internet feilbieten. Per Klick auf einen dieser Sender hören Sie dessen Programm.

Dazu nimmt das Programm Verbindung zu *Kerbango* auf, einem Radioempfänger im Internet, der die Audioströme aus hunderten von Quellen zusammenfasst und online zur Verfügung stellt. So können viele der Radiostationen, die ihr Programm per Audio-Streaming verfügbar machen, empfangen werden.

Radiostationen, die nicht in der Liste auftauchen, können Sie über den Menübefehl *Erweitert | Stream öffnen...* anwählen. Dazu müssen Sie aber die http-Adresse der jeweiligen Radiostation kennen.

So rechte Freude kommt bei der Radiofunktion aber nur auf, wenn Sie eine schnelle Internetverbindung besitzen. Oder wenn Sie sich auf Sender mit niedrigerer Datenübertragungsrate beschränken.

POWER USER Diese Radiomusik können Sie normalerweise nur anhören, nicht aber abspeichern. Doch auch das geht, wenn Sie Ihren Mac wie eine Stereoanlage betrachten und behandeln: Schliessen Sie Tonausgang und -eingang mit einem passenden Kabel zusammen und starten Sie ein Programm, das am Toneingang aufnehmen kann.

Audio-CD brennen

Um mit *iTunes* Audio-CDs brennen zu können, benötigen Sie ein CD-RW-Laufwerk, das unterstützt wird. Das trifft auf alle in den Apple-Rechnern verbauten CD-RW-Laufwerke zu. Darüber hinaus werden aber auch Fremdlaufwerke an der *USB*- respektive *FireWire*-Schnittstelle erkannt. Ob das bei Ihrem speziellen Laufwerk auch tatsächlich der Fall ist, können Sie so überprüfen:

1. Starten Sie *iTunes* und wählen Sie im Programm-Menü den Befehl *Einstellungen...*
2. Unter *Brennen* können Sie dann ablesen, ob ein unterstützter CD-Brenner gefunden wurde oder nicht:

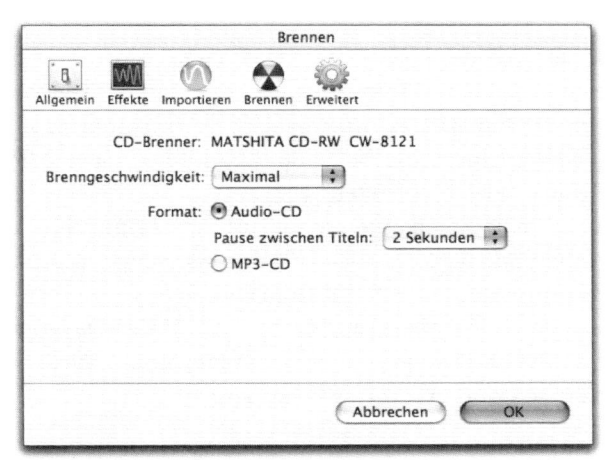

Für eine verlässliche Aussage muss der CD-Brenner natürlich angeschlossen und betriebsbereit sein.

Die aktuellsten Informationen über unterstützte CD-RW-Laufwerke finden Sie auf Apples Webseite zu *iTunes*: www.apple.com/itunes

iTunes kann in zwei Formaten brennen. Wählen Sie vor dem Brennen den Menübefehl *iTunes | Einstellungen… | Brennen* und dort das gewünschte Format:

- **MP3 (ISO 9660)** – ist ein Format, das eigenständige MP3-Player benötigen. Gleichzeitig das Standardformat unter Windows und UNIX, das auch der Mac lesen kann. Wird dieses Format gewählt, dann wird kein *HFS*-Inhaltsverzeichnis angelegt, was ein paar hundert Kilobyte Speicherplatz sparen kann.
- **Audio-CD** – ist das Format für CD-Player.

Um eine Musik-CD zu brennen, gehen Sie dann so vor:

1. Rufen Sie den Menübefehl *Ablage | Neue Wiedergabeliste* auf.
2. Ziehen Sie die gewünschten Musiktitel auf die *Neue Wiedergabeliste* (dieser Standardbegriff kann auch beliebig umbenannt werden). Sie können Titel aus der *Bibliothek* und von einer eingelegten Audio-CD wählen. Daten von der Audio-CD werden dabei mit den unter *iTunes | Einstellungen… | Importieren* getätigten Voreinstellungen importiert.

Quelle		Titel	Datenrate	Dauer	Interpret	Album
Bibliothek	1	Anywhere is	320 KBit/s	3:59	Enya	The Memory of Trees
Radio						
Audio CD						
Meine Lieblinge						

Für das Brennen einer Audio-CD ist es ideal, wenn Sie unkomprimierte *AIFF*-Dateien importiert haben (einzustellen unter dem Menübefehl *iTunes | Einstellungen… | Importieren | Importieren: | AIFF-Codierer*), da Sie so Qualitätsverluste vermeiden, die bei einer Wandlung nach *MP3* und zurück nach *AIFF* unweigerlich auftreten.

3. Wenn die maximale Spiellänge erreicht ist (ca. 74 min respektive 650 Megabyte), können Sie die Titel noch mit der Maus hin- und herschieben, um Sie in die gewünschte Reihenfolge zu bringen.
4. Jetzt klicken Sie rechts oben im Fenster von *Neue Wiedergabeliste* auf das Icon *CD brennen* und brennen die CD. Dazu muss natürlich ein CD-Brenner angeschlossen und erkannt worden sein.

Beachten Sie beim Brennen von Audio-CDs mit *iTunes*, dass das Programm keine mehrfachen Brennvorgänge unterstützt. Sie sollten sich also eine Titelauswahl zusammenstellen, die die CD-R auf einmal möglichst komplett füllt.

MERKET AUF!

MP3-Player beschicken

Wird ein MP3-Player von *iTunes* erkannt, erscheint er auf der linken Seite des Fensters als Symbol. Sie können dann ganze Wiedergabelisten oder auch einzelne Titel per *Drag&Drop* zum Player transferieren.

Unterstützt werden unter anderem die Player der Serien *Rio* und *Nomad* sowie Player von Nike und Nakamichi – und natürlich der *iPod*. Eine komplette Liste der unterstützten *MP3*-Player finden Sie unter www.apple.com/itunes.

LPs und Audiokassetten digitalisieren

Eben haben wir Ihnen gezeigt, wie Sie digitale Klänge in Ihren Macintosh bekommen und dort bearbeiten können – und natürlich auch, wie Sie das Ganze dann wieder auf eine Audio-CD brennen. Und damit haben Sie schon das wichtigste Rüstzeug für dieses Projekt:

Sie können Ihre alten Lieblingsschallplatten sampeln (digitalisieren) und dann auf CD überspielen. Störende Rausch- oder Knackgeräusche werden selbstverständlich vorher mit Hilfe eines Soundeditors entfernt oder zumindest gemildert.

Um analoge Tondateien auf die Festplatte des Macintosh spielen zu können, müssen Sie die Tonquelle (Schallplattenspieler, Kassettengerät etc.) mit dem Audioeingang Ihres Macintosh verbinden. Alle dort angeschlossenen Tonquellen werden nun per Analog-Digital-Konvertierung in Ihren Macintosh eingelesen.

Dazu benutzen Sie ein Programm zur Tonaufzeichnung – zum Beispiel *Sound-Studio*, das Sie auf unserer *SmartDisc* finden – und speichern die Tondateien in einem Format, das *iTunes* versteht (*AIFF* und *WAV* unkomprimiert oder *MP3* komprimiert).

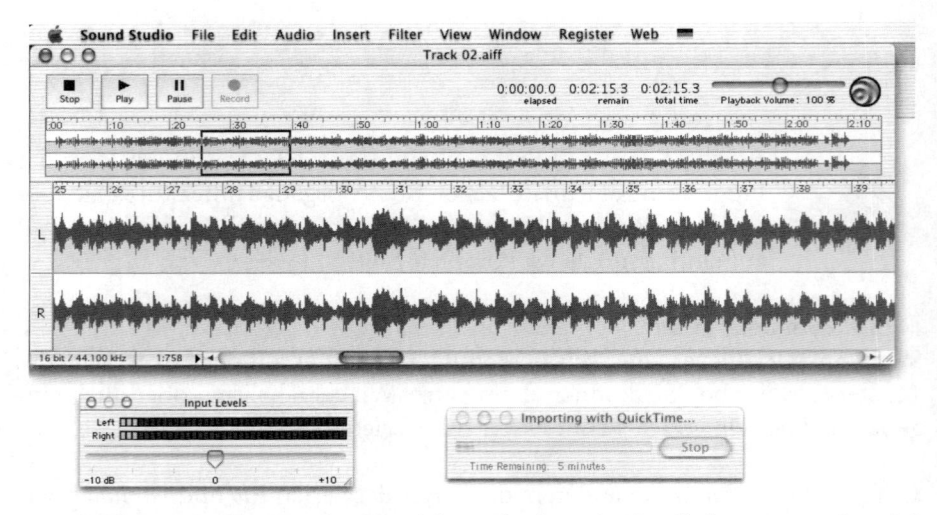

Den Ordner mit den Tondateien ziehen Sie dann in den linken Fensterbereich *Quelle* von *iTunes* und können anschliessend die Tondateien wie soeben beschrieben in der *Bibliothek* nutzen oder der *Wiedergabeliste* hinzufügen.

iPod

Wer *iTunes* sagt, sollte auch *iPod* in Erwägung ziehen. Es ist wie so oft bei Apple: nicht das preiswerteste Gerät auf dem Markt, aber extrem gut aussehend und funktionsfähig. Ganz abgesehen davon, dass die im *iPod* verbaute Winzig-Festplatte zum Zeitpunkt der Vorstellung des *iPod* einzeln mehr kostete als das komplette Apple-Gerät. Auch heute noch kostet die Festplatte allein kaum weniger als der *iPod* komplett – so gesehen bekommen sie ihn nahezu kostenlos zu einer extrem kleinen und darum so teuren Festplatte.

Der *iPod* wird in drei Versionen angeboten: Mit 5 Gigabyte-Festplatte (Kapazität etwa 1000 MP3-Lieder), mit 10 Gigabyte (etwa 2000 MP3-Lieder) und mit

20 Gigabyte (etwa 4000 MP3-Lieder) – und das bei den Ausmassen eines Skatspiels (ca. 10 x 6 x 2 cm und 185 Gramm Gewicht).

Neben dem komprimierten *MP3*-Format versteht sich das Gerät auch auf Sounddateien in den unkomprimierten Formaten *WAV* und *AIFF*, die gespeichert und gespielt werden können.

Der Anschluss erfolgt per *FireWire*, und laut Apple sind die Daten einer Audio-CD in etwa zehn Sekunden übertragen, eine komplette Sammlung benötigt zwischen fünf und zehn Minuten.

Der *iPod* arbeitet dabei perfekt mit *iTunes* zusammen. Beim ersten Anschliessen können Sie die gesamte Musik aus *iTunes* übertragen. Wird der *iPod* dann künftig angeschlossen, kann er automatisch mit *iTunes* synchronisieren, das heisst, er gleicht die Musikdaten automatisch auf den aktuellsten Stand ab.

Auch die Stromversorgung erfolgt über *FireWire*, und während die Daten überspielt werden, wird gleichzeitig der Akku (ein wenig) geladen. Eine Stunde dauert es, bis der Akku im *iPod* wieder 80% seiner Kapazität besitzt; nach drei Stunden ist er voll. Das reicht dann für rund zehn Stunden Spielzeit. Ein separates Ladegerät (das gleichfalls in den *FireWire*-Anschluss kommt) liegt bei.

POWER USER Wird der *iPod* im *FireWire*-Target-Modus angeschlossen, dann funktioniert er wie eine externe Festplatte und auf ihm können Daten beliebiger Art gespeichert werden. Musik- und Festplattendaten bleiben aber getrennt und im Festplattenbereich gespeicherte Musikdaten kann *iPod* zunächst nicht wiedergeben. Dazu müssen sie erst in *iTunes* importiert und dann aus dem Programm heraus mit der «Musikabteilung» des *iPod* synchronisiert werden.

Dennoch ist diese Zusatzfunktion des *iPod* in manchen Situationen eine sehr willkommene Hilfe. Eine kleine Festplatte, mit der sich Daten bequem transportieren lassen. So wird auch die Funktionalität immer mehr ausgeweitet: Im *iPod* lassen sich auch Kontaktdaten aus verschiedenen Programmen wie *Adressbuch*, *Entourage* oder *Palm Desktop* speichern.

HEISSER TIPP Wie Sie die Software eines *iPod* auf den neuesten Stand bringen, können Sie im folgenden Kapitel unter *iPod Software Updater* nachlesen.

Mail

Mail ist ein E-Mail-Programm für Mac OS X, das sich einfach gibt, aber überraschend viel kann. Das werden wir im Kapitel *Internet* aufzeigen.

Notizzettel

Der *Notizzettel*: Kleine gelbe (oder blaue, rote, grüne...) Zettelchen, die überall auf dem virtuellen Schreibtisch rumkleben und im Aussehen den echten Post-It-Klebeblättchen sehr nahe kommen. Nützlich für schnelle Randnotizen, die ständig im Auge behalten werden sollen. Per Doppelklick auf die Titelleiste klappt das Fenster zu.

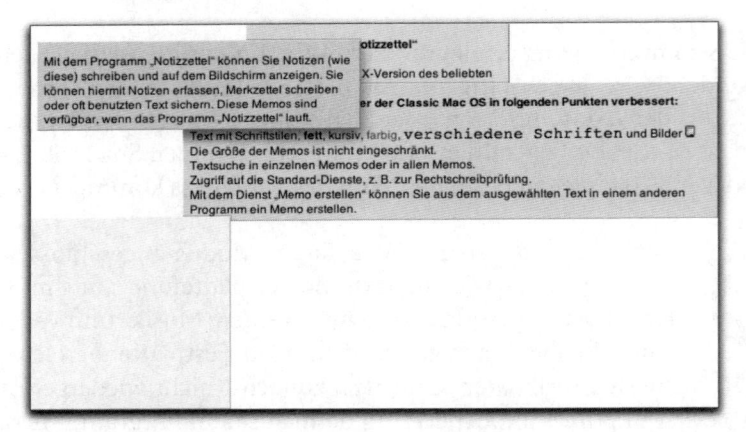

Gegenüber dem klassischen Mac OS hat sich der Notizzettel weiterentwickelt und beherrscht jetzt auch:

- Verschiedene Schriften mit Schriftstilen wie fett, kursiv und farbig.
- Das Einfügen und Anzeigen von Bildern.
- Unbegrenzt grosse Memos.
- Textsuche in einzelnen oder allen Memos.
- Zugriff auf Standarddienste wie etwa die Rechtschreibprüfung.
- In anderen Programmen können Sie markierte Bereiche über den Dienst *Make Sticky* respektive *Memo erstellen* sofort in ein neues Memo verwandeln.

HEISSER TIPP Mit dem Menübefehl *Ablage | Notizzettel von OS 9 importieren* können Sie bereits früher angelegte Notizen weiternutzen. Sie finden sie im Pfad *Systemordner/Preferences/Notizzetteldatei*.

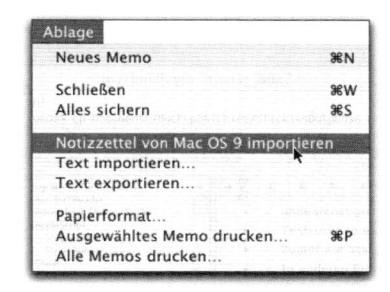

Ich möchte Ihnen hier einige Beispiele für den Nutzen und die Verwendung von *Notizzettel* geben, die Ihnen vielleicht eine willkommene Anregung sind:

- Wird ein Notizfenster geschickt platziert, bleibt immer eine Ecke sichtbar und es kann durch Klick sehr schnell geöffnet werden. Sie haben damit immer ein Mini-Textprogramm im Zugriff.
- Nach dem Notieren genügt der Wechsel in ein anderes Programm, um die Notizen zu speichern. Keine lästige Nachfrage, kein Vergessen des Sicherns.
- Die unterschiedlichen Farben der Notizzettel helfen beim Organisieren. Gelb für Eiliges, Grün für Ideen, Rot für Erledigungen…
- *Notizzettel* beherrscht *Drag&Drop* – das bedeutet, dass sich Textpassagen innerhalb einer Notiz schnell umstellen lassen. Einfach markieren und mit der Maus verschieben.
- Markierte Texte können aber auch in andere Notizzettel und «fremde» Programmfenster kopiert werden. Der markierte Text wird mit gedrückter Maustaste in ein anderes sichtbares Fenster gezogen – und der Text wird an der Mausposition eingefügt.
- Mit Hilfe von *Drag&Drop* können die Notizen zudem direkt als Text-Clip abgelegt werden: Text markieren und mit der Maus auf den Schreibtisch oder in einen Ordner ziehen und loslassen. Praktisch, um Ideen im passenden Ordner erst einmal zu sammeln.
- Manche Programme lassen sich mittels nützlicher Tastenkombinationen steuern – aber nicht alle hat man im Kopf. Ein Notizzettel hilft. Statt umständlich das Programm respektive dessen Hilfe aufzurufen und nachzusehen, genügt nun ein Mausklick auf das Notizfenster.
- Ideen, die ja meist dann kommen, wenn's gerade nicht so recht passt, können schnell notiert werden – in die grosse Textverarbeitung werden sie später übernommen.

- Umgekehrt können Texte, die der Aufmerksamkeit bedürfen, schnell per *Drag&Drop* an Notizzettel übergeben werden. Interessante Meldungen oder Links aus dem Internet etwa oder Passagen aus E-Mails.

So sind auch Notizen und Ideen zu diesem Buch hier – es wundert Sie wohl kaum mehr – schnell mal eben in *Notizzettel* eingetippt worden.

VORSICHT FALLE Bei uns kam es immer wieder mal vor, dass *Notizzettel* nach dem Start des Systems seine Daten vergessen hatte und sich mit den Standard-Memos zurückmeldete. Das ist wohl kein Einzelfall, wie andere Anwenderberichte zeigen. Das Problem lässt sich zwar nicht komplett beheben, aber in seinen Auswirkungen abmildern. Mit der folgenden Befehlszeile, im *Terminal* eingetippt, wird ein Backup der Notizzetteldatei im Dokumentordner des Benutzers erstellt:

```
cp Library/.StickiesDatabase Documents/StickiesDatabase
```

Und mit folgender Befehlszeile kann die Notizzetteldatei wiederhergestellt werden:

```
cp Documents/StickiesDatabase Library/.StickiesDatabase
```

Beenden Sie *Notizzettel*, bevor Sie einen der Befehle ausführen, und beachten Sie die je zwei Leerzeichen in obigen Befehlsfolgen. In unserem Beispiel wird die Notizzetteldatei in den Ordner *Dokumente* gesichert bzw. von dort wieder an die Originalstelle kopiert. Den Speicherort für das Backup können Sie leicht an Ihre Wünsche anpassen.

Am besten, Sie legen sich ein kleines *TextEdit*-Dokument mit den beiden Befehlen an, und ziehen dann jeweils den gewünschten Befehl per *Drag&Drop* ins *Terminal* und bestätigen per *Return*.

QuickTime Player

Lassen Sie sich vom *QuickTime Player* – dem Filmabspieler – nicht durch die Namensgebung ins Bockshorn jagen. Obwohl er sich so unscheinbar gibt, können mit ihm Filme nicht nur vorgeführt, sondern auch erstellt, geschnitten und mit Musik hinterlegt werden (für die erweiterten Möglichkeiten müssen Sie sich allerdings *QuickTime Pro* zulegen). Das kleine Kerlchen kann mehr, als man ihm auf den ersten Blick ansieht. Doch zunächst ein wenig Hintergrundwissen zu *QuickTime* und ein wenig mehr zu den Möglichkeiten, die *QuickTime* bietet.

QuickTime

QuickTime ist eine Erweiterung, die anderen Programmen ihre Dienste zur Verfügung stellt. Im Wesentlichen ist *QuickTime* für folgende Funktionen zuständig:

- Mit *QuickTime* lassen sich Videosequenzen und Computeranimationen abspielen. Dieses Datenmaterial wird in so genannten *Movie*-Dateien gespeichert.
- Mit *QuickTime* lassen sich Bilder und Filme komprimieren.
- Mit der Erweiterung *QuickTime Musikinstrumente* lassen sich beliebige MIDI-Dateien abspielen.
- Standardisierung bei der Behandlung von Eingabemedien wie z. B. Framegrabber-Karten (Bildfangkarten). Ähnlich dem Konzept der Druckertreiber, die ja auch aus jedem Programm heraus aufgerufen werden können, wird es damit möglich, eine beliebige, für *QuickTime* taugliche Karte aus einem Programm heraus anzusprechen und Bilder zu digitalisieren.
- Genau wie Text und Grafiken können auch *QuickTime*-Movies ausgeschnitten, kopiert und an anderer Stelle wieder eingesetzt werden. Multimediale Dokumente oder eine Videomail, verschickt über das Netzwerk, sind damit kein Problem mehr.

Um mit möglichst vielen Datenformaten umgehen zu können, sind in *QuickTime* verschiedene Kompressoren und Konvertierer eingebaut. So beherrscht diese Systemerweiterung unter anderem folgende Datentypen:

- Videoformate: AVI, AVR, DV, M-JPEG, MPEG-1, MP3 und OpenDML
- Bildformate: PICT, PNG, GIF, JPEG, TIFF und PNG
- Sprites
- Audioformate: System7, AIFF, MIDI, WAV
- Text
- Webstreaming: http (Hypertext Transport Protocol), rtp (Internet Realtime Transport Protocol) und rtsp (Realtime Streaming Protocol)
- *QuickDraw 3D*

Eine Animation oder Filmsequenz im *Movie*-Format erkennen Sie sofort am Icon (Abbildung siehe bitte nächste Seite, oben).

Programme können auf *QuickTime* zugreifen und Videoclips und Animationen im *QuickTime Movie*-Format wiedergeben, bearbeiten und – bei gegebener Hardware – auch aufzeichnen.

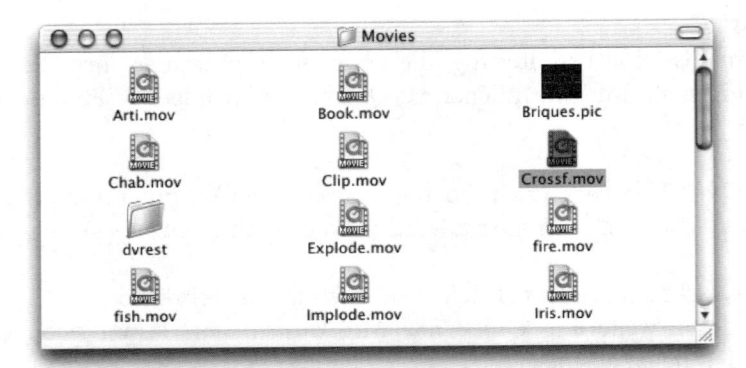

Die Integration auf Systemebene vereinfacht den Programmierern das Entwickeln von Multimedia-Applikationen, da sie auf die *QuickTime*-Routinen wie auf Bauklötze zurückgreifen können. Ausserdem ist dadurch die Kompatibilität zu anderen Programmen und Plattformen garantiert (so gibt es *QuickTime* auch unter Windows) und beschert uns Anwendern eine einheitliche Benutzerführung – dank *QuickTime* können wir zeitbasierte Daten, auch dynamische Daten genannt, so einfach handhaben wie Text.

Dass *QuickTime* nicht nur zum Abspielen lustiger kleiner Filmchen nützlich ist, zeigt sich an Kodaks *PhotoCD*. Auf jeder *PhotoCD* finden sich eine so genannte *Diavorführung* und der *Diaprojektor*, der sich direkt die *QuickTime*-Routinen zunutze macht. So wird es möglich, sich alle Fotos einer *PhotoCD* als Diaschau anzusehen.

Damit sind die Anwendungsmöglichkeiten von *QuickTime* noch nicht erschöpft. Adobes *Premiere,* Divas *Videoshop* oder Apples *Final Cut Pro* (und nicht zuletzt natürlich auch *iMovie* – siehe weiter unten) zeigen eine weitere Anwendungsmöglichkeit von *QuickTime*: Die digitale Bearbeitung von Videos.

Dies eröffnet beispielsweise dem Videoamateur deutlich komfortablere Möglichkeiten, seine Videos zu editieren und zu schneiden.

Da *QuickTime* modular aufgebaut ist, können neuere Versionen und Ergänzungen einfach im Systemordner platziert werden und stellen somit die neuen Funktionen allen Programmen zur Verfügung. Hinzu kommt die Fähigkeit, Plug-Ins mit einzubeziehen, auf die *QuickTime* zugreifen kann und umgekehrt. Damit wird zum Beispiel die Einbindung neuer Hardware-Komponenten, auch von Drittherstellern, ermöglicht, ohne dass das ganze *QuickTime* neu geschrieben werden müsste.

QuickTime verrichtet seine Dienste eher im Verborgenen, will heissen, stellt sie vorwiegend anderen Programmen zur Verfügung. Ebenso wie der *QuickTime Player* auf die Bibliothek von *QuickTime* zugreift, kann das auch der *Internet Explorer*, um dann eben ein Video aus dem Internet darzustellen. Er kann aber auch, genauso wie jedes andere Programm, das *QuickTime* unterstützt, auf die Routinen von *QuickTime* zugreifen, um ein Bild darzustellen oder eine Tondatei abzuspielen.

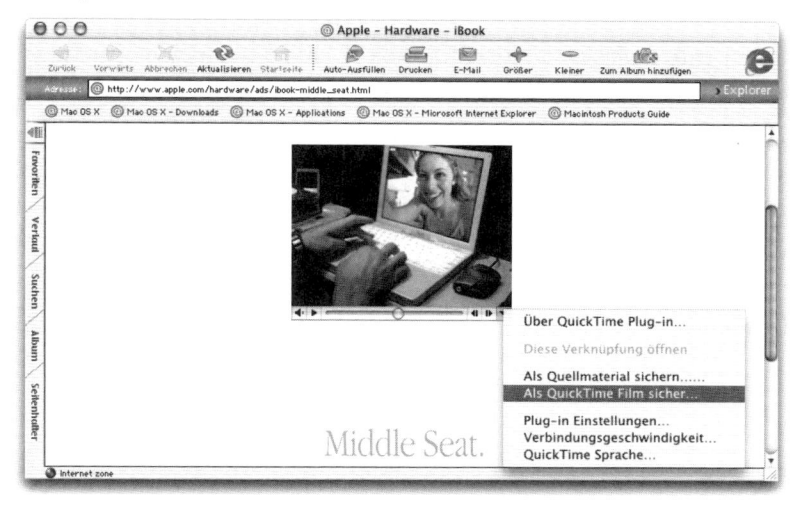

QuickTime kann mit Besonderheiten aufwarten, die es in sich haben. So werden zum Beispiel Filme sehr stark komprimiert. Die komprimierten Filme werden im Arbeitsspeicher dekomprimiert, noch während sie abgespielt werden. Dies gilt unter anderem für das *MPEG*-Format und ist schlicht eine Glanzleistung.

Die Wiedergabequalität hängt nicht nur von der abgespielten Datei selbst ab, sondern vom System und den darauf gegebenenfalls installierten Hardware-Erweiterungen. Je besser die Hardware ist, auf die *QuickTime* zurückgreifen kann, desto besser fällt das Resultat aus.

Ein wichtiger Punkt ist die Bild/Ton-Synchronisation. *QuickTime* sorgt dafür, dass ein Film immer in der gleichen Zeit abläuft und der dazugehörige Sound an der passenden Stelle ertönt – egal, ob auf einem alten LC mit 1fach-CD-ROM-Laufwerk oder auf einem iMac mit 24fach-CD-ROM. Auch bringt ein alter Macintosh Performa beim Dekomprimieren natürlich niemals die Leistung eines modernen G4.

Falls notwendig, werden auf dem langsameren Rechner ein paar Bilder ausgelassen, oder die Bildgrösse darf nicht so gross sein. Statt 25 Bilder/s werden dann nur 19 oder 12 Bilder/s abgespielt – *QuickTime* ist da ganz flexibel. Aber gezeigt wird immer ein Film, der synchron abläuft und bei dem auch der Ton nicht zu schnell oder zu langsam ist.

POWER USER Soll unabhängig von der Richtigkeit der Darstellung doch einmal der komplette Film (sprich: jedes Einzelbild) angezeigt werden, so wählen Sie beim *QuickTime Player* im Menü *Film* den Befehl *Gesamten Film abspielen*. Die Tonausgabe ist dabei abgeschaltet.

Sie können mit *QuickTime* auch Karaoke-Dateien abspielen (im Internet zu finden), wenn sie mit dem *QuickTime Player* importiert werden.

RAFFINIERT Starten Sie mal ein *QuickTime*-Movie und ziehen Sie den *QuickTime Player*, noch während das Movie läuft, ins Dock. Das Movie läuft in (stark) verkleinerter Form munter weiter.

Die Movies lassen sich übrigens auch direkt im Finder-Fenster abspielen:

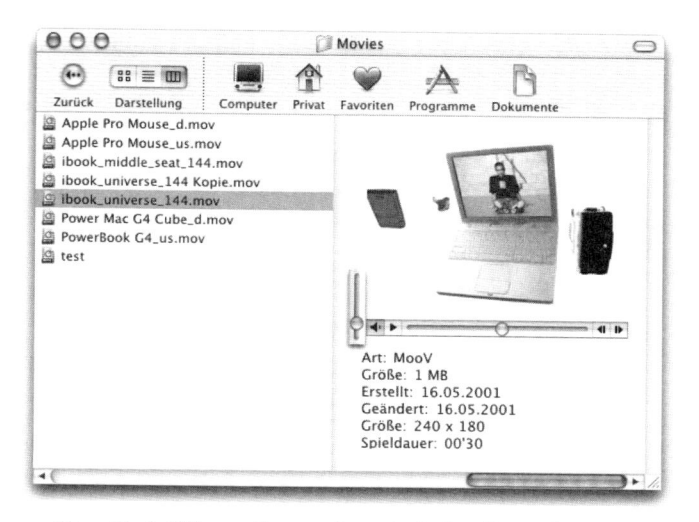

Von *QuickTime* gibt es eine einfache (beigelegte) und eine erweiterte (käufliche) Version. Dazu gleich mehr. Leider meldet sich der *QuickTime Player* aber immer wieder mit der Erinnerungsmeldung, dass da noch *QuickTime Pro* existiert. Doch die kann man abstellen:

HEISSER TIPP

1. Rufen Sie die Systemeinstellung *Datum & Uhrzeit* auf und stellen Sie das Systemdatum auf ein späteres Datum, zum Beispiel auf das Jahr 2010.
2. *QuickTime Player* starten und im Erinnerungsdialog auf *Später* klicken.
3. Systemdatum wieder richtig stellen.

Etliche Jahre Ruhe und keine Werbung mehr von Apple.

QuickTime Pro

QuickTime wird in der Grundversion kostenlos von Apple verteilt; das beinhaltet die Systemerweiterungen wie auch das Programm *QuickTime Player* zum Abspielen der Filme. Um von der normalen Version auf *QuickTime Pro* aufzurüsten, müssen Sie sich bei Apple einen Freischaltcode kaufen. Damit können Sie ein installiertes *QuickTime* in *QuickTime Pro* umwandeln.

GELD GESPART Sofern Sie *QuickTime Pro* bereits einmal gekauft haben, probieren Sie zunächst aus, ob Ihr alter Schlüssel funktioniert und inwieweit er *QuickTime Pro* freischaltet. Gehen Sie dazu im Apfelmenü in die *Systemeinstellungen…*, wählen Sie *QuickTime* aus und drücken Sie den Knopf *Registrierung…*

Dort können Sie sich nun gleich online registrieren beziehungsweise Ihre Registriernummer eingeben. Je nachdem, wann Sie die gekauft haben, wird sich *QuickTime* entweder komplett, teilweise oder gar nicht freischalten lassen.

Mit *QuickTime Pro* können Sie im *QuickTime Player* gegenüber der normalen Version folgende Funktionen zusätzlich nutzen:

- Movies in voller Bildschirmauflösung
- Grössenänderung des Moviefensters
- Movies editieren
- Erstellen von Streaming-Movies
- Export in verschiedenen Formaten mit unterschiedlichen Kompressoren
- Filtereffekte anwenden
- Zusätzliche Optionen zum Bearbeiten und Manipulieren der Spuren in *QuickTime* Filmen.

Nachfolgend die unterschiedlichen Menübefehle der normalen (links) und der Pro-Version (rechts) im Vergleich:

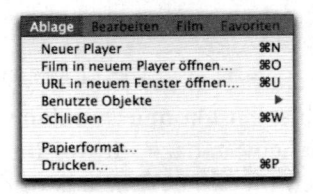

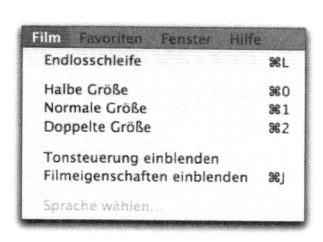

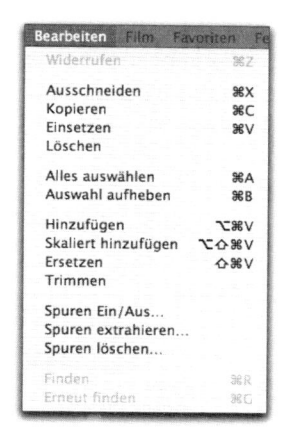

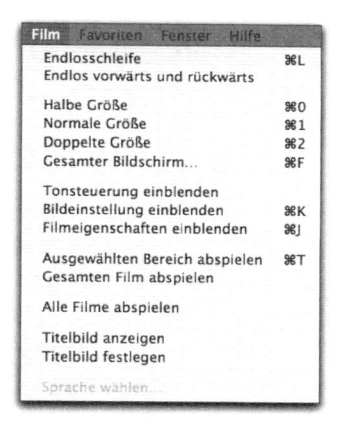

QuickTime 6
Nahezu zeitgleich mit *Jaguar* ist auch die neue Version von *QuickTime* 6 vorgestellt worden. Hier in einem kurzen Überblick die Neuerungen dieser Version:

- *QuickTime* unterstützt jetzt auch das *MPEG-4*-Dateiformat und kann Audio- und Videodaten in diesem Format verarbeiten.
- Unterstützt wird auch das Format *AAC-Audio*, das Audio-Dateien effektiver und dabei qualitativ besser komprimiert als *MPEG*. Es basiert auf der Signalverarbeitungstechnologie von *Dolby*.
- *MPEG-2*-Wiedergabe ist in *QuickTime 6* gleichfalls möglich, allerdings muss der entsprechende Kodierer aus lizenzrechtlichen Gründen separat bei Apple gekauft werden.
- Neuer *DVC Pro PAL Video* Codec,
- *Macromedia Flash 5* wird unterstützt.
- Neuer *JPEG 2000* Kodierer für Standbilder unter Mac OS X.
- Verbesserte Unterstützung von *AppleScript*.

QuickTime konfigurieren

Wie Sie *QuickTime* bezüglich des grundsätzlichen Verhaltens konfigurieren, davon war bereits im vorangegangenen Kapitel *Systemeinstellungen optimieren* ausführlich die Rede. Schlagen Sie bitte gegebenenfalls dort nach.

Filme abspielen

Legen Sie zuallerst unter dem Menübefehl *QuickTime Player | Einstellungen | Allgemeine Einstellungen...* genau die fest:

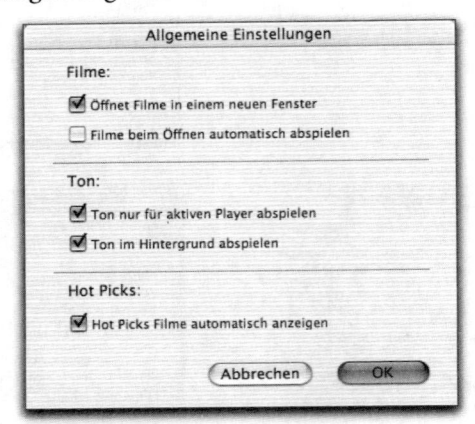

Wenn Sie ein Movie im *QuickTime Player* öffnen, dann können Sie es abspielen; natürlich. Betrachten wir das Fenster doch einmal ein wenig genauer:

Die Titelleiste zeigt in der Mitte den Namen der Datei, oder, wenn im Film definiert, den Filmtitel an. Rechts unten findet sich das Skalierfeld, das es uns ermöglicht, das Fenster proportional zu skalieren, also Länge und Breite gemeinsam zu verändern.

Mit gleichzeitig gedrückter *Shifttaste* werden Länge und Breite beim Vergrössern oder Verkleinern unabhängig voneinander verstellt.

Beginnen wir damit, uns einen Film anzusehen: Starten lässt er sich über die *Play-Taste* im Fenster. Sie spielt auf Mausklick hin den Film ab der aktuellen Position des Abspielschiebereglers ab. Läuft der Film, kann er mit der Pausen-Taste angehalten werden, erneutes Anklicken der Play-Taste lässt den Film wieder weiterlaufen.

Der Schieberegler im Abspielbalken repräsentiert die momentane Position im Film. Er kann mit der Maus direkt angefasst und verschoben werden und bietet eine Art Suchlauffunktion, die beim Auffinden von bestimmten Stellen sehr hilfreich sein kann.

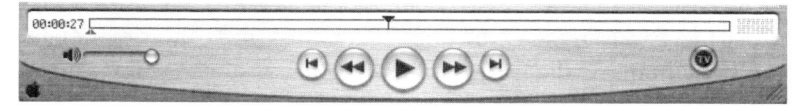

Ein einfacher Mausklick springt zu der Stelle, auf die geklickt wurde.

Das Abspielen eines Movies (oder einer Tondatei) können Sie folgendermassen steuern:

- Mit der *Leerschlag-Taste* können Sie den Film starten oder stoppen. Sind mehrere Filme offen, so gilt das für alle.
- Ein Doppelklick in das Bildfenster eines *QuickTime*-Movies spielt den Film ab.
- Bei Doppelklick mit gedrückter *Shifttaste* wird der Film rückwärts abgespielt.
- Ein Klick in das laufende Movie unterbricht das Abspielen.
- *Befehl-Rechtspfeil* spielt den Film vom gerade gezeigten Bild vorwärts, *Befehl-Linkspfeil* spielt ihn rückwärts ab.

- Wenn Sie den Schieberegler neben dem Lautsprechersymbol links unten mit der Maus betätigen, können Sie die Lautstärke bei der Wiedergabe beeinflussen – vorausgesetzt natürlich, der Film enthält eine Tonspur.
- Schneller und genauer geht es so: Mit der *Pfeil-nach-oben-Taste* erhöhen Sie die Lautstärke, mit der *Pfeil-nach-unten-Taste* wird es leiser.
- Wird die *Play-Taste* bei gedrückter *Controltaste* betätigt, dann wird der Film ohne Ton abgespielt.

Im Menü *Film* bietet der *QuickTime Player* (*Pro*) weitere interessante Funktionen an:

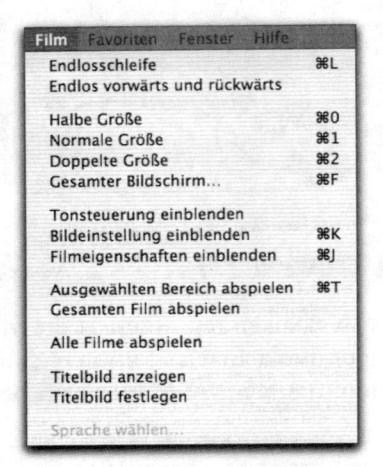

Mit *Endlosschleife* weisen Sie *QuickTime Player* an, den Film immer wieder von neuem zu spielen, bis in alle Ewigkeit – oder bis er gestoppt wird.

Der Menüpunkt *Endlos vorwärts und rückwärts* macht etwas ähnliches wie die Loop-Funktion, nur dass der Film, wenn er das Ende erreicht hat, von dort aus wieder rückwärts läuft bis zum Anfang, um dort erneut zu wenden (von uns scherzhaft Sisyphos-Funktion genannt).

Der Befehl *Gesamter Bildschirm* präsentiert das Ganze optisch viel ansprechender, denn der Bildschirm wird dunkel geschaltet, der Film passend skaliert. In der Dialogbox lässt sich die Bildgrösse vorgeben und es kann angeklickt werden, ob der Film als Diaschau angezeigt werden soll:

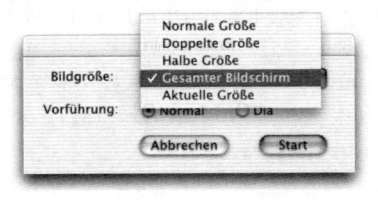

Bei der Wahl *Diaschau* passiert erstmal gar nichts, denn der Film wird Bild für Bild – als Diaschau eben – angezeigt, und den Bildwechsel müssen Sie mit der *Rechtspfeil-Taste* einleiten. Mit ihr können Sie ein Bild nach dem anderen abrufen und es jeweils ganz in Ruhe betrachten. Beenden lässt sich *Film vorführen…* durch Mausklick.

Halbe, Normale, Doppelte Grösse und *Bildschirmgrösse*. Diese Menüpunkte legen die Fenstergrösse für den Film fest. Sie kann natürlich auch frei gewählt werden (Fimfenster rechts unten anfassen und Grösse mit der Maus einstellen), jedoch ist die Wiedergabe in diesen vorgegebenen Grössen wesentlich besser.

Mit den Befehlen *Tonsteuerung einblenden* und *Bildeinstellung einblenden* werden zusätzliche Einstellelemente eingeblendet:

Der Befehl *Filmeigenschaften einblenden* ruft eine Infobox auf, der sich interessante Details zum Movie entnehmen (und zum Teil auch modifizieren) lassen.

Ausgewählten Bereich spielen. Nur der ausgewählte Bereich wird abgespielt.

Der Befehl *Gesamten Film abspielen* erzwingt das Abspielen aller Einzelbilder (auch auf leistungsschwächeren Rechnern werden keine Bilder zugunsten der

Gesamtperformance übersprungen). Auf weniger leistungsfähigen Macs kann diese Funktion das Ausbleiben des Tons zur Folge haben.

Mit *Alle Filme abspielen* lösen Sie genau das aus: Alle geöffneten Filme laufen ab.

Die Menüpunkte *Titelbild anzeigen/festlegen* sprechen für sich selbst. Titelbild ist das Bild, das in der Dateiauswahlbox erscheint, wenn ein Film geöffnet wird.

Filme schneiden

Interessantes verbirgt das Menü *Bearbeiten,* lassen sich doch Movies und markierte Teilstücke (fast) wie normale Daten handhaben: *Ausschneiden, Kopieren, Einsetzen...* in andere Filme und andere Programme.

Spuren Ein/Aus... erlaubt es Ihnen, Bild- und Tonspuren für die Wiedergabe ein- und auszuschalten.

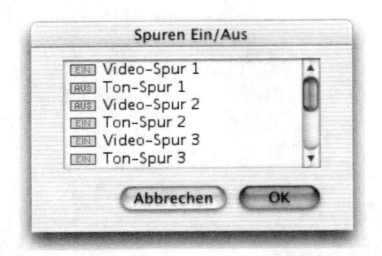

Mit *Hinzufügen* respektive *Skaliert hinzufügen* können Sie ausgewählte Moviestücke aus der Zwischenablage an der Markierungsposition einsetzen. Gegebenenfalls wird das einzusetzende Stück dabei an die Grösse des Movies angepasst (skaliert).

Der Befehl *Ersetzen* tauscht einen markierten Abschnitt aus.

Mit *Trimmen* stellen Sie einen Abschnitt frei, das heisst, alles ausser diesem markierten Filmstück wird gelöscht.

Mit *Spuren extrahieren...* können Sie Ton- oder Videospuren in ein neues Movie überführen (das alles funktioniert aber leider nur, wenn Sie *QuickTime Pro* besitzen).

Und mit dem Befehl *Spuren löschen* können Sie einzelne Spuren auswählen und löschen:

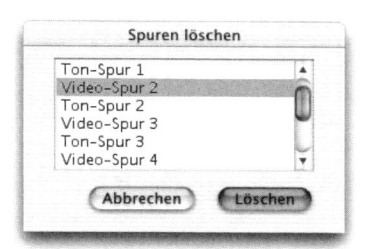

Hier einige Tipps, wie Sie in *QuickTime*-Movies flexibler navigieren können, um Filmsequenzen anzusehen, zu markieren und zu schneiden:

- Mit dem *QuickTime Player* können Sie bei gedrückter *Shifttaste* Teile eines Films samt Tonspur markieren, dann kopieren und über die Zwischenablage in ein neues *QuickTime*-Movie übernehmen. Wählen Sie dazu einfach im Menü *Ablage* den Befehl *Neu*. Sie können auch Filmstücke oder Bilder vor das gerade angezeigte Filmbild in den aktuellen Film einkopieren.

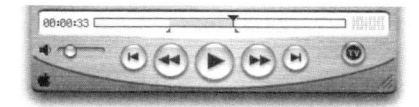

- Teile lassen sich auch mit den kleinen Reglern (Dreiecken) unter der Leiste für die Filmlänge markieren.
- Möchten Sie nur die (markierte) Ton- oder Videospur kopieren, dann wählen Sie im Menü *Bearbeiten* den Punkt *Spuren Ein/Aus...* an und schalten Sie die gewünschte Spur ab. Komplette Film- oder Tonspuren lassen sich bequem über *Spuren extrahieren...* in ein neues Movie kopieren.
- Mit der *Rechtspfeil-Taste* springen Sie zum nächsten, mit der *Linkspfeil-Taste* zum vorhergehenden Bild.
- *Wahl-Rechtspfeil* respektive *Wahl-Linkspfeil* springt zum Filmanfang/Filmende.
- Ist ein Abschnitt markiert, springen Sie mit *Wahl-Rechtspfeil* zum Ende, mit *Wahl-Linkspfeil* an den Anfang der Markierung.
- Ebenso wie Movies lassen sich auch die Titel einer Audio-CD mit dem *QuickTime Player* öffnen: Menü *Datei | Film öffnen* – den Track einer Audio-CD anwählen – Knopf *Konvertieren...* drücken.
- Audiospuren lassen sich genauso markieren und schneiden (kopieren und einsetzen) wie Filmspuren.

Filmeffekte

QuickTime Pro versteht sich auch auf Spezialeffekte wie Filter und Umformungen. Wie so viele andere Funktionen, verbergen sich auch die möglichen

Effektfilter, die auf einen Film angewandt werden können, tief in den Datei-Dialogen des *QuickTime Player*. Aber, sie sind da, und sie sind interessant.

Um einen Filmeffekt anzuwenden, muss der Film exportiert werden: Menü *Ablage | Exportieren… | Exportieren: Film -> QuickTime Film | Knopf Optionen…* drücken, *Filter…* anwählen und damit experimentieren.

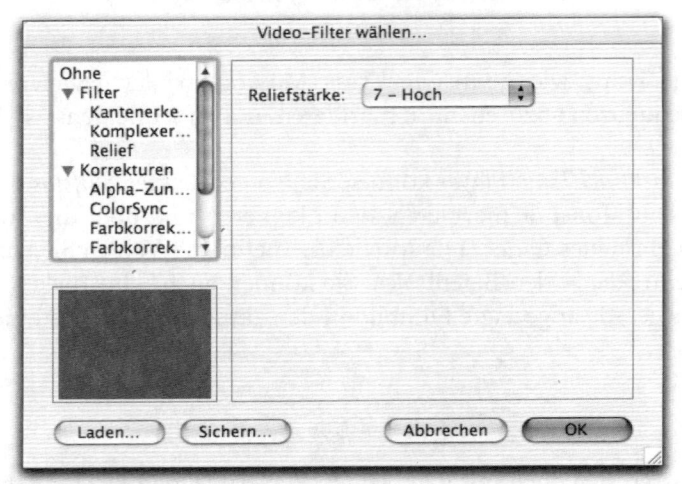

MERKET AUF! Der Effekt wird auf jedes einzelne Bild des Films angewendet! Um also Effekte zu kombinieren respektive partiell einzusetzen, müssen die Filmstücke einzeln exportiert und dann per *Kopieren* und *Einsetzen* zu einem neuen Movie geschnitten werden.

Einige Effektbeispiele finden Sie auf der *Classic-CD* im Verzeichnis *Mac OS 9.1/CD Extras/QuickTime Samples/Quicktime 3 Efffects*.

Filme sichern

Im *Sichern*-Dialog des Menüs *Ablage* können Sie zwei Optionen anwählen:

- *Als abhängigen Film sichern.* Diese Option erzeugt nur sehr kleine Dateien, weil die Filmdaten nicht wirklich in dieser Datei gesichert werden, sondern nur ein Bezug zum Original hergestellt wird. Das funktioniert aber nur, wenn Sie die Original-Movies behalten.

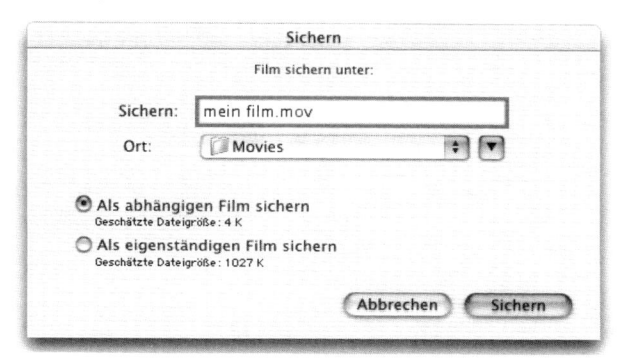

So können Sie sehr einfach umfangreiches Filmmaterial zusammenschneiden und trotzdem in sehr kompakten Dateien auf der Harddisk ablegen. Erst wenn Sie mit Ihrem Projekt zufrieden sind, sichern Sie die Movie-Datei mit allen benötigten Informationen ab. Das spart Platz und Zeit.

- *Als eigenständigen Film sichern.* Diese Option speichert alle Filmdaten in der neuen Datei, die allerdings um einiges grösser ist.

Schliesslich können Sie den Film via Menübefehl *Ablage | Exportieren...* auch exportieren und dabei in verschiedenen Formaten sichern:

Digitale Tondateien

Mit dem *QuickTime Player* können auch Audio-CDs in höchster Qualität gehört und weiter verarbeitet werden.

1. Legen Sie eine Audio-CD ein – die Titel werden mit *Track 1*, *Track 2* etc. dargestellt.

2. Starten Sie den *QuickTime Player* und öffnen Sie die Audiodatei.

Mit Druck auf den Knopf *Start* können Sie sich den Musiktitel anhören (der Ton läuft auch weiter, wenn Sie *QuickTime Player* in den Hintergrund legen) und Teile daraus markieren und kopieren.

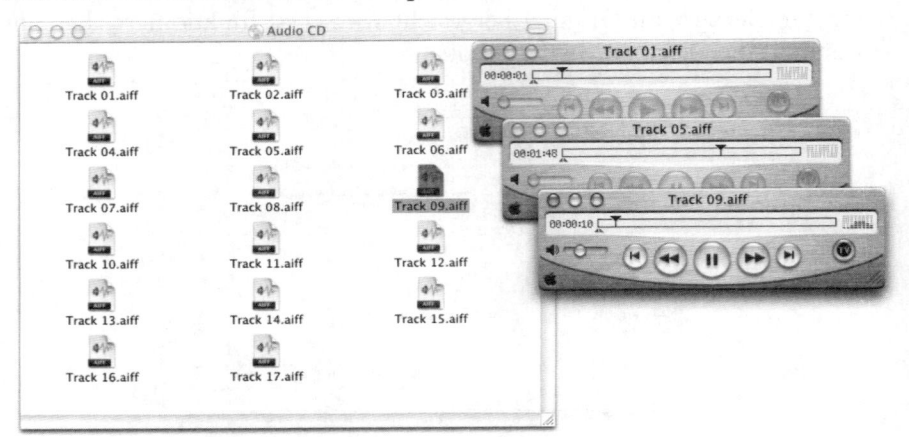

QuickTime TV

Der *QuickTime Player* kann aber noch mehr. Mit *QuickTime Streaming* kann man auf Angebote wie *Livevideo* oder *Video on demand* über die Standardprotokolle *rtp* (realtime transport protocol) und *rtsp* (realtime streaming protocol) zugreifen.

Damit lassen sich Web-basierte Audio- und Videodaten, sprich eine Art spezielle Fernsehprogramme für das Internet, nutzen. Entsprechende Dienste werden unter anderem von ABC News, Disney, RollingStone.com, VH1, BBC WORLD, Bloomberg, FOX News Online, FOX Sports Online und The Weather Channel angeboten.

Diese Fähigkeit können Sie mit dem *QuickTime Player* ausprobieren:

1. Stellen Sie eine Verbindung ins Internet her.
2. Starten Sie den *QuickTime Player* und klicken Sie das *QuickTime*-Logo rechts unten und dann eines der Bildchen an:

3. Bei aktiver Internet-Verbindung zeigt der *QuickTime Player* dann Video und Audio direkt aus dem Internet an respektive verzweigt zur Anzeige zu Ihrem Browser, wobei allerdings die Qualität der Darstellung direkt mit der Verbindungsgeschwindigkeit zusammenhängt.

MERKET AUF! Das Aufrufen kann eine Zeit dauern, je nachdem, wie umfangreich die *QuickTime*-Daten sind, die übertragen werden müssen. Und stellen Sie vorher im Menü *QuickTime Player | Einstellungen | QuickTime Einstellungen...* die Verbindungsgeschwindigkeit Ihres Modems und gegebenenfalls die Optionen für den Streaming Proxy ein (eine Umstellung ist nur in Netzwerken mit einer Firewall notwendig).

Wenn Sie neben den von Apple vorgegebenen Angeboten auch andere wahrnehmen möchten, so treffen Sie im Internet auf eine mittlerweile sehr breite Auswahl an Filmclips, vom Videotrailer bis hin zu kompletten Spielfilmen. Schauen Sie doch einmal auf folgenden Seiten vorbei:

`www.cinemapop.com`
Knapp 500 Filme zur Auswahl.

`www.filmab.de`
Deutsche Webseite mit Infos und Trailern zu aktuellen und älteren Kinofilmen.

`www.kress.de/spots`
Witzige Werbespots.

`www.lalive.com/hollywoodshorts`
Täglich wechselnde Kurzfilme (15–30 Minuten).

```
www.maxblue.de
```
Börse live von der Deutschen Bank.

```
http://paeps.psi.uni-heidelberg.de/media/reimann1.asx
```
Vorlesung als Streaming-Video mit ablaufgesteuerten Powerpoint-Folien.

```
http://spaceflight.nasa.gov/gallery/
```
Multimedia-Archiv der NASA.

```
http://spaceflight.nasa.gov/realdata/nasatv/
```
Informationen rund um das Thema Raumfahrt.

```
www.theaterkanal.de
```
Die Fernsehfassung der gigantischen Faust-Inszenierung von Peter Stein.

```
www.theviewinglounge.com
```
Musikvideos.

```
www.ubl.com
```
Suchmaschine für Rock- und Pop-Clips.

```
www.viva.de
```
Musikclips, wöchentlich neu.

```
www.westerns.com
```
Alte Western (im Menü *Theater*).

```
www.zdf.de
```
Mit der Suchfunktion erhalten Sie eine Auflistung der Videostreams, darunter Szenen aus «Wetten dass» und der ersten Mondlandung.

QuickDraw 3D

QuickDraw 3D ist für den Umgang mit dreidimensionalen Objektdaten zuständig, wie sie beispielsweise von Rendering- oder CAD-Programmen berechnet werden. Die dreidimensionalen Modelle und Animationen werden in so genannten *QuickTime 3DMF Tracks* gespeichert.

Das Besondere gegenüber *QuickTime-(VR)*-Filmen ist, dass diese Tracks keine spezifische Auflösung besitzen. Es handelt sich hier um auflösungsunabhängige 3D-Daten. Sie lassen sich beliebig (im Rahmen der Möglichkeiten der Hardware) vergrössern und verkleinern und werden auf jedem Ausgabemedium in dessen höchster Auflösung dargestellt.

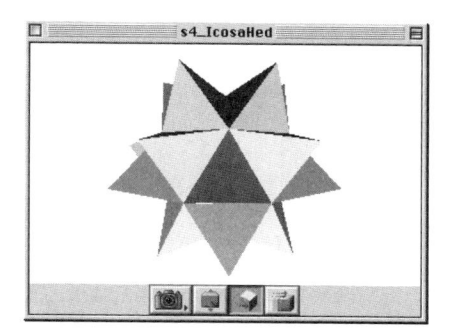

Das bedeutet: Wenn Sie mit einem 3D-Objekt umgehen, es vergrössern, verkleinern, drehen usw., so erfolgt die Berechnung der neuen Ansicht in genau diesem Moment und wird mit höchstmöglicher Auflösung dargestellt. *QuickDraw 3D* ist gewissermassen die multimediale, dreidimensionale, animierte und skalierbare Vektorgrafik.

QuickTime VR

Mit *QuickTime VR* – «VR» wie Virtuelle Realität – hat Apple wieder einmal etwas Aufsehen erregendes auf die Beine gestellt, das es so vorher noch nicht gab. Lediglich PC und Maus sind notwendig, um interaktiv durch virtuelle Welten zu spazieren. Und das sind nicht nur – mehr oder weniger gekonnt gezeichnete bzw. berechnete – Computerwelten, sondern ganz reale Szenarien! Nebenbei: Der interaktive Umgang mit computergenerierten Szenen ist natürlich ebenfalls möglich.

Ein paar Beispiele für die Möglichkeiten von *QuickTime* finden Sie auf der *Classic*-CD im Verzeichnis *Mac OS 9.1/CD Extras/QuickTime Samples/*, die Mac OS X beiliegt.

Ein Gang durch den Louvre gefällig? Ein Spaziergang durch das berühmte ehemalige Gefängnis auf Alcatraz? Ein Firmenbesuch bei Apple in Cuptertino? *QuickTime VR* macht's möglich. Und zwar interaktiv. Das bedeutet, dass da nicht etwa nur ein Filmchen abläuft, das Sie sich passiv ansehen, sondern Sie steuern mit der Maus die Bewegung. Sie sehen sich an, was Sie interessiert, können sich umsehen oder Objekte drehen.

Die *Panorama Movie Technologie* zeigt Objekte im Rundumblick – der Betrachter kann seinen Blick schweifen lassen (Klicken und Ziehen mit der Maus), ins Detail heran- oder in die Übersicht wegzoomen (geht mit *Wahl*- bzw. *Control*taste).

Mittels der *Object Movie Technologie* können einzelne Objekte gedreht und von allen Seiten betrachtet werden.

In der Zusammenwirkung dieser beiden Darstellungsarten lassen sich VR-Movies erstellen, die schon einen ziemlich realitätsnahen Eindruck vermitteln und den Betrachter fast glauben lassen könnten, er sei tatsächlich dort gewesen. Es wird zu Hause am Schreibtisch plötzlich möglich, einen Rundgang im Weissen Haus zu unternehmen, den Hyde Park einmal etwas genauer zu inspizieren oder in aller Ruhe durch ein Museum zu spazieren, sich einzelne Kunstgegenstände herauszupicken und von allen Seiten anzusehen.

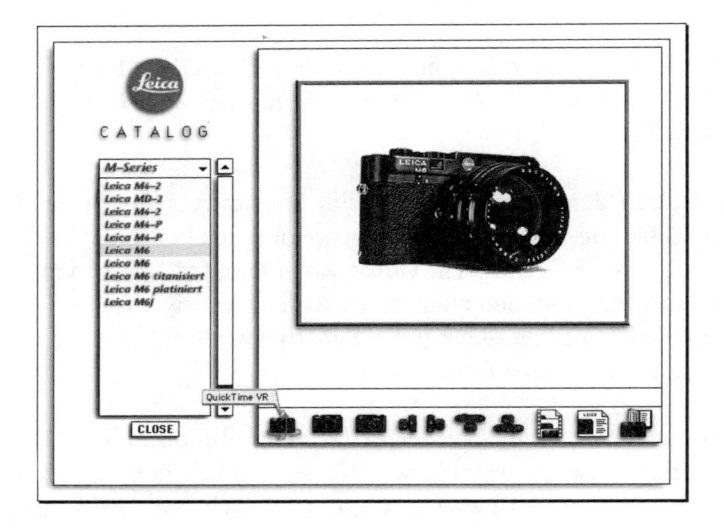

RAFFINIERT

Wirklich klasse ist vieles an *QuickTime VR*, so auch die sensitive Steuerung. Die Drehgeschwindigkeit wird durch Klicken und Ziehen mit der Maus bestimmt: Sie klicken in die Bildmitte und ziehen die Maus bei gedrückter Taste in die gewünschte Richtung; die Ansicht dreht mit. Je weiter Sie nun die Maus aus der Bildmitte ziehen, desto schneller dreht sich die Ansicht. Schwierig zu schildern, deshalb: ausprobieren!

Rechner

Den grössten Sprung hat unseres Erachtens der Rechner gemacht: Seit Urzeiten blieb er unverändert und war unter den Systemen 7 bis OS X 10.1 nur mit rudimentären Rechenfunktionen ausgestattet. Doch seit *Jaguar* ist er eine wahre Zierde seiner Zunft geworden.

Über Jahre hinweg haben wir, wenn es um das Thema *Rechner* ging, auf diverse Freeware- und Shareware-Programme und auf unsere *SmartDisc* verweisen müssen. Das ist seit Mac OSX 10.2 alias *Jaguar* Geschichte, denn dieser völlig neu programmierte Rechner kann die Wünsche auch anspruchsvoller Anwender erfüllen. So bietet er jetzt unter anderem:

- Umfangreiche Kalkulationsmöglichkeiten.
- Konvertierungen, etwa von Währungen, Massen und Gewichten.
- Die Währungen können über das Internet auf den aktuellsten Stand gebracht werden.
- Ein Beleg lässt sich anzeigen und ausdrucken.

Wenn Sie beispielsweise wissen möchten, wie viel zwölf Euro in kanadischen Dollar sind, dann tippen Sie 12 in den Rechner, rufen den Menübefehl *Konvertieren | Währungen...* auf und wählen dort die gewünschte Währung aus:

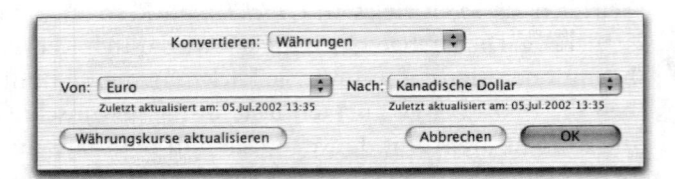

Unmittelbar nach Druck auf den Knopf *OK* präsentiert Ihnen der Rechner das Ergebnis:

Leider kennt der Rechner keine Schweizer Franken…

Drücken Sie den Knopf *Erweitert*, so zeigt der Rechner, was an mathematischen Möglichkeiten in ihm steckt:

Nett ist auch das Menü *Sprache*, das wahlweise Eingaben und Ergebnisse vorliest – leider nur auf englisch. Aber nett ist es doch. Kurz, in der Summe, ist der Rechner jetzt tatsächlich doch noch zu einem fantastischen Hilfsmittel geworden. Wenn auch noch mit kleinen Haken und Ösen, was die Genauigkeit des Belegs angeht: 5,6 – 2,7 ergibt:

Sherlock

Sherlock ist jetzt wieder zur reinen Internet-Suchmaschine geworden (zum Finden im Finder siehe Kapitel *Benutzeroberfläche Aqua*) und deshalb werden wir das Programm auch ausführlich im Kapitel Internet würdigen.

Systemeinstellungen

Die umfangreichen Einstellungen für das gesamte System sind bereits im vorangegangenen Kapitel *Aqua* ausführlich geschildert worden.

TextEdit

Was einst *TeachText* hiess und dann *SimpleText*, ist jetzt *TextEdit*: Ein kleiner, recht feiner Texteditor, der vor allem dann aufgerufen wird, wenn eine der vielen Liesmich-Dateien doppelgeklickt wird.

```
Donnerstag, 1. August 2002 20:33 Uhr  Die Installation wurde gestartet.
HP DeskJet Installer
Art der Installation: Einfache Installation
Es wurde installiert: Start X:Systemordner:Systemerweiterungen: HP DeskJet
    Adding resource: STR# -5999
    Adding resource: STR# -5998
    Adding resource: STR# -6000
    Adding resource: STR# -5995
    Adding resource: STR# -5992
    Adding resource: STR# -5991
    Adding resource: STR# -5990
    Adding resource: STR# -3000
    Adding resource: STR# -3001
    Adding resource: STR# -7932 "Paper Types"
    Adding resource: STR# -7744 "N-Up"
    Adding resource: STR# -7552 "Color"
    Adding resource: STR# -7550 "Printer Profile"
    Adding resource: STR# -7551 "Method (Color)"
    Adding resource: STR# -8174 "Print (Job main menu)"
    Adding resource: STR# -8173 "Page Setup (Style main menu)"
    Adding resource: STR# -9901
    Adding resource: STR# -8189
    Adding resource: STR# -2000
    Adding resource: STR# -2001
    Adding resource: STR# -2003
    Adding resource: STR# -2002
    Adding resource: STR# -8191
    Adding resource: STR# -8190
    Adding resource: STR# -8175
    Adding resource: STR# -7360
    Adding resource: STR# -8140
```

In den Einstellungen (*TextEdit | Einstellungen…*) können Sie die Standardschrift für neue Dokumente und deren Format (Text, RTF) wählen. *Sicherungskopie löschen* bedeutet, dass die standardmässig angelegte Sicherungskopie gelöscht wird, nachdem das Dokument erfolgreich gesichert wurde. Ist hier kein Häkchen, dann bleibt immer auch die vorletzte Version des Dokuments als Sicherung erhalten. Der Rest der Bedienung ist selbsterklärend: *Öffnen*, *Sichern*, *Schriftformate zuweisen*...

Wir haben aber noch ein paar Tipps für Sie:

- Stellen Sie in den Voreinstellungen (*TextEdit | Einstellungen...*) die Option *Lineal einblenden* ein.
- Wählen Sie die Menübefehle *Format*, *Seitenränder einblenden* und gegebenenfalls *Mit Silbentrennung* aus. Auf die Weise erhalten Sie eine kleine, aber feine Textverarbeitung, die an die guten alten *MacWrite*-Zeiten erinnert...
- Unter dem Menübefehl *Format | Schrift* finden sogar Typographen Dinge, die sie interessieren, wie Ligaturen und Unterschneidungen. Und alle eine recht brauchbare Schriftenverwaltung (*Format | Schrift | Schrift...*) – siehe auch Kapitel *Produktiv mit Mac OS X* im Abschnitt *Zeichensätze verwalten*.

Sammlung	Familie	Stil	Größen
Alle Schriften	Andale Mono	Regular	12
Favoriten	Courier	Oblique	9
Feste Laufweite	Courier New	Bold	10
Klassiker	Monaco	Bold Oblique	11
Moderne	VT100		12
PDF			13
Spaß			14
Web			18
			24

- Wenn Sie im *Öffnen*-Dialog die Option *RTF-Befehle ignorieren* abhaken, dann können Sie verschiedene Datenformate wie RTF und HTML im Quelltext sehen und editieren.
- Dateien mit der Endung *.html* werden von *TextEdit* weitgehend richtig dargestellt, sofern sie nicht zu komplex angelegt sind (Abbildung siehe bitte nächste Seite, oben):

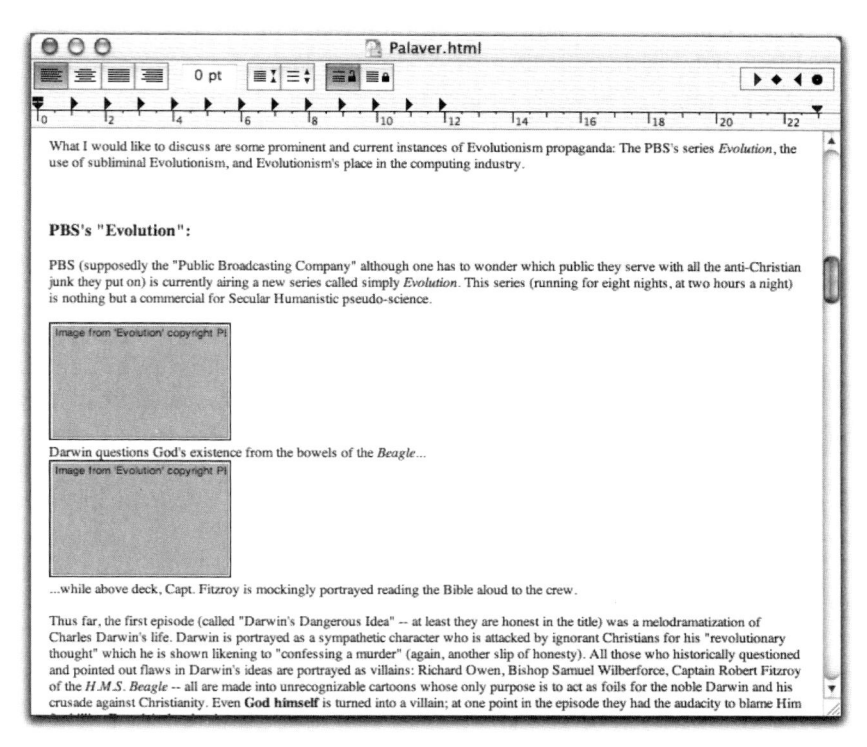

- Wird beim Öffnen eines Dokuments die passende Konvertierung gewählt, dann erscheinen auch Textdateien von anderen Plattformen mit den richtigen Umlauten statt kryptischer Sonderzeichen.

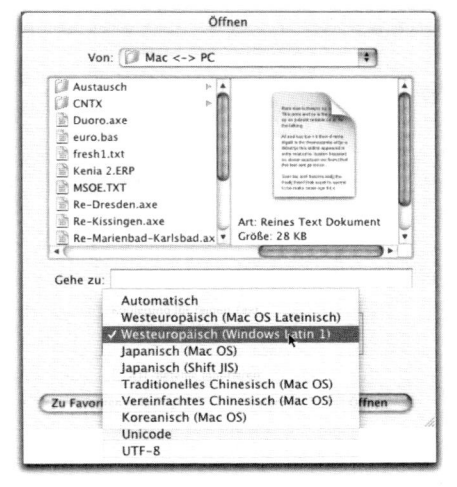

- *TextEdit* sichert seine Dokumente automatisch mit der Dateiendung *.rtf*.
- Nach dem Umwandeln in Text (im Menü *Format*) werden reine Textdateien mit der Endung *.txt* gesichert, die zum Beispiel auch *SimpleText* lesen kann.
- *TextEdit* kann PDFs platzieren.
- Zu den Dateitypen und deren Erkennung unter Mac OS X finden Sie im Abschnitt *Dateierkennung* des Kapitels *Produktiv mit Mac OS X* tiefer gehende Erläuterungen.
- In diesem Kapitel steht auch, wie Sie Mac OS X – und damit auch *TextEdit* – die deutsche Rechtschreibprüfung beibringen...

HEISSER TIPP *TextEdit* ist auch das Programm, das die neuen Funktionen des Systems – wie Dienste, Schriften- und Farbverwaltung – hervorragend beherrscht. Möchten Sie beispielsweise ein Programm ausprobieren, das dem System einen neuen Dienst zur Verfügung stellt, dann können Sie am schnellsten mit *TextEdit* ausprobieren, wie der neue Dienst funktioniert.

Zum Abschluss haben wir noch ein kleines Rätsel für Sie. Öffnen Sie einen neuen, unwichtigen Text in *TextEdit* und probieren Sie mal folgende Tastenkombinationen: *Control-K* und *Control-Y*.

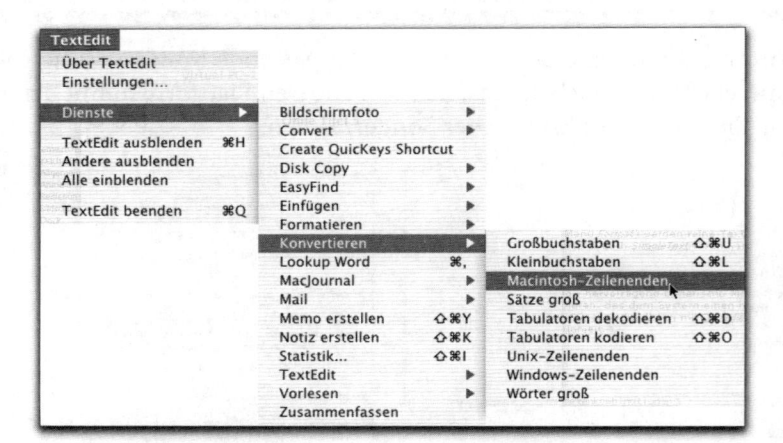

Wer noch mehr wissen will, schlägt bitte im Kapitel *Mac OS X Interna* den Abschnitt *Terminal bedienen* nach. Die Hinweise zur Tastenbedienung, die dort gegeben werden, funktionieren nicht nur in *TextEdit*, sondern auch in etlichen anderen Programmen wie *Mail*.

Uhr

Die *Uhr* ist einfach zu benutzen und selbsterklärend: Sie können zwischen analoger und digitaler Anzeige wählen und entscheiden, ob die Uhr im *Dock* oder auf dem Schreibtischhintergrund zu sehen sein soll.

Ein nettes kleines Programm, das die Fähigkeiten von *Aqua* und der Grafikroutinen von *Quartz* ganz hervorragend zu demonstrieren vermag. Lässt sich doch beispielsweise die Transparenz einstellen. Auf jeden Fall ein nettes kleines Programm zum Herumspielen.

Alternativen und Ergänzungen gibt es im Shareware- und Freeware-Bereich. Einige davon finden Sie auf unserer *SmartDisc* im Ordner *Zeitmanagement*.

Aufgrund der Pakettechnologie ist es unter Mac OS X vergleichsweise einfach, das Aussehen eines Programms zu ändern, denn die Programmbestandteile (Ressourcen) sind in einem Paket zusammengefasst. Besonders gut geht das bei *Uhr*, die ihr eigenes Bildchen mitbringt:

1. *Control-Klicken* Sie auf das Programm und wählen Sie den Befehl *Paketinhalt anzeigen*.

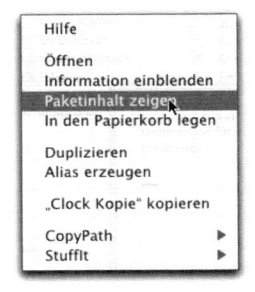

2. Öffnen Sie den Ordner *Resources*.

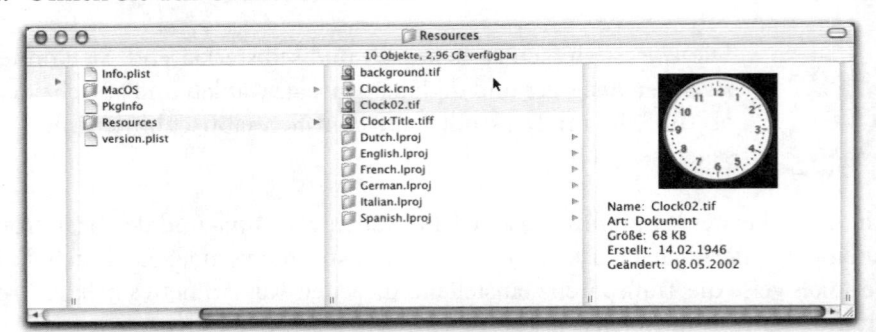

Hier finden Sie nun die TIFF-Bilddateien, die das Aussehen der Programme festlegen und die Sie leicht ändern können.

Unwahrscheinlich, dass Sie dabei das Programm zerstören. Und dennoch: Natürlich arbeiten Sie mit einer Kopie (Sie müssen sich eventuell neu anmelden, bevor der Paketinhalt der Kopie einsehbar wird) und heben sich das Original für den Fall auf, dass Ihre kreativen Ergüsse doch nicht so der Hit sind.

Schauen Sie ruhig auch einmal bei anderen Programmen, was so im Paket steckt.

Vorschau

Mit *Vorschau* werden all die Dokumente des Typs *Bild* (TIFF, PICT, GIF...) und *PDF* angezeigt, für die dem System kein anderes Programm bekannt ist. Es nutzt dazu die Routinen von *QuickTime* und kann mithin alle Bilddatenformate lesen, auf die sich *QuickTime* versteht. Dieses Programm wird auch für die Druckvorschau benutzt, die Sie aufrufen, indem Sie den Menübefehl *Ablage | Drucken* in einem Programm wählen und den Knopf *Vorschau* drücken.

Seit *Jaguar* ist auch die *Vorschau* in ihrer Funktionalität erweitert worden. So kann *Vorschau* jetzt unter anderem:

- Bilder und PDFs vergrössern und verkleinern.
- Bilder und PDFs rotieren.

Und wenn Sie mehrere Bilder auf einmal laden (entweder im *Öffnen*-Dialog oder per *Drag&Drop* auf das Programm-Icon) und dann den Knopf *Miniaturen* drücken, haben Sie fast schon einen kleinen Bilderkatalog.

6

Hilfsprogramme für Mac OS X

Hilfsprogramme für Mac OS X

Viele kleinere und grössere Nützlichkeiten finden Sie im Pfad */Startlaufwerk/ Programme/Dienstprogramme/*. Davon soll hier die Rede sein.

AirPort Admin. Dienstprogramm

Mit dem *AirPort Admin. Dienstprogramm* wird die *AirPort*-Basisstation konfiguriert und aktualisiert (neue Firmware). Das behandeln wir im Kapitel *Internet* im Abschnitt *Konfiguration der Basisstation*.

AirPort Assistent (AirPort Setup Assistant)

Schnell mit ein paar Mausklicks und Tastenanschlägen lassen sich sowohl die *AirPort*-Karte im Mac wie auch die Basisstation mit dem *AirPort Assistent* konfigurieren. Auch das ist ein Thema für das Kapitel *Internet* – bitte lesen Sie dazu den Abschnitt *Konfiguration ganz einfach*.

Apple System Profiler

Das Diagnoseprogramm *Apple System Profiler* wird normalerweise – und glücklicherweise – selten benötigt. Aber im Fall des Falles, im Fall eines Defektes nämlich, kann es wichtige Informationen über das System ermitteln, und das wieder kann dem Techniker am anderen Ende der Telefonleitung wichtige Aufschlüsse geben.

HEISSER TIPP

Es ist eine gute Idee, bei Problemen mit dem Rechner noch vor einem Anruf beim Apple-Service den *Apple System Profiler* aufzurufen und sich den Bericht auszudrucken.

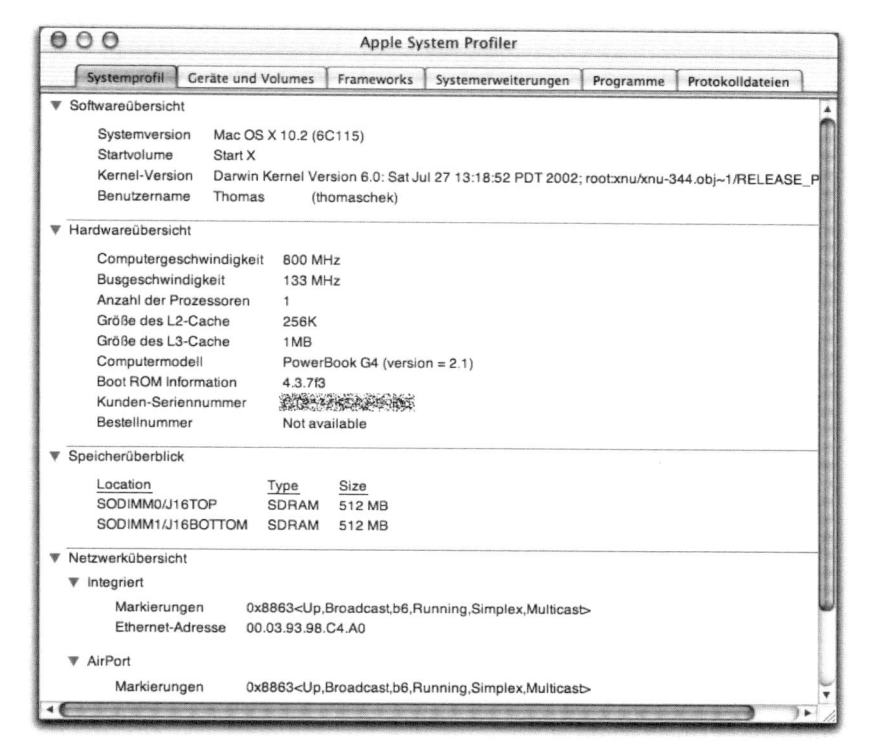

```
┌─────────────────────────────────────────────────────────────────┐
│ ○ ○ ○                    Apple System Profiler                  │
│ ┌─────────┬──────────────────┬──────────┬──────────────────┬──────────┬───────────────┐│
│ │Systemprofil│Geräte und Volumes│Frameworks│Systemerweiterungen│Programme │Protokolldateien││
│ ▼ Softwareübersicht                                             │
│     Systemversion   Mac OS X 10.2 (6C115)                       │
│     Startvolume     Start X                                     │
│     Kernel-Version  Darwin Kernel Version 6.0: Sat Jul 27 13:18:52 PDT 2002; root:xnu/xnu-344.obj~1/RELEASE_P│
│     Benutzername    Thomas        (thomaschek)                  │
│ ▼ Hardwareübersicht                                             │
│     Computergeschwindigkeit   800 MHz                           │
│     Busgeschwindigkeit        133 MHz                           │
│     Anzahl der Prozessoren    1                                 │
│     Größe des L2-Cache        256K                              │
│     Größe des L3-Cache        1MB                               │
│     Computermodell            PowerBook G4 (version = 2.1)      │
│     Boot ROM Information      4.3.7f3                           │
│     Kunden-Seriennummer       ▓▓▓▓▓▓▓▓▓                         │
│     Bestellnummer             Not available                     │
│ ▼ Speicherüberblick                                             │
│     Location              Type    Size                          │
│     SODIMM0/J16TOP        SDRAM   512 MB                        │
│     SODIMM1/J16BOTTOM     SDRAM   512 MB                        │
│ ▼ Netzwerküberblick                                             │
│   ▼ Integriert                                                  │
│       Markierungen      0x8863<Up,Broadcast,b6,Running,Simplex,Multicast>│
│       Ethernet-Adresse  00.03.93.98.C4.A0                       │
│   ▼ AirPort                                                     │
│       Markierungen      0x8863<Up,Broadcast,b6,Running,Simplex,Multicast>│
└─────────────────────────────────────────────────────────────────┘
```

RAFFINIERT — Die Informationen des *Apple System Profiler* sind einfach zugänglich. Sie können Daten in jedem Fenster markieren und kopieren, um sie in einem anderen Programm einzufügen. Sie können die angezeigten Informationen aber auch per *Drag&Drop* in einem anderen sichtbaren Fenster oder auf dem Schreibtisch ablegen.

Wissbegierige können aber auch ohne akuten Notfall Interna über das System und den Computer erfahren. So ist beispielsweise dem folgenden Auszug zu entnehmen, dass zwei Speichermodule mit je 256 MB eingebaut sind. Da es sich um ein PowerBook G3/500 mit zwei Steckplätzen handelt, kann also kein weiteres Speichermodul hinzugefügt werden; eine Speicheraufrüstung wäre nur möglich, wenn eins der Module getauscht wird (Abbildung hierzu siehe bitte nächste Seite, oben).

Klicken Sie sich einmal durch die verschiedenen Reiter, um Ihren Macintosh und Ihr System ein wenig zu erkunden. Per Klick auf die kleinen grauen Dreiecke vor den Begriffen erhalten Sie weitere ausführliche Informationen.

- *Systemprofil* gibt einen Überblick über die Hardware des Rechners.
- *Geräte und Volumes* listet alle erkannten Schnittstellen, Fest- und Wechselspeicher auf.
- *Frameworks* sind Programmbestandteile, die sich beispielsweise *AppleShare Client*, *AudioToolbox* oder *SpeechSynthesis* nennen. Sie werden in der objektorientierten Programmierung benutzt, um bestimmte Programmteile allen zur Verfügung zu stellen: Ein Programmierer muss das Rad nicht jedes Mal neu erfinden, sondern kann auf diese Objekte zugreifen. Vorteil: höhere Effizienz, da weniger Ballast, Standardisierung und vergleichsweise einfache Wartung respektive Austausch einzelner *Frameworks*.
- *Systemerweiterungen* listet all die Kernel Extensions (Dateiendung .kext) auf, die beim Systemstart initialisiert werden und *Mach* um bestimmte Fähigkeiten erweitern. Sie sehen, das sind eine ganze Menge. (Zu den Grundlagen siehe *Kernel-Diskussionen* im Kapitel *Die Konzepte hinter Mac OS X*.)
- *Programme* listet alle Applikationen auf dem Startvolume auf und Sie können hier einen schnellen Überblick erhalten. Nicht nur über die installierten Programme, sondern auch über die aktuelle Version.
- *Protokolldateien* zeigt Ihnen die Crashberichte Ihres Mac und Sie sehen die Absturzkandidaten…

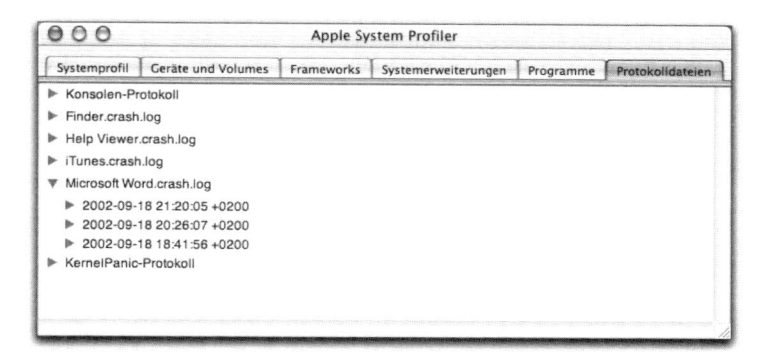

Bildschirmfoto

Mit dem Programm *Bildschirmfoto* (auch *Grab* genannt) lassen sich das gesamte Monitorbild oder auch Teilbereiche «abfotografieren». Diese Bilder können anschliessend als TIFF-Bilddatei gesichert werden.

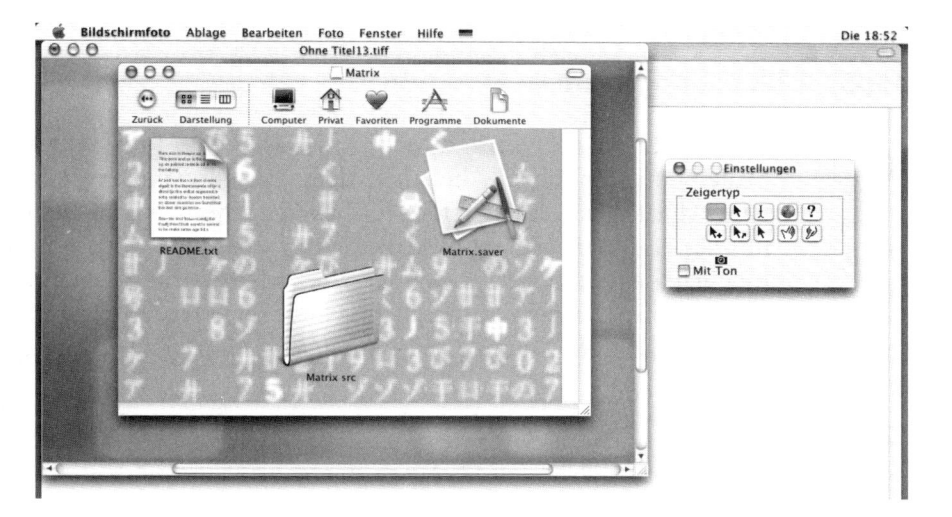

Praktisch ist die Option *Selbstauslöser*: Sie lösen aus und haben dann zehn Sekunden lang Zeit, die Bildschirmdarstellung nach Ihren Wünschen anzuordnen.

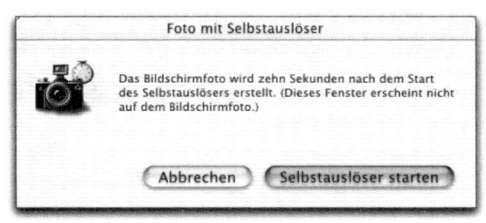

Dieses Programm und insbesondere die Funktion *Selbstauslöser* waren mitentscheidend, dass die erste Ausgabe dieses Buches so reichhaltig und (hoffentlich) aussagekräftig bebildert werden konnte. Mittlerweile wurden auch sehr viele der neuen Abbildungen (sprich, fast alle) mit *Snapz Pro X* gemacht, das noch mehr kann und das Sie in einer Demoversion auf unserer *SmartDisc* finden.

Bildschirmfoto stellt seine Dienste auch anderen Programmen zur Verfügung – dort zu erreichen im Programm-Menü über *Dienste | Grab*.

Mac OS X kann (wieder) direkt Bildschirmfotos machen:

HEISSER TIPP

- *Apfel-Shift-3* legt einen Screenshot (= Bildschirmfoto) des gesamten Bildschirminhaltes auf dem Schreibtisch des aktuellen Benutzers ab.
- *Apfel-Shift-4* erlaubt es, einen rechteckigen Bildschirmausschnitt zu sichern.
- *Apfel-Shift-4* und *Leertaste* ermöglicht es, einzelne Bildschirminhalte (Fenster, Menüs) anzuwählen und zu speichern.

ColorSync Dienstprogramm

Mit dem *ColorSync Dienstprogramm* lassen sich ICC-Profile überprüfen und reparieren, die nicht dem Standard entsprechen. Nützlich ist dies, falls Sie fremde ICC-Profile einbinden möchten, um das Farbmanagement-System *ColorSync* zu nutzen, das eine möglichst einheitliche Farbwiedergabe zwischen Eingabe- und Ausgabegeräten (Scanner, Kameras, Bildschirm, Drucker...) gewährleistet. Mehr zu diesem Thema finden Sie im Kapitel *Produktiv mit Mac OS X* unter *Farbmanagement*.

CPU-Monitor

Das Programm *CPU-Monitor* zeigt die Auslastung des Systems grafisch und recht eindrucksvoll an. Sie sehen, dass der Computer auch dann recht beschäftigt ist, wenn Sie mal nichts (am Rechner) tun. Die «Floating Windows» (fliessende, verschiebbare Fenster) lassen sich im Menü *Prozesse* nach Bedarf ein- und ausschalten und liegen immer im Vordergrund, so dass die Prozessorauslastung jederzeit sichtbar bleibt. Das ist doch interessant.

HILFSPROGRAMME FÜR MAC OS X   KAPITEL 6

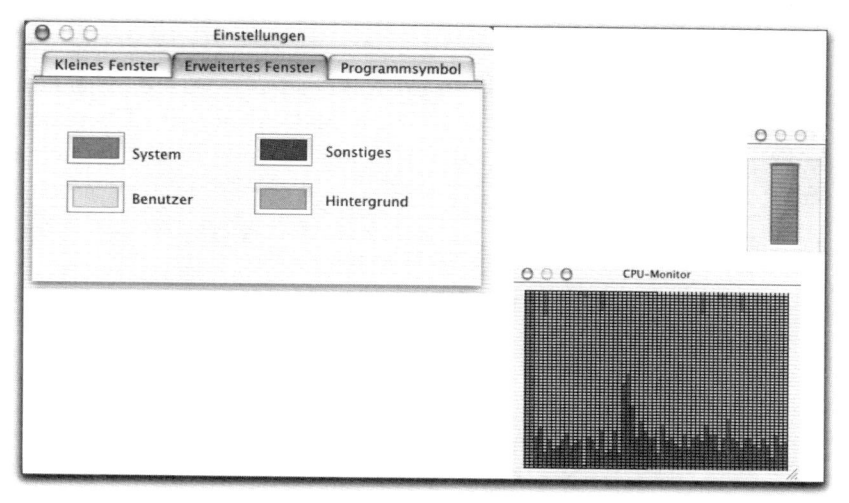

Interessant im Menü *Prozesse* sind auch die beiden Befehle *ProzessViewer starten...* und *Top starten...*

- Der ProcessViewer gibt einen Überblick über die gerade laufenden Prozesse. Alle Prozesse sind namentlich aufgeführt, daneben steht, welcher Benutzer diesen Prozess gestartet hat und ob der Prozess gerade läuft. Mehr dazu weiter unten unter *ProzessViewer*.
- Der Befehl *top* zeigt Ihnen genauer, was in Ihrem System augenblicklich los ist: Sie erhalten damit eine namentliche Auflistung der aktiven Prozesse und viele Informationen, die ein Mac OS so bislang noch nie so ohne weiteres offenbart hat:

Eine genaue Erläuterung der angezeigten Informationen finden Sie im Kapitel *Mac OS X Interna* im Abschnitt *System überwachen*.

DigitalColor Farbmesser

Mit dem kleinen Hilfsprogramm *DigitalColor Farbmesser* können Sie sich die Farbwerte auf dem Bildschirm beim Überstreichen mit der Maus anzeigen lassen; wahlweise in RGB-Notation oder nach *CIE Lab*.

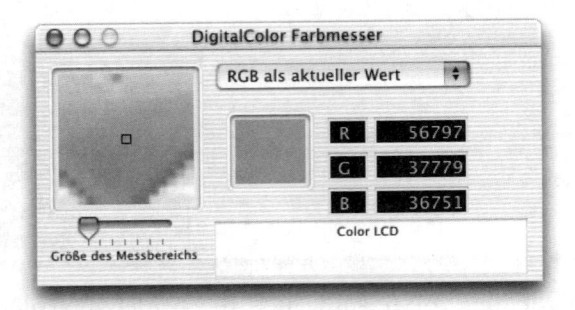

So finden Sie – beispielsweise für ein Zeichenprogramm – die exakten Farbwerte eines Farbtons.

Disk Copy

Immer mehr Software findet sich als Disketten-Image, einem Verfahren, das Apple für die Installation von Programmen ausdrücklich empfiehlt: Per Doppelklick auf ein Disketten-Image öffnet sich das Programm *Disk Copy*, und dieses Diskettenabbild wird als virtuelles (scheinbares) Volume gemountet.

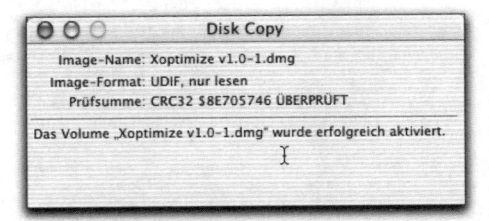

Typischerweise sind Disketten-Images an der Dateiendung *.dmg* respektive *.img* erkennbar. Mit *.smi* sind «Self Mounting Image Files» bezeichnet, was so viel heisst wie «sich selbst startend». Hier ist das zum Anzeigen der virtuellen Disk notwendige Programm gleich im Disketten-Image verpackt; *Disk Copy* ist nicht notwendig.

Egal ob per *Disk Copy* oder eingebundenem Code: Auf Doppelklick hin wird das Image gestartet und die virtuelle Diskette angemeldet.

Ein Disketten-Image erscheint wie jedes andere Volume auf dem Schreibtisch respektive im Fenster, und Sie können sich den Inhalt ansehen und je nach Schreibschutzeinstellung davon lesen oder sogar darauf schreiben.

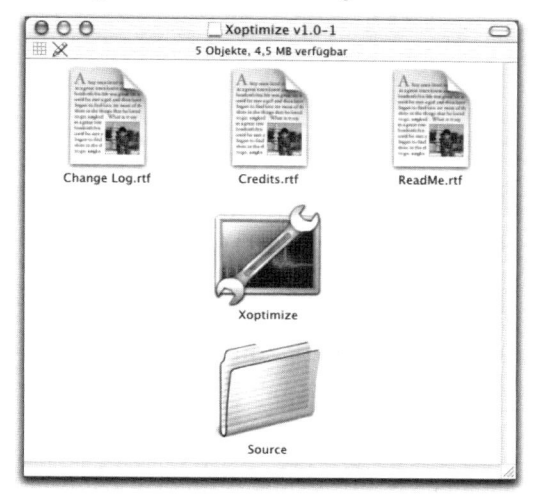

Auch die System-Updates von Apple kommen oft als Disketten-Image daher, von dem das System-Update gestartet und komfortabel installiert werden kann.

Entfernen lassen sich diese Diskettenabbilder wie ein reales Laufwerk: Mit dem Befehl *Auswerfen* (*Befehl-E*) aus dem Findermenü *Ablage*.

Wenn Sie Ihre Originalsoftware auf Disketten-Images ablegen und das auf einem Wechselmedium sichern, schlagen Sie mehrere Fliegen mit einer Klappe:

- Sie haben ein Backup der wertvollen Software.
- Mehrere Programme lassen sich Platz sparend auf einem Medium sichern (denn selten ist die Programm-CD voll).
- Eine eventuell notwendige Neuinstallation respektive die nachträgliche Installation weiterer Komponenten geht schnell von diesem einen Wechselmedium.

POWER USER Wenn Sie ein Disketten-Image erstellen (Menü *Image | Neu | Neues leeres Image*), dann können Sie optional auch eine Verschlüsselung wählen:

Die *AES*-Verschlüsselung (Advanced Encryption Standard) ist designierte Nachfolgerin der *DES*-Verschlüsselung (Data Encryption Standard). Ihr liegt der von belgischen Wissenschaftlern entwickelte Rijndael-Algorithmus zugrunde, der mehrfach ausgeführt wird und Schlüssellängen von 128 bis 256 Bit erlaubt.

AES gilt unter Fachleuten als sehr sicher, denn der Schlüssel ist lang, der Algorithmus vollständig offen gelegt und von Wissenschaftlern überprüft. Hintertürchen für Geheimdienste, dessen *DES* (das nicht komplett offen gelegt war) immer wieder verdächtigt wurde, gibt es bei *AES* nicht.

CDs vorbereiten und brennen

HEISSER TIPP

Mit *Disk Copy* lassen sich ganz hervorragend die Daten zum Brennen von CDs vorbereiten:

1. Legen Sie ein Disk-Image mit Schreibberechtigung in CD-Grösse an. Dafür hat *Disk Copy* sogar eine Voreinstellung (CD-ROM 12 cm).

Sind Ihre Rohlinge grösser, dann können Sie auch ein eigenes Format festlegen.
Sie können bei den *Disk-Images* zwischen Mac-, Dos- und UNIX-Datenformaten wählen – siehe Kapitel *Die Konzepte von Mac OS X* im Abschnitt *Datenträgerformate*.
2. Das neu erstellte Image wird per Doppelklick angemeldet und Sie können so lange Daten darauf kopieren, bis es voll ist.
3. Bei angeschlossenem Brenner kann das Disketten-Image dann mit dem Menübefehl *Ablage | Image brennen...* auf eine reale CD-R gebrannt werden.

VORSICHT FALLE Das funktioniert nicht mit Audio-CDs! Aber auch das ist kein Problem: In dem Fall benutzen Sie eben *iTunes* zum Brennen – siehe voriges Kapitel.

Festplatten-Dienstprogramm

Das *Festplatten-Dienstprogramm* (*Disk Utility*) vereint die beiden Funktionen *Erste Hilfe* und *Laufwerke konfigurieren* – erfahrene Mac-Anwender kennen die gleich benannten Einzelprogramme bereits von früher. Es ist schlicht *das* Hilfsprogramm im Umgang mit wiederbeschreibbaren Medien.

Information

Auf dem ersten Reiter *Information* erhalten Sie einige grundlegende Informationen über die gemounteten Laufwerke:

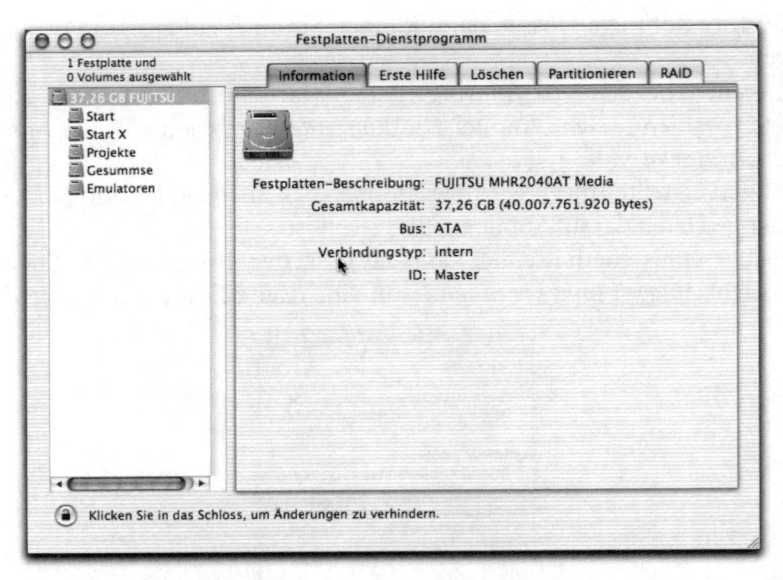

Wählen Sie eine Partition aus, dann werden genauere Informationen zu diesem Teilbereich enthüllt:

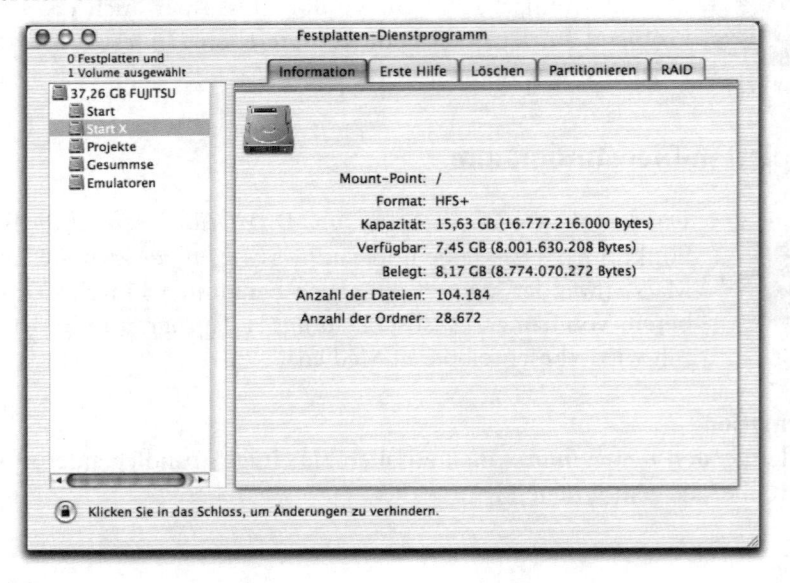

Erste Hilfe

Apples *Erste Hilfe* ist das Mittel der Wahl, wenn es Probleme mit Fest- und Wechselmedien und den Dateien auf einem solchen Problemvolume gibt, denn es kann viele Fehler reparieren.

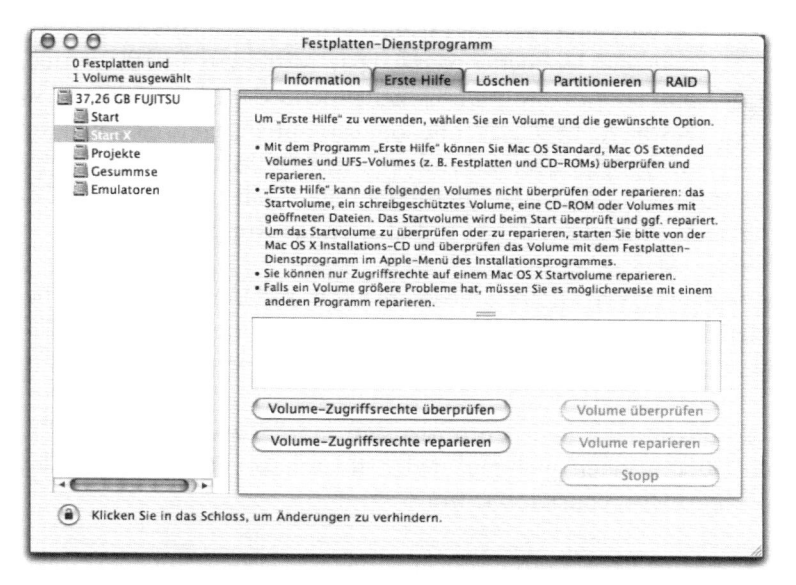

Bricht das Programm mit einer Fehlermeldung ab, dann beenden Sie alle Programme oder melden Sie sich ab und neu an, damit das Volume nicht mehr in Benutzung ist.

HEISSER TIPP

Mehrmalige Anwendung schadet nie, nutzt aber nicht selten bei zunächst irreparablen Fehlern.

GRUNDWISSEN

Das Startlaufwerk kann mit *Erste Hilfe* nicht überprüft oder repariert werden – das aber ist auch gar nicht notwendig, denn das überprüft und repariert sich bei jedem Systemstart von ganz alleine. Schliesslich würde es wenig Sinn machen beziehungsweise nur Probleme bereiten, denn das Startlaufwerk kann nun mal nicht so auf die Schnelle vom Schreibtisch entfernt werden, weil das System ununterbrochen zu Festplattenoperationen (Lesen, Schreiben) in der Lage sein muss. Deshalb wäre auch eine Prüfung fragwürdig, weil sich die Daten während des Prüflaufs permanent ändern können.

Auch wenn Sie ein kommerzielles Reparaturprogramm wie die *Norton Utilities* besitzen, sollten Sie das Dienstprogramm *Erste Hilfe* niemals ausser Acht lassen. Es kommt immer wieder vor, dass dieses kleine und unscheinbare Programm Fehler beheben kann, an denen sich kommerzielle Reparaturprogramme die Zähne ausbeissen.

BEDENKEN SIE! Ausserdem erscheint uns *Erste Hilfe* – nach jahrelanger Erfahrung – als das letztlich zuverlässigste Mittel zur Festplattenreparatur. Hilft dieses Programm nicht mehr, dann empfiehlt es sich, die Festplatte bei Gelegenheit neu zu initialisieren. Andere Disk-Utilities mögen zwar auf Anhieb mehr Fehler finden und mehr davon reparieren können, langfristig allerdings zeigte sich immer wieder, dass die Festplatte doch einer gründlichen Initialisierungs-Kur bedurfte.

Einstige Versuche, ernsthaftere Probleme mit anderen Utilities zu beheben, führten letztlich immer dazu, dass zwar erstmal repariert wurde, die Probleme aber früher oder später doch wieder – und dann meist verschärft – auftraten.

Erst als die Platte komplett neu initialisiert wurde, waren auch die Probleme weg. Und seitdem traten auch nie wieder (toi, toi, toi) Festplattenprobleme auf, die *Erste Hilfe* nicht reparieren konnte.

Natürlich gibt es keine Garantie gegen Defekte. Wir empfehlen im Fall des Falles folgendes Vorgehen:

1. Wenn Probleme auftreten, die *Erste Hilfe* nicht mehr reparieren kann, erst einmal sichern, was noch möglich ist und wovon noch kein aktuelles Backup existiert. (Wir reden hier über Daten und Dokumente – Programme und System lassen sich besser und zuverlässiger von den Original-CDs restaurieren.)
2. Im nächsten Schritt versuchen, zu reparieren, was nur geht. Dafür ist jedes Utility – auch in Kombination – sehr willkommen.
3. Datensicherung.
4. Neuinitialisierung und Partitionierung der Festplatte und komplett neue Installation von System und Programmen.
5. Daten zurückspielen.

Die Schritte 3–5 durchlaufe ich grundsätzlich, wenn eine neue Festplatte oder ein neuer Rechner angeschafft werden, ist es doch die beste Chance, «Systemmüll» dauerhaft loszuwerden.

BEDENKEN SIE! Es ist Fakt, dass Diskretter wie *Disk Warrior* oder die *Norton Utilities* eigentlich immer «Fehler» finden, wenn sie denn eingesetzt werden. «Fehler» steht deswegen in Anführungszeichen, weil mein System gemäss obiger Schritte 3–5 seit Jahren sehr stabil und zuverlässig läuft und es nach dem Motto «never change a winning team» in meinen Augen keinen Sinn macht, daran etwas zu ändern. Was auch immer.

Das soll und kann nicht heissen, dass diese Diskretter nutzlos wären. Ganz im Gegenteil können Sie echte Helfer sein, wenn der Daten-GAU eintritt. Aber man sollte sie nicht so ohne weiteres vorsorglich auf ein offensichtlich stabiles Dateisystem loslassen.

Ganz vorsichtig sollten Sie mit der Option *Defragmentieren* umgehen, die manche Diskhelfer anbieten.

GRUNDWISSEN Fragmentierung entsteht im Laufe der Nutzung einer Festplatte. Es werden ja nicht nur Dateien (nacheinander) aufgespielt, sondern immer wieder auch gelöscht. Das hinterlässt grössere und kleinere «Löcher» in der Datenstruktur, die bei nächster Gelegenheit wieder gefüllt werden. Kann nun auf einer Harddisk eine Datei nicht an einem Stück abgelegt werden, weil nur mehrere kleinere Segmente frei sind, dann muss sie in mehrere Teile zerlegt werden – die Datei wird fragmentiert. Je länger eine Festplatte in Gebrauch ist, desto mehr Dateien sind fragmentiert. Dies verlangsamt mit der Zeit den Zugriff auf die Daten merklich, da die Datei nicht mehr in einem Rutsch eingelesen werden kann und der Lesekopf somit immer wieder neu positioniert werden muss. Programme wie die *Norton Utilities* bieten deshalb eine Option, die Dateien wieder zusammenhängend auf Platte zu schreiben.

Aber – soeben Gesagtes gilt nur für das klassische Mac OS! Mac OS X ist ein UNIX-System und sorgt grundsätzlich von ganz alleine dafür, dass die Fragmentierung nicht überhand nimmt. Ob das auch für *FreeBSD* auf *HFS*-Volumes gilt, wissen wir allerdings nicht. Dennoch können einige Hinweise gegeben werden:

- Benutzen Sie auf keinen Fall ein Programm, das für das klassische Mac OS entwickelt wurde. Die Dateistrukturen eines UNIX-Systems sind ganz andere und die «Optimierung» führt nicht selten dazu, dass die Festplatte (und damit das System) hinterher langsamer ist als vorher.
- Wenn Sie – wir wir – so alle ein bis zwei Jahre einmal eine grössere Festplatte einbauen oder einen neuen Rechner kaufen, können Sie das Thema «Defragmentierung» komplett vergessen. Bei der neuen Installation (Initialisieren – Partitionieren – Daten und Programme aufspielen) wird das Laufwerk sowieso automatisch defragmentiert. Und in der Zwischenzeit wird nicht so dramatisch viel defragmentiert. Der höchste Wert, den ich einst (noch unter dem klassischen Mac OS) beobachten konnte, lag deutlich unter fünf Prozent – das lohnt heute, angesichts schneller Festplatten und optimierter Kopfbewegungen den Aufwand nicht.

- Vertrauen sie unter Mac OS X den Werten – zumal alter Disk-Utilities fürs klassische Mac OS – keinesfalls. Was die als defragmentiert vermelden, muss aus Systemsicht noch lange nicht sein.
- Überdenken Sie auch einmal, was in einer Mail zu lesen war: «Hinsichtlich des Disk-Utility, das eine «schwerwiegende» Fragmentierung feststellt, sollte nicht vergessen werden, dass Sie die Software nicht brauchen würden, wenn sie keine Probleme finden würde. Mit andern Worten, es liegt im Interesse des Herstellers, gefundene Probleme zu dramatisieren.»

Kurz, reparieren und optimieren Sie nichts, was bislang zur vollsten Zufriedenheit funktionierte. Besser wird es kaum…

Löschen
War bislang noch alles ungefährlich, so beginnt mit dem Reiter *Löschen* der Bereich von *Festplatten-Dienstprogramm*, in dem der unbedachte Anwender grossen Schaden anrichten kann.

Nicht umsonst sind die Bereiche *Löschen*, *Partitionieren* und *RAID* mit dem Vorhängeschloss gesichert, und nur wer ein Administrator-Passwort kennt, darf hier aktiv werden.

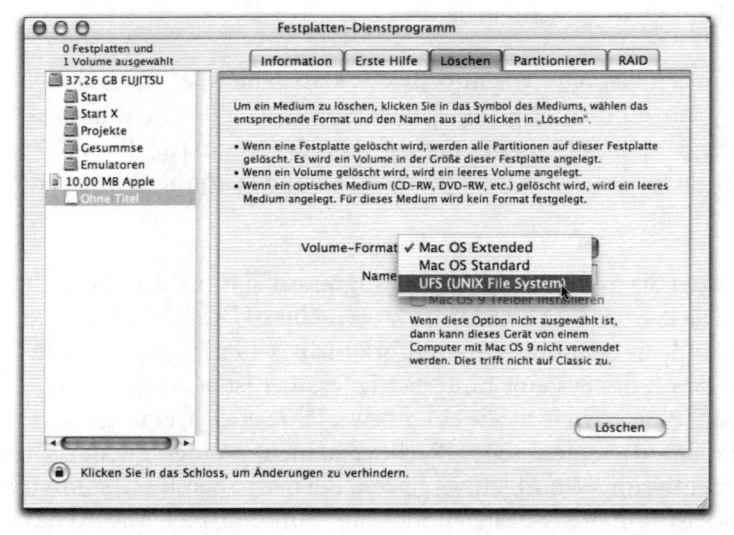

Der Bereich *Löschen* ist dann praktisch, wenn eine gesamte Festplatte oder auch ein Volume (ein Teilbereich) schnell von allen Daten befreit werden soll. Festplatten, auf denen sich auch das Startvolume befindet, können von hier aus allerdings nicht gelöscht werden – dazu ist die System-CD aufzustarten. Ausser dem Startvolume lassen sich aber alle anderen Volumes auch dieser Festplatte löschen.

Nach dem Druck auf den Knopf *Löschen* erfolgt noch einmal ein Warnhinweis (es kann auch abgebrochen werden), und wenn Sie den bestätigen, wird es ernst – alle Daten auf Festplatte oder Partition verschwinden.

HEISSER TIPP
Mittels *Löschen* können auch CD-RWs (= mehrmals wiederbeschreibbare CDs) gelöscht werden!

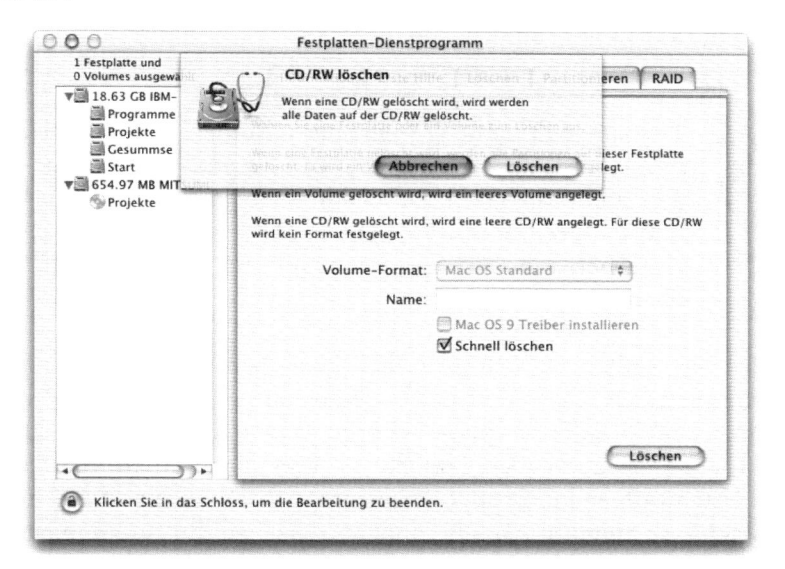

Partitionieren
Unter dem Reiter *Partitionieren* kann eine Festplatte neu initialisiert und in Teilbereiche aufgeteilt werden. Aber Achtung – dabei werden sämtliche Daten gelöscht! Es gibt drei gute Gründe, dies dennoch zu tun:

- Die Festplatte ist neu hinzugekommen und soll für das Speichern der Daten vorbereitet werden.
  Ein sehr guter Grund und ein einfacher Anlass, denn Sie müssen sich nicht überlegen, welche Daten eines Backups würdig sind; die Platte ist ja noch leer. Sie sind in der glücklichen Lage, ohne weitere Vorüberlegung loszulegen und gleich zu *Formatieren* oder *initialisieren?* springen zu können.
- Die Festplatte arbeitet unzuverlässig respektive ist komplett abgestürzt.
  Auch *Erste Hilfe* ist nicht mehr in der Lage, die Festplatte zuverlässig zu sanieren. In diesem Fall bleibt Ihnen keine Alternative.
- Sie möchten die Festplatte in Teilbereiche aufsplitten.
  Bei der Partitionierung wird der gesamte verfügbare Platz so aufgeteilt, dass jeder dieser Bereiche vom Macintosh als eigenständige Festplatte behandelt

wird. Das heisst, jede Partition erhält ihr eigenes Inhaltsverzeichnis, ihre eigene Bezeichnung, ihr eigenes Management und was sonst noch so dazugehört.

Teilbereiche bieten den Vorteil, dass Daten übersichtlicher organisiert werden können und vor allen Dingen sicherer sind: Bei Datenkorruption (die meist das Startlaufwerk heimsucht) bleiben die restlichen Teilbereiche intakt und der defekte Teilbereich kann im Finder mit *Volume löschen* wiederhergestellt, das System vergleichsweise einfach von der System-CD-ROM neu aufgespielt werden.

POWER USER Deshalb empfiehlt es sich aus Gründen der Datensicherheit immer – egal, ob reale Laufwerke oder «nur» Teilbereiche vorhanden sind – die Daten auf einem anderen Volume als das System und die Programme zu sichern. Das macht zudem das Backup einfacher, weil nur das Datenlaufwerk auf geänderte Dateien überprüft werden muss.

Das Prozedere sollten Sie sich gründlich überlegen, denn das Volume wird dabei komplett gelöscht – und das bedeutet immer einige Stunden Arbeit, finden sich doch auf der Festplatte wichtige Daten, die Sie sich im Laufe der Zeit mühsam erarbeitet haben. Das gilt im Besonderen für Ihr Startlaufwerk, das im Systemordner im Ordner *Preferences* nahezu all die Daten birgt, die Ihren Macintosh zu etwas ganz Besonderem machen: Zu Ihrem persönlichen Rechner.

Haben Sie in *Microsoft Word* eigene Tastaturkürzel definiert? Haben Sie einen Internet-Zugang? Benutzen Sie den *Internet Explorer*? Wenn Sie diese Daten nicht vorher sichern, müssen Sie hinterher vieles mühsam neu eingeben (Telefonnummern, Passwörter, individuelle Tastaturbelegungen, von den vielen gesammelten Favoriten-URLs gar nicht erst zu sprechen…). Bevor Sie eine Festplatte partitionieren oder löschen, sollten Sie deshalb ein Backup der gesamten Festplatte machen oder wenigstens die wichtigsten Einstellungen sichern. Die finden Sie unter anderem hier:

- Native und Carbon-Programme: *Users/Benutzer/Library/Preferences/*
- Classic-Programme: *Startlaufwerk/Systemordner/Preferences*
- Office-Daten: */Users/Benutzer/Documents/Microsoft-Benutzerdaten*
- Word-Tastenkürzel: In der Dokumentvorlage *Normal* (*/Applications/Microsoft Office X/Vorlagen*)

Sie sehen, es ist gar nicht so einfach, wirklich alles zu finden.

Da man früher oder später dennoch in die Verlegenheit kommt, das Laufwerk neu einzurichten, (sei es, weil die Festplatte gegen eine grössere ausgetauscht wird, oder deshalb, weil ein neuer Rechner ins Haus kommt), halte ich es seit geraumer Zeit so:

- Was geht, wird auf dem Datenlaufwerk gespeichert (zur sinnvollen Festplattenaufteilung kommen wir gleich).
- Unwichtige Voreinstellungsdateien ignoriere ich einfach. In vielen werden nur ein paar unbedeutende Dinge wie etwa die Position der Fenster gespeichert – das lässt sich, wenn das Programm neu installiert ist, problemlos mit ein paar Mausklicks in den *Einstellungen* wieder auf den alten Stand bringen.
- Wichtige Vorgaben, in denen viel Arbeit steckt, wie zum Beispiel die Dokumentvorlage *Normal* von *Word*, merke ich mir, und sie werden dann beim sowieso fälligen letzten Backup mit gesichert.
- Nicht zu vergessen die Dokument-, Bild- und Audio-Ordner der einzelnen Benutzer – jeder hat ein Heimatverzeichnis und viel Wichtiges oder Persönliches darin!
- Damit das Ganze nicht zu einer Suchorgie mit heftigstem Überlegen kurz vor dem Partitionieren wird (was ist wichtig und wo finde ich es?), habe ich mir angewöhnt, alle Dateien, die gesichert werden sollten, zu notieren, sowie sie mir auffallen. *Notizzettel* ist ein guter Ort, so etwas zu notieren.

Nebenbei: Haben Sie auch an die Daten von *Notizzettel* selbst gedacht? Wo Sie die finden, steht im vorigen Kapitel im Abschnitt *Notizzettel*.

BEDENKEN SIE! Da die Festplatte für das Partitionieren komplett gelöscht werden muss (und deshalb vorher ein Backup der wichtigen Daten dringend angeraten ist), liegt die Versuchung nahe, sich nach einem Hilfsprogramm umzusehen, das die Aufteilung in Teilbereiche auch ohne Komplettlöschung der Daten bewerkstelligen kann. Davon ist aber nach unserer Auffassung dringend abzuraten, denn die Nachteile wiegen schwerer als die Vorteile, ist doch die Konsistenz von Daten und Festplattenorganisation durch nichts garantiert. Beissen Sie deshalb lieber in den zunächst etwas säuerlichen Apfel der kompletten Löschung und Neuaufteilung der Festplatte – nach einem Backup.

Wie gross Sie die einzelnen Teilbereiche wählen, hängt ein wenig von der Grösse der in dem Mac eingebauten Festplatte und natürlich auch von den Anforderungen der Betriebssysteme ab. Laut Apple benötigt Mac OS X mindestens 1,5 Gigabyte Festplattenspeicher, wobei hier aber – wie so oft – ein wenig mehr besser ist:

Da die *Dienste* (eine Art Daten- und Funktionsaustausch) der OS X-Programme nur funktionieren, wenn die Programme im Ordner *Applications* (oder Unterordnern davon) liegen, sollte man OS X so viel Festplattenspeicher zuweisen, dass System und alle Programme darauf passen. 4–5 Gigabyte; besser noch mehr. Bei mir sind es 9 Gigabyte für die Mac OS X-Partition und das reicht wohl noch eine Weile...

Wir empfehlen in etwa folgende Aufteilung:

- Eine Partition mit ca. 1–2 Gigabyte für Mac OS 9. Hier wird das klassische Mac OS installiert, das direkt (nicht als *Classic*) aufgestartet werden soll. Dazu all die kleinen nützlichen Utilities des klassischen Systems (*Disk Copy*, *FileBuddy*, *TechTool*...) – was der Mensch halt so braucht.
- Eine zweite Partition ab 5 Gigabyte für OS X und *Classic*. Dahin kommen – neben den beiden Betriebssystemen *Classic* und Mac OS X – auch alle grossen Programme: für Text-, Bild- und sonstige Bearbeitungen. Hier so grosszügig zu sein, wie die Festplatte das nur zulässt, empfiehlt sich schon deshalb, weil die ganzen i-Programme (*iPhoto*, *iTunes*) ihre Daten standardmässig im Benutzerverzeichnis ablegen; *iPhoto* unter /Benutzer/Benutzername/Pictures/iPhoto Library/, *iTunes* unter /Benutzer/Benutzername/Musik/iTunes/ – da kommt schnell eine Menge an Bild- und Tondaten zusammen.
- Eine dritte Partition für die Daten. Die eigene Datenpartition macht die Datensicherung einfacher und übersichtlicher. Grundsätzlich versuche ich immer, hier alle Daten abzulegen, auch wenn ein Programm sie gern woanders sähe: So ist zum Beispiel auch die E-Mail-Datenbank von *Entourage* auf *Projekte* abgelegt (so heisst mein Datenlaufwerk). Dort, wo *Entourage* sie eigentlich erwartet – unter /Users/Benutzer/Documents/Microsoft-Benutzerdaten – liegt eine gleichnamige Aliasdatei. Wenn das Alias genau so benannt ist wie das Original, akzeptieren die Programme das in aller Regel klaglos.
- Eine vierte Partition für temporäre Dateien. Das ist das «Schotterlaufwerk». Da kann dann auch einmal ein neues/altes System drauf sein, wenn ich etwas ausprobieren will (in der Regel ist keins drauf), ansonsten sammle ich da vor allem die Daten, die aus dem Internet kommen, die ich auf CD brennen will, wenn genug zusammengekommen sind (digitale Fotos, *SmartDisc*-Daten...). Unter anderem speichere ich dort auch all die Programme und Utilities zwischen, von denen noch nicht feststeht, ob sie permanent auf den Mac kommen oder doch wieder gelöscht werden.

Was die Grösse der Partitionen angeht, so sind sie bei mir immer recht üppig bemessen. Ich neige dazu, lieber bei Zeiten eine grössere Festplatte einzubauen. Wenn weniger als 25 % der Partition frei sind, werde ich nervös.

Um die Festplatte (jetzt endlich) zu partitionieren, gehen Sie so vor:

1. Klicken Sie im Fenster vom *Festplatten-Dienstprogramm* auf *Partitionieren*.
2. Stellen Sie die gewünschten Teilbereiche und Optionen ein:

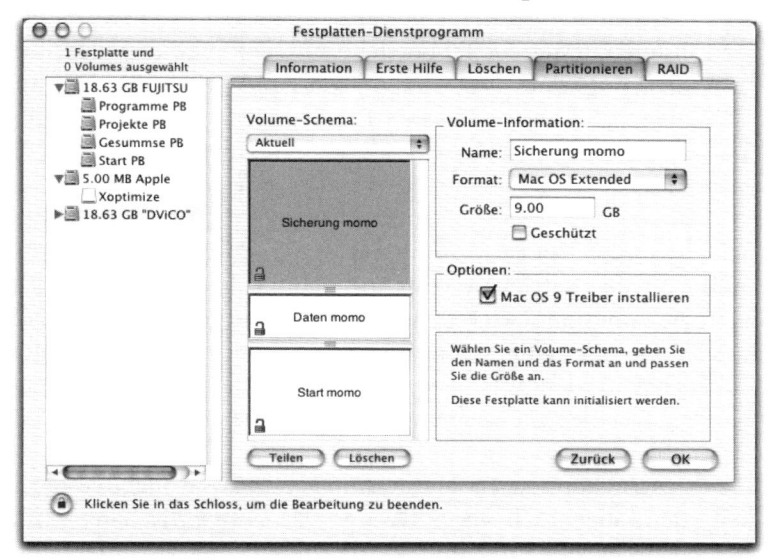

3. Unter *Volume-Schema:* wählen Sie die Anzahl der gewünschten Teilbereiche aus. Rechts daneben stellen Sie das Format (*HFS*, *HFS+* oder *UFS*) und die Grösse ein. Hier können Sie die Teilbereiche auch gleich benennen.

Über die Bedeutung der Speicherformate lesen Sie bitte unter *Die Konzepte hinter Mac OS X – Datenträgerformate* nach. Die Grösse der Teilbereiche können Sie übrigens auch linker Hand durch Aufziehen mit der Maus verändern.

Die Steuerung erfolgt dann mittels der Knöpfe rechts unten:

- Der Knopf *Teilen* überträgt ein gewähltes Teilbereichs-Schema auf die grafische Darstellung links, hat aber noch nirgends sonst Auswirkungen (insbesondere nicht auf die Festplatte).
- Der Knopf *Löschen* löscht ein Teilbereichs-Schema in *Laufwerke konfigurieren*, aber nirgends sonst (also nicht etwa auf der Festplatte).
- Der Knopf *Zurück* stellt die ursprüngliche Einstellung wieder her.
- Erst der Knopf *OK* stösst – nach Sicherheitsabfrage – den Initialisierungs- und Partitionierungsvorgang an.

Nach erfolgter Initialisierung haben Sie einen frischen Massenspeicher. Haben Sie partitioniert, dann tauchen nun auch entsprechend viele neue Laufwerke auf. Den Namen derselben können Sie wie bei jedem anderen angezeigten Objekt auch nach einfachem Mausklick in das Namensfeld beliebig ändern.

POWER USER Das Programm *Laufwerke konfigurieren* kann nicht nur Apples Festplatten, sondern eine ganze Reihe von Wechselmedien initialisieren, testen, in Teilbereiche aufteilen bzw. deren Treiber aktualisieren. Und: Der Treiber von Apple ist recht flott und sehr zuverlässig. Nach unseren Erfahrungen sind Medien mit einem Apple-Treiber langfristig zuverlässiger als jene, die mit anderen Disk-Utilities initialisiert wurden.

RAID

Seit Version 10.1 des Betriebssystems unterstützt das *Festplatten-Dienstprogramm* auch die Funktion *RAID* (Redundant Array of Independent Disks). Das kann sinngemäss etwa mit «kombinierte Anordnung unabhängiger Festplatten» übersetzt werden, was wiederum bedeutet, dass mehrere Festplatten genutzt werden, um die Datensicherheit oder den Datentransfer zu erhöhen.

BEDENKEN SIE! *RAIDs* können via Hardware (*RAID*-Controller) gesteuert werden, aber auch via Software. Das *Festplatten-Dienstprogramm* realisiert die Softwaresteuerung, wobei hier anzumerken ist, dass sich die meisten Anwender einig darin sind, dass ein «echter» *RAID*-Controller der Softwarelösung in jedem Fall vorzuziehen ist. Kommt es Ihnen also auf maximale Datensicherheit an, dann sollten Sie der Hardwarelösung den Vorzug geben.

Voraussetzung für ein *RAID* sind mindestens zwei Festplatten mit ATA- oder SCSI-Schnittstelle, die in einem der Formate *HFS*, *HFS+*, *UFS* oder *MS-DOS* formatiert sind. Sie sollten die gleiche Grösse, am besten den gleichen Typ vom gleichen Hersteller aufweisen.

MERKET AUF! Unter Mac OS X ist es nicht möglich, so ein *RAID*-System als Startlaufwerk zu benutzen. Notwendig sind also insgesamt mindestens drei Festplatten, wenn ein RAID aufgesetzt werden soll. Ausserdem werden unter Mac OS X erstellte RAIDs von Mac OS 9 nicht erkannt.

Apple empfiehlt darüber hinaus, im Interesse maximaler Leistung Ultra-160-SCSI-Laufwerke zu benutzen und rät von IDE-Platten im Master-/Slave-Modus ab.

Sind die Voraussetzungen erfüllt, kann der Anwender zwischen zwei Modi wählen:

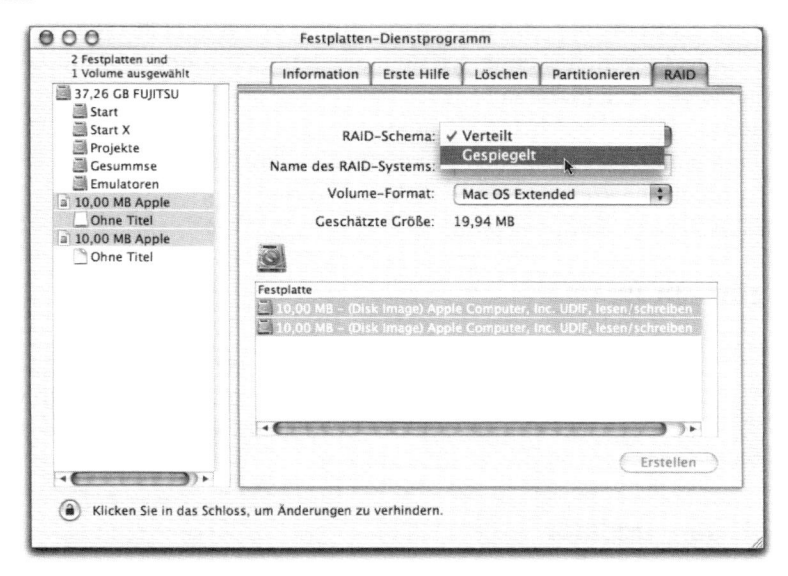

RAID 0 (Striping) – beim von Apple so genannten «einheitenübergreifenden» RAID werden zwei Festplatten von der Software zu einem gemeinsamen und schnelleren Laufwerk kombiniert; die Daten können quasi parallel und damit schneller an zwei Laufwerke geschickt respektive davon gelesen werden.

RAID 1 (Mirroring) – spiegelt zwei Festplatten. Das bedeutet, auf die zweite Festplatte werden zeitgleich dieselben Daten geschrieben und sie hält damit immer ein exaktes Abbild der ersten parat. Das hilft bei Hardwarefehlern, nicht aber bei Datenkorruption, denn die defekten Daten (die beispielsweise ein Programm korrumpiert hat) werden ja auf beide Platten geschrieben.

Um ein RAID einzurichten, gehen Sie dann so vor:

1. Öffnen Sie das *Festplatten-Dienstprogramm* und wählen Sie *RAID*.
2. Ziehen Sie die Festplatten, die das *RAID* bilden sollen, aus dem linken Fensterbereich in den rechten Teil.
3. Wählen Sie die *RAID*-Form aus, benennen Sie das Set und wählen Sie ein Datenformat. Die Grösse wird daraufhin automatisch bestimmt.

ERSTE HILFE   Treten Probleme mit einem gespiegelten *RAID 1* auf, dann versuchen Sie folgendermassen, das Problem zu beheben:

1. Öffnen Sie das *Festplatten-Dienstprogramm* und wählen Sie *RAID*. Es sollte eine Meldung auftauchen, die den Fehler beschreibt.
2. Wird ein Plattenfehler gemeldet, drücken Sie den Knopf *Rebuild*.
3. Funktioniert das nicht, dann schalten Sie den Computer aus und tauschen Sie die defekte Festplatte aus.
4. Wiederholen Sie die Schritte 1 und 2.
5. Ziehen Sie das Icon der neuen Festplatte aus dem linken Fensterbereich auf das Icon der defekten Festplatte rechter Hand.
6. Drücken Sie den Knopf *Rebuild*.

Installationsprogramm

Das *Installationsprogramm* (auch *Installer* genannt) ist ein Programm zum Installieren von Programmen. Von denen wird er automatisch aufgerufen; der normale Anwender hat keinen Nutzen davon, es direkt aufzustarten.

iPod Software Updater

Der *iPod Software Updater* aktualisiert die Software des *iPod*: Von Zeit zu Zeit stellt Apple neue Systemversionen für den *iPod* bereit, die die Funktionalität verbessern. So wurde der *iPod* beispielsweise einst um die Funktion der Adressenverwaltung erweitert. In einem späteren Update dann konnte er Datum und Uhrzeit und damit auch Termine und Alarmzeiten verwalten.

Die neuesten Updates werden von Apple im Internet bereitgestellt und es lohnt sich, von Zeit zu Zeit auf Apples Webseite (www.apple.de) nachzusehen, ob es schon ein neues gibt.

Die Updates werden als Installer-Package geliefert, das Sie per Doppelklick starten. Das eigentliche Aktualisierungsprogramm für den *iPod* finden Sie dann im Verzeichnis */Programme/Dienstprogramme/iPod Software Updater/*.

Das können Sie nun direkt aufstarten und den iPod anhand der Bildschirmhinweise aktualisieren.

Sie können den *iPod* aber auch einfach an Ihren Macintosh anschliessen. *iTunes* (das automatisch startet), erkennt, dass es eine neue Systemversion für den *iPod* gibt und meldet sich. Wenn Sie bestätigen, wird das Software-Update auf dem *iPod* installiert und künftig können Sie die neuen Funktionen nutzen.

Java

Im Ordner *Java* finden Sie einige Hilfsprogramme zu dieser universellen Programmiersprache. Die *Java Virtual Machine* (VM) – die «virtuelle Maschine» – sorgt für die Kommunikation von *Java*-Programmen mit dem jeweiligen Computer. Hardwareabhängig ist nur diese virtuelle Maschine, während die *Java*-Programme auf allen Computern dieser Welt laufen können, für die eine *Virtual Machine* (VM) existiert. Das hat nur einen Nachteil: *Java*-Programme sind im Vergleich zu Programmen anderer Programmiersprachen deutlich langsamer.

Applet Launcher

Der *Applet Launcher* ist dazu bestimmt, Applets (Java-Programme) auch ohne einen Browser zu starten. Dazu extrahiert er die *<applet>* HTML-Marken aus dem HTML-Code und startet das Applet. Enthält eine Seite mehrere *<applet>* HTML-Marken, dann werden alle Applets gestartet. Mit dem *Applet Launcher* können Sie sowohl lokale (auf der Festplatte) als auch Applets aus dem Internet starten.

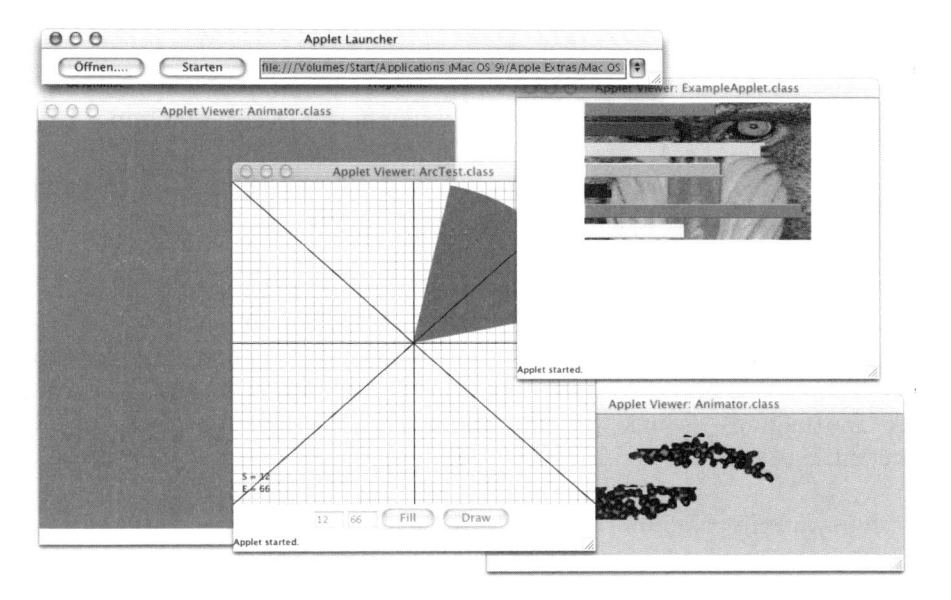

Ein gültiger Pfad kann so aussehen: *file:///Volumes/Start/Applications (Mac OS 9)/Apple Extras/Mac OS Runtime For Java/Apple Applet Runner/Applets/Sun Sphere/SunSphereMRJ.html*. Da ist es sicherlich meist einfacher, sich das gewünschte Java-Applet über den Knopf *Öffnen…* und die Dateiauswahl zu holen…

Die Pfadangabe kann sich natürlich auch auf eine Adresse im Internet beziehen.

Java Plugin Settings

Mit Hilfe dieses kleinen Hilfsprogramms können Sie einige Voreinstellungen für die *Java* Plug-Ins tätigen, die sich im Wesentlichen auf die Dialogfreudigkeit auswirken:

Java Web Start

Seit Version 10.1 des Betriebssystems findet sich im Ordner *Utilities* die Anwendung *Java Web Start* von Sun Microsystems. Es handelt sich dabei um einen Ansatz zur Verteilung von Java-Software, der schon länger im Gespräch war.

Sun preist dabei die besonders einfache Installation per Mausklick, die Fähigkeit, über das Internet nach eigenen Updates zu suchen und die Tatsache, dass die Java-Applikation nach dem Download auch ohne Internetverbindung ausgeführt werden kann. Die Firma sieht den Haupteinsatz in der Erweiterung der (Darstellungs-)Fähigkeiten eines jeden Internetbrowsers, der sich auf Java versteht. Das Applet kann aber auch eigenständig laufen.

Nachfolgend ein paar Eindrücke von *Java Web Start*.

Das Programm sucht nach eigenen Updates:

Hier wird eine Anwendung geladen (zu finden unter `http://java.sun.com/products/javawebstart/`):

Und erweist sich als nette Spielerei, die die Fähigkeiten von *Java Web Start* – und natürlich auch *Java* – demonstriert:

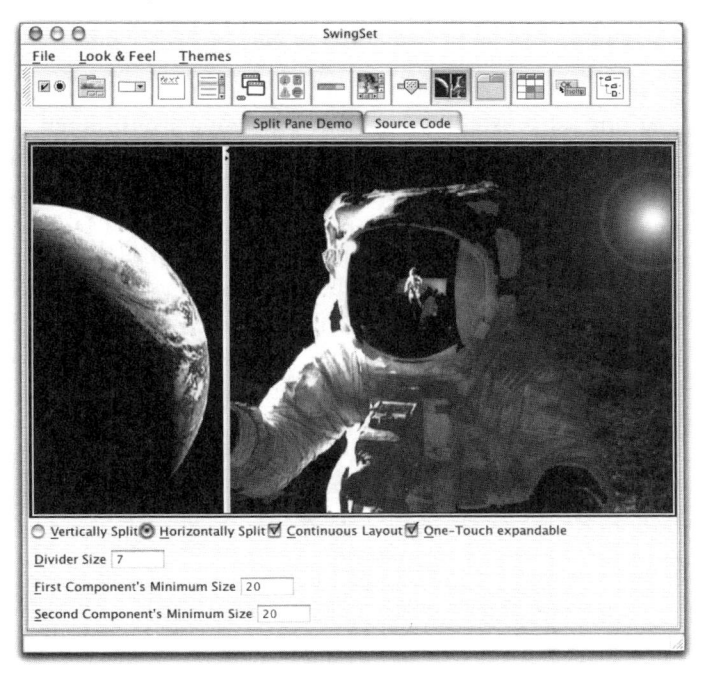

Wird *Java Web Start* künftig aufgestartet, dann weiss es um bereits vorhandene (heruntergeladene) Anwendungen und man kann sie direkt, auch ohne Internetverbindung, nutzen:

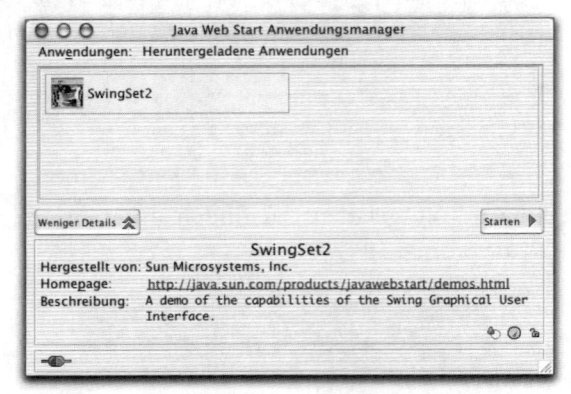

Die Daten werden unter */Users/Benutzer/Library/Caches/Java Web Start* abgelegt.

Fazit: Ganz netter Ansatz, aber die Applets sind vergleichsweise (sehr) langsam und die «ausgewachsene Tabellenkalkulation», die Sun als Möglichkeit schildert, wünschen wir uns doch lieber traditionell – und schnell.

Kalibrierungs-Assistent

Mit dem *Kalibrierungs-Assistent* können Sie Bildschirmhelligkeit und -farbe Ihres Mac an die Umgebung anpassen und den besten Kontrast einstellen. Normale Anwender optimieren hiermit die Darstellung nach eigenem Geschmack. Kommt es allerdings auf Farbverbindlichkeit an, dann kann damit der Monitor auch recht gut in das gesamte Farbmanagement eingebunden werden. Mehr dazu im folgenden Kapitel *Produktiv mit Mac OS X* unter *Farbmanagement*.

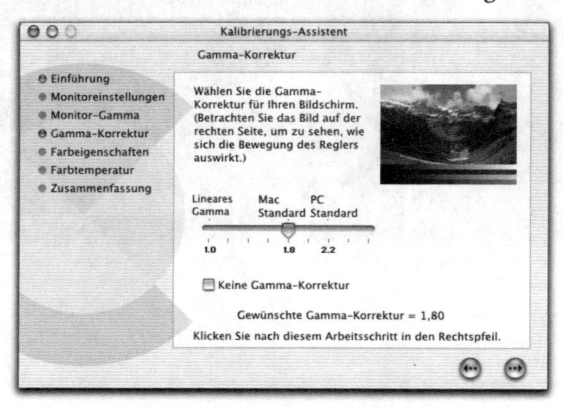

Der *Kalibrierungs-Assistent* wird übrigens auch aufgerufen, wenn Sie in *Systemeinstellungen...* | *Monitore* auf dem Reiter *Farben* den Kopf *Kalibrieren...* drücken.

Konsole

Das Programm *Konsole* gibt die Systemmeldungen von Mac OS X aus. Hier können Sie genau sehen, welche Dienste wann gestartet wurden und was damit los ist.

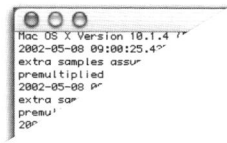

unter die Ober-
ck auf *Konsole*
robleme im
nst *NetInfo*

vermel-
wurde, dann
grund geholt. Und

RAFFINI

Doch keine ...meldungen. Manchmal sind es zwar auch Fe... sehen da auch gleich, dass sich das System «selbst ... ...n wird behoben.

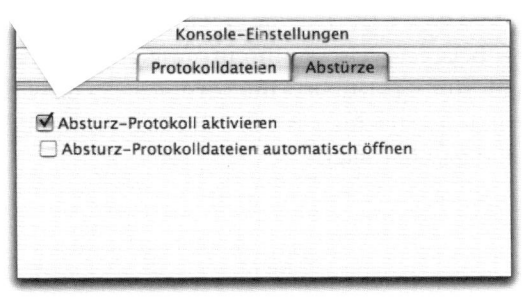

POWER USER Unter dem Menübefehl *Konsole | Einstellungen...* finden Sie auf dem Reiter *Abstürze* eine Option, die Absturzinformationen zu sichern. Stürzt ein Programm ab, blendet sich dann wahlweise auch gleich die *Konsole* ein und zeigt den Crashreport an. Das kann nützlich sein, wenn ein Programm wiederholt crasht und Sie diese Informationen dem Programmierer senden möchten.

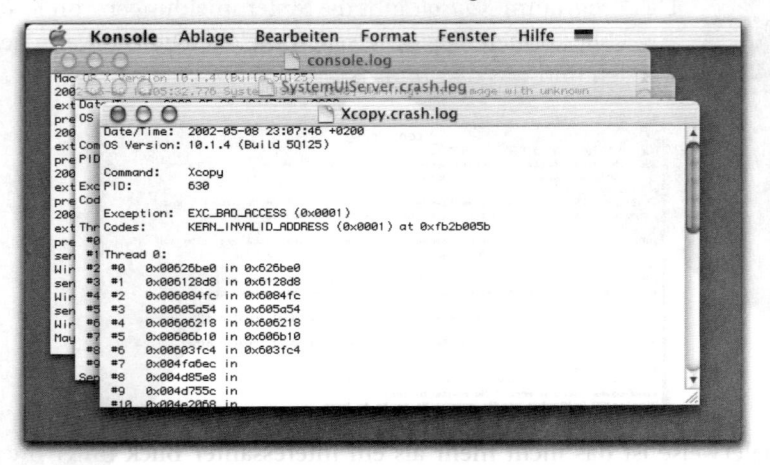

Diese Option, die ja auch die Programmierer schon bei der Programmentwicklung nutzen können, kann mittelfristig nochmals stabilere Programmen hervorrufen.

NetInfo Manager

Der *NetInfo Manager* ist ein Hilfsprogramm, mit dem sich die wichtigen Einstellungen im Netzwerk überprüfen und natürlich auch ändern lassen. Er wird uns deshalb im Kapitel *Netzwerke* noch genauer beschäftigen.

Netzwerk-Dienstprogramm

Mit dem *Netzwerk-Dienstprogramm* lassen sich Netzwerke austesten – beispielsweise kann ein *Ping* gesendet werden, ein kurzes Signal, mit dem überprüft wird, ob der gewünschte Computer überhaupt erreichbar ist. Es wird uns im Kapitel *Netzwerke* tiefer gehend beschäftigen.

ODBC Administrator

ODBC – die «offene Datenbankanbindung» – ist eine Schnittstelle zur Verbindungsaufnahme mit *SQL*-Datenbanken (SQL = Structured Query Language). Mit Hilfe des *ODBC Administrator* (ODBC = open database connectivity) können Datenquellen auf dem Rechner und im Netzwerk registriert und konfiguriert werden.

Wenn Sie – wie wir – damit nichts am Hut haben, brauchen Sie den *ODBC Administrator* nicht.

Print Center

Mit Hilfe des *Print Center* (*Druckerauswahl*) werden Drucker ausgewählt (welch Überraschung!) und konfiguriert. Im folgenden Kapitel *Produktiv mit Mac OS X* stellen wir dieses Programm ausführlicher vor.

Prozess-Monitor

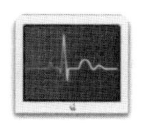

Mit dem Hilfsprogramm *Prozess-Monitor* (zu finden im Pfad */Applications/Utilities*) erhalten Sie einen Überblick über die gerade laufenden Prozesse:

Hier sind alle Prozesse namentlich aufgeführt. Daneben steht, welcher Benutzer diesen Prozess gestartet hat und ob der Prozess gerade läuft.

Die interessanten Informationen finden sich unter *%CPU* und *%Speicher*. *%CPU* zeigt an, zu wie viel Prozent der jeweilige Prozess die zentrale Recheneinheit auslastet respektive beansprucht. Und *%Speicher* gibt an, wie viel Prozent des verfügbaren RAM der Prozess benutzt. Letztere Angabe ist allerdings nicht allzu aussagekräftig beziehungsweise sollte nicht überbewertet werden, da Mac OS X ja sehr stark auf die virtuelle Speicherverwaltung setzt.

HEISSER TIPP Wie in nahezu allen Fenstern von *Aqua* können Sie nach unterschiedlichen Kriterien sortieren, indem Sie in der Titelleiste den entsprechenden Begriff anklicken: Ein Klick auf *%CPU* etwa sortiert die Prozesse nach der Auslastung des Hauptspeichers. Mit einem Klick auf das kleine Icon ganz rechts oben neben der Auflistung (den so genannten *Turm von Hanoi*) können Sie die Sortierreihenfolge umkehren.

Im oberen Bereich des Fensters *Prozessliste* haben Sie rechter Hand noch die Möglichkeit, unter *Anzeigen:* in einem Pop-Up-Menü zu wählen, welche Prozesse Sie sich anzeigen lassen möchten:

Im unteren Bereich der *Prozessliste* können Sie sich dann zu einem markierten Prozess noch genauere Informationen bezüglich der *Prozess-ID* und der *Statistiken* auf den entsprechenden Reitern anzeigen lassen (mit dem Dreieck bei *Mehr Informationen* aufklappen).

Es ist schon ganz interessant, beispielsweise einmal unter *Statistiken* bei dem Punkt *Gesamte CPU-Zeit:* die unterschiedlichen Zeiten zu vergleichen, die die einzelnen Prozesse bislang von der zentralen Recheneinheit angefordert haben.

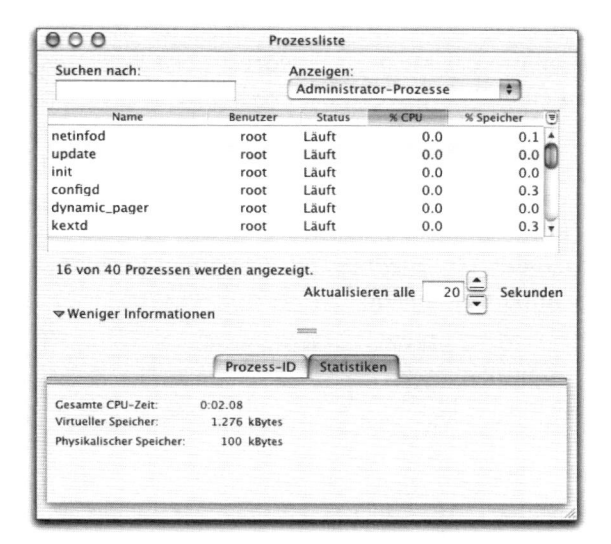

```
┌─────────────────────────────────────────────────┐
│  ⊙ ⊙ ⊙              Prozessliste                │
│  Suchen nach:           Anzeigen:               │
│  ┌──────────────┐       Administrator-Prozesse ▼│
│  └──────────────┘                               │
│   Name          Benutzer  Status   % CPU  % Speicher │
│   netinfod      root      Läuft    0.0    0.1   │
│   update        root      Läuft    0.0    0.0   │
│   init          root      Läuft    0.0    0.0   │
│   configd       root      Läuft    0.0    0.3   │
│   dynamic_pager root      Läuft    0.0    0.0   │
│   kextd         root      Läuft    0.0    0.3   │
│                                                 │
│   16 von 40 Prozessen werden angezeigt.         │
│                 Aktualisieren alle  20  Sekunden│
│   ▽ Weniger Informationen                       │
│                                                 │
│           Prozess-ID │ Statistiken              │
│   Gesamte CPU-Zeit:       0:02.08               │
│   Virtueller Speicher:    1.276 kBytes          │
│   Physikalischer Speicher: 100 kBytes           │
└─────────────────────────────────────────────────┘
```

POWER USER

Neben seiner rein informativen Aufgabe hat der *Prozess-Monitor* auch eine äusserst nützliche Funktion: Über den Menübefehl *Prozesse | Prozess beenden* können Sie einen ausgewählten Prozess beenden. Das ist so zwar nichts unbedingt Neues, denn mit der Tastenkombination *Befehl-Wahl-Escape* erreichen Sie jederzeit ein Fenster mit ganz ähnlicher Funktionalität, dort aber können Sie nur jene Prozesse beenden, die der Benutzer gestartet hat. Im *Prozess-Monitor* dagegen sind alle Prozesse zugänglich und damit auch «abschiessbar».

Der Dialog zum Beenden von Prozessen erscheint auch, wenn Sie einen Prozess doppelklicken.

Schlüsselbund

Das Hilfsprogramm *Schlüsselbund* bewahrt einzelne Passwörter von Programmen auf und gibt sie alle auf ein einziges Master-Passwort hin frei. Der Anwender hat dabei wenig zu tun: Wird ein Passwort für ein Programm definiert, das den *Schlüsselbund* unterstützt, dann kann dieses Passwort wahlweise gleich an den *Schlüsselbund* übergeben werden.

GRUNDWISSEN

Das für den jeweiligen Benutzer vergebene Passwort für das Einloggen ist gleichzeitig das Master-Passwort für den *Schlüsselbund* dieses Benutzers.

Der Anwender muss sich nicht mehr jedes einzelne Passwort gemerkt haben, sondern das Wissen um das Master-Passwort für *Schlüsselbund* genügt, um alle darin aufgenommenen Passworte nutzen zu können.

- Jedes für den *Schlüsselbund* eingerichtete Programm erlaubt bei einer Kennworteingabe, dieses Kennwort an den Schlüsselbund zu übermitteln.
- Benötigt das Programm sein Kennwort wieder, so wird automatisch nachgefragt, ob dazu der *Schlüsselbund* einmalig oder permanent während dieser Sitzung benutzt werden soll.

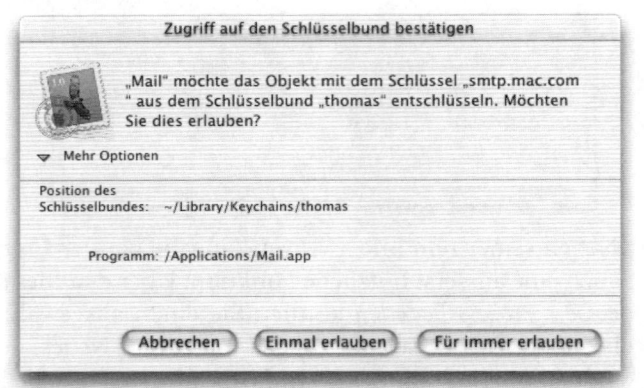

VORSICHT FALLE Nach Eingabe des Master-Passwortes ist der *Schlüsselbund* freigegeben – und alle künftigen Passwortabfragen der Programme werden über den Knopf *Erlauben* bestätigt. Will heissen, dann kann jeder, der sich in Ihrer Abwesenheit auf Ihrem Mac verlustiert, auch die passwortgeschützten Programme ausführen. Deshalb – schützen Sie *Schlüsselbund* und Mac, bevor Sie ihn (kurz) verlassen.

Im *Schlüsselbund* sehen Sie alle mit Kennwörtern versehenen Dateien respektive Programme.

Sie können sich auch (gegebenenfalls nach Eingabe des Master-Kennwortes) die einzelnen Kennworte wieder ins Gedächtnis rufen (Menübefehl *Register | Einstellungen | Kennwort einblenden*).

BEDENKEN SIE! Sie sehen, *Schlüsselbund* ist ebenso bequem wie gefährlich: Wer das Master-Kennwort hat, hat Zugriff auf *alle* im *Schlüsselbund* gespeicherten Kennworte. Mit dem Knopf *Schützen* können Sie genau das tun – den *Schlüsselbund* schützen respektive sperren.

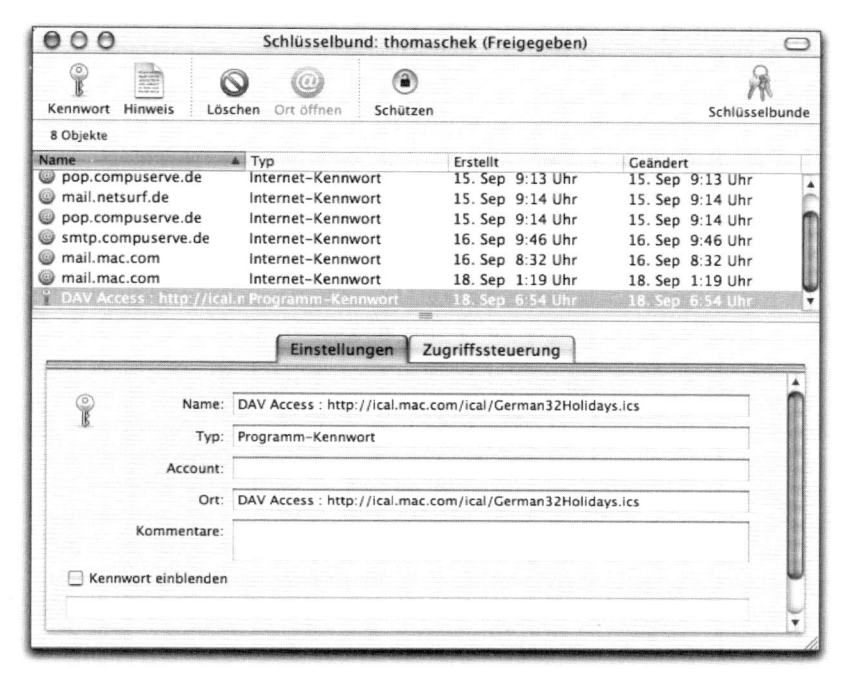

Der *Schlüsselbund* kann auch auf mehreren Computern benutzt werden; etwa Zuhause oder im Büro:

1. Das Kontrollfeld *Schlüsselbund* muss auf allen fraglichen Computern installiert sein.
2. Schützen Sie den *Schlüsselbund*.
3. Kopieren Sie die Schlüsselbund-Datei (Sie finden sie im Systemordner im Ordner *Libraries/Key Chains* im Benutzerordner) in den Benutzerordner auf dem anderen Mac.
4. Geben Sie den *Schlüsselbund* frei.

Sicherheit

Schlüsselbund ist ziemlich sicher: Das Master-Passwort wird nirgends gespeichert, sondern aus dem Passwort wird unmittelbar ein Codierungsschlüssel generiert, der mit 128 Bit RC2 Verschlüsselung gespeichert wird.

Wiederholten Angriffen widersetzt sich das Kontrollfeld gleichfalls recht erfolgreich durch die Begrenzung: Dreimal darf ein falsches Kennwort eingegeben werden, dann bricht der Vorgang mit einer Warnmeldung ab – die Passworteingabe kann aber sofort wieder versucht werden. Dem automatisierten Einbruch aber schiebt das einen dicken Riegel vor.

StuffIt Expander

Die meisten Dateien, die Sie aus dem Internet herunterladen, sind komprimiert, um die Übertragungszeiten kleinstmöglich zu halten. Vor einer Nutzung müssen sie folglich entpackt werden.

Das zu diesem Zweck universellste Programm ist der *StuffIt Expander* (Freeware). Per Doppelklick auf die gepackte Datei oder per *Drag&Drop* derselben auf den *Expander* werden sie entpackt. Damit können Sie praktisch alles, was Ihnen so unterkommen mag, wieder entpacken.

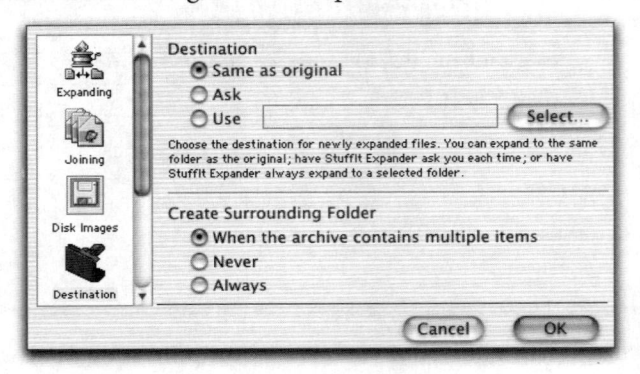

SMART DISC

Umgekehrt können Sie mit dem Pendant *DropStuff* jede Datei vor dem Versenden komprimieren (auf unserer *SmartDisc* finden Sie *DropStuff* und *DropZip*, beide Programme sind Shareware).

- Gepackte Daten tragen meist *.gz*, *.sit*, *.sea* oder *.cpt* als Endung.
- *BinHex*-kodierte Dateien werden in der Regel durch das Dateianhängsel *.hqx* kenntlich gemacht. Dieses Format ist besonders zuverlässig, die Datei wird dabei allerdings auch grösser.
- UNIX-Archive sind mit der Endung *.tar* gekennzeichnet. Die Datei *zweialtetanten.tar.gz* ist also ein komprimiertes UNIX-Archiv.

Tastatur

Mit *Tastatur* (respektive *Key Caps*) erhalten Sie einen Eindruck vom aktuellen Zeichensatz. Sie können Zeichen und Sonderzeichen eintippen (per Mausklick oder Tastatur) und aus *Tastatur* in ein anderes Programm kopieren.

Wenn Sie die Sondertasten (auch in Kombination) drücken, zeigt *Tastatur* die Zeichen an, die sich mit dieser Tastenkombination eintippen lassen. Der «Klammeraffe» (@) etwa verbirgt sich hinter *Wahl-L* (*Wahl-G* auf der Schweizer Tastatur). Und das Symbol für die neue europäische Währung – den Euro – erreichen Sie über die Tastenkombination *Wahl-E*.

Im Menü *Schrift* lassen sich andere Zeichensätze anwählen, und so können zum Beispiel auch die Zeichen des Symbol-Zeichensatzes *Zapf Dingbats* ergründet werden.

Eingetippte Zeichen erscheinen oben im weissen Feld, lassen sich markieren, kopieren und woanders einsetzen.

RAFFINIERT Sonderzeichen wie Accent grave, Tilde usw. werden grau umrandet dargestellt. Wenn Sie eine solche Taste anschlagen, werden gewisse Tasten weiss umrandet.

Das bedeutet, dass der angeschlagene Accent nur auf eines der umrandeten Zeichen gesetzt werden kann. Wird anschliessend ein anderes, also nicht fett umrandetes Zeichen angeschlagen, so erscheint das Sonderzeichen einzeln, «in der Luft hängend».

Und natürlich erkennt *Tastatur* das tatsächliche Layout der angeschlossenen Tastatur. Während die Abbildungen bislang die integrierte Tastatur eines Power-Book zeigten, sieht *Tastatur* nach dem Anschliessen einer externen USB-Tastatur folgendermassen aus (wenn auch eine Taste auf der externen Tastatur gedrückt wurde):

Terminal

Das *Terminal* dient zur Kommandozeileneingabe unter *Aqua*. Mit ein paar Buchstaben und Ziffern lassen sich die tollsten Dinge anstellen. Die Bedienung per Kommandozeile ist seit langem Standard unter UNIX (tatsächlich wird dort just versucht, zusätzlich eine vernünftige Benutzeroberfläche zu realisieren), und jetzt geht das Befehls-Getippe auch unter dem Mac OS (das zudem eine tolle Benutzeroberfläche hat). Das Thema ist umfassend und uns ein eigenes Kapitel wert: *Mac OS X Interna*.

Verzeichnisdienste

Das Programm *Verzeichnisdienste* (oder auch *Directory Setup*) erlaubt es Ihnen, bestimmte Netzwerkdienste wie *NetInfo* und *LDAP* zu konfigurieren und ein- oder auszuschalten. Mehr dazu findet sich im Kapitel *Netzwerke*.

7

Produktiv mit Mac OS X

MAC OS
Version 10.2
(Jaguar)

Produktiv mit Mac OS X

Neben und unter *Aqua* beinhaltet Mac OS X weitere, nicht ganz so offensichtliche Technologien wie *Drag&Drop* oder die Druckerauswahl, die die Arbeitsweisen am Computer einfacher und effizienter gestalten können. Denn letztlich möchte der Nutzer ja nur eines: Produktiv sein. Mögliche Wege dahin werden hier geschildert.

BEDENKEN SIE! Die Icons sind grösser, die Schriften und die Fenster auch und benötigen deshalb mehr Platz. Auch die Organisationselemente unterscheiden sich zum Teil vom Gewohnten. Unter Mac OS X ist alles ein wenig anders. Der Platz auf dem Schreibtisch will anders aufgeteilt sein, und deshalb sollten auch die Methoden der Organisation überdacht und in Bereichen neu erprobt werden.

Als sehr hilfreich empfinden wir in dem Zusammenhang die kleinen Utilities *NeXbar* (ein Dock für Programme, die dort vorgehalten werden und aufgestartet werden können) und *Space* (mehrere virtuelle Bildschirme).

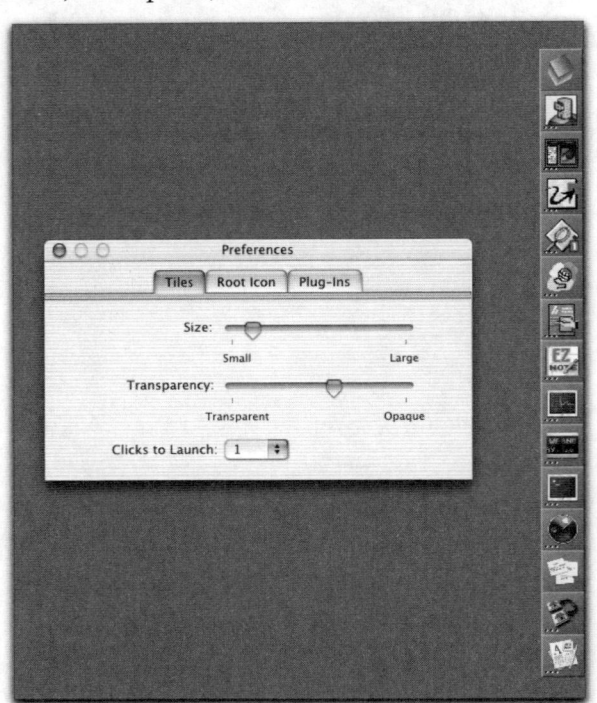

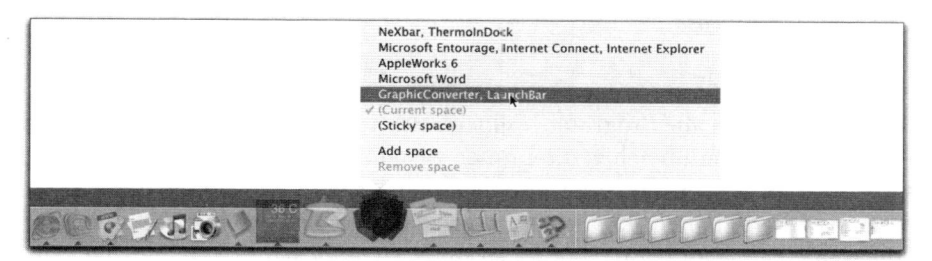

Auf unserer *SmartDisc* finden Sie diese und weitere Utilities, die die Organisation unter Mac OS X zu optimieren vermögen.

Programme

Programme bestehen unter Mac OS X nicht notwendigerweise aus einzelnen Dateien, sondern es können ganze Pakete sein, die unter Umständen neben dem eigentlichen Programm auch noch weitere Komponenten enthalten. Beispielsweise Bilder, Töne, Lokalisierungstexte, Plug-Ins und private wie öffentliche Bibliotheken.

Die Komponenten sind der besseren Übersichtlichkeit halber zu einem Paket zusammengefasst, das der Finder als ein einzelnes Icon darstellt. Wenn Sie so ein Programmpaket *Control-Klicken* und so das Kontextmenü dazu aufrufen, dann können Sie sich mit *Paketinhalt zeigen* die einzelnen Paketbestandteile ansehen:

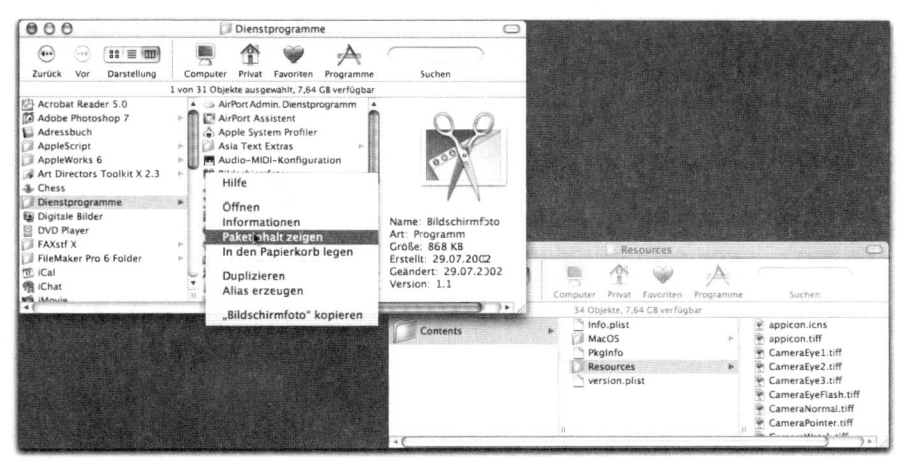

Ein Vorteil dieser Paket-Technologie ist, dass sich Programme ganz einfach installieren und deinstallieren lassen. Ein spezielles Installationsprogramm wird nur noch in den seltensten Fällen benötigt.

Programmschematik

Unter *Aqua* folgen alle Programme einer bestimmten Schematik, das heisst, sie besitzen einige Menübefehle, die immer gleich benannt sind (*Bearbeiten* zum Beispiel) und die die grundlegenden Befehle für das Arbeiten mit diesem Programm bereithalten: *Kopieren*, *Einsetzen* oder *Sichern unter*, um nur einige zu nennen. Daneben kann jedes Programm weitere eigene Menübefehle realisieren, *Format* etwa oder *Postfach*.

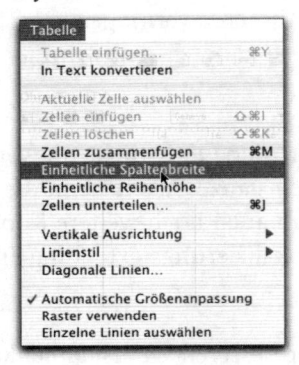

Genauer wurde diese grundsätzliche Menüstruktur bereits im Kapitel *Benutzeroberfläche Aqua* unter *Der Finder* beschrieben.

Und alte Macianer wissen: Ein gut geschriebenes Programm erschliesst sich in seinen Grundzügen über diese Menübefehle schon ganz ordentlich; mit deren Hilfe lässt es sich mindestens in den Grundzügen bedienen.

BEDENKEN SIE! Was viele angesichts so einfacher Annäherung übersehen und unterschätzen: Damit kann man einfache Hilfsprogramme komplett erlernen. Die Feinheiten eines ausgefeilten Programms aber lassen sich nur nutzen, wenn auch ein gründlicher Blick in die Online-Hilfe und ins Handbuch geworfen wird!

Programme installieren

POWER USER Programme sollten Sie idealer Weise immer dann installieren, wenn Sie als *Administrator* angemeldet sind. Der *Superuser* empfiehlt sich nicht, da hierbei auch Zugriff auf essentielle Systemdateien möglich ist (die dann eventuell vom installierten Programm «zerschossen» werden können). Aber auch die Installation von Programmen unter einem normalen Benutzerzugang kann später zu Problemen bei den Zugriffsrechten für alle führen. Deshalb: vor einer Programm-Installation auf jeden Fall als *Administrator* einloggen.

Programme und Programmpakete können unter Mac OS X prinzipiell auf zwei Arten installiert werden: Entweder manuell, indem Sie einfach an den gewünschten Ort auf der Festplatte gezogen werden, oder aber mittels eines speziellen Installations-Programms, das dem Programm beiliegen muss. Bei der Installation von Programmen sollten Sie Folgendes berücksichtigen:

Normalerweise werden Programme im Ordner *Programme* (oder einem Unterordner davon) installiert, um sie allen Nutzern dieses speziellen Computers zugänglich zu machen. Sollen sie nur einem bestimmten Benutzer zur Verfügung gestellt werden, dann können sie natürlich auch im Ordner *Programme* in seinem lokalen Verzeichnis abgelegt werden.

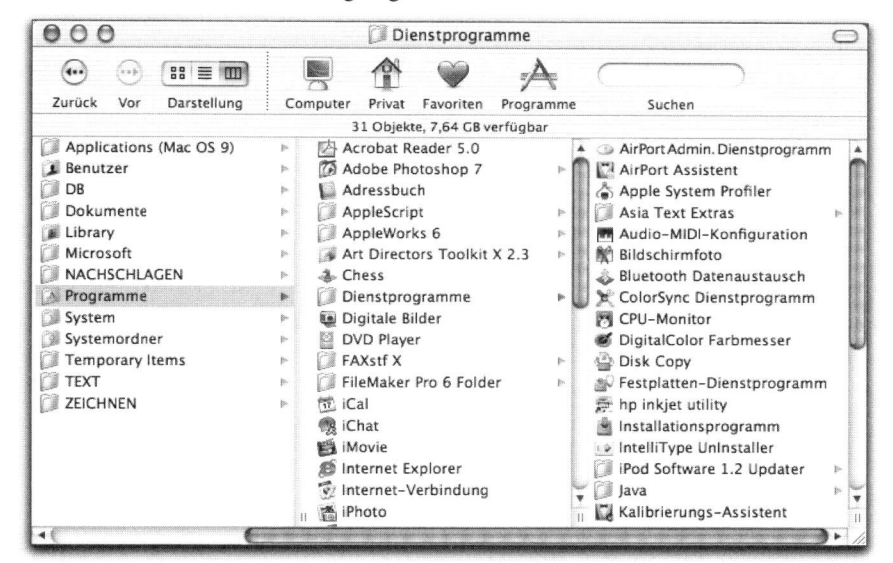

MERKET AUF! Obwohl es nicht zwingend notwendig ist, Programme im Ordner *Programme* abzulegen, ist es doch empfehlenswert. Programme, die woanders abgelegt wurden, können nämlich unter Umständen manche Systemfunktionen wie zum Beispiel die *Dienste* nicht nutzen.

Ein weiterer Punkt, der für den Ordner *Programme* spricht: Der Finder sucht beim Aufbau seiner Programm-Datenbank bei allen bekannten Benutzern nach. Liegt ein Programm ausserhalb aller Benutzerverzeichnisse, kann das die Effizienz des Systems beeinträchtigen.

Da Mac OS X Programmpakete unterstützt, die alle zum Programm gehörigen Dateien zusammenfassen (und sich unter dem Finder als ein Icon zeigen), empfiehlt Apple als die von Entwicklern zu bevorzugende Methode der Installation die einfache *Drag&Drop*-Installation. Dabei zieht der Anwender das Programmpaket einfach an die gewünschte Stelle auf seiner Festplatte. (Warum hier der Ordner *Programme* zu bevorzugen ist, davon war soeben die Rede.)

Das Ganze ist der Übersichtlichkeit sehr förderlich, denn auf diese Weise ist einerseits sichergestellt, dass es genügt, dieses eine Programmpaket wieder zu löschen, um das Programm komplett zu entfernen.

Zum anderen ist die «benutzerdefinierte Installation» ganz besonders einfach: Der Anwender zieht sich nur die gewünschten Dateien an den Installationsort und lässt zum Beispiel *Liesmich*-Dateien oder zusätzliche Bildordner, die ihm überflüssig erscheinen, weg.

Doch manche Programme lassen sich mittels der manuellen Installation nicht so einfach installieren wie das wünschenswert wäre. Das betrifft zum Beispiel Programmpakete, die ausserhalb des eigentlichen Paketes auch noch Dateien an anderen Stellen ablegen möchten oder müssen.

Apple empfiehlt allerdings allen Programmentwicklern ganz eindringlich, vorzugsweise die *Drag&Drop*-Installation zu benutzen und nur in Ausnahmefällen zu einem Installationsprogramm zu greifen.

Installationsprogramme können andererseits sowohl für Anwender wie auch für Hersteller ein paar Vorteile in die Waagschale werfen:

- Komprimierung.
- Installationsanweisungen und Hinweise können während der Installation eingeblendet werden.
- Eine Lizenzbedingung, die es zu akzeptieren gilt, kann aufgerufen werden.
- Der Benutzer kann während der Installation ein Administrator-Kennwort eingeben – und somit lassen sich Programmpakete auf jeden Fall so installieren, dass sie allen zugänglich sind.

Aus dem eben Gesagten wird schon deutlich, dass ein Installationsprogramm nahezu genauso einfach zu benutzen ist (oder wenigstens sein sollte) wie die *Drag&Drop*-Installation: Der Anwender startet das Installationsprogramm und der gesamte Rest wird von der Installationsroutine erledigt.

Eine unter Mac OS X sehr beliebte Form der Programm-Installation sind übrigens die so genannten Disketten-Images, die an der Dateiendung .*dmg* respektive .*img* erkennbar sind: Per Doppelklick darauf startet das Programm *Disk Copy* und das Diskettenabbild erscheint als virtuelles (scheinbares) Volume (es wird «gemountet»). Mit .*smi* sind «Self Mounting Image Files» bezeichnet, was so viel heisst wie «sich selbst startend» (*Disk Copy* ist hier nicht notwendig, das Disketten-Image ist gleichzeitig auch Programm, das das virtuelle Volume anlegen kann). In jedem Fall wird auf Doppelklick hin ein neues virtuelles Laufwerk angelegt, das sich genau wie eine Festplatte verhält.

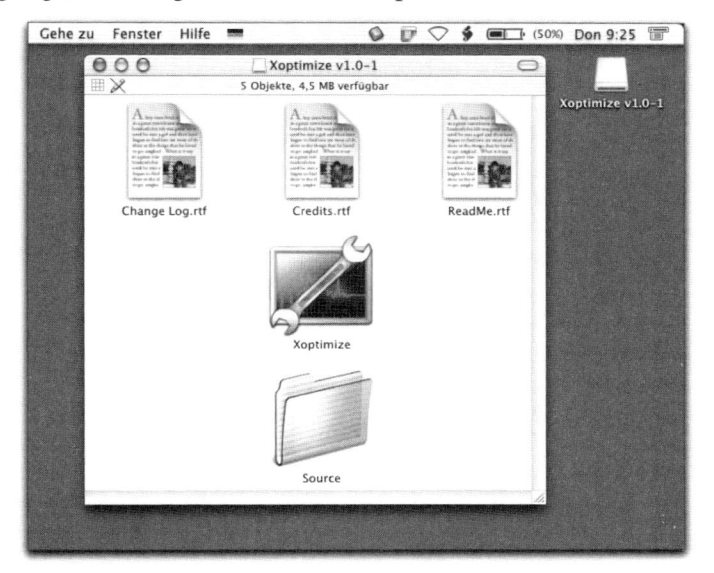

Dort sind alle zum Programm gehörigen Dateien einschliesslich der Versions- und Installationshinweise übersichtlich abgelegt und der Anwender zieht sich einfach die gewünschten Programmpakete und Dokumente auf seine Festplatte oder aber er startet das Installationsprogramm, das er dort findet. Nach der Installation kann das Disketten-Image im Finder markiert und mit dem Menübefehl *Ablage | Auswerfen* wieder entfernt werden.

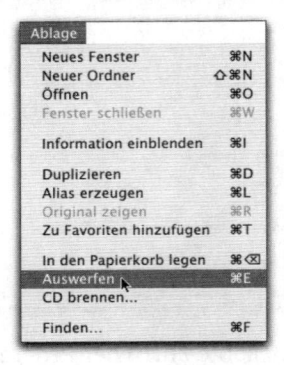

Erfolgt die Installation mit Hilfe eines Installationsprogramms, dann muss der Anwender nur ein paar wenige Eingaben tätigen. Auswahl des Zielvolumes, Bestätigen der Lizenzbestimmungen…

Wer dabei genauer wissen möchte, was aktuell passiert, ruft im Installationsprogramm den Menübefehl *Ablage | Protokoll einblenden* auf:

Der Installationsvorgang wird jetzt ausführlich protokolliert:

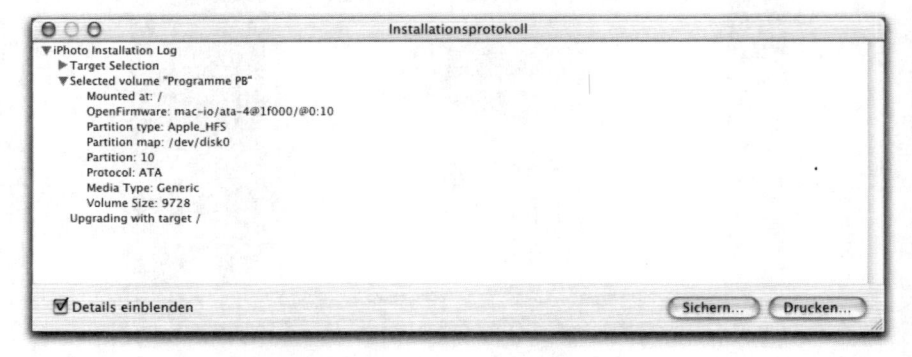

Werden Programme via Installationsprogramm installiert, dann sehen Sie oft die Meldung *Systemleistung optimieren*. Dabei wird der Befehl *update_prebinding* ausgeführt:

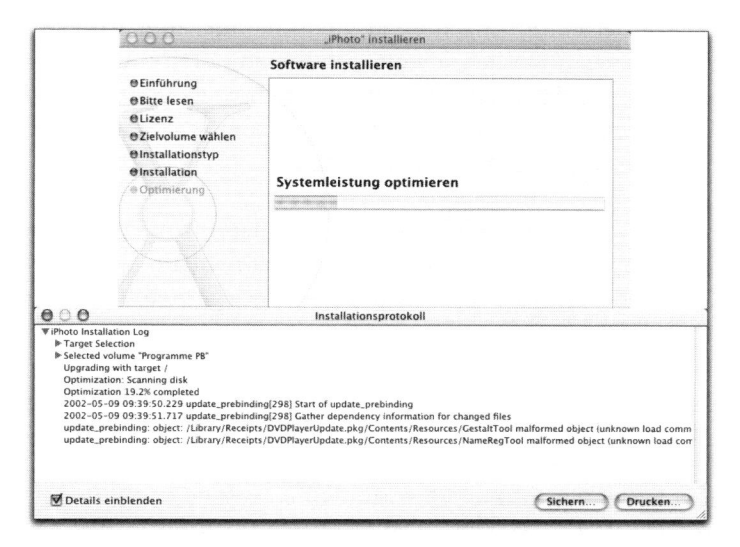

GRUNDWISSEN Bei einem *update_prebinding* werden die Adressinformationen (wo finde ich was?) von System und Bibliotheken kalkuliert und aktualisiert, so dass das künftig beim Programmstart nicht mehr notwendig ist – das Programm wird schneller starten.

SMART DISC Bei einer *Drag&Drop*-Installation wird erstmal kein *update_prebinding* ausgeführt. Das übernimmt normalerweise das System automatisch zu nachtschlafener Zeit. Sie können die Systemoptimierung aber auch manuell anstossen. Zum Beispiel mit dem Utility *XOptimize*, das Sie auf unserer *SmartDisc* finden.

MERKET AUF! Aus den im Kapitel *Netzwerke* unter *Sicherheit* näher geschilderten Gründen ist es eine wirklich gute Idee, sich einen neuen Benutzer eigens für die Installation von Programmen anzulegen und natürlich möglichst nur solche Programme zu installieren, deren Herkunft und Integrität gewährleistet sind. Aus demselben Grund sollten Sie auch auf System-Updates verzichten, die nicht vom offiziellen Apple-Server stammen: So gross die Versuchung auch sein mag, ein bereits vorab im Netz zu findendes Update zu installieren: es lohnt nicht.

Programme deinstallieren

Ein Programmpaket, das per soeben beschriebener *Drag&Drop*-Installation auf die Festplatte gelangte, ist auch genauso einfach wieder zu löschen, denn um das Programm komplett zu entfernen, genügt es, das Programm-Icon respektive den Programm-Ordner samt Inhalts (wie Liesmich-Dateien) in den Papierkorb zu legen.

Um das Ganze perfekt zu machen, können Sie auch noch die zugehörigen Voreinstellungsdateien löschen. Die finden Sie zum Teil unter */Library/Preferences/*, meist aber im Heimatverzeichnis des Benutzers unter */Users/Benutzer/Library/Preferences/*. Das macht ein ganz klein wenig Festplattenplatz frei; ansonsten stören die Dateien aber auch nicht.

Bei Programmen, die per *Installer* auf die Festplatte kamen, ist davon auszugehen, dass dieses Verfahren gewählt wurde, weil neben dem Programm auch noch andere Komponenten an andere Stellen gelegt werden sollten. In dem Fall eröffnen sich mehrere Wege:

- Idealerweise ist ein Uninstaller dabei, der diese Arbeit übernimmt. Schauen Sie dazu auch einmal auf die Original-CD, vielleicht ist er dort zu finden, sofern er nicht im Programm-Ordner liegt.
- Vielleicht hat er ein Installationsprotokoll angelegt, dem zu entnehmen ist, was wo abgelegt wurde. Diese Dateien finden sich oft im Programm-Ordner oder auch im Ordner *Installationsprotokolle* auf dem Startlaufwerk.

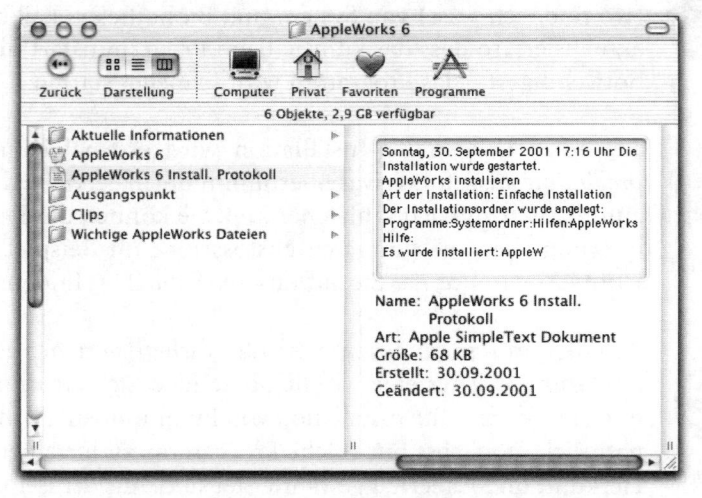

Hier steht genau, was installiert wurde, und somit wissen Sie, was Sie alles suchen und löschen müssen...

- Letztlich können Sie noch einen Blick in die beigefügten Anleitungen werfen; oft ist in einer der *Liesmich*-Dateien auch vermerkt, was zu tun ist, um das Programm zu deinstallieren.

Programme reparieren

Manchmal «vergisst» ein Programmpaket einfach, dass es ein Paket ist und zeigt sich als Ordner (was es ja eigentlich auch ist). Nachteil: Das Programm kann nicht mehr gestartet werden.

In diesem Fall löschen Sie folgende Dateien aus dem Verzeichnis /Users/Benutzer/Library/Preferences/ (sie werden beim nächsten Einloggen neu angelegt):

- *LSApplications*
- *LSClaimedTypes*
- *LSSchemes*

Loggen Sie sich aus und wieder ein – die Programme sollten jetzt wieder um ihre Beschaffenheit wissen.

Programme kompilieren

Programme werden unter Mac OS X – und das ist neu auf dem Macintosh – teilweise auch im Quellcode verbreitet. Das trifft vor allem auf freie Software zu. Der Anwender muss diese Programme erst kompilieren, um sie dann installieren zu können.

Da dies einen profunden Umgang mit *Darwin* und dem *Terminal* erfordert, wollen wir uns erst im Kapitel *Mac OS X Interna* genauer damit beschäftigen, in dem auch der Umgang mit der *Shell* erklärt wird.

Programme terminieren

Wenn ein Programm hängt oder Amok läuft: Mit der Tastenkombination *Befehl-Wahl-Esc* erhalten Sie eine Dialogbox, in der alle laufenden Programmen aufgelistet sind und in welcher Sie dann das ensprechende beenden können.

Sie können alternativ auch den Befehl *Sofort beenden...* aus dem Apfelmenü wählen oder per *Control-Klick* auf das Icon im *Dock* den Befehl *Beenden* aufrufen.

Hintergrund-Programme, die dort nicht auftauchen (das *Dock* zum Beispiel), erledigen Sie so:

1. Starten Sie das Programm *Process Viewer*.
2. Markieren Sie das Programm in der Liste und wählen Sie dann den Menübefehl *Prozesse | Prozess beenden* (respektive drücken Sie *Befehl-Shift-Q*).

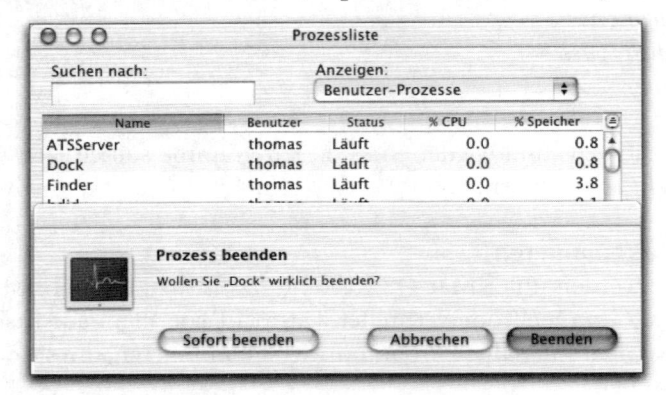

Name	Benutzer	Status	% CPU	% Speicher
ATSServer	thomas	Läuft	0.0	0.8
Dock	thomas	Läuft	0.0	0.8
Finder	thomas	Läuft	0.0	3.8

Prozess beenden
Wollen Sie „Dock" wirklich beenden?

Sofort beenden | Abbrechen | Beenden

Der Dialog zum Beenden von Prozessen erscheint auch, wenn Sie einen Prozess im Fenster des *Process Viewer* doppelklicken.

Dokumente

Während es durchaus praktikabel und empfehlenswert ist, all seine Programme im Benutzerordner *Programme* abzulegen (siehe Abschnitt *Programme installieren* weiter vorn), sieht das mit Dokumenten etwas anders aus. Es empfiehlt sich aus Gründen der Datensicherheit und auch der Übersichtlichkeit, Programme und Dokumente strikt zu trennen und die Dokumente idealer Weise auf einem anderen Volume abzulegen. Das macht ein Backup der wichtigen Daten einfacher und übersichtlicher. Zudem steigt die Datensicherheit, da selbst ernsthafte Systemabstürze dem Datenvolume kaum etwas anhaben können.

Da Sie sich die fraglichen Dokumenten-Ordner jederzeit ins *Dock* legen, in die Fenster-Symbolleiste ziehen oder in die *Favoriten* holen können, ist der schnelle Zugriff auch auf die Daten eines anderen Volumes kein Problem.

MERKET AUF! Einen Nachteil hat es, wenn Sie Ihre Dokumente nicht in Ihrem Ordner *Dokumente* speichern: Jeder Benutzer kann darauf zugreifen. Ist das nicht erwünscht, dann sollten Sie die Zugriffsrechte für die Ordner oder das Volume einschränken: siehe Kapitel *Netzwerke* unter *Zugriffsrechte*.

Dokumente öffnen

Dokumente lassen sich auf unterschiedliche Art und Weise öffnen:

- Aus einem Programm heraus per Menübefehl *Ablage | Öffnen…*
- Per Doppelklick auf das Dokumentsymbol.
- Durch Anwahl des Symbols und Aufruf des Befehls *Ablage | Öffnen* (*Befehl-O*).
- Wenn Sie ein Dokument mit einem anderen als dem vorgesehenen Programm öffnen möchten, dann ziehen Sie das Symbol des Dokuments auf das Programm-Symbol im Fenster oder im *Dock*. Sofern sich das Programm-Icon dabei dunkel färbt, ist alles im grünen Bereich, denn das bedeutet, dass dieses Programm die fragliche Datei öffnen kann.

- Sie können das Öffnen auch erzwingen: Halten Sie die Tastenkombination *Befehl-Wahl* gedrückt, während Sie die Datei auf das Programm-Icon ziehen.

Dokumente organisieren

Der Mac kann's schon immer, Windows seit einiger Zeit, und auch UNIX respektive Linux kommen langsam dahin – und man sollte sich das unbedingt angewöhnen: «dokumentenorientiertes Arbeiten» und vernünftige Dateinamen nämlich: Der Doppelklick auf ein Dokument öffnet das zugehörige Programm. Und Dokumente können aussagekräftige Namen bekommen («Brief an Micha 3.7.02» statt «brmi3702.doc»).

Was so unspektakulär klingt, erleichtert das Suchen und Finden enorm: In aller Regel will ich ja nicht ein Programm starten, sondern ein bestimmtes Dokument bearbeiten. Es gilt also vor allem, die Dokumente so zu organisieren, dass sie schnell wiedergefunden werden.

Ich verwalte augenblicklich 7140 Dateien in 547 Ordnern, die 1,5 Gigabyte auf einem eigenen Volume *Projekte* belegen. Die Hierarchie ist trotzdem niemals tiefer als fünf bis maximal sechs Ordner; der oberste Pfad mit drei Ordnern *Daten <> PPC*, *Texte* und *Illus* geradezu spartanisch.

Eine (für mich) logische Organisation ermöglicht es mir, jedes Dokument mit wenigen Mausklicks zu finden. Ein Workshopkonzept etwa finde ich hier:

/Texte/Ideen & Konzepte/Konzepte Workshops/Minolta WS/Filme & Filter

Ein allgemeines Fax ist hier abgelegt:

/Texte/Sammelsurium/Anschreiben/Faxe

Die Manuskripte zu einem Buch dagegen finde ich hier:

/Texte/Computerbücher/Mac OS X/

Oder hier:

/Texte/Fotobücher/Minolta Dynax 7/

Es ist das klassische Baumverzeichnis, meiner Logik folgend.

Dokumente finden

Tatsächlich aber finde auch ich nicht immer – trotz logischer Organisation – jedes Dokument auf Anhieb wieder. Hier gibt es dann mehrere Hilfen:

- Ist ein Dokument mehreren Bereichen zuzuordnen, lege ich Aliasdateien an den entsprechenden Stellen an.
- Ebenso ist es denkbar, wichtige Dateien/Ordner von CDs und anderen Wechselmedien als Alias auf der Festplatte zu speichern.

- Nach Dateinamen respektive ganzen Dokumenten suche ich schnell mit der *Finden*-Funktion des Finder – wenn die Dateien logisch und aussagekräftig benannt sind, geht das problemlos.

Im Beispiel sucht *Finden* alle Dokumente, deren Dateinamen den Begriff «Dynax 5» enthält:

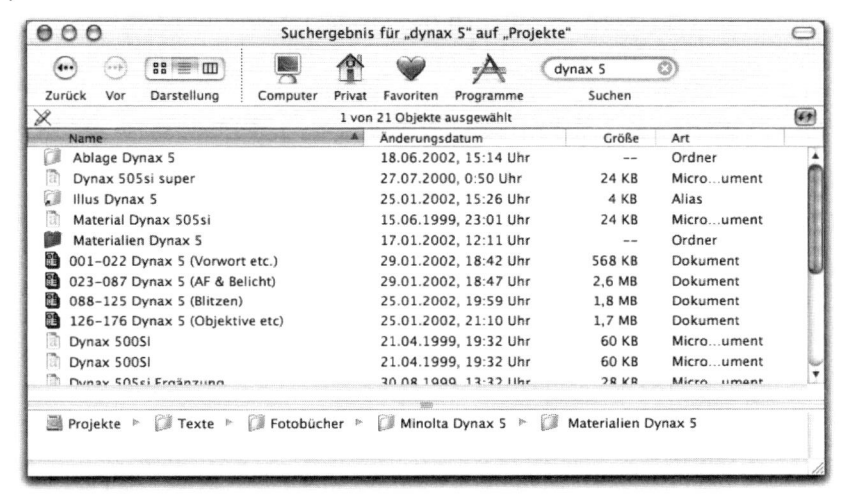

- Auch für die Suche nach Inhalten bemühe ich des Öfteren *Finden*:

- Findet *Finden* nicht, was es soll, bemühe ich das Suchprogramm *EasyFind*. Es durchsucht gnadenlos alles. So lassen sich auch *Word*-Dokumente und viele andere Formate wie etwa *FileMaker*-Datenbanken durchsuchen, in denen der Text (weitgehend) als Klartext vorliegt. Probleme machen hier unter Umständen die Umlaute, da *Word* nicht Mac-konform kodiert. Aber *EasyFind* unterstützt Wildcards (Platzhalter für einzelne oder mehrer Zeichen = ?, *) und damit kann auch das Problem gelöst werden.
- Bei *RagTime*-Dokumenten und anderen «kryptischen» Dokumentformaten lege ich schon zur Sicherheit zusätzlich immer auch ein reines Textdokument (ohne Layout) an – und darin lässt sich dann auch wieder suchen.

Im nachfolgenden Beispiel sucht *EasyFind* alle Dokumente, in denen der Begriff «Dynax 5» verwendet wird:

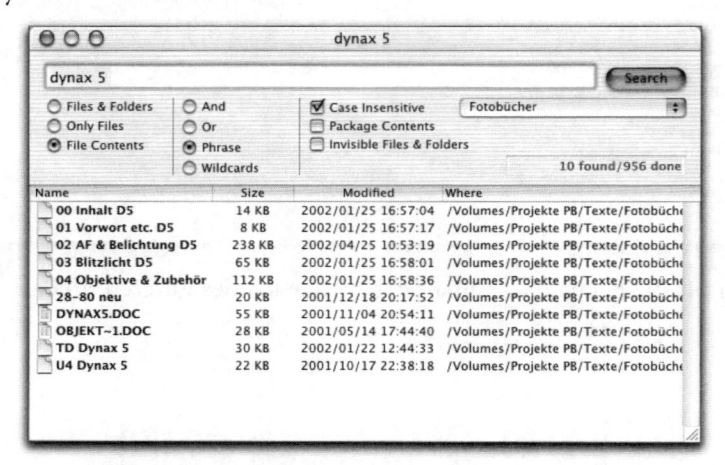

Name	Size	Modified	Where
00 Inhalt D5	14 KB	2002/01/25 16:57:04	/Volumes/Projekte PB/Texte/Fotobüche
01 Vorwort etc. D5	8 KB	2002/01/25 16:57:17	/Volumes/Projekte PB/Texte/Fotobüche
02 AF & Belichtung D5	238 KB	2002/04/25 10:53:19	/Volumes/Projekte PB/Texte/Fotobüche
03 Blitzlicht D5	65 KB	2002/01/25 16:58:01	/Volumes/Projekte PB/Texte/Fotobüche
04 Objektive & Zubehör	112 KB	2002/01/25 16:58:36	/Volumes/Projekte PB/Texte/Fotobüche
28-80 neu	20 KB	2001/12/18 20:17:52	/Volumes/Projekte PB/Texte/Fotobüche
DYNAX5.DOC	55 KB	2001/11/04 20:54:11	/Volumes/Projekte PB/Texte/Fotobüche
OBJEKT~1.DOC	28 KB	2001/05/14 17:44:40	/Volumes/Projekte PB/Texte/Fotobüche
TD Dynax 5	30 KB	2002/01/22 12:44:33	/Volumes/Projekte PB/Texte/Fotobüche
U4 Dynax 5	22 KB	2001/10/17 22:38:18	/Volumes/Projekte PB/Texte/Fotobüche

Auf unserer *SmartDisc* finden Sie weitere Such-Alternativen, die Ihnen vielleicht mehr zusagen.

Fazit: Bei logischer und dokumentenorientierter Ordnung auf der Festplatte kommt man auch ohne (Platz fressende) Indizierung und mit einfachsten Suchhilfen sehr schnell zum gewünschten Ergebnis.

Dokumentenorientiert arbeiten

Hier einige Tipps, die sich bei mir sehr bewährt haben:

- Schaffen Sie sich einen Ordner oder besser noch ein Laufwerk, der oder das ausschliesslich für all Ihre Daten – gleich welcher Art (Bilder, Illustrationen, Texte, Kalkulationen…) – bestimmt ist. Das unbedingt zu empfehlende Backup der ansonsten unwiederbringlichen Daten wird so wesentlich erleichtert, und Sie gehen sicher, dass alle wichtigen Dateien erfasst werden.

- Mit Hilfe von Aliasdateien können Sie diese Daten dann auch zusätzlich an beliebigen anderen Orten organisieren. Etwa in einem Ordner *Heute zu erledigen.*
- Der Macintosh erlaubt dokumentenorientiertes Arbeiten. Das bedeutet, Sie müssen nicht erst ein Programm starten und dann die Daten laden, sondern es genügt ein Doppelklick auf eine beliebige Datei, und das zugehörige Programm wird automatisch gestartet.
- Nutzen Sie das, arbeiten Sie dokumentenorientiert, denn in der Regel interessieren ja nicht die Programme als solche (Spiele ausgenommen), sondern vor allem die Daten, die damit bearbeitet werden sollen. Will heissen: Wichtiger als eine schön geordnete Programmvielfalt ist eine sinnvolle und übersichtliche Organisation Ihrer Daten.
- Um Dateien mit einem bestimmten Programm zu öffnen: Ziehen Sie das Icon der Datei auf das Programm-Icon (im *Dock*). Färbt es sich dunkel, dann kann das Programm die Datei öffnen und Sie können loslassen: die Datei wird eingelesen.
- Legen Sie Projektordner an, in die Ihr gesammeltes Material kommt. Gedankensplitter beispielsweise können Sie ganz hervorragend im *Notizzettel* festhalten und, wenn Sie diesen Text markieren, problemlos per *Drag&Drop* als Clip in Ihrem Projektordner ablegen.

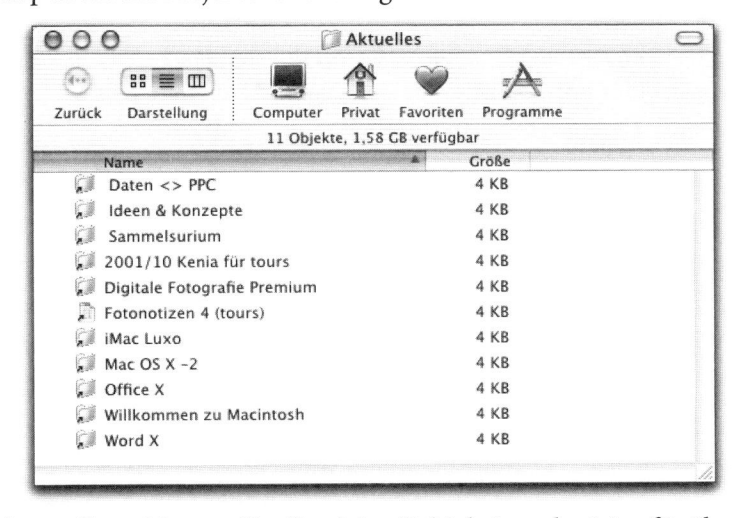

Name	Größe
Daten <> PPC	4 KB
Ideen & Konzepte	4 KB
Sammelsurium	4 KB
2001/10 Kenia für tours	4 KB
Digitale Fotografie Premium	4 KB
Fotonotizen 4 (tours)	4 KB
iMac Luxo	4 KB
Mac OS X -2	4 KB
Office X	4 KB
Willkommen zu Macintosh	4 KB
Word X	4 KB

- Und vor allem: Nutzen Sie die vielen Fähigkeiten des Mac für Ihre Arbeit. *Drag&Drop*, die Zwischenablage, *Dienste…* – all das wurde erdacht, Ihnen bei der täglichen Arbeit zu helfen. Machen Sie sich mit den Möglichkeiten vertraut und reizen Sie Ihren so hilfreichen Macintosh aus.

ERSTE HILFE — Wenn sich eine Datei per Doppelklick partout nicht vom Programm öffnen lassen möchte: Schlagen Sie im Abschnitt *Dokumente zuordnen* etwas weiter hinten nach.

Dateinamen

Unter Mac OS X sind bis zu 255 Zeichen für die Dateibenennung erlaubt. Der gesamte Name kann aber nicht immer komplett angezeigt werden: Normalerweise sind von den 255 möglichen Zeichen lediglich ein paar sichtbar.

- Wenn Sie den Text unter einem Icon markieren, erscheinen die ersten 150 Zeichen und Sie können mit den Pfeiltasten durch den Text blättern.

- Und wenn Sie die Information (*Befehl-I*) zu einem Objekt aufrufen, können Sie mit den Pfeiltasten durch die 255 Zeichen blättern.
- Lassen Sie den Mauszeiger ein wenig länger über einem Dateinamen stehen, wird er in kleinerer Schrift und komplett angezeigt. Durch Druck auf die Wahltaste erscheint die Anzeige sofort.

- Schliesslich sehen Sie den Namen auch in der Darstellung *Als Spalten*:

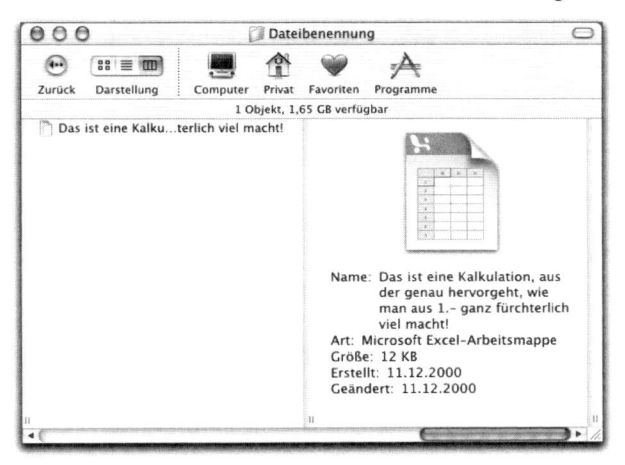

BEDENKEN SIE! Noch können nicht alle Programme so lange Dateinamen vergeben. Wird ein Dokument unter neuem Namen gesichert, dann sind in dem Fall nur wenige Zeichen im Sichern-Dialog erlaubt. Dennoch verstehen sich auch diese Programme grundsätzlich darauf: Wird ein Dokument im Finder (um)benannt, so wird es anschliessend klaglos geöffnet und auch wieder gesichert.

Das Mac OS behandelt die Dateinamen etwas unterschiedlich, je nachdem, ob die Datei auf einem *HFS+*- oder einem *UFS*- (Universal File System) Laufwerk angelegt wurde:

Unter *HFS+* findet intern keine Unterscheidung zwischen Gross- und Kleinschreibung statt (= «case preserving»). Obwohl eine Datei durchaus *liesmich* oder auch *Liesmich* heissen kann und im Finder auch in dieser Schreibweise angezeigt wird, gelten diese beiden Schreibweisen auf einem *HFS+*-Volume als gleichwertig. Die Dateien *liesmich* und *Liesmich* können deshalb nicht im gleichen Verzeichnis liegen.

Anders auf *UFS*-Volumes. Hier wird auch intern zwischen Gross- und Kleinschreibung unterschieden (= «case sensitive») und es ist deshalb ohne weiteres möglich, die beiden Dateien *liesmich* und *Liesmich* in ein Verzeichnis zu legen.

Dateierkennung

Das System sollte immer genau wissen, welche Datei welchem Programm zuzuordnen ist. Nur dann wird beim Doppelklick auf ein Dokument dieses Dokument im passenden Programm geöffnet; Voraussetzung für dokumentenorientiertes Arbeiten. Mac OS X kann eine Datei auf mehrere Arten identifizieren:

- Anhand von *Type* (Bild-, Textdatei und so weiter) und *Creator* (welches Programm ist dafür zuständig), wie es auch schon vom klassischen Mac OS her bekannt ist. Diese Daten werden in der Datei gespeichert. Eine sehr elegante und zuverlässige Geschichte, bei der auf Dateiendungen völlig verzichtet werden kann.
Das ist für den Anwender besonders komfortabel, denn er muss sich um rein gar nichts kümmern; die Programme erledigen das beim Speichern einer Datei von selbst. Der Mac ist der einzige Computer, der diese Methode beherrscht.
- Anhand der Dateiendung. Das ist zwar weniger elegant, aber die meisten Programme vergeben die Endung (auf Wunsch) automatisch. Unter Mac OS X besteht zudem die Möglichkeit, die Endung zu verbergen, so dass es für den Benutzer fast auf dasselbe hinausläuft: Das Dokument wird auch auf Doppelklick hin vom richtigen Programm geöffnet.

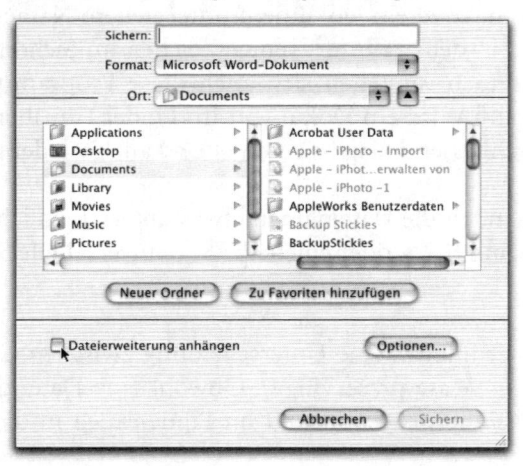

Standardmässig werden die Suffixe verborgen. Um sie zu zeigen, aktivieren Sie im Finder im Menü *Finder | Einstellungen…* die Option *Suffix immer zeigen*.
Vorteil dieses Verfahrens: Dieselben Suffixe erkennen auch andere Betriebssysteme. Wird nun ein Dokument an einen Computer mit einem anderen Betriebssystem (Windows, UNIX) weitergegeben, so erkennt das System die Datei.
- Anhand des Dateiinhalts. Wenn das System gar nicht mehr weiter weiss, versucht es, den Inhalt einer Datei zu erkennen und dann ein passendes Programm zu öffnen.

Apple empfiehlt, dass die Programme immer ein Suffix beim Schreiben einer neuen Datei vergeben. Wird ein altes Dokument gesichert, so soll das gemäss Apple beim nächsten Speichern auch ein Suffix erhalten.

Das mit den Dateiendungen scheint auf den ersten Blick ganz praktisch, birgt aber Problematiken in sich. Einige Programme nämlich schreiben Zusatzinformationen in die Datei, und das kann dann dazu führen, dass die Datei zwar vom richtigen Programm geöffnet, dort aber nicht mehr erkannt wird, weil die Endung nicht stimmt.

Ausserdem ergeben sich durch diese Abhängigkeit von der Dateiendung auch einige Beschränkungen, die eigentlich nicht sein müssten und unter dem klassischen Mac OS 17 Jahre lang (genau seit 1984) unbekannt waren: Bei interner Kennung per *Type* und *Creator* ist es beispielsweise kein Problem, zwei GIF-Bilddateien auch zwei unterschiedlichen Programmen zuzuweisen.

Normalerweise erledigt dies das Programm beim Speichern von ganz alleine und die eine GIF-Datei wird dann eben per Doppelklick von *GraphicConverter* geöffnet, die andere von *Photoshop*. Natürlich kann *Photoshop* auch eine Datei von *GraphicConverter* öffnen, dazu muss die Datei aber explizit mit dem Programm geöffnet werden oder aber der *Creator* wird geändert. In der Summe eine sehr praktische Sache, denn per Doppelklick öffnet sich die Datei immer in dem Programm, mit dem Sie sie auch bearbeitet haben.

Ganz anders die Sache mit den Dateiendungen. Hier können Sie nur ein einziges Programm definieren, das beispielsweise mit der Dateiendung *.gif* umgehen können soll. Ausserdem hindert nichts einen Benutzer, die Dateiendung zu ändern und damit unter Umständen die Programme zu verwirren.

Durchdachte Programme prüfen deshalb auch auf den Computersystemen, die zur Identifizierung einer Datei nichts anderes kennen als Dateiendungen, den

Inhalt der Datei, um sicherzustellen, dass es sich auch tatsächlich um eine Datei handelt, die Sie öffnen können und dass der angegebene Typ der richtige ist.

Womit wir wieder bei der kurzen internen Kennung wären, die doch viel praktischer und zuverlässiger ist. Die übrigens existiert auch unter Mac OS X und einige Programme schreiben ihre Daten auch richtig mit der internen Kennung.

Für die Kommunikation mit «dummen» Betriebssystemen, die lediglich die Dateiendung kennen, kann die dann ja durchaus angefügt werden. Viele Kommunikationsprogramme, beispielsweise E-Mail-Programme, bieten ohnehin die Option, Dateien vor dem Versenden mit der richtigen Endung zu versehen, auf dass sie auch auf fremden Computersystemen erkannt werden.

Dokumente zuordnen

Neben dieser automatisierten Zuordnung ist es aber auch möglich, eine Datei mit einem anderen als dem vorgesehenen Programm zu öffnen:

- Ziehen Sie das Dokument auf das Icon des Programms im Finder oder im Dock und lassen Sie los. Alle Programme, die sich auf das Datenformat verstehen, zeigen das an, indem sie sich dunkel färben, wenn das Icon auf ihnen zu liegen kommt.
- Mit der Tastenkombination *Befehl-Wahl* beim *Drag&Drop* auf das Programm-Icon können Sie erzwingen, dass das Programm die Datei auf jeden Fall versuchen soll zu öffnen.
- Per *Control-Mausklick* auf die Datei gelangen Sie zum Kontextmenü *Öffnen mit*, wo Sie sich ein anderes passendes Programm aussuchen können.

Und möchten Sie das für einen Dateityp zuständige Programm gern dauerhaft ändern, dann gehen Sie so vor:

1. Rufen Sie die Information dazu auf (Menübefehl *Ablage | Information einblenden* oder *Befehl-I*) und wählen Sie aus dem Pop-Up den Punkt *Programm zum Öffnen* aus.
2. Hier können Sie nun ein spezielles Programm auswählen, das diese Datei öffnen soll (das Standardprogramm für diese Dokumente ist durch den Zusatz *(Standard)* hinter dem Namen kenntlich).

In der Liste finden Sie oben die nativen Mac OS X-Programme, und darunter, sofern zutreffend, Mac OS 9-Programme.

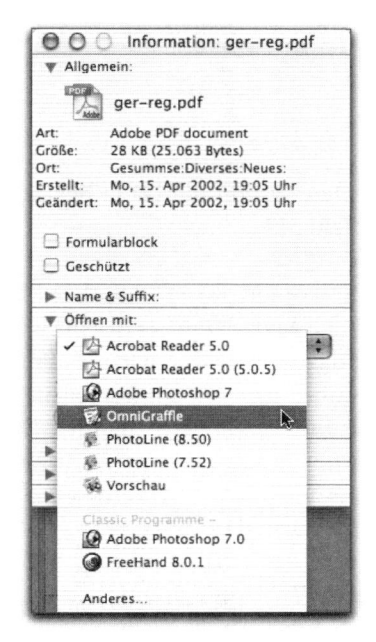

Drücken Sie den Knopf *Alle ändern…*, so gilt die Einstellung für alle gleichartigen Dokumente, andernfalls nur für dieses eine.

Kopieren und Verschieben

MERKET AUF! Das Kopieren und Verschieben von Dateien ist etwas unlogisch, weil dieselbe Aktion *entweder* ein Verschieben *oder* ein Kopieren auslöst, abhängig vom Zielort: Befindet sich das Ziel auf dem gleichen Volume, wird verschoben. Auf ein anderes Volume wird immer kopiert.

Kopieren. Um ein Objekt definitiv zu kopieren, halten Sie beim Verschieben die *Wahltaste* gedrückt. Der Mauszeiger signalisiert den Kopiervorgang:

Verschieben. Um ein Objekt definitiv zu verschieben, halten Sie die *Befehlstaste* gedrückt (das kleine Pluszeichen am Mauszeiger, das ein Kopieren signalisiert, verschwindet).

Und weil wir schon dabei sind: Mit *Befehl-Wahl* erstellen Sie ein Alias:

Kalkulation
Kalkulation

Je nachdem, auf welches Dateisystem die Datei bewegt wird, muss das System ein paar Massnahmen einleiten:

Wird von *HFS+* nach *HFS+* kopiert, so ist alles klar: *HFS+* unterstützt mehrere Datenzweige (und zusätzliche Metadaten), typischerweise den Daten- und Ressourcenzweig einer Datei, dazu Charakterisierungsdaten wie *Type* und *Creator*, die die Datei beschreiben und dem System mitteilen, ob es sich um eine Programm- oder Datendatei handelt, wer sie erstellt hat (bei Dokumenten legt das auch fest, welches Programm dieses Dokument öffnen soll) und um was für einen Dateitypus es sich handelt (wie *AAPL* für ein Programm oder *RTF* für eine Textdatei im Rich-Text-Format).

Demgegenüber unterstützt *UFS* lediglich einen singulären Zweig. Für Dateioperationen unter Mac OS X hat Apple das Problem elegant gelöst: Wird eine Datei von einem *HFS+* auf ein *UFS*-Volume kopiert, dann trennt der Finder jene Informationen ab, die sich nicht im Datenzweig befinden (das sind im Speziellen *Type* und *Creator*) und schreibt diese Information in eine unsichtbare Datei, die im gleichen Pfad wie die restliche Datei liegt. Kopieren Sie beispielsweise die Datei *Bild 1* auf ein *UFS*-Volume, dann findet sich dort bei dieser Datei auch eine unsichtbare Datei *._Bild 1*. Wird der Dateiname geändert, wird automatisch auch die unsichtbare Datei umbenannt.

Kopiert der Finder umgekehrt eine Datei von einem *UFS-* auf ein *HFS* oder *HFS+*-Volume, dann sucht er nach dieser unsichtbaren Datei. Findet er eine, dann erzeugt er eine *HFS*-Datei unter Einbeziehung der Informationen aus der unsichtbaren Datei. Existiert keine unsichtbare Datei, dann besitzt die kopierte Datei auch keinen Ressourcenzweig.

VORSICHT FALLE Aus den geschilderten Gründen zerstören die Shellbefehle *cp* (Kopieren) respektive *mv* (Umbenennen) Programmdateien, die Sie zwischen *HFS+* und *UFS* bewegen (Pakete – Programme und andere – werden richtig behandelt).

Daten austauschen

Dienste

Über *Dienste* (zu finden im Programme-Menü gleich rechts neben dem Apfel-Menü) stellen bestimmte Programme wie das Hilfsprogramm *Bildschirmfoto* oder der *Notizzettel* anderen Programmen Funktionen bereit. Das funktionierte zunächst nur in *Cocoa*-Programmen, doch seit Version 10.1 verstehen sich auch *Carbon*-Programme darauf – theoretisch. Praktisch hat die Funktion noch einen Bug (einen Programmierfehler). Aber das ist ja vielleicht schon behoben, wenn Sie das hier lesen…

Die prinzipielle Funktionsweise der *Dienste* können Sie am E-Mail-Programm *Mail* erkennen: Wenn Sie Ihre E-Mails lesen, dann können Sie in diesem Fenster keine Bilder (und damit auch keine Bildschirmfotos) einfügen – deshalb ist dieser Dienst deaktiviert. Verfassen Sie dagegen gerade eine neue E-Mail, dann könnten Sie hier auch ein Bild respektive Bildschirmfoto einfügen, folglich holt sich das Programm *Mail* jetzt den Dienst *Bildschirmfoto* und stellt ihn (neben anderen sinnvollen Diensten etwa zur Textmanipulation) zur Verfügung.

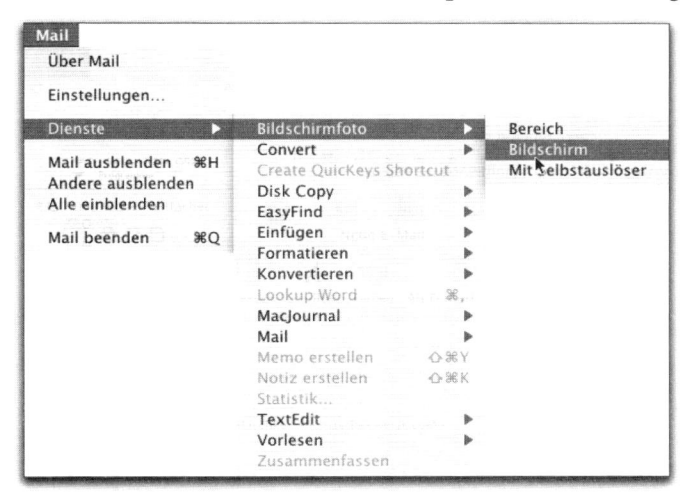

Ein *Dienst* ist damit eine Funktion, die ein Programm um bestimmte Fähigkeiten erweitert. Das wird aber nur funktionieren, wenn das Programm, aus dem heraus der Dienst aufgerufen wird, sich augenblicklich auf den Datentyp versteht. Siehe das Beispiel *Mail*: Beim Lesen von E-Mails können Sie die Dokumente nicht editieren und deshalb sind die *Dienste* inaktiv. Beim Verfassen von E-Mails dagegen sind all die *Dienste* aktiv, die in diesem Dokumentfenster auch sinnvoll genutzt werden können. Sie wirken immer auf das aktive Dokumentfenster: In einem Bildverarbeitungsprogramm beispielsweise machen *Dienste* zur Textmanipulation erst einmal wenig Sinn und sind deshalb inaktiv.

Das Programm, aus dem heraus der Dienst aufgerufen wird, muss noch nicht einmal explizit um die bereitgestellten *Dienste* wissen; wird es aufgestartet, stehen alle implementierten *Dienste* schlicht in seinem *Dienste*-Menü zur Verfügung, und wenn etwas markiert ist, auf das sich dieser Dienst versteht, dann kann er auch benutzt werden. Kommt also ein Programm neu hinzu, das auch einen neuen Dienst einführt, dann steht dieser ab sofort in allen Programmen mit *Dienste*-Menü bereit.

Wie bereits erwähnt ist das ein Grund, weshalb Sie neue Programme im Ordner *Programme* installieren sollten, denn nur dann können die *Dienste* zur Verfügung gestellt werden.

Hier ein Beispiel, wie Sie die Dienste für sich nutzen können:

1. Rufen Sie das Programm *TextEdit* auf und öffnen Sie ein Dokument.
2. Markieren Sie eine Textauswahl.
3. Holen Sie sich aus dem *Dienste*-Menü die gewünschte Applikation und den gewünschten Befehl, der ausgeführt werden soll.

4. Mit Hilfe des aufgerufenen Programms wird der Befehl für die Auswahl ausgeführt (Abbildung siehe nächste Seite, oben).

Sie könnten aber auch den Mauszeiger an eine beliebige Stelle des Dokuments setzen und dann den Dienst *Bildschirmfoto* aufrufen: An dieser Stelle wird ein Foto des gesamten Bildschirms oder eines Bildschirmbereichs – je nach Wahl – eingefügt.

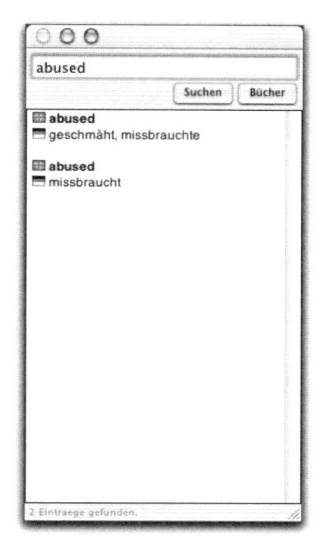

Kurz, *Dienste* werden von einem Programm bereitgestellt und ermöglichen es anderen Programmen respektive deren Dokumenten, ihre Funktionalität zu erweitern.

RAFFINIERT

Um einen Dienst wieder aus dem *Dienste*-Menü zu entfernen, müssen Sie das Programm, das ihn zur Verfügung stellt, aus dem Ordner *Programme* (oder einem Unterordner) entfernen. Nach der nächsten Neuanmeldung ist der Dienst verschwunden.

POWER USER

Die Verweise auf die *Dienste* finden Sie in dem Programm, das sie zur Verfügung stellt: *Contents – info.plist – Property NSServices*. Hier können Kundige *Dienste* löschen (sie erscheinen dann nicht im *Dienste*-Menü), Tastenkürzel und Benennung ändern.

SMART DISC

Auf unserer *SmartDisc* finden Sie einige Programme, die interessante Dienste zur Verfügung stellen:

- *WordService:* Ein Dienst zur Manipulation (Formatieren, Zeilenenden bereinigen, Grossbuchstaben…) markierten Textes.
- *WordLookup:* Ein Übersetzungsprogramm nicht nur für markierte Textteile, denn es funktioniert auch eigenständig.

Da die *SmartDisc* thematisch geordnet ist, finden Sie eines dieser Programme am schnellsten, wenn Sie *Sherlock* nach dem Namen suchen lassen.

Rechtschreibprüfung

Bei der Erstvorstellung von Mac OS X existierte das Ärgernis, dass die systemweite Rechtschreibprüfung nur in Englisch zur Verfügung stand. Erst seit Version 10.2 *Jaguar* kann Mac OS X auch in anderen Sprachen korrigieren:

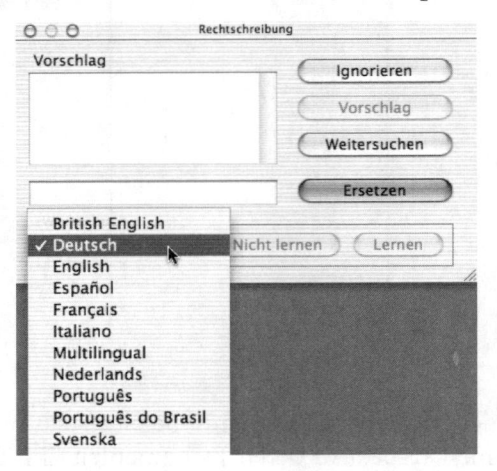

HEISSER TIPP Eine interessante Alternative ist *cocoAspell* – die Mac OS X-Variante des UNIX-Tools a*spell* – «A more intelligent ispell», das mehr Wörterbücher besitzt (unter anderem Russisch), deutlich bessere Korrekturvorschläge macht und damit sogar eine Alternative zu Apples Rechtschreibprüfung ist (Sie finden es auf unserer *Smart-Disc*).

Weitere Informationen und die neueste Version finden Sie hier:
`http:// homepage.mac.com/~leuski/cocoaspell/`

Zwischenablage

Die Zwischenablage ist ein temporärer Speicherort für die Objekte, die Sie ausschneiden oder kopieren, um sie dann woanders einzusetzen. Wählen Sie in einem Programm im Menü *Bearbeiten* den Befehl *Ausschneiden* oder *Kopieren*, dann wird das aktuell Markierte in die Zwischenablage gelegt.

Wählen Sie im Finder den Menübefehl *Bearbeiten | Zwischenablage einblenden*, um den aktuellen Inhalt zu sehen.

Ausschneiden respektive kopieren und dann einsetzen lässt sich so ziemlich alles: Text, Text mit Formaten, Bilder, Grafiken, Filme. In den Voreinstellungen der einzelnen Programme kann dabei (meist) festgelegt werden, in welchem Format die Daten an die Zwischenablage übergeben werden sollen.

[Abbildung: Fenster "Zwischenablage" mit Bild eines Elefanten; unten "Inhalt: Bild"]

MERKET AUF! Beim nächsten Ausschneiden oder Kopieren wird der alte Inhalt überschrieben. Und die Zwischenablage wird automatisch geleert, sowie Sie den Computer ausschalten oder neu starten.

Die Zwischenablage funktioniert übrigens auch zwischen *Classic* und Mac OS X.

Sie ist seit Urzeiten ein typisches Element des Macintosh, das sich erstaunlicherweise ebenso wenig weiterentwickelt hat wie der kleine Taschenrechner.

SMART DISC Es bleibt diversen Utilities von anderer Seite vorbehalten, mehrere Zwischenablagen zu realisieren und den Inhalt auch über den Neustart hinaus zu sichern. Einige besonders gelungene finden Sie auf unserer *SmartDisc*.

Drag&Drop
Drag&Drop – Ziehen und Ablegen – ist ein Glanzlicht. Unauffällig zunächst, aber sehr nützlich. Die Handhabung ist so logisch, wie wir es uns nur wünschen können: Ein Element wird aktiviert und anschliessend mit dem Mauspfeil verschoben – egal, ob es sich um Texte, Bilder, Töne oder *QuickTime*-Filme handelt.

Auch Clips von E-Mail-Adressen und URLs sind möglich. Ein Doppelklick auf einen solchen Clip startet auch gleich den Browser oder das E-Mail-Programm und öffnet ein neues Fenster bzw. eine neue Mail mit der entsprechenden Adresse.

MERKET AUF! Zumindest gefühlsmässig funktioniert *Drag&Drop* unter Mac OS X ein wenig anders, als Sie das vielleicht gewohnt sind. Wenn Sie beispielsweise einen Textabschnitt markiert haben, dann können Sie ihn nicht sofort in ein anderes Fenster ziehen. Halten Sie die Maustaste zunächst einen winzigen Moment länger gedrückt, damit klar ist, dass Sie jetzt nicht neu markieren, sondern verschieben möchten.

Das hört sich jetzt vielleicht etwas unspektakulär an, aber die Funktion hat es in sich. Denn wohin das Datenmaterial transportiert wird, spielt bei angepassten Programmen keine Rolle.

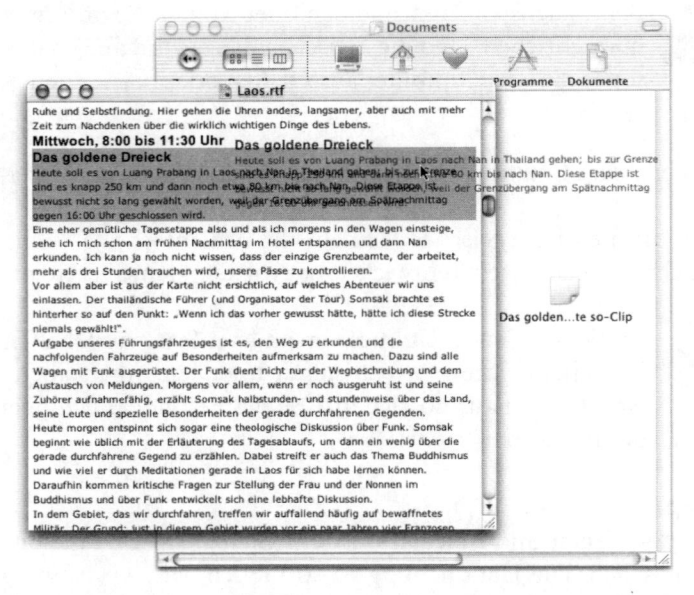

Wird ein Element auf den Schreibtisch gezogen, entsteht automatisch eine neue Datei, Clip genannt. Solche Dateien lassen sich mit einem simplen Doppelklick betrachten, ohne dass dazu eine Anwendung geöffnet werden muss. Ein Clip lässt sich wiederum in eine beliebige Anwendung verschieben, die sich auf *Drag&Drop* versteht.

Ausprobieren können Sie diese Funktion mit *TextEdit*: Öffnen Sie ein *TextEdit*-Dokument, markieren Sie einen Teil davon und ziehen Sie das auf den Schreibtisch oder in ein Fenster:

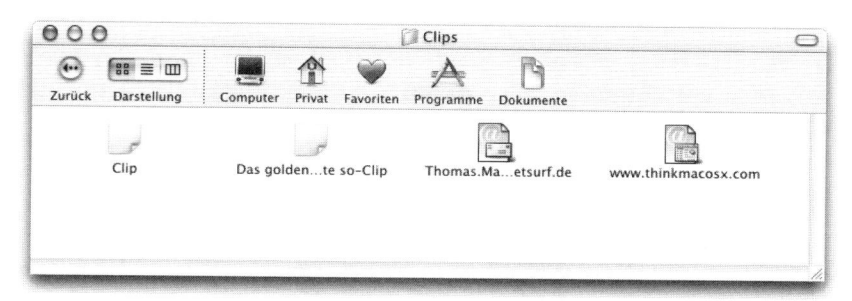

- Ganz einfach und eigentlich auch ganz logisch: Clips (Texte, Bilder, Movies), die Sie per *Drag&Drop* angelegt haben, können umbenannt werden.
- Haben Sie es schon bemerkt? Clips (Texte, Bilder, Movies), die Sie per *Drag&Drop* auf dem Schreibtisch anlegen, werden da abgelegt, wo Sie die Maus loslassen. Auf diese Weise können Sie Clips auch gleich in Ordnern unterbringen.
- *Drag&Drop* funktioniert auch zwischen *Classic* und Mac OS X.

Farbmanagement

Noch gibt es kein technisches System, das hinsichtlich der Farbdifferenzierung ähnlich leistungsfähig wäre wie das menschliche Auge. Ein Drucker beispielsweise kann nicht dieselben Farben darstellen wie ein Monitor – die Farbräume unterscheiden sich. Und jedes dieser Geräte kann den Farbraum des menschlichen Auges nur in Ausschnitten erfassen respektive darstellen.

Zur Farbdarstellung nutzen unterschiedliche Geräte verschiedene Technologien. Eine digitale Kamera etwa bedient sich eines CCD-Elements und verschiedener Farbfilter, um Farben zu erkennen; der Monitor stellt Farben durch aufleuchtende Phosphorpünktchen dar; ein Drucker wiederum benutzt Tinte oder andere Druckfarbstoffe.

Ein Monitor etwa benutzt die Grundfarben Rot, Grün und Blau für die Farberzeugung – er stellt Farben nach dem RGB-Farbmodell in der so genannten additiven Farbmischung dar (Rot, Grün und Blau addieren sich zu Weiss). Ein Drucker dagegen benutzt die Sekundärfarben Cyan, Magenta, Gelb (Y = yellow) und Schwarz (K = key) – er stellt Farben nach dem Farbmodell CMYK in der so genannten subtraktiven Farbmischung dar (C, M und Y subtrahieren Anteile des Weiss und mischen sich letztlich zu Schwarz; Schwarz wird zusätzlich benutzt, da C+M+Y nie völlig rein vorliegen und sich deshalb entgegen der Theorie zu keinem reinen Schwarz mischen lassen).

Damit man die verschiedenen Farbmodelle einordnen und miteinander vergleichen kann, beschreibt man sie als Farbraum: Das ist die Summe aller unterschiedlicher Farben, die aus einer begrenzten Anzahl Grundfarben erzeugt werden können. Der Farbraum, der in einem Farbmodell angezeigt werden kann, wird auch als «Gamut» bezeichnet. Die drei Farbmodelle Lab, RGB und CMYK haben die grösste Bedeutung für die Bildverarbeitung.

Um die verschiedenen Farbräume möglichst genau aufeinander abbilden zu können, sind Farbmanagementsysteme wie *ColorSync* entwickelt worden, die die Farbmodelle weitgehend verlustfrei von dem einen in den anderen Darstellungsmodus transferieren sollen. Will heissen, das fotografierte Bild soll auf dem Monitor und im Druck möglichst genauso aussehen wie in Wirklichkeit, die Farben sollen auf verschiedenen Ausgabegeräten einheitlich und möglichst vollständig dargestellt und ausgegeben werden.

Das Farbmanagement enthält Informationen über die Farbfähigkeiten eines bestimmen Gerätes (Profil) und vergleicht sie mit einem geräteunabhängigen Standard. Auf jedem Gerät werden dann der Farbraum respektive die korrespondierende Farbe gewählt, welche die grösste Übereinstimmung mit der Standardfarbe haben.

Mit einem guten Farbmanagement ist es auch möglich, sich bereits auf dem Monitor anzusehen, wie ein Bild auf Normalpapier oder auf Fotopapier ausgedruckt aussehen würde. Oder wie es sich bei Tages- bzw. Kunstlicht verhält. Mit Hilfe des Farbmanagements kann gleichfalls festgestellt werden, ob die im Bild verwendeten Farben überhaupt im Druck wiedergegeben werden können. Sie können dann gegebenenfalls noch modifiziert werden.

Damit das Farbmanagement funktionieren und es somit die verschiedenen Farbräume aufeinander abbilden kann, benötigt es möglichst exakte Informationen über die Farbfähigkeiten eines jeden Gerätes: so genannte Profile. Als Standard haben sich hier die so genannten ICC-Profile durchgesetzt, die von vielen Herstellern mit den Geräten mitgeliefert werden (oder sich auf der Internet-Seite des Herstellers herunterladen lassen).

ColorSync

Bereits seit langem bietet Apple *ColorSync* an, das ins Betriebssystem integriert ist und mit ICC-Profilen arbeitet. *ColorSync* erhält Informationen über die Farbfähigkeiten eines Gerätes (Profil) und vergleicht sie mit einem geräteunabhängigen Standard. Auf jedem Gerät wird dann die Farbe gewählt, die die grösste Übereinstimmung mit der Standardfarbe besitzt.

Auf dieses Farbmanagement können alle Programme zugreifen und sich die Routinen und Profile des Farbmanagements zunutze machen. Um es nutzen zu können, muss natürlich auch die entsprechende Software zum Farbmanagement fähig sein.

In den Systemeinstellungen wählen Sie die ICC-Profile für die verschiedenen Geräte:

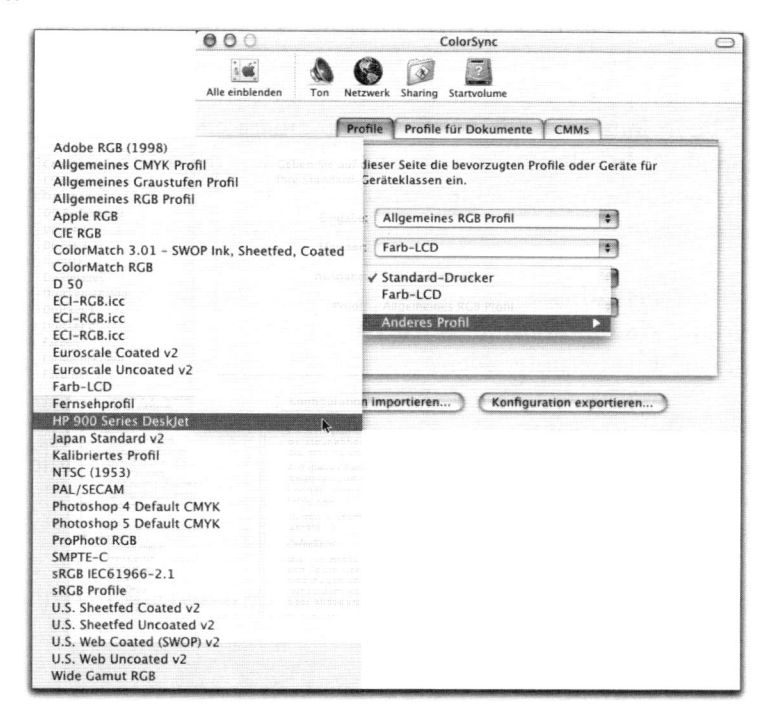

Die von Apple mitgelieferten ICC-Profile beschreiben die Farbcharakteristiken von Apple-Geräten. Die Profile anderer Hersteller lassen sich aber ohne weiteres hinzufügen und dann über die *Systemeinstellungen...* unter *ColorSync* nutzen. Ausserdem können Sie aus den meisten Programmen wie zum Beispiel Scanner- oder Bildbearbeitungssoftware auch direkt auf ICC-Profile zugreifen.

ICC-Profile, die allen Benutzern zur Verfügung stehen sollen, liegen im Verzeichnis */Library/ColorSync/Profiles* auf dem Startvolume. Sollen sie nur für einen bestimmten Benutzer zugänglich sein, dann werden sie in den Ordner */Library/ColorSync/Profiles* in dessen Heimatverzeichnis gelegt (zu finden im Ordner *Users* auf dem Startvolume).

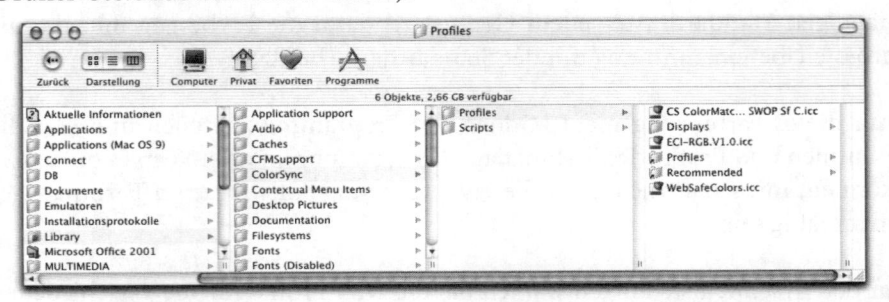

Diese ICC-Profile gehen natürlich von einem durchschnittlichen Gerätestandard aus und können deshalb jenes spezielle Gerät, das Sie zu Hause stehen haben, nur annähernd beschreiben. Nichtsdestotrotz stellen sie eine sehr einfache und dabei gute Möglichkeit dar, praktisch auf Anhieb zu einer recht hohen Farbkonstanz in der digitalen Kette «Kamera und Scanner – Monitor – Drucker und Ausbelichtung» zu kommen. Für den normalen Anwender, für den die individuelle und perfekte Farbkalibrierung schon aus Kostengründen nicht in Frage kommen wird, können gute ICC-Profile sehr hilfreich sein.

Unter der Internet-Adresse `www.apple.com/colorsync` sind weitere Informationen und eine Einführung verfügbar. Sie können hier auch die aktuelle *ColorSync*-Software herunterladen.

ColorSync Dienstprogramm

Mit dem *ColorSync Dienstprogramm* lassen sich alle ICC-Profile in den Ordnern *ColorSync Profiles* ansehen, überprüfen und zuordnen.

Falls Sie Profile installiert haben, die nicht in der Systemeinstellung *ColorSync* angezeigt werden, sollten Sie diese Profile überprüfen und reparieren:

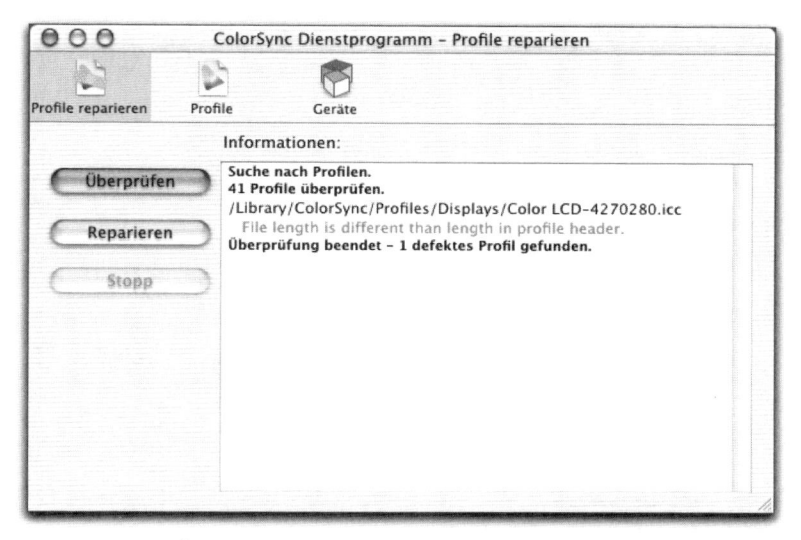

```
┌─────────────────────────────────────────────────┐
│ ⊖ ⊖ ⊖       ColorSync Dienstprogramm – Profile reparieren │
│  ┌──┐    ┌──┐   ┌──┐                            │
│  │  │    │  │   │  │                            │
│  └──┘    └──┘   └──┘                            │
│ Profile reparieren  Profile   Geräte            │
│              Informationen:                     │
│  ┌──────────┐  Suche nach Profilen.             │
│  │ Überprüfen│ 41 Profile überprüfen.           │
│  └──────────┘  /Library/ColorSync/Profiles/Displays/Color LCD-4270280.icc │
│                   File length is different than length in profile header. │
│  ┌──────────┐  Überprüfung beendet – 1 defektes Profil gefunden. │
│  │ Reparieren│                                  │
│  └──────────┘                                   │
│                                                 │
│  ┌──────────┐                                   │
│  │  Stopp   │                                   │
│  └──────────┘                                   │
│                                                 │
└─────────────────────────────────────────────────┘
```

- Mit dem Knopf *Überprüfen* können Sie die installierten Profile prüfen. Eventuelle Probleme werden angezeigt, die Profile werden aber nicht verändert.
- Der Knopf *Reparieren* überprüft und repariert nötigenfalls die installierten Profile. Probleme werden angezeigt und die Profile werden repariert, sofern das möglich ist. Die Profile werden dabei verändert.
- Von wichtigen Profilen sollten Sie vor der Reparatur eine Sicherungskopie erstellen.
- Überprüfung und Reparatur können jederzeit per *Stopp* abgebrochen werden.

Bei diesem Vorgang wird die Profilbeschreibung (Description Tag) der ICC-Profile überprüft respektive repariert: Hier sind bis zu drei unterschiedliche Profilnamen gespeichert, so dass der Profilname in verschiedenen Sprachen oder auf unterschiedlichen Computersystemen angezeigt werden kann.

Aber das *ColorSync Dienstprogramm* kann noch mehr. Unter *Profile* können Sie sich genauere Informationen zu allen installierten Profilen anzeigen lassen:

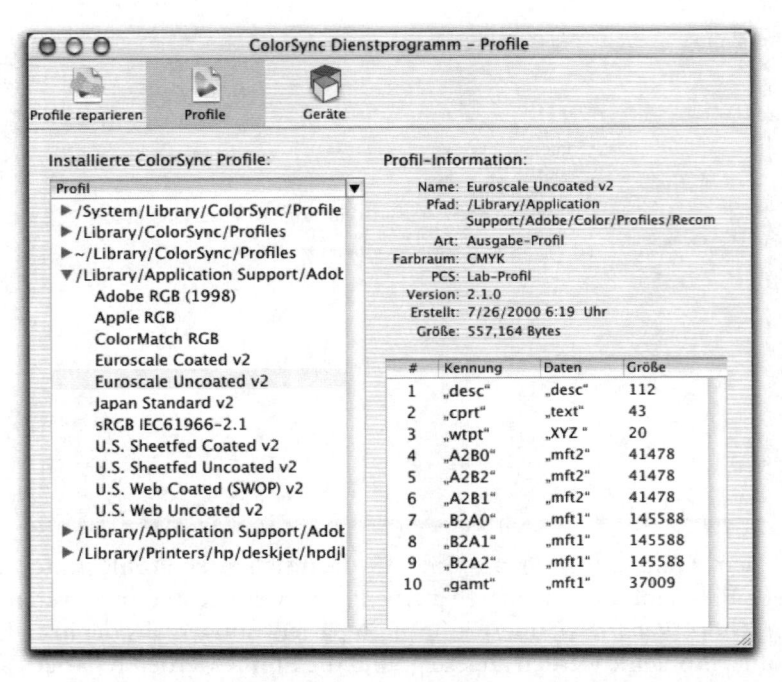

Und unter *Geräte* sehen Sie die aktuell zugewiesenen ICC-Profile und können das auch ändern.

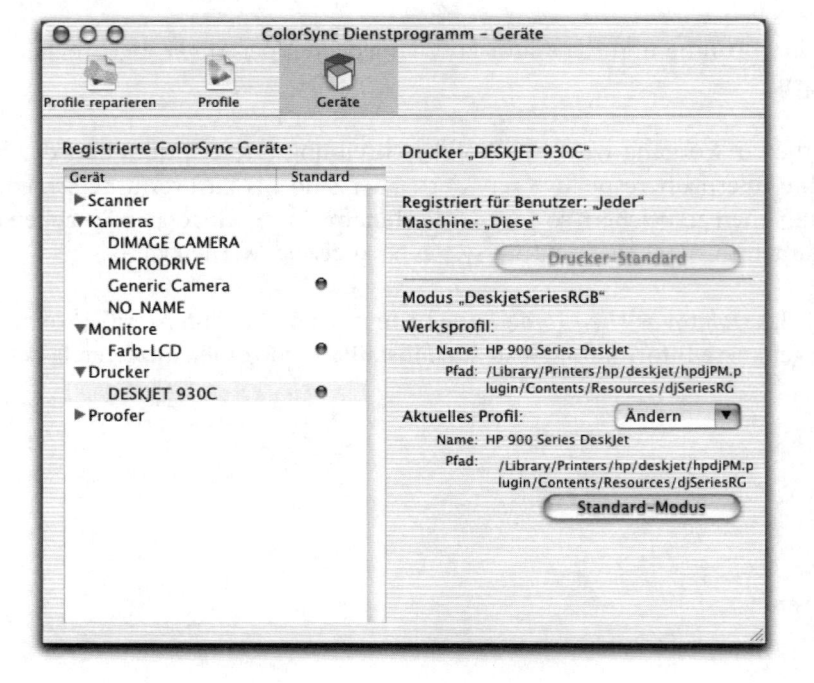

Gute Bildbearbeitungsprogramme übernehmen auch das Farbmanagement – in dem Fall ist das massgeblich, was im Programm eingestellt ist. Die Einstellungen hier im *ColorSync Dienstprogramm* gelten für alle anderen Fälle, sprich für jene Programme, die kein Farbmanagement unterstützen. Was im Umkehrschluss bedeutet, dass damit auch diese Programme die Fähigkeiten des Farbmanagements nutzen können.

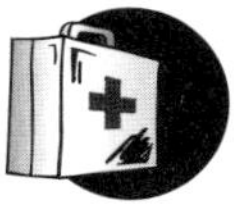

ERSTE HILFE Wie bei so vielen Programmen: Vergessen Sie das *Hilfe*-Menü nicht. Da ist immer wieder Interessantes zu lesen:

DigitalColor Farbmesser

Mit dem Hilfsprogramm *DigitalColor Farbmesser* können Sie sich die exakten Farbwerte eines Farbtons anzeigen lassen; wahlweise in RGB-Notation oder nach *CIE Lab*. Überstreichen Sie dazu den gewünschten Bereich mit der Maus.

Hilfreich kann das zum Beispiel sein, um den Farbwert dieses «komischen Grün» in einem Ausdruck zu ermitteln. Oder um die Farbwerte vor einem Ausdruck zu überprüfen, um sicherzustellen, dass der Farbton möglichst rein ist.

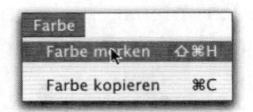

Mit dem Menübefehl *Farbe | Farbe merken* (*Befehl-Shift-H*) wird die aktuell angezeigte Farbe im Farbfeld beibehalten. Hier ist das Tastenkürzel wichtig, denn wenn Sie mit der Maus ins Menü fahren, zeigt das ja eine andere Farbe. *Befehl-Shift-H* (beziehungsweise *Farbe | Farbe merken* – das geht jetzt) hebt die Merkfunktion dann wieder auf.

Und mit dem Menübefehl *Farbe | Farbe kopieren* (*Befehl-Shift-H*) wird der aktuelle Farbwert als Ziffernfolge in die Zwischenablage kopiert.

Kalibrierungs-Assistent

Das Programm *Kalibrierungs-Assistent* (*Display Calibrator*) ist im Pfad */Programme/Dienstprogramme/* zu finden. Er wird auch aufgerufen, wenn Sie in *Systemeinstellungen… | Monitore* auf dem Reiter *Farben* den Kopf *Kalibrieren…* drücken.

Apple liefert damit eine sehr gute Kalibrierungshilfe, mit der Sie die wichtigen Parameter Kontrast, Helligkeit und Farbbalance einjustieren und das allgemeine ICC-Profil besser an diesen speziellen Monitor und Ihre besonderen Bedingungen anpassen können.

Normale Anwender optimieren die Darstellung ganz einfach nach Geschmack. Kommt es allerdings auf Farbverbindlichkeit an, dann kann damit der Monitor auch in das gesamte Farbmanagement eingebunden werden.

GRUNDWISSEN Mit der Monitorkalibrierung stellen Sie die Farbdarstellung des Monitors ein und optimieren die Bildschirmanzeige so, dass sie in der Kette Eingabe – Darstellung – Ausgabe möglichst nicht aus dem Rahmen fällt. Sie sehen idealerweise auf dem Monitor das, was später auch der Drucker zeigt. Damit wird die Bilddarstellung beeinflusst, nicht aber die Eingabe oder Ausgabe: Dazu bedarf es anderer ICC-Profile. Die sorgfältige Monitorkalibrierung legt die Grundlage für «gültige» Bildmanipulationen.

Um eine möglichst genaue Abmusterung zu gewährleisten, ist es ganz wichtig, die Farbtemperatur des Monitors auf die Farbtemperatur des Umgebungslichtes abzustellen. Üblicherweise wird bei Tageslicht oder unter tageslichtähnlicher Beleuchtung gearbeitet, die eine Farbtemperatur zwischen 5.000 und 6.000 Kelvin besitzt. Ein guter Kompromiss sind hier 5.500 Kelvin.

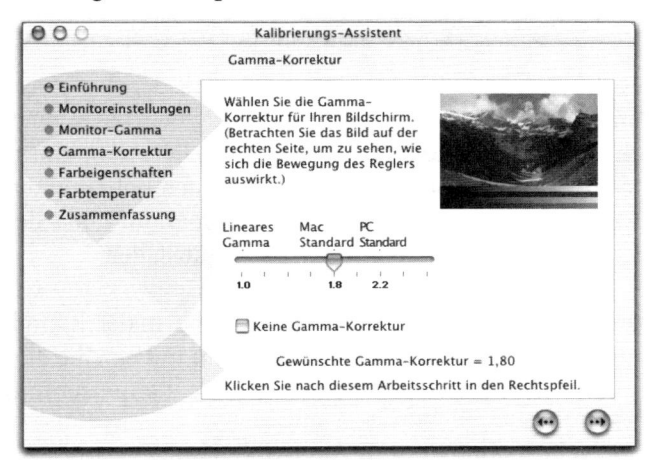

Schenken Sie der Kontrasteinstellung Ihres Monitors Augenmerk. Beim Macintosh wird üblicherweise ein Gamma von 1,8 vorausgesetzt, bei Windows-PCs eines von 2,2. Idealerweise sollte das gesamte Farbmanagement von diesen Werten ausgehen. Das ist insbesondere wichtig, damit Bilder nicht zu hart oder zu weich ausgedruckt werden. Geschieht genau das auf Ihrem Drucker, dann verändern Sie zunächst einmal die Gammaeinstellung: Niedriger, wenn das Bild zu flau ist, höher, wenn das Bild zu kräftig ist. Jetzt stellen Sie anhand der neuen Monitordarstellung für dieses Bild in der Bildbearbeitungs-Software noch einmal Helligkeit und Kontrast neu ein und drucken es erneut aus.

Oft existieren zu ein und demselben Monitor unterschiedliche ICC-Ausgabeprofile, die auf die unterschiedlichen Farbtemperaturen abgestimmt sind. Wählen Sie vor der Bildbearbeitung dasjenige aus, das der Farbtemperatur Ihres Umgebungslichtes am nächsten kommt. Geeignete Softwarehilfen vorausgesetzt (zum Beispiel die Systemeinstellung *Monitore* mit seiner Kalibrierungsfunktion von Apple) können Sie die Farbtemperatur des Monitors auch selbst einregeln.

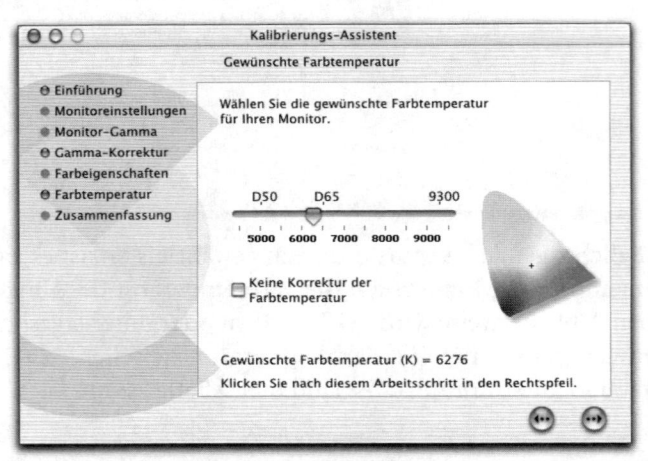

Stimmt die Farbtemperatur des Monitors nicht mit der der Umgebung überein, dann können Sie auch die Farben nicht richtig beurteilen und demgemäss das Bild auch nicht farbrichtig bearbeiten. Eine Farbtemperatur von 9.000 Kelvin etwa sieht zwar brillant aus, enthält aber einen hohen Blauanteil. Wenn Sie beispielsweise den Monitor auf diese Farbtemperatur einstellen und dabei Farben korrigieren, wird das Ergebnis blaustichig ausfallen.

Sollte es Ihnen dann Abends noch einfallen, bei normaler Raumbeleuchtung noch ein wenig an Ihren Fotos zu korrigieren, dann müssen Sie die Farbtemperatur des Monitors diesem eher rötlich getönten Licht anpassen; auf etwa 3.000 bis 3.500 Kelvin.

Auch die Farben des Monitors müssen Sie einstellen. Ein Eingabewert von 50% Cyan (Daten von Diskette, Scanner etc.) kann auf dem Monitor ganz anders aussehen; etwa eher wie 40% oder 60% Cyan.

Weiterhin weist jeder Monitor eine Gesamtfarbverschiebung auf. Der eine Monitor liefert ein eher rötliches, der andere ein eher bläuliches Bild. Oft entspricht das Weiss auf dem Monitor ca. 20% Cyan auf einer Druckseite. Auch diese Farbverschiebungen können mit Hilfe der Kalibrierung ausgeglichen werden.

HEISSER TIPP Nehmen Sie Farbjustierungen nur an richtig aufgewärmten Geräten vor (ca. eine halbe Stunde Betriebszeit). Da Kathoden unterschiedlich schnell altern, sind ab einem bestimmten Alter Farbfehler unvermeidlich. Und: Eine Hardwarejustage ist besser als eine per Software, denn dann kann kein Programm eigenwillig die Einstellung verändern. Wiederholen Sie die Kalibrierung alle paar Wochen, denn das Monitorbild ändert sich im Laufe der Zeit.

Kette kalibrieren

Unabhängig davon, ob Sie die allgemeinen ICC-Profile des Herstellers benutzen oder sich selber welche erstellt haben, gilt der Grundsatz, dass das Farbmanagement nur so exakt sein kann, wie Sie die vorgegebenen Parameter einhalten. So wird beispielsweise das ICC-Profil vom Hersteller eines Tintenstrahldruckers nur dann funktionieren können, wenn Sie auch die Originaltinte dazu benutzen. Denn auf dieser Grundlage wurde das ICC-Profil errechnet. Idealerweise ist es sogar so, dass der Druckerhersteller unterschiedliche ICC-Profile für unterschiedliche Papiersorten zur Verfügung stellt.

Während der Bildbearbeitung haben Sie zwei Möglichkeiten, mit ICC-Profilen umzugehen: Sie können das Profil an die Datei «taggen» oder damit verrechnen. Im ersteren Fall wird das Profil lediglich an die Datei angehängt, diese aber nicht verändert. Im zweiten Fall erhalten Sie eine völlig andere Bilddatei, errechnet aufgrund der Daten aus dem ICC-Profil.

GRUNDWISSEN Beim Digitalisieren werden die ICC-Eingabeprofile verrechnet; Resultat ist eine medienneutrale Bilddatei. Durch ICC-Ausgabeprofile wird sie wieder medienspezifisch.

Halten Sie sich an folgende Grundregeln:

- Beim Digitalisieren wird das ICC-Profil mit der Datei verrechnet. Digitale Kameras erledigen diesen Vorgang übrigens, vom Anwender unbemerkt, ganz von selbst.
Durch dieses Verrechnen des ICC-Profils beim Digitalisieren wird die Datei vorlagenunabhängig, das heisst, es spielt keine Rolle mehr, mit welchem Gerät und von welcher Vorlage das Bild entstand. Es ist schlicht und einfach bestmöglich erfasst worden. Ideale Voraussetzungen für die Bildbearbeitung und die Ausgabe.
- Im Folgenden dann sollte das ICC-Profil dazu dienen, die Bilddarstellung (auf dem Monitor) und die Bildausgabe optimal zu halten. Es wird aber nicht mit der Datei verrechnet, denn die soll möglichst original bleiben.

Hier ist das ICC-Profil Qualitätsgarant für die Darstellung am Monitor und für die Ausgabe, soll aber die ursprünglichen Bilddaten nicht (negativ) beeinflussen.

Für Darstellung und Ausgabe können Sie das passende ICC-Ausgabeprofil an die Bilddatei anhängen, ohne die originalen Bilddaten zu verändern (das erledigen die Einstellungen im Bildbearbeitungsprogramm respektive Druckertreiber). Soll das ICC-Ausgabeprofil aus bestimmten Gründen doch mit der Datei verrechnet werden, dann legen Sie dafür zunächst eine Kopie der originalen Bilddatei an.

BEISPIEL Ein kleines Beispiel, wie sich das Verrechnen eines ICC-Ausgabeprofils auswirken könnte: Sie haben ihr wunderschönes Foto in der Bildbearbeitung optimiert und möchten es jetzt auf Ihrem Tintenstrahldrucker ausdrucken. Dazu verrechnen Sie das ICC-Profil des Druckers mit dem Bild. Alles klappt auch ganz wunderbar, das Bild wird in hervorragender Qualität gedruckt. Dann allerdings stossen Sie auf das preislich äusserst interessante Angebot eines Printservice und möchten jetzt gern eine Halbtonausgabe des Fotos. Nur wurden die Bilddaten leider schon auf den Farbraum des Druckers heruntergerechnet. Eine optimale Halbtonausgabe ist nicht mehr möglich. Unter anderem deshalb ist es so wichtig, dass die originalen Bilddaten nicht verändert, sondern Kopien benutzt werden.

Schriften

Eine «Schrift», das ist zunächst einmal das, was wir einst in der Schule gelernt haben: Das möglichst schöne und kenntliche Schreiben von Einzelbuchstaben. Im Laufe der Zeit schliff dann jeder Schüler so seine Eigenarten in die Grundschrift ein – er entwickelte seine Handschrift. Und genauso, wie es ganz unterschiedliche Handschriften gibt, gibt es unterschiedliche Zeichensätze auf dem Mac, die je nach Ziel und Zweck des Schreibens genutzt werden: Eher verschlungen oder eher gerade, verspielt, sachlich, Kapitälchen…

Es gibt Schriften, die besonders für die leserliche Darstellung auf dem Monitor bestimmt sind, andere zeigen ein besonders schönes Druckergebnis.

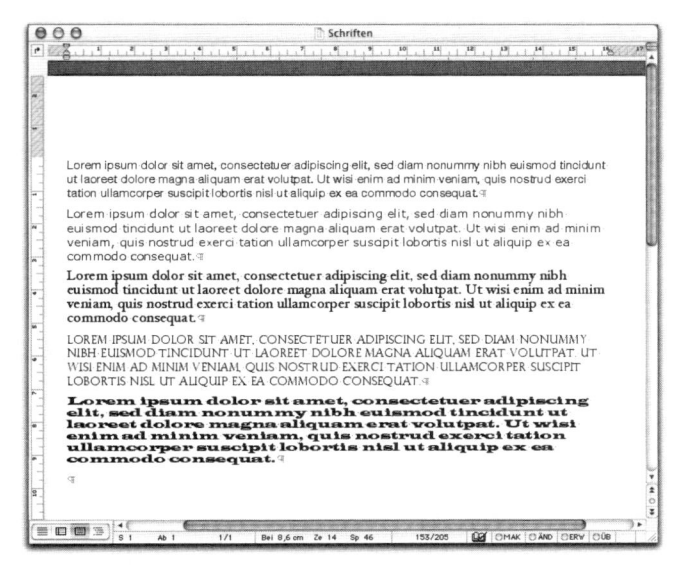

Wenn Sie sich Ihre Zeichensätze ansehen möchten, um den schönsten davon für ein Schriftstück auszusuchen, dann können Sie dazu ein Hilfsprogramm wie zum Beispiel *FontExampler* oder eines der anderen Utilities benutzen, die Sie auf unserer *Smart-Disc* im Ordner *Zeichensätze* finden.

So ein Font, ein Zeichensatz, ist im Grunde nichts anderes als eine Zeichenanweisung an den Computer oder Drucker: Wenn der Benutzer das «a» auf der Tastatur anschlägt, sollen an Cursorposition die und die Punkte gesetzt werden, so dass das aussieht wie ein «a» in – beispielsweise – Helvetica.

Und wenn der Benutzer den Druckbefehl gibt, übernimmt der Druckertreiber die Aufgabe, auch wieder mehr oder weniger feine Punkte an einer bestimmten Stelle zu setzen, die aussehen wie das «a» in – beispielsweise – Helvetica.

Eine Schriftfamilie besteht aus mehreren Schriftschnitten derselben Schrift: Bodoni, Bodoni fett, Bodoni light, Bodoni kursiv...

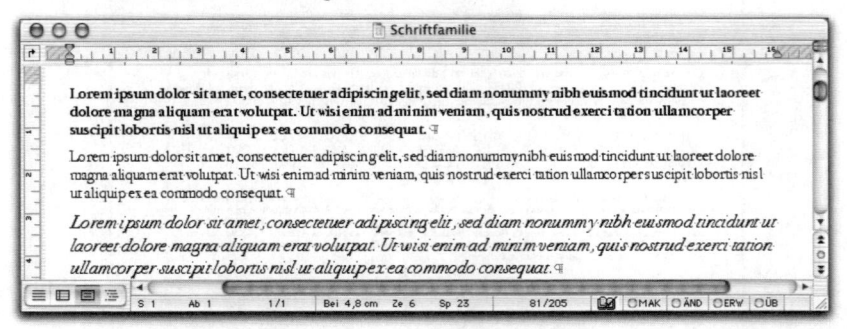

Daneben ist es auch möglich, aus der Normalschrift mit Hilfe von Schriftstilen wie «fett» oder «kursiv» abgeänderte Schriften im Programm zu simulieren. In der Regel sollten Sie aber auf die Verwendung von Schriftstilen verzichten, wenn ein eigener Schriftschnitt vorhanden ist: Die Ergebnisse damit sind typographisch anspruchsvoller.

POWER USER

In der Regel ersetzt ein Programm bei der Ausgabe auch Schriftstile automatisch durch den passenden Schriftschnitt, sofern er vorhanden ist. Wenn Sie also beispielsweise in *Word* die «Helvetica» benutzen und den Knopf *Fett* in der Symbolleiste *Format* drücken, dann wird für die Ausgabe automatisch die typographisch schönere «Helvetica bold» benutzt.

Neben den Schriften und Schriftschnitten gibt es auch noch verschiedene Schriftsysteme, die festlegen, wie der Zeichensatz auf Drucker und Monitor dargestellt respektive berechnet wird. Unter Mac OS X werden folgende Zeichensatzformate unterstützt:

- Macintosh Bitmap Font.
- Macintosh *TrueType* Zeichensatzkoffer. Dieses Format ist vor allem unter Mac OS 8 und 9 gebräuchlich.
- Windows *TrueType* TTF (*TrueType Font*) oder TTC (*TrueType Collection*). Diese Zeichensatzformate des Windows-Betriebssystems können unverändert unter Mac OS X benutzt werden.
- *PostScript OpenType*. Ein geräteunabhängiges Zeichensatzformat, das von Adobe und Microsoft entwickelt wurde.

- *PostScript Type 1 Outline Font* (LWFN). *PostScript*-Standard-Zeichensätze Mac OS 8 und 9. Zur richtigen Darstellung auf dem Monitor wird der zugehörige Bitmap-Zeichensatz benötigt.
- Macintosh *PostScript Type 1* Enabled Font. Dieses mittlerweile veraltete Format wurde mit Mac OS 7.5 und *Quick Draw GX* eingeführt und sollte *TrueType* und *PostScript* gemeinsam nahtlos nutzbar machen. *Quick Draw GX* war ein recht viel versprechender Ansatz, konnte aber Adobes Vorherrschaft bei und mit den *PostScript*-Zeichensätzen nicht brechen und wurde deshalb von Apple sehr schnell wieder aufgegeben. Diese Fonts sind normale Zeichensatzkoffer, die einen *PostScript Type 1 Outline Font* (LWFN) in der *snft*-Ressource enthalten. Der Ressourcetyp *sfnt* (skalierbarer Zeichensatz) wurde ursprünglich für *TrueType*-Zeichensätze entwickelt.

Auf dem Macintosh gibt es also drei grundlegende Schriftsysteme: *Bitmaps*, *TrueTypes* und *PostScript-Fonts* (auch *Printerfonts* genannt).

Bitmap-Schriften

Bitmap-Schriften, oft auch einfach Bitmaps genannt, repräsentieren das Urformat aller Fonts auf dem Macintosh. 1984, als es noch keine Laserdrucker gab, waren sie ausschliesslich für die Darstellung auf dem Bildschirm entworfen worden. Aus diesem Grund sind Bitmaps von der Detailtreue her dem Macintosh-Bildschirm angepasst, der mit der nicht gerade hohen Auflösung von 72 dpi (dots per inch) arbeitet. Mit anderen Worten: Auf einer Breite von einem Inch (2.54 cm) werden 72 Pixel aufgewendet, um eine Schrift zu formen.

Wenn man eine Bitmapschrift zum Drucker schickt, wird sie immer mit 72 dpi gedruckt – egal, wie hoch die Auflösung des jeweiligen Ausgabegerätes ist. Früher, als 72 dpi die Standardauflösung für die Apple-Matrixdrucker war, machte das durchaus Sinn: Die Darstellung auf dem Monitor entsprach genau dem Druckergebnis.

Im Normalfall werden Bitmaps in den wichtigsten Grössen 10, 12, 14, 18 und 24 Punkt geliefert und in die allseits bekannten Köfferchen verpackt. In diesen Grössen ist die Darstellung auf dem Bildschirm tadellos. Andere Grössen, etwa 20 oder 36 Punkt, muss der Macintosh auf Grund der vorhanden Bitmaps umrechnen – allerdings wird dann die Darstellung miserabel, sowohl auf dem Bildschirm als auch auf dem Papier.

Bitmaps spielen heute kaum mehr eine Rolle, wohl aber *TrueType* und *PostScript*, die beide frei skalierbar sind.

TrueType-Schriften

Mit der Einführung von System 7 stellte Apple ein neues Schriftformat vor: *TrueType*. Es sollte mit der leidigen Trennung zwischen den Printer- und den Bitmap-Fonts Schluss machen und in jeder Grösse brillieren – sowohl auf dem Monitor als auch auf jedem beliebigen Drucker, ob *PostScript* oder nicht. Eine einzige Datei enthält alle Daten eines Schriftschnittes und sowohl die Bildschirmdarstellung wie auch die Druckaufbereitung übernimmt das System – ein (teurer) RIP für den Drucker ist nicht notwendig.

Allerdings sind *PostScript*-Fonts im grafischen Gewerbe längst ein Standard und mit den Gegenstücken im *TrueType*-Format niemals 100-prozentig identisch, allein schon deshalb, weil *TrueTypes* im Allgemeinen aus mehr Punkten zusammengesetzt werden.

Wie dem auch sei – *TrueTypes* sind eine ausgezeichnete Idee, wenn sie im Büro oder zu Hause eingesetzt werden. Die unkomplizierte Handhabung sowie die tadellose Qualität bei Darstellung und Ausdruck sprechen dafür. Sobald der Macintosh im grafischen Gewerbe eingesetzt wird, sollte man allerdings davon Abstand nehmen.

Unter Mac OS X hat Apple zusätzlich ein neues Zeichensatzformat (*.dfont*) eingeführt. Das sind *TrueType*-Schriften, bei denen die Daten komplett im Datenzweig liegen, da *UFS*-Volumes keinen Ressourcenzweig unterstützen.

HEISSER TIPP Mit dem Utility *ForkSwitcher* (http://fonts.apple.com/Tools/) können Zeichensatzkoffer in das *dfont*-Format konvertiert werden.

PostScript-Schriften

Als 1986 die ersten *PostScript*-Laserdrucker auf den Markt kamen, wurde schnell ersichtlich, dass Bitmaps der damaligen Druckerauflösung von 300 dpi nicht mehr gerecht werden konnten.

Das Sensationelle an *PostScript* war, dass Grafiken und Schriften nicht länger in Form von Pixeln zum Drucker geschickt wurden, sondern als mathematisch definierte Linien und Kurven. Aufgrund dieser mathematischen Beschreibung konnte der Drucker dann seine optimale Auflösung mit Hilfe des so genannten RIP (Raster Image Processor) selbst berechnen. Nicht zu unrecht heisst es, *PostScript* sei eine *auflösungsunabhängige* Sprache.

Das heisst, dass auf dem Bildschirm eine Schrift nach wie vor durch den Bitmap-Font repräsentiert wird. Sobald die Datei allerdings zum Drucker geschickt wird, werden die groben Pixel durch perfekt geglättete Kurven ersetzt. Die Schriftdateien, die alle mathematischen Beschreibungen der Zeichen enthalten, werden auch *Printerfonts*, *Outline-Fonts* oder *PostScript-Fonts* genannt.

Damit aber die *PostScript*-Schriften auf dem Bildschirm überhaupt aufgerufen werden konnten, benötigte man die Bitmap-Fonts. Und die sind bei Zwischengrössen immer noch so hässlich wie eh und je…

Das änderte sich mit *PostScript OpenType*. Dieses geräteunabhängige Zeichensatzformat wurde von Adobe und Microsoft entwickelt und vereint die Formate *Type 1* (*PostScript* von Adobe) und *TrueType* (Apple und Microsoft). Damit fielen einige Nachteile, vor allem die Notwendigkeit von Bitmap-Fonts, weg und Vorteile (Schrifthinweise, typographische Effekte) wurden ausgebaut. *PostScript OpenType* kann mit grossen Zeichensätzen umgehen und bietet volle Unterstützung für Unicode. Es wird von allen wichtigen Softwareunternehmen und somit von allen gängigen Plattformen unterstützt.

Schriftausgabe

Bis auf die Bitmaps, die bereits als Punktraster vorliegen, muss jede auflösungsunabhängige Schrift wie *TrueType*, *Type 1* oder *OpenType* vor der Ausgabe in ein zur Auflösung des Ausgabegerätes passendes Punktmuster umgerechnet werden. *PostScript Type 1* macht es sich da noch vergleichsweise einfach: Es vertraut auf korrespondierende Bitmap-Fonts für die Bildschirmausgabe und auf den RIP (Raster Image Processor = Rasterbildberechner) im Drucker, der die Seitenbeschreibung von *PostScript* in das für den Drucker passende Pünktchenmuster umrechnet.

Eleganter und besser ist das seit einiger Zeit favorisierte Verfahren bei *TrueType* und *OpenType*, wo das so genannte «Fontrendering» vom Betriebssystem übernommen wird. Es existiert keine Trennung zwischen Bildschirm- und Druckerfonts, sondern je nach Aufgabenstellung berechnet das Betriebssystem – genauer das Modul *Quartz* – die passende Rasterdarstellung für die Monitor- oder Druckausgabe.

Die in Quartz enthaltene ATS (Apple Type Solution) bietet unter Mac OS X ein fortschrittliches zentralisiertes Schriftmanagement inklusive systemweites Antialiasing (Schriftglättung).

Zeichensätze installieren

Zeichensätze werden oft automatisch von diversen Programmen wie *Word*, *Internet Explorer* usw. installiert. Aber natürlich kann auch der Anwender eigene Zeichensätze installieren, indem er sie einfach in den entsprechenden Ordner legt. Im Gegensatz zu früher können sich die Zeichensätze an unterschiedlichen Orten befinden (in der Reihenfolge der Priorität aufgelistet):

- Im Benutzerverzeichnis */Users/Benutzername/Library/Fonts* finden sich Zeichensätze, die nur dem jeweiligen Benutzer zur Verfügung stehen.
- Im Pfad */Library/Fonts* finden sich Zeichensätze, die nicht vom System benötigt werden – hier können Sie unbesorgt löschen oder zufügen. Dazu müssen Sie sich als Administrator anmelden. Diese Zeichensätze stehen allen Benutzern zur Verfügung.
- Im Pfad */Network/Library/Fonts* finden sich spezielle Fonts für den Netzwerkeinsatz des Rechners, die aus dem LAN – Local Area Network – und aus dem WAN – Wide Area Network – abgerufen werden können. Dieser Ordner wird vom Netzwerk-Administrator verwaltet.
- Im Pfad */System/Library/Fonts* (hier finden sich die Standardzeichensätze fürs System, die vom normalen Benutzer nur gelesen werden können). Hier sollten Sie nichts ändern, ausser Sie wissen genau, was Sie da tun! Andernfalls kann das gesamte System lahm gelegt werden. Auch diese Zeichensätze stehen allen Benutzern zur Verfügung.
- Im Ordner *Zeichensätze* des Systemordners von *Classic*. Zeichensätze, die hier installiert sind, stehen dem gesamten System auch dann zur Verfügung, wenn *Classic* nicht gestartet ist. Werden hier neue Zeichensätze installiert, muss *Classic* neu gestartet werden, damit die neuen Schriften den *Classic*-Programmen zur Verfügung stehen.

OS X folgt dabei Zeichensatz-Prioritäten: Wenn mehrere Ordner denselben Zeichensatz enthalten, benutzt Mac OS X den ersten Font, den es gemäss obiger Reihenfolge gefunden hat; greift also zuerst auf */Users/Benutzername/Library/Fonts* zu.

Neben den Mac-eigenen *Bitmap-*, *TrueType-* und *PostScript*-Fonts lassen sich folgende (fremde) Zeichensatztypen unter Mac OS X verwenden:

- *TrueType*-Zeichensätze (Dateiendung *.ttf*)
- *TrueType*-Sammlungen (Dateiendung *.ttc*)
- *OpenType*-Zeichensätze (Dateiendung *.otf*)

Legen Sie die Zeichensätze einfach in einen der oben genannten Ordner. Dabei ist leider nicht garantiert, dass auch tatsächlich alle fremden Zeichensätze funktionieren werden. Im Speziellen können mehrsprachige Zeichensätze Probleme bereiten. Aber einen Versuch ist es allemal wert.

HEISSER TIPP Sie können unter Mac OS X auch Ihre alten *TrueType*-Fonts weiter benutzen: Legen Sie sie dazu in das Verzeichnis *Library/Fonts*. Je nachdem, ob dieser Pfad bei *Computer* oder *Privat* beginnt, stehen die neuen Zeichensätze dann allen Benutzern oder nur dem gerade angemeldeten Benutzer zur Verfügung.

Vergessen Sie dabei aber bitte keinesfalls, dass auch Zeichensätze dem Urheberrecht unterliegen und kommerzielle Zeichensätze nicht so ohne weiteres von einem Computer auf den anderen kopiert werden dürfen (siehe dazu die Lizenzbestimmungen des Zeichensatzanbieters).

GRUNDWISSEN Die Zeichensätze werden in nativen Programmen dank des integrierten Zeichensatz-Treibers *PostScript*-gerendert. Utilities wie *ATM Light* (*Adobe Type Manager*) sind deshalb unter Mac OS X überflüssig. Professionelle Fontmanager zum Aktivieren und Deaktivieren von Zeichensätzen bietet beispielsweise die Firma Extensis mit *Suitcase* an.

Zeichensätze verwalten

Das Menü *Format* hat es in all den Programmen unter MAC OS X, in denen es überhaupt auftaucht (weil es Sinn macht), in sich. Es funktioniert aber nur in den Programmen wie zum Beispiel *TextEdit* oder *Notizzettel*, die sich diese Routinen auch tatsächlich zunutze machen:

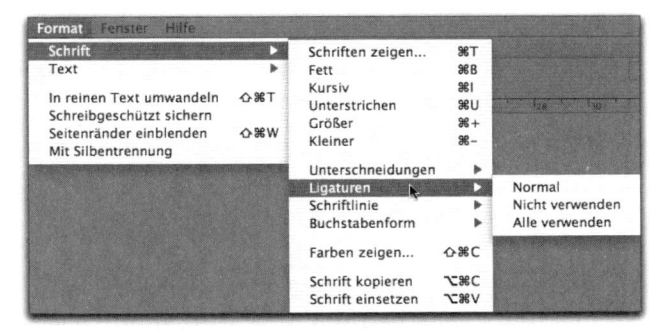

Hier haben Sie Zugriff auf den *Fontmanager*. Die Schriften eines Dokuments lassen sich auf vielfältigste Weise einstellen und manipulieren und wir können Ihnen nur empfehlen, sich einmal eine Zeitlang mit diesem Menü und seinen Optionen zu beschäftigen. Vieles davon ist selbsterklärend beziehungsweise lässt sich spielerisch ausprobieren und aneignen. Auf ein paar Dinge möchten wir allerdings besonders hinweisen; sie sind einfach zu schön.

Dazu gehört zum Beispiel die Farbpalette, die so viele unterschiedliche Möglichkeiten zur Farbwahl kennt, dass wohl jeder die ihm genehme beziehungsweise die just passende finden wird:

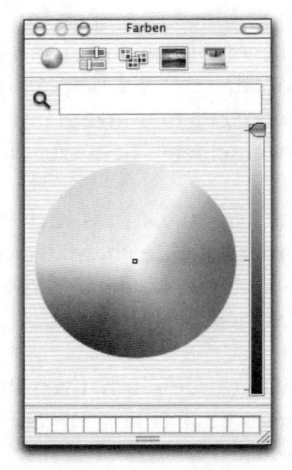

Hoch interessantes verbirgt sich auch hinter dem Menübefehl *Format | Schrift | Schriften zeigen...* (*Befehl-T*), denn hier tauchen nicht nur alle dem System bekannten Schrifttypen auf, sondern hier lassen sie sich auch organisieren.

Hier findet auch der Profi Möglichkeiten, die ihm sehr gefallen werden, unter anderem so feine Dinge wie *Unterschneidungen* oder *Ligaturen.*

Die Verwaltung der Schriften verbirgt sich hinter dem Knopf *Extras...* Hier können Sie beispielsweise ganz bestimmte Schriftschnitte wie zum Beispiel *Avantgarde Demi 12 Punkt* zu den Favoriten hinzufügen und dann markierte Textteile sehr schnell entsprechend umformatieren.

Das Raffinierte dabei ist, dass Sie das Fenster für die Zeichensätze einerseits ständig geöffnet lassen können und dass es sich andererseits ganz unterschiedlich zeigt, je nachdem, welche Grösse Sie einstellen:

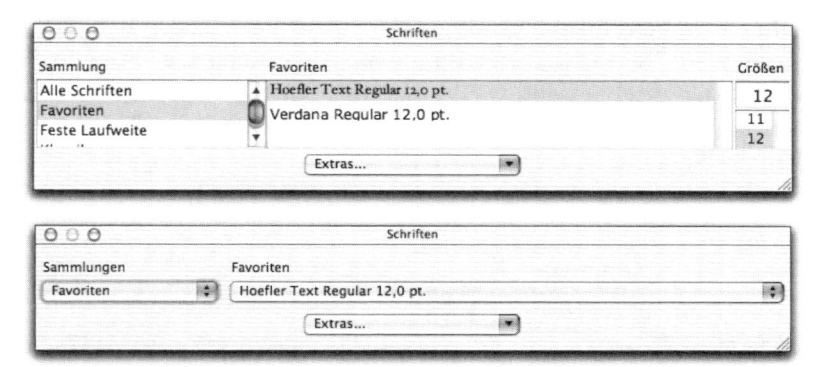

Und mit dem Befehl *Extras... | Vorschau einblenden* sehen Sie, wie die einzelnen Zeichensätze aussehen:

Aufgaben, die früher professionellen Programmen zur Zeichensatzverwaltung wie zum Beispiel *Suitcase* oder auch *Adobe Type Manager* vorbehalten waren, sind jetzt im Betriebssystem realisiert. Vielleicht zwar noch nicht ganz so elegant, aber schon recht brauchbar. Die entsprechenden Optionen verbergen sich wiederum hinter dem Knopf *Extras...* und finden sich da unter dem Befehl *Sammlungen bearbeiten...*:

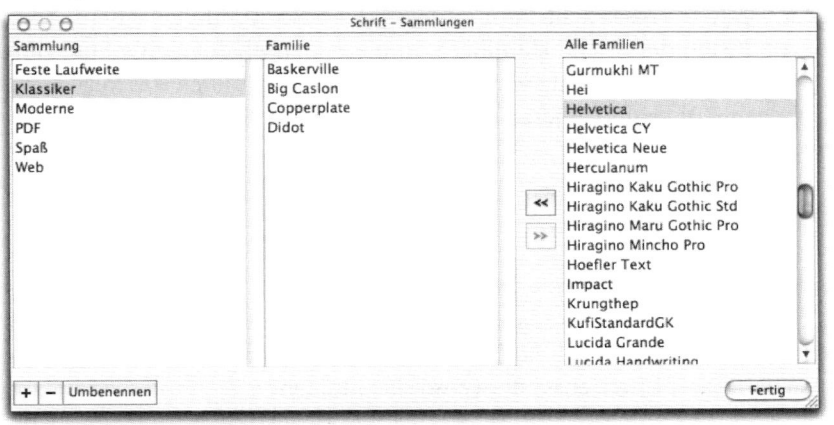

Es empfiehlt sich, das Fenster etwas grösser aufzuziehen, lassen sich die Sammlungen doch so übersichtlicher zusammenstellen. Auch hier können Sie das Schriftenfenster anschliessend wieder handlich klein ziehen und schaffen sich so einen fantastisch schnellen und sehr organisierten Zugriff auf sämtliche Schriften des Systems:

Natürlich können Sie auch schnell zwischen den einzelnen Sets umschalten:

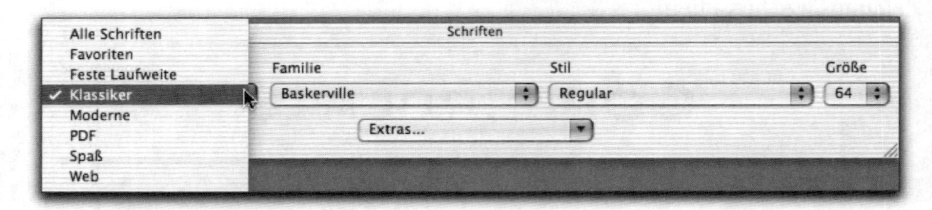

Wenn Sie jetzt noch bedenken, dass MAC OS X im Gegensatz zu den früheren Versionen des Betriebssystems eine komplett andere Speicherverwaltung realisiert, die natürlich auch für die Zeichensätze zutrifft, was wiederum bedeutet, dass es für die Systemstabilität keine Rolle spielt, wie viele Zeichensätze in den entsprechenden Zeichensatz-Ordnern vorhanden sind, dann wissen Sie gleichzeitig auch, dass MAC OS X Ihnen ein sehr praktisches und durchaus professionelles Schriftenmanagement zur Verfügung stellt.

Vor diesem Hintergrund wird viel verständlicher, warum die Firma Adobe hat verlautbaren lassen, dass sie ihren Schriftenverwalter *Adobe Type Manager* nicht an Mac OS X anpassen will. Gibt es doch keine Notwendigkeit mehr, Zeichensätze zugunsten der Systemstabilität komplett abzuschalten; eine Funktion, die der *ATM* übernommen hat. Seine zweite Funktion, nämlich das Verwalten von Schriftsätzen, übernimmt jetzt – wie wir soeben gesehen haben – das Betriebssystem.

Ausgabe

Die dem Drucken zugrunde liegenden Technologien wurden für Mac OS X völlig neu entwickelt. Das Ganze basiert im Wesentlichen auf *PDF* (Portable Document Format) und stellt Dienste für verschiedene Ausgabemöglichkeiten zur Verfügung. Im Betriebssystem sind dazu folgende Technologien integriert:

- Seit *Jaguar* ist das «Common Unix Printing System» (CUPS) Grundlage des Druckens und damit eröffnet sich dem Mac die ganze Welt der UNIX- und Linux-Druckertreiber.
- *Natives PDF*: PDF wird als nativer Datentyp unterstützt. So kann jedes Programm sowohl Text- wie Grafikdaten in eine geräteunabhängige PDF-Datei schreiben. Das funktioniert aber nur unter Mac OS X, nicht unter *Classic*. Da PDF zu den Ausgabetechnologien gerechnet wird, erschliesst sich die Möglichkeit, PDF-Dateien zu sichern, folgerichtig auch über den Drucken-Dialog (siehe Abschnitt *PDF-Druck* weiter hinten).
- *PostScript Ausgabe*: Damit kann auf *PostScript*-Druckern, die mit Level 1, 2 oder 3 der *PostScript*-Sprache kompatibel sind, ausgedruckt werden. Funktioniert nicht unter *Classic*.
- *Druckvorschau*: Damit steht – ausser unter *Classic* – allen Umgebungen eine Druckvorschau zur Verfügung. Um das Farbmanagement kümmert sich dabei *ColorSync*.
- *Hintergrunddruck*: Die Daten werden nicht sofort an den Drucker geschickt, sondern zunächst (schneller) in eine Druckdatei geschrieben, die dann an den Drucker gesendet wird. Vorteil: Das druckende Programm wird praktisch nicht blockiert, mehrere Druckjobs lassen sich – auch aus unterschiedlichen Programmen – schnell hintereinander anstossen und werden in die Warteschlange aufgenommen, die dann der Reihe nach im Hintergrund abgearbeitet wird.

Laut Apple wurde bei der Entwicklung besonderes Augenmerk auf eine konsistente Benutzerschnittstelle gelegt.

Druckertreiber

Bevor Sie einen Drucker benutzen können, benötigen Sie den passenden Treiber für dieses Modell. Hinsichtlich der von Mac OS X unterstützten Drucker gilt:

- Keinerlei Probleme sollte es mit der Ausgabe auf *PostScript*-Druckern geben, denn die werden von den Betriebssystemen Mac OS X wie *Classic* direkt unterstützt. Notwendig ist noch die passende *PPD* (PostScript Printer Description) – dazu gleich mehr.
- Mit der Beschränkung auf *PostScript*-fähige Drucker hat Apple seine alten Tintenstrahldrucker im neuen Betriebssystem völlig ausgeschlossen. Und deshalb kann beispielsweise ein älterer *StyleWriter* unter Mac OS X nicht benutzt werden (wohl aber unter *Classic*).
- Für den Druck auf nicht *PostScript*-fähigen Druckern braucht es unter Mac OS X eigene, native Treiber, wie sie zum Beispiel Epson, Hewlett Packard und Lexmark für ihre neueren Modelle anbieten.

- Bei anderen respektive älteren Druckern funktionieren in der Regel die Treiber von Mac OS 9 – allerdings nur unter *Classic*. Tipp: Versuchen Sie es mal mit abgeschaltetem Hintergrunddruck, wenn es dort nicht auf Anhieb klappt.
- Sehr schnell nach der Vorstellung von Mac OS X 10.2 alias *Jaguar* haben sich die Programmierer auf vorhandene *CUPS*-Druckertreiber gestürzt und die für *Jaguar* angepasst – suchen Sie dazu zum Beispiel unter `www.versiontracker.com` nach dem Stichwort *CUPS*.

Etliche Treiber werden bereits mit dem System installiert, andere (aktuellere) können über die Systemeinstellung *Software-Aktualisierung* direkt aus dem Internet geladen werden (und sie werden auch automatisch installiert). Die Treiber populärer Druckerhersteller wie Epson oder Hewlett Packard sind auf diese Weise erhältlich.

Welche Druckertreiber aktuell auf Ihrem System installiert sind, können Sie im Ordner */Library/Printers/* ersehen:

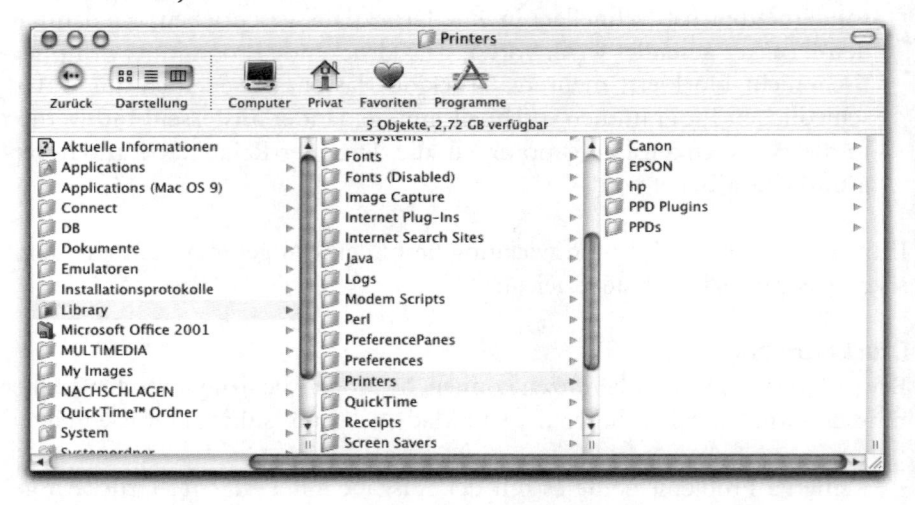

Bei eher «exotischen» Druckern hilft hoffentlich ein Blick auf die Webseite des Herstellers, um zu aktuellen OS X-Treibern zu gelangen, die dann in der Regel genauso wie ein Programm installiert werden: Das Installationsprogramm wird per Doppelklick oder Finder-Menübefehl *Ablage | Öffnen* gestartet und installiert daraufhin die Druckertreiber selbsttätig.

Nicht unterstützte Drucker

Alte und fremde Drucker werden von Mac OS X nicht unterstützt. Im Wesentlichen gibt es dafür zwei Ursachen: Fehlende native Treiber und/oder veraltete Schnittstellen wie den *LocalTalk*-Anschluss.

Es wurde bereits erwähnt, dass der Ausdruck auf nicht *PostScript*-fähigen Druckern native Treiber des Drucker-Herstellers benötigt. Die teilweise (noch) fehlenden Treiber sind sicherlich nicht Apple anzulasten. Zeichnet sich eine «solide» Fremdfirma doch auch dadurch aus, dass sie Drucker und Kunden auch nach dem Verkauf pflegt, will heissen, immer wieder mal neue und verbesserte Treiber bereitstellt.

Neben fehlenden Treibern kann es auch an der Druckerschnittstelle scheitern, denn die serielle respektive *LocalTalk*-Schnittstelle wird schon deswegen nicht unterstützt, weil auch all die Macs, die noch so eine Schnittstelle haben, nicht für Mac OS X vorgesehen sind.

Es gibt aber ein paar Tricks, mit denen sich – eventuell auf Umwegen – doch aus Mac OS X heraus drucken lässt:

- Wenn der Drucker unter *Classic* funktioniert, können Sie den Ausdruck in eine PDF-Datei umleiten (siehe vorheriger Abschnitt *PDF-Druck*) und anschliessend unter *Classic* mit dem kostenlosen *Acrobat Reader* ausdrucken.
- Für ältere Drucker wie etwa den *StyleWriter* von Apple gibt es unter Umständen Treiber für Linux und UNIX. Vielleicht passt ja jemand diesen Treiber an Mac OS X an (eine Suche im Internet – zum Beispiel auf `www.google.de` – schafft Klarheit). Bleibt noch die Schnittstelle, für die es einen USB-Seriell-Adapter mit passendem Treiber braucht.
- Ältere Drucker mit alter Netzwerk-Schnittstelle (*LocalTalk*) können Sie an einen älteren Mac anschliessen und über das Netzwerk ansprechen. So ist es uns problemlos gelungen, einen *LaserWriter 4/600* mit betagter *LocalTalk*-Schnittstelle unter Zuhilfenahme der kostenlosen *LocalTalk-Bridge* von Apple in ein Ethernet zu integrieren und auch aus Mac OS X heraus darauf auszudrucken (siehe Kapitel *Netzwerke*).
- Letztlich können Sie es auch mit der Lösung versuchen, wie sie etwas weiter hinten unter *PostScript- und PDF-Dateien drucken* beschrieben wird.

PostScript Printer Description (PPD)

Die speziellen Fähigkeiten eines *PostScript*-Druckers legen *PPD*s (PostScript Printer Description) fest, und mit Mac OS X werden standardmässig schon eine ganze Menge installiert. Sie finden sich – nach Sprache geordnet – in Unterverzeichnissen von */Library/Printers/PPDs/Contents/Resources/*:

Diese reinen Textdateien enthalten druckerspezifische Angaben über die Auflösung, den eingebauten Arbeitsspeicher, welche Papierkassetten verfügbar sind und weitere solche Informationen mehr. Die Vorteile sind nicht von der Hand zu weisen: Der Hersteller muss lediglich eine *PPD*-Datei für seine Drucker schreiben, und schon kann die Druckroutine von Mac OS X das Letzte aus dem Gerät holen.

Die *PPD*-Dateien sollten natürlich im Optimalfall mit Ihrem Drucker geliefert werden. Andernfalls können Sie sich die *PPD*-Datei entweder beim Händler oder aus dem Internet (Webseite des Druckerherstellers) besorgen. Dort sehen Sie auch, ob vielleicht schon neuere Versionen der *PPD* existieren.

HEISSER TIPP Versuchen Sie es im Zweifel mit der *PPD* zu einem *LaserWriter*, wenn Ihr Drucker nicht aufgeführt ist. Zumindest die Grundfunktionen sollten anstandslos funktionieren; wozu schliesslich ist *PostScript* ein Standard?

Um so eine neuere – oder auch ein alte von Mac OS 9 – *PPD* eines Druckers zu benutzen, müssen Sie diese nur in das Verzeichnis */Library/Printers/PPDs/Contents/Resources/de.lproj* legen. Ist die *PPD* nicht Deutsch, sondern beispielsweise Französisch, dann kommt die *PPD* in den Ordner *fr.lproj*.

Beim Einrichten des Druckers wird sie automatisch erkannt und kann als *PPD* für diesen Drucker ausgewählt werden.

Print Center

Im *Print Center* (*Druckerauswahl*) können Sie über eine einzige Benutzerschnittstelle Drucker einbinden und konfigurieren, Druckjobs aufgeben und verwalten und die Warteschlange kontrollieren.

Um einen Drucker zu installieren und zu konfigurieren, gehen Sie so vor:

1. Schliessen Sie den Drucker an und schalten Sie ihn ein, damit er gefunden und konfiguriert werden kann.
2. Starten Sie *Print Center* und wählen Sie im Menü *Drucker* den Befehl *Drucker hinzufügen...* bzw. drücken Sie den entsprechenden Symbolleistenknopf. Es erscheint ein Dialog: Wählen Sie oben im Fenster die Verbindungsart im Pop-Up-Menü (siehe folgender Abschnitt) und dann das Druckermodell neben *Druckermodell:* aus:

3. In Ihrer Druckerliste sollte jetzt ein Drucker auftauchen. Bei mehreren Druckern können Sie einen anwählen und zum Standarddrucker bestimmen (Menübefehl *Drucker | Als Standard verwenden*).

4. Wenn Sie den soeben installierten Drucker jetzt im Fenster *Druckerliste* anklicken (aktivieren), können Sie anschliessend über den Menübefehl *Drucker | Drucker konfigurieren...* und Druck des Knopfes *Dienstprogramme* die druckerspezifischen Merkmale (Tintenstandsanzeige, Testseite...) aufrufen.

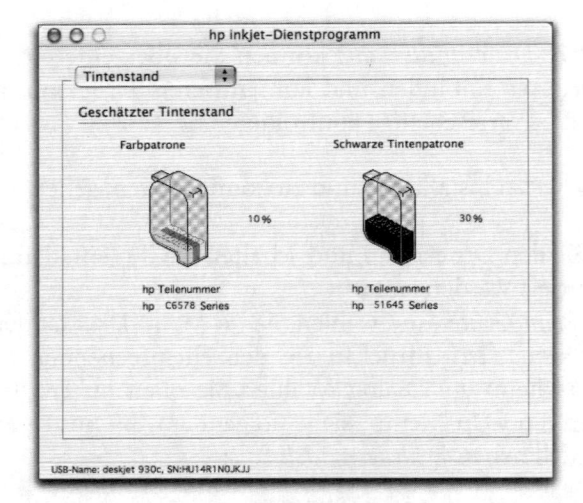

Das funktioniert aber nur bei den Druckern, die dazu eigens ein kleines Utility im Pfad *Startvolume/Library/Printers/(Name des Druckerherstellers)/Utilities/* abgelegt haben.

Letztlich haben Sie via Menübefehl *Drucker | Druckaufträge anzeigen* noch die Möglichkeit, die Warteschlange für die Drucker zu kontrollieren:

HEISSER TIPP Ältere Drucker mit alter Netzwerk-Schnittstelle (*LocalTalk*) können Sie an einen älteren Mac anschliessen und über das Netzwerk ansprechen: siehe Kapitel *Netzwerke*.

Lokale und vernetzte Drucker

Im *Print Center* können Drucker an folgenden Anschlüssen ausgewählt werden:

AppleTalk: Drucker, die im *AppleTalk*-Netzwerk bereitgestellt werden. Das sind zum Beispiel alle *LaserWriter*, die an *EtherTalk* oder *LocalTalk* (plus *LocalTalk Bridge*) an einem Rechner im Netzwerk angeschlossen sind.

Drucker, die via *AppleTalk* zur Verfügung stehen, können natürlich von allen Rechnern im LAN (Local Area Network) genutzt werden, und da Mac OS X das Multitasking so schön und reibungslos beherrscht, ist auch der Einsatz eines dedizierten Druckerservers überflüssig: Denn der Hintergrunddruck bremst das System nicht mehr wie einst deutlich aus.

TCP/IP: Netzwerkdrucker, die mit Hilfe des plattformunabhängigen Druckprotokolls *LPR/LPD* über *TCP/IP* bereitgestellt werden. Ursprünglich für BSD UNIX entwickelt, ist es heute De-fakto-Standard. Setzt einen geeigneten *PostScript*-Drucker voraus.

Damit wird nichts anderes gesendet als sonst auch im LAN (Local Area Network) oder WAN (Wide Area Network) – Daten. Nur diesmal eben an die definierte IP-Adresse, das kann ein Drucker oder ein Druckerserver sein (der die Daten dann weiterleitet.

USB: Für lokale Drucker, die an der USB-Schnittstelle angeschlossen sind. Sie können über die Systemeinstellung *Sharing | Dienste | Printer Sharing* aktiviert und im Netzwerk genutzt werden. Der Drucker erscheint dann sofort im *Drucken*-Dialog und auch im *Print Center* des vernetzten Computers.

Verzeichnisdienste: Hier können Drucker mittels *Rendezvous* oder des *NetInfo Netzwerks* gefunden und hinzugefügt werden.

HEISSER TIPP In der Systemeinstellung *Sharing* (übersetzt: Gemeinsame Nutzung) können Sie auf dem Reiter *Dienste* die Option *Printer Sharing* einschalten und damit lokal angeschlossene Drucker im Netzwerk freigeben und dann von anderen Macs aus via *Print Center* darauf zugreifen:

Drucken

Ist der Drucker einmal eingerichtet, dann ist das Drucken selbst ein Klacks:

1. Wählen Sie den Menübefehl *Ablage | Papierformat...* und stellen Sie das Papierformat und die Ausrichtung ein. Das müssen Sie nur machen, wenn sich an den Standardvorgaben (in der Regel DIN A4 hoch) etwas ändert.

2. Mit dem Menübefehl *Ablage | Drucken...* (*Befehl-P*) holen Sie sich den Drucken-Dialog und können oben in den Einblendmenüs einen speziellen Drucker und bestimmte Druckeinstellungen auswählen.

Im unteren Fensterbereich wählen Sie die zu druckenden Seiten und die Reihenfolge, und los kann's gehen.

Der *Drucken*-Dialog hat neben den Standardeinstellungen noch einiges mehr zu bieten. Interessant ist die Option, sich eine Druckvorschau zeigen zu lassen. Anhand derer kann überprüft werden, ob das Dokument auch tatsächlich so layoutet wurde, dass es wirkt. Diese Option wird vom Betriebssystem bereitgestellt und ist deshalb in allen Programmen verfügbar. Ein Druck auf den Knopf *Vorschau* ruft sie auf:

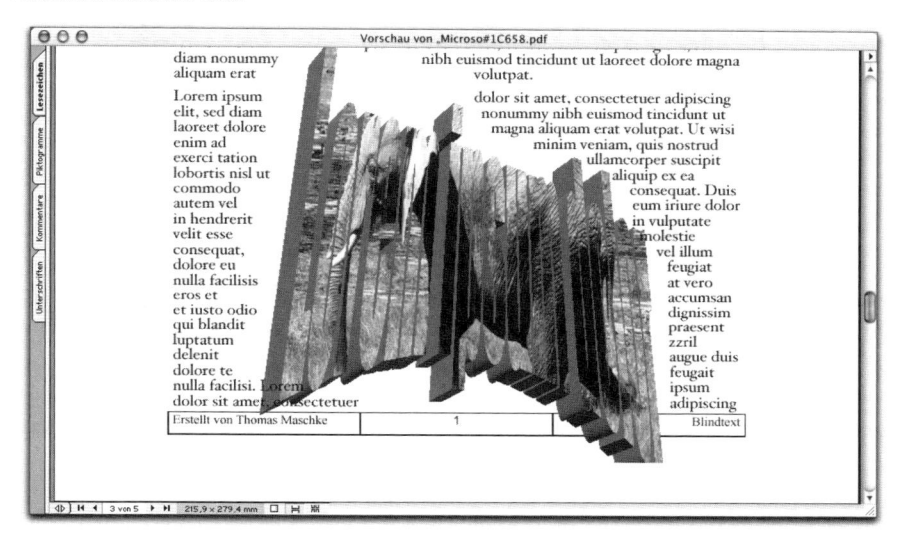

Direkt im *Drucken*-Dialog können Sie die Einstellungen zu Anzahl der Seiten pro Blatt und vielem mehr konfigurieren.

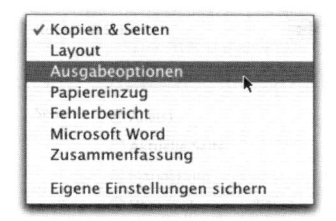

Layout: Eine der besten ist die Möglichkeit, mehrere Seiten auf ein einziges Blatt Papier zu drucken. Das freut nicht nur die Umwelt, sondern verkleinert auch die Papierstapel auf Ihrem Schreibtisch. Machen Sie ein paar Tests: Sie werden überrascht sein, wie gut sich die kleineren Texte immer noch lesen lassen, erst recht dann, wenn der Drucker über eine Auflösung von 600 dpi oder mehr verfügt.

Sie können diese Option auch dazu verwenden, um doppelseitige Layouts auf ihre Wirkung hin zu prüfen, indem Sie beide Seiten auf einem Blatt ausdrucken.

Ausgabeoptionen: Hier legen Sie fest, ob Sie die Datei als PDF- oder PostScript-Datei sichern möchten. Siehe auch die beiden folgenden Abschnitte *PDF-Druck* und *Ausgabe als PostScript-Datei.*

Papiereinzug: Unter diesem Punkt legen Sie fest, aus welchem Schacht sich der Drucker bedienen soll, sofern er mehrere Einzugsschächte besitzt.

Fehlerbericht: Hier stellen Sie ein, ob und wie ein Fehlerbericht ausgegeben werden soll.

Zusammenfassung: Das Gewusel durch die Einblendmenüs lässt einen schnell die Übersicht verlieren, was wo und wie eingestellt wurde. Dank *Zusammenfassung* sieht man alle Einstellungen noch einmal übersichtlich auf einen Blick:

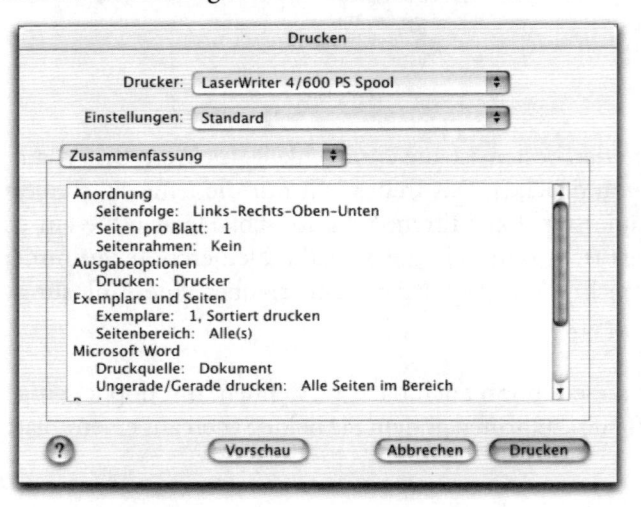

Die Option *Eigene Einstellungen sichern* sichert die aktuellen Einstellungen ohne Rückfrage. Sie können dann künftig im *Drucken*-Dialog bei *Gesicherte Einstellungen:* zwischen *Standard* und *Eigene* umschalten.

Ausgabe als PDF-Datei

Wenn Sie aus einem Programm heraus eine PDF-Datei erstellen möchten, dann finden Sie die entsprechende Option nicht im *Sichern*-Dialog, sondern bei *Drucken*:

Wählen Sie den Menübefehl *Ablage | Drucken...* drücken Sie den Knopf *Als PDF sichern...*

PDF ist deshalb so interessant, weil es sich dabei um einen plattformunabhängigen Standard handelt. Der *Acrobat Reader* wird für alle wichtigen Plattformen angeboten und kostenlos verteilt. Somit kann eine *PDF*-Datei auf praktisch jedem Computer dieser Welt gelesen werden – und das genau in der Gestaltung und mit den Bildern, die Sie vorgesehen haben. So lässt sich «Gedrucktes» wie Handbücher, Prospekte usw. auf Speichermedien (CD, Zip etc.) oder per E-Mail verteilen.

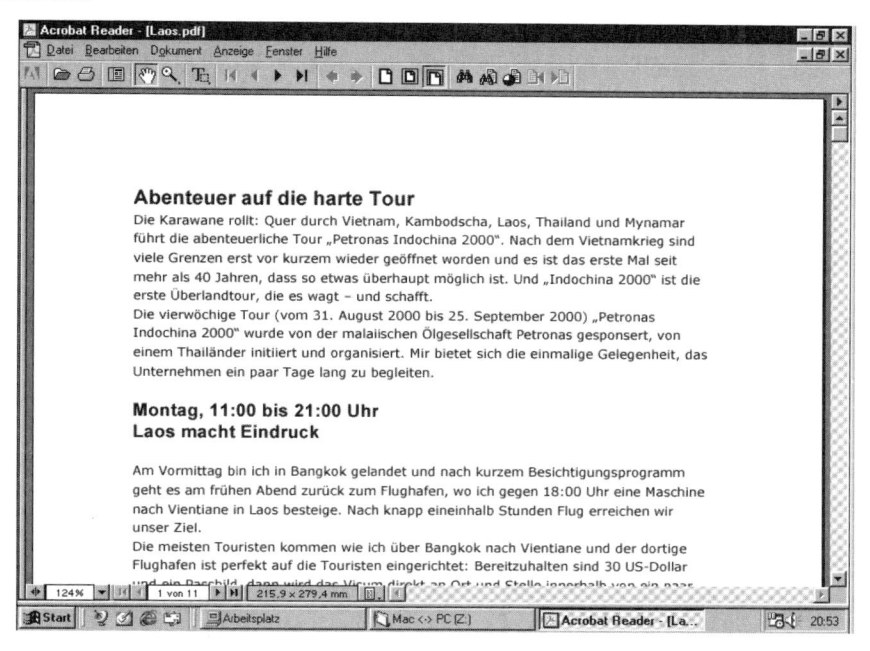

Doch dieses Ansinnen hiesse die PDF-Implementierung von Mac OS X überfordern. Der PDF-Druck basiert laut Apple im Wesentlichen auf den (alten) PDF-Spezifikationen 1.2 und 1.3. «High-End-PDFs», wie sie zum Beispiel von *Adobe Acrobat* erzeugt werden, sind damit nicht möglich.

Was aber nicht heisst, dass das unter Mac OS X prinzipiell unmöglich ist: Dazu bedarf es dann allerdings des kostenpflichtigen *Acrobat* samt *Distiller*, der *PostScript* in bestes PDF zu überführen vermag.

Eine kostenlose Alternative ist *GhostScript*, das gleich im Abschnitt *PostScript- und PDF-Dateien drucken* beschrieben wird.

Ausgabe als PostScript-Datei

Mac OS X erlaubt neben der PDF-Ausgabe auch das Schreiben einer *PostScript*-Datei. Voraussetzung ist allerdings ein *PostScript*-fähiger Druckertreiber (siehe Abschnitt *Virtuelle Drucker* weiter hinten):

1. Wählen Sie den Menübefehl *Ablage | Drucken...* und rufen Sie die Option *Ausgabeoptionen* aus dem Pop-Up-Menü auf.
2. Hier können Sie nun *Als Datei sichern* abhaken und dann bei *Format:* die Option *PostScript* wählen, um eine *PostScript*-Datei zu sichern. Die Datei wird mit der Endung *.ps* auf die Festplatte geschrieben.

Diese Datei können Sie nun transportieren, wohin Sie möchten und zu gegebener Zeit auf einem *PostScript*-Drucker ausdrucken. Es gibt aber auch Interpreter, die Drucker ansteuern können, die mit *PostScript* eigentlich überhaupt nichts am Hut haben. Dazu gleich mehr.

PostScript- und PDF-Dateien drucken

Es gibt etliche Möglichkeiten, *PostScript*- und *PDF*-Dateien zu drucken:

- *PostScript*-Dateien können via *Terminal* auf Netzwerkdruckern ausgedruckt werden.
- *PDF*-Dateien lassen sich mit dem kostenlosen *Acrobat Reader* ausdrucken.
- *PostScript*- und *PDF*-Dateien können mit Hilfe eines kostenpflichtigen (*Distiller*) oder kostenlosen (*GhostScript*) Interpreters an den Drucker gesandt werden.

Auf einen per *AppleTalk* angeschlossenen Netzwerkdrucker können Sie eine *PostScript*-Datei via *Terminal* ausgeben:

1. Starten Sie das *Terminal* und geben Sie *atlookup* ein. Eine Liste aller verfügbaren *AppleTalk*-Ressourcen inklusive der Drucker wird angezeigt:

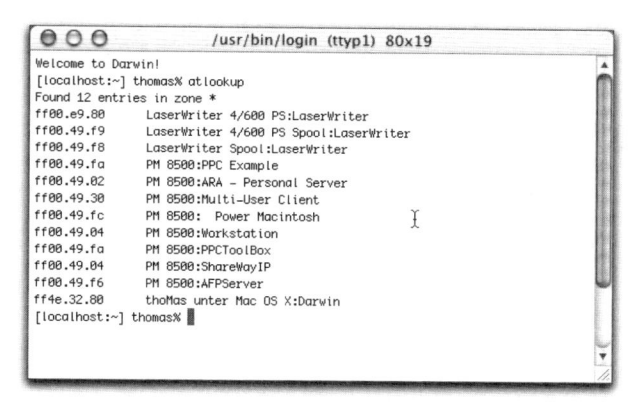

```
000                /usr/bin/login (ttyp1) 80x19
Welcome to Darwin!
[localhost:~] thomas% atlookup
Found 12 entries in zone *
ff00.e9.80      LaserWriter 4/600 PS:LaserWriter
ff00.49.f9      LaserWriter 4/600 PS Spool:LaserWriter
ff00.49.f8      LaserWriter Spool:LaserWriter
ff00.49.fa      PM 8500:PPC Example
ff00.49.02      PM 8500:ARA - Personal Server
ff00.49.30      PM 8500:Multi-User Client
ff00.49.fc      PM 8500:  Power Macintosh
ff00.49.04      PM 8500:Workstation
ff00.49.fa      PM 8500:PPCToolBox
ff00.49.04      PM 8500:ShareWayIP
ff00.49.f6      PM 8500:AFPServer
ff4e.32.80         thoMas unter Mac OS X:Darwin
[localhost:~] thomas%
```

Nach dem @-Zeichen steht übrigens die Netzwerkzone (hier im Beispiel wurden keine definiert, deshalb das Sternchen). Sind *AppleTalk*-Zonen vorhanden, dann muss der Drucker samt Zone angegeben werden.

2. Mit *atprint* kann ein Druckjob gesendet werden: *atprint Druckername < Datei.ps*:

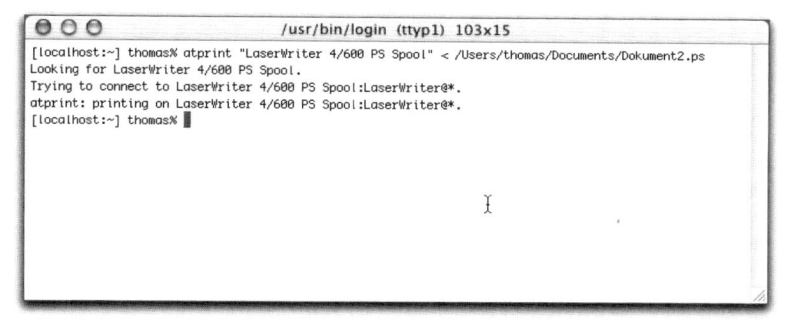

```
000                /usr/bin/login (ttyp1) 103x15
[localhost:~] thomas% atprint "LaserWriter 4/600 PS Spool" < /Users/thomas/Documents/Dokument2.ps
Looking for LaserWriter 4/600 PS Spool.
Trying to connect to LaserWriter 4/600 PS Spool:LaserWriter@*.
atprint: printing on LaserWriter 4/600 PS Spool:LaserWriter@*.
[localhost:~] thomas%
```

Druckernamen mit Leerzeichen müssen dabei in Anführungszeichen gesetzt werden.

Und denken Sie daran: Im *Terminal* können Sie kopieren und einsetzen (den soeben per *atlookup* eruierten Druckernamen zum Beispiel) und es versteht sich auf *Drag&Drop* (ziehen Sie die *PostScript*-Datei einfach ins Terminalfenster, um den kompletten Pfad zu erhalten).

Vielseitiger ist *Ghostscript*. Das ist ein *PostScript*-Interpreter, der sehr leistungsfähig ist und nichts kostet. Zumindest die etwas älteren Versionen nicht, denn die werden von der Firma Aladdin traditionell kostenlos zur Verfügung gestellt. Informationen zu *Ghostscript* erhalten Sie unter `www.ghostscript.com`.

Die Funktionsweise ist grundlegend die Folgende: Eine *PostScript*-Datei wird eingelesen und interpretiert. Wie sie interpretiert wird, hängt davon ab, was als

«Device» (Ausgabe) festgelegt ist. Kurz gesagt, können mit *Ghostscript PostScript-* und *PDF-*Dokumente erzeugt, betrachtet und auch auf Druckern ausgegeben werden, die eigentlich kein *PostScript* unterstützen. Damit kann *Ghostscript* in folgenden Fällen hilfreich sein:

- *PostScript-*Dateien auf nicht *PostScript-*fähigen Druckern ausdrucken.
- Überprüfung von *PostScript-*Dateien vor der Weitergabe (Dokument komplett, Fonts vorhanden, Grafiken richtig?).
  Tritt dabei ein Fehler auf, kann man den Aufbau der fehlerhaften Seiten in *Ghostscript* verfolgen und genau sehen, wo es hakt.
- Auch *PostScript-*Drucker mit geringem Speicher können davon profitieren, denn unter *Ghostscript* steht der gesamte Speicher des Rechners zur Verfügung; bei Bedarf wird zudem eine temporäre Datei angelegt.
- *PostScript* kann in Grafikformate wie *TIFF*, *PBM* und *PNG* konvertiert werden.
- Konvertierung von *EPS-*Grafiken in das editierbare *Illustrator-*Format.
- *PDF-*Dokumente erzeugen, anzeigen und in *PostScript* wandeln.

Virtuelle Drucker

Wenn Sie eine PDF- oder *PostScript-*Datei aus einem Programm heraus «drucken» möchten, ohne einen Drucker zu besitzen, so ist das scheinbar nicht möglich, denn das *Print Center* will nur dann einen Druckertreiber installieren, wenn auch der passende Drucker angeschlossen ist.

In dem Fall gehen Sie so vor:

1. Rufen Sie das *Print Center* auf und wählen Sie den Menübefehl *Drucker | Druckerliste einblenden.*
2. Drücken Sie auf den Knopf *Drucker hinzufügen* und wählen Sie *TCP/IP Drucker*.

3. Geben Sie als Adresse *localhost* ein, und wenn Sie *Standardwarteliste auf dem Server verwenden* deaktivieren, können Sie den Drucker auch benennen:

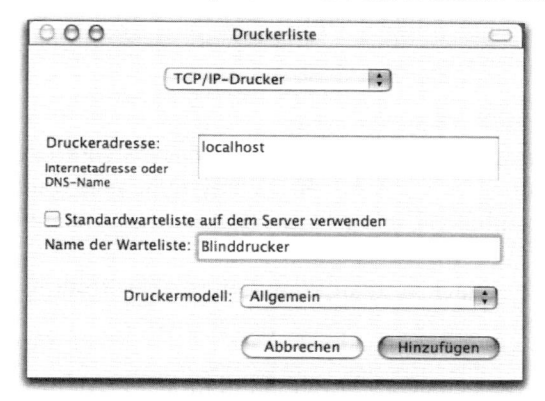

4. Wählen Sie ein Druckermodell aus dem Pop-Up unten, drücken Sie den Knopf *Hinzufügen* und ignorieren Sie eine eventuelle Fehlermeldung.

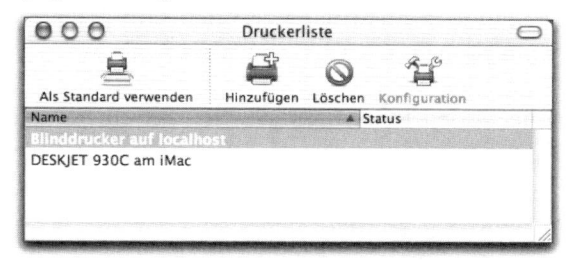

Das alles kann ein wenig dauern; *Print Center* sucht gern und lange…

Der Rest ist bekannt: Wenn Sie in einem Programm drucken möchten, rufen Sie den Menübefehl *Ablage | Drucken…* auf, wählen den soeben geschaffenen Drucker aus und holen sich die Option *Ausgabeoptionen* aus dem Pop-Up-Menü. Hier können Sie nun *Als Datei sichern* abhaken und dann bei *Format:* die Option *PDF* oder *PostScript* bestimmen.

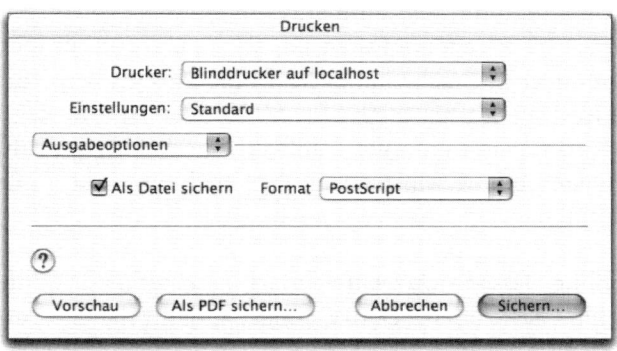

Sie erleichtern sich den Druckvorgang, wenn Sie die Einstellungen vornehmen und diese dann sichern. Künftig müssen Sie den *Drucken*-Dialog nurmehr auf die eigenen Einstellungen umstellen.

CDs brennen

Nach unserem Kenntnisstand ist das Mac OS das erste Betriebssystem (wieder mal), das das Brennen von CDs auf Betriebssystemebene unterstützt und dazu im Finder den Menübefehl *Ablage | CD/DVD brennen...* bereithält.

Das Verfahren ist einfach und unkompliziert: CD-Rohling einlegen, Daten kopieren, Brennen.

HEISSER TIPP Wer die Daten zum Brennen in Ruhe und ohne permanent eingelegten Rohling vorbereiten möchte, der benutzt besser das Programm *Disk Copy* und erstellt sich ein CD-Image, das er dann jederzeit (auch mehrmals) brennen kann (siehe Kapitel *Hilfsprogramme für Mac OS X*). Und für die Audio-CDs gibt es *iTunes*!

CDs lassen sich auf all den Macs brennen, die mit einem internen CD/RW- oder CD/RW-DVD-Kombilaufwerk ausgerüstet sind. Das Brennen von beschreibbaren CDs funktioniert aber auch mit vielen externen Brennern, die an USB oder *FireWire* angeschlossen sind.

In Frage kommen dafür zwei Typen beschreibbare CDs (so genannte Rohlinge): CD-R und CD-RW. Eine CD-R lässt sich nur einmal beschreiben, eine CD-RW kann dagegen mehrmals beschrieben werden; die Hersteller garantieren 1000 Schreibzugriffe. Wer nun aber glaubt, damit sei die CD-RW auf jeden Fall das bessere Medium, der irrt. Denn während eine einmal beschriebene CD-R nach dem Brennen einer herkömmlichen CD gleicht, bedingt die CD-RW auch beim Lesen eines dafür geeigneten Laufwerks. Will heissen, eine auf CD-R gebrannte Audio-CD kann auch im ältesten CD-Abspieler angehört werden, eine per CD-R erstellte Daten-CD wird auch vom uralten CD-ROM-Laufwerk mit einfacher Geschwindigkeit problemlos gelesen (für den Macintosh muss sie im Dateiformat *High Sierra*, *ISO* oder *HFS* vorliegen). Die CD-RW dagegen wird nur in modernen Laufwerken erkannt, die dafür besondere Leseköpfe besitzen und die selbstverständlich auch die herkömmliche CD und CD-R lesen können.

Geeignete Rohlinge lassen sich relativ einfach beschreiben (brennen). Sie können einfach eine CD-R oder CD-RW einlegen, dann die gewünschten Daten

(Ordner, Dateien) auf das Laufwerk-Symbol ziehen, und wenn die Datensammlung fertig ist, den Brennbefehl anstossen.

Brennen im Finder

Hier der prinzipielle Brennvorgang im Finder:

1. Wenn Sie eine beschreibbare CD-R oder CD-RW einlegen, meldet sich der Mac und fragt nach, ob die CD-R für das Brennen vorbereitet werden soll:

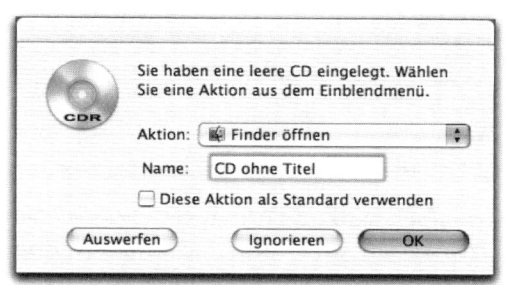

Wählen Sie die Aktion *Finder öffnen*, so passiert erst einmal nichts anderes, als dass das Betriebssystem eine temporäre Datei anlegt, in die all die Daten geschrieben werden, die Sie – vermeintlich – direkt auf die CD kopieren. Erst ganz zum Schluss, wenn die CD fertig ist und Sie den Befehl *CD brennen...* aufrufen und die Nachfrage bestätigen, ob gebrannt werden soll, werden diese Daten auf die CD gebrannt.

Der Name, den Sie hier vergeben, kann übrigens jederzeit im Finder wie bei anderen Volumes auch geändert werden.

2. Jetzt können Sie die gewünschten Daten (Ordner, Dateien) einfach auf das Laufwerk-Symbol ziehen:

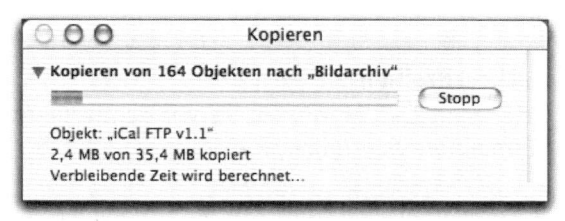

Wenn Sie die Information zum Volume aufrufen (*Befehl-I*), dann können Sie jederzeit sehen, wie viel Platz frei respektive belegt ist.

3. Und wenn die Datensammlung fertig ist, wird der Brennbefehl angestossen. Wählen Sie dazu im *Finder* den Menübefehl *Ablage | CD/DVD brennen* oder geben einfach den Befehl, die CD auszuwerfen:

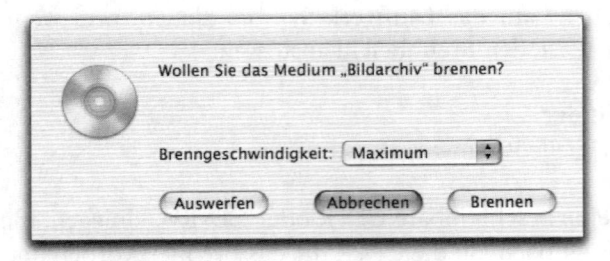

Den Rest macht dann der Mac für Sie:

Bei der Aktion *Finder öffnen* wird im Format *HFS+/ISO 9660* gebrannt – das ist eine so genannte *Hybrid-CD*, die von Mac und Windows gleichermassen gelesen werden kann. *HFS+/ISO 9660* ist für all die Daten (Dateien und Programme) gedacht, die nicht zu «Audio» gehören und unterstützt den ISO-Level 2. Damit bleiben Dateinamen mit bis zu 31 Zeichen Länge auch auf Windows-Rechnern lesbar.

Brennen mit «iTunes»
Bei der Aktion *iTunes öffnen* wird genau das gemacht und Sie können eine Wiedergabeliste als Audio-CD brennen – siehe Kapitel *Programme für Mac OS X* im Abschnitt *iTunes*.

Brennen mit «Disc Copy»
Bei der Aktion *Disc Copy öffnen* wird nach einem bereits mit diesem Programm erzeugten *Disk-Image* gefragt. Siehe Kapitel *Hilfsprogramme für Mac OS X* im Abschnitt *Disc Copy*.

CD-RW löschen und beschreiben
Eine bereits beschriebene CD-RW müssen Sie vor dem erneuten Brennen erst einmal mit dem *Festplatten-Dienstprogramm* löschen:

1. Starten Sie das *Festplatten-Dienstprogramm* und wählen Sie die Taste zum Löschen der CD-RW.

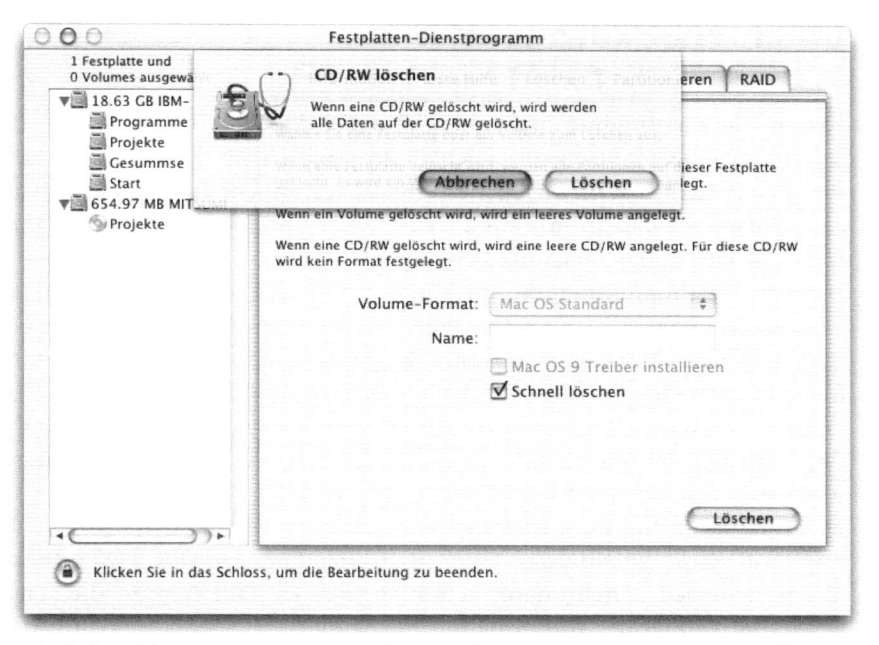

2. Noch im Dienstprogramm werfen Sie die CD-RW wieder aus und beenden das *Festplatten-Dienstprogramm*.
3. Jetzt können Sie die CD-RW wieder einlegen, sie wird gelesen und die Frage nach dem Vorbereiten für das Brennen erscheint – der Rest geht dann genau so wie soeben bei der CD-R geschildert.

Beachten Sie Folgendes beim Brennen:

- Wird die CD-R beziehungsweise CD-RW vorzeitig ausgeworfen, vergisst das Brennprogramm alle Daten wieder.
- Es ist immer nur ein Brennvorgang möglich; mehrere aufeinander folgende Brennvorgänge («Sessions») unterstützt die Apple-Software nicht.

In dem Fall hilft spezielle Software wie *Toast* von Roxio weiter, die unterschiedliche Datenformate unterstützt und auch mehrere «Sessions» zulässt: freier Platz kann nachträglich beschrieben werden.

Produktivität kurz gefasst

- Lassen Sie die Programme laufen: Aufgrund des fortschrittlichen Programm-Managements beanspruchen Programme im Hintergrund kaum RAM oder Rechenzeit. Was nicht aktiv ist, verbraucht auch keine Ressourcen. Nutzen Sie das für erhöhte Produktivität und lassen Sie alle Programme aufgestartet, die Sie häufig benutzen.
- Blenden Sie Programme, die im Hintergrund rechnen (*iMovie* etwa) aus. Das beschleunigt das System. Der Preis dafür ist, dass das ausgeblendete Hintergrundprogramm noch ein wenig langsamer rechnet, aber dafür können Sie flotter arbeiten. In Pausen holen Sie es nach vorn, dann kann es voll loslegen.
- Bei manchen Programmen kann es sich lohnen, alle Fenster zu schliessen, wenn man erstmal woanders weitermachen möchte. *Word* etwa beansprucht 50% der Rechenleistung und mehr für sich – auch im Hintergrund. Die Funktion *Rechtschreibung/Grammatik während der Eingabe prüfen* (in den *Voreinstellungen*) scheint dafür verantwortlich zu sein. Werden alle Fenster geschlossen (oder die Voreinstellungen geändert), sinkt der Ressourcenverbrauch dramatisch.
- Lassen Sie den Rechner laufen. Aus energiepolitischen Erwägungen ist es zwar gut, den Mac über Nacht abzuschalten. Aber mindestens tagsüber gibt es keinen Grund mehr, den Computer ab und an sicherheitshalber neu zu starten (unter dem klassischen Mac OS taten wir das gerne immer wieder mal).
- Legen Sie Programme bevorzugt in den Ordner *Programme*. Liegt ein Programm ausserhalb aller Benutzerverzeichnisse, dann kann das die Effizienz des Systems beeinträchtigen.
- Nutzen Sie die vielfältigen Druckmöglichkeiten: Direkt auf den Drucker, aber auch in eine *PDF-* oder *PostScript*-Datei.

Classic 8

MAC OS
Version 10.2
(Jaguar)

Classic

Wohin die Zukunft bei Apple ganz eindeutig weist, das hat Steve Jobs auf der «WWDC» (Worldwide Developers Conference = internationale Konferenz der Entwickler) am 6. Mai des Jahres 2002 eindrücklich und anschaulich dargestellt: Da wurde nämlich – rund ein Jahr nach der offiziellen Einführung von Mac OS X – das alte Mac OS 9 effektvoll-makaber zu Grabe getragen; respektive Steve Jobs zog es nicht aus dem Hut, sondern aus dem Sarg. Das sollte ein deutliches Signal setzen: Das klassische Mac OS ist bereits begraben, die Zukunft gehört Mac OS X.

Ein weiteres Signal setzt die Ankündigung, dass Macs ab 2003 Mac OS 9 nicht mehr werden starten können (*Classic* funktioniert allerdings). Doch eine Weile wird auch das Alte sicherlich noch weiterleben: Als *Classic*, unter dem wichtige oder liebgewordene alte Programme weiter ihren Dienst verrichten können.

Mit der *Classic*-Umgebung, das heisst dem «alten» Mac OS 9 unter Mac OS X laufend, ist Apple wieder einmal ein kleiner Geniestreich gelungen. Denn einerseits war es sicher nicht einfach, ein völlig anderes Betriebssystem unter Mac OS X zum Laufen zu bringen, und zum anderen ist das überraschend gut gelungen. Mac OS 9 läuft im «Emulationsmodus» fast genauso schnell wie bei einem direkten Start und Sie können all Ihre älteren Programme verwenden, bis davon native Versionen auf den Markt kommen.

In der Form ist das unseres Wissens ein weiteres Novum: Ein Computer, auf dem zwei völlig unterschiedliche Betriebssysteme gleichzeitig laufen – und das eben nicht in einer Emulation. *Classic* ist ein ausgewachsenes und komplettes System Mac OS 9. Es kann und soll deshalb im Rahmen dieses Buches nicht erschöpfend behandelt werden (dafür gibt es zum Beispiel den Titel *Mac OS 9* von *SmartBooks* und vom selben Autor). Hier soll es deshalb im Besonderen darum gehen, die Besonderheiten der *Classic*-Umgebung unter Mac OS X zu schildern.

Wird das Betriebssystem Mac OS 9 aus der *Classic*-Umgebung heraus aufgestartet, dann erscheint dem aufstartenden Betriebssystem *Classic* als neue Hardware-Plattform. Die Hardwaredienste werden über den Kernel von Mac OS X realisiert, hier ist im Besonderen das *I/O Kit* zu nennen. Im Gegensatz zu unseren vereinfachten Formulierungen an anderer Stelle dieses Bandes ist *Classic* kein herkömmlicher Emulator, denn Mac OS 9 läuft nativ unter *Classic*.

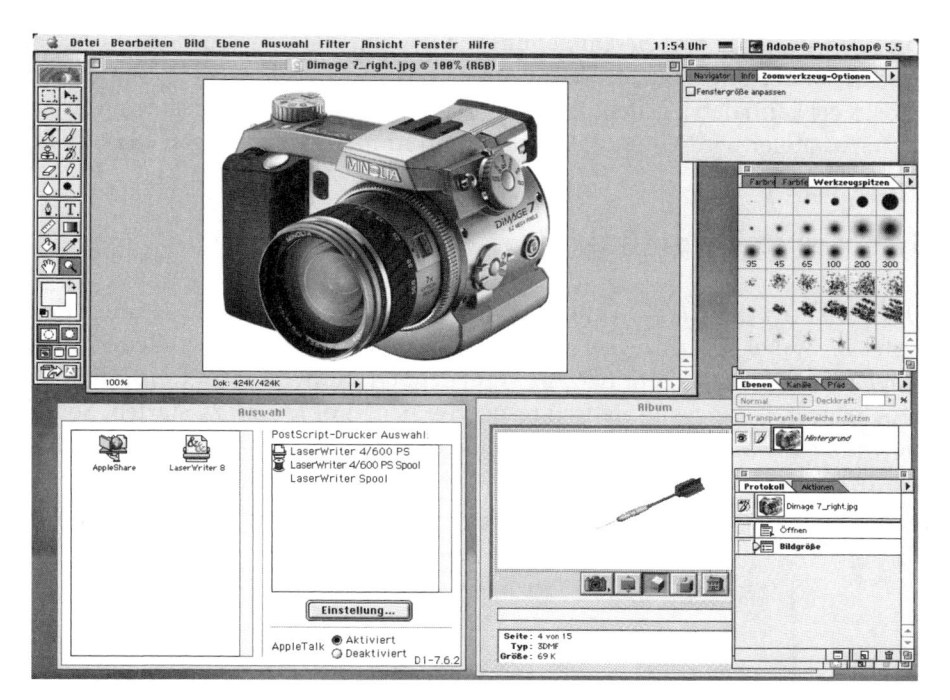

Dieses Konzept bedeutet, dass auch *Classic* nur auf jene Hardware zugreifen kann, die auch von Mac OS X unterstützt wird. Ein Interface mit serieller Schnittstelle oder ADB etwa werden Sie unter *Classic* nicht ansprechen können, so lange es keine nativen Treiber dafür gibt. Auch Disk-Utilities und CD-Brennprogramme bereiten Probleme (siehe Abschnitt *Funktionalität* weiter unten).

Abgesehen von dieser Einschränkung laufen unter *Classic* fast alle Programme, die für das ältere Betriebssystem von Apple geschrieben wurden, auch unter dem *True Blue Environment* (= *Classic*) von Mac OS X. Programme, die unter *Classic* gestartet werden, können natürlich von den neuen Funktionen keinen Gebrauch machen.

So reisst beispielsweise ein Panik laufendes Programm die gesamte *Classic*-Umgebung mit in den Abgrund, so wie man das von seinem alten Mac her kennt. Da *Classic* selbst aber eine native Applikation ist und in einem geschützten Speicherbereich läuft, betrifft dieser Absturz nur die *Classic*-Umgebung, der gesamte Rest von Mac OS X läuft unbeeindruckt weiter – denn unter Mac OS X ist ein Programmabsturz nicht wie früher (meist) gleich bedeutend mit einem Computercrash.

Die Stabilität der *Classic*-Umgebung hängt natürlich massgeblich von den Systemerweiterungen ab, die beim Aufstarten von *Classic* geladen werden. Als Faustregel kann dabei gelten: Je mehr (fremde) Erweiterungen geladen werden, desto instabiler wird *Classic*. Das war schon immer so, auch unter dem klassischen Mac OS.

Systemeinstellung «Classic»

Das Verhalten der *Classic*-Umgebung können Sie unter Mac OS X unter dem Apfel in *Systemeinstellungen | Classic* kontrollieren: Unter dem Reiter *Start/ Stopp* verbergen sich Optionen zur Wahl des Startlaufwerks von *Classic* und die Möglichkeit, *Classic* automatisch respektive per Knopfdruck zu starten. Sofern Sie OS 9.2 auf mehreren Volumes installiert haben, können Sie hier auswählen, welches davon als *Classic* für Mac OS X benutzt werden soll.

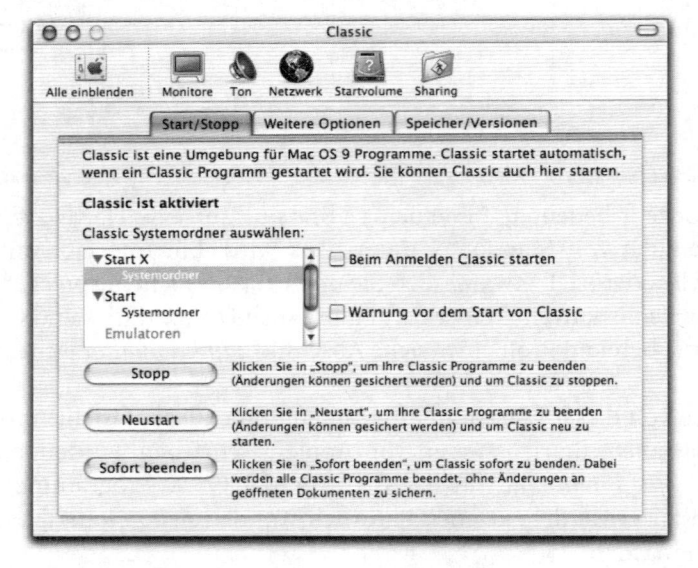

Unter dem Reiter *Weitere Optionen* kann *Classic* direkt aus Mac OS X heraus gestartet werden.

Dabei können Sie im linken Pop-Up unter *Startoptionen* wählen, ob die Systemerweiterung deaktiviert, ob das Kontrollfeld *Erweiterungen Ein/Aus* beim Aufstarten geöffnet oder ob *Classic* über eine Tastenkombination aus Mac OS X heraus aufgestartet werden soll.

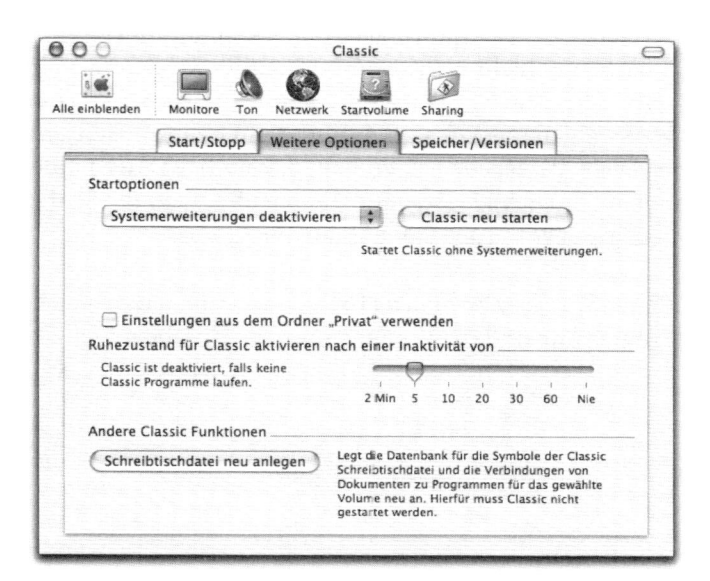

[Screenshot: Classic-Systemeinstellungen, Reiter "Weitere Optionen" mit Startoptionen, Ruhezustand-Schieberegler und "Schreibtischdatei neu anlegen".]

Diese Optionen für die Systemeinstellungen von *Classic* beziehen sich nur auf ein *Classic*, das aus diesem Einstellungsdialog heraus mit dem Knopf *Starten* respektive automatisch beim Start des gesamten Betriebssystems geöffnet wird. Wird *Classic* dagegen indirekt beim Programmstart eines klassischen Programms geöffnet, dann verhält es sich ganz so, wie sich auch ein normales Mac OS 9 verhält. Das heisst, alle Systemerweiterungen und Kontrollfelder werden geladen.

HEISSER TIPP Das Laden von Systemerweiterungen unter Mac OS 9 können Sie beim Aufstarten der *Classic*-Umgebung ganz einfach verhindern, wenn Sie unmittelbar nach dem Start von *Classic* die *Shifttaste* so lange gedrückt halten, bis die Meldung *Systemerweiterungen deaktiviert* erscheint.

Weiterhin lässt sich eine Zeitspanne für den Ruhezustand von *Classic* festlegen und Sie können ganz unten im Fenster mit dem Knopf *Schreibtischdatei neu anlegen* genau das tun. Das ist zu manchen Zeiten sinnvoll, da die Schreibtischdatei des klassischen Mac OS Informationen über die Verbindungen von Programmen und Dokumenten sammelt, diese Informationen aber niemals selbsttätig bereinigt, auch dann nicht, wenn Programme oder Dokumente entfernt werden. Das Aufräumen der Schreibtischdatei bereinigt von unnötigem Datenmüll, der ansonsten durchaus auch Probleme bereiten kann.

Vorsicht Falle Nach unseren Erfahrungen ist es besser und sicherer, die Schreibtischdatei nicht über die Option unter Mac OS X neu anzulegen, sondern Mac OS 9 als *Startvolume* in den *Systemeinstellungen…* zu wählen, neu zu starten und dann beim Aufstarten die Tastenkombination *Befehl-Wahl* gedrückt zu halten, kurz bevor der Finder erscheint. Daraufhin taucht ein Dialogfenster auf, das nachfragt, ob die Schreibtischdatei tatsächlich neu angelegt werden soll. Bestätigen Sie das.

Unter dem Reiter *Speicher/Versionen* lässt sich jetzt auch die Speicherzuteilung der *Classic*-Programme und die Versionsnummer einsehen:

Wie Sie *Classic*-Programmen mehr Speicher zuteilen, lesen Sie bitte im Abschnitt *Speicherzuteilung von Programmen* weiter hinten nach.

Classic starten

Sie haben mehrere Möglichkeiten, das *True Blue Environment* (= *Classic*) zu starten:

- Beim Start eines *Classic*-Programms wird das *True Blue Environment* automatisch gestartet.
- Unter *Systemeinstellungen…* | *Classic* auf dem Reiter *Start/Stopp* per Knopfdruck.
- Automatisch beim Start des Systems: Unter *Systemeinstellungen…* | *Classic* aktivieren Sie auf dem Reiter *Start/Stopp* die Option *Classic beim Anmelden an diesen Computer automatisch starten*.

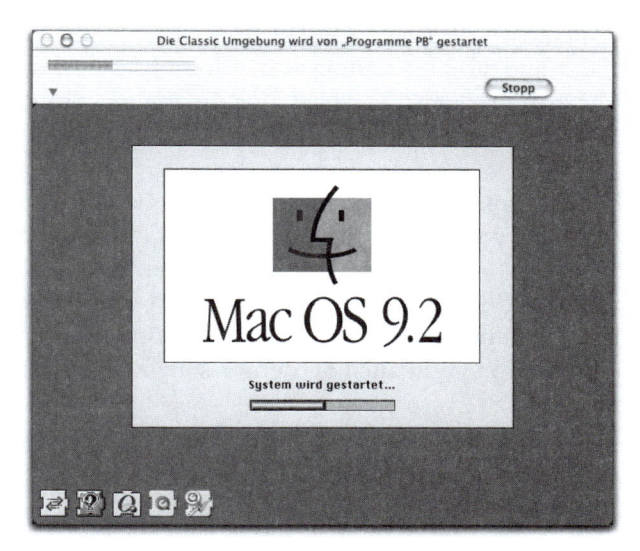

- Per frei wählbarer Tastenkombination, die in *Systemeinstellungen…* | *Classic* unter dem Reiter *Weitere Optionen* definiert wird.
- Besonders schnell startet *Classic*, wenn Sie in *Systemeinstellungen…* | *Classic* auf dem Reiter *Weitere Optionen* bei *Erweiterte Startoptionen* die Einstellung *Systemerweiterungen deaktivieren* wählen und dann den Knopf *Classic starten* daneben drücken. Aber all die Programme, die auf Systemerweiterungen angewiesen sind, laufen dann nur eingeschränkt bzw. gar nicht.

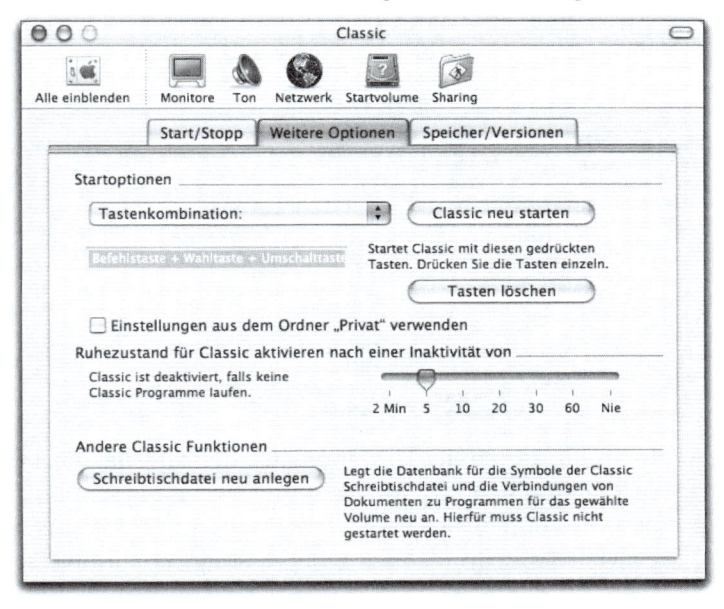

Mac OS X benutzt zwei Prozesse (Tasks), um *Classic* aufzustarten: *Classic Startup* ist für Start und Stopp zuständig und während des Aufstartens im Dock zu sehen. Dieser Prozess startet das *True Blue Environment* und beendet sich dann selbst.

Da alle *Classic*-Programme unter diesem einen Prozess laufen, kann der Prozess *True Blue Environment* von den Vorzügen von Mac OS X profitieren, diese aber natürlich nicht an die *Classic*-Programme weitergeben. Deshalb beeinträchtigt ein Absturz von *Classic* das Betriebssystem Mac OS X und die restlichen Prozesse nicht weiter, wohingegen ein abstürzendes *Classic*-Programm durchaus andere *Classic*-Programme und auch den Prozess *True Blue Environment* «abschiessen» kann.

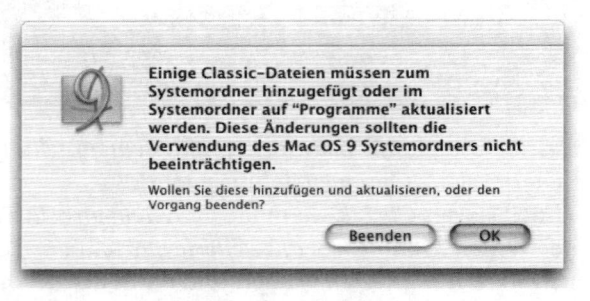

Beim ersten Start beziehungsweise wenn sich etwas an der Systemkonfiguration *Classic* ändert, werden – nach Rückfrage – einige Dateien in den Systemordner von *Classic* kopiert, unter anderem *Classic*, *Classic Support* und *Classic Support UI*, die für die Kooperation zwischen Mac OS 9 und Mac OS X notwendig sind.

RAFFINIERT

Beim Aufstarten der Umgebung werden all jene Objekte berücksichtigt, die sich im Ordner *Startobjekte* im Systemordner befinden. Sie können also bestimmte Programme (*Notizzettel*...) oder Dateien (eine Tondatei zur Begrüssung...) automatisch starten lassen.

Classic stoppen

Beenden können Sie *Classic* auf folgenden Wegen:

- Unter *Systemeinstellungen…* | *Classic* auf dem Reiter *Start/Stopp* per Knopfdruck (der Start-Knopf wird zum Stopp-Knopf, wenn *Classic* läuft). Änderungen in *Classic*-Dokumenten können dabei nach Rückfrage gesichert werden.
- Die Tastenkombination *Befehl-Wahl-Escape* ruft einen Dialog auf, in dem Sie *Classic Umgebung* anwählen und dann per Knopfdruck *Sofort beenden*.

Doch Achtung: Dabei werden alle *Classic*-Programme ohne weitere Rückfrage terminiert und keinerlei Dokumente gesichert!

Classic neu starten

ERSTE HILFE

Wenn es Probleme mit *Classic* gibt (fehlerhafter Fensteraufbau, träges Antwortverhalten…) probieren Sie Folgendes:

- Wählen Sie unter *Systemeinstellungen…* | *Classic* auf dem Reiter *Weitere Optionen* per Knopfdruck *Classic neu starten*. Änderungen in *Classic*-Dokumenten werden gesichert.
- Oder rufen Sie das Kontrollfeld *Erweiterungen Ein/Aus* aus dem bunten Apfelmenü auf und drücken Sie auf den Knopf *Neustart*.

Funktionalität

All die Geräte, die von Mac OS X unterstützt werden, werden auch unter *Classic* unterstützt:

- USB
- Toneingang und Ausgang
- Disketten-Images und SMI (self mounting image files)
- Ethernet
- SCSI
- FireWire
- Video

Zu den Schnittstellen, die unter *Classic* nicht mehr unterstützt werden, gehören:

- ADB (Apple Desktop Bus)
- LocalTalk
- Interne Diskettenlaufwerke
- Serielle Anschlüsse
- Ältere PCI-Karten und PC-Karten
  Bei den Karten werden nur solche unterstützt, für die Mac OS X Treiber bereitstellt. Das ist beispielsweise bei Grafikkarten, Netzwerkkarten oder SCSI-Karten der Fall. Ob die jeweilige PCI- oder PC-Karte tatsächlich mit Mac OS X und damit auch mit *Classic* kompatibel ist, erfragen Sie am besten direkt beim Hersteller der Karte.
- *Classic* kann keine *UFS*-Volumes erkennen geschweige denn davon lesen oder darauf schreiben.
- Zeichensätze, die sich im Ordner *Zeichensätze* von *Classic* befinden, werden von Mac OS X verwaltet und allen Anwendungen zur Verfügung gestellt. Zeichensätze allerdings, die sich in anderen Zeichensatzordnern von Mac OS X finden, stehen der *Classic*-Umgebung nicht zur Verfügung.
- Die Zwischenablagen beider Systeme verwenden zum Teil unterschiedliche Datentypen beim Kopieren und Einsetzen. Deshalb können manche Kopier- und *Drag&Drop*-Operationen misslingen.
- Was die Netzwerkdienste angeht, teilen sich *Classic* und Mac OS X dieselben. *Ethernet*, *AirPort*, *PPP* und die *IP*-Adresse des Computers werden einträchtig von beiden benutzt.
  Unstimmigkeiten können sich da ergeben, wo aus beiden Umgebungen heraus auf die Konfigurationsdateien fürs Internet zugegriffen wird, da sich die beiden Versionen der Konfigurationsdateien von *Internet* unterscheiden. Die jeweiligen Einstellungsdateien werden für die beiden Betriebssysteme an unterschiedlicher Stelle gespeichert und können deshalb natürlich auch verschieden sein. Potenzielle Widrigkeiten sind dabei vor allem zu erwarten, wenn Internet-Programme parallel aus *Classic* und Mac OS X heraus genutzt werden.

- (Treiber-)Programme, die direkt auf die Hardware zugreifen, werden wahrscheinlich in der *Classic*-Umgebung nicht funktionieren. Dazu gehören auch Disk-Utilities.
  Sofern Sie beispielsweise für Ihren Scanner keinen nativen Treiber für Mac OS X auftreiben können, hilft nur, Mac OS 9 wieder in altbewährter Weise solo aufzustarten. Welches Mac OS aufgestartet wird, können Sie in der Systemeinstellung *Startvolume* festlegen.
- Die meisten «alten» Anwendungsprogramme sollten problemlos in der *Classic*-Umgebung laufen.

Konfiguration

Die Konfiguration von *Classic* erfolgt über das (bunte) Apfelmenü und die Kontrollfelder.

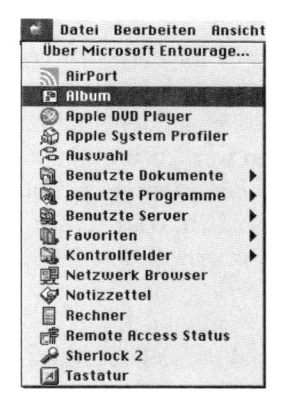

Nicht alle Programme und Kontrollfelder, die sich da finden, funktionieren auch, denn hardwarenahe Funktionen wie *AirPort* oder *DVD* sind in Mac OS X realisiert und werden von dort aus mit der *Classic*-Umgebung geteilt.

HEISSER TIPP Sofern Sie OS 9 zusätzlich auf einer weiteren Partition installiert haben und bevorzugt von dort die OS 9-Arbeitsumgebung aufstarten, können Sie etliche Erweiterungen entfernen, so den Startvorgang beschleunigen und *Classic* noch stabiler machen. Siehe Abschnitt *Konfiguration optimieren* gegen Ende dieses Kapitels.

Konfiguration optimieren

- Deaktivieren Sie alle Systemerweiterungen und Kontrollfelder, die Sie unter *Classic* nicht benutzen oder die nicht funktionieren (siehe nachfolgende Aufstellung): *Classic* startet schneller.
- Entfernen Sie Zeichensätze, die Sie nicht benötigen, aus dem Zeichensatz-Ordner von *Classic*. Das kann das Aufstarten von *Classic* beschleunigen.

- Festplattenspeicher lässt sich sparen, indem alle nicht benötigten Druckertreiber gelöscht werden. Sie sind im *Systemordner* im Ordner *Systemerweiterungen* zu finden.
- Nahezu 100 Megabyte an Festplattenspeicher können Sie einsparen, wenn Sie die Sprachpakete, die Sie nicht brauchen, aus *Classic* löschen. Das geht zum Beispiel mit dem Programm *Monolingual*, das Sie auf unserer *Smart-Disc* finden.
- Schalten Sie die Netzwerkdienste aus, wenn Sie sie nicht brauchen.
- Wenn Sie an kein Netzwerk angeschlossen sind, können Sie die gesamte Netzwerksoftware (*File Sharing Erweiterung*, *Netzwerkerweiterung*, *EtherTalk*...) löschen und viel Speicher auf Festplatte und im RAM sparen. Aber Achtung: *Open Transport Libraries* und die Kontrollfelder *Modem* und *Remote Access* (früher *PPP*) benötigen Sie für den Internet-Zugang unter Mac OS 9!

Wir empfehlen sicherheitshalber folgendes Vorgehen:

1. Deaktivieren Sie alles, was Sie glauben, nicht zu benötigen, mit *Erweiterungen Ein/Aus*. Diese Dateien werden im Systemordner in den Ordnern *Kontrollfelder (Aus)* und *Systemerweiterungen (Aus)* abgelegt.
2. Wenn Sie sich überzeugt haben, dass *Classic* nach wie vor wie gewünscht funktioniert, können die überflüssigen Erweiterungen dauerhaft gelöscht werden.

Benötigen Sie deren Funktionalität, weil Sie Mac OS 9 zuweilen auch direkt von diesem Volume aufstarten, dann definieren Sie sich in *Erweiterungen Ein/Aus* eine kleine Konfiguration für *Classic*, in der Sie alles abschalten, was unter *Classic* nicht läuft oder nicht benötigt wird, und eine grosse Konfiguration für Mac OS 9.

Überflüssige Systemerweiterungen und Kontrollfelder

Eine genaue Beschreibung aller Kontrollfelder – und warum sie gegebenenfalls nicht funktionieren – folgt weiter hinten. Hier schon mal eine Übersicht, was Sie mit Hilfe des Kontrollfeldes *Erweiterungen Ein/Aus* alles deaktivieren können (eine genaue Beschreibung von *Erweiterungen Ein/Aus* finden Sie ebenfalls weiter hinten):

- *AirPort*
- *Apple Umgebungsassistent*
- *DialAssist*
- *Energie sparen*
- *Infrarot*

- *Kontrollleiste*
- *Mehrere Benutzer*
- *Modem*
- *Remote Access*
- *Trackpad*

HEISSER TIPP Definieren Sie in *Erweiterungen Ein/Aus* zwei Konfigurationen: Eine schlanke für *Classic*, in der alle überflüssigen Erweiterungen deaktiviert werden sowie eine umfangreichere *(Mac OS komplett)* für den Fall, dass Sie das klassische Mac OS mit voller Funktionalität aufstarten möchten.

Multifinder

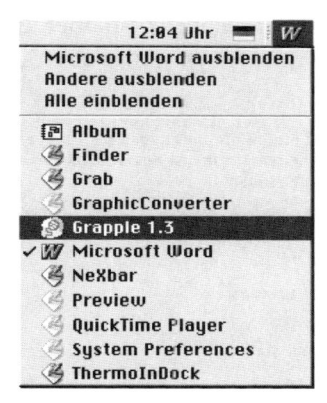

Rechts oben in der Ecke Ihres Bildschirms sitzt das kleine Symbol des *Multifinder* (= Menü *Programme*), hinter dem sich die gerade laufenden Programme verbergen.

Hier wechseln Sie zwischen den Programmen; wird dabei die *Wahltaste* gedrückt, wird das eben noch aktive Programm ausgeblendet. Oder wählen Sie den Befehl *Andere ausblenden*. Das macht die Sache übersichtlicher und beschleunigt den Rechner etwas, da nicht so viele Fenster im Hintergrund aufgebaut werden müssen.

RAFFINIERT Sie können entscheiden, ob Sie nur die Programmsymbole oder zusätzlich den Namen des Programms im Vordergrund angezeigt haben möchten: Klicken Sie auf den kleinen Balken links davon, um umzuschalten.

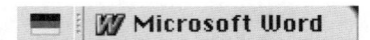

Classic benutzt das so genannte «kooperative Multitasking»; will heissen, es vertraut darauf, dass die einzelnen Programme schon wissen, was sie tun. Und vor allen Dingen vertraut es darauf, dass sie nichts Negatives tun, wie etwa die ganze Rechenzeit an sich zu reissen.

Leider ist diese Hoffnung manchmal vergeblich. Programme, die den Rechner eine Zeit lang blockieren, aber wenigstens fleissig vor sich hin werkeln, sind zwar lästig, doch können ruhigen Gewissens toleriert werden. Richtig ärgerlich wird es jedoch, wenn ein Programm einfriert – meist bringt das dann auch die gesamte Umgebung zum Stillstand.

Mögliche Abhilfe: *Befehl-Wahl-Escape* drücken, um das störrische Programm gewaltsam zu beenden. Dann sicherheitshalber einen Neustart von *Classic* durchführen (siehe *Classic neu starten* weiter oben).

Hilfemenü

HEISSER TIPP Unterschätzen Sie die Hilfefunktion nicht! Im Menü *Hilfe* (das in jedem Programm auftaucht) können Sie Erklärungen und Hilfe anfordern – und die ist meist sehr anschaulich und ausführlich geraten! (Abbildung hierzu siehe bitte nächste Seite, oben.)

Apfelmenü

AirPort

> Das Programm „AirPort" wird von Classic nicht unterstützt.

Die zugrunde liegende Funktionalität – das drahtlose Netzwerk – wird von Mac OS X bereitgestellt, weshalb es unter *Classic* auch nicht funktioniert. Das *AirPort Admin. Dienstprogramm* allerdings kann zur Konfiguration der Basisstation benutzt werden (siehe Kapitel *Internet*).

HEISSER TIPP Um *AirPort* unter *Classic* zu nutzen, müssen Sie es wie für andere Dienste auch konfigurieren. Um die *AirPort*-Karte anzusprechen, geben Sie im Kontrollfeld *AppleTalk* als Verbindung *Ethernet in Steckplatz 1* ein.

Album

Im *Album* können Sie oft benötigte Daten (Texte, Töne, Bilder, Filme) speichern, die allen Programmen zur Verfügung stehen sollen. Im Gegensatz zur Zwischenablage bleiben darin gespeicherte Daten erhalten und können über die Zwischenablage kopiert und eingesetzt werden (*Befehl-C* und *Befehl-V*). Blättern können Sie per Maus oder mit den Pfeiltasten im Album.

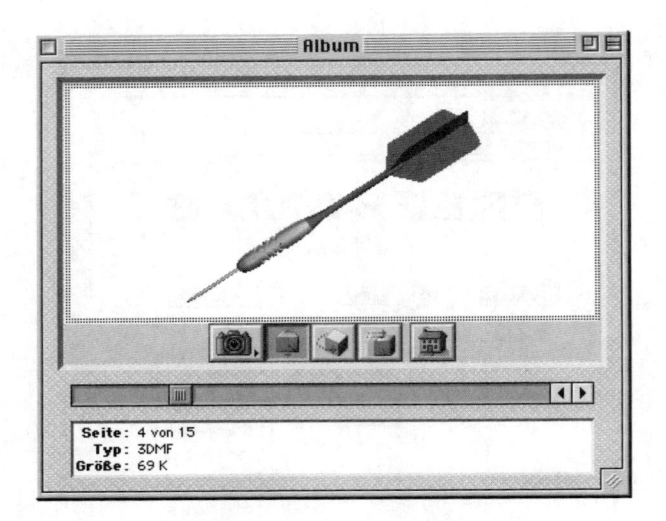

> **OSTEREI**
>
> Rufen Sie das Album auf und blättern Sie zur Tondatei: Das etwas schrille Geräusch ist der Liebesruf eines Nachttieres. Eventuell Grille oder Baumfrosch? Botaniker, bitte melden!

Das *Album* kann seine Daten (natürlich) auch mit Mac OS X austauschen: per *Drag&Drop* oder über die Zwischenablage.

Unter Mac OS X existiert das *Album* nicht mehr, was jedoch kein Beinbruch ist, wurde es doch in den Anfangstagen des Mac entwickelt, als Speicher knapp war. Damals war so ein kleines Utility zur Bildverwaltung und -speicherung genau das Richtige und sehr hilfreich. Heute wird stattdessen gleich das Bildbearbeitungsprogramm oder der Bildkatalog mit entsprechend erweiterten Möglichkeiten geöffnet.

Apple DVD Player

> Das Programm „Apple DVD Player" wird von Classic nicht unterstützt.

Auch die Möglichkeit, DVDs abzuspielen, wird von Mac OS X bereitgestellt, deshalb funktioniert das unter *Classic* nicht.

Den ersten Versionen von Mac OS X vor Version 10.1 fehlte allerdings ein DVD-Abspieler. Hier müssen Sie dann Mac OS 9 direkt aufstarten und den *Apple DVD Player* benutzen, wenn Sie DVDs abspielen möchten.

Apple System Profiler

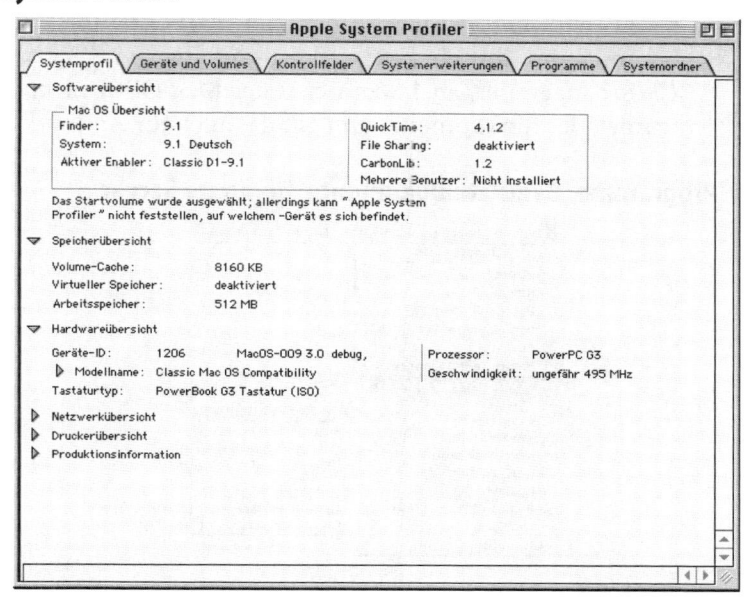

Das Diagnoseprogramm *Apple System Profiler* existiert auch nativ unter Mac OS X. Lieber das Schönere aufstarten, das zudem mit genaueren Informationen aufwartet; deshalb mehr dazu im Kapitel *Programme für Mac OS X*.

Auswahl

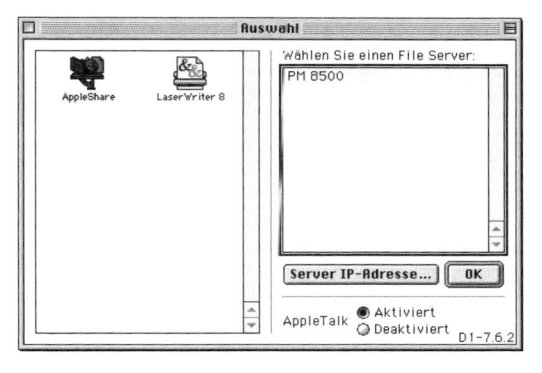

Mittels *Auswahl* werden in einem Fenster alle verfügbaren Ausgabemedien (Drucker, Faxsender, Diabelichter, Netzwerk-Computer…) angezeigt. Durch Anklicken wird das Gewünschte aktiviert. Alles, was hier auftaucht und nicht benötigt wird, können Sie unbesorgt löschen (die Objekte finden sich im Ordner *Systemerweiterungen*). Hier teilen Sie *Classic* mit, welche Dienste es benutzen soll, damit dessen Programme das Netzwerk oder den Netzwerkdrucker finden.

> Nur jene Netzwerkdienste funktionieren, die auch Mac OS X bereitstellt; hier werden sie den *Classic*-Programmen lediglich bekannt gemacht: Ein Netzwerkdrucker etwa wird hier zwar für *Classic* angewählt, aber wenn er unter Mac OS X nicht erkannt wurde oder funktioniert, dann gilt das auch für *Auswahl*.
>
> **MERKET AUF!**

Benutzte Programme, Benutzte Dokumente, Benutzte Server

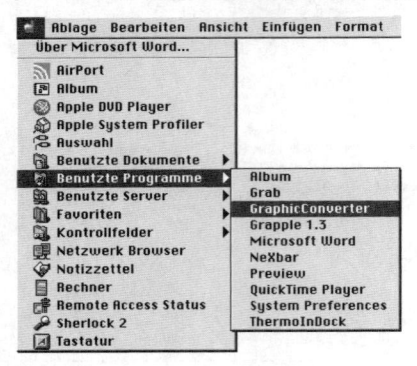

Siehe Kontrollfeld *Apple-Menü Optionen* weiter unten.

Favoriten

Hier hinein legen Sie all das, was Sie oft und gerne benutzen, als Aliasdatei; auch hier können Sie sich automatisch Aliasdateien anlegen lassen: Bei neueren Programmen aus der Dateiauswahlbox heraus.

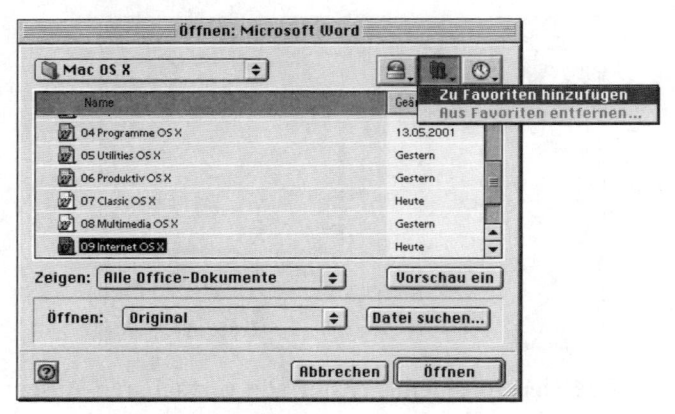

Netzwerk Browser

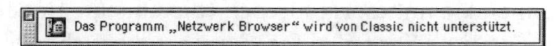

Die zugrunde liegende Funktionalität – Kontakt zum Netzwerk herzustellen – wird von Mac OS X bereitgestellt, deshalb funktioniert das unter *Classic* nicht.

Notizzettel

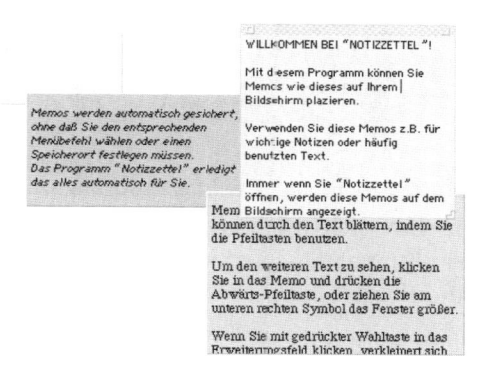

Notizzettel – kleinen Zettelchen, die überall auf dem virtuellen Schreibtisch rumkleben. Nützlich für schnelle Randnotizen, die ständig im Auge behalten werden sollen. Tipps dazu finden Sie im Kapitel *Programme für Mac OS X*.

Das Programm legt auf die Nachfrage *Programm bei Neustart automatisch öffnen?* eine Aliasdatei im Ordner *Startobjekte* ab, und dann ist der Notizzettel nach jedem *Classic*-Start aktiv.

Rechner

Der *Rechner* beherrscht seit Urzeiten gerade mal die Grundrechenarten. Aber immerhin: Wenn Sie bei der Eingabe von Zahlen die Taste *E* drücken, wechselt der Rechner zur Annahme von Exponenten!

Und er kann mehr als der neue unter Mac OS X:

1. Geben Sie bei längeren Berechnungen die Zahlen zuerst in den *Notizblock* oder ein *SimpleText*-Dokument ein. Die Operanden werden mit «+» für Additionen, «-» für Subtraktionen, «*» für Multiplikationen und «/» für Divisionen gesetzt.
2. Markieren Sie die Rechnung und kopieren Sie sie mit *Befehl-C* in die Zwischenablage.
3. Wechseln Sie zum Rechner und fügen Sie die Berechnung durch *Befehl-V* ein. Nun werden alle Zahlen und Operanden automatisch eingegeben, berechnet und das Ergebnis dargestellt.

Remote Access Status

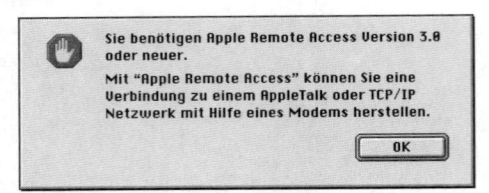

Dieses Programm meldet sich mit irreführender Fehlermeldung. Weil die zugrunde liegende Funktionalität – Verbindung ins Internet – von Mac OS X bereitgestellt wird, funktioniert es unter *Classic* nicht.

Sherlock

Die Suchmaschine *Sherlock* funktioniert auch unter *Classic*, entspricht in der Funktionalität allerdings der nativen Version von *Sherlock*. Alles Wissenswerte dazu deshalb im Kapitel *Programme für Mac OS X*.

Tastatur

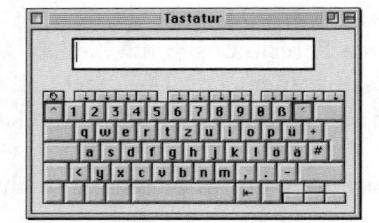

Auch das Schreibtischprogramm *Tastatur* entspricht in der Funktionalität der nativen Version von *Tastatur*. Alles Wissenswerte dazu im Kapitel *Programme für Mac OS X*.

Kontrollfelder

Allgemeine Einstellungen

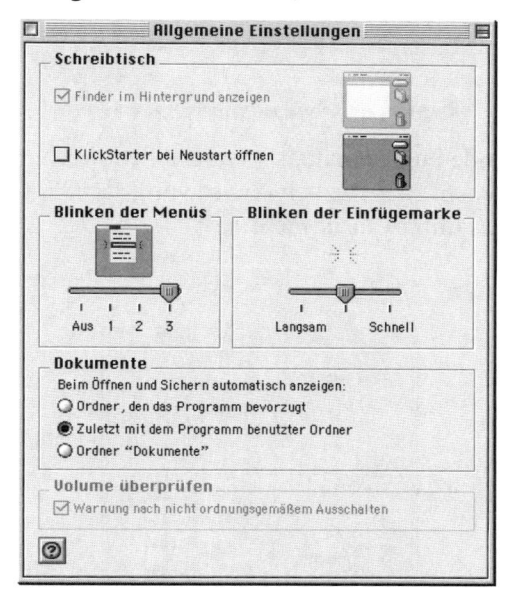

Mit diesem Kontrollfeld können Sie Ordner für Dokumente festlegen und die Blinkfrequenz in den Menüs einstellen. Unter *Classic* nicht benötigte Einstellungen wie *Finder im Hintergrund anzeigen* sind deaktiviert.

Rechts unten können Sie bestimmen, welcher Ordner beim Öffnen und Sichern automatisch angezeigt werden soll. Wir empfehlen die Einstellung *Zuletzt mit dem Programm benutzter Ordner*, da diese Funktion ansonsten für viel Verwirrung sorgen kann (wenn Sie Dokumente auch woanders speichern), weil sich ein Programm nicht mehr «logisch» und wie gewohnt verhält, sondern plötzlich völlig andere Pfade beim Öffnen und Speichern von Dateien vorgibt.

Befindet sich dieses Kontrollfeld im Ordner *Kontrollfelder*, wird es beim Starten geladen. Deaktivieren Sie es (ausschalten mit *Erweiterungen Ein/Aus*), so passiert überhaupt nichts Schlimmes. Ganz im Gegenteil können Sie es, falls Sie es doch benötigen, ganz einfach doppelklicken und wie ein normales Programm benutzen, um beispielsweise die Blinkfrequenz umzustellen.

Apple Umgebungsassistent

Die zugrunde liegende Funktionalität – verschiedene Verbindungen wie *Ethernet*, *AirPort* und *Modem* zu verwalten – wird von Mac OS X bereitgestellt, deshalb funktioniert das unter *Classic* nicht.

Apple-Menü Optionen

Im Kontrollfeld *Apple-Menü Optionen* legen Sie fest, ob, und wenn ja, wie viele dieser Objekte sich Ihr Mac merken soll. Immer, wenn Sie dann ein Programm oder ein Dokument öffnen oder auf einen Server im Netzwerk zugreifen, wird davon eine Aliasdatei in den entsprechenden Ordner gelegt (wenn die Maximalanzahl erreicht ist, wird gleichzeitig das älteste Objekt gelöscht), so dass Sie auf die jeweils zuletzt benutzten Objekte sehr schnell über das Apfelmenü zugreifen können.

AppleTalk

Mit dem Kontrollfeld *AppleTalk* (Abbildung siehe bitte nächste Seite, oben) teilen Sie *Classic* mit, welchen Netzwerkanschluss dessen Programme benutzen sollen.

Sie können im Menü unter *Bearbeiten* den *Benutzermodus* ändern – und sich so selbst zum Administrator ernennen und gegebenenfalls Feineinstellungen vornehmen (siehe Kapitel *Netzwerke*). Generell lassen Sie alle Einstellungen lieber, wie sie sind. Dann macht *Open Transport* alles automatisch und Sie haben keine Probleme im Netzwerk.

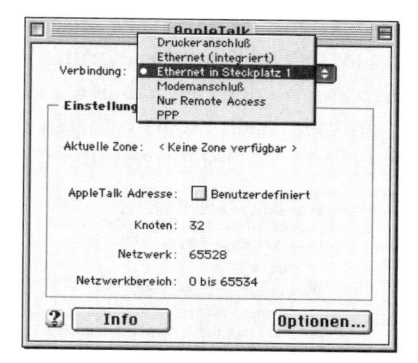

ColorSync

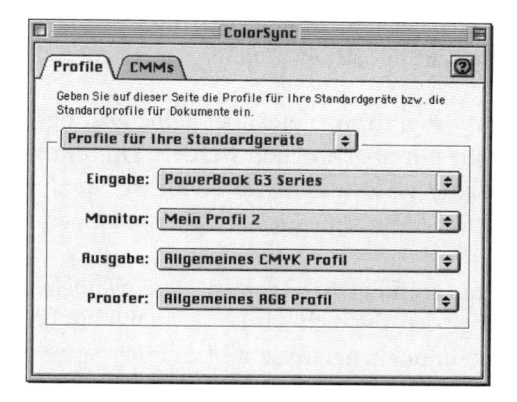

Mit diesem Kontrollfeld wählen Sie Geräteprofile zur einheitlichen Farbdarstellung und -wiedergabe von Programmen und Geräten unter *Classic*. Siehe *Farbmanagement* im Kapitel *Produktiv mit Mac OS X*.

Dateien abgleichen

Dateien abgleichen ist ein Programm ohne Aufsehen erregende Merkmale, aber praxisgerecht, gut bedienbar und vor allem für PowerBook-Besitzer interessant. Obwohl ein Programm, ist es im Ordner *Kontrollfelder* zu finden. Nach dem Aufstarten des Programms öffnet sich das Fenster *Dateiabgleich*:

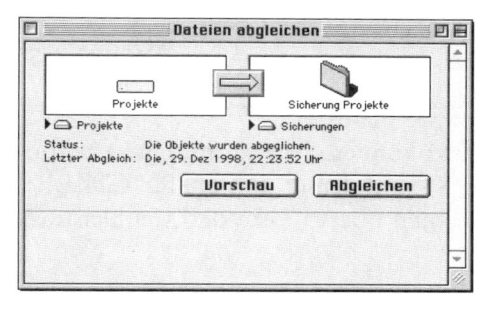

Durch Doppelklick auf das Icon *Kein Objekt ausgewählt* können Sie eines auswählen. Das machen Sie für Quell- und Zielordner und wählen dann oben im Menü unter *Abgleichen* aus, ob der Datenabgleich in beide Richtungen, von rechts nach links oder von links nach rechts erfolgen soll. Als Objekt für den Abgleich ist jedes Volume (Fest-, Wechselplatte) und jeder Ordner erlaubt.

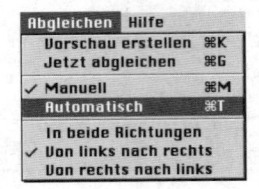

Stellen Sie im gleichen Menü die Option *Automatisch* ein, so bedeutet das, dass das Programm sofort nach dem Aufstarten mit dem Datenabgleich beginnt. Bleibt das Programm dann geöffnet, gleicht es alle paar Sekunden erneut ab.

Konflikte erkennt das Programm, bietet aber keine Lösungsmöglichkeiten dafür an. Der Abgleich kann nur abgebrochen werden. Um Ordner mit unterschiedlichen Namen abgleichen zu können, müssen Sie im Menü *Ablage* unter *Voreinstellungen...* die Option *Unterschiedliche Ordnernamen erlauben* ankreuzen.

VORSICHT FALLE Nach unseren Erfahrungen ist *Dateien abgleichen* ziemlich unzuverlässig (der Abgleich wird öfter mal nicht beendet) und absturzfreudig. Glücklicherweise gibt es eine ganze Reihe an Shareware (auch auf unserer *SmartDisc*), die das variabler, besser und zuverlässiger macht und nativ unter Mac OS X läuft.

Datum & Uhrzeit

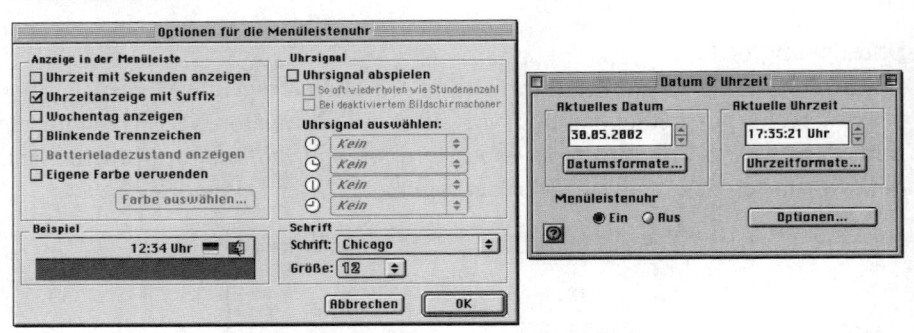

In diesem Kontrollfeld können Sie Datum, Uhrzeit (für den Rechner – also auch unter Mac OS X) und deren Format (für *Classic*) einstellen. Wahlweise lassen sich in der rechten oberen Ecke der Menüleiste Zeit oder Datum anzeigen.

Weitergehende Einstellungen wie automatischer Zeitabgleich mit einem Server bleiben Mac OS X vorbehalten – mehr dazu im Kapitel *Benutzeroberfläche Aqua* unter *Systemeinstellungen*.

DialAssist

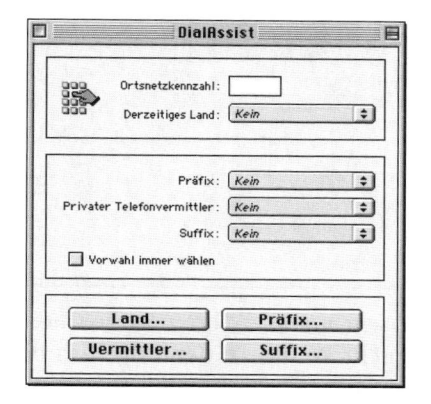

Da *Remote Access* unter *Classic* nicht funktioniert, macht der *DialAssist* hier keinen Sinn (obwohl er aufgestartet werden kann).

Es ist nur interessant, wenn Sie unter Mac OS 9 (nicht *Classic*) von Nebenstellenanlagen oder von verschiedenen Orten der Welt aus telefonieren: Kreuzen Sie im Kontrollfeld *Remote Access* den Knopf *DialAssist verwenden* an (er ist nur sichtbar, wenn Sie im Menü *Bearbeiten | Benutzermodus...* auf *Erweiterte* oder *Administratorfunktionen* umstellen), dann können Sie bequem zwischen Ländern, Nebenstellen und Vorwahlen umschalten, die Sie wiederum im *DialAssist* definiert haben.

Energie sparen

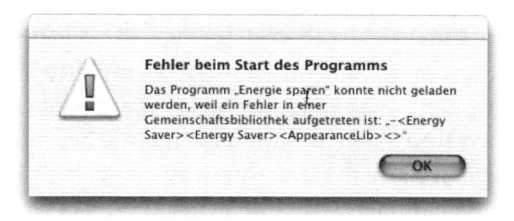

Die zugrunde liegende Funktionalität – Energie bei PowerBooks und Schreibtischrechnern zu sparen – wird von Mac OS X bereitgestellt, deshalb funktioniert das unter *Classic* nicht.

Erscheinungsbild

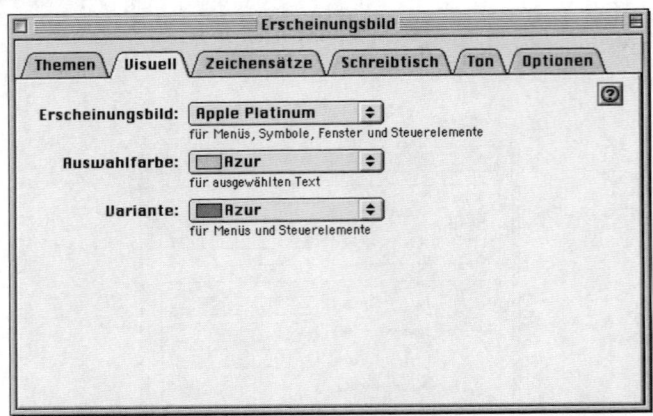

Mit dem Kontrollfeld *Erscheinungsbild* können Sie *Classic* ein anderes Aussehen beibringen, allerdings nicht komplett, denn der Schreibtischhintergrund beispielsweise ist bei *Classic* nicht zu sehen und eine Einstellung deshalb witzlos. (Sie wirkt jedoch, wenn Sie Mac OS 9 direkt aufstarten.)

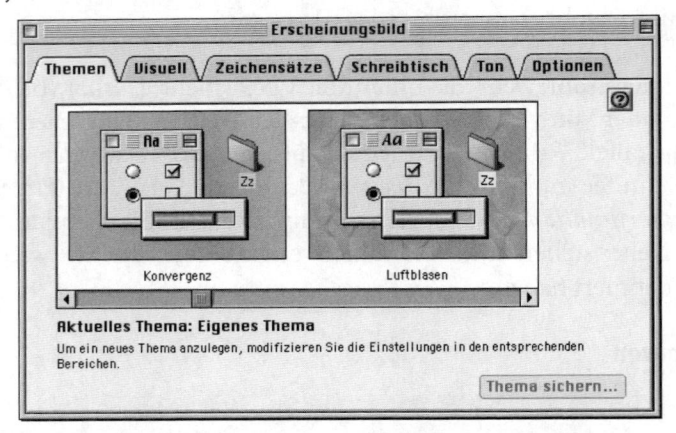

Themen – unter diesem Reiter finden sich komplette Erscheinungsbilder versammelt. Das können – wie *Flüssiges Azur* – bereits fertig eingestellte sein. Sie können aber auch Ihre eigenen Präferenzen vorgeben und dann als eigenes Thema sichern. Klicken Sie sich dazu durch die einzelnen Reiter, nehmen Sie die gewünschten Einstellungen vor und sichern Sie das Ganze dann auf dem Reiter *Themen* unter *Thema sichern...*

Visuell – hier wählen Sie das Erscheinungsbild und legen die Akzentfarben für Fensterelemente und aktivierten Text fest.

Zeichensätze – unter diesem Reiter wird der Systemfont eingestellt, und für die Listendarstellung lässt sich ein eigener Font und dessen Grösse vorgeben. Die Option *Zeichensätze glätten* sorgt dafür, dass die Treppcheneffekte bei allen Schriften ab der voreingestellten Grösse weitgehend verschwinden.

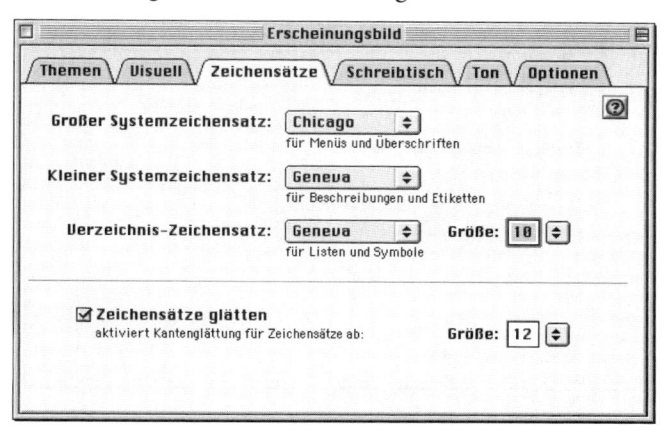

VORSICHT FALLE Mit einigen wenigen (älteren) Programmen kann es Ihnen passieren, dass sie sich weigern, aufzustarten, wenn Sie den Systemfont nicht auf «Chicago» einstellen. In diesem Fall müssen Sie auf «Chicago» zurückwechseln und das Programm neu starten. Es wird jetzt hoffentlich funktionieren.

Schreibtisch – hier können Hintergrundmuster oder Bilder als Schreibtischhintergrund ausgewählt werden. Dabei bleiben Sie nicht auf die mitgelieferten Beispielbilder beschränkt: Sie können alle Bilder benutzen, die in den Formaten *JPEG*, *PICT*, *Photoshop* oder als Bild-Clip vorliegen.

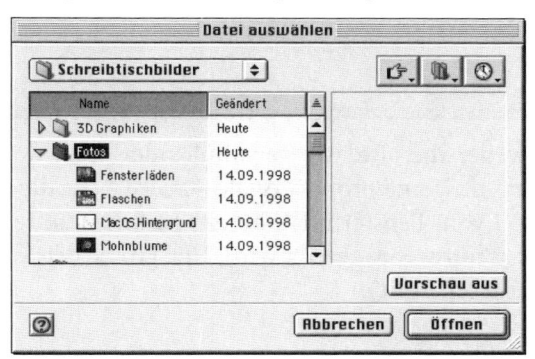

Neue Schreibtischmuster und -bilder lassen sich per *Drag&Drop* oder per *Kopieren&Einsetzen* einfügen, Bilder sind auch über den Knopf *Bild auswählen...* erreichbar.

Ton – verspielte Naturen können hier den verschiedenen Aktionen Tonuntermalungen zuweisen. Voraussetzung dafür ist eine Sounddatei, wie sie zum Beispiel zum Platinum-Erscheinungsbild existiert.

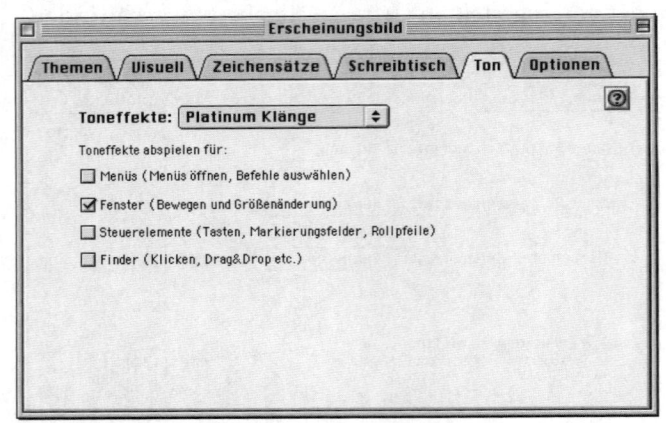

Optionen – hier lässt sich schliesslich das Aussehen der Scrollbars in den Randleisten der Fenster und das Verhalten der Fenster-Titelleiste bei Doppelklick beeinflussen.

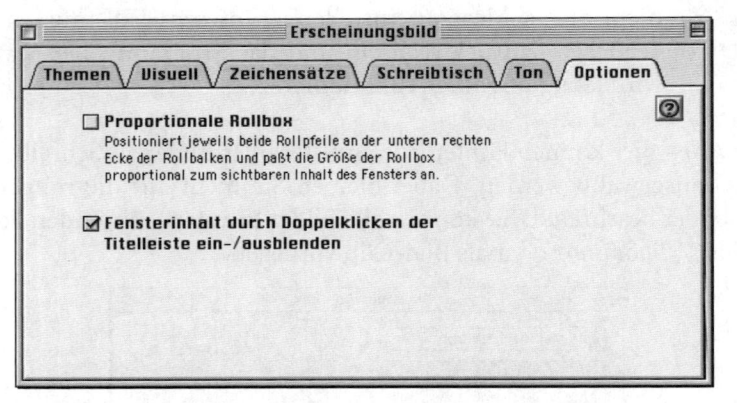

Scroll-Leiste: Entweder die alte, wie gewohnt, oder aber, wenn *Proportionale Rollbox* angekreuzt wird, eine proportionale Scroll-Leiste, die durch ihre Länge signalisiert, wie viel vom Fensterinhalt bereits zu sehen ist (eine kleine Scroll-Leiste bedeutet, dass nur wenig gezeigt wird, eine grosse dementsprechend, dass bereits das meiste zu sehen ist).

Erweiterungen Ein/Aus

Mit dem Kontrollfeld *Erweiterungen Ein/Aus* gibt Ihnen Apple die Kontrolle über alle Systemerweiterungen und Kontrollfelder. Über das Apfelmenü können Sie den Ordner *Kontrollfelder* anwählen und finden darin das Kontrollfeld *Erweiterungen Ein/Aus:*

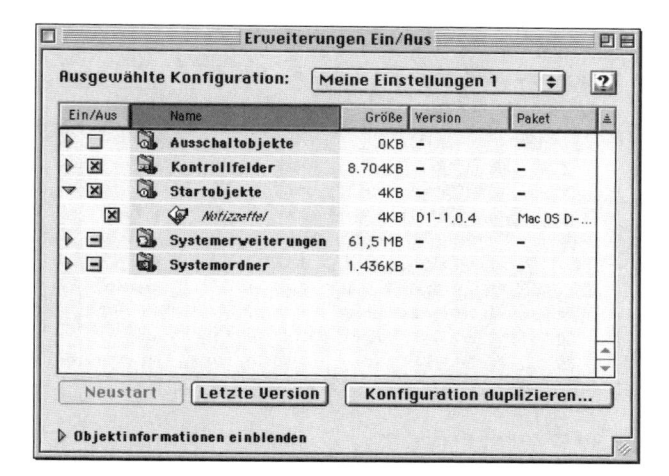

Nun können Sie Systemerweiterungen und Kontrollfelder, ja sogar Start- und Ausschaltobjekte und Elemente des Systemordners (zum Beispiel einen Startbildschirm), ganz nach Belieben aktivieren oder deaktivieren. Über das Pop-Up-Menü lassen sich – neben den Sets *Mac OS 9 Komplett* respektive *Mac OS 9 Standard* – auch beliebig viele eigene Einstellungen definieren.

Es lohnt sich, den Systemordner zu durchforsten und alle nicht benötigten Systemerweiterungen und Kontrollfelder abzuschalten (wofür was gut ist, das sagt Ihnen *Erweiterungen Ein/Aus*, wenn Sie auf den Pfeil *Objektinformationen einblenden* klicken). Das System wird schlanker, und das bedeutet nicht nur, dass nun den Anwendungsprogrammen mehr Speicher zur Verfügung steht, nein, so ein schlankes System ist auch schneller und zuverlässiger.

Mit dem Knopf *Duplizieren...* können Sie eine vorhandene Einstellung unter einem neuen Namen abspeichern und dann ganz nach Ihrem Belieben konfigurieren. Eine für ein schlankes System, eine für Multimedia total oder was immer Sie möchten.

RAFFINIERT So manche Technologie besteht aus ganzen Paketen – *Open Transport* beispielsweise oder auch *QuickTime*. Sie können sich die Erweiterungen nach diesen Paketen sortiert anzeigen lassen (wählen Sie dazu im Menü *Inhalt* den Befehl *Nach Paketen* an) und somit zusammengehörige Erweiterungen ganz schnell identifizieren.

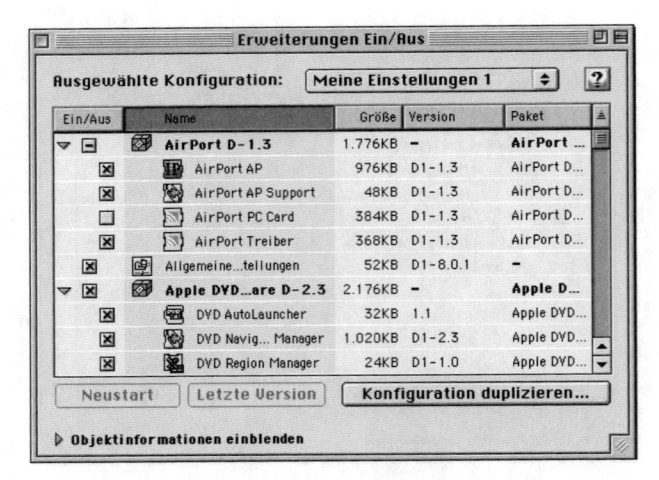

> **POWER USER**
>
> Unter *Systemeinstellungen* | *Classic* | *Erweiterte Startoptionen* können Sie wählen, ob die Systemerweiterungen deaktiviert sein sollen, ob das Kontrollfeld *Erweiterungen Ein/Aus* beim Aufstarten geöffnet oder ob *Classic* über eine Tastenkombination aus Mac OS X heraus aufgestartet werden soll. Dann den Knopf *Starten* drücken.

Das Kontrollfeld *Erweiterungen Ein/Aus* ist auch äusserst nützlich, wenn Sie Probleme mit den Systemerweiterungen haben:

1. Starten Sie *Classic* unter *Systemeinstellungen* | *Classic* | *Erweiterte Startoptionen* mit der Option, das Kontrollfeld *Erweiterungen Ein/Aus* beim Aufstarten zu öffnen und dem Knopf *Starten*. Das Kontrollfeld *Erweiterungen Ein/Aus* sollte sich öffnen.
2. Schalten Sie nur das Set *Mac OS 9 Komplett* respektive *Mac OS 9 Standard* ein.

Friert das klassische Mac OS auch jetzt wieder ein, dann sollten Sie System 9 komplett neu installieren.

Ansonsten versuchen Sie, die schuldige Erweiterung zu isolieren: Schalten Sie wieder auf Ihre Konfiguration zurück und beobachten Sie, wann *Classic* beim Aufstarten hängen bleibt – in dieser Gegend ist der Schuldige zu finden.

File Exchange

Dieses Kontrollfeld ist unter *Classic* weniger interessant, denn die zugrunde liegende Funktionalität – Erkennung und Zuweisung von Dateien zu Programmen – erledigt ja Mac OS X. Genaueres dazu können Sie in den Kapiteln *Die*

Konzepte hinter Mac OS X im Abschnitt *Dateisysteme* und *Produktiv mit Mac OS X* im Abschnitt *Dateierkennung* nachlesen. Dennoch soll es hier kurz erläutert werden, denn wenn Sie Mac OS 9 direkt aufstarten, können Sie dieses Kontrollfeld sehr gut brauchen:

Dank des Kontrollfeldes *File Exchange* werden DOS-Disketten und DOS-Wechselplatten nach dem Einlegen ins Laufwerk auf dem Schreibtisch eines Macintosh so dargestellt, als seien sie nichts Besonderes; sie lassen sich behandeln wie jedes Mac-formatierte Volume auch. Selbst das Formatieren von Medien im DOS-Format unterstützt *File Exchange*.

Dabei werden Fat- und Fat32-Volumes, auch SCSI-Festplatten sowie zahlreiche DOS-Wechselplattenformate unterstützt. Ausserdem werden verlängerte Windows-Dateinamen erkannt und die ersten 31 Zeichen davon dem Mac OS zur Verfügung gestellt. Von längeren Dateinamen werden nur die ersten 27 Zeichen übernommen, gefolgt von der Zeichenkette «#F2F».

Unter DOS und selbst unter Windows werden Dateien allein über einen so genannten *Extender*, das Dateianhängsel mit drei Buchstaben, erkannt. Ein Dokument unter *Windows* muss – trotz Unterstützung langer Dateinamen – immer *einbeliebigerausdruck.doc* heissen, wenn es ein Word-Dokument ist.

Wichtig ist der Extender *.doc*. Allein daran erkennt *WinWord*, dass es diese Datei einlesen kann und soll. Hängen Sie den Extender *.xls* an das gleiche Dokument, dann versucht plötzlich *Excel* diese astreine Word-Datei zu öffnen. Weil dieser Extender das einzige Erkennungsmerkmal einer Datei unter DOS und Windows ist, muss auch *File Exchange* ihn benutzen.

Ist die kleine Klippe mit den Extendern umschifft, genügt es, die DOS-Dateien doppelzuklicken. Das passende Programm wird geöffnet und liest sie (in aller Regel) ohne Probleme ein, wobei Unterschiede im Zeichensatz, die es zwischen DOS und Mac gibt, automatisch vom Programm konvertiert werden.

Auf dem Reiter *PC Exchange* finden sich bereits viele Voreinstellungen für Extender, weitere lassen sich problemlos hinzufügen.

Während der Reiter *PC Exchange* den Kontakt zur Aussenwelt und zu fremden Medien regelt, kümmert sich der Reiter *Dateikonvertierung* um die Interna. Wird ein Dokument geöffnet (per Doppelklick oder *Öffnen* im *Finder*), zu dem das erstellende Programm fehlt, so versucht *Dateikonvertierung* ein geeignetes Programm zu finden, das die Datei öffnen kann.

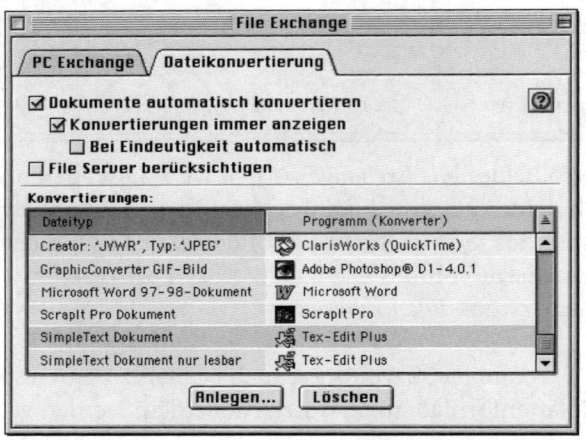

Im Kontrollfeld kann die Konvertierung ein- und ausgeschaltet werden, zudem lassen sich Konvertierungsoptionen einstellen. Was genau die bewirken, erfahren Sie, wenn Sie im Hilfe-Menü *Erklärungen ein* wählen und sich direkt im Kontrollfeld per Sprechblase kundig machen.

Wird ein unbekanntes Dokument das erste Mal geöffnet, meldet sich *Dateikonvertierung* (Abbildung siehe nächste Seite, oben), fragt nach der zu startenden (Ersatz-)Applikation und bietet zeitgleich sinnvolle Vorschläge an.

Die vom Benutzer getätigte Wahl speichert das Programm, und gleichartige Dokumente werden fortan auf Doppelklick immer von dieser Ersatzapplikation geöffnet, gegebenenfalls wird dabei mittels *MacLinkPlus* oder *XTND*-System gleich konvertiert. Kein Problem mehr also, Dokumente von *MacWrite* in *Word* zu öffnen oder umgekehrt.

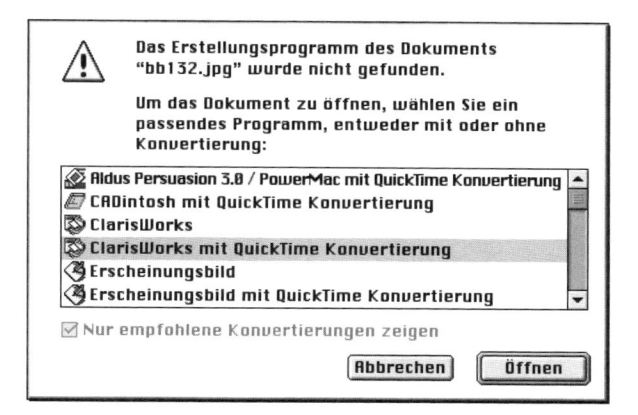

File Sharing

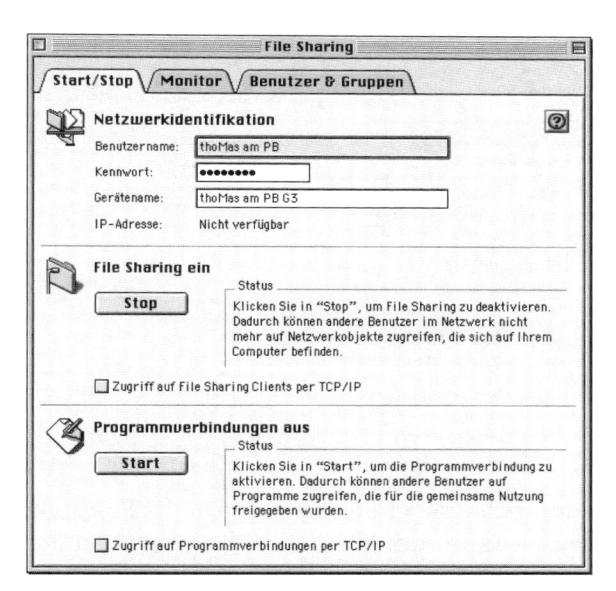

In diesem Kontrollfeld bekommt Ihr Macintosh einen Namen, damit er im Netzwerk zweifelsfrei gefunden werden kann. Und wenn Sie *File Sharing* starten, können andere Benutzer auf Ihre Festplatte oder bestimmte Ordner beziehungsweise Dateien zugreifen, die Sie freigeben.

Allerdings werden die gesamten Netzwerkdienste von Mac OS X bereitgestellt, deshalb haben Einstellungen, die Sie hier vornehmen, unter *Classic* keinerlei Wirkung. Sie wirken nur dann, wenn Sie Mac OS 9 direkt aufstarten.

Mehr zu den Netzwerkeinstellungen finden Sie im Kapitel *Netzwerke*.

Infrarot

> ⚠ CLASSIC_APP_FAIL_NONAME
> OK

Die zugrunde liegende Funktionalität – Datenaustausch per Infrarot-Verbindung – wird von Mac OS X bereitgestellt, deshalb funktioniert das unter *Classic* nicht.

Internet

Beim Eingeben der wichtigsten Daten kann Ihnen das Kontrollfeld *Internet* viel Arbeit abnehmen, denn in ihm lassen sich die grundlegenden Einstellungen zentral vornehmen. Die Internet-Programme (Mail, News, Browser usw.) holen sich dann die Daten bei *Internet* ab. Was bedeutet, dass Sie die Daten nur einmal eingeben müssen – in *Internet*.

VORSICHT FALLE Die beiden Konfigurationsdateien von *Classic* und Mac OS X werden an unterschiedlicher Stelle gespeichert und können sich deshalb natürlich auch unterscheiden. Potenzielle Widrigkeiten sind zu erwarten, wenn parallel Internet-Programme in beiden Umgebungen mit unterschiedlichen Einstellungen genutzt werden.

Klicken Sie sich durch die einzelnen Reiter und geben Sie die Daten wie gewünscht ein. Hinweis: Auf den Reitern *E-Mail*, *Web* und *News* definieren Sie auch die Standardprogramme für diese Anwendungen.

Wenn Sie verschiedene Internet-Zugänge haben (oder zu bestimmten Gelegenheiten bestimmte andere Internet-Programme benutzen möchten), können Sie auch ganze Sets definieren und jederzeit schnell wieder aufrufen.

POWER USER Stellen Sie im Menü *Bearbeiten* unter der Option *Benutzermodus...* unbedingt einmal *Erweitert* oder *Administrator* ein! Der daraufhin auftauchende zusätzliche Reiter *Erweitert* hat es in sich:

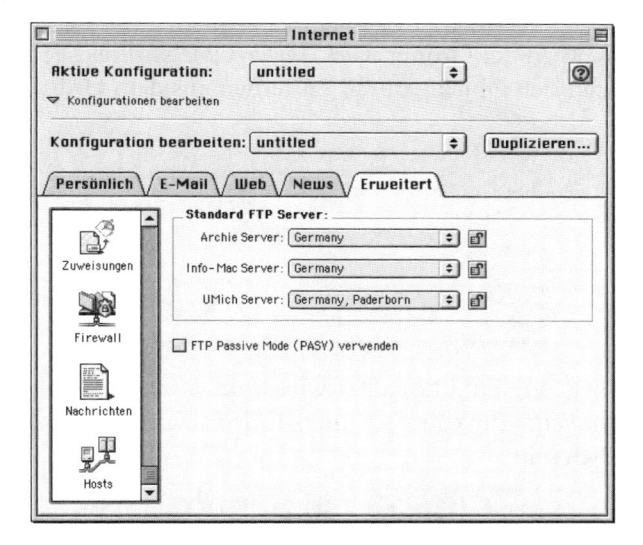

Hier lassen sich weitere nützliche Vorgaben einstellen.

Mehr zu den Interneteinstellungen finden Sie im Kapitel *Internet*.

KlickStarter

Der *KlickStarter* erlaubt das Anlegen einer Palette mit Icons häufig genutzter Applikationen, Dokumente usw., auf die Sie über die Palette schnell zugreifen können.

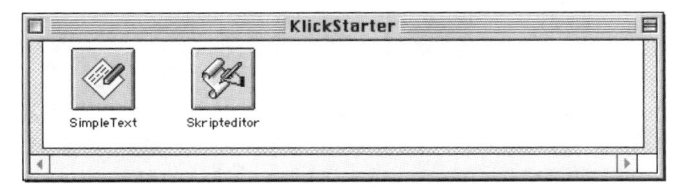

Die Funktionalität von *KlickStarter* wird allerdings vom *Dock* übernommen und übertroffen; er ist deshalb unseres Erachtens wenig nützlich. Hier dennoch ein paar Tipps zur Bedienung:

- Wird ein Objekt auf die Palette gezogen, erstellt *KlickStarter* einen Knopf dafür. So ein Knopf ist nichts anderes als eine Aliasdatei im Ordner *Klick-Starter-Objekte* im Systemordner, wo sich die *KlickStarter*-Palette auch leicht anpassen lässt.
- Neue Knöpfe für die Titelleiste lassen sich anlegen, wenn im Ordner *Klick-Starter-Objekte* weitere Unterordner angelegt werden, die mit einem (•) beginnen.
- Wird bei gedrückter *Befehlstaste* in den Hintergrund geklickt, so kann die Grösse der Icons verändert werden. Mit gedrückter *Wahltaste* und Klick auf die Titelleiste wird der Ordner *KlickStarter-Objekte* direkt geöffnet.
- Löschen lassen sich Objekte durch Entfernen aus dem Ordner.

Kontrollleiste

Die zugrunde liegende Funktionalität wird vom *Dock* in Mac OS X bereitgestellt, die *Kontrollleiste* funktioniert unter *Classic* nicht. Kann aber unter Mac OS 9 sehr nützlich sein:

Maus

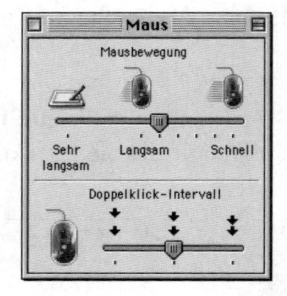

Das Kontrollfeld *Maus* lässt sich zwar starten, wir konnten aber keine Unterschiede zwischen verschiedenen Einstellungen feststellen. Was so weit auch Sinn macht, denn die Maussteuerung wird ja von Mac OS X erledigt.

Mehrere Benutzer

Die zugrunde liegende Funktionalität – Verwaltung der Zugriffsrechte für unterschiedliche Benutzer – wird von Mac OS X bereitgestellt, deshalb funktioniert das unter *Classic* nicht. Siehe Kapitel *Netzwerke*.

Modem

Die zugrunde liegende Funktionalität – Auswahl und Konfiguration eines Modems – wird von Mac OS X bereitgestellt, deshalb funktioniert das unter *Classic* nicht. Siehe Kapitel *Internet*.

Monitore

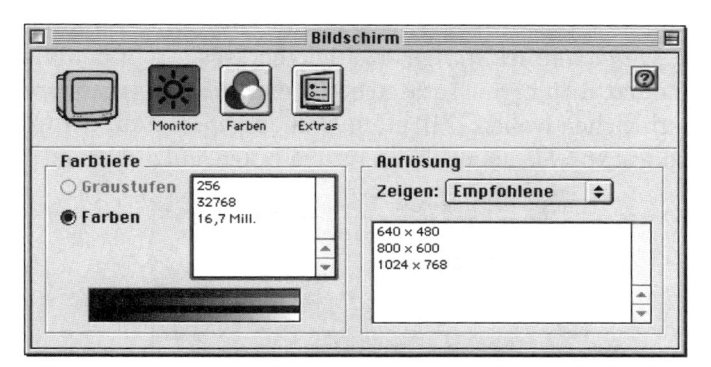

Obwohl das Kontrollfeld *Monitore* funktioniert, ist es logischer und konsistenter, diese Einstellungen unter den Systemeinstellungen von Mac OS X vorzunehmen. Näheres hierzu im Kapitel *Benutzeroberfläche Aqua* im Abschnitt *Systemeinstellungen optimieren*.

QuickTime Einstellungen

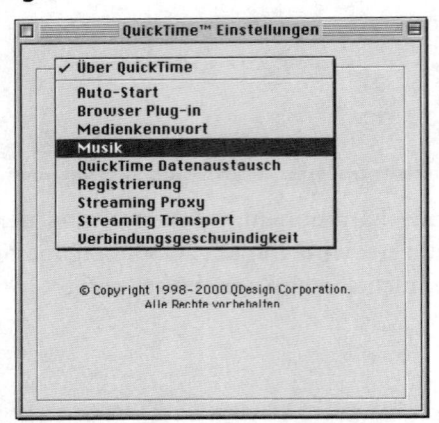

Mit diesem Kontrollfeld können Voreinstellungen für *QuickTime* unter *Classic* getätigt werden. Eine genaue Beschreibung dieser Systemkomponente finden Sie im folgenden Kapitel *Multimedia* im Abschnitt *QuickTime*.

VORSICHT FALLE Eine besonders bösartige Virengeneration (Autostart-Worm = selbst startender Wurm) versteckt sich im Bootsektor diverser CDs. Diese Würmer tauchten um den Mai 1998 zunächst in Hongkong und Taiwan auf und verbreiteten sich sehr schnell. Völlig ausschliessen, dass solche Viren zuschlagen, können Sie, wenn Sie das Kontrollfeld *QuickTime Einstellungen* aufrufen und unter *Auto-Start* die Option *CD-ROM automatisch starten* deaktivieren. Das macht den Viechern den Garaus und nützt auch gegen Autostart-Würmer, die sich via anderer Wechselmedien einschleichen wollen (ZIP etc.). Aber aufgepasst: Auf der CD bzw. ZIP sind sie nach wie vor; Sie haben ihnen nur verboten, aufzustarten.

GRUNDWISSEN Würmer sind keine Viren im herkömmlichen Sinn, denn anders als normale Viren benötigen sie kein Wirtsprogramm zur Verbreitung, sondern sind eigenständige Programme. Sie sind deshalb aber nicht weniger gefährlich und besonders heimtückisch, weil sie die Tatsache nutzen, dass automatisch aufstartende CDs ein kleines (unsichtbares!) Programm zum Start im Bootsektor haben. Würmer hängen sich an dieses oder sind selbst das automatisch startende *QuickTime AutoStart*-Programm, infizieren die Festplatte und versuchen dann, bestimmte Dateien zu löschen; manche Varianten versuchen gar sofort, die Festplatte komplett zu löschen.

Remote Access

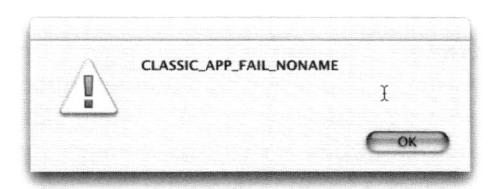

Die zugrunde liegende Funktionalität – Verbindung ins Internet – wird von Mac OS X bereitgestellt, deshalb funktioniert das unter *Classic* nicht. Siehe Kapitel *Internet*.

Schlüsselbund

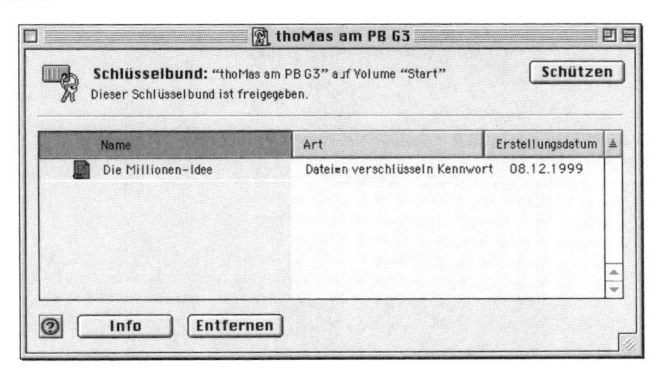

Das Kontrollfeld *Schlüsselbund* bewahrt einzelne Passwörter von *Classic*-Programmen auf und gibt sie alle auf ein einziges Master-Passwort hin frei.

Es entspricht in seiner Funktionalität dem *Schlüsselbund* unter Mac OS X – lesen Sie deshalb bitte im Kapitel *Hilfsprogramme für Mac OS X* unter *Schlüsselbund* alles weitere nach.

Software-Aktualisierung

Das Kontrollfeld *Software-Aktualisierung* funktioniert unter *Classic* nicht, wird aber benötigt, wenn Sie das klassische Betriebssystem aktualisieren möchten. Sie müssen dann zunächst in den Systemeinstellungen von Mac OS X *Startvolume* auf *Mac OS 9* umstellen und neu starten.

In *Software-Aktualisierung* lässt sich einstellen, ob die Aktualisierung manuell oder zu bestimmten Zeiten erfolgen und ob die Software automatisch oder auf Nachfrage aktualisiert werden soll:

Wird der Aktualisierungsvorgang angestossen, so wird eine Verbindung ins Internet aufgebaut (ein Internet-Anschluss ist also zwingend notwendig!) und nach neueren Versionen gesucht:

Apple unterhält dazu eine Datenbank, in der alle Änderungen und Neuerungen enthalten sind, die sich dann laden lassen. Die Erfahrungen der Anwender mit dem Herunterladen sind unterschiedlich. Nicht selten passiert es, dass die neue Software zwar geladen, aber nicht zuverlässig installiert werden kann.

Wenn auch Sie Probleme haben: Suchen Sie stattdessen ab und an einen Nachrichtendienst wie www.macnews.de auf: Da werden Sie neben vielen anderen interessanten Meldungen auch über Updates auf dem Laufenden gehalten, und es wird bekannt gegeben, sowie die Software-Updates von Apple auch über eine normale Internetadresse herunterladbar sind (das ist in der Regel 1–2 Tage nach *Software-Aktualisierung* der Fall). Dieser Download ist nach unseren Erfahrungen zuverlässiger.

Weitere Hinweise finden Sie im Kapitel *Benutzeroberfläche Aqua* unter *Systemeinstellungen optimieren – Software-Aktualisierung*.

Speicher

Im Kontrollfeld *Speicher* lässt sich unter *Classic* nur ein einziger Wert verändern: Der *Volumecache* ist ein Stück Speicher, der vom Arbeitsspeicher abgezweigt und dem Betriebssystem unterstellt wird. Darin werden Instruktionen abgelegt, die regelmässig verwendet werden und normalerweise von der Festplatte gelesen werden müssen. Wenn sich diese Instruktionen aber im Volumecache befinden, stehen sie dem Macintosh ungleich schneller zur Verfügung. Mehr Arbeitstempo ist die direkte Folge. Lassen Sie hier ruhig den Standardwert eingestellt.

Die anderen Optionen wie *Virtueller Speicher* sind unter *Classic* nicht zugänglich, denn Mac OS X weist der Umgebung automatisch ein Gigabyte virtuellen Speicher zu, der von *Classic* als physikalisches RAM gesehen wird.

Startvolume

Im Kontrollfeld *Startvolume* kann das Laufwerk ausgewählt werden, von dem der Mac das nächste Mal starten soll.

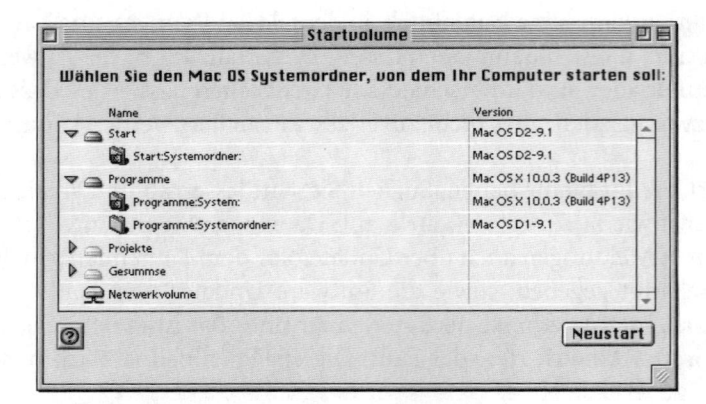

Dieses Kontrollfeld funktioniert aber nur unter einem direkt aufgestarteten Mac OS 9. Unter *Classic* geht das (nach einem Update von 10.0 auf 10.0.1 oder höher) nicht mehr. Das Kontrollfeld erscheint mit einer Fehlermeldung:

In dem Fall können und müssen Sie in der Systemeinstellung *Startvolume* von Mac OS X festlegen, welches Mac OS aufgestartet wird:

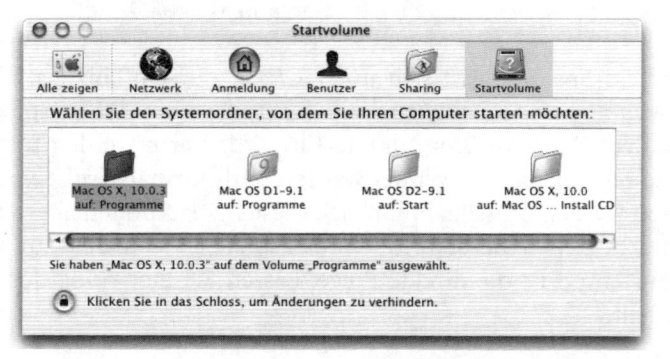

Wenn Sie unterschiedliche Systeme auf verschiedenen Volumes haben, können Sie bei einem Neustart auch die *Wahltaste* gedrückt halten, um den *Startup Manager* aufzurufen und ein Startlaufwerk zu wählen.

Damit der Wechsel zwischen zwei Systemen auf einem Laufwerk möglich ist, müssen Sie auf jeden Fall die neuere Version des Kontrollfeldes installieren (aktuell ist das Version 9.2), sofern das noch nicht geschehen ist. Sie finden es im Verzeichnis *Mac OS X Install CD/Welcome to Mac OS X/Deutsch/Dienstprogramme/*.

Die jeweils zuletzt getätigte Einstellung gilt, denn beide – Kontrollfeld wie Systemeinstellung – schreiben in dieselbe Voreinstellungsdatei.

Tastatureinstellungen

In Ihrer Systemdatei sind eine ganze Menge unterschiedlichster Tastaturbelegungen enthalten. Welche davon Sie aktivieren möchten, können Sie über das Kontrollfeld *Tastatureinstellungen* selbst festlegen.

Sofern Sie mehr als eine Belegung angewählt haben, ist rechts oben im Finder ein Symbol mit einer Landesflagge zu erkennen. Diese Flagge symbolisiert, für welches Land die Tastatur gerade eingerichtet ist. Über dieses Flaggen-Menü können Sie jederzeit eine andere Tastaturbelegung aktivieren.

Das geht am schnellsten, wenn Sie unter der Flagge *Menü anpassen...* aufrufen: Daraufhin wird das Kontrollfeld *Tastatureinstellungen* gestartet und Sie können beliebige Tastaturlayouts ein- oder ausschalten:

Ein paar weitere Hinweise finden Sie im Kapitel *Benutzeroberfläche Aqua* im Abschnitt *Landeseinstellungen*.

TCP/IP

Die entsprechenden Systemeinstellungen erfolgen unter Mac OS X, hier wird lediglich informiert, welche das sind. Unter *Optionen...* kann das Protokoll *TCP/IP* für *Classic* deaktiviert respektive generell oder nur bei Bedarf geladen werden.

[Screenshot: TCP/IP (Classic) Kontrollfeld mit folgenden Einstellungen:
Verbindung: Ethernet in Steckplatz 1, 802.3 benutzen
Konfigurationsmethode: Manuell
IP-Adresse: 10.0.1.5
Teilnetzmaske: 255.255.255.0
Router Adresse: 10.0.1.1
Name Server Adresse: 10.0.1.1, 10.0.1.1, 10.0.1.1
Lokale Domain (Suchbeginn): ns.ccnmuc.net
Admin Domain (Suchende):
Weitere Suchpfade Domain Namen: ns.ccnmuc.net]

VORSICHT FALLE Sie können im Menü *Ablage | Konfigurationen…* die Konfiguration umschalten und dann auch neue Einstellungen definieren. Das aber sollten Sie unter *Classic* tunlichst sein lassen, denn *Classic* ist auf die Konfiguration von Mac OS X angewiesen. Andernfalls kann es sein, dass die *Classic*-Programme nicht mehr auf *TCP/IP* und das Internet zugreifen können. Uns ist es dabei sogar gelungen, die berühmt-berüchtigte *Kernel Panic* auszulösen.

Mehr zur Konfiguration in den Kapiteln *Internet* und *Netzwerke*.

Text

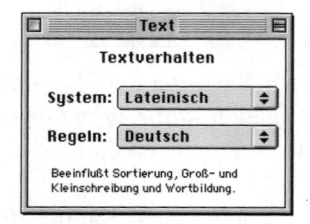

[Screenshot: Text-Kontrollfeld mit Textverhalten – System: Lateinisch, Regeln: Deutsch. Beeinflußt Sortierung, Groß- und Kleinschreibung und Wortbildung.]

Mit diesem Kontrollfeld können Sie das Sortierverhalten von Text und Zahlen auf Ihrem Macintosh den Landeskonventionen anpassen. Programme sollten diese Einstellungen dann übernehmen. Machen sie aber selten, meist muss die Darstellung in jedem Programm eigens definiert werden.

Ton

Hier können Sie einen Warnton fürs System auswählen, der Sie künftig alarmieren soll, wenn der Mac sich bei Ihnen meldet. Die Lautstärke können Sie mit dem Regler unten einstellen.

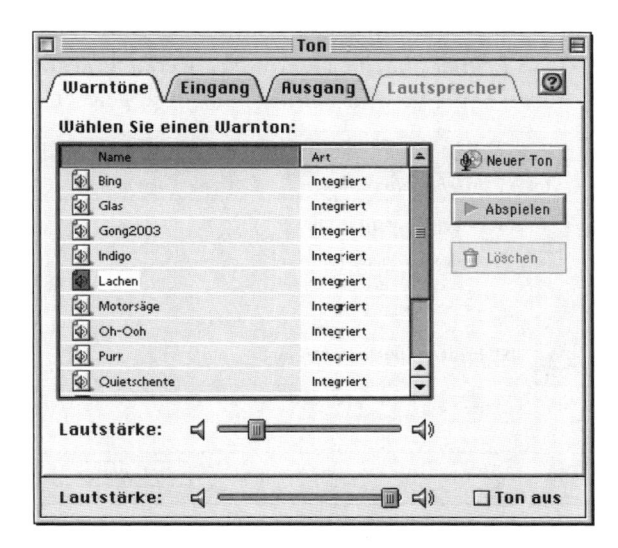

Sie können auch Töne direkt aufnehmen oder sich weitere System-Tondateien (kenntlich am Lautsprecher-Icon) auf den Systemordner ziehen; der Ton wird nach Rückfrage im Systemkoffer abgelegt und steht künftig als wählbarer Warnton zur Verfügung.

Die Reiter *Eingang*, *Ausgang* und *Lautsprecher* sowie der Regler für die Gesamtlautstärke zeigen keine Auswirkungen, denn hierbei greift *Classic* auf die Systemeinstellungen von Mac OS X zu (siehe Kapitel *Benutzeroberfläche Aqua* im Abschnitt *Systemeinstellungen – Ton*).

Trackpad

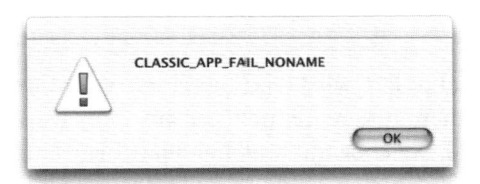

Die zugrunde liegende Funktionalität – Feintunig des Trackpad bei Power-Books – wird von Mac OS X bereitgestellt, deshalb funktioniert das unter *Classic* nicht. Siehe *Benutzeroberfläche Aqua* unter *Systemeinstellungen*.

USB Printer Sharing

Mit *USB Printer Sharing* kann ein USB-Drucker gemeinsam via *TCP/IP* über *Ethernet* im Netzwerk (drahtgebunden oder drahtlos) benutzt werden. Damit kann also ein Netzwerk-Drucker eingerichtet werden, und wenn *Classic* (und damit *USB Printer Sharing*) läuft, sollten andere Macs im Netzwerk diesen

Drucker ansprechen und darauf drucken können. Sie finden ihn über *Auswahl*, *Druckerauswahl*, *USB Printer Sharing* (Reiter *Netzwerkdrucker*) und gegebenenfalls über die *IP*-Adresse (die in *USB Printer Sharing* abgelesen werden kann).

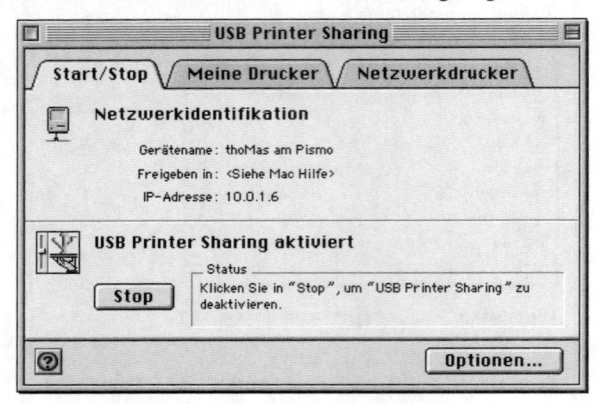

Web Sharing

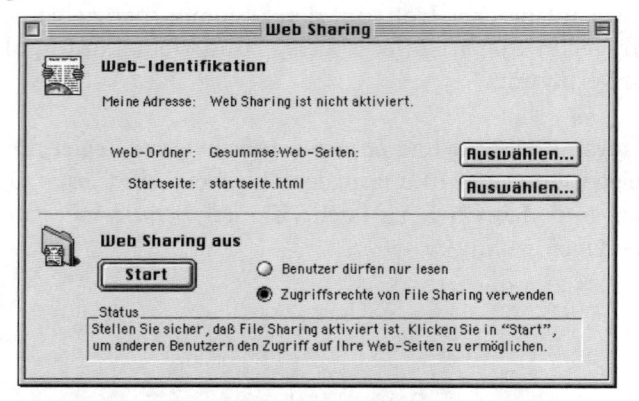

Wenn *Web Sharing* aktiviert wird und Sie einen Web-Ordner definieren und freigeben, dann können andere Teilnehmer aus dem Intra- oder Internet mit ihren Browsern (egal, welcher auf welcher Plattform läuft) darauf zugreifen. Die Benutzerrechte lassen sich dabei wie für das normale Netzwerk auch im Kontrollfeld *File Sharing* regeln.

Web Sharing kann nativ unter Mac OS X genutzt werden; deshalb steht dazu im Kapitel *Internet* mehr.

Zahlenformat

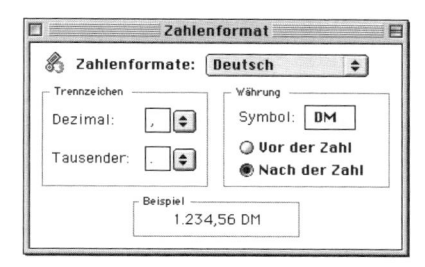

Mit diesem Kontrollfeld können Sie unter *Classic* die Darstellungsweise von Zahlen und Währungen den Landeskonventionen anpassen. Programme sollten diese Einstellungen dann übernehmen. Machen sie aber nicht allzu oft, meist muss die Darstellung in jedem Programm eigens definiert werden.

Erfahrungen

Der Start von Mac OS X benötigt – je nach Rechner – etwa 150 Sekunden. *Classic* braucht dann noch einmal rund 60 Sekunden inklusive der Systemerweiterungen. Die Aufstartzeit von OS X ist aber insoweit kein grosses Thema, als das Betriebssystem aufgrund der neuen Konzepte ständig laufen kann; crashende Programme (auch *Classic*) werden ohne Schaden für die Systemumgebung einfach neu gestartet. Stürzt ein Programm unter *Classic* ab, dann reisst es zwar in der Regel das gesamte *Classic* mit sich. Aber wenigstens darf auch das dann ohne weiteres wieder neu gestartet werden.

Programme unter Classic

Classic-Programme laufen meist fast so schnell wie gewohnt, manche Rechenoperationen sind unter *Classic* unter Umständen sogar ein wenig schneller. In der Summe ist ein Programm unter *Classic* aber meist nicht ganz so schnell wie unter einem direkt aufgestarteten OS 9. *Photoshop* etwa brauchte für eine 39 Megabyte grosse TIFF-Bilddatei (Öffnen, Modusänderung, Bildgrösse, Speichern) unter OS 9.1 rund 41 Sekunden. Unter *Classic* dauerte dieselbe Operation zwischen 44 und 59 Sekunden, je nachdem, wie viele weitere Programme unter *Classic* und OS X liefen. Besonders die Dateioperationen *Öffnen* und *Speichern* wurden dann langsamer.

Zwar gibt es des Öfteren von kleineren kosmetischen Fehlern (Fensteraufbau) zu berichten, die sind aber auch nicht dramatischer als jene, die in den Versions- und Kompatibilitätshinweisen der Programme schon immer auch für das klassische Mac OS zu lesen waren.

Bis auf die bereits angesprochenen Hardware-Einschränkungen (siehe *Funktionalität* zu Beginn dieses Kapitels) gibt es kaum Funktionseinbussen in der *Classic*-Umgebung zu vermelden. Bei uns liefen *Office 2001*, *FreeHand 8*, *Photoshop 5.5*, *QuarkXPress 4.1*, *RagTime 5.5*, *Acrobat 4.0*, *Distiller 4.0* und viele andere einwandfrei. (Bei *QuarkXPress* können allerdings die Dongles an USB respektive ADB und die fehlenden Dongle-Treiber Probleme bereiten.)

Laut Adobe laufen auch *Illustrator* und *PageMaker* – mehr Infos zu allen Adobe-Programmen gibt es unter `www.adobe.com/products/adobe-suppurtsOSX.html`.

Lediglich der *Adobe Type Manager* ist in der Deluxe-Version inkompatibel zu OS X (sowieso) und (leider auch) zu *Classic*. Die Light-Version von *ATM* jedoch läuft unter *Classic*. Da unter OS X native Programme dank integrierten Zeichensatz-Treibers *PostScript*-gerendert werden, ist *ATM Light* hierfür überflüssig. Und bezüglich professioneller Fontmanager für OS X verweist Adobe auf *Suitcase*, das laut Extensis angepasst wird.

Speicherzuteilung von Programmen

Wenn Sie unter *Classic* arbeiten, haben Sie so viel RAM wie wahrscheinlich noch nie vorher zur Verfügung: Mac OS X weist der Umgebung automatisch ein Gigabyte virtuellen Speicher zu, der von *Classic* als physikalisches RAM gesehen wird.

Sie können damit einerseits sehr viele *Classic*-Programme gleichzeitig aufstarten, andererseits einzelnen Programmen auch besonders viel Speicher spendieren. Je nach Programm können die Geschwindigkeitsgewinne dramatisch sein, wenn Sie mehr Speicher zuweisen. *Photoshop* beispielsweise ist ein heisser Kandidat für so etwas.

Die Speicherzuteilung können Sie aus Mac OS X heraus einstellen:

1. Programm-Icon anklicken.
2. *Befehl-I* (Information) aufrufen.
3. Unter *Speicher:* die bevorzugte Grösse einstellen.

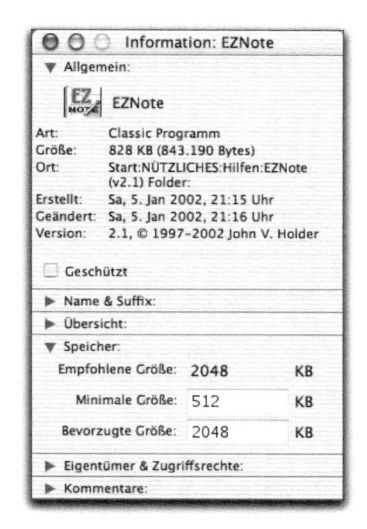

Drucken unter Classic

Den Druck unter *Classic* konfigurieren Sie genauso, wie Sie das bislang gewohnt waren, im Schreibtischprogramm *Auswahl* und im Programm, aus dem heraus gedruckt werden soll, unter *Ablage | Papierformat...*

Keinerlei Probleme sollte es mit der Ausgabe auf *PostScript*-Druckern geben, denn die werden – ebenso wie *TrueType*- und *PostScript*-Zeichensätze – sowohl von den Betriebssystemen OS X wie *Classic* unterstützt.

In der Regel funktionieren auch die Treiber von OS 9 – allerdings nur unter *Classic*. Tipp: Versuchen Sie es mal mit abgeschaltetem Hintergrunddruck, wenn es nicht auf Anhieb klappt.

1. Zunächst wählen Sie in der *Auswahl* den gewünschten Drucker an:

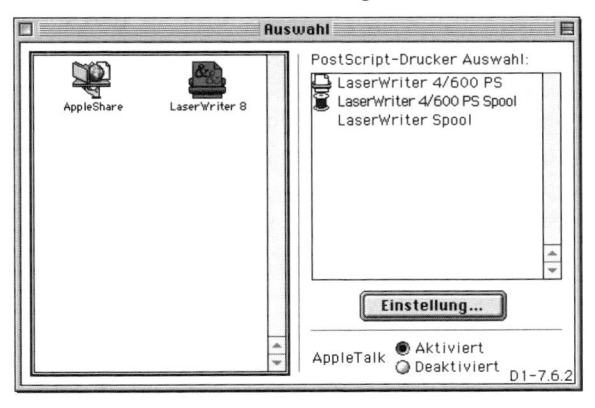

2. In dem Programm, aus dem heraus gedruckt werden soll, konfigurieren Sie den Drucker unter *Ablage | Papierformat...*

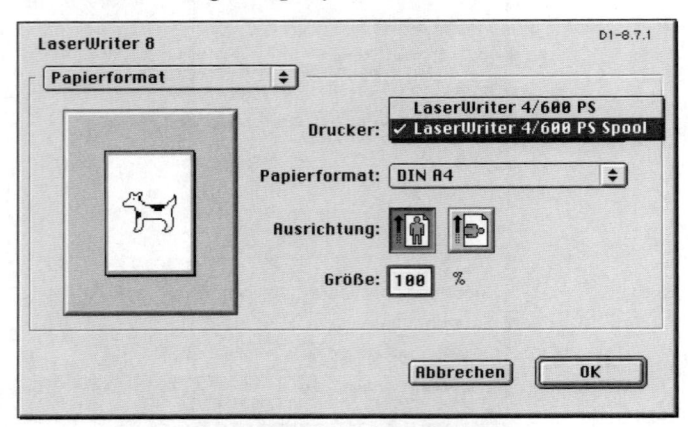

3. Mit dem Befehl *Ablage | Drucken...* gelangen Sie zum *Drucken*-Dialog:

Hier können Sie noch – je nach Drucker – unterschiedliche Optionen wie Anzahl der Kopien, Blattanordnung, Hintergrunddruck und so weiter definieren und dann den Druckbefehl geben.

Möchten Sie über ein Netzwerk oder die drahtlose Verbindung von *AirPort* drucken, dann müssen Sie das System wie für andere Dienste auch konfigurieren und *AppleTalk* aktivieren. Um beispielsweise die *AirPort*-Karte anzusprechen, geben Sie im Kontrollfeld *AppleTalk* als Verbindung *Ethernet in Steckplatz 1* ein.

Hinter dem Knopf *Optionen…* verbirgt sich die Möglichkeit, *AppleTalk* zu aktivieren. Das sollten Sie tun, sofern es noch nicht aktiv ist.

Internetverbindung unter Classic

Die Programme unter *Classic* nutzen die Internetverbindung, wie sie unter Mac OS X definiert und bereitgestellt wurde. Sie müssen sich also von dort aus ins Internet einwählen und können dann auch mit den *Classic*-Programmen ins Internet.

Wenn Sie ein Modem für die Einwahl ins Internet benutzen und die Programme unter *Classic* nicht funktionieren, dann versuchen Sie einmal Folgendes: Wählen Sie unter dem blauen Apfel *Systemeinstellungen…* | *Netzwerk* den Reiter *PPP* und drücken Sie den Knopf *PPP-Optionen…* Deaktivieren Sie alle vier Optionen bei *Weitere PPP-Optionen:* im unteren Fensterbereich.

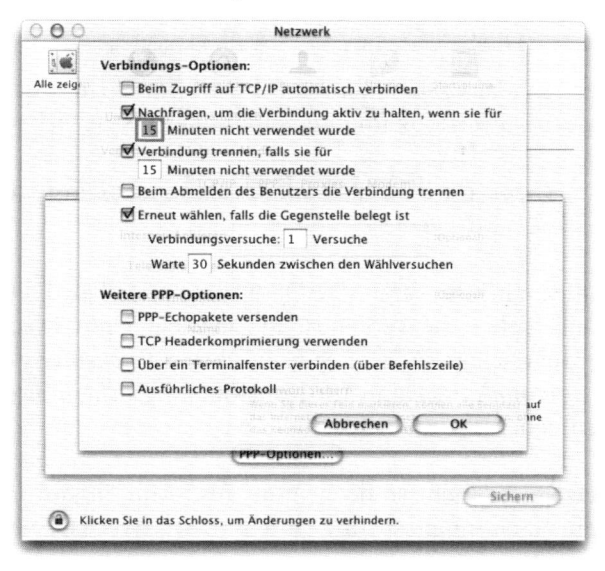

MERKET AUF! Beachten Sie dabei aber, dass zwar die Internetverbindung geteilt wird, die Internet-Konfiguration sich aber unterscheiden kann. Denn die Konfigurationsdateien der Internet-Programme von *Classic* und Mac OS X werden woanders gespeichert respektive die Programme greifen auf unterschiedliche Dateien zu, weshalb sich natürlich auch die Einstellungen unterscheiden können – es können also Unverträglichkeiten auftreten. Beispielsweise, wenn unterschiedliche Mailserver definiert sind: *Classic* versucht dann vielleicht, auf *T-Online* zuzugreifen, während Mac OS X *netsurf* definiert hat: Das E-Mail-Programm wird unter *Classic* seine Mail nicht holen können.

Classic verschönern

Schon kurz nach der Gewöhnung an das elegante *Aqua* missfiel uns das vergleichsweise dröge graue Platinum-Erscheinungsbild zunehmend. Doch Abhilfe ist in Sicht:

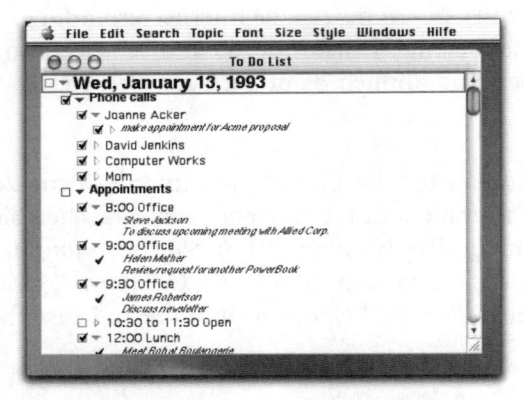

Nebenbei: Hier läuft das zehn Jahre alte Programm *Acta* (ein Outliner) auf einem brandneuen PowerBook unter einem modernen Betriebssystem.

Sie finden dieses *Theme* für Mac OS 9 auf unserer *SmartDisc* im Ordner *Classic* – suchen Sie nach *Liquid Theme*.

Die Installation ist einfach, wenn Mac OS 9 aufgestartet wird: Die Dateien auf den Systemordner ziehen, sie werden richtig abgelegt. Unter Mac OS X müssen Sie sich die Ordner selber suchen: *Systemordner | Erscheinungsbild | Themen* respektive *Klangsammlung*. Dann im Kontrollfeld *Erscheinungsbild* das neue Thema und den neuen Ton wählen.

Classic sieht jetzt nicht mehr so dröge grau aus, sondern kommt *Aqua* schon sehr nahe. Kein «Schönheitssprung» mehr beim Wechsel von nativen zu *Classic*-Programmen.

9 Internet

MAC OS
Version 10.2
(Jaguar)

Internet

Das Internet lässt sich mit einer riesigen – unsortierten, unkommentierten und (noch weitgehend) unzensierten – Bibliothek vergleichen. Da gibt es ganz neue, ansehnliche und sehr gut geordnete Regale, aber auch weniger gut gepflegtes und alte verstaubte Ecken – bis hin zur Schmuddelecke.

Ursprünglich als Netz für militärische Zwecke angelegt, weitete es sich bald zu einem internationalen Kommunikationsmittel aus, in dem Informationen zuhauf aufzufinden sind. Praktisch jede Uni der Welt hat eine Internetadresse – und das wiederum bedeutet, dass an dieser Uni mindestens ein Rechner steht, der 24 Stunden täglich mit der Aussenwelt verbunden ist und aufgesucht werden kann.

Früher war das Internet vor allem eine Möglichkeit für Forschende, Informationen weltweit zur Verfügung zu stellen und darauf zuzugreifen. Mittlerweile allerdings wird es von vielen anderen «entdeckt»; eine Internetadresse zu haben ist für eine Firma fast schon ein «sine qua non», ohne geht es kaum mehr, und die Internetadresse wird zum Werbeargument.

Diese freie und (sympathisch) chaotische Informationsverbreitung und -menge macht die Faszination, aber auch die Problematik des Internet aus. Denn Informationen, die im Internet bereitstehen, weisen zwei Merkmale auf: Es ist (mittlerweile) sehr viel Schrott darunter, und selbst den muss man erst einmal finden. Von nützlichen Daten ganz zu schweigen. Und die Informationsrecherche, die jede Zeitung und Zeitschrift abnimmt, das Trennen der Spreu vom Weizen, liegt beim Nutzer. Der Internet-Nutzer sollte ein kritischer Geist sein, denn das Auffinden einer Information sagt noch nichts über deren Wahrheitsgehalt aus.

Die freie Informationsverbreitung – und das jederzeit mögliche Abrufen der Informationen – macht einigen Staaten sogar regelrecht Angst. China etwa zensiert den Internetzugang. Es gibt nur einen kontrollierten Zugang nach draussen «in die freie Welt», und den wiederum darf nur benutzen, wer autorisiert ist.

Nicht weiter verwunderlich für ein restriktives Regime, denn das Internet bietet einen ungeheuren Wissensschatz, der glitzert und funkelt – und das kostenlos.

Sie möchten die aktuellen politischen Ereignisse aus verschiedenen Sichtwinkeln beurteilt haben? – Kein Problem, die ganze Welt (und deren Zeitschriften) ist online.

Sie möchten wissen, wie eine Festplatte ins iBook eingebaut wird? – Jemand hat sich die Mühe gemacht und die Prozedur inklusive Bebilderung ins Netz gestellt.

Sie möchten nicht mehr als notwendig für den neuen Rechner bezahlen? – Preisübersichten und Preisagenten informieren und recherchieren sogar den günstigsten Preis.

Sie sind Kakteenliebhaber? – Es gibt mit Sicherheit ein Forum, wo Sie sich mit Gleichgesinnten austauschen können und wertvolle Erfahrungen mitgeteilt bekommen.

Internetprotokolle

Selbstverständlich werden vom Betriebssystem alle wichtigen Protokolle unterstützt, die im Intra- und Internet Verwendung finden. Für das Internet sind da vor allem wichtig:

DHCP und *BootP* – die beiden Protokolle *DHCP* (Dynamic Host Configuration Protocol) und *BootP* (Bootstrap Protocol) automatisieren die Zuweisung von IP-Adressen in einem Netzwerk. Damit beispielsweise in einem Ethernet-Netzwerk auch jeder Computer gefunden wird und keine Irritationen entstehen können, muss jeder Rechner im Netzwerk eine singuläre IP-Adresse erhalten. Die kann man manuell vergeben, man kann aber auch einen *DHCP*- oder *BootP*-Server damit beauftragen, der das dann automatisch erledigt. Diese Funktionalität findet sich beispielsweise in der *AirPort Basisstation* oder in Ethernet-Routern.

DNS – (Domain Name Services) ist ein Standard im Internet, mit dessen Hilfe IP- und Webadressen einander zugeordnet werden. Wenn Sie beispielsweise `www.apple.com/de/` tippen, dann sorgt *DNS* dafür, dass dieser Ausdruck an die richtige IP-Adresse weitergeleitet wird und Sie auch tatsächlich auf der Webseite von Apple landen.

FTP – (File Transfer Protocol) ist ein Standard, mit dem Daten in *TCP/IP*-Netzwerken ausgetauscht werden können.

HTTP – (Hypertext Transport Protocol) ist das Standardprotokoll, um Webseiten zwischen einem Webserver und einem Browser zu übertragen.

LDAP – mit Hilfe des Protokolls *LDAP* (Lightweight Directory Access Protocol) kann ein Benutzer im Intra- oder Internet Ressourcen wie Dateien, Netzwerkgeräte, aber auch Firmen und Einzelpersonen lokalisieren. Das bedeutet im Grunde, dass man damit überprüfen kann, ob eine Person im Internet oder ein Drucker im lokalen Netzwerk auch tatsächlich erreichbar ist.

NTP – mit Hilfe des Protokolls *NTP* (Network Time Protocol) kann ein Client-Computer seine Uhr mit der eines Servers im Intra- oder Internet abgleichen.

PPP – für den telefonischen Zugang, genauer die Einwahl per Modem, dient *PPP* (Point-to-point Protocol). *PPP* unterstützt *TCP/IP* und die Protokolle *PAP* und *CHAP* für die Autorisierung (= Anmeldung).

TCP/IP und *UDP/IP* – die zwei Übertragungsprotokolle *TCP* (Transmission Control Protocol) und *UDP* (User Datagram Protocol), jeweils verbunden mit dem Netzwerkprotokoll *IP* (Internet Protocol). Obwohl meist in einem Atemzug *TCP/IP* respektive *UDP/IP* genannt, sind die Protokolle *TCP*, *UDP* und *IP* verschiedene Protokolle, auch wenn sie über die Benutzeroberfläche als beispielsweise *TCP/IP* verbunden sind. Mehr dazu im folgenden Kapitel *Netzwerke*.

So interessant das alles nun (hoffentlich) für Sie war, dient es doch vor allem der Hintergrundinformation. Sie müssen sich jetzt keine Sorgen machen, wie Sie beispielsweise *http* aufrufen und nutzen können. Das erledigen Betriebssystem und Browser von ganz alleine für Sie.

Da die Protokolle des Intra- und Internet immer mehr zusammenwachsen beziehungsweise in beiden Umgebungen benutzt werden, mag es interessant sein, sich auch den einleitenden Abschnitt *Netzwerkprotokolle* im folgenden Kapitel *Netzwerke* durchzulesen.

Verbindung ins Internet

Wenn Sie sich ans Internet anschliessen, nehmen Sie zu einem riesigen, weltweiten Netzwerk Verbindung auf. Dafür sind drei Voraussetzungen zu erfüllen:

1. Sie benötigen eine Verbindung zwischen Computer und Telefonnetz.
Das können ein analoges Modem, eine ISDN-Karte, eine externe ISDN-Box oder ein T-DSL-Modem sein. Das Modem ist preiswert, aber relativ langsam. Selbst 56K-Modems schöpfen diese theoretische Maximalgeschwindigkeit selten aus. Aufgrund nicht optimaler Leitungen liegt die real erzielbare Datenübertragungsrate so bei 40000 bis 45000 Baud.

Schneller – und deshalb bei häufiger Nutzung besser – ist ein ISDN-Anschluss (64 KBit/s). Und das Beste ist sicherlich ein T-DSL-Anschluss, der bis zu 768 KBit/s schnell ist.

2. Sie müssen einen «Provider» haben oder sich einen suchen.
Sie können sich nicht einfach ins Internet einwählen. Dazu braucht es bestimmte Protokolle und vor allen Dingen Datenleitungen. Das Internet ist nicht mit dem Telefonnetz gleichzusetzen! Der Internet Service Provider (abgekürzt ISP, übersetzt Internet-Versorger) ist mit dem Internet verbunden und stellt Ihnen den Zugang (über das Telefonnetz) bereit. Das kostet in der Regel etwas.

Ein Vergleich der gebotenen Leistung ist nicht ganz einfach. Berücksichtigen Sie bei der Beurteilung eines Providers folgende Kriterien:

- Anschlüsse mit hoher Geschwindigkeit. 56000 Baud, wenn Sie sich mit einem Modem einwählen. Noch besser ist ein ISDN-Zugang. Das Optimum ist ein T-DSL-Anschluss, vielleicht gar noch mit einer Flatrate kombiniert, mit der Sie so lange online bleiben können, wie Sie möchten: Mit einer monatlichen Gebühr sind alle Kosten abgegolten.
- Gute Internet-Anbindung. Es spielt nicht nur eine Rolle, wie schnell Sie mit dem Provider kommunizieren können, sondern es ist auch wichtig, wie schnell der Provider seine Verbindung zum Internet aufgebaut hat. Arbeitet er nur mit einer geringen Bandbreite und wählen sich mehrere Kunden ein, so führt das schnell dazu, das die theoretisch mögliche Transferleistung deutlich einbricht. Fachzeitschriften (wir empfehlen die «c't») führen regelmässig Tests dazu durch.
- Der monatliche Beitrag sollte unbegrenzten Zugang zum Internet, wenigstens aber ausreichend Freistunden (mindestens zehn) beinhalten. Vorsicht mit so genannten «Volume-Gebühren», bei denen pro Megabyte übertragener Datenmenge abgerechnet wird. Schauen Sie sich nur zehn Webseiten an, kann das schon ein Megabyte sein.
- Interessant können auch die Call-by-Call ISPs sein, die gegen ein geringes Minutenentgelt (zwischen 1 und 4 Cent; meist nach Tageszeiten gestaffelt) ihre Providerdienste – Telefongebühren und Internetzugang – bereitstellen.

3. Sie müssen Ihren Mac so konfigurieren, dass er die Internetprotokolle *TCP/IP* versteht. Und das wollen wir jetzt tun.

Systemeinstellung «Internet»

In der Systemeinstellung *Internet* werden einige Grundeinstellungen für den Internetzugang festgelegt, während die eigentlichen Verbindungseinstellungen in der Systemeinstellung *Netzwerk* getätigt werden (dazu gleich mehr).

.Mac – auf dem Reiter *.Mac* können Sie Benutzernamen und Kennwort eintragen, sofern Sie bereits *.Mac*-Benutzer sind.

iDisk – auf diesem Reiter zeigt Ihnen der Mac einige Daten zur Auslastung Ihrer *iDisk* an und erlaubt es, die Zugriffsberechtigungen zu definieren.

Haben Sie noch keinen Zugang zu *.Mac*, dann können Sie sich mit dem Knopf *Registrieren* gleich dort – kostenpflichtig – registrieren lassen. Dazu benötigen Sie die Daten Ihrer Kreditkarte und eine Verbindung ins Internet. Auf dem

Reiter *iDisk* zeigt Ihnen der Mac einige Daten zur Auslastung Ihrer *iDisk* an und erlaubt es, die Zugriffsberechtigungen zu definieren.

Wenn Sie einmal angemeldet sind, können Sie den Finder-Befehl *Gehe zu | iDisk* anwählen, um zu Ihrer *iDisk* zu gelangen, die wie ein Volume im Finder angezeigt wird:

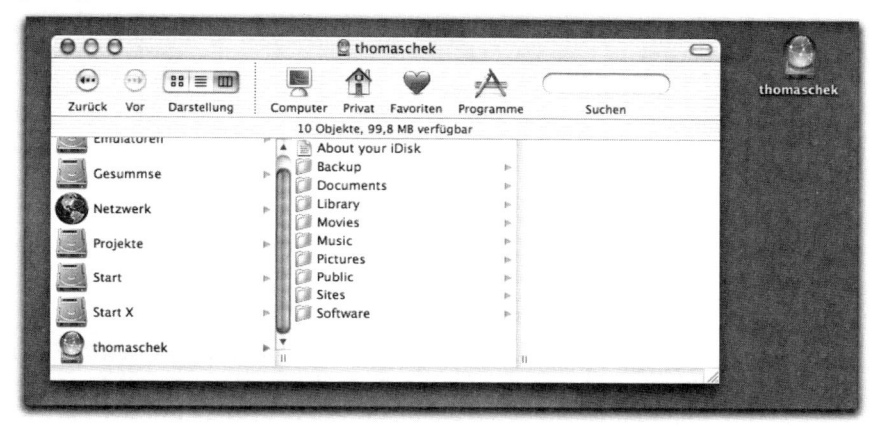

Mit *iDisk* übernimmt *.Mac* Backup-Aufgaben: Dateien können einfach per *Drag&Drop* auf der *iDisk* gespeichert und von dort gelesen werden. Die Anmeldung bei *.Mac* beinhaltet 100 Megabyte Speicherplatz, bis zu weitere 400 Megabyte können kostenpflichtig dazu erworben werden.

iDisk kann mit Ordnern strukturiert werden. Es ist zudem ein öffentlicher Ordner *Public* vorhanden, auf den dann jeder aus dem Internet heraus zugreifen kann. Das ist beispielsweise dann praktisch, wenn Sie Ihr Urlaubsalbum schon immer einmal der ganzen Welt zur Verfügung stellen wollten.

POWER USER Mit Version 10.1 hat Apple den standardmässigen Zugriff auf die *iDisk* von *AFP* (AppleTalk Filing Protocol) auf *WEbDAV* umgestellt. Das bietet unter anderem den Vorteil unbeschränkter Verbindungszeit und die Möglichkeit, auch von anderen Rechnern (= Betriebssystemen) auf die *iDisk* zuzugreifen.

E-Mail – hier geben Sie die Daten für Ihren E-Mail-Account ein.

Die entsprechenden Daten stellt Ihnen Ihr Provider zur Verfügung. Zu den Protokollen *POP* und *IMAP* finden Sie weiter hinten im Kapitel unter dem Abschnitt *Mail* noch genauere Erläuterungen. Im Augenblick genügt es, wenn Sie hier einfach die Angaben aktivieren, die Ihnen Ihr Provider mitgeteilt hat.

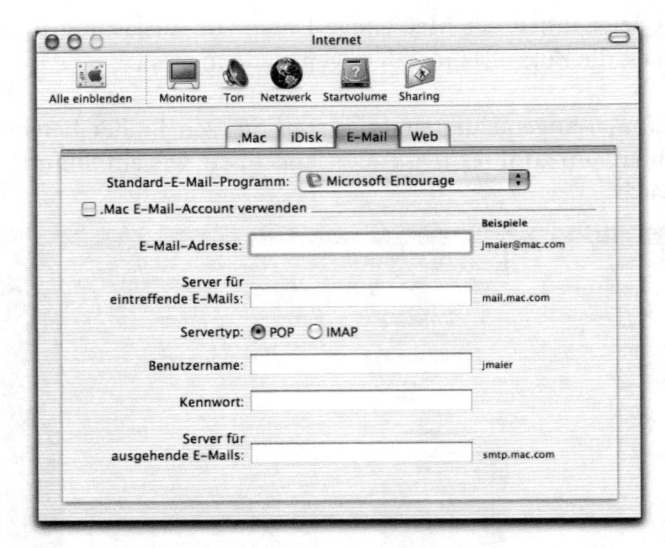

[Screenshot: Internet-Systemeinstellungen, Reiter E-Mail mit Feldern für Standard-E-Mail-Programm (Microsoft Entourage), .Mac E-Mail-Account verwenden, E-Mail-Adresse, Server für eintreffende E-Mails, Servertyp (POP/IMAP), Benutzername, Kennwort, Server für ausgehende E-Mails.]

In dem Pop-Up-Menü neben *Standard-E-Mail-Programm:* können Sie jenes E-Mail-Programm auswählen, das benutzt werden soll, wenn Sie in einem Dokument auf einen Hyperlink klicken, der auf eine E-Mail-Adresse verweist: In dem Fall wird das hier festgelegte E-Mail-Programm aufgestartet und die soeben angeklickte E-Mail-Adresse in das Empfängerfeld eingetragen.

Web – hier können Sie sinngemäss neben *Standard-Web-Browser:* den Browser festlegen, der automatisch gestartet werden soll, wenn Sie einen Hyperlink anklicken, der auf eine Internetadresse verweist.

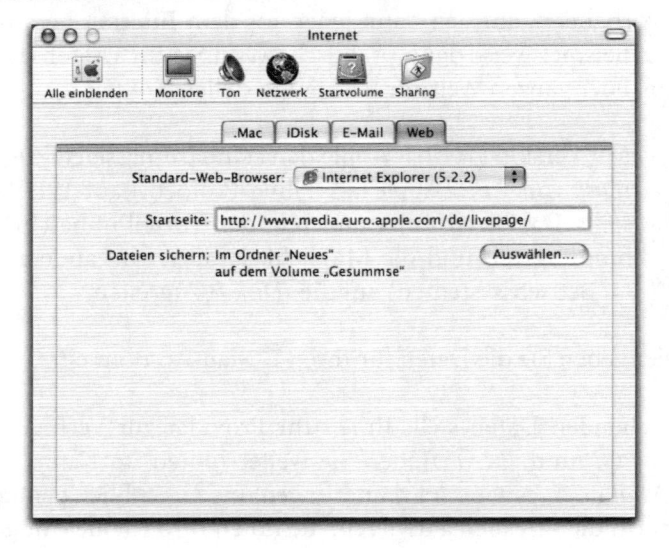

[Screenshot: Internet-Systemeinstellungen, Reiter Web mit Standard-Web-Browser: Internet Explorer (5.2.2), Startseite: http://www.media.euro.apple.com/de/livepage/, Dateien sichern: Im Ordner „Neues" auf dem Volume „Gesummse".]

Die Eintragung bei *Startseite:* löschen Sie mal besser, denn ansonsten wird bei jedem Start des Browsers versucht, diese Startseite aus dem Internet zu laden.

Den Pfad neben *Dateien sichern in:* können Sie bei Bedarf ändern. Sie sollten ihn sich allerdings gut merken, denn alle Dateien (zum Beispiel ein Utility), die Sie aus dem Internet herunterladen, werden sich hier finden.

RAFFINIERT Beachten Sie die Hinweise im Abschnitt *Ein Internetzugang für mehrere Macs,* sofern Sie mehrere Macs gleichzeitig auf die Reise ins Internet schicken möchten.

Systemeinstellung «Netzwerk»

In der Systemeinstellung *Netzwerk* legen Sie das Gerät fest, mit dem Sie ins Internet gehen möchten und konfigurieren die Internet-Verbindung. Diese Einstellungen sind nur möglich, wenn Sie als *Administrator* angemeldet sind oder wenn Sie Name und Passwort eines Administrators kennen: In diesem Fall klicken Sie auf das kleine Vorhängeschloss und entsperren mit dem Administratorzugang die Systemeinstellung *Netzwerk*.

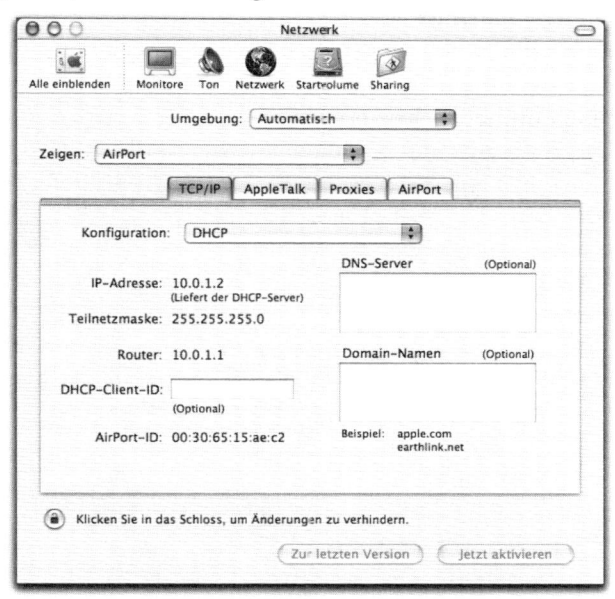

Um Ihre Internetverbindung zu konfigurieren, gehen Sie prinzipiell wie folgt vor:

1. Im Pop-Up neben *Umgebung:* wählen Sie eine Schnittstelle wie etwa *AirPort* oder *Modem* aus.

2. Das Pop-Up bei *Zeigen:* stellt sich daraufhin automatisch auf diesen Verbindungstyp um.
3. Je nach gewähltem Verbindungstyp sind jetzt unterschiedliche Reiter aufgetaucht, unter denen Sie dann die Detailinformationen eingeben.

GRUNDWISSEN Die Umgebung *Automatisch* – standardmässig vergeben – verweist auf eine Eigenschaft, die alle Umgebungen annehmen können: die Auswahl des jeweils geeigneten unter mehreren Netzwerkanschlüssen. Siehe *Mehrere Verbindungen nutzen* weiter hinten.

Statt vieler Worte zeigen wir Ihnen gleich beispielhaft die Einstellungsdialoge für unterschiedliche Konfigurationen. Dialogfelder, die hier nicht zu sehen sind, und Einstellungen, die hier nicht getätigt werden, müssen auch Sie nicht eingeben.

Und das war's auch schon. Wenn Sie anschliessend das Programm *Internet-Verbindung* starten und den Knopf *Verbinden* drücken, wird die Verbindung ins Internet hergestellt.

Systemeinstellung «Sharing»

In der Systemeinstellung *Sharing* (heisst übersetzt «Gemeinsame Nutzung») legen Sie die Einstellungen für das Intra- und Internet fest, wachsen diese beiden Netze doch immer mehr zusammen.

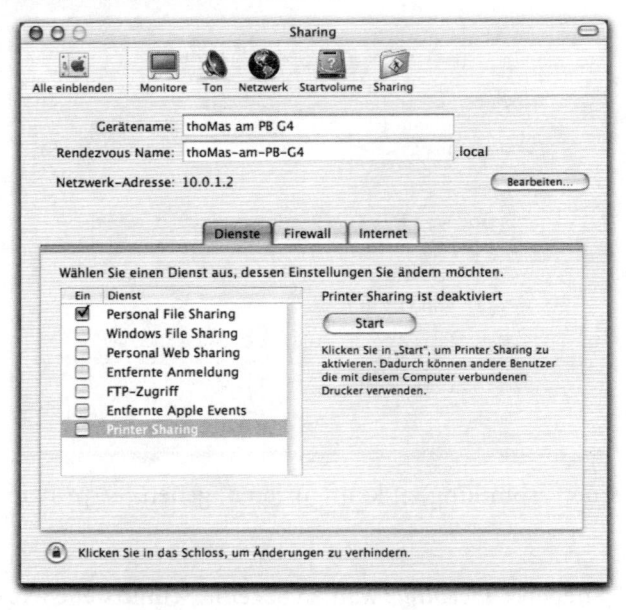

Auf dem Reiter *Dienste* schalten Sie all die Zugriffsmöglichkeiten ein, die auf Ihrem Mac erlaubt sein sollen. So können Sie hier *File Sharing*, *Web Sharing* usw. einschalten. Die Option *Printer Sharing* gibt lokal angeschlossene Drucker im Netzwerk frei, so dass dann von anderen Macs aus via *Print Center* darauf zugegriffen werden kann.

Auf dem Reiter *Firewall* können Sie die «Brandschutzmauer» einschalten und einzeln für die verschiedenen Dienste aktivieren:

Damit werden Angriffe von aussen weitgehend unterbunden, da von externen Rechnern aus nur über die freigegebenen Ports auf den Rechner zugegriffen werden darf. Doch beachten Sie, dass das kein absoluter Schutz gegen Angriffe von aussen ist. Es ist in etwa so, als würden Sie Ihre Wohnungstür abschliessen: Sie signalisieren damit anderen, dass Sie kein Eindringen wünschen. Echte Profis allerdings hält das keine Minute lang auf...

Auf dem Reiter *Internet* schliesslich können Sie *Internet Sharing* einschalten und damit Ihren Mac zur Zugangszentrale für eine ganze Rechnerarmada ins Internet machen:

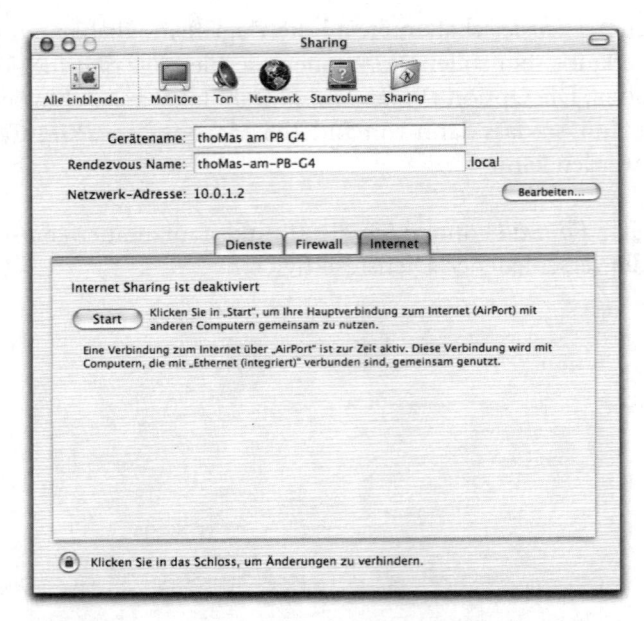

Siehe dazu auch den Abschnitt *Ein Internetzugang für mehrere Macs* etwas weiter hinten.

Konfiguration der Hilfsprogramme

Sie können exakt festlegen, was mit Daten geschehen soll, die sie aus dem Internet empfangen respektive die mit dem Internet zu tun haben.

Soeben in der Systemeinstellung *Internet* etwa haben Sie das *Standard-E-Mail-Programm* und den *Standard-Web-Browser* gewählt, und damit definiert, welches Programm als Hilfsprogramm (= Internet Protocol Helper) zum Schreiben einer E-Mail beziehungsweise zum Darstellen der Webseite gestartet werden soll, wenn Sie auf einen Hyperlink klicken, der auf eine E-Mail- oder Webadresse verweist.

Sie können aber noch mehr Hilfsprogramme auswählen. Wer soll beispielsweise für Audioinhalte zuständig sein? (Das wird wohl in der Regel *QuickTime* übernehmen.) Oder wer soll die gepackten Dateien nach dem Downloaden übernehmen? Wenn Sie das zum Beispiel für Dateien mit der Endung *.sit* dem *Stuffit Expander* anvertrauen, werden sie automatisch nach dem Download entpackt. So können Sie genau festlegen, welches Hilfsprogramm für *.tar*, *.gz* etc. zuständig sein soll.

Die Grundeinstellungen des Systems sind schon einmal nicht schlecht und in aller Regel können Sie das erstmal so stehen lassen. Bemerken Sie allerdings, dass der eine Dateityp nie automatisch entpackt wird, immer das falsche E-Mail-Programm Ihre E-Mails schreiben möchte und die Bilder auch nicht in Ihrem Lieblingsprogramm angezeigt werden, dann wissen Sie jetzt, dass Sie das ändern können.

Früher war das die Aufgabe des Kontrollfeldes *Internet*; die Systemeinstellung *Internet* dagegen bietet nur rudimentäre Auswahlmöglichkeiten für die Hilfseinstellung.

Was aber nicht heisst, dass es nicht geht. Apple hat es sich da nur etwas sehr einfach gemacht: Die entsprechenden Einstellungen werden (noch) im *Internet Explorer* getätigt, gelten dann aber systemweit:

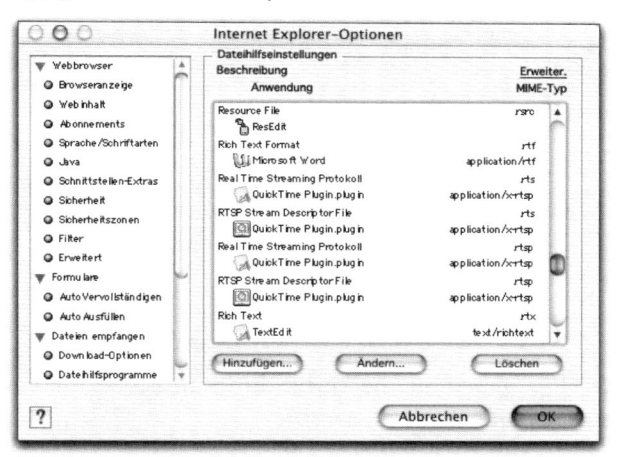

Das heisst, es existiert eine Definitionsdatei für die Hilfsprogramme – bislang kann die aber nur der *Internet Explorer* schreiben (andere können sie nutzen).

Das gefällt dem ein oder anderen nicht, ist das Verhältnis so manchen Mac-Benutzers zu Microsoft doch etwas gespalten. Sie finden deshalb – bis Apple das selbst in die Hand nimmt – ein kleines Utility namens *Vince* auf unserer *Smart-Disc*, mit dessen Hilfe Sie die Einstellungen vornehmen können:

Internetverbindung via Modem

HEISSER TIPP Für viele – zumal ältere – Modems existiert (noch) kein Modemskript für Mac OS X. Doch meist ist die Abhilfe recht einfach: Kopieren Sie das alte Modemskript aus dem klassischen Systemordner (*/Systemordner/Systemerweiterungen/Modem Scripts/*) in den Ordner */Library/Modem Scripts/*. Findet sich Ihr Modell da nicht, dann versuchen Sie es doch mal mit einem allgemeinen Skript wie *Hayes*.

Ein analoges Modem konfigurieren Sie sinngemäss so:

Auf dem Reiter *PPP* geben Sie die Verbindungsinformationen ein, wie Sie sie von Ihrem ISP erhalten haben:

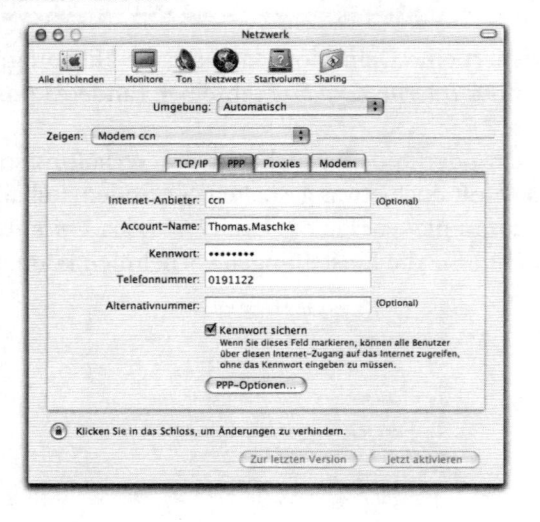

«Einzelkämpfer» müssen unter *Proxies* in der Regel nichts eintragen; die meisten ISPs verzichten mittlerweile darauf. (Auf einem Proxy-Server werden häufig aufgerufene Internetseiten zwischengespeichert, um so schneller aufgerufen werden zu können.) Wer in einem Netzwerk hinter einer «Firewall» sitzt, der muss die Einstellungen beim Netzwerk-Administrator erfragen, wenn er keine Verbindung zustande bringt.

Unter dem Reiter *Modem* schliesslich wählen Sie das Modem aus, das Sie benutzen, und stellen den Lautsprecher und das Wählverfahren ein:

Hier können sie oft ein Protokoll vorgeben, das das Modem benutzen soll. Wählen Sie hier bevorzugt V.90, das eine Geschwindigkeit von maximal 56000 Bit/Sekunde für den «uplink» (Daten, die zu Ihrem Rechner gesandt werden) und 33600 Bit/Sekunde für den «downlink» (Daten, die Sie rausschicken) realisiert. Nur wenn das Schwierigkeiten bereitet (weil die Verbindung schlecht ist) oder Sie ein langsameres Modem benutzen, sollten Sie es mit V.34 (Geschwindigkeit maximal 33600 Bit/Sekunde) versuchen.

MERKET AUF! Vergessen Sie nicht, auch einmal auf dem Reiter *PPP* den Knopf *PPP-Optionen...* zu drücken. Dort können Sie sich die Verbindung wunschgemäss einrichten. Beachten Sie besonders den Punkt *Beim Zugriff auf TCP/IP automatisch verbinden*, denn wenn der abgehakt ist, wird automatisch und ohne Rückfrage eine Verbindung ins Internet aufgebaut, wenn ein Programm Daten aus dem Internet anfordert.

Und dann kommen Sie via *Internet-Verbindung* ins Internet:

VORSICHT FALLE Wenn Sie ein Modem für die Einwahl ins Internet benutzen und die Programme unter *Classic* nicht funktionieren, dann versuchen Sie einmal Folgendes: Wählen Sie unter dem Apfel *Systemeinstellungen… | Netzwerk*, Popup *Modem*, den Reiter *PPP* und drücken Sie den Knopf *PPP-Optionen…* Deaktivieren Sie alle vier Optionen bei *Weitere PPP-Optionen:* im unteren Fensterbereich.

Internetverbindung via AirPort

AirPort ist uns ein paar Worte mehr wert – alles Wissenswerte zu *AirPort* im Allgemeinen und der Konfiguration im Besonderen deshalb im Abschnitt *AirPort* weiter hinten.

Internetverbindung via DSL

Mac OS X unterstützt das notwendige Protokoll *PPPoE* (PPP over Ethernet), und damit sind alle Voraussetzungen gegeben, um auch einen DSL-Anschluss nutzen zu können. Auch hier klicken Sie sich wieder durch die notwendigen Reiter, um Ihr DSL-Modem zu konfigurieren:

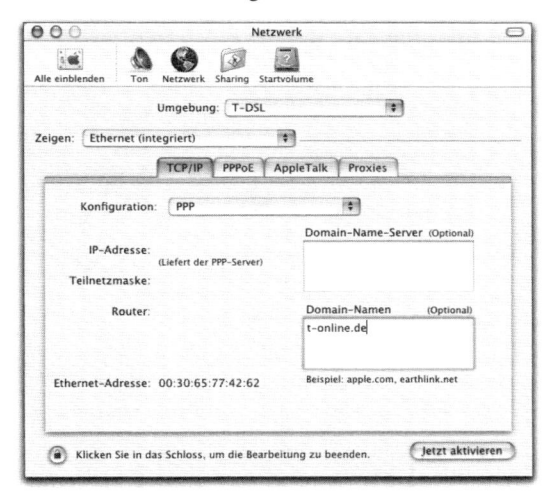

Auf dem Reiter *PPPoE* geben Sie die Verbindungsinformationen ein, wie Sie sie von Ihrem ISP erhalten haben.

Hinter dem Knopf *PPPoE-Optionen…* können Sie dann noch einige Vorgaben für die Verbindung einstellen.

Auch hier gilt für den Reiter *Proxies:* «Einzelkämpfer» müssen in der Regel nichts eintragen. Wer in einem Netzwerk hinter einer Firewall sitzt, der muss die Einstellungen beim Netzwerk-Administrator erfragen, sofern er nicht rauskommt.

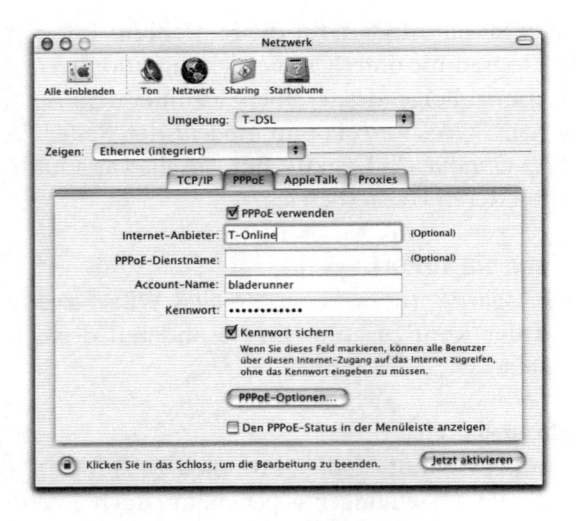

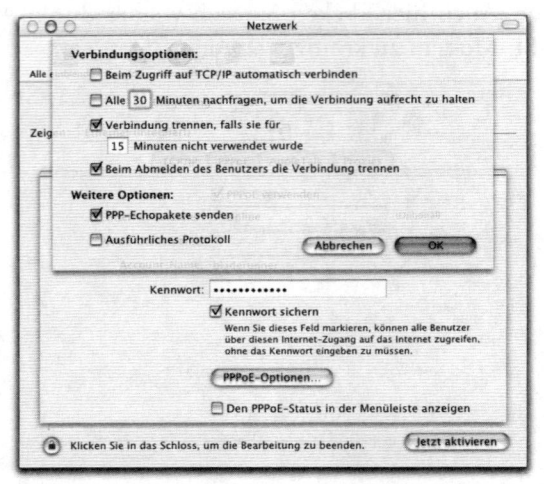

Die schnelle DSL-Anbindung eignet sich natürlich auch, um mehrere Rechner gleichzeitig ins Internet zu bringen. Es gibt mehrere Möglichkeiten:

POWER USER

- Ein Hardware-DSL-Router, der an das Ethernet-Netzwerk angeschlossen wird.
- Die *AirPort Basisstation* kann auch als Router agieren.
- Ein Mac übernimmt die Routing-Aufgaben.

Mehr dazu finden Sie im Abschnitt *Ein Internetzugang für mehrere Macs* ein wenig weiter hinten.

Internetverbindung via Mobiltelefon

Sie können unter Mac OS X auch mit Ihrem Handy ins Internet, wenn folgende Voraussetzungen gegeben sind:

- Mac OS X in der Version 10.1 oder höher.
- Ein PowerBook oder iBook mit integriertem *FireWire* (nur bei diesen Geräten wird IrDA augenblicklich von Mac OS X unterstützt – aber ein Versuch kann ja auch bei älteren PowerBooks nicht schaden…).
- Infrarot-Schnittstelle (beim iBook oder den neuesten G4-PowerBooks per USB-IrDA-Adapter).
- Das passende Modem-Skript muss im Verzeichnis */Library/Modem Scripts/* liegen.

HEISSER TIPP Prinzipiell sollte sich das beschriebene Verfahren auch auf *Bluetooth* anwenden lassen, den wohl kommenden drahtlosen Standard für langsamere Verbindungen, der alle Aussichten hat, IrDA abzulösen. Mangels Erfahrung können wir aber nur vermuten, dass das Prinzip tatsächlich so übernommen werden kann.

Dann geht es los mit der Systemeinstellung *Netzwerk*:

Wenn Sie erstmal nur den *IrDA Modemanschluss* aktivieren, fällt die Fehlersuche leichter. Möchten Sie später mehrere Umgebungen verwalten, dann ziehen Sie diesen Eintrag ganz nach oben.

Wählen Sie bei *Zeigen:* den *IrDA Modemanschluss* und klicken Sie sich durch die Reiter. Hier die Einstellungen:

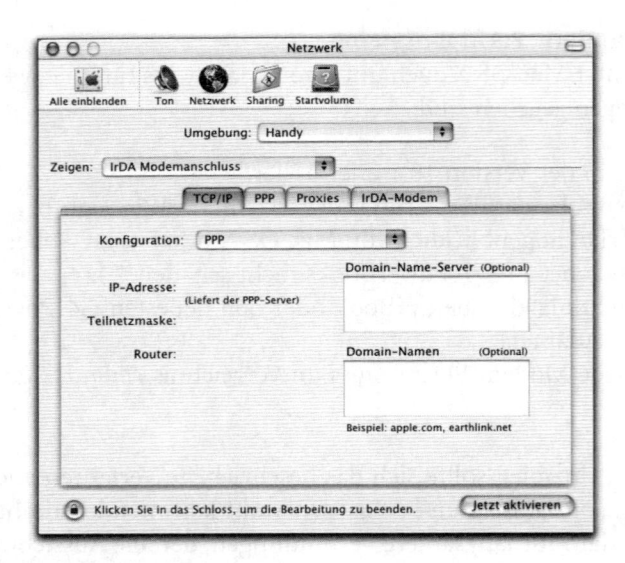

Mehr Einstellungen sind nicht notwendig.

MERKET AUF! Bei GPRS-Handys müssen Sie bei *TCP/IP* im Feld *Domain-Name-Server* mindestens eine DNS-Adresse eintragen (die können Sie beim Diensteanbieter erfahren).

Auf dem Reiter *PPP* geben Sie die Verbindungsinformationen ein, wie Sie sie von Ihrem ISP erhalten haben:

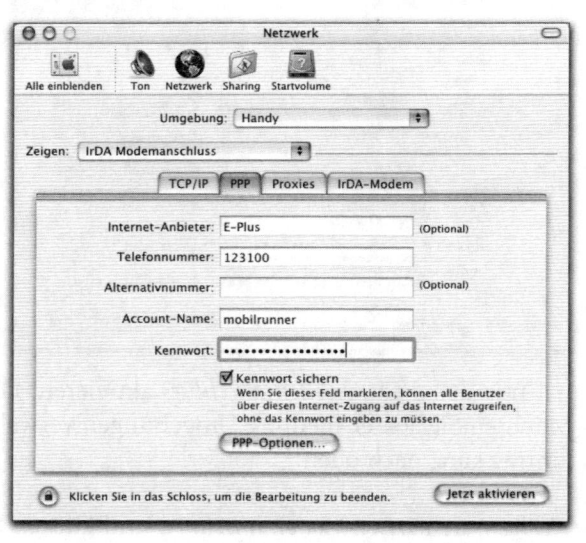

INTERNET   KAPITEL 9

MERKET AUF! Bei GPRS-Handys müssen Sie unter *PPP-Optionen…* die Option *TCP Headerkomprimierung verwenden* deaktivieren!

Den Reiter *Proxies* können Sie überspringen beziehungsweise leer lassen und wählen schliesslich das passende Handy respektive Modem-Skript aus:

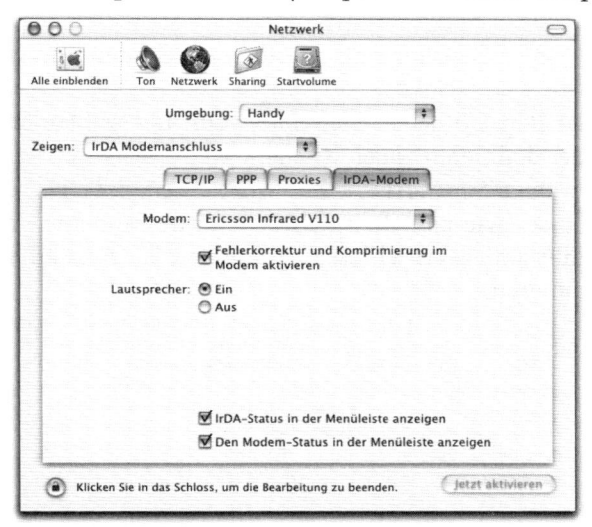

Haken Sie die beiden Optionen unten im Dialog ab, damit Sie aus der Menüleiste steuern können. Mit *Jetzt aktivieren* bereiten Sie Ihren Mac auf den IrDA-Internetzugang vor.

Der Verbindungsaufbau erfolgt dann so:

1. Klicken Sie auf das IrDA-Symbol aus der Menüleiste und wählen Sie den Befehl *IrDA aktivieren*.

2. Aktivieren Sie jetzt auch IrDA auf Ihrem Handy (siehe Bedienungsanleitung). Innerhalb weniger Sekunden sollten sich Rechner und Handy gefunden haben.
3. Jetzt rufen Sie das Programm *Internet-Verbindung* auf (über das kleine Telefonsymbol in der Menüleiste) und klicken auf den Knopf *Verbinden*.

Der mobile Weg ins Internet steht Ihnen offen.

Mehrere Verbindungen nutzen

Mac OS X kann mehrere Netzwerkverbindungen gleichzeitig verwalten. So ist es kein Problem, einerseits eine Netzwerkverbindung via Ethernet und gleichzeitig eine DSL-Verbindung (PPP over Ethernet) für das Internet zu konfigurieren und zu nutzen, ohne dass dazu zwei Ethernetkarten im Rechner notwendig wären. Das Betriebssystem schaltet automatisch zwischen den aktiven Verbindungen um. Das sieht in der Praxis so aus:

1. Starten Sie *Systemeinstellungen…* aus dem Apfelmenü und wählen Sie dort *Netzwerk* aus.
2. Rufen Sie das Pop-Up neben *Umgebung:* auf und wählen Sie eine Verbindung aus oder definieren Sie eine neue.
3. Bei *Zeigen:* wählen Sie *Netzwerk-Konfigurationen*, deaktivieren nicht benötigte Anschlüsse (wie zum Beispiel das interne Modem) und duplizieren gegebenenfalls andere Anschlüsse (so können Sie zwei Ethernet-Konfigurationen definieren):

4. Jetzt wählen Sie im Pop-Up bei *Zeigen:* die einzelnen Konfigurationen an und stellen die Reiter so ein, wie das soeben für die verschiedenen Anschlüsse beschrieben wurde.

Abschliessend können Sie die Konfigurationen noch in die bevorzugte Reihenfolge ziehen und bei *Umgebung:* stellen Sie auf die eben definierte Umgebung um. Fertig.

Internet-Verbindung

Das Programm *Internet-Verbindung* steuert den Zugang ins Internet. Hier können Sie neben *Konfiguration:* aus vorgewählten Konfigurationen auswählen und sich per Knopf *Verbinden* ins Internet einwählen.

Die Grundeinstellungen dafür werden wie soeben beschrieben in den *Systemeinstellungen...* bei *Netzwerk* getätigt.

Wenn Sie dort die *Umgebung:* auf *Automatisch* umstellen, kann hier unter mehreren Konfigurationen gewählt werden; andernfalls ist nur die eine eingestellte zugänglich.

Und wenn Sie sich den Status von *Internet Connect* respektive *Internet-Verbindung* in der Menüleiste anzeigen lassen, dann können Sie am Icon erkennen, ob eine Verbindung besteht oder nicht.

Unter dem Menübefehl *Ablage | Neues Fenster* können Sie sich mehrere Fenster auch mit verschiedenen Zugangsmöglichkeiten anzeigen lassen.

Im Menü *Ablage* findet sich auch der Befehl *Neue VPN-Verbindung* (VPN = Virtual Private Network). Hiermit können Sie ein quasi-lokales Netzwerk über das Internet aufbauen. Das nutzen Firmen, damit Mitarbeiter von ausserhalb auf das nicht öffentliche Firmennetzwerk zugreifen können.

RAFFINIERT

Das Programm *Internet Verbindung* lässt sich per *AppleScript* steuern und Sie können mal eben schnell über einen anderen Internet-Provider ins Internet gehen, ohne grossartig umzukonfigurieren. Das Script, mit dem der aktive Anschluss des Programms (zum Beispiel das Modem oder die *AirPort Basisstation*) angewiesen wird, sich bei einem bestimmten Provider einzuloggen, sieht sinngemäss wie folgt aus:

tell application «Internet Connect»
    set theNumber *to* «01090-0191799»
    set theUsername *to* «anonymer»
    set thePassword *to* «surfer»
    connect to telephone number theNumber as user theUsername with password thePassword
end tell

Sichern Sie das Skript als Programm ohne Startdialog, dann können Sie es per Doppelklick oder via *Script Runner* (siehe Kapitel *Programme für Mac OS X*) schnell starten.

AirPort

Die *AirPort*-Software und -Hardware gehört zu den Pretiosen von Apple, die nicht selten weit unterschätzt werden. Denn mit der drahtlosen Netzwerktechnik von Apple ist weit mehr machbar als lediglich der Aufbau eines drahtlosen Netzwerks (wobei auch das an sich schon wahrlich nicht schlecht ist). Hin und wieder werden zusätzliche Programme für teures Geld gekauft, obwohl *AirPort* genau dasselbe leisten könnte. Im Besonderen kann *AirPort*:

- Zwei Macs drahtlos miteinander kommunizieren lassen (Datenaustausch).
- Ein drahtloses Netzwerk aufbauen (alle Netzwerkdienste stehen zur Verfügung: Datenaustausch, Drucken im Netzwerk, Faxserver, Fileserver…).
- Drahtlose Netzwerke zwischen verschiedenen Betriebssystemen aufbauen. Ähnlich wie USB ein Standard ist, der über Betriebssystemgrenzen hinweg funktioniert, folgt auch die *AirPort*-Hardware dem Standard IEEE 802.11; drahtlose Netzwerke zwischen Mac OS und Windows sind damit denkbar und – wenn auch die Software (wie die *AirPort*-Software) diesem Protokoll folgt – machbar.
- Die Basisstation – oder ein per *AirPort*-Software als Basisstation eingerichteter Rechner – kann als Ethernet- und Internet-Router fungieren.
- Dank Ethernet-Router lassen sich ein drahtloses und ein kabelgebundenes Netzwerk (Ethernet) verbinden. Alle Dienste stehen dann in allen Netzwerken zur Verfügung.
- Die *AirPort* Basis kann auch gleichzeitig Internet-Router (NAT-Router) sein. Das bedeutet, alle angeschlossenen Macs (egal, ob per *AirPort* oder Ethernet) können gleichzeitig über einen einzigen Anschluss (zum Beispiel das in der Basisstation eingebaute Modem oder ein DSL-Modem) ins Internet.

Mit 11 Megabit/s Datenrate ist die *AirPort*-Funkverbindung sogar noch ein wenig schneller als *10BASE-T Ethernet* (10 Megabit/s) und damit für die Übertragung von Telefondaten bei weitem ausreichend schnell.

GELD GESPART *AirPort* beinhaltet Software für die drahtlosen Netzwerke, sie funktioniert aber auch mit kabelgebundenen Netzwerken! Es ist nicht nur möglich, Funk- und Kabelnetz zu verbinden, sondern die volle Funktionalität steht auch in den jeweiligen Netzen zur Verfügung.

Kurz, *AirPort* ist ein richtiger Knaller. Erstmalig mit dem iBook vorgestellt, sind jetzt auch andere, neuere Apple-Rechner damit ausgerüstet, ältere lassen sich nachrüsten.

Jetzt können Macs einander zufunken. Und das wiederum bedeutet im Gegensatz zu anderen Übertragungsverfahren wie Infrarot, dass die Verbindung weit reicht (ca. 45 Meter) und auch durch Wände hindurch funktioniert. Wer ein schnurloses Telefon zu Hause hat, weiss, wie bequem das ist. Und er kann sich wohl kaum mehr vorstellen, kabelgebunden zu telefonieren. Genau das kann jetzt auch ein Mac – drahtlos netzwerken und surfen. Das ist genauso bequem wie das Schnurlose und wird ebenso schnell unverzichtbar.

Klingt toll – doch wann benötigt man *AirPort* wirklich? Wenn Sie mich fragen: Immer und in jedem Fall! Bislang mussten selbst tragbare Computer spätestens dann angebunden werden, wenn es ans Faxen oder Internet-Surfen ging. Der nächste Telefonanschluss und die Kabellänge bestimmten den Standort. Damit ist jetzt Schluss. In 45 Metern Umkreis vom Telefonanschluss respektive von *AirPort* kann der Mac kabellos agieren – auch durch massive Wände hindurch.

Das «Baumhaus», das Apple in seiner Werbung als Beispiel gibt, ist so abwegig nicht. Für einen anderen mag es die Gartenlaube sein oder der bequeme Sessel. In keinem Fall ist zu unterschätzen, wie bequem es ist, kabellos mit dem Mac netzwerken, surfen und faxen zu können. Jederzeit.

Voraussetzungen für AirPort
Um *AirPort* nutzen zu können, müssen folgende Voraussetzungen gegeben sein:

- Damit zwei Macs drahtlos miteinander kommunizieren können, muss jeder beteiligte Rechner eine *AirPort*-Karte eingebaut haben. Der Einbau ist einfach, und alle aktuellen Macs (iMac, iBook, Power Macintosh und PowerBook) sind dafür vorbereitet oder haben sie bereits integriert.

- Um drahtlos auf das Telefon (Internet) zugreifen zu können, muss der Mac eine *AirPort*-Karte besitzen. Zusätzlich muss am Telefonanschluss eine *AirPort Basisstation* installiert sein.

Das war es schon. Auf die Basisstation können bis zu 50 Nutzer gleichzeitig zugreifen und parallel im Netz surfen. Bei Bedarf stellt die Basisstation automatisch eine Verbindung zum Internet her und beendet sie dann auch wieder.

Ältere PowerBooks lassen sich via PC-Card-Steckplatz nachrüsten: Zum Beispiel mit einer Orinoco IEEE Turbo 11Mb PC Card, einer Lucent WaveLAN (ältere Bezeichnung für die Orinoco) oder einer Farallon Skyline.

INTERNET KAPITEL 9

ERSTE HILFE Wird die Karte unter Mac OS X nicht erkannt, dann besuchen Sie mal `www.versiontracker.com` und suchen Sie im Mac-Bereich nach «wireless».

AirPort Basisstation

Die *AirPort Basisstation* wird mit dem Telefonanschluss verbunden und gibt allen Macs mit *AirPort*-Karte im Radius von etwa 45 Metern drahtlosen Zugriff auf den Telefonanschluss. Das funktioniert in etwa so wie die Basisstation eines drahtlosen Telefons. Der Clou dabei: Mehrere Macs können gleichzeitig über eine Telefonnummer im Internet surfen oder E-Mails versenden und empfangen!

Natürlich lassen sich auch Dateien an andere Macs verschicken, und es kann sogar ein drahtloses Netzwerk aufgebaut werden.

Um das Ganze abzurunden, besitzt die Basisstation zwei Ethernet-Anschlüsse (*10/100 BASE-T*). Da kann ein anderer Macintosh ohne *AirPort*-Karte, ja sogar ein ganzes Netzwerk angeschlossen werden. Alle können dann das in der Basisstation eingebaute Modem nutzen und werden gleichzeitig in das drahtlose Netzwerk eingebunden. So wird es auch möglich, Ethernet-Drucker im drahtlosen Netzwerk bereitzustellen.

Trotz dieser beeindruckenden Technik ist der *AirPort* die preiswerteste, bislang realisierte drahtlose Kommunikationslösung für Computer. Und die unkomplizierteste allemal.

Nach der ersten Version hat Apple vor einiger Zeit eine verbesserte Basisstation vorgestellt, die folgende wichtige Änderungen bietet (Werte der alten Basisstation in Klammern):

- Zwei Ethernet-Anschlüsse: Ein 10BASE-T-Anschluss für WLAN-Verbindungen wie DSL oder Kabelmodems sowie ein 10/100BASE-T-Anschluss zur Anbindung eines lokalen Netzwerks. (Version 1: ein 10BASE-T-Anschluss).
- Firewall-Schutz für mehr Sicherheit (-).
- 128-Bit-Verschlüsselung von Passwort und Daten (40 Bit).

- Unterstützung von RADIUS, um Zugriffsrechte im Funknetz zentral zu verwalten (-).

MERKET AUF! Beachten Sie, dass eine *AirPort Basisstation* mit einem Firmware-Update seit Version 1.1 kein tatsächliches Reset mehr durchführen kann, wenn der Reset-Knopf gedrückt wird. Statt dessen wird die Basisstation fünf Minuten lang in einen Wartezustand versetzt und während dieser Zeit können Sie dieselbe mit Hilfe des *AirPort Admin. Dienstprogramms* per Software resetten. Das aber funktioniert nicht immer drahtlos. Dann müssen Sie über die Ethernet-Schnittstelle auf die Basisstation zugreifen.

BEDENKEN SIE! Neben der von Apple selbst angebotenen Basisstation gibt es mittlerweile auch kompatible Lösungen von Drittherstellern. So baut Hermstedt die Apple-Basisstation vom analogen auf ein ISDN-Modem um. Andere Hersteller bieten Basisstationen mit grösserer Reichweite, 10/100 Megabit Ethernet-Anschluss, DSL-Modem und so weiter an. Genügt Ihnen also die Funktionalität der Apple-Basisstation nicht, so lohnt es sich, sich nach einer besser ausgestatteten Basisstation eines Fremdherstellers umzuschauen. Natürlich müssen Sie dabei darauf achten, dass sich die Basisstation mit der *AirPort*-Software verträgt.

Konfiguration ganz einfach

Wer es einfach und (meist) problemlos mag, der startet den *AirPort Assistent* (*AirPort Setup Assistant*) auf und lässt sich dann von ihm durch die Konfiguration führen. Dabei können sowohl der Mac wie auch die Basisstation konfiguriert werden. Beginnen wir mit der Basisstation:

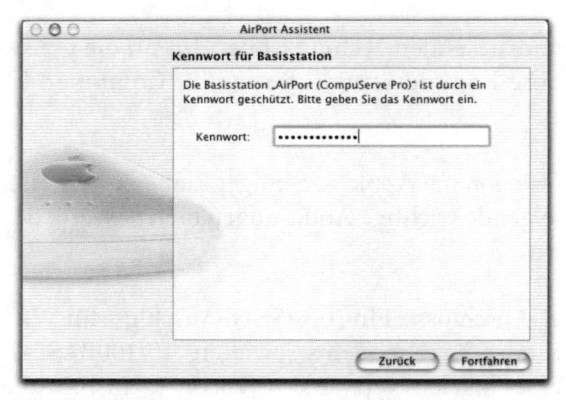

Zunächst müssen Sie das Kennwort der Basisstation eingeben, dann können Sie die Verbindungsart auswählen:

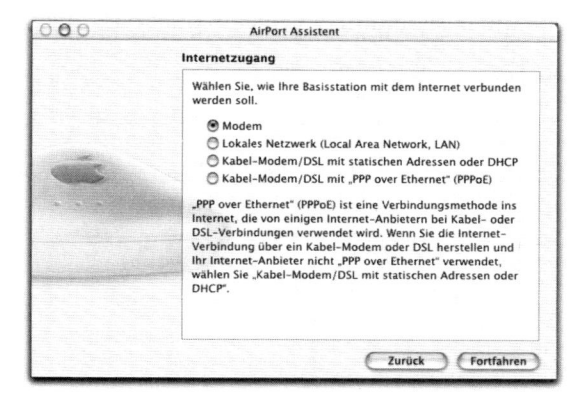

Mit *Modem* wählen Sie das interne Modem der Basisstation, Sie können aber auch das Firmennetzwerk (*Lokales Netzwerk*) oder ein DSL-Modem für den Internetzugang benutzen. Im nächsten Schritt werden Sie nach den Zugangsdaten gefragt:

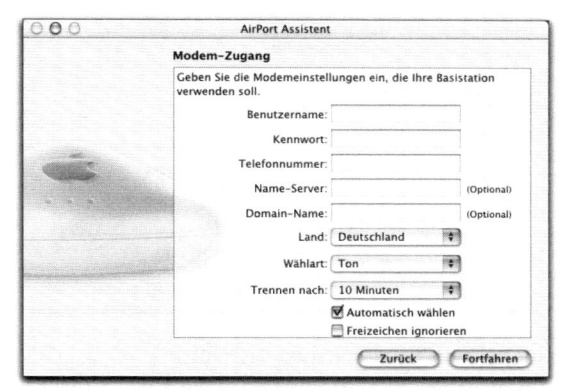

Dann benennen Sie das Netzwerk und vergeben ein Kennwort:

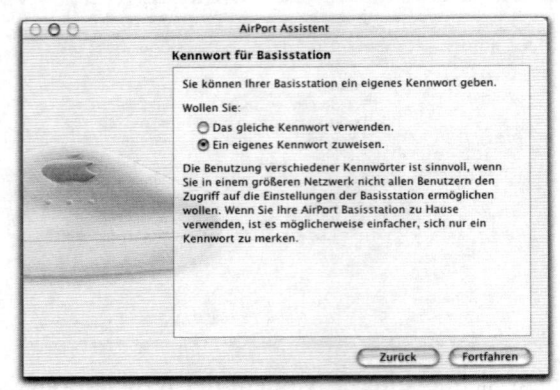

Entscheiden Sie, ob die Basisstation ein eigenes oder dasselbe Kennwort erhält:

Und danach wird die Basisstation automatisch konfiguriert:

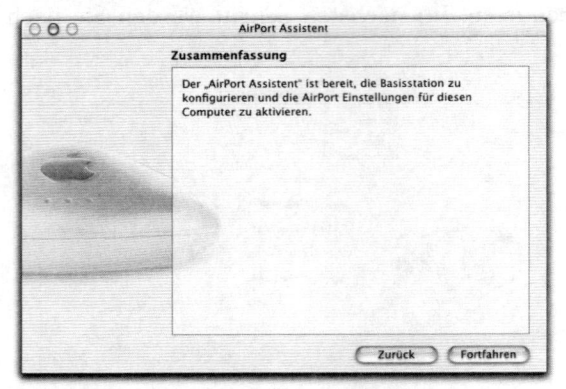

Sinngemäss genauso bzw. noch einfacher, wenn das überhaupt möglich ist, gehen Sie dann die wenigen Schritte zur Konfiguration des Computers durch, bis auch der erfolgreich eingerichtet ist:

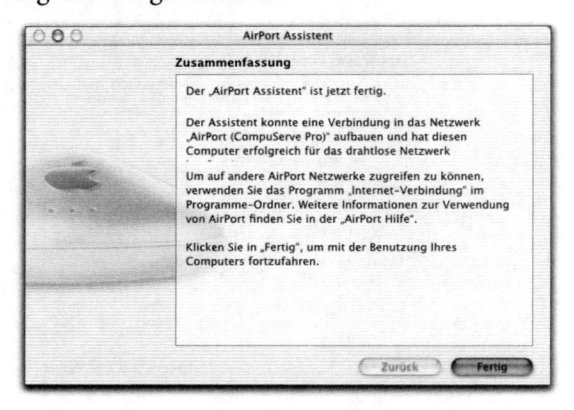

Die Basisstation müssen Sie nur einmal, von einem Rechner aus, konfigurieren. Die einzelnen Rechner aber müssen jeder einzelne konfiguriert werden.

Wer tiefer gehendes Verständnis entwickeln oder die Basisstation speziellen Anforderungen anpassen möchte, der sollte das *AirPort Admin. Dienstprogramm* aufstarten und sich durch die Reiter klicken:

Konfiguration der Basisstation
Die vollständige Konfiguration der Basisstation erfolgt mit dem *AirPort Admin. Dienstprogramm* (*AirPort Admin Utility*).

HEISSER TIPP Da sich das Programm *Internet Verbindung* auch per *AppleScript* steuern lässt, können Sie sich die (etwas zeitaufwendige) Konfiguration via *AirPort Admin. Dienstprogramm* unter Umständen sparen: Geht es lediglich darum, mal eben schnell über einen anderen Internet-Provider ins Internet zu gehen, so können Sie das auch mit einem Skript erledigen (siehe Abschnitt *Internet-Verbindung* weiter vorn).

Wenn Sie das Dienstprogramm aufgestartet und den Knopf *Konfigurieren* gedrückt haben, landen Sie zunächst – nach der Passwortabfrage – auf dem Reiter *AirPort*, auf dem Sie die ersten Einstellungen tätigen:

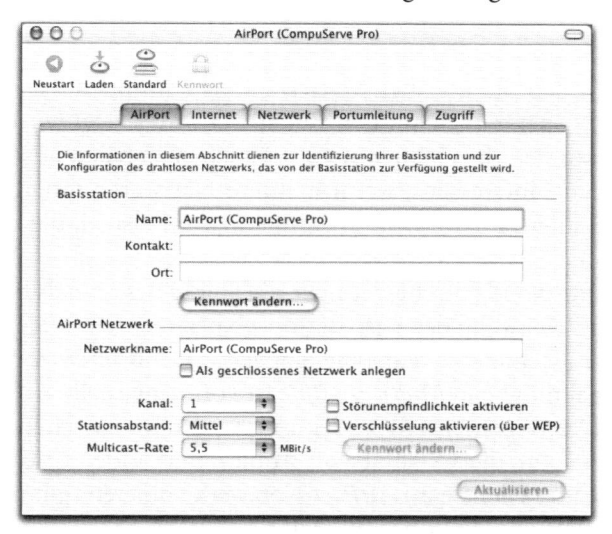

Bei *Allgemeine Daten* können Sie ein paar beschreibende Begriffe respektive Hinweise eingeben. Sie erscheinen nirgends sonst und sind auch für die Funktionalität der Basisstation in keinster Weise erforderlich.

Wichtig dagegen ist der Knopf *Kennwort ändern...*, denn hier sollten Sie gleich das voreingestellte Passwort (*public*) in ein eigenes ändern. Denn ansonsten kann jedermann die Konfiguration der Basisstation einsehen und ändern.

Suchen Sie sich hier ein besonders gutes Passwort aus (siehe gegen Ende des Kapitels *Aqua* unter der Überschrift *Das bessere Passwort*). Das gilt auch für das Verschlüsselungs-Kennwort, sofern Sie *Verschlüsselung aktivieren* abhaken.

MERKET AUF! Wenn auch Rechner auf das Netzwerk zugreifen sollen, deren Karten nur die 40-Bit-Verschlüsselung unterstützen (Orinoco...), dann dürfen Sie die 128-Bit-Verschlüsselung nicht wählen.

Paranoia? Vielleicht. Aber denken Sie daran: *AirPort* folgt einem Standard, den auch andere beherrschen. Andere Macs, aber auch PCs und UNIX- wie Linux-Rechner. Und jeder, der im Funkbereich sitzt (etwa der Wohnungsnachbar) kann sich dann in Ihrem Netzwerk tummeln oder Ihren Datenverkehr mithören.

Deshalb ist auch die Option *Als geschlossenes Netzwerk anlegen* hilfreich: Ins Netzwerk darf nur, wer den Namen des Netzwerkes kennt.

Im Bereich für das *AirPort Netzwerk* können Sie noch einige weitere Optionen einstellen:

- Der Begriff, den Sie hier bei *Netzwerkname:* eintippen, ist der Netzwerkname, wie er später auch auf den Client-Macs angezeigt wird.
- Bei *Kanal* können Sie einen von 13 möglichen Kanälen auswählen; das ist aber nur dann interessant, wenn mehrere Netzwerke innerhalb derselben Reichweite aufgebaut werden, in Schulen zum Beispiel, die einander nicht stören sollen.
- Der *Stationsabstand* entscheidet über die Stärke des Signals beziehungsweise über die Reichweite der Basisstation. Experimentieren Sie mit den Werten (und beobachten Sie dabei die Signalanzeige in *Internet-Verbindung*).
- Die maximal mögliche *Multicast-Rate* ist vom eingestellten *Stationsabstand* abhängig. Der Wert meint MBit/Sekunde und kann zwischen 1 und 11 variieren. Das ist für die Qualität von Audio- und Video-Streaming-Servern wichtig, die ihre Dienste im *AirPort*-Netzwerk anbieten (gilt nicht für Daten aus dem Internet!). Je höher die *Multicast-Rate*, desto besser die Qualität (aber desto geringer auch die Reichweite). Der Wert, den Sie hier vorgeben, legt fest, welche Geschwindigkeit die Clients im Netz realisieren können müssen, damit sie die Übertragung empfangen können. Alle mit schlechterem Empfang werden ausgeschlossen.

Auf dem Reiter *Internet* werden alle wesentlichen Verbindungsdaten für die Anwahl des Providers eingegeben. Was hier sinngemäss einzutragen ist, davon war bereits weiter oben die Rede.

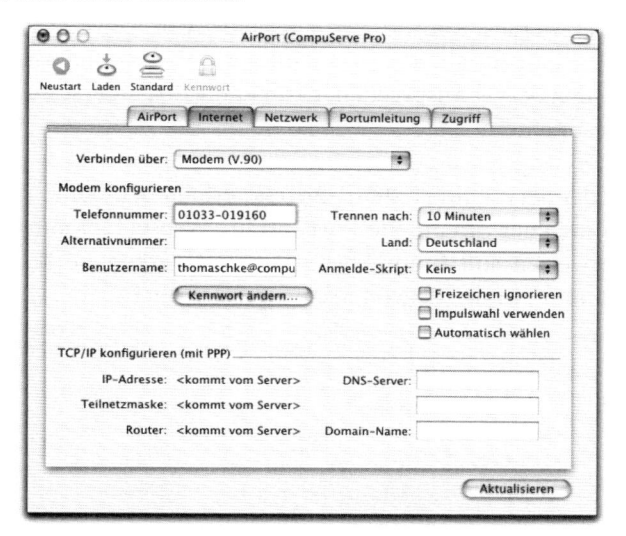

Was es mit dem Reiter *Netzwerk* auf sich hat, können Sie im Abschnitt *AirPort Basisstation als Bridge und Router* nachlesen.

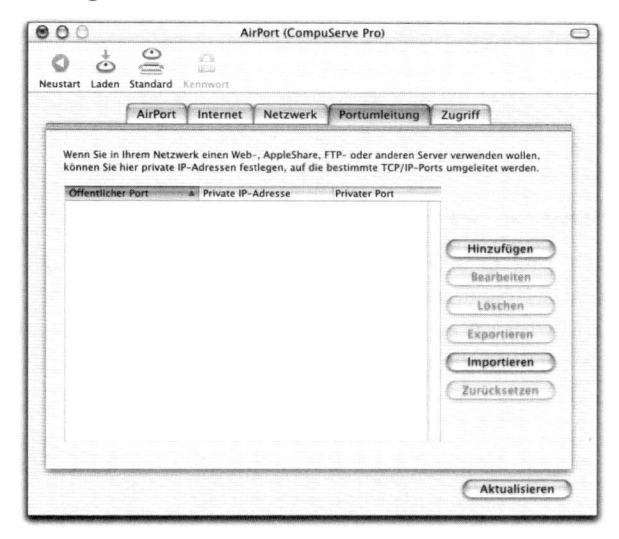

Der Reiter *Portumleitung* dient dazu, Anfragen aus dem Internet in jenem Fall richtig zuordnen zu können, wenn Sie einen Web-, FTP- oder Mailserver am Laufen haben, der auch erreichbar sein soll.

Normalerweise kümmert sich *AirPort* ja mit Hilfe von *NAT* (Network Adress Translation) um die Adressvergabe (siehe Abschnitt *Ein Internetzugang für mehrere Macs* weiter hinten) und vergibt nach aussen eine einzige IP-Adresse für alle Rechner des Netzwerkes. Kommt jetzt aber eine Anfrage von aussen, die keine Antwort auf eine ursprünglich per NAT initiierte Verbindung ist, sprich, es will ein «Fremder» den Server ansprechen, dann kann *AirPort* erst mal nicht wissen, welcher Rechner gemeint ist.

Deshalb muss der Server eine feste IP-Adresse erhalten, indem Sie in *Portumleitung* festlegen, welcher öffentliche Port (80 für Webserver) auf welche private IP-Adresse verweisen soll (nämlich auf die fest vergebene IP-Adresse). Der private Port ist dann in der Regel derselbe wie der öffentliche.

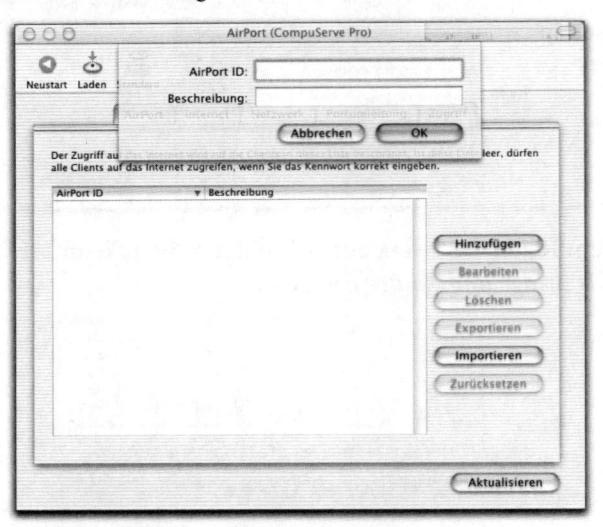

Unter dem Reiter *Zugriff* schliesslich können Sie das *AirPort*-Netzwerk für ganz bestimmte Rechner freigeben. Alle Rechner, deren *AirPort ID* Sie hier eintragen, können dann drahtlos netzwerken, alle anderen nicht. Die jeweilige *AirPort ID* müssen Sie sich bei jedem einzelnen Rechner unter *Systemeinstellungen | Netzwerk* holen:

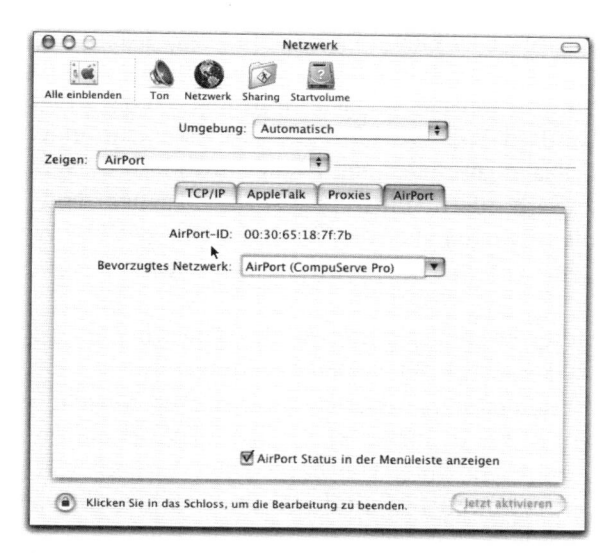

Bei Rechnern, die noch das klassische Mac OS verwenden, finden Sie die unter
AirPort ID im Programm *AirPort*:

Durch Druck auf den Knopf *Aktualisieren* übertragen Sie diese Daten dann in
die Basisstation. Merken Sie sich dabei das vergebene Passwort gut, denn ansonsten können Sie die Basisstation nur nach einem totalen Reset wieder benutzen (siehe Abschnitt *AirPort Troubleshooting*).

MERKET AUF! Ein *AirPort*-Netzwerk kann innerhalb der Reichweite der Basisstation (etwa 50 Meter) prinzipiell von jedem anderen Computer erreicht werden, dessen drahtlose Netzwerktechnologie dem Standard *IEEE 802.11* folgt. Es ist also nicht undenkbar, dass sich Ihr Nachbar auf seinem PC in Ihr drahtloses Netzwerk einloggen kann. Um das zu verhindern, sollten Sie natürlich Passwörter für das Einloggen vergeben, vor allen Dingen aber die Verschlüsselung *WEP* (Wired Equivalent Privacy) im *AirPort Admin. Dienstprogramm* aktivieren.

WEP wurde von Apple zunächst nur mit der schwächeren 40-Bit-Verschlüsselung statt der stärkeren 128-Bit-Verschlüsselung realisiert – erst mit der Basisstation Version 2 unterstützt auch *AirPort* die stärkere Verschlüsselung. Die 40-Bit-Verschlüsselung kann auf einer High-End-Workstation in etwa einer Woche geknackt werden. Unter Umständen geht es noch viel schneller, denn wenn das Passwort zu simpel ist, ist der Angreifer unter Umständen innerhalb von Sekunden in Ihrem Netzwerk.

Software-Basisstation

Seit *Jaguar* ist es auch möglich, einen Mac als Basisstation einzurichten – dann braucht man nicht unbedingt eine Basisstation, sondern andere Macs können über diese Software-Basisstation aufs Internet zugreifen. Wenn Sie einen Rechner so einrichten möchten, dann funktioniert alles genauso wie mit der *AirPort Basisstation*, wobei dieser Mac sein Modem und seine Ethernet-Schnittstelle zur Verfügung stellt. Wer also einen Mac mit *AirPort*-Karte, Ethernet-Anschluss und Modem (respektive DSL-Modem an Ethernet) hat, kann sich den Kauf der Basisstation sparen.

Vorteilig ist die Kostenersparnis (sofern ein geeigneter Mac zur Verfügung steht). Nachteilig kann sein, dass die *Software-Basisstation* immer eingeschaltet sein muss. Das gilt zwar auch für die in Hardware realisierte Basisstation, aber die verbraucht viel weniger Strom und macht auch viel weniger Geräusche als ein Schreibtischrechner.

Um einen Macintosh – das darf auch ein PowerBook sein – zur *Software-Basisstation* zu küren, genügen einige wenige Schritte:

1. Installieren Sie eine *AirPort*-Karte.
2. Starten Sie die Systemeinstellung *Sharing* und drücken Sie auf dem Reiter *Internet* den Knopf *Start*.

Fertig.

HEISSER TIPP Eine Software-Basisstation bietet fast dieselbe Funktionalität wie die Hardware-Basisstation! So können jetzt zum Beispiel alle Rechner via *AirPort* auf das Internet zugreifen. Als Bridge allerdings kann eine Software-Basisstation nicht benutzt werden (zur Bridge-Funktionalität siehe den Abschnitt *Basisstation als Router und Bridge* weiter hinten).

Konfiguration von AirPort

Die Konfiguration eines *AirPort*-Netzwerkes für den Internetzugang ist eine andere, als Sie das normalerweise gewohnt sind. In der *AirPort Basisstation* ist ein analoges Modem eingebaut, das Sie an Ihrem Telefonanschluss anschliessen können. Sie können aber auch ein DSL-Modem an der Ethernet-Schnittstelle der Basisstation anschliessen.

In beiden Fällen ist die Basisstation die Schaltstelle für den Internetzugang, denn in ihr sind alle Zugangsdaten wie Telefonnummer oder Benutzername gespeichert. Wenn sie von einem Rechner im Netzwerk den Befehl bekommt, auf das Internet zuzugreifen, dann holt sie sich diese Daten und baut die Verbindung ins Internet auf.

Selbstverständlich können dann mehrere Rechner gleichzeitig die Internetverbindung der Basisstation nutzen; das ist ja gerade einer ihrer grossen Vorzüge (siehe Abschnitt *Ein Internetzugang für mehrere Macs*).

Konfiguriert wird die Basisstation über das *AirPort Admin. Dienstprogramm*, in dem Sie alle relevanten Daten eintragen und dann an die Basisstation schicken. Davon war soeben die Rede.

Die Konfiguration der beteiligten Macs ist dann vergleichsweise simpel: Sie müssen den Rechnern lediglich mitteilen, dass Sie die *AirPort*-Verbindung benutzen sollen. Im Fall von Mac OS X sieht das so aus:

1. Starten Sie *Systemeinstellungen…* aus dem Apfelmenü und wählen Sie dort *Netzwerk* aus.
2. Rufen Sie das Pop-Up neben *Umgebung:* auf und legen Sie eine neue Umgebung an, die Sie nach Wunsch benennen.
3. Bei *Zeigen:* wählen Sie *Netzwerk-Konfigurationen*, deaktivieren nicht benötigte Anschlüsse (wie zum Beispiel das interne Modem) und wählen den Anschluss *AirPort*.

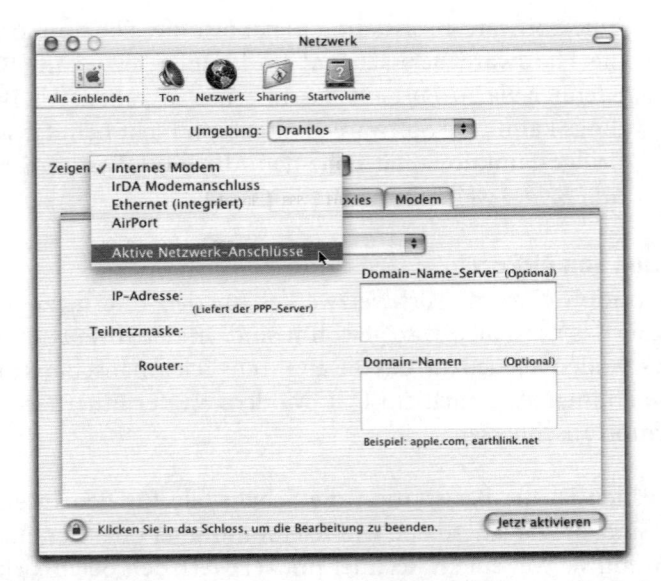

Gibt es Probleme beim Verbindungsaufbau mit einigen Servern oder mit der *iDisk* von Apple, dann müssen Sie wohl in der Systemeinstellung *Netzwerk* unter *AirPort* die IP-Adressse des ISP im Feld *Domain-Name-Server* eintragen.

VORSICHT FALLE

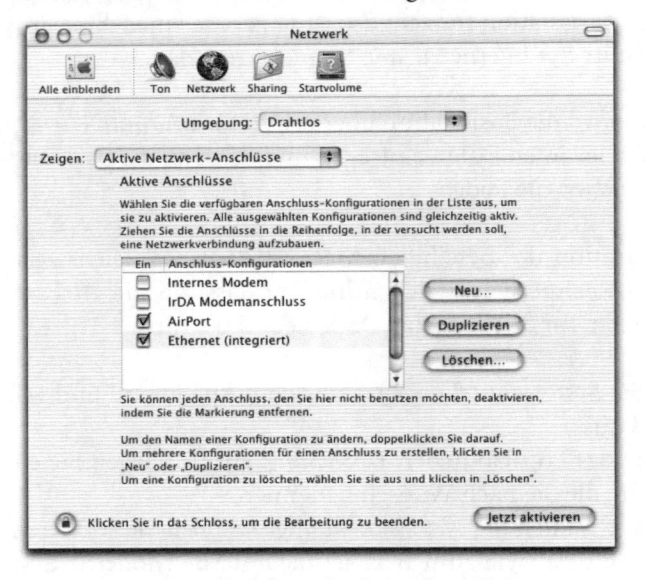

Die erhalten Sie von Ihrem ISP. Meist findet sich auf den Internet-Hilfsseiten des Anbieters ein entsprechender Hinweis.

INTERNET   KAPITEL 9

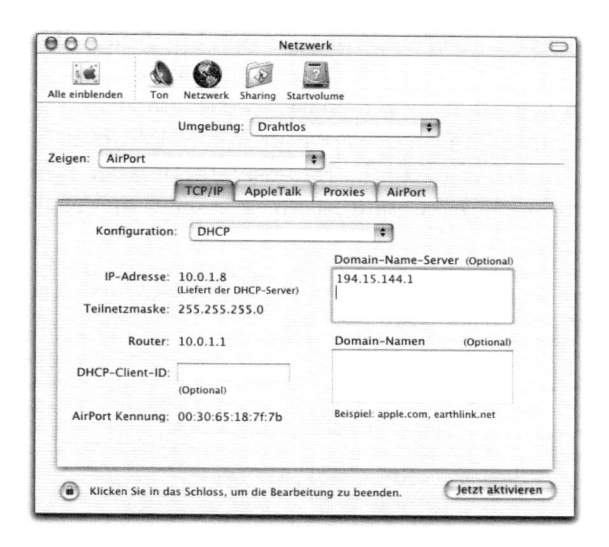

AirPort und DSL

Sie können Ihre DSL-Verbindung auch an einer *AirPort Basisstation* nutzen. Vorteil: Mehrere Macs können die Verbindung gleichzeitig ohne einen DSL-Router nutzen (weitere Informationen hierzu finden Sie auch im Abschnitt *Ein Internetzugang für mehrere Macs* etwas weiter hinten). Gehen Sie dazu wie folgt vor:

1. Das DSL-Modem wird an die Basisstation angeschossen, entweder am Ethernet-Port der Basisstation oder am Uplink-Port eines Ethernet-Hub.
2. Starten Sie das *AirPort Admin. Dienstprogramm* und tragen Sie die Benutzerdaten (Name, Passwort, Zugang) ein. Als Protokoll wählen Sie *PPPoE*.

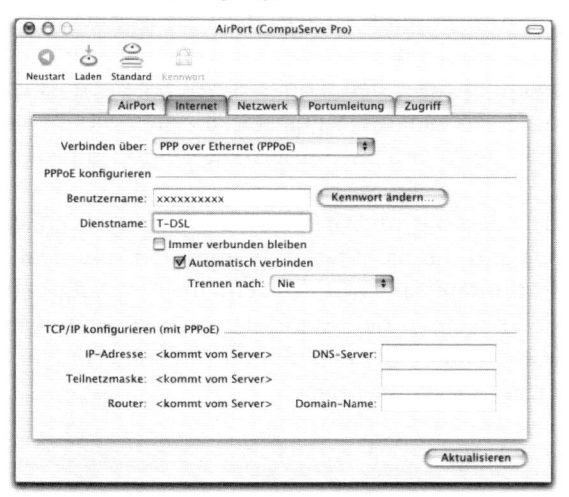

3. Unter dem Reiter *Zugriffssteuerung* müssen Sie eventuell die *AirPort*-Karten-ID eingeben, sonst kann die Basisstation den Zugriff verweigern (siehe Abschnitt *Konfiguration der Basisstation* weiter unten).
4. In der Systemeinstellung *Netzwerk* wählen Sie *AirPort* als Verbindung und tragen unter *TCP/IP* die Konfigurationsmethode *DHCP* ein. Domain-Name und IP sind nicht notwendig, da diese ja schon in der Basisstation konfiguriert wurde.

5. Mit dem Programm *Internet-Verbindung* aus dem *Dock* können Sie jetzt die Verbindung aufbauen.

Standort optimieren

Nach unseren Erfahrungen sollte *AirPort* mindestens mit etwa 50–60 % Signalstärke empfangen. Dann ist der Empfang sicher und schnell. Bei weniger kann die Geschwindigkeit zurückgehen, ja das Netzwerk sogar kurzfristig ganz zusammenbrechen. Die ungefähre Signalstärke sehen Sie in «Internet-Verbindung» (und auch in der Menüleiste, sofern die Option abgehakt ist).

Es ist offensichtlich, dass Sie umso bessere Empfangswerte erzielen, je näher der drahtlose Rechner und die Basisstation beisammen sind. Dafür brauchen Sie diese Anzeige nicht. Interessant wird es, wenn die Empfangsbedingungen nicht optimal sind, Sie aber auch den Standort nicht so ohne weiteres wechseln können. In dem Fall sollten Sie eine Standortoptimierung ausprobieren und dabei folgende Punkte berücksichtigen:

- Ihr Körper ist eine zusätzliche Funkbarriere. Setzen Sie sich so hin, dass er die (gedachte gerade) Linie zwischen Mac und Basisstation nicht unterbricht.
- Je nach Einbauposition der *AirPort*-Karte kann es sich auszahlen, den Mac ein wenig zu drehen oder zu verrücken. Denn auch der Rechner kann eine Funkbarriere darstellen.
- Ebenso macht es durchaus Sinn, die Basisstation einmal probehalber ein wenig zu drehen – der Unterschied kann deutlich sein!
- Wände und Decken (besonders metallarmierter Beton) sind Funkbarieren; je mehr davon «durchfunkt» werden müssen, desto schlechter der Empfang.

Entscheidend ist aber vor allem der Standort der Basisstation: Bei mir befand sich die Basisstation zunächst im ersten Stock im Arbeitszimmer hinten:

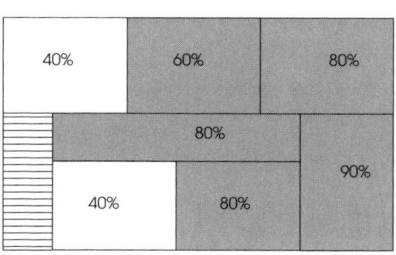

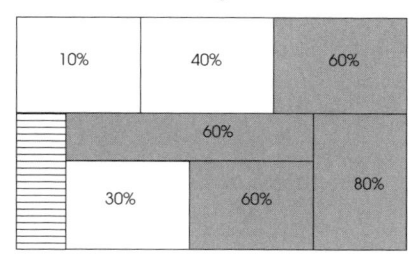

- Empfang im ersten Stock: 90% bis hin zu Aussetzern und Abbruch der Funkverbindung. Im Arbeitszimmer natürlich optimaler Empfang, in den anderen Zimmern nahm die Empfangsstärke und -zuverlässigkeit mit der Entfernung vom Arbeitszimmer ab. Guter zuverlässiger Empfang nur in den ans Arbeitszimmer angrenzenden Räumen.
- Empfang im Erdgeschoss: maximal 60% bis hin zu Aussetzern und Abbruch der Funkverbindung. Zuverlässiger Empfang nur in den drei Zimmern möglich, die mehr oder weniger direkt unter dem Arbeitszimmer liegen.
- Empfang im Keller: Nur im Raum direkt unter der Basisstation.

Dann versetzte ich die Basisstation probehalber um nur etwa drei Meter in den Flur und es tat sich Erstaunliches:

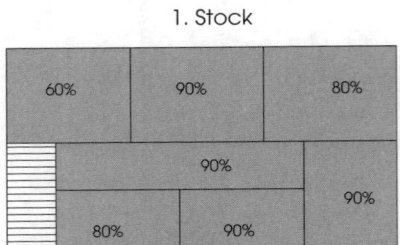

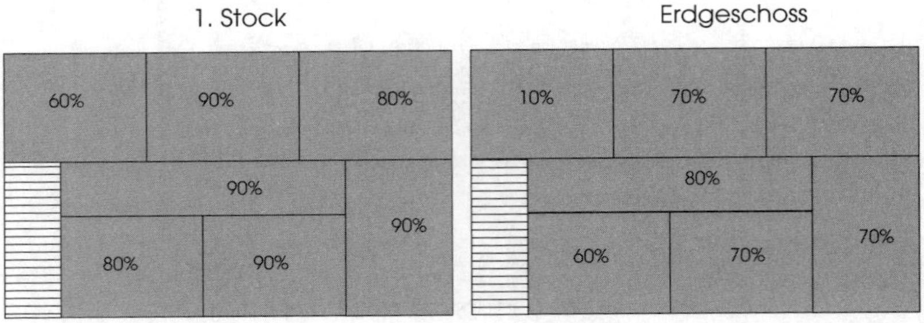

1. Stock

60%	90%	80%
	90%	
80%	90%	90%

Erdgeschoss

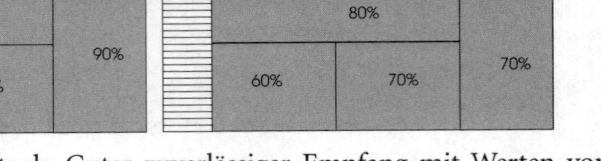

10%	70%	70%
	80%	70%
60%	70%	

- Empfang im ersten Stock: Guter zuverlässiger Empfang mit Werten von 60–90% (je nach Entfernung) in allen Räumen.
- Empfang im Erdgeschoss: Guter zuverlässiger Empfang mit Werten von 50–90% (je nach Entfernung) in allen Räumen.
- Empfang im Keller: Nur im Raum direkt unter der Basisstation.

Natürlich wäre ein Standort im Flur des Erdgeschosses noch besser gewesen; da aber oben im Arbeitszimmer zwei Macs standen, die ich per Ethernet an die Basisstation anschliessen wollte, um so von überall drahtlos auf den Server und den Drucker zugreifen zu können, blieb es bei diesem Standort.

POWER USER

Es ist auch möglich, die Reichweite der Basisstation mit Hilfe einer externen Antenne zu vergrössern. Eine Anleitung findet sich hier:

```
http://www.maceinsteiger.de/html/anleitung/airport
_range.shtml
```

AirPort Troubleshooting

1. Starten Sie das *AirPort Admin. Dienstprogramm* und überprüfen Sie alle Einstellungen.
2. Mit dem Knopf *Neustart* können Sie einen Neustart der Basisstation veranlassen.
3. Entfernen Sie kurzzeitig die Stromversorgung zur Basisstation, die daraufhin einen Reset durchführt.
4. Drücken Sie den *Reset*-Knopf unten an der Basisstation (mit einer aufgebogenen Büroklammer). Danach haben Sie fünf Minuten Zeit, die Konfiguration mit dem *AirPort Admin. Dienstprogramm* wieder in Schuss zu bringen.

5. Schliessen Sie, sofern auch das nicht klappt, einen Computer an der Ethernet-Schnittstelle der Basisstation an. (Das kann natürlich auch der Rechner sein, der die *AirPort*-Karte installiert hat.) Vergessen Sie nicht, die Netzwerkverbindung auf Ethernet umzustellen. Nun starten Sie das *AirPort Admin. Dienstprogramm* und versuchen, die Basisstation über die Internet-Verbindung neu zu konfigurieren.

Ein Internetzugang für mehrere Macs

Für den Datenverkehr nach ausserhalb sind so genannte «NAT-Router» interessant, die es mehreren Computern ermöglichen, gleichzeitig über eine einzige Internetverbindung Kontakt mit dem Internet aufzunehmen. Mit Hilfe der *NAT* (Network Adress Translation) setzt der NAT-Router mehrere private IP-Adressen in die eine öffentliche IP-Adresse um.

Greift ein Computer mit privater IP-Adresse auf das Internet zu, dann merkt sich der NAT-Router den Computer, von dem die Anforderung stammt, und sendet das Paket mit der öffentlichen IP-Adresse weiter. Trifft die Antwort aus dem Internet ein, dann weiss er, welcher Computer das Paket angefordert hatte und stellt es ihm zu.

Um das noch einmal in verständlichen Worten zu formulieren: Das Ganze ist eine unerhört praktische Sache, denn damit können mehrere Computer gleichzeitig von einem einzigen Internet-Anschluss profitieren.

Natürlich gibt es für diesen Zweck Hardware-Router, die aber kosten nicht eben wenig Geld und sind in der Regel auf eine Netzwerk-Schnittstelle – wie beispielsweise Ethernet – festgelegt. Ein Macintosh kann da sehr flexibel sein:

- Eine *AirPort Basisstation* kostet zwar auch Geld, kann aber als NAT-Router sowohl für kabelgebundene Netzwerke (Ethernet) wie auch für drahtlose Netzwerke genutzt werden.
- Unter Mac OS X sind die NAT-Protokolle standardmässig installiert und es bedarf nur noch einer geeigneten Konfiguration, um den Macintosh als NAT-Router zu konfigurieren. Je nach vorhandener Hardware kann er dabei sowohl in Ethernet- wie auch in *AirPort*-Netzwerken und sogar parallel für beide als NAT-Router dienen.
- Nachteil, wenn ein Mac als NAT-Router eingesetzt wird: Der Rechner muss immer angeschaltet sein, damit andere die Router-Funktion nutzen können.

In der Systemeinstellung *Sharing* können Sie auf dem Reiter *Internet* die Option *Internet Sharing* einschalten und damit Ihren Mac zur Zugangszentrale für eine ganze Rechnerarmada ins Internet machen. Die anderen Macs definieren dann in der Systemeinstellung *Netzwerk* den Anschluss (Ethernet...), über den sie zugreifen möchten, und das war auch wirklich schon alles – Ihr Macintosh und sein Mac OS X sind jetzt um die NAT-Routerfunktionalität erweitert und alle weiteren Macs im Netz können gemeinsam fröhlich im Internet surfen.

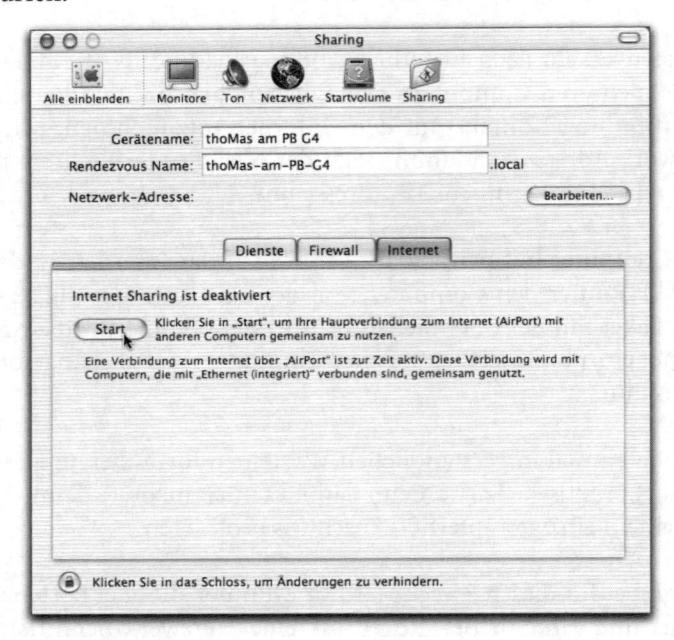

Diese Lösung kann:

- Alle Ethernet-verkabelten Rechner mit dem Internet verbinden.
- Alle Rechner mit *AirPort*-Karte drahtlos mit dem Internet verbinden (Voraussetzung: Auch der NAT-Router-Rechner hat eine *AirPort*-Karte).

AirPort Basisstation als Bridge und Router

Die *AirPort Basisstation* kann NAT-Router und Bridge (*AirPort* <-> Ethernet) gleichzeitig sein. Die Konfiguration erfolgt im *AirPort Admin. Dienstprogramm* unter dem Reiter *Netzwerk*:

INTERNET

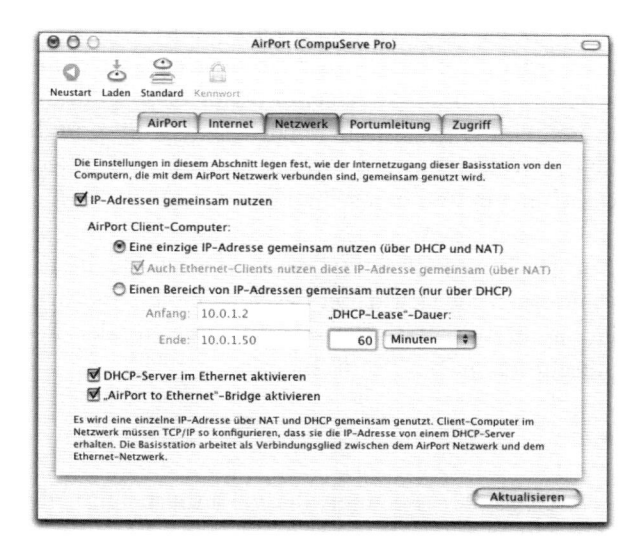

[Screenshot: AirPort (CompuServe Pro) Netzwerk-Einstellungen]

Wenn Sie hier die Option *IP-Adressen gemeinsam nutzen* abhaken, erschliesst sich Ihnen das gesamte Feld mit Einstellmöglichkeiten.

Der Internetzugang erfolgt entweder über das Modem der Basisstation oder über ein DSL-Modem, das an der *AirPort Basisstation* angeschlossen wird (das DSL-Modem wird am Uplink-Port eines Ethernet-Hubs mit der Basisstation verbunden).

Der Punkt *Eine einzige TCP/IP-Adresse gemeinsam nutzen (über DHCP und NAT)* bedeutet nichts anderes, als dass alle Rechner, die die *AirPort Basisstation* erreichen (sei das drahtlos oder über ein Ethernet-Kabel), die von der Basisstation aufgebaute Internetverbindung nutzen können. Und zwar gemeinsam und gleichzeitig. Für die Macs am Ethernet-Kabel muss der Punkt *Auch Ethernet-Clients...* abgehakt werden.

Besonders einfach machen Sie es sich (und warum eigentlich nicht?), wenn Sie die Option *DHCP-Server im Ethernet aktivieren* abhaken. Die Basisstation übernimmt dann die Funktionalität eines DHCP-Servers, was in der Praxis bedeutet, dass Sie den einzelnen Rechnern keine separaten IP-Adressen mehr zuweisen müssen und diese vielmehr automatisch von der Basisstation vergeben werden. Jeder Mac bekommt seine eigene Nummer und Sie ersparen sich viel Tipparbeit, eventuelle Tippfehler und aufgrund dessen nicht funktionierende Netzwerkverbindungen.

Und wenn Sie den Punkt *AirPort to Ethernet-Bridge aktivieren* abhaken, dann schaffen Sie damit eine Verbindung zwischen dem drahtlosen und dem kabelgebundenen Netzwerk via Basisstation. So kann dann zum Beispiel ein PowerBook drahtlos von irgendwoher auf einem im Ethernet angeschlossenen Netzwerkdrucker drucken. Oder ein kabelgebundener und ein drahtloser Rechner können Daten miteinander austauschen. Die *Bridge*-Funktion der Basisstation verbindet die beiden Netzwerke und sorgt dafür, dass es den Rechnern scheint, als befänden sie sich in ein und demselben Netzwerk.

Durch Druck auf den Knopf *Aktualisieren* übertragen Sie diese Daten dann in die Basisstation. Merken Sie sich dabei das vergebene Passwort gut, denn ansonsten können Sie die Basisstation nur nach einem totalen Reset wieder benutzen (siehe Abschnitt *AirPort Troubleshooting*).

Diese Lösung kann:

- Alle Ethernet-verkabelten Rechner, die via Ethernet mit der Basisstation verbunden werden, mit dem Internet verbinden.
- Alle Rechner mit *AirPort*-Karte drahtlos mit dem Internet verbinden.
- Alle Dienste der beiden Netzwerktopologien dem jeweils anderen Netz verfügbar machen. Es kann dann zum Beispiel via *AirPort* auf einem Drucker im Ethernet-Netzwerk gedruckt werden.

Das Internet hat viel zu bieten

Ein guter Einstieg für Internet-Neulinge sind die im Folgenden genannten Dienste und Seiten, denn im Internet lassen sich eine Fülle an Informationen und Material finden. Werden Probleme bekannt, so gibt es meist auch schnell eine Lösung dafür. Ratschläge, Patches (Fehlerbereiniger), aktualisierte Treiberversionen und neue Software – all das findet sich im Internet so schnell und reichlich wie nirgends sonst.

Doch auch ohne aktuelle Probleme ist das Internet eine fantastische riesige Bibliothek, in der Sie viel entdecken werden.

WWW – World Wide Web

Webseiten besuchen Sie mit einem Browser – einem Blätterer mithin, und Sie erkennen das an der Adresse, die immer mit *http://www* beginnt, was in etwa bedeutet: «Benutze das Hypertext Transport Protocol (http) und suche die gleich folgende Adresse im World Wide Web (www)». MacInTouch etwa ist unter `http://www.macintouch.com` zu erreichen, und wer des Englischen einigermassen mächtig ist, findet hier zu den jeweils aktuellen Geräten und Software-Versionen eine Menge an Tipps und Tricks zu Inkompatibilitäten und sonstigen Problemen.

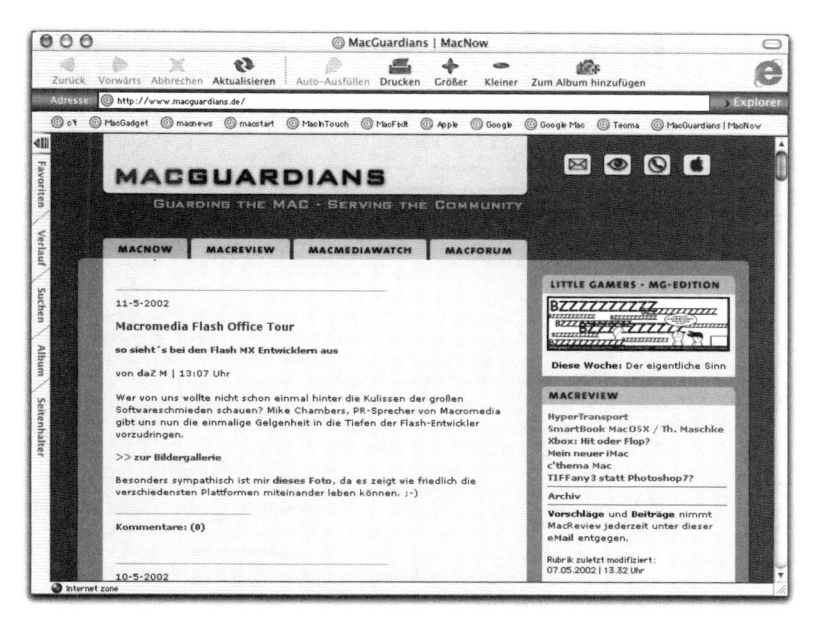

Aber selbstverständlich gibt es auch gute und informative deutsche Seiten, von denen gleich noch einige interessante aufgelistet werden.

Von dort aus können Sie sich dann durch die deutschen und internationalen Webseiten klicken, denn oft finden sich auf den Webseiten so genannte Links – Verweise auf interessante andere Seiten oder andere Server. Auf diese Weise können Sie wirklich in Sekundenschnelle einmal mit einem australischen und dann gleich wieder mit einem neuseeländischen Rechner verbunden sein!

FTP – File Transfer Protocol

Es gibt sie noch, aber sie verlieren zunehmend an Bedeutung, die Hilfsprogramme (Clients) für das *FTP* (File Transfer Protocol). Das liegt nicht so sehr daran, dass es keine FTP-Server mehr gäbe, sondern vielmehr daran, dass die WWW-Browser diese Aufgabe meist stillschweigend übernehmen.

Denn auch die Browser beherrschen dieses Protokoll, und wenn unten in der Statuszeile kurz solche Dinge wie *Login:* und *anonymous* auftauchen (und *ftp:// irgendwas* in der Adresszeile steht), dann wissen Sie, dass Ihr Browser soeben automatisch eine Verbindung zu einem FTP-Server aufgebaut und sich auch gleich erfolgreich eingeloggt hat.

Die Notwendigkeit des Einloggens ist typisch für FTP-Server, die auch heute noch genutzt werden, um Dateien ohne das grosse Brimborium einer aufwendigen Oberfläche schnell auszutauschen. Nicht wenige Software-Updates von

Apple – die Sie ganz schick per Browser auf Apples Webseite anwählen – kommen dann doch von einem FTP-Server – achten Sie mal auf die Statuszeile.

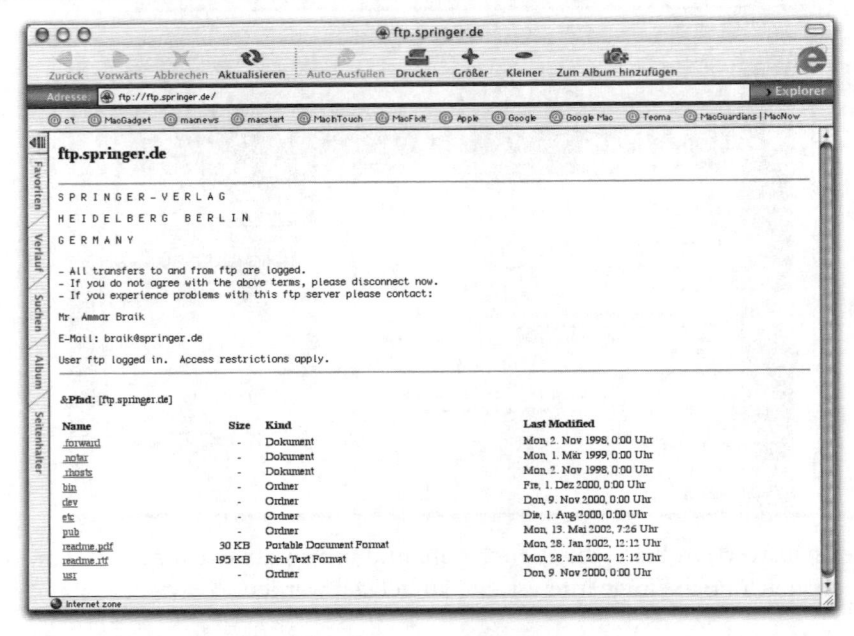

Ebenso wie es geschlossene Netzwerke gibt, in die nur autorisierte Nutzer gelangen können (sollen), gibt es FTP-Server, die nur einem eingeschränkten Personenkreis nach Eingabe von Benutzername und Passwort offen stehen.

Oft aber dienen FTP-Server auch dazu, Dateien – zum Beispiel eben Software – bereitzuhalten, auf die jeder Zugriff hat. In dem Fall ist der Benutzername *guest* und das Passwort lautet *anonymous*. Und da das alle wissen, kommen auch alle rein. Allerdings nicht gleichzeitig, denn FTP-Server begrenzen sehr oft die mögliche Anzahl gleichzeitiger Zugriffe auf 50, 100 oder 200 – je nach Leistungsfähigkeit des Rechenzentrums.

In der Regel können Sie auch die Aufgabe des FTP-Transfers Ihrem Browser übertragen. Wenn Sie diese Funktionalität allerdings öfter benötigen und besonders effiziente Up- oder Downloads starten möchten, dann sollten Sie sich einen der dezidierten FTP-Clients wie zum Beispiel *Fetch* oder *Anarchie* ansehen.

Newsgroups

«Neuheitengruppen» verwalten Nachrichten zu bestimmten Themengebieten – beispielsweise zum Macintosh, zur Fotografie oder zum Gärtnern. Jeder kann ohne irgendeine Anmeldung die entsprechenden Nachrichten einsehen und lesen, das Ganze ist so etwas wie ein öffentliches Nachrichtenbrett.

Dazu müssen Sie sich einen Newsserver aussuchen (meist stellt der Provider einen), das erste Mal ein wenig warten, bis die Liste aller Newsgroups eingelesen ist (das sind oftmals mehrere Zehntausend!).

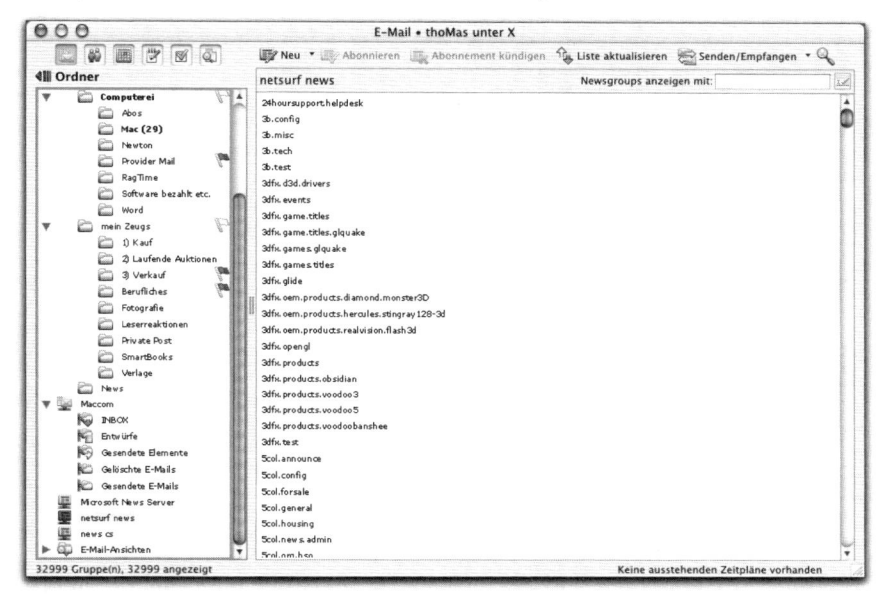

In der Liste können Sie die für Sie interessante Newsgroup aufrufen…

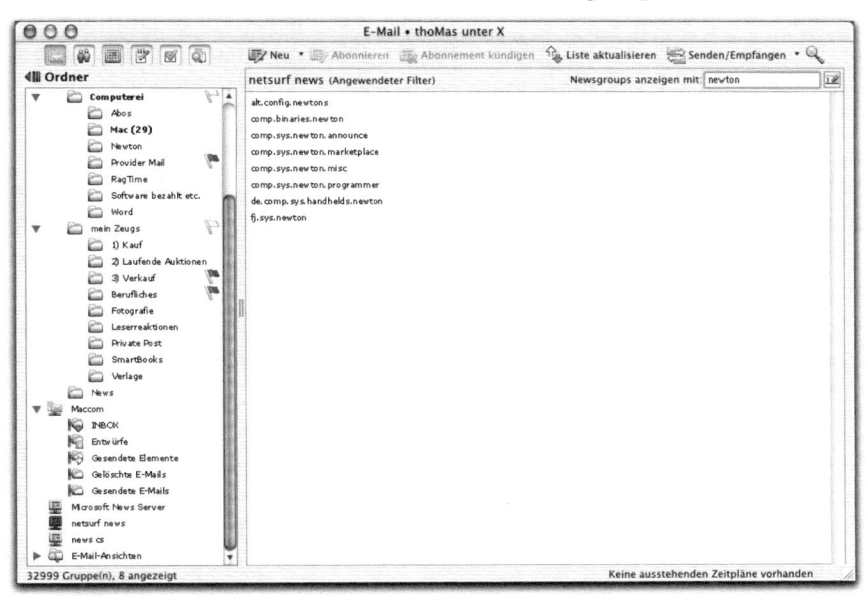

…und die Nachrichten der letzten Tage lesen:

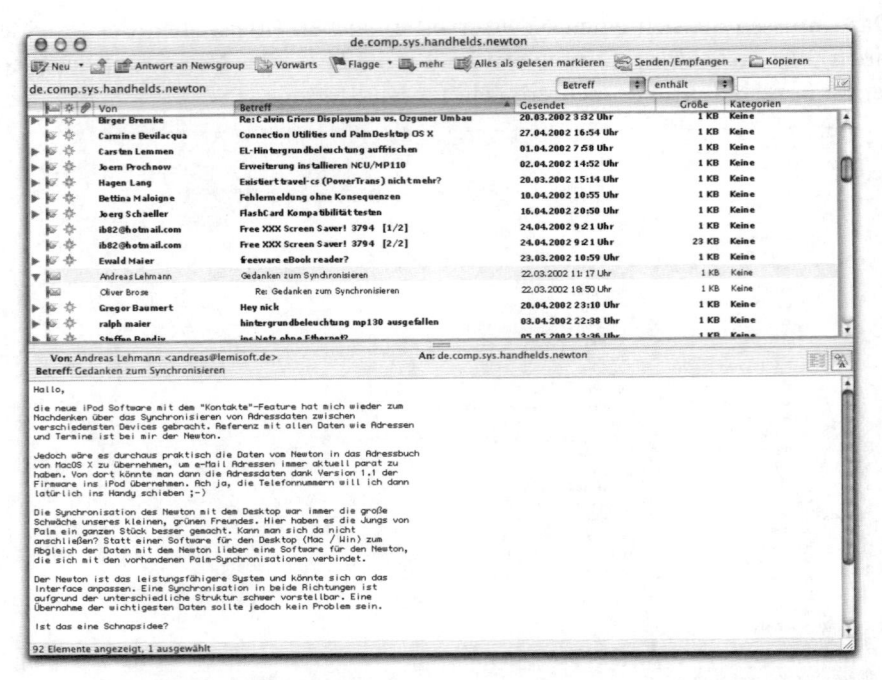

Sie können nun auf eine Nachricht antworten oder auch eine eigene Nachricht zu einem neuen Thema ins Netz stellen. Dabei sollten Sie selbstverständlich im Themengebiet bleiben: Es macht keinen guten Eindruck, wenn Sie in der Fotogruppe nach dem besten Computer fragen. Die Frage nach Erfahrungen mit Digitalkameras dagegen ist durchaus gestattet.

Tipp: Lesen Sie erst einmal eine Zeit lang mit, um sich mit dem dort herrschenden Umgangston und den Themen vertraut zu machen. Viele Newsgroups bieten zudem eine FAQ, eine Fragen-und-Antworten-Liste zu den meist gestellten Fragen. Besonders als Neuling (in dem Fachgebiet) sollten Sie sich diese erst einmal besorgen (in der Newsgroup danach fragen oder warten, bis eine Nachricht mit dem entsprechenden Hinweis auftaucht). Denn viele grundlegende Fragen werden immer und immer wieder gestellt – und die alten Hasen in der Gruppe reagieren dann manchmal etwas ungehalten.

Eine Newsgroup sollten Sie immer wieder besuchen, um über die aktuellen Nachrichten auf dem Laufenden zu bleiben. Bei regen Newsgroups kann das täglich notwendig sein, wenn Sie nichts verpassen möchten.

HEISSER TIPP Auch (aber nicht nur) die älteren Nachrichten sehr vieler Newsgroups finden Sie unter `www.google.de`, wenn Sie den Reiter *Groups* anklicken:

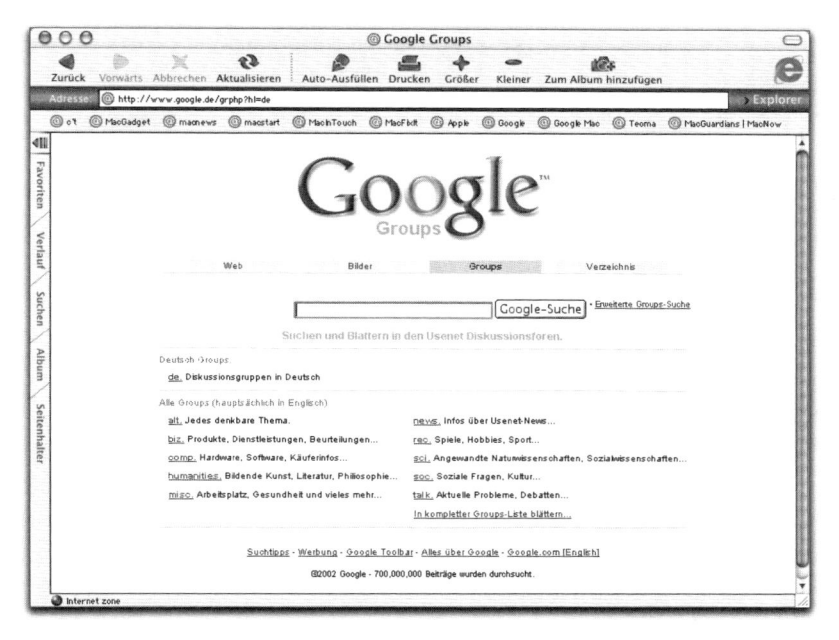

Mailinglisten
Es existieren auch Mailinglisten zu verschiedenen Themengebieten (schauen Sie dazu mal unter `http://www.macnews.de` nach!). Auch sie beschäftigen sich mit bestimmten Themengebieten. Im Unterschied zu einer Newsgroup muss man sich da anmelden, erhält aber im Gegenzug alle Nachrichten per E-Mail an die eigene Adresse geschickt. Man kann sie wie ganz normale E-Mails lesen und auch beantworten. Und auch hier lassen sich selbstverständlich eigene Fragen und Anregungen an die Mailingliste schicken.

Unmoderierte Mailinglisten dienen lediglich als Verteiler: Alles, was an die Liste gesandt wird, wird sofort und unzensiert an alle Teilnehmer weitergeleitet. Es funktioniert trotzdem hervorragend, denn die Nettiquette (Verhaltensregeln für das Verfassen und Beantworten von Mails) wird meist strikt befolgt. Und wenn nicht, bekommt der Fragliche sofort eine aufs Dach.

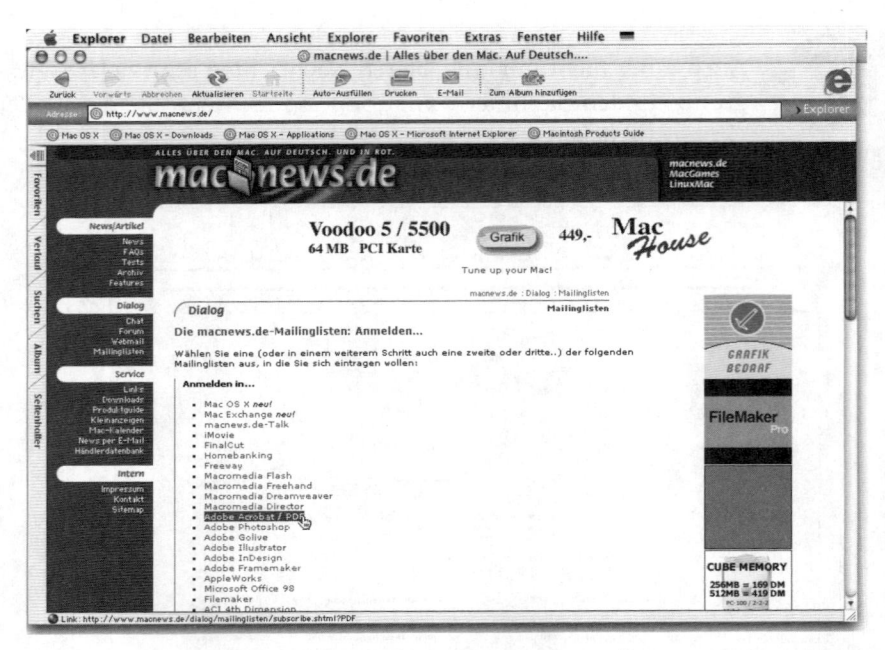

Bei moderierten Mailinglisten werden oft mehrere Mails zusammengefasst und den Teilnehmern zugeschickt. Auf jeden Fall aber überwacht ein Moderator, dass nur dem Themengebiet zugehörige Nachrichten an die Abonnenten gelangen.

Internet Relay Chat

Hier unterhalten Sie sich auf so genannten IRC-Channels mit Gleichgesinnten in Echtzeit und rund um die Uhr. Im Gegensatz zu Newsgroups und Mailinglisten ist das, was Sie zu sagen haben, unmittelbar von allen anderen lesbar und die können auch sofort darauf antworten. Diese Online-Unterhaltungen werden auch «chatten» genannt.

Chat-Rooms existieren zu den unterschiedlichsten Themen mit privaten, technischen oder regionalen Schwerpunkten. Der Nutzer tritt unter einem Pseudonym auf und muss nichts von sich preisgeben, was er nicht will. Noch nicht einmal das Geschlecht: Hinter der «süssen Maus» verbirgt sich nicht notwendigerweise eine attraktive Frau.

Solche Anonymität macht frei. Die Gespräche sind zwanglos und jeder kann sich so geben, wie er gern wäre, er kann eine neue Identität entwickeln und frei von der Leber weg chatten.

Effektive Suche im Internet

Suchmaschinen und Kataloge sind gewissermassen das Inhaltsverzeichnis des Internet. *AltaVista*, *Yahoo*, *Lycos*, *Excite* usw. durchforsten das Netz und stellen Informationen geordnet zur Verfügung.

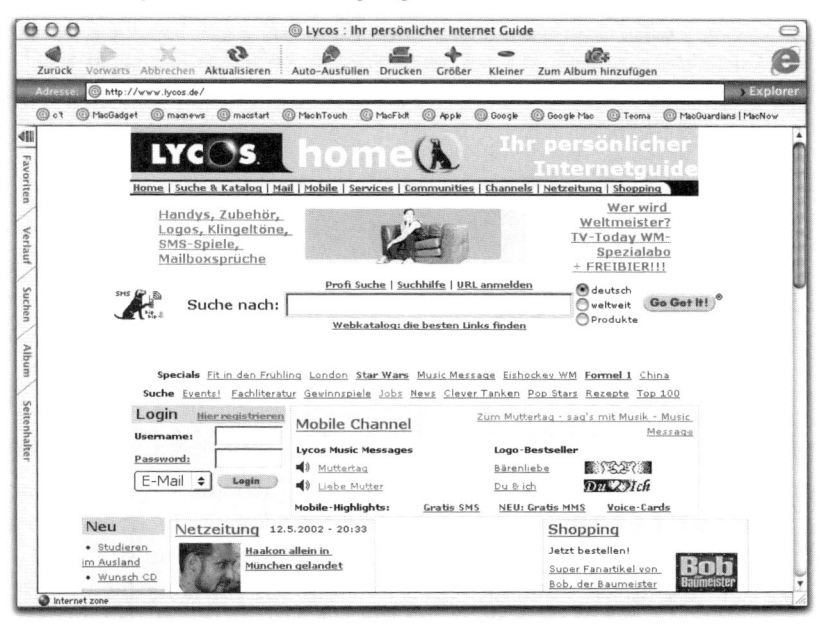

Meta-Suchmaschinen bieten den Vorteil, dass sie die zum Teil unterschiedlichen Suchanfragen und Parameter vereinheitlichen. Sie müssen Ihre Suchbegriffe nur in der Syntax der Meta-Suchmaschine eingeben, allfällige Anpassungen der Suchanfrage an die einzelnen Suchmaschinen erledigt die dann automatisch.

Wenn Sie allerdings nur eine dieser Suchmaschinen aufrufen, wird Ihnen im besten Fall knapp ein Drittel des tatsächlichen Internet-Angebotes präsentiert. Um eine möglichst komplette Auswahl zu bekommen, sollten Sie mehrere dieser Suchdienste bemühen. Und auch dann – selbst in Kombination – kratzen Sie immer nur an der Oberfläche: Drei Suchmaschinen bemüht, das bedeutet nicht etwa 3 x 33% = 99%, da sich die Suchbereiche überschneiden. Sie kommen zusammen vielleicht auf 37% – das «invisible web» lässt grüssen.

BEDENKEN SIE! Wenn Sie etwas nicht finden, dann bedeutet das nicht, dass es nicht vorhanden ist. Es bedeutet nur, dass Sie nicht an der richtigen Stelle gesucht haben. Forscher, die das Internet und seine Strukturen untersuchen, schätzten den Umfang des Internet im Jahr 2001 auf rund neun Milliarden Webseiten mit 700 Terabyte Inhalt.

Hier ein paar gute Adressen für die allgemeine Suche:

MetaCrawler	http://www.metacrawler.com/
Highway61	http://www.highway61.com/
Google	http://www.google.de
Google Image (Bildersuche):	http://images.google.com/
Teoma	http://www.teoma.com/
MetaGer	http://meta.rrzn.uni-hannover.de/

Letztgenannte hat sich auf deutschsprachige Inhalte spezialisiert. Alle genannten sind wirklich brauchbar (im Gegensatz zu mancher Augenwischerei-Suchmaschine, die gut klingt, aber wenig kann). So suchen diese Maschinen parallel, fügen die Ergebnisse zusammen und stellen sie in einem einheitlichen Format dar, wobei doppelte Fundstellen erkannt werden. Und natürlich muss sich der Anwender nicht mit den Syntax-Gepflogenheiten der anderen Suchmaschinen beschäftigen – all das erledigt die Meta-Suchmaschine.

Oft reichen die genannten Suchmaschinen aus, um die gewünschten Informationen zu finden. Falls nicht, sollten Sie spezialisierte Verzeichnisse bemühen:

Tagesaktuelle Nachrichten suchen Sie hier:

Paperazzi	`http://www.paperazzi.de`
Paperball	`http://www.paperball.de`
Newsclub	`http://www.newsclub.de`
Daypop	`http://www.daypop.com`
Newshub	`http://www.newshub.com`

Mac-spezifische Themen sind unter anderem unter folgenden Adressen zu finden:

MacNews	`http://www.macnews.de`
MacGuardians	`http://www.macguardians.de`
Google, speziell für Mac-Themen	`http://www.google.com/mac`
ct	`http://www.heise.de/ct/`

Letztgenannte behandelt nicht nur den Mac, sondern bringt kritische und kompetente Neuheitenmeldungen rund um die gesamte Computerbranche.

Meta-Suchmaschine «Sherlock»

Mit dem Mac und seinem Betriebssystem sind Sie bereits im Besitz einer Meta-Suchmaschine, denn das Programm *Sherlock* ist genau um die Funktion bereichert, mehrere Kataloge und Suchmaschinen parallel abzufragen.

Die Fenstergrösse wird rechts unten am Anfasspunkt geändert, das Grössenverhältnis von Such- und Ergebnisfeld lässt sich am Anfasspunkt am mittleren Balken einstellen.

Apple hat bereits Rubriken für einige Bereiche – Internet, Bilder, AppleCare... – vordefiniert. Sie können nicht gelöscht werden. Nach Anwahl einer Rubrik und Eingabe des Suchbegriffes sucht *Sherlock*.

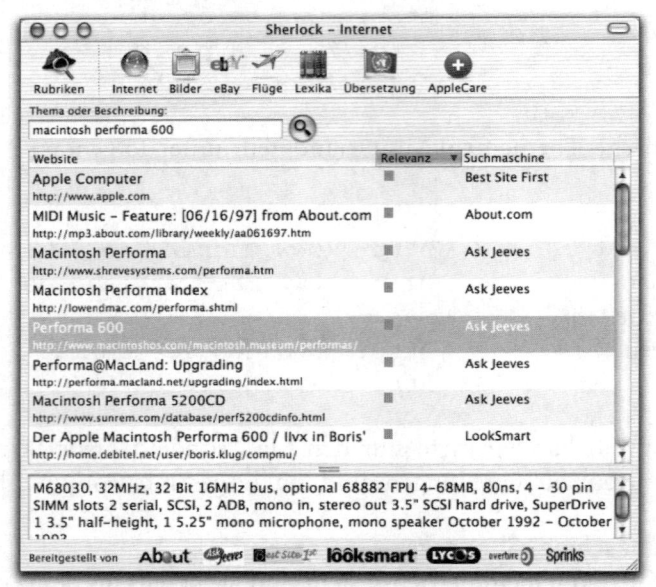

Die Suchanfrage selbst können Sie stichpunktartig formulieren. Sie können davon ausgehen, dass die Begriffe dabei nach einer der drei folgenden Möglichkeiten ausgewertet werden (im Zweifel: ausprobieren):

- Feststehender Begriff. Die Eingabe „*Macintosh Perfoma 600*" bedeutet, es soll nach allen Seiten gesucht werden, auf denen ausdrücklich vom «Macintosh Performa 600» die Rede ist. Hier werden mit sehr hoher Wahrscheinlichkeit nur Seiten zu diesem Modell gefunden.
- «UND»-Verknüpfung. Die Eingabe *Macintosh Perfoma 600* bedeutet, es soll nach allen Seiten gesucht werden, auf denen die Begriffe «Macintosh», «Performa» und «600» vorkommen. Hier können auch Seiten auftauchen, die beispielsweise melden, dass Macintosh den Pentium 600 hinsichtlich der Perfomance schlägt.
- «ODER»-Verknüpfung. Die Eingabe *Macintosh Perfoma 600* bedeutet, es soll nach allen Seiten gesucht werden, auf denen entweder die Begriffe «Macintosh» oder «Performa» oder «600» vorkommen. Hiermit ist Kraut und Rüben Tür und Tor geöffnet, denn da fände sich fast das gesamten In-

ternet wieder. Von den 600 Aktfotos bis zum Macintosh-Neider. Solche Suchanfragen machen nur Sinn, wenn nach sehr speziellen Begriffen gleichzeitig gesucht werden soll.

Unmittelbar nach Start der Suche sehen Sie im unteren Fenster dann auch schon die ersten Fundstellen:

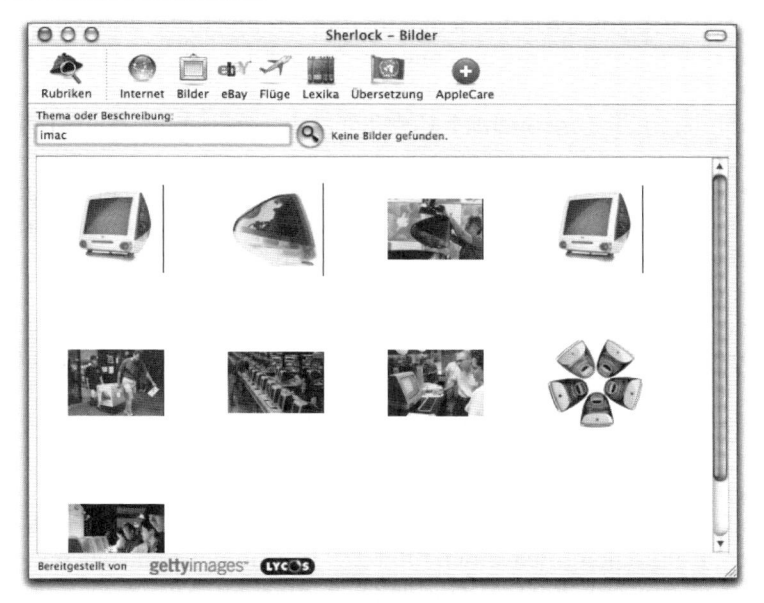

Da sich die Rubriken und Suchseiten nicht ändern lassen und vieles sich (noch) auf Amerika bezieht (*ebay* etwa), ist *Sherlock* in der Summe zwar ganz nett, aber nicht unersetzlich. Siehe den vorherigen Abschnitt.

Damit der Zugriff auf *AppleCare* funktioniert, dürfen die Cookies nicht deaktiviert sein! (Menübefehl *Sherlock | Einstellungen*).

MERKET AUF!

Übrigens: Mit Meta-Suchmaschinen mögen sich Suchmaschinenbetreiber wie Yahoo, Digital und Excite nicht so recht anfreunden, ist es doch ihr Konzept, einen Benutzer auf ihre Site zu locken und dort möglichst lange zu halten. Denn sie finanzieren sich durch die überall auftauchenden Werbebanner – die aber sieht derjenige nicht, der über eine Meta-Suchmaschine zurückgreift. Zudem versuchen viele Suchmaschinen zu einer Art Tor ins Internet zu reifen: Von dort aus soll sich der User auf die (für den Betreiber geld-, weil werbeträchtigen) Wege begeben, die der Katalog ihm weist.

Aufgrund von Protesten von dieser Seite hatte sich Apple einst entschlossen, Werbebanner in seiner Suchmaschine *Sherlock* zuzulassen. Seit *Sherlock 2* ist Apple davon wieder abgerückt – gezeigt wird nur Apple-eigene Werbung – und die ist nicht ausschaltbar, so weit wir wissen.

Tipps zur Suche

- Lesen Sie sich zunächst die Bedienungsanleitung zur Suchmaschine durch: umso effektiver wird Ihre anschliessende Suche ausfallen.
- Lassen Sie eine Meta-Suchmaschine suchen.
- Kombinieren Sie Ihre Suche, indem Sie mehrere Suchmaschinen miteinbeziehen.
- Arbeiten Sie mit kombinierten Ausdrücken und ausgefeilten Suchfiltern – und geben Sie das auch explizit an: «+Macintosh +Carbon» ist Erfolg versprechender und treffsicherer als «Macintosh Carbon».
- Im Suchfilter können Sie oft angeben, ob Begriffe enthalten sein müssen (Macintosh UND Allegro), ob sie enthalten sein können (Macintosh UND Allegro ODER Rhapsody) oder ob sie nicht enthalten sein sollen (Macintosh NICHT Windows).
- Recherchieren Sie in Mailinglisten sowie Newsdiensten (bei beiden gibt es meist auch ein Archiv), in Newsgroups und im Usenet, wenn Sie spezielle Fragen haben oder besondere Informationen suchen.
- Bei speziellen Interessensgebieten suchen Sie nach Foren, wo sich Gleichgesinnte austauschen (die werden öfter mal in Mailinglisten, Newsgroups und Newsdiensten erwähnt). «Weissblaue» Motorradfahrer etwa finden unter `http://www.boxer-forum.de/` einen Erfahrungs- und Wissensschatz versammelt, den selbst die beste Metasuchmaschine so nicht zu liefern vermag.
- Pflegen Sie Ihr Internet-Adressverzeichnis (die *Favoriten* im Browser) und notieren Sie interessante Internetadressen «auf Verdacht».

E-Mail

Es hängt massgeblich von den verwendeten Protokollen ab, wie Sie Ihren E-Mail-Client am besten konfigurieren, ja es ist sogar so, dass Sie erst mit dem Wissen und dem Verständnis über die verschiedenen Protokolle in der Lage sein werden, Ihren E-Mail-Client wie zum Beispiel *Mail* nicht nur blind zu konfigurieren, sondern auch zu verstehen, was Sie da tun. Das ist einerseits beruhigend und kann andererseits in den Fällen enorm helfen, in denen nicht alles glatt geht.

E-Mail-Protokolle

Im Internet existieren prinzipiell drei Möglichkeiten, E-Mails zu verwalten: *POP* (Post Office Protocol), *IMAP* (Internet Message Access Protocol) und das

Web-Frontend. Der mac.com-Account, den Sie mit *iTools* einrichten, benutzt übrigens seit einiger Zeit das *IMAP*-Protokoll.

Das älteste Protokoll *POP* wird von vielen Internet Service Providern benutzt. Dazu loggt sich der Benutzer mit seinem E-Mail-Client unter Angabe von Benutzername und Passwort in den POP-Account ein und der Client lädt alle Mails vom POP-Server herunter. Die Verwaltung der Mails – Lesen, Sortieren und so weiter – findet dann offline auf dem heimischen Rechner statt.

Der Vorteil dieses Protokolls liegt darin, dass die Verbindung zum POP-Server nur für die Dauer des Mail-Empfangs bestehen muss. Das Lesen und Beantworten der E-Mails kann ohne Verbindung ins Internet erfolgen und die Verbindung muss erst wieder für den nächsten Sende- und Empfangsvorgang aufgebaut werden.

Die Mails werden auf dem POP-Server eine Zeit lang vorrätig gehalten (typischerweise 30 Tage), dann werden sie gelöscht. Die meisten E-Mail-Clients erlauben aber auch eine Einstellung darüber, was mit den Mails geschehen soll, die von der lokalen Festplatte gelöscht wurden. Sprich, der Client kann so konfiguriert werden, dass er beim nächsten Verbindungsaufbau automatisch all die Mails auf dem POP-Server löscht, die der Benutzer auch lokal gelöscht hat.

Theoretisch und auch praktisch ist das POP-Protokoll etwas sicherer als andere, da die kompletten Daten nicht auf einem (prinzipiell jedem zugänglichen) Server im Internet zu finden sind. Die Verwaltung und Datensicherung allerdings obliegt allein dem Benutzer und dem speziellen E-Mail-Programm. Wer schon einmal versucht hat, E-Mails aus dem einen Programm zu exportieren, um es in ein anderes zu importieren, der weiss um die möglichen Fallstricke.

Beim Protokoll *IMAP* verbleibt im Gegensatz dazu die gesamte Mail auf dem Server und kann und muss dort verwaltet werden. Das bedeutet, dass für das Lesen und Schreiben von E-Mails eine ständige Verbindung bestehen muss. IMAP wird deshalb vorwiegend in Unternehmensnetzwerken eingesetzt, in denen die einzelnen Client-Rechner sowieso permanent mit dem Mail-Server verbunden sind.

Die Verwaltungsarbeit, das Verwalten, Sortieren und Filtern der E-Mails übernimmt der Server und für den Benutzer ist es vorteilhaft, dass er von überall und mehrfach auf seine E-Mails zugreifen kann. Dazu ist kein spezielles Programm notwendig, es genügt jeder *IMAP*-fähige E-Mail-Client.

Im Gegensatz zu *POP* spielt es dabei keine Rolle, von wo aus die E-Mails bearbeitet werden: Die jeweilige E-Mail bekommt immer den richtigen Status (gelesen, beantwortet, weitergeleitet...) und der wird auf dem Server verwaltet. Auch wenn der Benutzer dann von woanders oder von einem anderen E-Mail-Client auf seine Mails zugreift, findet er jeweils den aktuellen und richtigen Status vor.

Bei *POP* sieht das anders aus, denn hier werden diese Informationen vom E-Mail-Client verwaltet. Wird zu einem anderen Client gewechselt, so kennt der natürlich den Status der Mails nicht.

Eine Web-Frontend schliesslich ist der Zugang zu den E-Mail-Diensten, auf die man von jedem Internet-Terminal aus per Browser zugreifen kann. Diese Dienste werden von etlichen Anbietern wie www.freemail.de, www.hotmail.de oder mail.yahoo.de kostenlos (bis auf die Telefonkosten) zur Verfügung gestellt und durch mehr oder weniger aufdringliche Werbung finanziert.

Was diese Dienste neben der reinen E-Mail-Funktionalität so interessant macht, sind vor allem die Zusatzangebote wie zum Beispiel der Versand von SMS-Nachrichten an Handys, das Senden und Empfangen von Fax- und Pager-Nachrichten und zum Teil sogar eine Voice-Mailbox, sprich ein Anrufbeantworter.

RAFFINIERT

Nicht jeder dieser so genannten «Freemailer» hat das gleiche Angebot. Was der eine bietet, schliesst der andere aus und umgekehrt. Hier gibt es den meisten Speicherplatz, dort das grösste SMS-Kontingent. Informieren Sie sich über die Angebote und melden Sie sich dann ruhig bei mehreren Freemailern an. Aus dem Angebot des Einzelnen nutzen Sie dann jeweils die Sahnestückchen.

E-Mail-Datenformate

Das gesamte E-Mail-System ist schon ziemlich alt (tatsächlich war es vor vielen Jahren eine der ersten «Killerapplikationen» im Internet) und war und ist nur für reine ASCII-Zeichen konzipiert. Prinzipiell können deshalb weder Formatierungen noch Sonderzeichen in E-Mails übertragen werden. Dazu hätte es einer Änderung des zugrunde liegenden Protokolls bedurft. Man hat sich aber statt dessen eines anderen Tricks bedient, um die Funktionalität von E-Mails zu erhöhen: Für die verschiedenen Datenformate wurden Konvertierer entwickelt, die den Text für das Senden in ASCII umwandeln, das das empfangende Mailprogramm dann wieder in das eigentliche Datenformat zurückverwandeln kann. Das übernimmt *MIME* (Multipurpose Internet Mail Extensions), das unter anderem die Umwandler *Base 64*, *uuencode*, *BinHex* und *Wincode* zur Verfügung stellt.

Historisch gesehen sind das Konvertierer, die eigens für den Datenaustausch zwischen speziellen Plattformen entwickelt wurden. Gute E-Mail-Programme können heute (fast) alles und es spielt kaum eine Rolle, wie sie die Daten kodieren. Vorausgesetzt, Sie sitzen vor einem Macintosh, denn der kann eigentlich schon immer so gut wie alles öffnen.

Eigens für den Macintosh wurde *BinHex* entwickelt. Damit lassen sich sowohl Daten- wie Ressourcenzweig einer Datei übertragen, denn diese Informationen benötigt ein Macintosh zwingend, um beispielsweise eine Programmdatei ausführen zu können. Windows- und UNIX-Derivate allerdings wissen nur selten um *BinHex* und es ist deshalb wichtig, dass Sie eine Konvertierungsart wählen, die von diesen Plattformen auch verstanden wird. Die in diesem Zusammenhang universellsten Formate sind *Base 64* oder *uuencode*.

Apple Double schliesslich ist ein Konvertierungsformat, das einerseits alle für den Macintosh notwendigen Informationen erhält, es andererseits aber auch fremden Computern ermöglicht, solche E-Mail-Anhänge zu öffnen.

«Mail»

Das Programm *Mail* präsentiert sich nach dem Aufstarten in etwa so:

Es ist in seiner Konzeption eher auf eine ständige Internetverbindung ausgerichtet (auch wenn es offline durchaus funktioniert).

Die Daten von *Mail* werden im weit verbreiteten UNIX-Format *mbox* abgelegt (das auch von jedem anderen mbox-kompatiblen E-Mail-Programm gelesen werden kann) und finden sich im Verzeichnis */Benutzer/Benutzername/Library/Mail*.

Zugang einrichten

Zuallererst müssen Sie *Mail* mitteilen, wo es die Mails holen und hinschicken soll. Das erledigen Sie mit dem Menübefehl *Mail | Einstellungen… | Accounts | Hinzufügen* (Account = Zugang):

Die Informationen tragen Sie wie weiter unten gezeigt sinngemäss ein; die entsprechenden Daten stellt Ihnen Ihr Internet Service Provider zur Verfügung.

Benutzen Sie einen *.Mac*-Account und haben den bereits eingerichtet (siehe Abschnitt *.Mac* weiter hinten), dann müssen Sie die E-Mail-Adresse nicht eingeben: Sie wird aus der Systemeinstellung *Internet | .Mac* geholt.

Bei *Spezielle Postfächer* geben Sie vor, was mit diversen Mails geschehen soll:

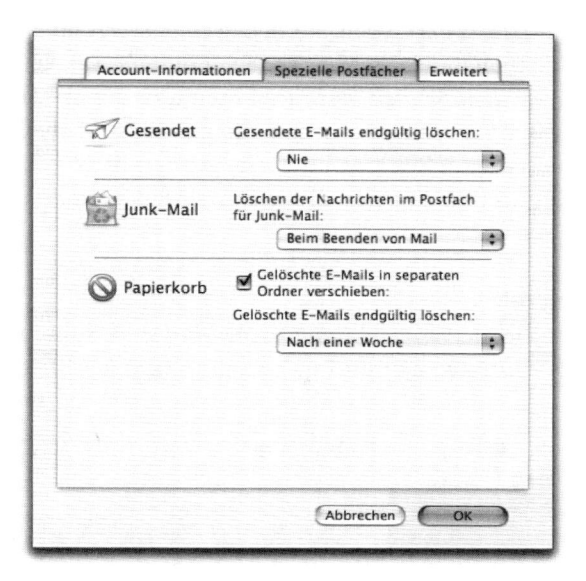

Unter dem Reiter *Erweitert* können Sie dann noch ein paar Voreinstellungen tätigen:

POWER USER

Besonders interessant sind die Optionen *Diesen Account aktivieren* und *Beim Empfang von E-Mails ebenfalls berücksichtigen*: Das bedeutet, Sie können alle eingerichteten Accounts ganz gezielt abfragen; auch gleichzeitig. Und mit *Alle E-Mails und Anhänge auch lokal puffern* stellen Sie auch bei einem *IMAP*-Account sicher, dass Sie gut offline arbeiten können.

HEISSER TIPP — Unter *Erweitert* legen Sie bei *POP*-Servern auch fest, wie grosse Mails behandelt werden sollen: *Empfang von E-Mails grösser als ... vor dem Senden bestätigen* meint, dass nur solche Mails automatisch empfangen werden, die kleiner sind als die hier vorgegebene Grösse. Bei grossen Mails werden dann nur die ersten paar Zeilen empfangen und Sie können die gesamte Mail später gezielt empfangen oder löschen.

«Mail» konfigurieren

Und da Sie schon bei den Einstellungen von *Mail* sind, sollten Sie auch gleich die anderen Reiter durchgehen und das Programm nach Ihren Vorgaben einrichten.

Schrift & Farbe – diese Einstellungen sind selbsterklärend und beziehen sich auf das Aussehen von *Mail* und die Darstellung der E-Mails. Hier können und sollten Sie ausprobieren, welche Gestaltung Ihnen zusagt.

Darstellung – Hier legen Sie fest, was mit gelöschten E-Mails geschehen soll und welche Informationen zu den E-Mails angezeigt werden.

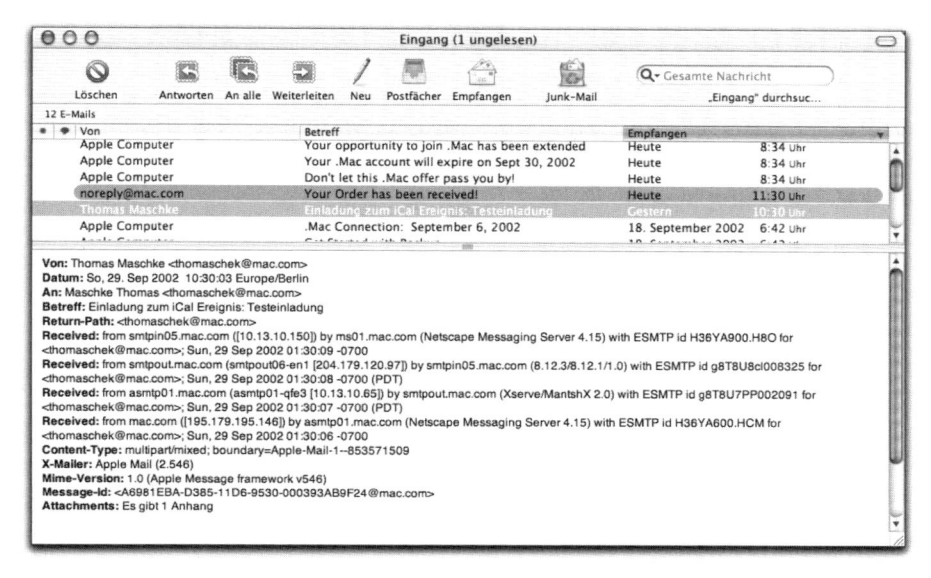

Recht aufschlussreich ist die Option *Header Details einblenden*, zeigt sich dann doch der Weg, den eine E-Mail genommen hat. Zusätzlich sind die Informationen über das Format der E-Mail angegeben.

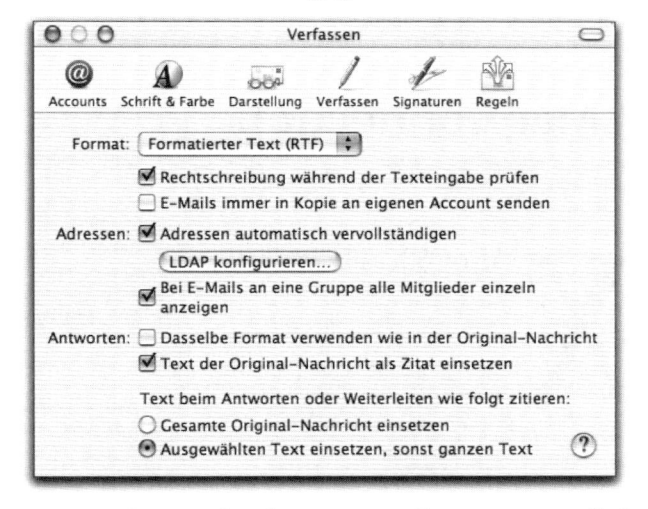

Verfassen – Was mit den geschriebenen E-Mails passieren soll, legen Sie hier fest. Wenn Sie *Adressen automatisch vervollständigen* abhaken und bei *LDAP konfigurieren* einen Nameserver im Netz vorgeben (zum Beispiel *ldap.yahoo.com* oder *ldap.bigfoot.com*), werden die E-Mail-Adressen beim Versenden auf Gültigkeit von einem so genannten *LDAP*-Server (Lightweight Directory Access Protocol) überprüft.

Im Bereich *Antworten* können Sie entscheiden, ob das Format des Senders (HTML, reiner Text) benutzt wird, und ob beim Antworten auf eine E-Mail deren Text zitiert wird: Wahlweise wird der E-Mail-Text, auf den Sie antworten, als Zitat eingesetzt: Ist nichts markiert, wird die gesamte E-Mail als Zitat eingesetzt, sind dagegen Textteile markiert, dann werden nur diese eingesetzt. Siehe auch den Abschnitt *E-Mail beantworten* weiter hinten.

Unter *Verfassen* können Sie auch vorgeben, ob Sie Standardmails verfassen möchten oder das HTML-Format (*Formatierter Text*) bevorzugen, das wesentlich mehr Formatoptionen bietet.

Wir empfehlen Letzteres (ausser für Newsgroups und Mailinglisten, da wird das nicht so gern gesehen), denn Ihre Mails sind dann übersichtlicher und schöner. So stehen Ihnen verschiedene Schriften, Stile und Farben zur Auszeichnung zur Verfügung. Ausserdem können Sie damit auch Grafiken in Ihre Briefe einbinden.

Versteht der Empfänger HTML-Mails nicht, ist das kein grosses Problem, weil *Mail* in dem Fall eine Standardmail mit einfachem Text daraus macht. Die HTML-Datei kann der Empfänger dann trotzdem mit seinem Browser öffnen und lesen (sofern sie unbeschadet durch die verschiedenen Server und Gateways gelangt).

MERKET AUF!

Der Punkt *E-Mails immer in Kopie an eigenen Account senden* ist wichtig und sollte abgehakt werden; nur dann erhalten auch Sie eine Kopie der gesendeten Mail und wissen damit auch, was Sie wann geschrieben haben.

Signaturen – Eine Signatur enthält in aller Regel die Absenderdaten und ist gewissermassen der Briefkopf (allerdings findet sich die Signatur am Ende der E-Mail), kann aber auch andere Dinge wie einen neckischen Spruch oder ein Zitat enthalten.

Wenn Sie *Signaturen im Fenster Neue E-Mail einblenden* abhaken, erscheint ein neues Pop-Up-Menü im Mailfenster und Sie können jederzeit eine bestimmte Signatur für diese Mail auswählen.

Sie können bei *Signatur auswählen:* die Signaturen aber auch der Reihe nach abrufen oder in eine Zufallsliste aufnehmen. Somit wird *Mail* für jede zu sendende Nachricht eine andere Signatur aus der Liste wählen.

Regeln – Mit Regeln für den Posteingang können Sie eingehende Nachrichten filtern. So lassen sich alle Nachrichten, die von einem bestimmten Empfänger kommen, gleich automatisch in das entsprechende Postfach legen.

Es ist gleichermassen möglich, alle Nachrichten mit einem bestimmten Betreff einzusortieren oder auch bestimmte Aktionen wie etwa das Abspielen eines Tonsignals oder das automatische Weiterleiten zu veranlassen. Der Möglichkeiten sind wirklich viele.

«Mail» bedienen
In der Symbolleiste finden sich die wichtigsten Knöpfe für das Verwalten der E-Mails:

Löschen – Die aktuelle Nachricht wird in den Ordner *Gelöschte E-Mails* verschoben. Was damit passiert, bestimmt das Menü *Mail | Einstellungen… | Darstellung*.

Antworten – Zur aktivierten Nachricht wird eine Antwort angelegt, wobei markierte Textteile (oder der gesamte Nachrichtentext, sofern nichts markiert ist) in die Antwort eingesetzt werden (zu dieser Option siehe Abschnitt *E-Mail beantworten* weiter hinten). Auch der Empfänger wird automatisch eingefügt – es ist der Absender der zu beantwortenden Nachricht.

An alle – Legt eine Antwort an alle Absender an. Auch die *CC*-Leute bekommen so eine Antwort.

Weiterleiten – Sendet die aktuelle Nachricht an einen Empfänger Ihrer Wahl.

Neu – Hier können Sie eine neue E-Mail verfassen.

Postfach – Die Postfächer schieben sich heraus.

Empfangen – Empfängt alle Nachrichten. Ordner mit ungelesenen Nachrichten werden fett dargestellt; in Klammern dahinter steht die Anzahl ungelesener Nachrichten.

Junk-Mail – *Mail* hat einen Junk-Mail-Filter, mit dessen Hilfe sich unerwünschte Werbemails erkennen und ausfiltern lassen. Was mit denen geschehen soll, legen Sie unter *Mail | Einstellungen… | Accounts | Bearbeiten* auf dem Reiter *Spezielle Postfächer* fest. Und mit diesem Knopf entscheiden Sie, ob die aktuelle Nachricht eine Junk-Mail ist oder nicht. Witzigerweise hält *Mail* zunächst einmal auch Apples eigene Post für Junk:

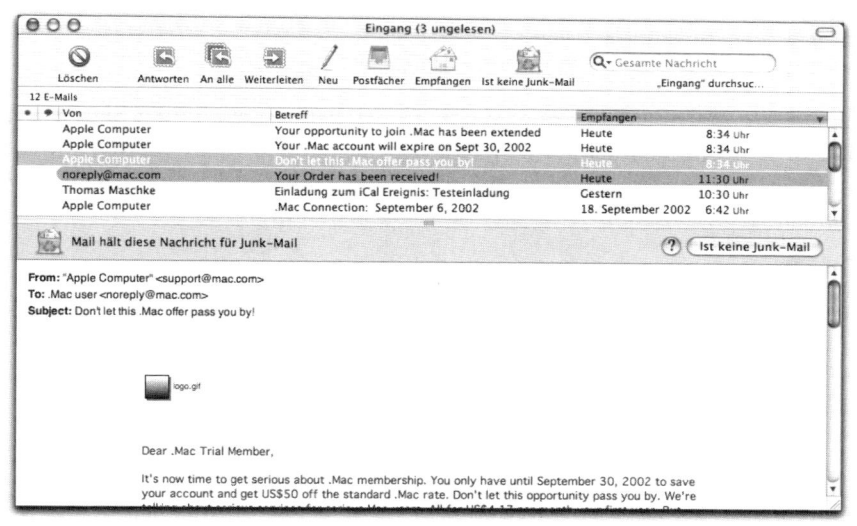

Suchen – Die aktuelle Nachricht oder einzelne Ordner lassen sich nach Stichworten durchsuchen.

Um Nachrichten zu verschieben, fassen Sie die Nachricht an und ziehen Sie sie in den gewünschten Ordner.

Wenn Sie die Tastenkombination *Control-Maustaste* drücken, taucht ein Kontextmenü mit weiteren Befehlen auf:

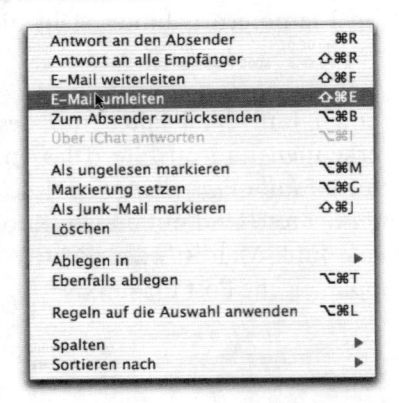

Antwort an den Absender	⌘R
Antwort an alle Empfänger	⇧⌘R
E-Mail weiterleiten	⇧⌘F
E-Mail umleiten	⇧⌘E
Zum Absender zurücksenden	⌥⌘B
Über iChat antworten	⌥⌘I
Als ungelesen markieren	⌥⌘M
Markierung setzen	⌥⌘G
Als Junk-Mail markieren	⇧⌘J
Löschen	
Ablegen in	▶
Ebenfalls ablegen	⌥⌘T
Regeln auf die Auswahl anwenden	⌥⌘L
Spalten	▶
Sortieren nach	▶

Mit dem kleinen weissen Knopf rechts im Mail-Fenster können Sie die Symbolleiste ein- und ausblenden. Was Sie vielleicht noch nicht wussten: Klicken Sie mit gedrückter *Befehlstaste* auf dieses helle Rechteck, dann wechselt die Symbolanzeige zwischen Text- und Symboldarstellung.

RAFFINIERT

Control-Klicken Sie einmal auf die Symbolleiste und wählen Sie den Befehl *Symbolleiste anpassen...* Sie können sich dann die verschiedensten Knöpfe in die Symbolleiste hochziehen.

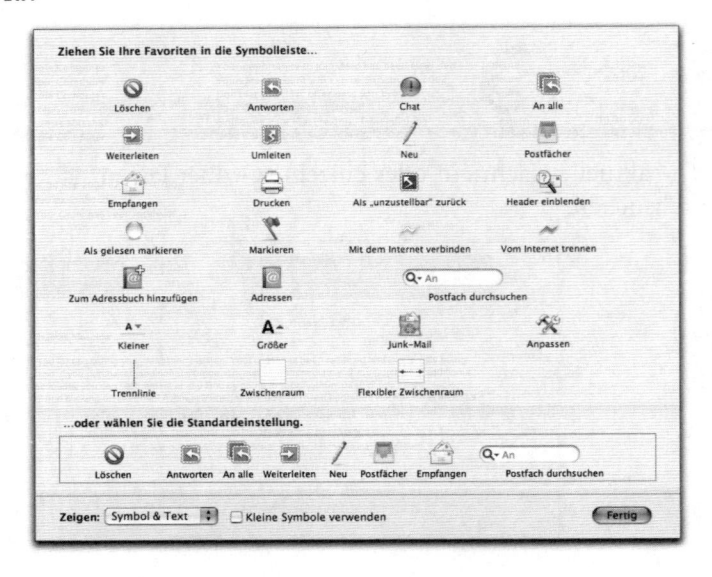

Nett ist auch Folgendes: Fassen Sie einmal eine beliebige Mail an und ziehen Sie sie nach rechts oder links. Je nachdem wandern auch die Postfächer nach rechts oder links in die so genannten «Drawer» – Schubladen – in den Fenstern von Mac OS X. Das funktioniert aber nur, wenn das Fenster von *Mail* nicht zu gross aufgezogen ist.

Im Menü *Darstellung* wird festgelegt, welche Informationen zu den E-Mails angezeigt werden sollen. Dazu ein paar Tipps:

- Die Spaltenbreite lässt sich jederzeit ändern, indem der Cursor auf die Spaltentrennung gestellt und die neue Breite aufgezogen wird.
- Die Spalten können durch Anfassen und Ziehen mit der Maus beliebig anders angeordnet werden.
- Ein Klick in den Spaltentitel sortiert nach dieser Spalte.
- Ein erneuter Klick in dieselbe Spalte kehrt die Sortierung um.

E-Mail verfassen und senden

E-Mails sind nichts anderes als elektronische Briefe, die im Internet verschickt werden. Genau wie bei jedem normalen Brief benötigen Sie dazu die Adresse des Empfängers, die dann zum Beispiel so aussehen kann:

thomaschek@mac.com.

Wählen Sie im Menü *Ablage* den Befehl *Neue E-Mail*, so erscheint eine leere Nachricht. Hier können Sie Adressat und Text eingeben.

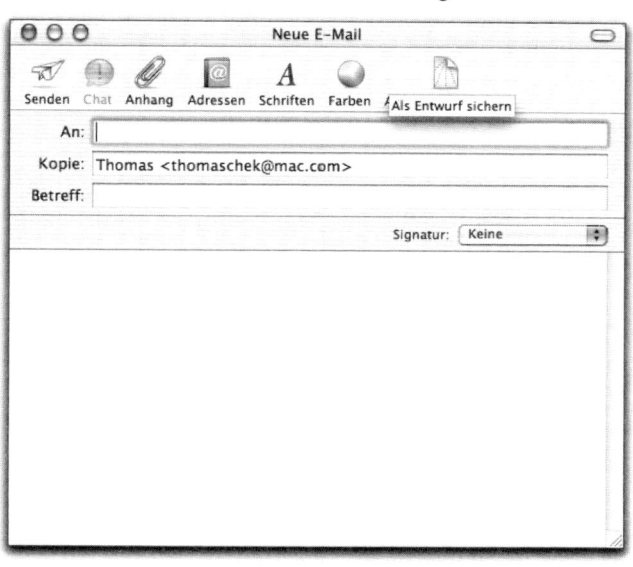

An – Das ist der primäre (eigentliche) Empfänger Ihrer Nachricht. Es dürfen auch mehrere Empfänger sein (Adressen werden durch Kommas getrennt).

Mail arbeitet dabei eng mit dem *Adressbuch* zusammen:

- Aus *Mail* kann mit dem Menübefehl *Fenster | Adressbuch* sofort zum *Adressbuch* gesprungen werden.
- Per *Drag&Drop* können Sie E-Mail-Adressen aus *Mail* ins *Adressbuch* aufnehmen nehmen lassen.
- Oder Sie benutzen den Menübefehl *E-Mail | Absender zum Adressbuch hinzufügen* respektive *Befehl-Y*.
- *Mail* vervollständigt eine E-Mail-Adresse selbsttätig, sowie Sie die ersten Buchstaben tippen, wenn ein passender Eintrag in *Adressbuch* vorhanden ist.

Kopie – auch *CC* (Carbon Copy) genannt: Verschickt eine Kopie an weitere Empfänger. Sie könnten natürlich auch dieselbe Nachricht mehrfach erstellen, adressieren und verschicken. Aber per *CC* muss sie nur einmal verfasst und versandt werden – das spart Online-Zeit – und zudem kann der Empfänger erkennen, dass die Nachricht auch an andere gegangen ist. Das ist dem «Verteiler» im normalen Schriftverkehr vergleichbar.

Betreff – Hier geben Sie einen Titel an, damit der Empfänger gleich sieht, worum es geht.

Anhang – sollen der E-Mail Anlagen (Bild-, Textdateien) hinzugefügt werden, so geht das entweder über den Knopf *Anhang*, wobei in der folgenden Dateiauswahlbox die fragliche Datei ausgewählt wird. Sie können aber auch einfach die Datei per *Drag&Drop* ins Nachrichtenfenster ziehen – *Mail* fügt sie als Anlage hinzu.

Ein Druck auf den Knopf *Senden* schickt die Nachricht los. Sofort, sofern eine Verbindung zum Internet besteht und *Mail* online ist. Andernfalls wird immer wieder versucht, die Nachricht zu versenden, bis das gelungen ist.

Eine E-Mail wird übrigens fast genauso wie ein normaler Brief transportiert, dies allerdings elektronisch: Wenn Sie sie absenden, legt Ihr E-Mail-Programm die Mail richtig in den Ordner *Gesendete Objekte*. Tatsächlich aber haben Sie sie – um bei dem Bild mit dem Brief zu bleiben – erst in den Briefkasten geworfen (= Ihrem Provider übermittelt). Noch ist die Mail nicht angekommen; sie ist erst abgeschickt! Vom Provider wird sie weitergeleitet, auf Transportwegen quer durchs Internet zum Provider des Empfängers. Dort liegt sie im Briefkasten des Empfängers, bis der sie abholt.

E-Mail beantworten

Mail macht das Beantworten einer Nachricht einfach: Markieren Sie die gesamte erhaltene E-Mail oder Teile davon und wählen Sie *Anworten* respektive *Allen antworten*, wenn die ursprüngliche Mail an mehrere Empfänger gegangen ist und auch Sie Ihre Mail an alle Empfänger schicken möchten. Der Text erscheint in einem Antwortfenster, der Betreff und der alte Nachrichtentext mit Zitatzeichen sind schon eingetragen.

Das mit dem Einsetzen als Zitat funktioniert aber nur, wenn Sie in *Mail | Einstellungen... | Verfassen* die Option *Die Original-E-Mail einbinden* abgehakt haben.

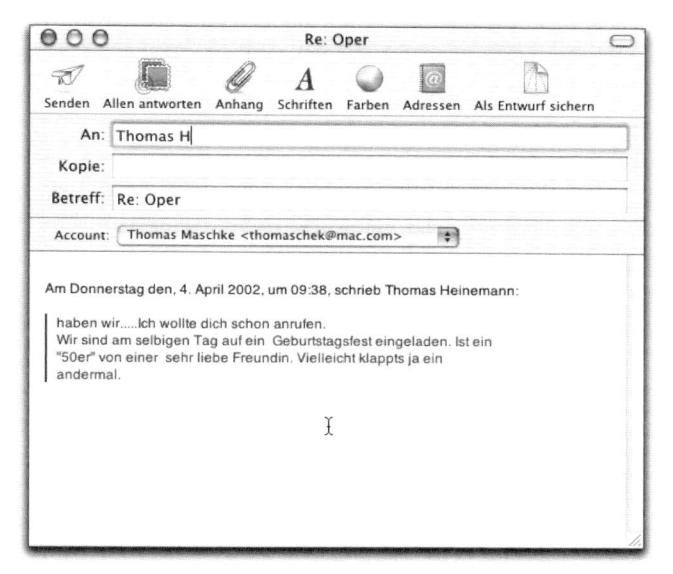

So können Sie die Mail beim Beantworten noch einmal in Ruhe durchlesen und sparen sich Schreibarbeit: In Ihrer Antwort können Sie sich direkt auf den eingegangenen Text beziehen. Da genügen oft wenige Worte. Und auch der Absender weiss, wovon Sie sprechen, denn seine Formulierung steht ja direkt dabei.

Sie können nun die Teile der alten Nachricht, die uninteressant sind, löschen. Interessante Teile aber behalten Sie als so genanntes Zitat. Vorteil: Sie müssen nicht noch einmal alles neu formulieren, sondern können sich bei Ihrer Antwort direkt auf das Zitat beziehen und sich kurz fassen:

Unter *Bearbeiten | Voreinstellungen... | E-Mail-Nachrichten & News...* legen Sie auf dem Reiter *Antworten und Weiterleiten* fest, ob die ursprüngliche E-Mail komplett als Zitat aufgenommen werden soll.

RAFFINIERT Wenn Sie nicht die gesamte Nachricht als Zitat benutzen möchten, dann markieren Sie die interessanten Teile in der E-Mail, bevor Sie den Knopf *Antworten* drücken: Daraufhin wird nur der markierte Teil als Zitat in die Antwort übernommen.

Möchten Sie Ihre Antwort vor dem endgültigen Versenden noch etwas ausfeilen, dann drücken Sie den Knopf *Als Entwurf sichern*. Die Nachricht wird im Ordner *Entwürfe* abgelegt und erst einmal nicht gesendet. Damit sie versandt werden kann, müssen Sie sie in den Ordner *Postausgang* verschieben.

HEISSER TIPP Die Lesbarkeit und Übersichtlichkeit bei der Beantwortung von E-Mails wird durch farbige Zitate deutlich erhöht. Unter *E-Mail | Einstellungen…*, Tafel *Schrift & Farbe* lassen sich Vorgaben zur Leserlichkeit machen.

E-Mail abonnieren

Neben den privaten Briefen gibt es auch so etwas wie Postwurfsendungen im Internet. So können Sie beispielsweise verschiedene elektronische Zeitschriften und Nachrichtendienste abonnieren (viele davon sind kostenlos) und bekommen diese dann regelmässig zugestellt. Das kann bei manchen mehrmals täglich sein, andere kommen wöchentlich, zweiwöchentlich oder monatlich.

Wenn Sie im Internet unterwegs sind, werden Sie immer wieder auf solche Angebote stossen, und wir können Ihnen nur empfehlen, diejenigen, die Sie interessieren, auch tatsächlich zu abonnieren. Sie müssen dann nicht jedes Mal wieder nachforschen, ob es eine neue Ausgabe gibt, sondern bekommen sie postwendend ins Haus gesandt.

E-Mail organisieren

Es ist der Übersichtlichkeit ungemein dienlich, wenn Sie eigene Postfächer anlegen und dann auch gleich noch Regeln definieren, so dass eintreffende und ausgehende Post gleich in die richtigen Postfächer einsortiert wird.

Ein neues Postfach legen Sie mit dem Menübefehl *Postfach | Neues Postfach…* an. Mit Hilfe eines Schrägstriches können Sie auch untergeordnete Postfächer anlegen: *Private Post / Familie* legt den Ordner *Private Post* und darin den Unterordner *Familie* an. Mit *Private Post / Freunde* können Sie dann jederzeit einen weiteren Unterordner in Ihrem privaten Postfach erstellen.

Daten importieren

Haben Sie vorher mit einem anderen Programm gearbeitet, dann können – und sollten – Sie bereits vorhandene Daten wie E-Mail-Adressen und natürlich auch Ihren gesamten E-Mail-Bestand in *Mail* importieren (Menübefehl *Ablage | Postfächer importieren…*).

- E-Mails, Adressen, Termine, Aufgaben und Regeln können Sie von folgenden Programmen direkt importieren:

E-Mails, die sich diesen Verfahren verweigern, können Sie eventuell so in *Mail* importieren:

1. Schalten Sie in Ihrem alten E-Mail-Programm die Option *Nachrichten auf Server speichern* ein und geben Sie gegebenenfalls eine genügend lange Zeitspanne (z. B. 90 Tage) an. Wo Sie diese Optionen einstellen, können Sie der Dokumentation zu Ihrem alten E-Mail-Programm entnehmen.
2. Wenn Sie nun Ihr altes E-Mail-Programm aufstarten und eine Verbindung mit dem Mail-Server herstellen, werden die Nachrichten von Ihrer Festplatte auf den Server gespielt.
3. Wenn Sie anschliessend *Mail* aufstarten und eine Verbindung mit dem Internet herstellen, holt sich das Programm alle Mails vom Server ab.

«iChat»

Benutzer eines Accounts bei *.Mac* oder beim *AOL Instant Messenger* (www.aim.com) kommen in den Genuss von *fiChat√* – dem «Plauderer» in der Reihe der i-Programme.

Hier muss der Autor gestehen, dass er sich mit diesem Bereich des Internet bislang noch nicht sehr auseinander gesetzt hat (um nicht zu sagen: gar nicht). Ob das nun Ignoranz ist oder besseres Wissen, sei dahingestellt. *iChat* wird jedenfalls Gelegenheit geben, das Versäumte nachzuholen...

Prinzipiell erlaubt *iChat* zwei Arten des Plauderns:

- In der *Kontaktliste* (Menü *Fenster*) werden alle Personen eines *AIM-Chats* angezeigt. Mit *Ablage | Gehe zu Chat* kann man sich in bestehende Chats wie *mactv* einklinken:

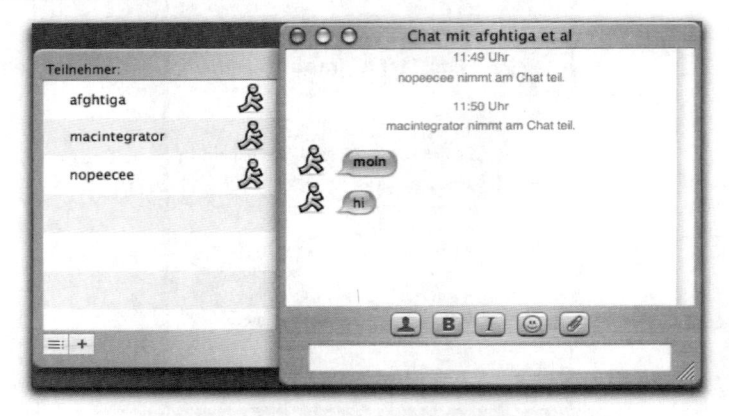

Man kann aber auch – und das ist recht spannend – einen eigenen Chat aufmachen. Mit *Ablage | Gehe zu Chat | Gartenfreunde* etwa wird der Chat «Gartenfreunde» eröffnet (sofern er noch nicht existiert). Nun kann man warten, bis auch andere auf die Idee kommen, diesen Chat zu besuchen. Man kann sich aber auch ganz gezielt mit Freunden rund um die Welt zu diesem Chat verabreden.

- In *Rendezvous* (Menü *Fenster*) werden alle gestarteten *iChat*-Programme des lokalen Netzwerkes angezeigt und hier kann man sich dann im Netzwerk Telegramme senden oder Daten austauschen (per *Control-Klick* auf den jeweiligen Namen):

iChat arbeitet eng mit dem *Adressbuch* und mit *Mail* zusammen. So lassen sich «Buddys» (Chat-Teilnehmer) per *Drag&Drop* ins *Adressbuch* aufnehmen und ihnen kann auch eine Mail geschickt werden – siehe Menü *Kontakte*.

«Internet Explorer»

Das Internet-Programm *Internet Explorer* (ein so genannter «Browser») wird kostenlos verteilt. Ohne das hier jetzt allzu sehr zu vertiefen: Sie dürfen sicher sein, dass Microsoft auch dabei handfeste geschäftliche Interessen verfolgt. Und die liegen im Fall der Internet-Programme wohl vor allem darin, sich auch in diesem Bereich eine ähnliche Vormachtstellung zu schaffen, wie dies bei den Betriebssystemen bereits der Fall ist.

Dennoch, der *Internet Explorer* hat sich bereits unter dem klassischen Mac OS und jetzt auch unter Mac OS X als ein sehr funktionaler und zuverlässiger Browser erwiesen. Nicht nur, dass er unter Mac OS X der erste Browser überhaupt war, der zur Verfügung stand (wenn auch in einer Beta-Version), er funktionierte auch auf Anhieb ziemlich stabil.

Wenn Sie nach einer Alternative suchen, sollten Sie sich einmal *iCab* ansehen (www.icab.de). Dieser Browser ist sehr schlank, schnell und stabil. Es gibt jedoch auch weitere Alternativen wie beispielsweise *Mozilla*. Mehr dazu weiss www.versiontracker.com.

Doch auch im Fall, Sie entscheiden sich für einen Alternativbrowser, können Sie sich das Folgende ruhig einmal zu Gemüte führen, denn die Grundfunktionalität der einzelnen Browser unterscheidet sich nicht wesentlich und wir haben noch ein paar Tipps aus unserer Praxis auf Lager...

«Internet Explorer» beherrschen

Nach dem Aufstarten präsentiert sich der *Internet Explorer* in etwa so:

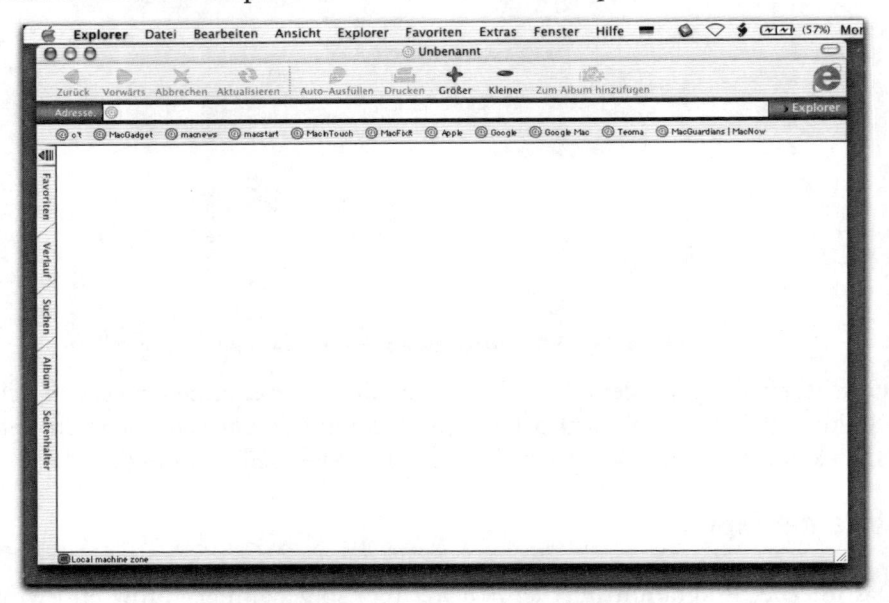

Unter der bekannten Menüleiste finden sich Symbolleisten, die über das Menü *Ansicht* ein- und ausgeschaltet werden können.

Wichtigstes Element ist die Adresszeile (in der die Internet-Adresse der Site aufgeführt ist), mit der Sie gerade Kontakt aufnehmen. Diese Leiste kann aber noch viel mehr, denn der *Internet Explorer* merkt sich die zuletzt besuchten Sites.

Tippen Sie beispielsweise den Begriff *Mac* in dieser Zeile ein, dann machen Sie mit sehr hilfreichen Funktionen des *Internet Explorer* Bekanntschaft:

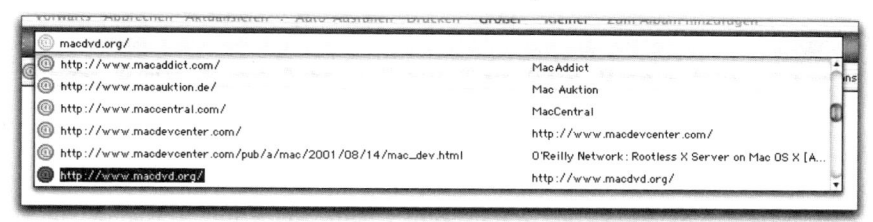

Per *AutoVervollständigen* versucht das Programm, aus den eingetippten Zeichen eine Website zu rekonstruieren, die entweder bereits einmal besucht wurde oder die unter den Favoriten aufgeführt ist. Der erste Treffer wird angezeigt. Dazu muss unter *Explorer | Einstellungen… | Browseranzeige* die Funktion *Auto-Vervollständigen für Adressen* aktiviert sein.

Auf der Standard-Symbolleiste finden sich die wichtigsten Knöpfe zum Erforschen des Internet. Andere Einstellungen werden über *Ansicht | Symbolleiste anpassen…* vorgenommen, die einzelnen Leisten lassen sich im Menü *Ansicht* ein- und ausschalten:

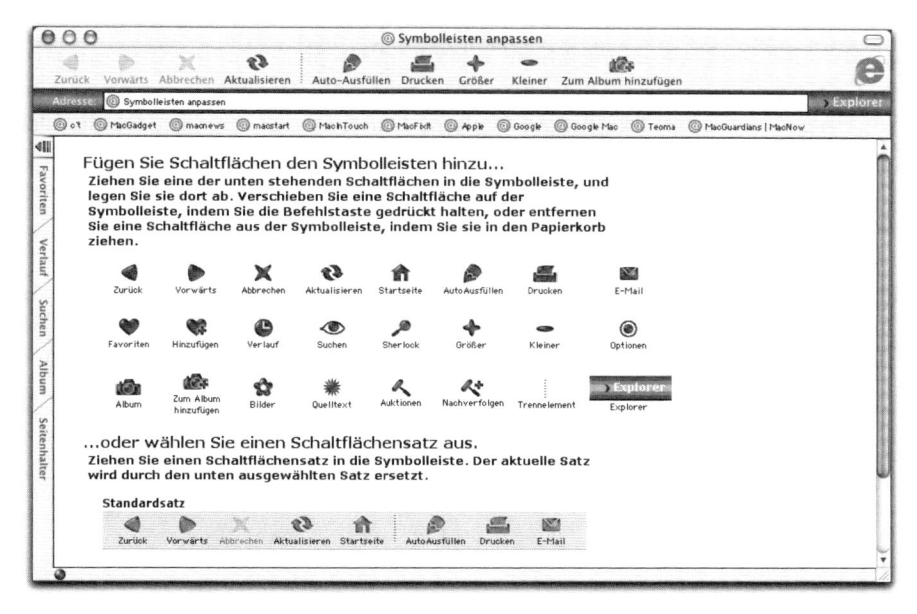

Doch zurück zur Standardleiste und den Möglichkeiten:

Zurück / Vorwärts – blättert zur vorherigen respektive nächsten bereits besuchten Seite.

HEISSER TIPP Wenn Sie die Knöpfe *Vorwärts* oder *Zurück* anklicken und gedrückt halten, klappt eine Liste mit den bereits besuchten Sites auf.

Abbrechen – bricht das Laden einer Seite ab und ist nützlich, wenn Sie feststellen, dass diese Seite doch zu lange zum Laden benötigt, weil sie so viele Grafiken enthält.

Aktualisieren – lädt eine Seite erneut, und Sie drücken diesen Knopf, wenn Grafiken oder auch Textteile unvollständig geladen worden sind.

Startseite – lädt die Seite, die Sie in *Bearbeiten | Optionen... | Browseranzeige* definiert haben. Wir finden, dass das Definieren einer Startseite eher hinderlich ist, da sie dann automatisch bei jedem Aufstarten des Browsers geladen wird. Sie könnten aber als Startseite z. B. http://www.smartbooks.ch vorgeben...

AutoAusfüllen – eine tolle Funktion! Wie oft haben Sie schon Ihre persönlichen Angaben eingegeben, weil Sie Informationsmaterial anfordern oder einen elektronischen Newsletter abonnieren wollten? Dabei sind immer wieder die gleichen Informationen (Name, Adresse, E-Mail-Adresse) gefragt und das Ausfüllen ist lästig und dauert... Das ist vorbei, wenn Sie unter *Explorer | Einstellungen... | AutoAusfüllen* anwählen und dort Ihre Daten eintragen.

Stossen Sie künftig auf ein Formular einer Webseite, dann müssen Sie nur das Symbol für *AutoAusfüllen* drücken oder die Tasten *Befehl-=* betätigen. Die eingefügten Informationen sind gelb markiert und Sie können sie überprüfen, bevor Sie das Formular an die Website senden.

Dem setzt dann *AutoVervollständigen* noch die Krone auf. Zum einen lassen sich unter *Explorer | Einstellungen… | AutoVervollständigen* Begriffe (Wörter, aber auch ganze Ausdrücke) eingeben, die dann vom *Internet Explorer* automatisch vervollständigt werden, wenn er die ersten Zeichen erkannt hat. Zum anderen greift *AutoVervollständigen* auch auf die Begriffe zu, die Sie in *AutoAusfüllen* definiert haben. Und das bedeutet, selbst wenn im Web Formularfelder auftauchen, die *AutoAusfüllen* nicht kennt, können Sie die Formulare mit wenigen Tastenanschlägen ausfüllen.

Drucken – wenn Sie diesen Knopf drücken, wird die aktuelle Seite gedruckt. Wenn Sie den Knopf gedrückt halten, erscheinen weitere Optionen:

Auch hier hat sich Microsoft Gutes einfallen lassen, um uns das Leben ein wenig zu erleichtern. Normalerweise ist das Drucken nämlich eine ziemlich haarige Angelegenheit: da werden Leerseiten gedruckt, der Seitenumbruch stimmt hinten und vorne nicht und die vielen bunten Hintergrundbildchen beeinträchtigen die Lesbarkeit.

Der *Internet Explorer* zeigt sich aber recht intelligent, was das Drucken angeht, und versucht beispielsweise, Bilder nicht über mehrere Seiten zu zerstückeln und Tabellen nicht auseinander zu reissen.

Im *Drucken*-Dialog (*Datei | Drucken…*) können Sie ein Pop-Up zu verschiedenen Voreinstellungen aufrufen, unter anderem zu *Internet Explorer*. Und dort können Sie festlegen, ob Bilder und Hintergrundbilder mitgedruckt werden sollen oder wie die Seiten zu behandeln sind:

Die genaue Kontrolle, wie sich die einzelnen Optionen auswirken und wie sich die Seiten am besten ausdrucken lassen, bekommen Sie über *Datei | Seitenansicht*.

E-Mail – hier wird jenes E-Mail-Programm gestartet, das in der Systemeinstellung *Internet* als Standard definiert wurde. Auch hier haben Sie Zugriff auf weitere Optionen, wenn Sie den Knopf gedrückt halten.

Besonders hilfreich sind die Reiter links im Fenster, wo sich die wichtigsten Funktionen schnell ausklappen lassen:

Geschlossen wird so ein Reiter wieder, indem einfach erneut auf den aktivierten Reiter geklickt wird.

Favoriten – verwaltet die Liste der von Ihnen angelegten liebsten Websites. Das ist – wie Sie schnell bemerken werden – die wichtigste Verwaltungsfunktion, die Ihnen einigermassen den Überblick über das Internet freihält. Im Wesentlichen funktioniert hier alles wie im Finder: Ordner können einfach verschoben werden und durch das Ziehen auf den Papierkorb lassen sich Adressen und Ordner löschen.

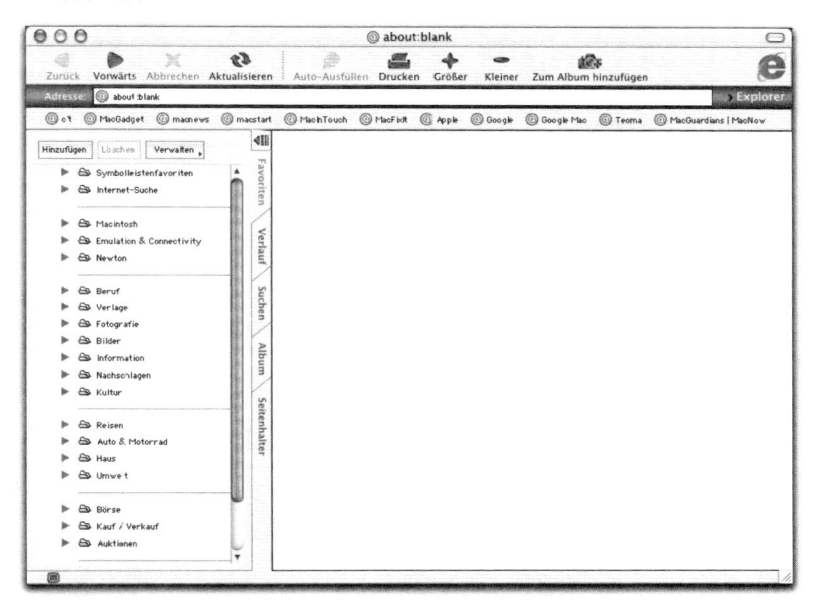

Wenn Sie auf eine interessante Website stossen, dann wählen Sie *Favoriten | Seite zu Favoriten hinzufügen* (oder drücken schneller *Befehl-D*). Nachdem Sie das Internet verlassen haben, räumen Sie hier besonders gut auf, damit Sie den Überblick nicht verlieren.

HEISSER TIPP In der Favoritenliste eines Browsers steckt viel Arbeit, weshalb Sie sie von einem alten System 9 übernehmen sollten: Der *Internet Explorer* verwaltet wie alle Browser seine *Favoriten* in der HTML-Datei *Favorites.html*, und wenn Sie die von */Systemordner/Preferences/Explorer/* nach */Users/Benutzername/Library/Preferences/Explorer/* kopieren beziehungsweise die dort angelegte Favoriten-Standarddatei ersetzen, dann stehen Ihnen all Ihre bekannten Favoriten beim nächsten Aufstart des *Explorer* zur Verfügung.

Verlauf – speichert die zuletzt besuchten Websites chronologisch. Wie viele, das legen Sie unter *Explorer | Einstellungen… | Erweitert* fest:

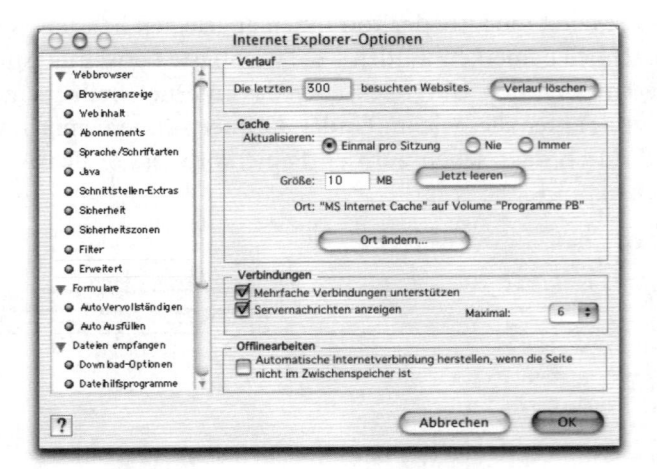

Das ist praktisch, wenn Sie schnell wieder eine kürzlich aufgesuchte Webseite besuchen möchten, die aber nicht in den Favoriten gespeichert wurde, weil sie so wichtig auch wieder nicht war:

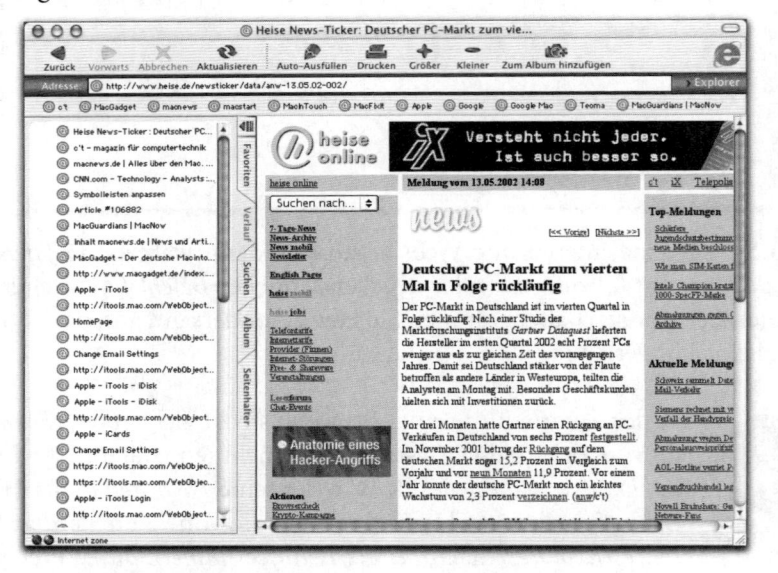

GELD GESPART Einmal besuchte Sites werden im Cache gespeichert – und wenn Sie den gross genug anlegen (unter *Explorer | Einstellungen… | Erweitert*), dann können Sie auch dank *Verlauf* offline auf bereits besuchte Sites zugreifen und sparen Verbindungszeit.

Mit dem Menübefehl *Offline arbeiten* stellen Sie den Internetzugriff ab. Dies erkennen Sie dann jederzeit an der kleinen durchgestrichenen Weltkugel unten links.

INTERNET KAPITEL 9

Suchen – ruft die Microsoft-Suchseite auf, von der aus Sie sich zu den verschiedenen Suchdiensten verbinden lassen können.

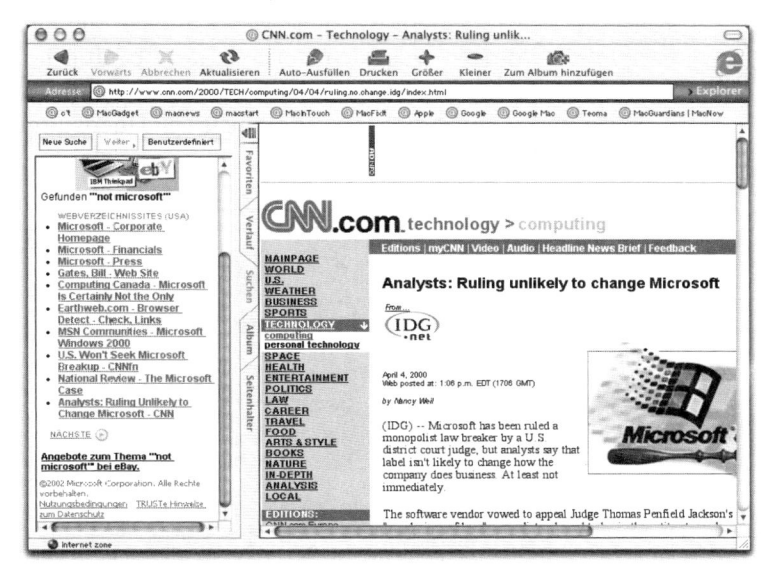

Album – das ist für Sites gedacht, die Sie speichern möchten, um sie später in Ruhe offline anzusehen:

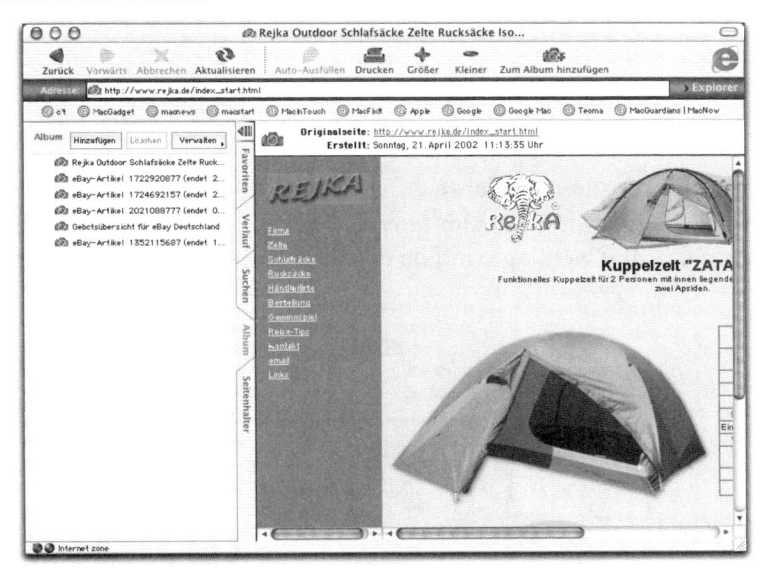

Besuchen Sie eine interessante Site, dann drücken Sie einfach den Knopf *Zum Album hinzufügen* (den Sie sich in die Symbolleiste holen müssen) und schon wird die komplette Webseite inklusive der Bilder im Album abgespeichert.

RAFFINIERT *Seitenhalter* – der Reiter ist dann hilfreich, wenn Sie auf einer Seite auf viele interessante Links (= Querverweise) stossen, die Sie gern besuchen möchten. Normalerweise müssen Sie dann ganz diszipliniert immer wieder den *Zurück*-Knopf betätigen oder Sie verlieren den Überblick. Jetzt klicken Sie auf *Seitenhalter* und dann auf den Knopf *Hinzufügen*, um die aktuelle Seite hier zu speichern.

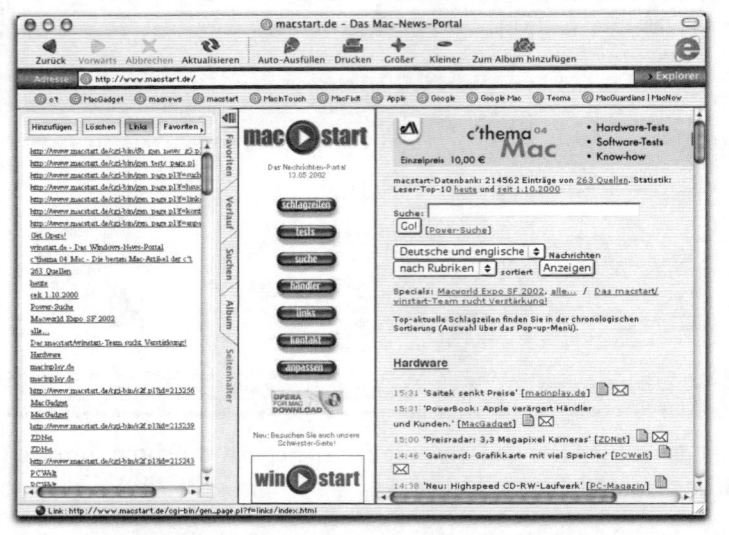

Es dauert ein wenig, bis alle Links übertragen sind. Dann aber können Sie in Ruhe einen Link nach dem anderen verfolgen. Übersichtlich wird das Ganze, wenn Sie den Knopf *Links* drücken.

«Internet Explorer» konfigurieren

Die wichtigsten Einstellungen zum *Internet Explorer* finden sich unter *Explorer | Einstellungen…*, und Neulinge sind ob der Vielfalt vielleicht ein wenig verwirrt:

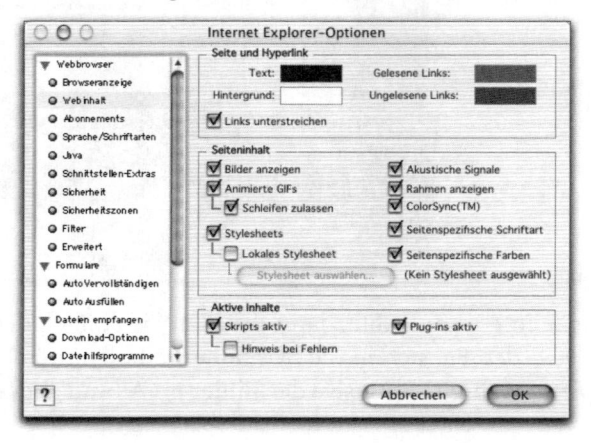

Doch Microsoft hat die Online-Hilfe diesbezüglich wirklich sehr ausführlich gehalten und dort können Sie nachschlagen, was wie eingestellt wird und wozu es dient:

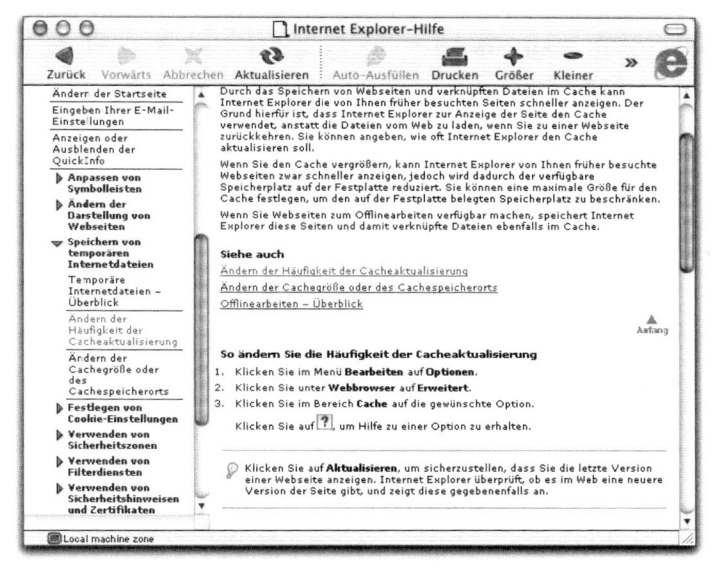

Diese Konfiguration samt Rückgriff auf die Hilfe ist ganz nebenbei ein hervorragender Weg, die Fähigkeiten des *Internet Explorer* kennen zu lernen.

Hier aber auf jeden Fall schon mal die wichtigsten Einstellungen, die wir Ihnen empfehlen:

- Wählen Sie im Bereich *Cookies* die Option *Für jede Site nachfragen*. Lesen Sie dazu auch den Abschnitt zu Ende dieses Kapitels *Kleine Schlauberger – Cookies*.
- Im Bereich *Erweitert* legen Sie einen möglichst grossen *Cache* (= temporärer Zwischenspeicher für Internetdaten) an – alle Daten, die dort temporär gespeichert werden, müssen nicht erneut aus dem Internet geholt werden. Faustregel: Je langsamer Ihr Internetzugang ist, desto grösser sollte der *Cache* sein.
- *AutoAusfüllen* und *AutoVervollständigen* sind äusserst hilfreich. Nutzen Sie das.

Auch die Symbolleiste des *Internet Explorer* können Sie konfigurieren:

- Alle Links, die Sie im Ordner *Symbolleistenfavoriten* (Menübefehl *Favoriten | Favoriten verwalten* oder *Befehl-J*) ablegen, erscheinen direkt unter der Adressleiste und sind per Mausklick schnell aufgerufen:

- Welche Knöpfe in der *Symbolleiste* zu sehen sind, legen Sie über den Menübefehl *Ansicht | Symbolleisten anpassen...* fest.
- Die gewünschten Knöpfe ziehen Sie einfach nach oben in die Symbolleiste. Sie können auch die Farbe festlegen: *Ansicht | Browserfarbe* oder per *Control-Klick* in die Symbolleiste:

Abonnieren

Eine hochinteressante Option verbirgt sich unter *Favoriten | Abonnieren...* Hier können Sie die aktuelle Website «abonnieren», will heissen, wenn Sie auf eine Site stossen, von der Sie gerne wissen möchten, ob sie sich geändert hat, dann wählen Sie den *Abonnieren*-Befehl.

Das macht natürlich bei Nachrichtenseiten, die sowieso täglich aktualisiert werden, wenig Sinn. Es ist aber für Seiten wie zum Beispiel die Seite eines Herstellers interessant, die sich seltener ändern, Sie aber an Neuerungen beziehungsweise neuen Produkten interessiert sind.

Ohne weitere Einstellungen tätigen zu müssen, drücken Sie einfach den Knopf *Abonnieren* in der Dialogbox. Um dann all Ihre Abos zu überprüfen, müssen Sie nur noch jeweils den Befehl *Favoriten | Abonnements aktualisieren* anwählen.

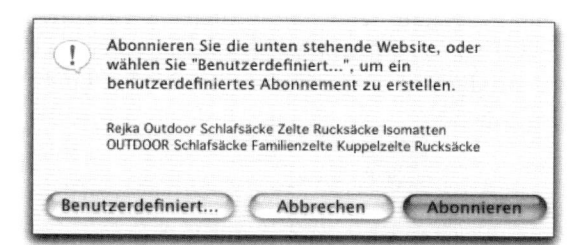

Wählen Sie dagegen *Benutzerdefiniert...* aus, so können Sie genau festlegen, wann und wie das Abonnement dieser Site verlaufen soll:

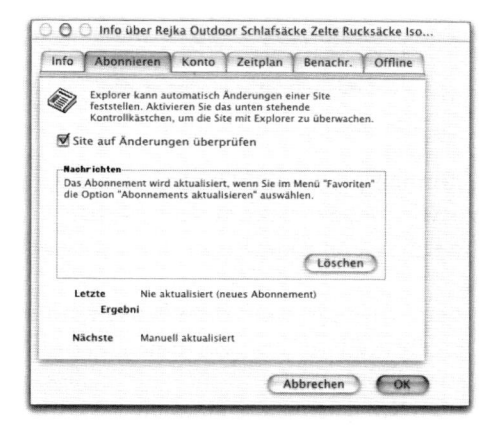

Löschen lassen sich Abos ganz einfach, wenn man weiss, wie es geht: Die aktuellen Abos sind mit einem Symbol markiert:

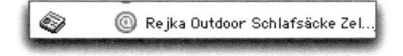

Sie können sich die Favoriten (und damit auch die Abonnements) entweder über *Favoriten | Favoriten verwalten* anzeigen lassen oder sie bei der Explorer-Leiste linker Hand aufklappen. Dann markieren Sie den Link und drücken auf den Knopf *Löschen*.

Tipps und Tricks

- WWW-Adressen können per *Drag&Drop* an den *Internet Explorer* übergeben werden. Dazu wird – in einem anderen Fenster (auch eines anderen Programms) – die Adresse markiert und dann in das Fenster des *Internet Explorer* gezogen.
- Bilder lassen sich per *Drag&Drop* aus dem Fenster auf den Schreibtisch ziehen und werden dort im GIF- oder JPEG-Format abgelegt (je nachdem, wie sie geliefert wurden).
- Wenn Sie im Browserfenster auf ein Element *Control-Mausklicken*, taucht ein Kontext-Menü mit weiteren Befehlen auf:

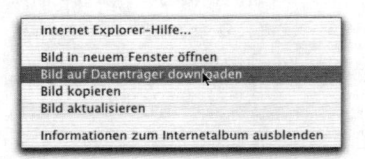

- Im Menü *Ansicht | Zeichensatz* können Sie die gewünschte Schriftart auswählen. Einige Seiten verwenden eigene Schriftarten; gefällt Ihnen das nicht, können Sie im Menü *Explorer | Einstellungen… | Web Content* das Kontrollkästchen bei *Style Sheets* deaktivieren.
- Kleine Schriften werden besser lesbar, wenn Sie im Menü *Ansicht | Textzoom* oder über den Knopf *Grösser* Schriften grösser darstellen lassen.

Neben den Standard-Tastenkürzeln, wie sie auch in den Menüs verzeichnet sind (*Befehl-V* für Einfügen etc.), beherrscht der *Internet Explorer* auch noch weitere:

- *Tabulator-Taste* springt in die Adresszeile und markiert sie komplett.
- *Befehl-Taste Pfeil hoch/runter* springt an den Textanfang respektive das Textende.

- *Wahl-Taste Pfeil hoch / runter* scrollt eine Seite hoch respektive runter.
- *Befehl-J* für das Verwalten von Favoriten.
- *Befehl-Shift-Mausklick* auf einen Link öffnet ein neues Browserfenster im Hintergrund – Sie können auf der aktuellen Seite weiterlesen, während die neue im Hintergrund geladen wird. Praktisch.

Unterbrochene Dateiübertragung fortsetzen

Wahrscheinlich ist es Ihnen auch schon passiert, dass Sie sich das neueste System-Update von knapp 20 Megabyte Grösse herunterladen wollten – und bei 18,5 Megabyte übertragener Datenmenge plötzlich die Verbindung zusammenbrach. Und das bedeutete, ganz von vorne anzufangen.

Glücklicherweise erlaubt der *Internet Explorer* das Fortsetzen einer solch unterbrochenen Dateiübertragung. Die Option ist allerdings gut versteckt und auch wir haben es lange Zeit nicht gewusst: Abgebrochene Downloads merkt sich der *Internet Explorer* auch nach dem Verbindungsabruch und über das Beenden (Ausschalten) hinaus.

Das geht so:

1. Menübefehl *Fenster | Download Manager*.

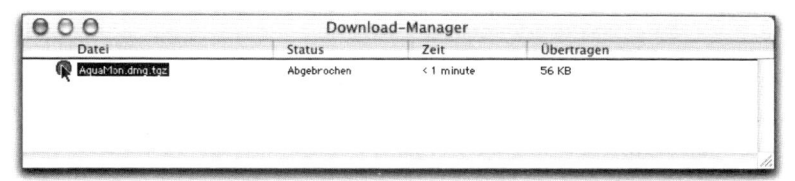

2. Die fragliche Datei doppelklicken und dann im neu auftauchenden Fenster den Knopf *Aktualisierung* drücken.

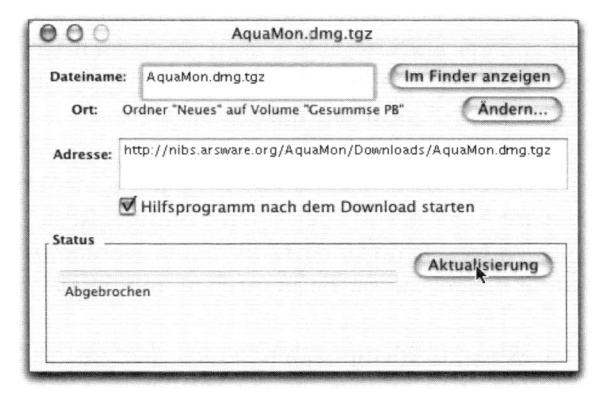

3. Der Download wird fortgesetzt.

Gepackte Daten

Die meisten Dateien, die Sie per Datenfernübertragung aus dem Internet oder aus Mailboxen herunterladen, sind komprimiert, um die Übertragungszeiten kleinstmöglich zu halten. Vor einer Nutzung müssen Sie entpackt werden. Das zu diesem Zweck universellste Programm ist der *StuffIt Expander* (auf der System-CD). Damit können Sie praktisch alles, was Ihnen so unterkommt, wieder entpacken. Umgekehrt können Sie mit dem Pendant *DropStuff* jede Datei vor dem Versenden komprimieren.

- Gepackte Daten tragen meist die Endung *.sit*, *.sea* oder *.tar*.
- Um Dateien im Internet besonders zuverlässig und ohne Informationsverlust zu versenden, sollten Sie sie im so genannten *Binhex*-Format kodieren.
- *BinHex*-kodierte Dateien werden in der Regel durch das Dateianhängsel *.hqx* kenntlich gemacht.
- Wenn Sie eine Datei an eine E-Mail anhängen, erledigt das Mailprogramm das Packen und Kodieren auf Wunsch automatisch für Sie.
- In anderen Fällen können Sie sich mit dem kleinen Shareware-Programm *DropStuff* weiterhelfen, das auf Wunsch eine komprimierte Datei ins *Binhex*-Format umwandelt.

Sicherheit

Wie Sie Ihren Mac gegen unerwünschte Zugriffe von aussen – ob aus dem Netzwerk oder dem Internet – schützen können, davon ist gegen Ende des nachfolgenden Kapitels unter *Sicherheit* die Rede...

Kleine Schlauberger – Cookies

Cookies (Schlauberger) sind kleine Informationspakete, die ein Webserver an den Macintosh sendet – und die wir nicht wollen. Denn erstens gefällt uns nicht, dass da ein anderer auf unserem Computer rumschreibt, und zweitens liest der Server beim nächsten Besuch dieser Website den Cookie gar noch von unserem Computer – und identifiziert uns auf diese Weise.

So löblich die Absicht von Fall zu Fall sein mag (da weiss der Server gleich, welche Sprache und Anzeige Sie bevorzugen), in der Summe ist sie ein Schritt zum gläsernen Internet-Nutzer, kann doch festgehalten werden, welche Sites Sie wann und wie oft besuchen, was Sie da so machen und dergleichen mehr.

Schalten Sie die Cookies aus: Menü *Explorer | Einstellungen... | Cookies*. Stellen Sie unter Empfangsoptionen mindestens *Für jede Site nachfragen*, besser noch *Für jedes Cookie nachfragen*, oder am allerbesten *Nie annehmen* ein.

POWER USER

Falls Sie die Cookies doch einmal benötigen (Microsoft lässt Sie beispielsweise auf manche Download-Seiten nur, wenn Sie Cookies akzeptieren, andernfalls landen Sie auf einer Seite, die Sie informiert, dass Sie die Cookies abgelehnt haben), dann müssen Sie die Cookie-Voreinstellungen löschen oder ändern, denn der *Internet Explorer* merkt sich, bei welchen Sites Cookies abgelehnt werden sollen:

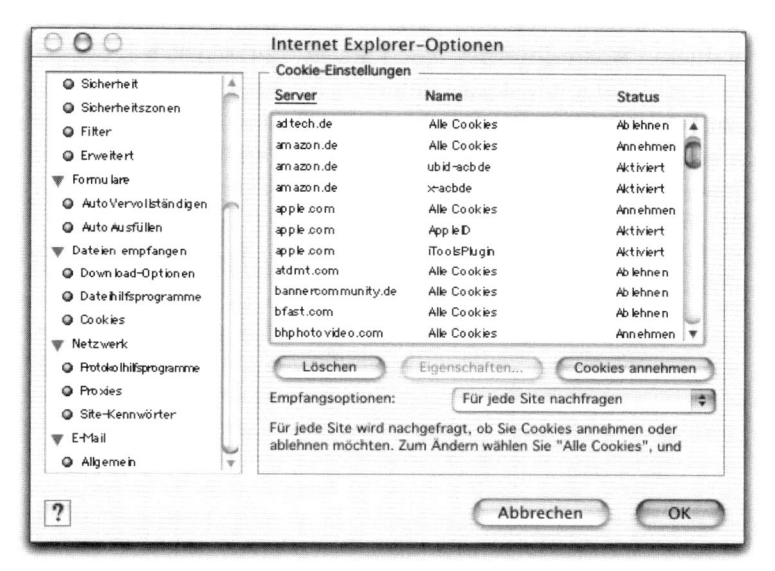

Unter *Bearbeiten | Optionen... Cookies* lassen sich die Voreinstellungen ändern oder ganz löschen. Wir empfehlen die Option *Für jede Site nachfragen*.

Internet kurz gefasst

- Investieren Sie in *AirPort*, die kabellose Freiheit ist es wert.
- Verbinden Sie drahtloses und drahtgebundenes Netzwerk mit einer *AirPort Basisstation* und nutzen Sie einen Internetzugang für alle.
- Nutzen Sie Suchmaschinen, um Informationen im Internet zu finden. Es ist alles da – Sie müssen es nur finden.
- Recherchieren Sie im Internet. Noch nie etwa liessen sich Preise so bequem vergleichen und der günstigste Anbieter so schnell finden.
- Vorsicht bei Käufen im Ausland! In den USA etwa werden die Preise ohne Mehrwertsteuer angegeben; das klingt erst einmal verlockend. Doch Mehrwertsteuer, Zoll und Frachtkosten machen das vermeintliche Schnäppchen schnell zum Hochpreisprodukt.
- Nutzen Sie den Erfahrungsschatz anderer, der Ihnen in Newsgroups und Mailinglisten zur Verfügung steht.

10

Netzwerke

Netzwerke

Sofern Sie mehr als einen Computer zu Hause oder im Büro stehen haben, gibt es gute Gründe, sich mit der Netzwerk-Software des Systems näher zu beschäftigen:

- Peripheriegeräte (Drucker, Modems, Massenspeicher), die an einen Computer angeschlossen sind, können von allen anderen Netzwerk-Computern genutzt werden, ohne das Gerät jeweils neu verkabeln oder gar umständlich transportieren zu müssen.
- Der Zugriff auf gemeinsame Datenbestände wird möglich; beispielsweise können alle angeschlossenen Computer auf eine Datenbank zugreifen, die immer die aktuellsten Daten enthält.
- Die Netzwerkteilnehmer können einander elektronische Post senden. Das geht so weit, dass sich Audio- und Videodaten im Netz versenden lassen; teilweise sogar in Echtzeit.
- Datenbestände können schnell abgeglichen werden. Waren Sie beispielsweise mit dem PowerBook unterwegs, dann können Sie es, sobald Sie zurückkehren, ins Netzwerk einklinken und die unterwegs eingegebenen neuen Daten auf den Schreibtischrechner überspielen.
- Teams können übers Netz gemeinsam an einem Projekt arbeiten.
- Ein (älterer) Rechner kann als Fax- und/oder Druckerserver dienen.

GRUNDWISSEN Normalerweise werden Sie zunächst ein so genanntes «Peer-to-Peer-Netz» installieren, in dem jeder Rechner sowohl Client (= nutzt das Angebot eines Servers) als auch Server (= verwaltet die Daten für alle) sein kann. Die Netzwerkaufgaben erledigt der Rechner nebenher, wird aber bei Netzwerkzugriffen langsamer. Deshalb gelangt so ein Netzwerk mit fünf, spätestens aber mit zehn beteiligten Rechnern an seine Grenzen. Grössere Netzwerke bedürfen eines speziellen Servers, der eigens für die Netzwerkdienste bereitsteht (siehe *Mac OS X Server* weiter hinten).

Benutzer

Der erste Benutzer, der unter Mac OS X während der Installation angelegt wird, ist der so genannte *Administrator*. Er kann ziemlich viel, aber noch nicht alles:

- Ein *Administrator* kann andere Benutzer anlegen, verwalten (zum Beispiel deren Passwörter vergeben) und auch wieder löschen. Er hat aber keinen Zugriff auf deren Dateien.

- Für jeden angelegten Benutzer – inklusive des Administrators – wird ein eigener Benutzer-Ordner angelegt, in dem sich weitere Unterordner befinden:

Darin werden Dokumente und Einstellungen des jeweiligen Benutzers, unter Umständen aber auch Programme, die nur er benutzen kann, verwaltet.

Benutzervielfalt

Mac OS X ist ein echtes Mehrbenutzersystem und das bedeutet, dass sich unterschiedliche Benutzer mit ganz unterschiedlichen Voreinstellungen am selben Computer anmelden können. So findet jeder Benutzer seinen eigenen Schreibtisch mit allen Einstellungen inklusive des Schreibtischbildes vor und die von ihm gewählten Programme werden beim Aufstarten automatisch ausgeführt, auch läuft natürlich das Betriebssystem unter der von ihm gewählten Spracheinstellung. Die Daten und Programme des einen Benutzers gehören erst einmal ihm allein, und nur dann, wenn er sie zur Benutzung für andere freigibt, kann auch ein anderer Benutzer darauf zugreifen.

Noch weitergehende Möglichkeiten bieten sich mit *Mac OS X Server* und dem *NetBoot* Netzwerk-Managementsystem. Der Benutzer kann sich damit von einem beliebigen Computer aus, der an das *NetBoot*-Netzwerk angeschlossen ist, einloggen und holt sich sein System samt seiner Einstellungen aus dem Netzwerk auf den Arbeitsrechner.

Benutzer einrichten

Über die Systemeinstellung *Benutzer* können neue Benutzer angelegt werden. Das darf aber nur der Administrator.

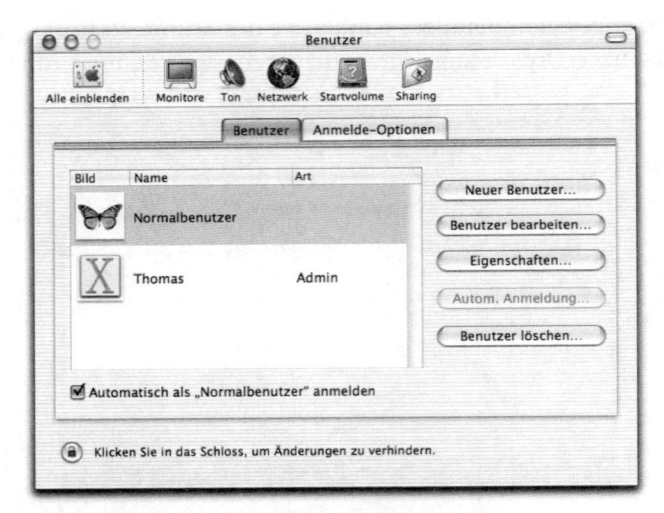

Ein normaler Benutzer kann hier lediglich sein Passwort ändern. Das hindert übrigens Administrator und System-Administrator (*root*) nicht am Zugriff – deren Passworte sind «stärker» als die eines jeden anderen Benutzers, und sie können deshalb Benutzerrechte inklusive der Passwörter jederzeit wieder ändern.

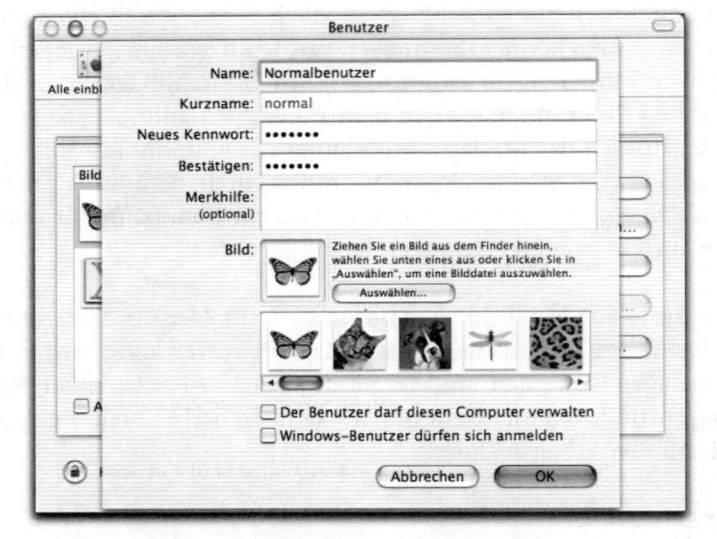

Wenn Sie sich beim Einloggen als Benutzer anmelden, genügt es übrigens völlig, wenn Sie den Kurznamen eingeben – im Beispiel genügt *normal* statt *Normalbenutzer*.

Wenn Sie den Knopf *Eigenschaften...* drücken, können Sie die Rechte normaler Benutzer einschränken und genau festlegen, was sie dürfen und was nicht:

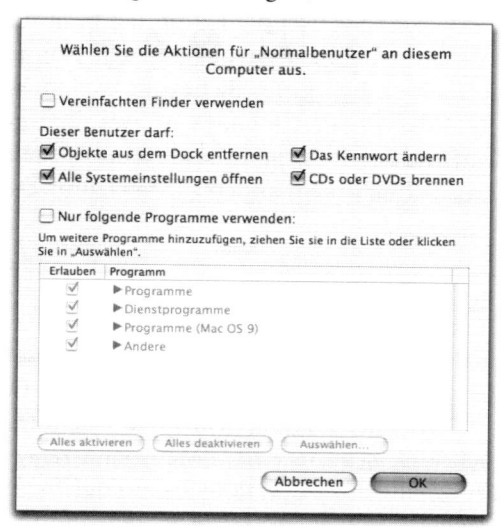

Das System kennt zunächst zwei Arten von Benutzern: den Administrator und den normalen Benutzer. Intern allerdings werden diese Benutzer durch ihre Zugehörigkeit zu bestimmten Gruppen unterschieden. Mac OS X kennt die Gruppen *staff*, *wheel* und *admin*.

Normale Benutzer gehören der Gruppe *staff* an. Standardmässig hat ein normaler Benutzer nur Zugang zu seinen eigenen Ordnern, und nur er kann hier lesen oder schreiben. Lediglich sein Ordner *Public* steht anderen Benutzern zur Verfügung.

Auf Systemdateien haben zum Teil die Gruppen *admin* und *wheel* Zugriff. Aber auch die können bei weitem noch nicht alles auf dem Mac machen. Kritische Systemdateien können nur von einem *Superuser* (*root*) geändert werden.

GRUNDWISSEN Die Benutzer, die Sie einrichten, sind gleichzeitig auch die möglichen Netzwerkbenutzer! Soll also ein «Kurtibub» von seinem Mac aus übers Netzwerk auf diesen Rechner zugreifen können, dann muss hier ein Account für ihn angelegt werden. Er kann sich dann – mit dem hier vergebenen Namen und Passwort – einloggen und auf seinen Benutzerordner zugreifen. Soll er alle Volumes etc. sehen können, so muss er Administrator-Status erhalten (der Benutzer darf diesen Computer verwalten).

VORSICHT FALLE Ob Sie die Option hinter dem Knopf *Automatisch. Anmeldung* tatsächlich aktivieren, sollten Sie sich ganz gründlich überlegen: Ist sie aktiv, dann startet der Computer zwar bequem hoch – dies aber völlig unabhängig davon, wer den Computer eingeschaltet hat. Mac OS X hat ein ziemlich gutes Sicherungssystem eingebaut und Sie sollten nicht ohne Not darauf verzichten. Es ist zwar zugegebenermassen ein wenig lästig, bei jedem Start *Benutzername* und *Passwort* einzugeben, garantiert dafür aber, dass auf die Schnelle kein anderer Ihren Computer benutzen kann.

Benutzerrechte

Mac OS X vergibt als Mehrbenutzersystem zwingend Benutzerrechte an jeden Benutzer – unabhängig davon, ob es sich um lokale Benutzer oder solche aus dem Netzwerk handelt. Das Konzept ist genau entgegengesetzt dem eines Einzelplatzsystems: Während beim Einzelplatz Dateien und Ordner explizit gesperrt werden müssen, weil der Zugang prinzipiell jedem freisteht, der sich an diesem Computer befindet, ist es bei einem Mehrbenutzersystem genau umgekehrt. Jeder Benutzer erhält ganz exakt festgelegte Zugriffsrechte. Das heisst, er kann in seinen Bereichen weitgehend frei schalten und walten, gelangt aber nicht in andere Bereiche. So kann der eine Benutzer nicht mal eben die Dateien eines anderen lesen oder löschen, und selbst der *Administrator* hat nicht die Zugriffsrechte, die dazu notwendig sind.

Unter dem klassischen Mac OS waren wir es gewohnt, alles tun zu dürfen; das Gute wie das Schlechte. Mac OS X schiebt hier gleich einen Riegel vor und lässt Sie nur ganz bestimmte Dinge tun. Ganz ähnliche Konzepte kennt zwar auch das klassische Mac OS, die entsprechenden Rechte werden aber nur unter *File Sharing* für die Clients vergeben, die aus dem Netzwerk auf den Server zugreifen. Am Mac selbst darf prinzipiell jeder erst einmal alles.

Zugriffsrechte

Jeder Ordner und jede Datei im Dateisystem von Mac OS X (genauer BSD) kennt drei Benutzerkategorien: *Eigentümer*, *Gruppe* und *Andere*. Für jeden dieser möglichen Benutzer können drei Rechte vergeben werden: Lesen (read), Schreiben (write) und Ausführen (execute).

Der *Eigentümer* ist normalerweise derjenige Benutzer, der die Datei oder den Ordner angelegt hat. Der Eigentümer besitzt die vollen Zugriffsrechte zum Lesen, Schreiben und Ausführen und kann die Zugriffsrechte für andere Benutzerklassen vergeben.

Jeder Benutzer ist gleichzeitig Mitglied einer oder mehrerer *Gruppen*. Gruppen werden teilweise automatisch vom System vergeben, können aber auch vom Systemadministrator neu angelegt werden.

Andere sind weder Eigentümer noch Gruppenzugehörige und üblicherweise sind deren Zugriffsrechte aus Sicherheitsgründen am weitestgehenden eingeschränkt.

SMART DISC

Um Benutzer und Gruppen zu definieren und die Zugriffsrechte ähnlich einfach wie unter dem klassischen Mac OS zu verwalten, können Sie die Programme *SharePoints* oder auch *BatChmod* benutzen, die Sie auf unserer *SmartDisc* finden.

POWER USER

Und möchten Sie noch mehr über Zugriffsrechte und deren Überprüfung und Änderung wissen, dann schlagen Sie bitte im folgenden Kapitel den Abschnitt *Dateien und Rechte* nach.

Passwort ändern

Jeder Benutzer hat auch sein eigenes Passwort. Was tun, wenn das vergessen wird? Solange es sich um einen normalen Benutzer handelt, ist das kein Problem: Der Administrator definiert einfach ein neues:

1. Loggen Sie sich als *Administrator* ein.
2. Wählen Sie unter dem Apfelmenü *Systemeinstellungen… | Benutzer*.
3. Klicken Sie auf das Symbol mit dem Vorhängeschloss (sofern es geschlossen ist) und identifizieren Sie sich mit Ihrem Administrator-Passwort.
4. Wählen Sie den Benutzer aus, dessen Passwort Sie ändern möchten, und drücken Sie den Knopf *Benutzer bearbeiten…*
5. Geben Sie bei *Kennwort:* und *Bestätigen:* das neue Kennwort ein und drücken Sie den Knopf *OK*.

Damit wurde dem Benutzer ein neues Passwort zugewiesen. Das Feld für die Kennworteingabe zeigt übrigens immer genau dreizehn Pünktchen an, unabhängig davon, wie lang das Passwort tatsächlich ist.

VORSICHT FALLE Lassen Sie sich von allfälligen Fehlermeldungen wie *Das Schlüsselbund-Kennwort für diesen Benutzer kann nicht geändert werden* keinesfalls irritieren! Das Kennwort wird trotz dieser Fehlermeldung richtig geändert.

Beachten Sie bezüglich der besseren Passwortwahl unsere Hinweise gegen Ende des Kapitels *Benutzeroberfläche Aqua*.

Passwort zurücksetzen

Ist das Passwort des Administrators verloren gegangen, so gibt es auch dann einen Weg, sich wieder vollen Zugang zum Rechner zu verschaffen:

1. Starten Sie von der Mac OS X System-CD auf (Taste *C* beim Systemstart gedrückt halten, um vom internen CD-Laufwerk aufzustarten). Das Programm *Install Mac OS X* wird automatisch aufgestartet.
2. Wählen Sie das Laufwerk aus, auf dem das Mac OS X mit dem vergessenen Passwort ist.
3. Jetzt haben Sie über den Menübefehl *Installer | Kennwörter zurücksetzen* die Möglichkeit, jedem Benutzer ein neues Kennwort zuzuweisen.
4. Wählen Sie den gewünschten Benutzer und vergeben Sie ein neues Passwort.

Mit dieser Vorgehensweise können Administratoren übrigens auch die Passwörter anderer Administratoren ändern! Und das bedeutet im Umkehrschluss, dass Administratoren immer nur jene Menschen sein sollten, die auch tatsächlich Zugriff aufs gesamte System besitzen.

Es existiert sogar noch ein weiterer Weg zu einem neuen Passwort:

1. Halten Sie beim Start die Tastenkombination *Befehl-S* (gedrückt: Der Mac startet in den *Single User Mode.*
2. Geben Sie */sbin/mount -uw/* ein. Damit wird die Harddisk für Schreibzugriffe freigegeben (im *Single User Mode* sind erst einmal nur Lesezugriffe möglich).
3. Mit */sbin/SystemStarter* wird das Script gestartet, das die für den folgenden Schritt notwendigen Systemfunktionen lädt:
4. Wenn Sie jetzt *passwd benutzername* eingeben, wird ein neues Passwort verlangt, das zur Sicherheit zwei Mal eingetippt werden muss. Statt des Begriffs *benutzername* wird selbstverständlich der tatsächliche Name des Benutzers eingesetzt: *root* etwa oder *Thomas Maschke* oder wie auch immer.
5. Mit *shutdown -r now* starten Sie den Mac neu – und haben ein neues Passwort für den Benutzer.

BEDENKEN SIE! Die beiden soeben geschilderten Verfahren sind natürlich wirklich praktisch, sollten Sie Ihr Kennwort einmal vergessen haben. Andererseits kann jeder, der ein paar Minuten Zeit an Ihrem Computer verbringt und ein wenig Ahnung hat, in das System einbrechen.

Das sind nun nicht etwa «Hacks» oder grosse Geheimnisse, sondern ganz offizielle Methoden, um ein Passwort zu ändern. Wenn Sie den Zugriff auf Rechner und Daten unterbinden möchten, sollten Sie folgende Strategien in Erwägung ziehen:

- Das Perlscript *secure it* verlangt auch beim Start in den *Single User Mode* die Identifikation per Benutzername und Passwort.
- Um den Zugriff auf die Daten des Volumes zu unterbinden, muss Mac OS X auf einem *UFS*-Volume installiert sein (sonst kann mit einer System 9-CD aufgestartet und das Laufwerk gelesen und beschrieben werden).
- Stattdessen können die Daten auch verschlüsselt werden. Eine recht sichere Methode ist ein verschlüsseltes Disketten-Image für Ihre Daten, das Sie mit *Disk Copy* anlegen und dann jeweils bei Bedarf mounten.

Netzwerktopologie

Damit zwei Rechner sich miteinander unterhalten können, müssen zwei Voraussetzungen gegeben sein:

- Sie müssen beide dieselbe Schnittstelle besitzen.
- Sie müssen beide dieselbe «Sprache» (= Protokoll) sprechen.

Ist das gegeben, dann kann ein Netzwerk aufgebaut werden.

Bevor wir schildern, was mit Mac OS X möglich ist, hier erst einmal, was nicht möglich ist. Diese beiden Netzwerkanschlüsse kann Mac OS X nicht bedienen:

- *LocalTalk* (ein mit 230 Kilobit/s sehr langsames Netz, das früher bei allen Macs eingebaut war. *LocalTalk* benutzte softwareseitig wie alle Apple-Netzwerke das *AppleTalk*-Protokoll und hardwareseitig die serielle Druckerschnittstelle).
- Token Ring (ein Token-Ring-Netzwerk ist mit 4 Megabit/s auch nicht eben schnell, muss ringförmig aufgebaut sein und das Netz wird umso langsamer, je mehr Rechner daran hängen. Wenn eine Station ausfällt, liegt das gesamte Netz lahm).

Dafür kann Mac OS X folgende Netzwerk-Hardware bedienen, die sich heute als allgemeiner Standard etabliert hat:

- Ethernet (Twisted-Pair- und Glasfaserkabel mit 10, 100 oder 1000 Megabit/s)
- Drahtloses Ethernet (= *AirPort* mit 11 Megabit/s)

Ethernet

Mit dem eingebauten 10/100BASE-TX oder gar Gigabit-Ethernet-Anschluss kann der Mac Kontakt zu Ethernet-Netzwerken und zu Druckern mit Ethernet-Schnittstelle aufnehmen. Der Mac erkennt, ob er mit dem schnelleren oder mit dem langsameren Ethernet verbunden ist und stellt sich entsprechend darauf ein.

Ihr Ethernet können Sie verkabeln, sofern Sie Folgendes Ihr eigen nennen:

- Ethernet mit RJ-45-Anschluss für jedes Gerät.
- Pro Gerät ein Kabel in passender Länge, um die Distanz zum Hub zu überbrücken.
- Ein Crossover-Kabel, wenn nur zwei Geräte vernetzt werden sollen. Neuere Macs – zum Beispiel das PowerBook G4 – erkennen automatisch, wenn nur ein Gerät am Ethernet-Anschluss hängt und schalten das normale Ethernet-Kabel dann auf «gekreuzt» um.
- Einen Hub passender Geschwindigkeit mit genügend Anschlüssen bei mehreren Geräten.

Und dann ist das Ganze so, als würden Sie ein Telefon anschliessen: Sie stecken das eine Kabelende in den Ethernet-Anschluss am Rechner, das andere in den Hub. Das machen Sie bei allen Geräten. Und schon haben Sie ein Netzwerk gemäss Stern-Topologie aufgebaut.

Achten Sie darauf, Kabel in der passenden Kategorie (Güteklasse) zu verwenden. Je schneller die Netzwerkanbindung, desto höhere Anforderungen werden auch an das Kabel gestellt:

- 10Base-T Ethernet Twisted Pair (Kategorie 3)
- 10/100Base-T Ethernet Twisted Pair (Kategorie 5)
- 10/100/1000Base-T Ethernet Twisted Pair (Kategorie 5+, Kategorie 5e, Kategorie 6)

«Twisted Pair» meint dabei ein paarweise verdrilltes Kabel.

HEISSER TIPP Zur Vernetzung zweier Geräte benötigen Sie nur das Kabel. Verbinden Sie einfach die beiden RJ-45-Buchsen der Geräte mit einem gekreuzten Kabel (gewissermassen ein «Nullmodem-Kabel» fürs Ethernet). Solche Kabel gibt es im Handel zu kaufen (entbehrlich bei neueren Macs, die schalten ein normales Kabel selber auf «gekreuzt» um).

Bei mehr als zwei Arbeitsplätzen wird ein verstärkender Sternverteiler (Hub = Zentrum) notwendig. Ein Hub ist eine Art Mehrfachsteckdose für das Netzwerk, an der die einzelnen Geräte angeschlossen werden können. Genauer ein (verstärkender) Verteiler, der im Netzwerk zwischengeschaltet wird und der die Datenströme eines Netzwerk-Segments verstärkt. Aufgabe eines Hubs kann aber darüber hinaus auch sein, Geräte mit Ethernet und solche mit Fast-Ethernet (100 Megabit/s) zu verbinden, oder Geräte mit Thin- sowie Thick-Kabeln zusammenzuschliessen.

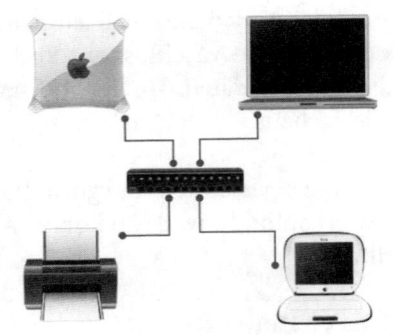

MERKET AUF! Wenn Sie Macs mit unterschiedlicher Geschwindigkeit verbinden möchten, dann achten Sie darauf, dass auch der Hub das unterstützt: einfache Hubs können nur eine Geschwindigkeit und Sie können dann keinen (alten) Mac mit 10er Ethernet an einen 100er Hub anschliessen. Ideal sind Hubs, die ihre Ports jeweils auf maximale Geschwindigkeit konfigurieren. Zwei Macs mit 100BASE-TX unterhalten sich dann schnell miteinander und schalten nur für den langsamen Mac mit 10BASE-TX die Geschwindigkeit runter.

«Intelligente» Hubs beherrschen das SNMP – das Simple Network Management Protocol – und können in mittleren bis grossen Netzwerken den Netzwerk-Administrator bei Verwaltung und Fehlersuche sehr unterstützen. «Dumme» Hubs ohne SNMP-Unterstützung genügen für das kleine Netzwerk vollauf. So ein Hub hat immer eine bestimmte Anzahl Anschlüsse: typischerweise acht bei den kleineren.

Drahtloses Ethernet = AirPort

AirPort hat uns bereits im vorigen Kapitel ausführlich beschäftigt, denn es ist vor allem eine sehr bequeme Art, drahtlos ins Internet zu gelangen. Daneben stellt es aber auch die Funktionalität bereit, Macs miteinander zu vernetzen und sogar ins kabelgebundene Ethernet einzubinden.

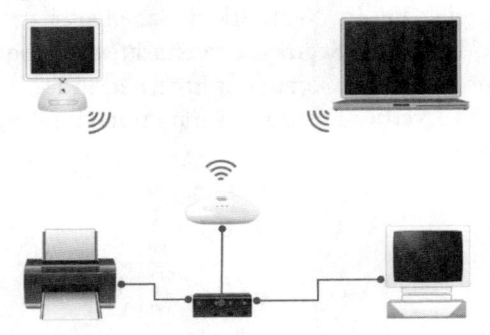

Lesen Sie dazu bitte den Abschnitt *AirPort-Netzwerk* etwas weiter hinten.

FireNet

Schliesslich soll hier noch auf die Lösung der Firma Unibrain hingewiesen werden, die mit *FireNet* ein Netzwerk über die *FireWire*-Anschlüsse realisiert, das mit einer Geschwindigkeit von 400 Megabit/s durchaus akzeptable Geschwindigkeiten bietet.

Diese eigenständige Lösung mag dann interessant sein, wenn zwei Rechner schnell per *FireWire* verkabelt werden und unkompliziert Daten ausgetauscht werden sollen. Da diese Lösung aber keinem Standard folgt, ist sie für ein «richtiges» Netzwerk, in das auch Drucker, Rechner mit anderen Betriebssystemen und neue wie alte Macs eingebunden werden sollen, nicht geeignet.

Netzwerkstandards

Neben der Hardware müssen die Rechner auch die gleiche Sprache sprechen, damit sie sich unterhalten können. Hier kommen die Netzwerk-Protokolle ins Spiel:

Netzwerk-Protokolle

Der Datenverkehr zwischen Computern muss geregelt werden. Damit wird sichergestellt, dass nicht zwei Computer senden und keiner empfängt bzw. die Datensendung auch bei dem richtigen Computer ankommt. Und letztlich muss die Sendung auch verstanden werden.

Es wäre zudem in einem Netzwerk äusserst unpraktisch, wenn zwei Computer, die einander gefunden haben, sich nurmehr miteinander unterhalten. Denn bei grösseren Datenmengen führte das dazu, dass das Netzwerk auf längere Zeit für alle anderen blockiert wäre.

Aus diesem Grunde werden beim Datenaustausch im Intra- und Internet immer nur kleine Pakete versandt, so dass auch andere die Chance haben, mitzureden und ihre eigenen Pakete zu versenden. Wie gross die Pakete sind und mit welchen Informationen sie abgeschickt werden (schliesslich sollen sie auch verständlich zum richtigen Empfänger kommen), regeln Protokolle. Sie legen fest, wie die Informationen formatiert und adressiert werden. Und wenn zwei Computer dasselbe Protokoll benutzen, dann verstehen sie einander auch.

Vom Betriebssystem werden alle wichtigen Protokolle unterstützt, die im Intra- und Internet Verwendung finden. Für das Netzwerk sind da vor allem wichtig:

AFP Client – das *Apple File Protocol*, wie es auf Systemen mit Mac OS 9 benutzt wird. Es funktioniert allerdings nur, wenn *TCP/IP* aktiviert ist.

CIFS – das *Common Internet File System* ist eine neuere Implementation des SMB-Protokolls von Microsoft, ist allerdings kein allgemeiner Standard.

FTP – das *File Transfer Protocol* ist ein Standard, mit dem Daten in *TCP/IP*-Netzwerken ausgetauscht werden können.

NFS Client – das *Network File System* ist das wichtigste Protokoll für den Datenaustausch in der UNIX-Welt.

PAP – das *Printer Access Protocol* wird beim Hintergrunddruck und beim Drucken auf Netzwerkdruckern benutzt.

Samba – die Implementation des SMB-Protokolls für UNIX-Systeme.

SLP – (*Service Location Protocol*) ist ein Protokoll, mit dem sich in einem IP-Netzwerk Ressourcen wie zum Beispiel Drucker, Server, Faxgeräte und so weiter automatisch finden lassen.

SMB – das Protokoll *Server Message Block* ist eines der meistbenutzten Transferprotokolle in Netzwerken zur gemeinsamen Nutzung von Dateien, Druckern etc. zwischen Computern.

TCP und *IP* – obwohl meist gemeinsam als *TCP/IP* bezeichnet, sind die beiden Protokolle *TCP* (*Transmission Control Protocol*) und *IP* (*Internet Protocol*) zwei verschiedene Protokolle, auch wenn sie dem Benutzer – via Benutzeroberfläche zur Verfügung gestellt – als einheitlich erscheinen.

UDP – das *User Datagram Protocol* ist ein besonders schnelles Protokoll, das häufiger bei Echtzeitanwendungen genutzt wird. Es ist so schnell, weil es den Empfang der Daten nicht überprüft, eignet sich deshalb aber auch nur für Programme, wo es keine Rolle spielt, ob alle Pakete ankommen.

Protokolle wie beispielsweise *FTP* (*File Transfer Protocol*) oder *AFP* (*Apple File Protocol*) können in Verbindung mit *TCP/IP* genutzt werden, um die Daten in ganz bestimmten Formaten zu übertragen. Dazu zählt natürlich auch *HTTP* (*Hypertext Transfer Protocol*), mit dessen Hilfe sich formatierte Texte und mehr übertragen lassen.

Da die Protokolle des Intra- und Internet immer mehr zusammenwachsen beziehungsweise in beiden Umgebungen benutzt werden, mag es interessant sein, den einleitenden Abschnitt *Internetprotokolle* im Kapitel *Internet* nachzulesen.

Wie Sie diese Protokolle ganz gezielt für sich und Ihre Wünsche nutzen können, das wird an passender Stelle beschrieben. So finden Sie beispielsweise Hinweise zu *FTP* im Abschnitt *Mac OS X als FTP-Server*.

TCP und IP

In einem lokalen Netzwerk werden die einzelnen Computer üblicherweise über eine Hardware-Adresse erkannt – das ist die so genannte *MAC*-Adresse (Media Access Control). Jeder Computer hat eine eindeutige *MAC*-Adresse und kann daran zweifelsfrei erkannt werden. Das genügt in einem lokalen Netzwerk auch vollauf, denn der Standort des Computers ist ja bekannt: er befindet sich im gleichen Netzwerk.

Das ist in etwa so, als würden Sie auf einer Geburtstagsfeier den Namen eines gerade erblickten Bekannten ausrufen. Da er sich im gleichen Raum befindet, kann er Ihren Zuruf hören und darauf reagieren.

Es wäre aber völlig vergeblich, wenn Sie auf derselben Geburtstagsfeier den Namen eines alten Schulfreundes rufen wollten, der gerade im Büro ist. Er kann Sie weder hören noch darauf reagieren.

Und genauso verhält es sich mit dem Internet, das nichts anderes ist als ein Zusammenschluss vieler lokaler Netzwerke. Und ebenso, wie Sie Ihren Schulfreund nur erreichen können, wenn Sie seine Telefonnummer samt der passenden Vorwahl kennen, können Sie einen Computer im Internet nur über die IP-Adresse erreichen. Sie definiert genau, wo und in welchem Netzwerk sich der betreffende Computer befindet.

IP-Adresse

Hier kommt die IP-Adresse ins Spiel, die ganz ähnlich wie eine Telefonnummer einzigartig ist (jeder Computer im Netzwerk hat eine separate) und die Sie kennen müssen, um diesen speziellen Computer zu erreichen. Ist so ein Computer einmal aufgrund seiner IP-Adresse erreicht, dann meldet der sendende Computer auch gleich seine eigene IP-Adresse, so dass der Datenverkehr in beiden Richtungen ablaufen kann.

IP-Adressen können statisch oder dynamisch vergeben werden: Wenn Sie in den Systemeinstellungen *Netzwerk* auf dem Reiter *TCP/IP* die manuelle Konfiguration auswählen und dann eine feste IP-Adresse wie zum Beispiel *169.254.137.28* eingeben, dann handelt es sich dabei um eine statische Adresse, die sich nicht ändert und voraussetzt, dass auch der angerufene Computer immer genau diese IP-Adresse beibehält.

Dynamische Adressen sind da, zumal im Internet, natürlich viel flexibler und in aller Regel erhalten Sie deshalb von Ihrem Internet Service Provider auch keine feste IP-Adresse zugeteilt, über die Sie Kontakt mit ihm aufnehmen, sondern eine Adresse wie *mac.com*. Die nach wie vor notwendige IP-Adresse wird dann dynamisch beim Verbindungsaufbau übermittelt.

Da die Anzahl der IP-Adressen begrenzt ist und nur für ein bestimmtes Netzwerk gilt, existieren dann auch noch die so genannten «Teilnetzmasken». Daran erkennt der Computer, ob sich die IP-Adresse im gleichen oder in einem entfernten Netzwerk befindet. Geräte, die mit Hilfe eines Switch oder Hub verkabelt sind, befinden sich im gleichen Netzwerk und müssen deshalb auch die gleiche Teilnetzmaske (wird auch als Subnetzmaske bezeichnet) haben, damit sie sich finden.

Mehrere Netzwerke dagegen werden mit Bridges, Gateways oder Routern verbunden. Diese Geräte schalten zum Teil die Netzwerke physikalisch zusammen, übernehmen aber auch die Aufgabe, Adressen aus dem einen Netzwerkbereich zu übernehmen und richtig in den anderen weiterzuleiten.

Eine Teilnetzmaske kann nun beispielsweise *255.255.255.0* lauten und korrespondiert damit mit der Ziffernfolge der IP-Adresse. Die *0* in der Teilnetzmaske gibt an, welches spezielle Gerät im Netzwerk angesprochen werden soll, während der restliche Teil der IP-Adresse das Netzwerk bezeichnet.

GRUNDWISSEN Am Beispiel festgemacht bedeutet das, wenn Gerät A die IP-Adresse *192.168.66.12* hat und Gerät B *192.168.66.33* zugewiesen wurde, wobei beide die Teilnetzmaske *255.255.255.0* besitzen, dass die spezielle Geräteadresse von Gerät A die *12* und von Gerät B die *33* ist – auch die *0* in der Teilnetzmaske findet sich ja an vierter «punktierter» Stelle. Die Nummer des Netzwerks lautet mithin *192.168.66*.

Anders sieht das aus, wenn beispielsweise folgende Werte vorliegen:

Gerät A	*192.168.66.12*
Teilnetzmaske	*255.255.255.0*
Gerät C	*192.168.64.128*

Hier versuchen sich ganz offensichtlich zwei Geräte zu unterhalten, die die Geräteadresse *12* beziehungsweise *128* haben – dies aber in völlig unterschiedlichen Netzwerken. Während Gerät A im Netzwerk *192.168.66* steht, befindet sich Gerät C im Netzwerk *192.168.64*.

Nun kann Gerät A nur mit anderen Geräten innerhalb seines eigenen Netzwerkes Kontakt aufnehmen und braucht für die Verbindung in andere Netzwerke Hilfe, einen so genannten «Router» nämlich. Obwohl ein Router auch andere Aufgaben übernehmen kann, etwa die eines Datei- oder Druckerservers oder die dynamische Vergabe von IP-Adressen, so besteht seine grundlegende Funktionalität doch im Routen – dem Weiterleiten von Informationen. Und die soll uns hier interessieren.

GRUNDWISSEN Ein «Router» – das kann ein Gerät oder auch Software sein – verbindet zwei IP-Netzwerke und sorgt mit Hilfe einer Routing-Tabelle dafür, dass eingehende IP-Adressen der richtigen Hardware-Adresse zugeordnet werden. So lassen sich lokales und globales Netz verbinden.

Wenn der Router die Anfrage von Gerät A erhält, entscheidet er zunächst, ob sich die Anfrage an ein Gerät im gleichen Netzwerk richtet oder nicht. Er sucht dann in anderen lokalen und globalen Netzwerken, bis er den angerufenen Computer gefunden hat, beziehungsweise bricht den Kontaktversuch nach einer bestimmten Zeitspanne ab.

Jetzt wird wohl auch deutlich, warum es so wichtig ist, IP-Adressen auch im lokalen Netzwerk exakt zu definieren. So sollten sich die Geräteadressen im lokalen Netzwerk immer nur in den letzten Ziffern hinter dem letzten Punkt unterscheiden (eine Teilnetzmaske von *255.255.255.0* vorausgesetzt), denn nur dann stimmt alles und das Netzwerk wird auch tatsächlich reibungsfrei funktionieren.

Vergeben sie in privaten Netzwerken eine IP-Adresse, die für die Nutzung vorgesehen ist. Dafür sind folgende Adressbereiche freigegeben: Class-A-Netz *10.0.0.0* mit der Teilnetzmaske *255.0.0.0*, Class-B-Netz *172.16.0.0* bis *172.31.0.0* mit der Teilnetzmaske *255.255.0.0*, und Class-C-Netz *192.168.0.0* bis *192.168.255.0* mit der Teilnetzmaske *255.255.255.0*.

HEISSER TIPP Wenn Sie auf einen *DHCP*-Server zugreifen können – diese Funktionalität bietet zum Beispiel eine *AirPort Basisstation* –, dann ist die Konfiguration ein wenig einfacher, denn dank *DHCP* (Dynamic Host Configuration Protocol) werden die IP-Adressen automatisch zugewiesen.

Wer das Ganze aufmerksam gelesen hat, dem wird auch aufgefallen sein, dass diese Zahlen wohl «irgendwie» mit Computerlogik zu tun haben – von 0 bis 255 etwa sind es exakt 256 Werte, und die wiederum entsprechen acht Bit und damit einem Byte. So hat es der Computer ganz besonders leicht.

Ganz anders der Anwender, dem es nicht unbedingt die reine Freude bereitet, solch exakte Zahlenfolgen eintippen zu müssen. Deshalb hat man sich glücklicherweise eine so bequeme Sache wie die *Name Server Address* einfallen lassen: Wenn Sie `www.apple.de` in Ihren Browser eintippen, dann ruft Ihr Computer den Server an und fragt ihn nach der richtigen IP-Adresse.

Systemeinstellung «Netzwerk»

Bereits im vorangegangenen Kapitel haben wir uns mit dieser Systemeinstellung beschäftigt und hatten dabei etliches zur Internet-Konfiguration zu sagen. Wenn Sie also einen Internetzugang konfigurieren möchten, dann schlagen Sie bitte weiter vorne nach. Hier soll es um das lokale, das physikalische Netzwerk gehen.

Um Ihr Netzwerk zu konfigurieren, gehen Sie prinzipiell wie folgt vor:

1. Im Pop-Up neben *Zeigen:* wählen Sie die Schnittstelle aus; beispielsweise *Ethernet (integriert)*.
2. Je nach gewähltem Verbindungstyp tauchen unterschiedliche Reiter auf, die im Fall einer Ethernet-Verbindung so aussehen:

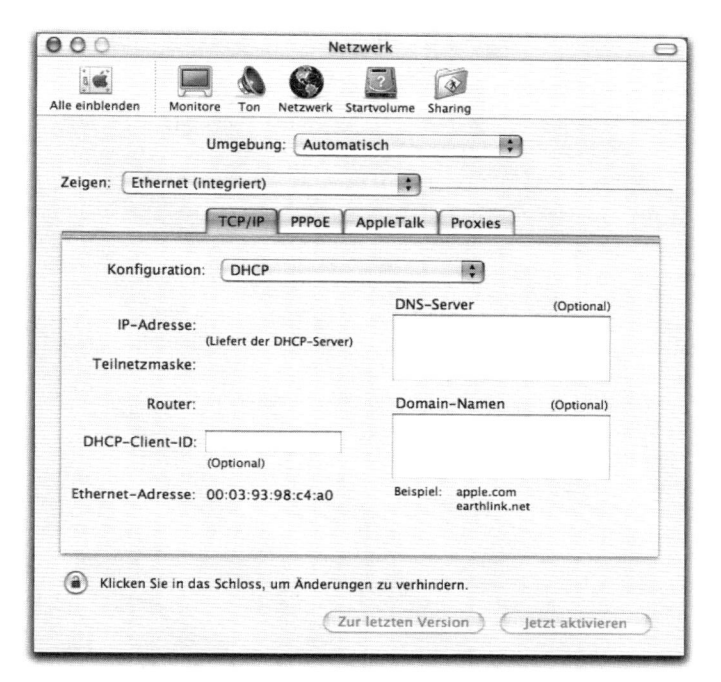

[Screenshot: Netzwerk-Systemeinstellung mit Reitern TCP/IP, PPPoE, AppleTalk, Proxies; Konfiguration DHCP; Ethernet-Adresse 00:03:93:98:c4:a0]

Hier geben Sie dann unter den einzelnen Reitern die richtigen Detailinformationen ein. Welche jeweils passend sind, können Sie im folgenden Abschnitt *Apple-Netzwerke* nachlesen.

POWER USER Alle Umgebungen können eine ganz besondere Eigenschaft annehmen: die automatische Auswahl des jeweils geeigneten unter mehreren Netzwerk-Anschlüssen. Siehe *Mehrere Verbindungen nutzen* im vorigen Kapitel *Internet* und den Abschnitt *Netzwerk-Tipps* weiter hinten.

Systemeinstellung «Sharing»

Hier legen Sie die Einstellungen fürs Intra- und Internet fest. Auf dem Reiter *Dienste* schalten Sie all die Zugriffsmöglichkeiten ein, die auf Ihrem Mac erlaubt sein sollen. So können Sie hier *File Sharing*, *Web Sharing* usw. einschalten. Die Option *Printer Sharing* gibt lokal angeschlossene Drucker im Netzwerk frei, so dass dann von anderen Macs aus via *Print Center* darauf zugegriffen werden kann.

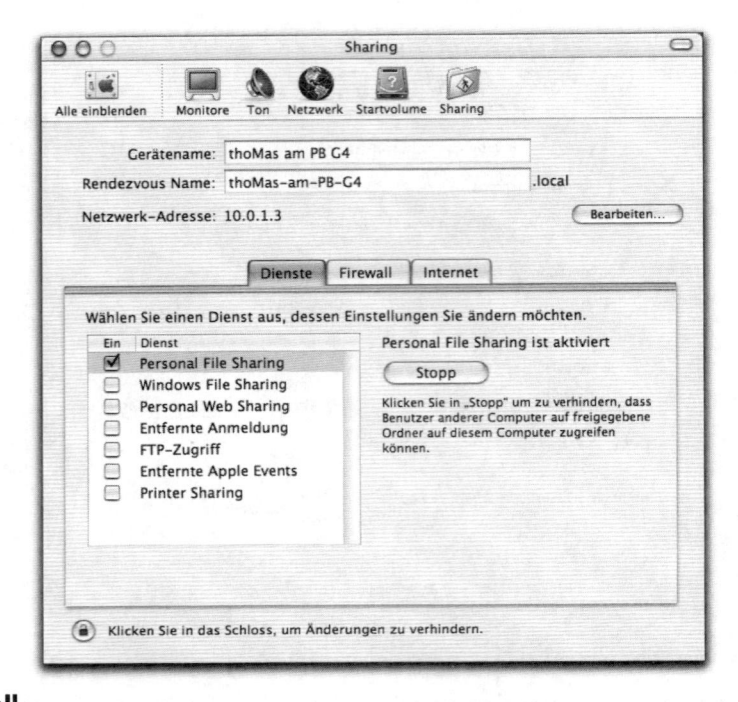

Firewall

Mac OS X hat eine so genannte *Firewall* eingebaut. Diese lässt sich entweder über das *Terminal* einstellen oder aber – viel bequemer, wenn auch nicht sehr flexibel – über die Systemeinstellung *Sharing* auf dem Reiter *Firewall*. Hier können Sie Filter für den Datenverkehr konfigurieren, die Angriffe von ausserhalb verhindern können.

BEDENKEN SIE! Wobei das kleine Wörtchen «können» hier sehr wichtig ist: Das Benutzen einer *Firewall* bedeutet noch lange nicht, dass der Rechner nach aussen hin wirklich so abgeschottet ist, wie Sie das gerne hätten.

Zur Erinnerung: Eine *Firewall* brauchen Sie ja sowieso nur dann, wenn ein Zugriff von aussen auf den Rechner prinzipiell möglich ist und auch sein soll. Die Haustür steht gewissermassen offen; die Firewall macht nur bestimmte Zimmertüren zu. Der Dieb hat aber einen Dietrich…

Kurz, nach mehr oder weniger einhelliger Meinung von Fachleuten ist die privat zusammengezimmerte Firewall kein wirklich ausreichender Schutz und wiegt in falscher Sicherheit.

Die eingebaute automatische *Firewall* von *Sharing* ist dennoch für den Einzelkämpfer nützlich, der keine permanente Webseite unterhält und nicht ständig im Internet erreichbar ist. Für die anderen gibt es bessere Alternativen:

- Sie lassen Ihre Webdienste bei einem Provider «hosten» – da kümmern sich Profis um die Sicherheit. Zusatzvorteil: Nur die für das Web bestimmten Daten verlassen das Haus und sind zugänglich.
- Sie lassen die *Firewall* von Profis einrichten und warten (täglich!).

Apple-Netzwerke

Um ein Macintosh-Netzwerk aufzubauen, müssen die beteiligten Rechner als Server oder Client (oder beides) konfiguriert werden. Ein Server stellt Daten oder Dienste (Fax, Drucker) im Netzwerk bereit, und ein anderer Rechner – der Client – kann diese Dienste des Servers nutzen respektive Daten mit ihm austauschen. Ein Macintosh kann beides gleichzeitig sein, Server und Client. Das heisst, er kann seine Dienste ebenso ins Netz stellen, wie er sich Dienste aus dem Netz holen kann. Je nach gewünschter Funktionalität ist der jeweilige Mac also als Server oder Client oder beides zu konfigurieren.

So kann beispielsweise ein Rechner mit Mac OS X als Server für einen anderen Mac mit Mac OS X dienen, gleichzeitig aber selber auf einen Mac mit Mac OS 9 zugreifen, der als Server konfiguriert ist.

Seit Version 10.1 klappt das tadellos in fast jeder Konstellation – wir konnten sogar auf einen alten Mac LC zugreifen, auf dem System 7.5 lief und *File Sharing* aktiviert war.

Umgekehrt ist es uns aber nicht gelungen, mit dem LC auf einen modernen Rechner mit Mac OS X und aktiviertem *File Sharing* zuzugreifen. Mit Mac OS 8, Mac OS 9 und OS X hingegen funktionierte jede Client-Server-Konfiguration.

Beachten Sie aber bitte, dass Mac OS X in den Versionen vor 10.1 auf *Apple-Share* nur per *TCP/IP* zugreifen kann. Das bedeutet, dass ein Rechner mit Mac OS X nur zu solchen Servern mit klassischem Mac OS Kontakt aufnehmen kann, in deren Kontrollfeld *File Sharing* sich die Option *Clients greifen auf File Sharing per TCP/IP zu* einstellen lässt. Als Server eignen sich damit nur Macs, auf denen System 9 läuft. (Klassische Clients dagegen müssen *TCP/IP* nicht unterstützen.)

HEISSER TIPP Wenn der Mac mit OS X und der alte Mac sich partout nicht im Netzwerk verstehen wollen, Sie aber Daten austauschen möchten, dann können Sie das über einen *FTP*-Zugriff realisieren. Am einfachsten geht das, wenn Sie den *FTP*-Zugriff unter Mac OS X aktivieren. Siehe Abschnitt *Mac OS X als FTP-Server*.

Auf dem Client starten Sie dann ein *FTP*-fähiges Programm wie zum Beispiel *Fetch*, *Anarchie* oder den *Internet Explorer* und tippen dort die Adresse des Servers ein, die etwa so lauten wird: *10.0.1.3*.

Die IP-Adresse des Servers erfahren Sie unter Mac OS X unter dem Apfel: *Systemeinstellungen... | Sharing | Netzwerk-Adresse*. Unter Mac OS 9 kann sie im Kontrollfeld *TCP/IP* abgelesen werden.

Mac OS X Client konfigurieren

Mit einem wie im Folgenden beschrieben konfigurierten Mac können Sie auf alle Macs zugreifen, die als Server konfiguriert wurden:

1. Starten Sie *Systemeinstellungen...* aus dem Apfelmenü und wählen Sie dort *Netzwerk* aus.
2. Rufen Sie das Pop-Up neben *Umgebung:* auf und legen Sie eine neue Umgebung an, die Sie nach Wunsch benennen.
3. Bei *Zeigen:* wählen Sie *Netzwerk-Konfigurationen*, deaktivieren all die Anschlüsse, die Sie in dieser Umgebung nie benutzen möchten (etwa das interne Modem) und wählen den Anschluss *Ethernet (integriert)* aus.
4. Jetzt wählen Sie unter dem Reiter *TCP-IP* neben *Konfiguration:* die Option *Manuell* aus. Vergeben Sie eine lokale IP-Adresse. Beachten Sie dabei die Hinweise unter *IP-Adresse* weiter vorn, um Konflikte zwischen Intra- und Internet zu vermeiden.

5. Aktivieren Sie auf dem Reiter *AppleTalk* die Option *AppleTalk aktivieren*.
Um auf einen anderen Mac zuzugreifen, wählen Sie im Finder den Menübefehl
Gehe zu | Mit Server verbinden... und wählen den Server aus:

Nach Druck auf den Knopf *Verbinden* müssen Sie sich mit Name und Passwort beim Server anmelden (diese Einstellungen werden auf dem Server – siehe dort – vorgegeben):

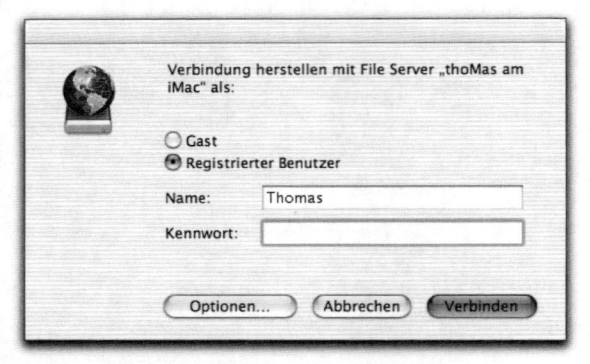

Daraufhin erscheint folgender Dialog, aus dessen Liste Sie sich das gewünschte Netzwerk-Volume aussuchen:

Dieses Volume wird dann «gemountet» und steht nun auf dem Client wie jedes andere Volume auch zur Verfügung. Die entsprechenden Zugriffsrechte vorausgesetzt (in der Konfiguration des Server festgelegt) können Daten kopiert, gelöscht, neu angelegt und Programme gestartet werden.

HEISSER TIPP

Ist so ein Netzwerk-Volume einmal gemountet, können Sie es in die Symbolleiste eines Fensters, auf das Favoriten-Symbol, auf den Schreibtisch oder ins Dock ziehen. Wenn Sie es dann später wieder anklicken, erscheint automatisch der Netzwerk-Dialog zur Verbindungsaufnahme.

Mac OS X Server konfigurieren

Um einen Macintosh, auf dem Mac OS X läuft, als Server zu konfigurieren, müssen Sie gar nicht mehr viel tun. Befolgen Sie zunächst die Schritte, wie sie eben unter *Mac OS X Client konfigurieren* geschildert wurden. Gehen Sie dann so vor:

1. Rufen Sie *Systemeinstellungen...* aus dem Apfelmenü auf und wählen Sie die Systemeinstellung *Sharing* aus (Abbildung hierzu siehe bitte nächste Seite, oben).
2. Wählen Sie auf dem Reiter *Dienste* die Option *Personal File Sharing* aus und drücken Sie den Knopf *Start*. Je nach Wunsch aktivieren Sie hier auch andere Dienste wie etwa *Windows File Sharing* (dann können Windows-PCs ohne weiteres auf Ihren Mac zugreifen). Im oberen Fensterbereich können Sie bei *Gerätename:* Ihren Computer noch benennen.
3. Wählen Sie die Systemeinstellung *Netzwerk* und auf dem Reiter *AppleTalk* die Option *AppleTalk aktivieren*.

4. Letztlich legen Sie – sofern noch nicht vorhanden – einen neuen Benutzer in den Systemeinstellungen an – siehe Abschnitt *Benutzer einrichten* weiter vorn. Er bekommt einen Namen und ein Passwort und kann sich dann mit genau diesen Einstellungen aus dem Netzwerk bei Ihrem Mac einloggen. Dabei gelten folgende Rechte:
- Loggt sich jemand als *Gast* ohne Namen und Passwort ein, dann sieht er auf dem Server nur die öffentlichen Ordner aller Benutzer und kann dort nur etwas hineinlegen.
- Loggt er sich als normaler Benutzer ein, dann kann er auf sein Heimatverzeichnis zugreifen (lesen und schreiben); in den Verzeichnissen anderer Benutzer ist ihm nur das Ablegen von Dateien gestattet, andere Volumes sieht er nicht.
- Hat er Administratorrechte (= *Benutzer darf diesen Computer verwalten*), dann sieht er alle Verzeichnisse und alle angeschlossenen Volumes und kann sich frei bewegen, hat aber keinen Zugriff auf die Ordner eines anderen Benutzers.

Die Zugriffsrechte sind unter Mac OS X zunächst äusserst restriktiv eingestellt. Solange Sie daran nichts ändern, können Gäste den einzelnen unter Mac OS X definierten Benutzern lediglich Dateien in die *Dropbox* des Ordners *Öffentlich* legen. Sie können diesen Ordner weder einsehen noch andere Dateien kopieren oder löschen. Soll mehr möglich sein, dann müssen Sie die Zugriffsrechte ändern:

1. Rufen Sie das Verzeichnis des fraglichen Benutzers auf, markieren Sie den Ordner *Öffentlich* und rufen Sie die Information dazu mit *Befehl-I* auf:

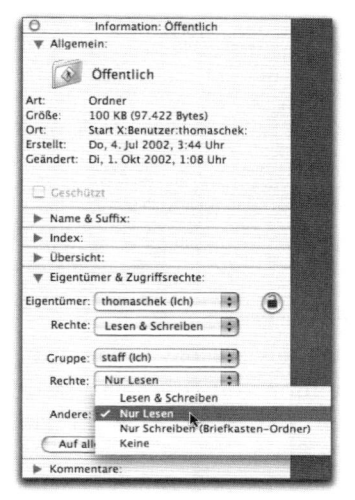

2. Hier können Sie nun die Zugriffsberechtigungen erweitern.

Die Option *Auf alle Unterordner anwenden* muss aktiviert werden, wenn alle in diesem Objekt enthaltenen Ordner genau dieselben Zugriffsberechtigungen erhalten sollen (obwohl sie vorher vielleicht andere hatten). Andernfalls bleiben allfällige unterschiedliche Einstellungen der Unterordner erhalten.

Ein Macintosh mit Mac OS X, der als Client konfiguriert ist (siehe weiter vorn), kann nun in genau der dort geschilderten Weise auf den Mac OS X-Server zugreifen.

Ein Macintosh, auf dem noch das klassische Mac OS läuft, muss zunächst als Client konfiguriert werden (siehe weiter unten) und kann dann über die *Auswahl* auf den Server zugreifen:

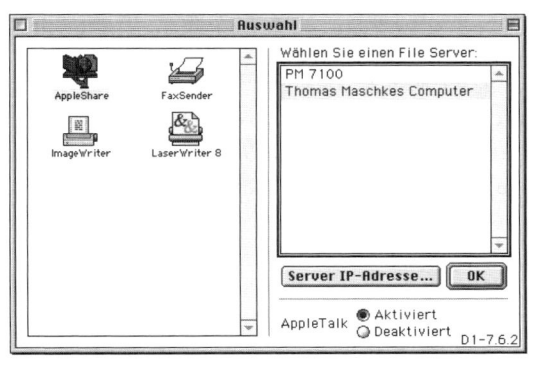

3. Wenn Sie in *Auswahl* den Knopf *OK* drücken und sich dann mit dem Server verbinden, wird in etwa folgender Dialog auftauchen:

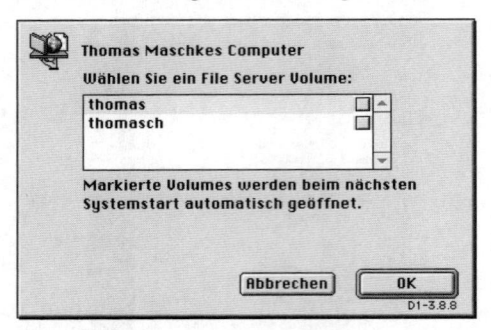

SMART DISC

Hier sei nochmals auf das Programm *SharePoints* hingewiesen, das die Definition von Benutzern und Gruppen ähnlich einfach wie unter dem klassischen Mac OS erlaubt und das Sie auf unserer *SmartDisc* finden.

Klassischen Client konfigurieren

1. Rufen Sie das Kontrollfeld *AppleTalk* im Ordner *Kontrollfelder* (im Apple-Menü) auf und teilen Sie Ihrem Macintosh mit, welchen Netzwerk-Anschluss Sie benutzen werden:

Selbstverständlich wird *AppleTalk* aktiviert (unter dem Knopf *Optionen…*).
2. Nun rufen Sie das Kontrollfeld *File Sharing* auf. Hier bekommt der Macintosh einen Namen, damit er im Netzwerk zweifelsfrei gefunden werden kann. Weiterhin können Sie hier die Netzwerkaktivität überprüfen.

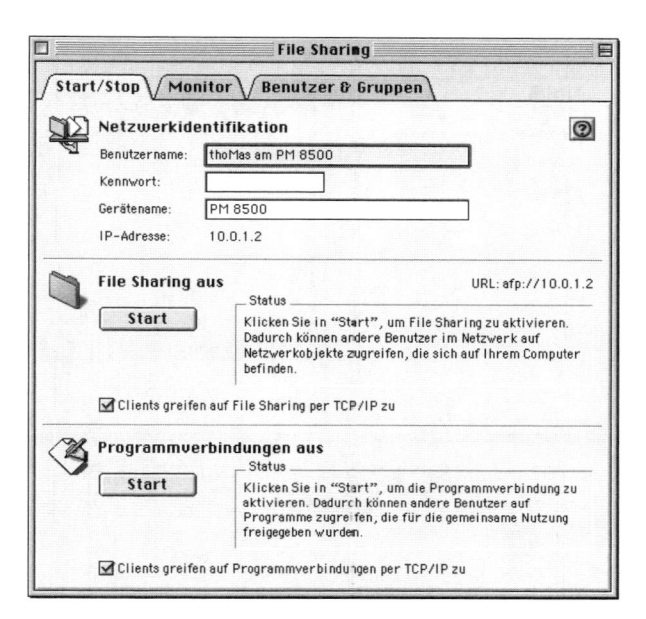

Ein Kennwort müssen Sie dann vergeben, wenn im Netzwerk erhöhte Sicherheitsbestimmungen gelten sollen und damit sich nicht jemand anderes – mit Ihrem Benutzernamen – im Netzwerk tummeln kann. Bleibt dieses Feld leer, so erfolgt keine Passwortabfrage.

3. Im Kontrollfeld *TCP/IP* wählen Sie neben *Konfigurationsmethode:* die Option *Manuell* aus. Vergeben Sie eine lokale IP-Adresse für diesen Rechner (beachten Sie dazu die Hinweise unter *IP-Adresse*).

4. Über die *Auswahl* können Sie nun auf den Server und die freigegebenen Ordner zugreifen:

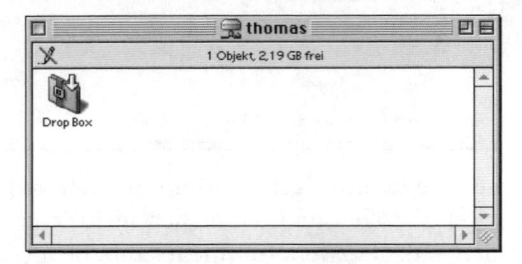

MERKET AUF! Prinzipiell sollte es übrigens möglich sein, auch von einem älteren Macintosh aus auf einen X-Server zuzugreifen. Uns ist es allerdings weder gelungen, einen älteren Power Macintosh mit System 7.6.1 noch einen Macintosh LC mit System 7.5.3 mit einem OS X-Server zu verbinden. Ein Client mit Mac OS 8 oder 9 dagegen machte keine Schwierigkeiten. Vielleicht haben Sie ja mit System 7 mehr Glück als wir.

Klassischen Server konfigurieren

Damit Macs auf einen Rechner zugreifen können, auf dem das klassische Mac OS läuft, wird der so konfiguriert:

1. Übernehmen Sie die Einstellungen, wie sie soeben unter *Klassischen Client konfigurieren* geschildert wurden.
2. Aktivieren Sie im Kontrollfeld *File Sharing* die Optionen *File Sharing starten* und *Clients greifen auf File Sharing per TCP/IP zu*.

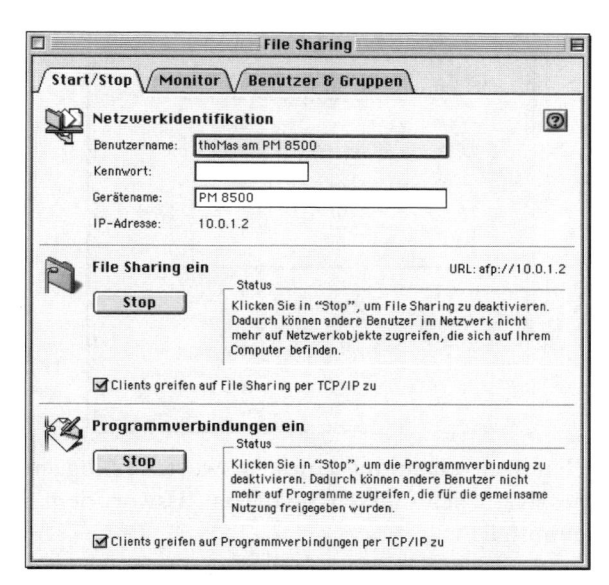

3. Wählen Sie jetzt im Kontrollfeld *File Sharing* den Reiter *Benutzer & Gruppen*. Klicken Sie auf den Knopf *Neuer Benutzer*. Augenblicklich öffnet sich ein Fenster, in dem Sie einen neuen Benutzer benennen und ihm seine Zugriffsrechte zuteilen können.

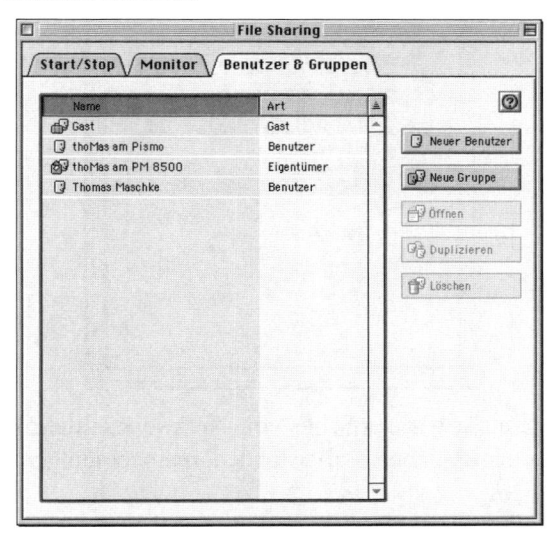

Am einfachsten benennen Sie diesen neuen Benutzer so, wie er sich auf seinem Macintosh nennt, denn dieser Name wird standardmässig in seinem Netzwerkdialog eingesetzt. Er kann sich zwar auch mit jedem anderen Namen einloggen, muss dazu aber den exakten Namen kennen. Das Passwort sowieso.

Soll sich dieser Benutzer nur mittels eines Passwortes einloggen können, dann vergeben Sie eines. Natürlich müssen Sie dieses Passwort dem Benutzer dieses Macintoshs auch mitteilen.

Ausser neuen Benutzern können Sie auch neue Gruppen – deren jede aus mehreren Einzelbenutzern besteht – definieren. Sie können einzelne Benutzer aus dem Fenster *Benutzer & Gruppen* in dieses neue Gruppenfenster ziehen. Jedes einzelne Gruppenmitglied erhält nun – auf Doppelklick hin – von Ihnen seine Zugangsrechte zugeteilt.

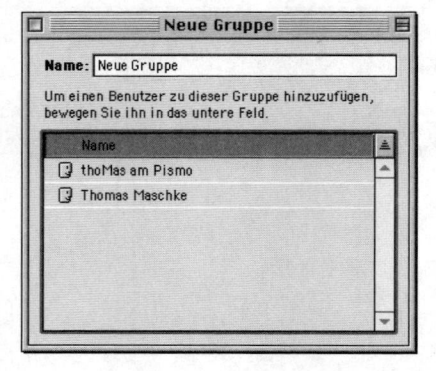

Damit können Sie einer ganzen Schar von Netzwerkteilnehmern den Zugang zu Ihrem Rechner ermöglichen – aber für jeden einzelnen genau festlegen, was er darf und was nicht.

4. Abschliessend müssen Sie noch festlegen, was Rechner, die aus dem Netzwerk auf Ihren Mac zugreifen, genau tun dürfen – und was nicht. Zugriffsrechte können Sie für eine komplette Festplatte oder auch nur für einzelne Ordner vergeben. Das geschieht im Finder unter *Ablage* unter dem Menüpunkt *Information | Gemeinsam nutzen*...

Es erscheint ein Fenster, in dem Sie für *Eigentümer*, *Mitbenutzer* und *Jeder* separat festlegen können, was diese jeweils tun dürfen: lesen und schreiben, nur lesen, nur schreiben, gar nichts. In der Regel wird der Eigentümer alles tun dürfen.

Der Unterpunkt *Zugriffsrechte auf enthaltene Ordner übertragen* muss dann aktiviert werden, wenn alle in diesem Objekt enthaltenen Ordner genau dieselben Zugriffsberechtigungen erhalten sollen (obwohl sie vorher vielleicht andere hatten). Andernfalls bleiben allfällige unterschiedliche Einstellungen der Unterordner erhalten.

Nehmen Sie die gewünschten Einstellungen vor und klicken Sie in das Schliessfeld des Fensters. Nach einer Sicherheitsabfrage haben Sie nun Ihr erstes Objekt im Netzwerk angemeldet. Gemeinsam genutzte Ordner sehen so aus:

MERKET AUF!

Die Tatsache, dass Mac OS X das Protokoll *TCP/IP* von den Servern verlangt, kann zu dem zunächst unverständlichen Effekt führen, dass der Mac OS X-Client nicht alle Rechner in einem Netzwerk sieht, obwohl alle Rechner im klassischen Netzwerk einander einwandfrei erkennen. Doch die Erklärung liegt auf der Hand: Mac OS X kann eben nur jene Server sehen, auf denen *File Sharing* per *TCP/IP* eingeschaltet ist. Alle anderen nicht.

Crashkurs Netzwerk einrichten

Hier eine Kurzzusammenfassung zur Einrichtung eines Netzwerkes für alle Kundigen und Ungeduldigen:

Netzwerk verkabeln und/oder via *AirPort* verbinden. Im *AirPort Admin. Dienstprogramm* gegebenenfalls auf dem Reiter *Netzwerk* die *AirPort to Ethernet-Bridge* aktivieren (einmal genügt für alle Rechner, da hiermit die Basisstation konfiguriert wird).

Server konfigurieren (in Klammern Angaben für das klassische Mac OS):
1. In der Systemeinstellung *Netzwerk* die richtigen Anschlüsse aktivieren (Kontrollfeld *AppleTalk*).
2. In der Systemeinstellung *Benutzer* einen neuen Benutzer anlegen (zum Beispiel «Kurtibub»), der die gewünschten Rechte erhält. Ein normaler Benutzer hat nur auf sein Benutzerverzeichnis Zugriff; einer mit Administrator-Rechten kann fast alles – das gilt auf dem lokalen Rechner wie im Netzwerk (Kontrollfeld *File Sharing*).
3. In der Systemeinstellung *Sharing* auf dem Reiter *Dienste* die Option *Personal File Sharing* aktivieren (Kontrollfeld *File Sharing*).
4. Lokal angeschlossene Drucker (via USB) können in der Systemeinstellung *Sharing* auf dem Reiter *Dienste* mit der Option *Printer Sharing* für das Netzwerk freigegeben werden (Kontrollfeld *USB Printer Sharing*).
5. In der Systemeinstellung *Netzwerk* auf dem Reiter *TCP/IP* die IP-Adresse manuell oder automatisch (bei vorhandenem Router) eingeben (Kontrollfeld *TCP/IP*).
6. In der Systemeinstellung *Netzwerk* auf dem Reiter *AppleTalk* die Option *AppleTalk aktivieren* wählen (Kontrollfeld *AppleTalk*).

Client konfigurieren:
1. In der Systemeinstellung *Netzwerk* die richtigen Anschlüsse aktivieren (Kontrollfeld *AppleTalk*).
2. In der Systemeinstellung *Netzwerk* auf dem Reiter *TCP/IP* die IP-Adresse manuell oder automatisch (bei vorhandenem Router) konfigurieren (Kontrollfeld *TCP/IP*).
3. In der Systemeinstellung *Netzwerk* auf dem Reiter *AppleTalk* die Option *AppleTalk aktivieren* wählen (Kontrollfeld *AppleTalk*).
4. Im Dienstprogramm *Print Center* den Netzwerkdrucker (an *AppleTalk*) hinzufügen und konfigurieren (Kontrollfeld *USB Printer Sharing*). Fertig.

Der Client kann sich jetzt mit Namen, Passwort und Zugriffsrechten von «Kurtibub» beim Server einloggen und dessen Drucker benutzen.

AirPort-Netzwerk

Möchten Sie via *AirPort* drahtlos auf ein vorhandenes Netzwerk zugreifen, dann ist die Vorgehensweise im Wesentlichen genau dieselbe wie soeben geschildert. Sie konfigurieren die Systemeinstellung *Netzwerk* exakt so wie auch für ein kabelgebundenes Netzwerk. Sie schalten *AppleTalk* ein, vergeben eine IP-Adresse und so weiter. Der einzige Unterschied: Statt des *Ethernet* wählen Sie *AirPort* als Netzwerkschnittstelle.

Doch dazu benötigen Sie eine *AirPort Basisstation*, denn die kann als Bridge zwischen *AirPort* und Ethernet fungieren. Die Basisstation muss mit dem Ehternet verkabelt werden und dann müssen Sie ihr mitteilen, dass sie Netzwerkaufgaben übernehmen soll. Die Konfiguration erfolgt im *AirPort Admin. Dienstprogramm* unter dem Reiter *Netzwerk*.

Wenn Sie den Punkt *AirPort to Ethernet-Bridge aktivieren* abhaken, dann schaffen Sie damit eine Verbindung zwischen dem drahtlosen und dem kabelgebundenen Netzwerk via Basisstation. Die *Bridge*-Funktion der Basisstation verbindet die beiden Netzwerke und sorgt dafür, dass es den Rechnern scheint, als befänden sie sich in ein und demselben Netzwerk.

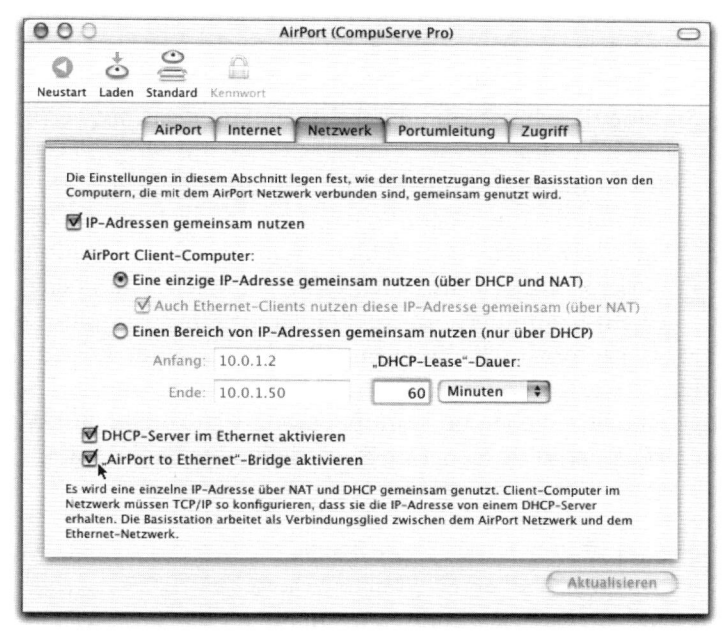

Und so wie Sie sich im Abschnitt *Mac OS X Client konfigurieren* einen Zugang ins Ethernet geschaffen haben, schaffen Sie sich jetzt einen drahtlosen Zugang in das Netzwerk:

1. Starten Sie *Systemeinstellungen...* aus dem Apfelmenü und wählen Sie dort *Netzwerk* aus.
2. Rufen Sie das Pop-Up neben *Umgebung:* auf und legen Sie eine neue Umgebung an, die Sie nach Wunsch benennen.
3. Bei *Zeigen:* wählen Sie *Aktive Netzwerk-Anschlüsse*, deaktivieren nicht benötigte Anschlüsse (wie zum Beispiel das interne Modem) und wählen den Anschluss *AirPort*.

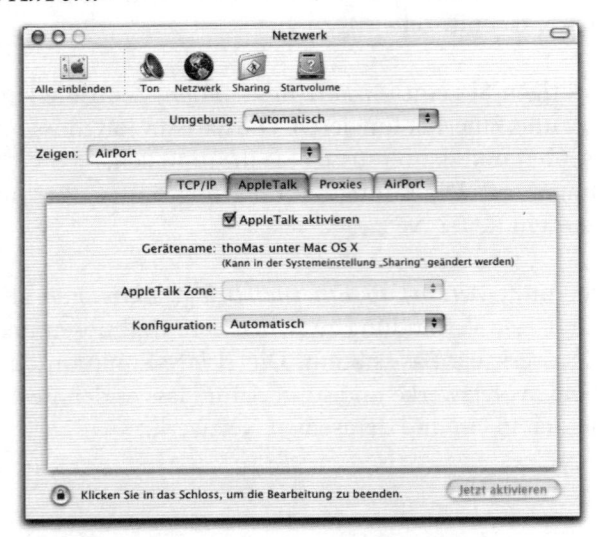

4. Tragen Sie eine IP-Adresse ein und aktivieren Sie *AppleTalk*. Fertig.

HEISSER TIPP Im Konfigurationsdialog des *AirPort Admin. Dienstprogramms* können Sie unter dem Reiter *Netzwerk* die Option *DHCP-Server im Ethernet aktivieren* wählen. Wenn Sie die Basisstation so konfigurieren, dass sie als *DHCP*-Server fungiert, dann liefert sie allen Client-Computern im Netz (auch im Ethernet, sofern diese Option abgehakt ist) automatisch eine eigene IP-Adresse. Dadurch wird die Konfiguration der Client-Computer einfacher, denn sie müssen die IP-Adressen nicht mehr manuell vergeben und eintippen, sondern können auf den Clients die Option *DHCP-Server* wählen. Den Rest erledigt die Basisstation.

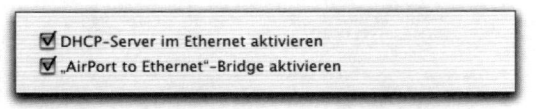

VORSICHT FALLE Ein *AirPort*-Netzwerk kann innerhalb der Reichweite der Basisstation (theoretisch etwa 50 Meter) prinzipiell von jedem anderen Computer erreicht werden, dessen drahtlose Netzwerktechnologie dem Standard *IEEE 802.11* folgt. Um das zu verhindern, sollten Sie natürlich Passwörter für das Einloggen vergeben, vor allen Dingen aber die Verschlüsselung *WEP* (Wired Equivalent Privacy) im *AirPort Admin. Dienstprogramm* aktivieren.

RAFFINIERT Eine *AirPort Basisstation* kann die Funktionalität eines *NAT*-Router und einer Bridge (*AirPort* <-> Ethernet) übernehmen. Möchten Sie einen Mac mit oder ohne *AirPort* als *NAT*-Router fürs Internet konfigurieren, dann schlagen Sie im vorigen Kapitel unter *Ein Internetzugang für mehrere Macs* nach. (Mit einem *NAT*-Router können mehrere lokale Rechner einen gemeinsamen Internetzugang gleichzeitig nutzen.)

Zwei Rechner via AirPort verbinden

Haben Sie zwei Macs mit *AirPort*-Karte, aber ohne *AirPort* Basisstation, dann können die beiden auch direkt kommunizieren. Das geht prinzipiell genauso, wie es soeben im vorangegangenen Abschnitt beschrieben worden ist.

Auf beiden Rechnern tun Sie Folgendes:

1. *AirPort* in der Systemeinstellung *Netzwerk* als aktiven Anschluss auswählen.
2. Je eine IP-Adresse auf dem Reiter *TCP/IP* vergeben (zum Beispiel 10.0.1.1 und 10.0.1.2).
3. *AppleTalk* auf dem gleichnamigen Reiter starten.

Weiter geht's mit dem Server (das ist der eine der beiden Macs, auf dessen Daten zugegriffen werden soll):

1. In der Systemeinstellung *Sharing* die Option *File Sharing* einschalten.
2. Im Programm *Internet-Verbindung* wählen Sie aus dem Pop-Up *Netzwerk:* die Option *Neues Netzwerk anlegen...* und tun genau das.

Jetzt sollten Sie vom anderen Mac aus mit dem Finderbefehl *Gehe zu | Mit Server verbinden...* den Verbindungsdialog initiieren können.

Klappt das nicht, dann geben Sie im Verbindungsdialog die *Adresse:* direkt ein: *afp://IP* – wobei «IP» natürlich die IP-Adresse des Servers meint, die Sie ja soeben definiert haben.

Netzwerk-Tipps

Natürlich können Sie mit einem dem Prinzip nach gleichen Vorgehen auch mehrere Netzwerkverbindungen konfigurieren. Und das, falls gewünscht, jeweils mit mehreren Anschlusskonfigurationen. Dazu definieren Sie neben *Umgebung:* mehrere verschieden benannte Netzwerkumgebungen. Zwischen denen können Sie dann umschalten.

RAFFINIERT

Mac OS X kann mehrere Netzwerkverbindungen gleichzeitig verwalten. So ist es beispielsweise kein Problem, einerseits eine *AppleTalk*-Verbindung über das Ethernet aufzubauen und gleichzeitig auch eine *PPPoE*-Verbindung (PPP over Ethernet) zum Internet zu unterhalten. Im Netzwerk-Konfigurationsdialog definieren Sie dazu einfach – in einer Umgebung – mehrere Verbindungen mit den gewünschten Parametern und ziehen sie dann im Dialogfenster in die gewünschte Reihenfolge: Das Betriebssystem arbeitet die Verbindungen der Reihe nach ab.

Das sieht in der Praxis so aus:

1. Starten Sie *Systemeinstellungen...* aus dem Apfelmenü und wählen Sie dort *Netzwerk* aus.
2. Rufen Sie das Pop-Up neben *Umgebung:* auf und wählen Sie eine Umgebung aus oder definieren Sie eine neue.
3. Bei *Zeigen:* wählen Sie *Netzwerk-Konfiguration*, deaktivieren nicht benötigte Anschlüsse (wie zum Beispiel das interne Modem) und duplizieren den Anschluss *Ethernet (integriert)*.

4. Jetzt wählen Sie im Pop-Up bei *Verbindung:* die erste (obere) Ethernet-Konfiguration und wählen unter dem Reiter *TCP-IP* neben *Konfiguration:* die Option *Manuell* aus. Vergeben Sie eine lokale IP-Adresse. Dazu ist unter anderem der Bereich von 192.168.0.1 bis 192.168.255.254 reserviert.

5. Für die zweite (untere) Ethernet-Konfiguration wählen Sie den Reiter *PPPoE*, aktivieren *PPPoE verwenden* und geben dann noch die Einstellungen für Ihren DSL-Zugang ein.

6. Das Ganze stellt sich dann in der Übersicht folgendermassen dar und sorgt in der Summe dafür, dass bei einem IP-Zugriff zuerst Ihr lokales Netzwerk durchsucht und dann auf die *PPPoE*-Verbindung zugegriffen wird.

Auf diese Weise können Sie nahtlos auf verschiedene Anschlüsse und Netzwerkdienste gleichermassen zugreifen.

POWER USER Durch die eben geschilderte Mehrfach-Konfiguration eines Netzwerk-Anschlusses lassen sich wirklich praktische Dinge realisieren: Beispielsweise könnten Sie eine Ethernet-Verbindung fürs Büro und eine *AirPort*-Verbindung für zu Hause in einer Umgebung definieren. Wenn Sie den Computer dann an eines dieser Netzwerke anschliessen, sucht er sich selbsttätig die richtige Konfiguration und verbindet Sie mit dem Netzwerk.

Sind die gewünschten Server und Clients erst einmal konfiguriert, dann ist auch in gemischten Netzwerken so einiges möglich. Beispielsweise ist es uns problemlos gelungen, einen schon etwas älteren *LaserWriter* mit betagter *LocalTalk*-Schnittstelle unter Zuhilfenahme der kostenlosen *LocalTalk-Bridge* von Apple in ein Ethernet zu integrieren und diesen Drucker dann drahtlos via *AirPort* von einem PowerBook anzusteuern. Nicht nur das, auch das «drahtlose Drucken» via *AirPort* aus Mac OS X heraus funktionierte problemlos.

Hier als Anregung für eigene Experimente das Prinzip dieses Netzwerkaufbaus, um bestimmte Server-Dienste in einem drahtgebundenen oder drahtlosen Netzwerk oder beiden zur Verfügung zu stellen:

1. Ein älterer Power Macintosh 8500 mit Mac OS 9.1 hat die notwendigen Netzwerkschnittstellen *EtherTalk* und *LocalTalk*. Es darf auch ein langsamerer, preiswerterer Mac wie etwa ein Power Macintosh 7100 oder ein Performa sein, wenn er nur als Druckerserver genutzt werden soll: Die Schnittstellen allerdings braucht er, und auch System 9 sollte darauf laufen.
2. An der *LocalTalk*-Schnittstelle ist der *LaserWriter* angeschlossen.
3. Über die Ethernet-Schnittstelle ist der Mac mit der *AirPort-Basisstation* verbunden.
4. Er ist wie unter *Klassischen Server konfigurieren* beschrieben eingerichtet worden.
5. Die *LocalTalk Bridge* von Apple (auf unserer *SmartDisc*) verbindet die beiden Netzwerke *LocalTalk* und *Ethernet*.
6. Das Programm *Printdesk Lite* (gleichfalls auf unserer *SmartDisc* zu finden) macht einen Druckerserver aus dem Mac. Damit können alle Macs aus *LocalTalk*-, *Ethernet*- und *AirPort*-Netzwerken diesen Drucker ansprechen. Da der *LaserWriter* sich auf *PostScript* versteht, können alle Rechner, auf denen eines der Betriebssysteme Mac OS 7 bis 9 oder Mac OS X läuft, mit ihm drucken.

7. Das PowerBook mit Mac OS X wurde wie unter *Mac OS X und AirPort* beschrieben konfiguriert und funkt seine Druckdaten drahtlos.

Und so druckt jetzt ein brandneues, hochmodernes Betriebssystem auf einem relativ alten Drucker über eine Schnittstelle, die es schon seit etlichen Jahren nicht mehr auf Macintosh-Rechnern gibt, ganz unbeeindruckt und so, als sei das alles völlig selbstverständlich.

Printer Sharing

Mit *Printer Sharing* kann ein lokal angeschlossener Drucker gemeinsam via *TCP/IP* über *Ethernet* im Netzwerk (drahtgebunden oder drahtlos) benutzt werden. Sobald so ein Netzwerk-Drucker eingerichtet ist, können andere Macs im Netzwerk diesen Drucker ansprechen und darauf drucken. Konfiguriert wird die ganze Sache so:

Auf dem Mac, an dem der Drucker angeschlossen ist:

1. Drucker anschliessen und einschalten.
2. In der Systemeinstellung *Sharing* auf dem Reiter *Dienste* die Option *Printer Sharing* aktivieren.

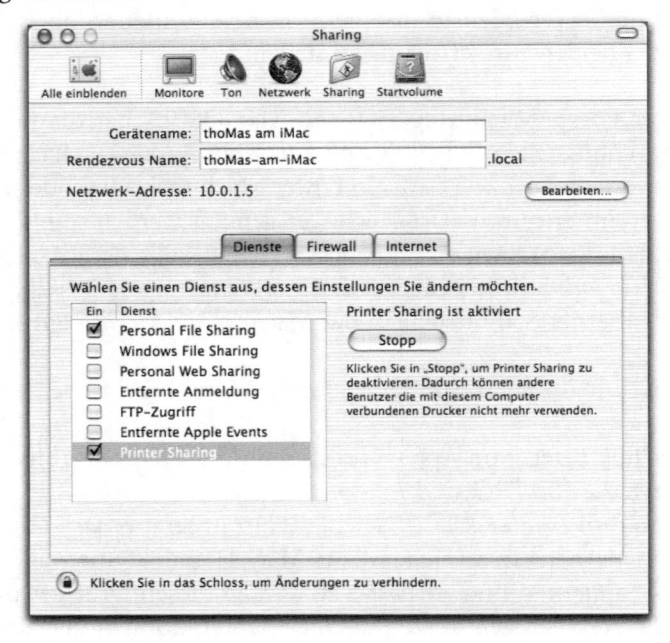

Auf dem Mac, der den Drucker nutzen möchte:

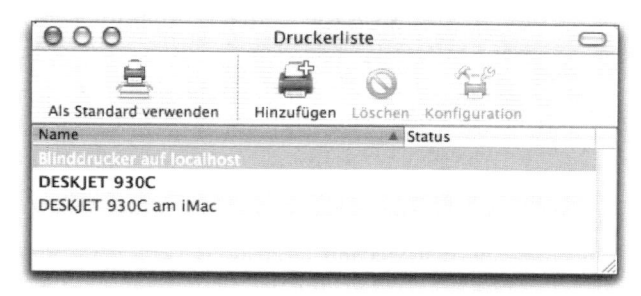

Der Drucker erscheint automatisch im *Print Center* und kann direkt im *Drucken*-Dialog angewählt werden.

Kontakt zu anderen Rechnersystemen

Mac OS X kann zu Ethernet- und Drahtlos-Netzwerken (nach Standard 802.11) unter den Betriebssystemen Mac OS, UNIX, Linux und Windows Kontakt herstellen.

Um einen Rechner mit Mac OS X als Client für ein Netzwerk zu konfigurieren, tun Sie dem Prinzip nach nichts anderes als bereits eingangs dieses Kapitels beschrieben:

1. In der Systemeinstellung *Netzwerk* Umgebung anlegen, Anschluss wählen.
2. *TCP/IP* konfigurieren.
3. *AppleTalk* einschalten.

Das wurde bereits ausführlich weiter vorne geschildert. Der Rest bleibt dann dem jeweiligen Server überlassen, der sich auf das *AppleTalk*-Protokoll verstehen muss. Dann bleibt alles einfach und gewohnt.

Mac OS X bietet aber auch die notwendigen Mechanismen, um andere Protokolle zu benutzen. Der Schlüssel dazu ist der Finderbefehl *Gehe zu | Mit Server verbinden...* Das, was Sie unten bei *Adresse:* eintippen, entscheidet über die Art der Kontaktaufnahme:

- *ftp://Adresse* verbindet mit einem *FTP*-Server.
- *afp://Adresse* verbindet mit einem *AppleShare*-Server. Hier kann auch der Verbindungsdialog zum Auffinden des Servers genutzt werden.
- *http://Adresse* verbindet mit einem *WebDAV*-Server.
- *nfs://Adresse* verbindet mit einem *NFS*-Server.
- *smb://Adresse* verbindet mit einem *SMB*-Server.

Als *Adresse* ist dabei entweder der Name oder aber die IP-Nummer des Servers einzugeben. Seit Version 10.1 ist auch die Kontaktaufnahme mit Servern möglich, die ihre Dienste per SMB, CIFS oder Samba zur Verfügung stellen. Dazu muss aber in jedem Fall eine eindeutige Adresse (*smb://URL* oder *IP-Adresse/ Freigabename* – keine Leerzeichen) eingetippt werden; der Mac zeigt die Server nicht wie bei *AppleShare* in einer Liste an.

Seit Mac OS X 10.2 alias *Jaguar* ist das alles noch ein wenig einfacher geworden, denn neben *AppleTalk*-Servern werden jetzt auch Windows-Server direkt im *Finder*-Dialog *Gehe zu* | *Mit Server verbinden...* angezeigt.

RAFFINIERT Das können Sie künftig etwas bequemer haben, wenn Sie ein Alias des Servervolumes anlegen. Beim nächsten Mal genügt dann ein Doppelklick auf das Alias, um den Login-Dialog aufzurufen.

Neben den in Mac OS X bereits integrierten Protokollen gibt es weitere Lösungen, die das Ganze etwas einfacher und komfortabler gestalten können. Wir wollen hier die prinzipiellen Möglichkeiten kurz anreissen, bei Interesse können Sie sich auf den genannten Websites genauer kundig machen:

- Mit *DAVE* (http://www.thursby.com) für den Macintosh lernt das Mac OS das Windows-Netzwerkprotokoll *NetBEUI/SMB*. Das ermöglicht gegenseitiges *File Sharing* und Druckerzugriff zwischen Windows und Mac OS. Die derzeit beste Lösung für kleine Netzwerke.
- *Windows NT Workstation* beherrscht *AppleTalk* so weit, dass es zum Drucker-Sharing ausreicht, nicht aber zum *File Sharing*.
- *Windows NT Server* dagegen kann als vollwertiger *AppleShare*-Server fungieren. Aber: Nur der Macintosh kann auf den NT-Server zugreifen, nicht umgekehrt.
- Ähnliche Dienste wie *Windows NT Server* stellt *HybinetteIP* (http://www.hybinette.com) den Mac OS Clients zur Verfügung. Das Programm ist recht schnell und dank IP-Unterstützung kann auch über das Internet (= Telefonleitung) auf den Server zugegriffen werden.

Wertvolle Informationen zum Vernetzen von Macs mit Windows bekommen Sie auf folgender Website: http://www.macwindows.com/servtips.html

VPN-Netzwerk

Im Programm *Internet-Verbindung* findet sich im Menü *Ablage* der Befehl *Neue VPN-Verbindung* (VPN = Virtual Private Network). Hiermit können Sie ein quasi-lokales Netzwerk über das Internet aufbauen.

Firmen beispielsweise bauen so ein VPN auf, damit die Mitarbeiter von ausserhalb auf das Firmennetzwerk zugreifen können, ohne dass der Datenverkehr gleich öffentlich wird.

In *Jaguar* respektive in *Internet-Verbindung* ist ein VPN-Client enthalten, der zu Windows- und Standard-VPN-Netzwerken Verbindung aufnehmen kann.

Mac und UNIX/Linux

Linux, das freie UNIX-ähnliche Betriebssystem, gibt es für verschiedene Plattformen. Neben Windows-Versionen existiert auch eine Version für den Macintosh. Gerade im Serverbereich wird Linux zunehmend genutzt, weil es frei und damit kostenlos ist, sehr stabil läuft und genau die Dienste besonders unterstützt, die ein Server-Betriebssystem bieten muss.

- Was sonst hunderte bis tausende von Mark kostet, ist unter Linux umsonst. Die Freeware *Netatalk* macht aus dem Linux-Rechner einen *AppleTalk* File- und Printserver. Informationen zur Installation und weitere Links unter `http://thehamptons.com/anders/netatalk/`. *Netatalk* gibt es auch für andere UNIX-Derivate wie zum Beispiel Solaris.
- Das kommerzielle Programm *EtherShare* (`http://www.promo.de/helios/`) macht aus SUNs oder anderen UNIX-Rechnern einen File- und Printserver für den Macintosh.

Mac OS X als Server

Die bislang genannten Lösungen eignen sich für ein so gennantes «Peer-to-Peer-Netz», in dem sich jeder Rechner als Server oder auch als Client anmelden kann. Die Netzwerkaufgaben erledigt er nebenher, während er auch noch für andere Zwecke genutzt wird. So ein Netzwerk gelangt mit fünf oder zehn beteiligten Rechnern an seine Grenzen.

In grösseren Netzwerken werden deshalb eigens Computer abgestellt, die nur als Server, als Diener mithin, bereitstehen und allen angeschlossenen Clients (Kunden) ihre Dienste zur Verfügung stellen. Dazu gibt es dann für die einzelnen Computer auch, je nach ihrer Bestimmung, spezielle Server- oder Client-Software (welche die Apple-Server so vergleichsweise teuer macht).

Hervorragende, sehr preiswerte Serverlösungen lassen sich unter Linux und jetzt auch Mac OS X realisieren. Für Windows gibt es die bekannten (und teuren) Server-Betriebssysteme *Windows NT*, *XP Professional* und *Novell NetWare*. All diesen Lösungen ist gemein, dass sie sich auch auf andere Netzwerkprotokolle verstehen. Das kann mit kostenlosen (Linux) oder aber kostenpflichtigen Erweiterungsmodulen geschehen (NetWare). In jedem Fall bedient dann so ein Server alle angeschlossenen Rechner, Peripheriegeräte und deren jeweilige Netzwerkprotokolle.

Dann gibt es natürlich auch noch *Mac OS X Server*, ein Mac-Betriebssystem, das Serverdienste zur Verfügung stellt. Es ist eine Mac-spezifische Lösung, die sich vor allem als Server für Macintosh-Rechner mit dem klassischen Mac OS eignet. Dafür bietet es einige ganz pfiffige Lösungen an. Beispielsweise kann ein Client über das Netzwerk gebootet werden und er holt sich dabei vom Server auch gleich die komplette Arbeitsumgebung (Programme, Ordner, Dokumente) ab. Dank des so genannten *NetBoot* kann sich ein Benutzer von einem beliebigen Mac aus ins Netzwerk einloggen und seine Arbeitsumgebung – und zwar ganz genauso, wie er sie gewohnt ist – aufstarten.

NetBoot

NetBoot ist eine Technologie von Apple, mit deren Hilfe sich Clients das Betriebssystem zentral von einem Server holen können. Jeder neuere Macintosh ist bereits als *NetBoot*-Client eingerichtet. Alles, was zu tun ist: Beim Systemstart wird die Taste *N* gedrückt oder aber im Kontrollfeld *Startvolume* wurde bereits vorher das Netzwerk als *Startvolume* ausgewählt. Daraufhin wird *NetBoot* aufgerufen und im Netzwerk nach einem entsprechenden *NetBoot*-Server gesucht (das ist ein Macintosh, auf dem das Betriebssystem Mac OS X Server läuft).

Hier kann sich nun der Client-Computer sein komplettes System abholen. Das hat in Netzwerken einige Vorteile:

1. Die Clients können zentral auf dem Server verwaltet werden.
2. Systemupdates können zentral auf dem Server vorgenommen werden.
3. Der Benutzer kann sich von jedem beliebigen Macintosh im Netzwerk beim Server anmelden und sich dort sein Betriebssystem und seine Einstellungen abholen.

Mac OS X als Server konfigurieren

Mac OS X Server kann zwar auch als Server für Windows und das Internet konfiguriert werden, erledigt dies aber mit Hilfe der kostenlosen Programme *Samba* und *Apache* – und die können Sie sich auch unter Mac OS X installieren.

Zugriff auf einen Mac-Server ist mit folgenden im «normalen» Mac OS X bereits integrierten Protokollen möglich:

- *File Transfer Protocol* (FTP)
- *Web Sharing* (HTTP)
- *Secure Shell* (SSH)

Dazu wird in der Systemeinstellung *Sharing* auf dem Reiter *Dienste* einfach *FTP-Zugriff* respektive *Personal Web Sharing* aktiviert, um beliebigen FTP- oder Web-Clients von anderen Plattformen aus den Zugriff zu ermöglichen – siehe folgende Abschnitte.

Um die *Secure Shell* zu aktivieren, wird die Option *Entfernte Anmeldung* abgehakt.

Und mit der Server-Applikation *Samba* lassen sich Daten mittels des *CIFS/ SMB*-Protokolls im Netzwerk zur Verfügung stellen. Das heisst nichts anderes, als dass Sie Daten in einem Windows-Netzwerk bereitstellen können. Windows-Rechner können damit auf die Ressourcen von Mac OS X und Mac OS X auf die *NetBios*-Ressourcen zugreifen.

Als «echte» UNIX-Applikation hat *Samba* den Vorteil, dass es sehr weitgehend konfigurierbar ist. Den Nachteil wollen wir jedoch nicht verschweigen, nämlich dass es über ASCII-Dateien gesteuert werden muss. Doch die Benutzerfreundlichkeit von Mac OS X, auf die viele wohl nicht verzichten möchten, trägt auch hier erste Früchte: Mit der kostenlosen Netzwerksoftware *Samba X* steht eine Benutzeroberfläche für *Samba* zur Verfügung, die gleichfalls einen Samba-Server unter Mac OS X installiert und unter der GNU Public License vertrieben wird

Informationen und die jeweils neueste Version finden Sie unter `http://xamba.sourceforge.net/`.

POWER USER — In der Kombination mit einem Utility wie *BatChmod*, das die Rechte mittels *chmod* setzen und damit die Beschränkungen der Benutzerverwaltung unter Mac OS X aufheben kann, ist es möglich, einen ausgewachsenen Server aufzusetzen, der einem Linux-Server in nichts nachsteht!

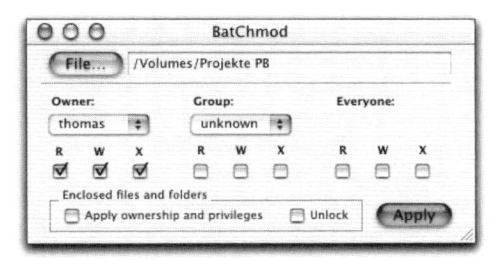

Letztlich ist es natürlich auch möglich, Mac OS X einfach als *AppleShare*-Server zu konfigurieren (siehe Abschnitt *Mac OS X Server konfigurieren* weiter vorn) und dann den Clients die Aufgabe zu übertragen, dieses Protokoll zu benutzen. Das ist dann interessant, wenn in einem Apple-Netzwerk ein paar wenige «fremde» Clients auftauchen.

Mit *PC MacLan* für *Windows* können Windows-Anwender auf ein *AppleShare*-Netzwerk und die freigegebenen Verzeichnisse und Festplatten zugreifen und Druckaufträge zu allen *AppleTalk*-Druckern im Netz verschicken. Mac-Anwender können im Gegenzug unter Windows freigegebene Verzeichnisse sowie am Windows-Rechner angeschlossene Drucker nutzen (`http://www.brainworks.de`).

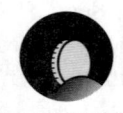

PC MacLan für Windows 3.x ist seit einiger Zeit kostenlos!

GELD GESPART

Mac OS X als FTP-Server

Mac OS X bietet einen Mechanismus, mit dessen Hilfe Sie von praktisch jedem Rechner dieser Welt aus auf den Mac zugreifen können: Rufen Sie *Systemeinstellungen...* unter dem Apfel auf und aktivieren Sie unter *Sharing* den Punkt *FTP-Zugriff aktivieren*.

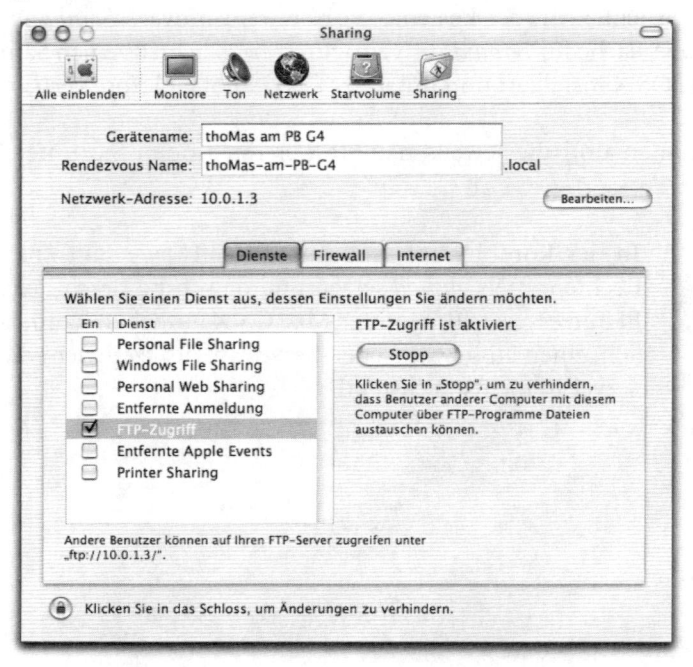

Damit können andere Benutzer aus dem Inter- oder Intranet mit einem *FTP*-fähigen Programm (*FTP* beherrschen auch die meisten Browser) auf Ihren Mac zugreifen. Ein Besucher aus dem Intra- oder Internet kann sich dann von seinem FTP-Programm aus bei Ihnen einloggen. Dazu muss er einen Benutzernamen samt Passwort und die Adresse Ihres Servers kennen, die in einem privaten Netzwerk so lauten kann: *10.0.1.3*.

Jetzt sollte sich der *FTP*-Server nach Eingabe der IP-Adresse melden und der *FTP*-Client kann sich mit einem Benutzernamen und Passwort (das ist einer der Benutzer, wie er unter Mac OS X in *Systemeinstellung… | Benutzer* definiert wurde) einloggen und Dateien holen wie senden.

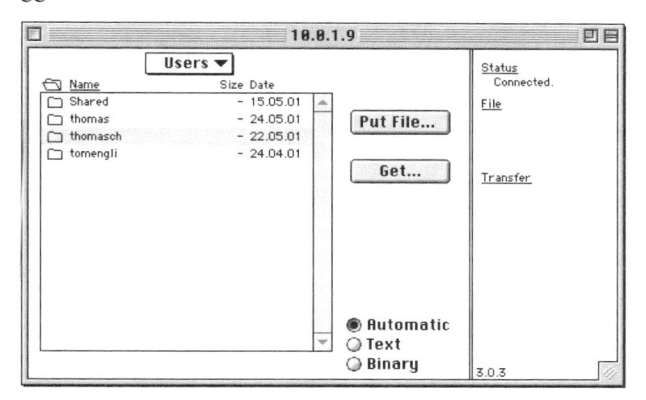

Ein *FTP*-Client könnte für einen anderen Macintosh das Shareware-Programm *Anarchie* sein, für einen Windows-Rechner gibt es das kostenlose *WS FTP LE* und für UNIX das gleichfalls kostenlose *lftp*. Im Internet und auf Shareware-CDs lassen sich *FTP*-Clients für nahezu jedes Rechnersystem finden.

VORSICHT FALLE Die Zugriffsrechte sollten dabei eigentlich wie eingestellt gelten (siehe Abschnitt *Benutzer* weiter vorn). Aber – zumindest bei uns hatte der per *FTP* eingeloggte Benutzer weit mehr Rechte und Möglichkeiten als via Konsole: So konnten wir beim *FTP*-Zugriff alle Dateien und Verzeichnisse einsehen; nicht nur die jeweiligen Benutzerverzeichnisse.

Das aber lässt sich – natürlich – unter Mac OS X beheben. Der mitgelieferte *FTP*-Dämon *ftpd* erlaubt es, den *FTP*-Server exakt zu konfigurieren, Benutzer einzulassen und auszuschliessen, Verzeichnisse zu sperren und freizugeben und so weiter. *man ftpd* – im *Terminal* eingegeben – weiss mehr.

SMART DISC

Wer einen *FTP*-Server einrichten möchte, sollte sich auch einmal Alternativen wir *CrushFTP* (Shareware, http://www.crushftp.com/) oder *ProFTPD* (GPL-Lizenz, http://www.proftpd.org/) ansehen. Sie finden die Programme auf unserer *SmartDisc*, neuere Versionen und viele Informationen auf den genannten Webseiten.

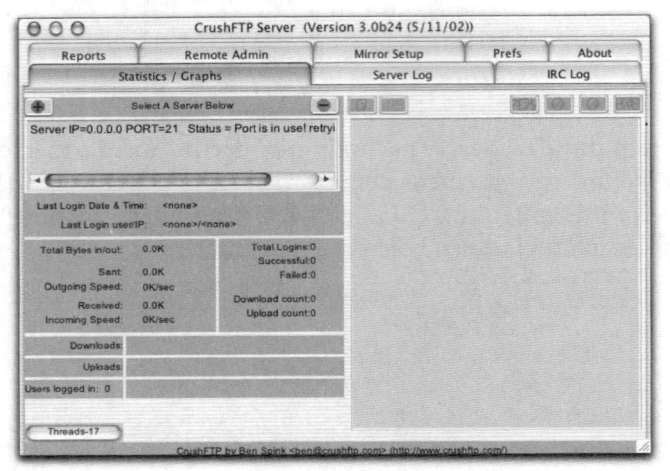

Mac OS X als Webserver

Web Sharing wird standardmässig installiert und ist dann nützlich, wenn Rechner im Intranet oder Internet zusammengeschlossen sind. Das Intranet ist gewissermassen ein internes Internet: Im Gegensatz zu einem normalen Netzwerk baut das Intranet auf den Protokollen des Internet auf, was wiederum bedeutet, dass im Intranet die verschiedensten Plattformen zusammengeschlossen sein können und einander anstandslos verstehen. Dazu werden dieselben Programme benutzt wie im Internet auch.

Solange Ihr Computer eine aktive TCP/IP-Verbindung (Intranet oder Internet) unterhält und Ihr *Web Sharing Server* aktiv ist, können andere Teilnehmer im Netz auf diesen Ordner mit ihren Browsern (egal, welcher auf welcher Plattform läuft) zugreifen.

Definieren Sie eine IP-Adresse in der Systemeinstellung *Netzwerk | TCP/IP* für Ihren Rechner (oder lesen Sie die Adresse ab, die der *DHCP*-Server an den Rechner vergeben hat) und teilen Sie diese den Netzwerkteilnehmern mit, nebst der Tatsache, dass Sie jetzt «online» sind.

Die IP-Nummer, die Sie vergeben, sollte leicht zu merken und konfliktfrei sein (siehe weiter vorne, im Abschnitt *IP-Adresse*).

Rufen Sie also die Systemeinstellung *Sharing* auf und starten Sie *Personal Web Sharing*.

RAFFINIERT Und jetzt machen Sie sich unbedingt die Freude, starten Ihren Web-Browser und tippen die IP-Adresse Ihres Rechners in die Adresszeile ein (erfahren Sie in der Systemeinstellung *Sharing*): *http://10.0.1.6* etwa. Und dann kommt das:

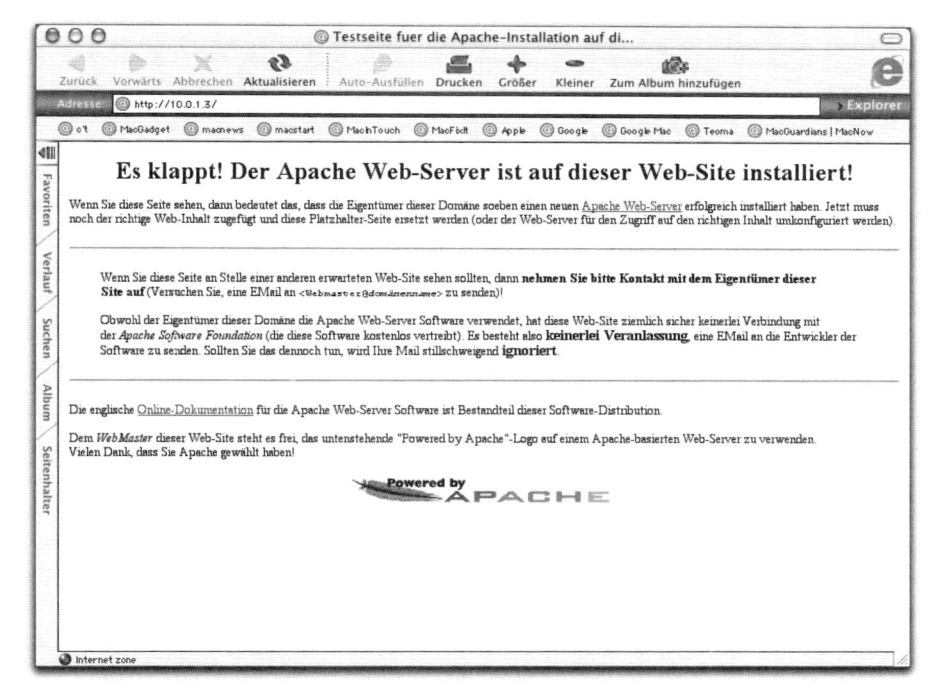

Herzlichen Glückwunsch! Sie haben soeben den *Apache*-Webserver aktiviert. Und können sich nun anhand des Manuals damit vertraut machen:

Selbstverständlich hält auch hierzu die Mac OS X-Fangemeinde einige Hilfsmittel bereit: *Apache Protect* (http://homepage.mac.com/onar/apache-protect/) ist eine grafische Oberfläche zur Konfiguration des *Apache* Servers. Und mit *webmin* (http://www.webmin.com) lässt sich *Apache* bequem mit einem Browser konfigurieren.

Kopieren im Netzwerk

Beim Kopieren in Netzwerken taucht des Öfteren das Problem auf, dass typische Macintosh-Daten zwar versandt werden können, aber defekt ankommen, weil das Netzwerkprotokoll den Ressourcenzweig einer Datei nicht berücksichtigt. Dasselbe Problem tritt auch beim Kopieren von einem *HFS*- auf ein *UFS*-Volume auf, da Letzteres keine mehrfachen Datenzweige kennt.

Für Dateioperationen unter Mac OS X (auch in Netzwerken) hat Apple dieses Problem relativ elegant und einfach gelöst: Wird eine Datei von einem *HFS+* auf ein *UFS*-Volume kopiert, dann trennt der Finder jene Informationen ab, die sich nicht im Datenzweig befinden (das sind im Speziellen *Type* und *Creator*) und schreibt diese Information in eine unsichtbare Datei, die im gleichen Pfad wie die restliche Datei liegt. Kopieren Sie beispielsweise die Datei *Bild 1* auf ein *UFS*-Volume, dann findet sich dort bei dieser Datei auch eine unsichtbare Datei *._Bild 1*.

Kopiert der Finder umgekehrt eine Datei von einem *UFS*- auf ein *HFS* oder *HFS+*-Volume, dann sucht er nach dieser unsichtbaren Datei. Findet er eine, dann erzeugt er eine *HFS*-Datei unter Einbeziehung der Informationen aus der unsichtbaren Datei. Existiert keine unsichtbare Datei, dann besitzt die kopierte Datei auch keinen Ressourcenzweig.

Fernsteuerung

System-Administratoren (das sind die, die ganze Rechnerbatterien am Laufen halten), Netzwerk-Administratoren (die machen dasselbe für grosse Netzwerke) und Servicetechniker (die wir hoffentlich nie brauchen, die aber zu Zeiten sehr hilfreich sein können) werden sicher heilfroh sein, wenn sie aus der Ferne auf einen Rechner zugreifen und ihn bedienen können. Praktisch kann das natürlich auch in einem (kleinen) Netzwerk sein, um an einem Rechner zu arbeiten und dabei einen anderen immer mal wieder zu kontrollieren und zu steuern – zum Beispiel, wenn dieser aufwendige Berechnungen durchführt.

Es gibt eine ganze Reihe von Lösungen für dieses Problem, und obwohl ich deren Notwendigkeit für meine Belange nicht so recht zu erkennen vermag, muss es wohl ein gar nicht so kleines Bedürfnis dafür geben. Manche Lösungen sind gut, manche sind teuer, manche sind kostenlos. Die besten sind natürlich die, die ebenso gut wie kostenlos sind.

Das bekannteste und beste kommerzielle Programm zur Fernsteuerung (nicht nur) von Macs ist Netopias *Timbuktu Pro* (http://www.netopia.com/), das auf alle möglichen Arten (Telefonleitung, Internet, Netzwerk) auf den Rechner zugreifen und ihn steuern kann.

VNC

Besonders interessant, weil kostenlos und dabei sehr leistungsfähig, ist *VNC* (Virtual Network Computing). Auf dem Rechner, der gesteuert werden soll, muss eine *VNC*-Serverapplikation laufen, die es augenblicklich für Windows, UNIX, Linux und Macintosh gibt (das Projekt wird ständig weiterentwickelt).

Der *VNC*-Server schickt den Bildschirminhalt seines Rechners an den Client, und der Anwender kann den Rechner mit dem Client bedienen, als sässe er direkt davor. Und das plattformübergreifend: Mac OS X kann so mit einem *VNC*-Client einen Windows-Rechner mit *VNC*-Server steuern. Gegenüber anderen Lösungen hat das den Vorteil, dass man von überall (und von jeder Plattform aus) mit der recht kleinen Client-Software auf den Rechner zugreifen und ihn steuern kann.

Ein Clou ist auch, dass es eine Client-Applikation gibt, die in Java programmiert ist und damit auf jedem Rechner läuft, der einen Java-fähigen Browser besitzt. Es gibt aber auch native Clients. Es lohnt sich, die Site `http://www.uk.research.att.com/vnc/index.html` immer mal wieder zu besuchen.

Hier eine Kurzanleitung für den erfolgreichen Ersteinsatz von *VNC*:

1. Starten Sie auf dem Rechner, den Sie bedienen möchten, den *VNC*-Server.
2. Schauen Sie sich das Informationsfenster und hier im Besonderen die IP-Adresse an, da Sie diese unter Umständen gleich noch benötigen werden.
3. Vergeben Sie einen Namen und ein Passwort für das Display; damit können Sie sich später anmelden.

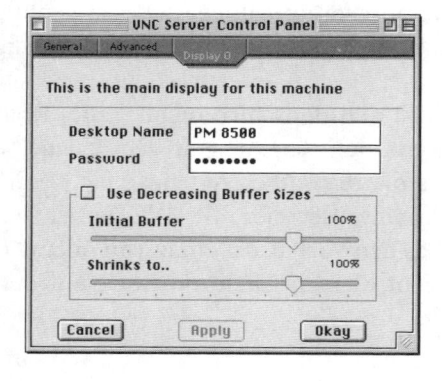

4. Starten Sie den *VNC Viewer* auf dem Steuerrechner und bauen Sie die Verbindung auf:

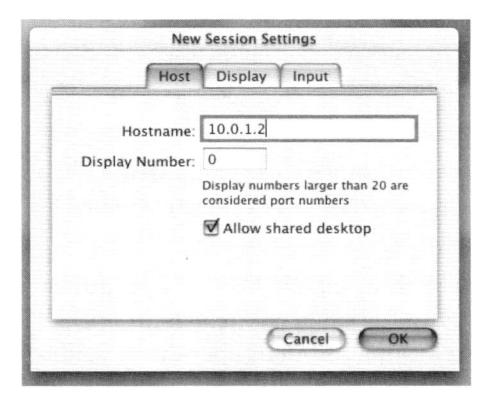

Geben Sie hier einfach den Namen des *VNC*-Servers ein. Die Passwortabfrage erscheint und nach dem Einloggen können Sie den anderen Rechner bedienen. Klappt die Verbindung nach Eingabe des Server-Namens nicht, dann versuchen Sie es mit der IP-Nummer. Das sollte auf jeden Fall funktionieren.

telnet und ssh

Wer es etwas spartanischer liebt respektive lieber auf die standardmässig installierten Dienste vertraut, der findet in *telnet* und *ssh* (Secure Shell) entsprechende Alternativen.

Die Programme *telnet* respektive *ssh* stellen gewissermassen eine abgespeckte Version des soeben besprochenen *VNC* dar, denn mit ihnen lassen sich lediglich textbasierte UNIX-Systeme über die *CLI* (Command Line Interface) steuern. Dies aber in sehr weitgehendem Masse, denn wenn der Benutzer die passenden Zugriffsrechte besitzt, kann er den entfernten Rechner via *telnet* respektive *ssh* von überall auf der Welt ganz so bedienen, als sässe er direkt an dessen Tastatur.

Gegenüber *VNC* hat diese rein textbasierte Befehlsübermittlung den grossen Vorteil, dass dabei nur sehr geringe Datenmengen anfallen und deshalb die Befehlsübermittlung auch in Netzwerken mit geringer Bandbreite flott und verzögerungsfrei erfolgt.

Wenn Sie unter *Systemeinstellungen...* | *Sharing* die Option *Entfernte Anmeldung* abhaken, dann können Benutzer von einem anderen Computer aus, der sich auf *ssh* versteht, auf diesen Macintosh zugreifen und ihn aus der Ferne steuern.

Standardmässig benutzte MAC OS X zunächst *telnet*, das allerdings alle Daten und Passwörter unverschlüsselt überträgt. Zumindest bei Verbindungen über das Internet ist deshalb *ssh* die bessere Alternative. Mit dem ersten Update auf 10.0.1 wurden die Dienste *telnet*, *rlogin* und *rsh*, die ursprünglich aktiviert waren, gegen das sicherere *OpenSSH* ausgetauscht.

SMART DISC

Komfortabel können Sie *ssh* mit dem Hilfsprogramm *SSH Admin* konfigurieren, das Sie auf unserer *SmartDisc* finden.

Das Programm *ssh* verschlüsselt die Daten nicht nur, sondern bietet darüber hinaus noch mehr Funktionalität als *telnet*. So enthält es zum Beispiel das Werkzeug *scp* (Secure Copy), mit dem über die verschlüsselte Verbindung Dateien zwischen zwei Rechnern kopiert werden können (ähnlich wie FTP).

In speziellen Fällen dürfte auch die Möglichkeit hochinteressant sein, eigentlich unsichere und nicht verschlüsselte Verbindungen wie *FTP* und *POP* mit Hilfe von *ssh* zu «tunneln» – das heisst, die Protokolle werden über *ssh* umgeleitet und dabei verschlüsselt.

HEISSER TIPP

Mit dem Shareware-Programm *Tooldaemon* (http://www.douwere.com/shareware/default.html) können auch Macs mit klassischen Betriebssystem-Versionen mittels eines *telnet*-Client angesprochen werden und lassen sich dann per *telnet* fernsteuern.

Falls Sie wieder zu dem Dienst *telnet* zurückkehren möchten, dann befolgen Sie diese Schritte:

1. Öffnen Sie das Programm *Terminal* und tippen Sie *sudo pico /etc/inetd.conf* ein und bestätigen Sie mit *Return*.
2. Geben Sie Ihr Administrator-Passwort ein und bestätigen Sie mit *Return*.
3. Die Datei *inetd.conf* wird im Texteditor *pico* geöffnet und Sie können mit den Pfeiltasten durch den Text navigieren.
4. Suchen Sie nach *telnet*; das Zeichen # zeigt an, dass *telnet* auskommentiert ist, das heisst, dieser Dienst wird nicht benutzt. Löschen Sie das Zeichen #.
5. Mit *Control-O* können Sie Ihre Änderungen sichern und mit *Control-X* verlassen Sie den Editor *pico*.

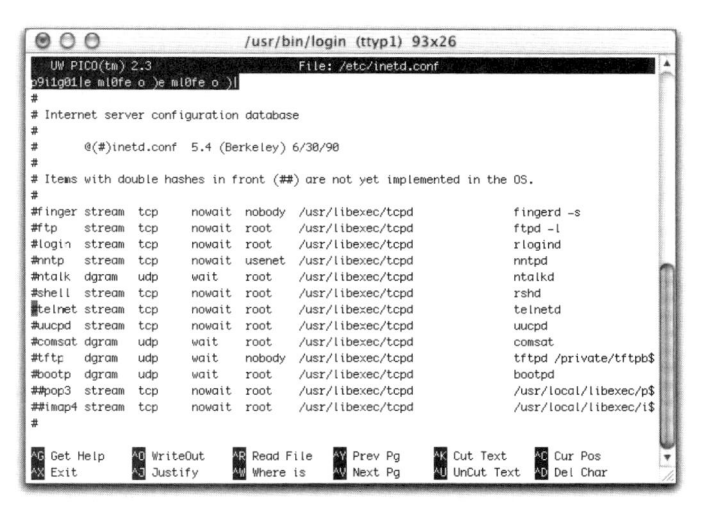

```
                          /usr/bin/login  (ttyp1) 93x26
   UW PICO(tm) 2.3                    File: /etc/inetd.conf
b9i1g0ile m10fe o )e m10fe o )|
#
# Internet server configuration database
#
#       @(#)inetd.conf  5.4 (Berkeley) 6/30/90
#
# Items with double hashes in front (##) are not yet implemented in the OS.
#
#finger  stream  tcp   nowait  nobody  /usr/libexec/tcpd      fingerd -s
#ftp     stream  tcp   nowait  root    /usr/libexec/tcpd      ftpd -l
#login   stream  tcp   nowait  root    /usr/libexec/tcpd      rlogind
#nntp    stream  tcp   nowait  usenet  /usr/libexec/tcpd      nntpd
#ntalk   dgram   udp   wait    root    /usr/libexec/tcpd      ntalkd
#shell   stream  tcp   nowait  root    /usr/libexec/tcpd      rshd
telnet  stream  tcp   nowait  root    /usr/libexec/tcpd      telnetd
#uucpd   stream  tcp   nowait  root    /usr/libexec/tcpd      uucpd
#comsat  dgram   udp   wait    root    /usr/libexec/tcpd      comsat
#tftp    dgram   udp   wait    nobody  /usr/libexec/tcpd      tftpd /private/tftpb$
#bootp   dgram   udp   wait    root    /usr/libexec/tcpd      bootpd
##pop3   stream  tcp   nowait  root    /usr/libexec/tcpd      /usr/local/libexec/p$
##imap4  stream  tcp   nowait  root    /usr/libexec/tcpd      /usr/local/libexec/i$
#
^G Get Help   ^O WriteOut   ^R Read File   ^Y Prev Pg   ^K Cut Text    ^C Cur Pos
^X Exit       ^J Justify    ^W Where is    ^V Next Pg   ^U UnCut Text  ^D Del Char
```

6. Nach einem Neustart des Computers steht Ihnen der Dienst *telnet* zur Verfügung.

X Window

Einem etwas anderen Konzept folgt *X Window*, das rein gar nichts mit dem Betriebssystem *Windows* zu tun hat, das es unter UNIX und Linux schon lange gibt und das nun auch auf Mac OS X portiert wird, was angesichts dessen UNIX-Grundlagen nicht weiter verwunderlich ist. X 11 ist netzwerkfähig und kennt X-Server und X-Clients. Der X-Server stellt dem X-Client die Grafik-Hardware seines Rechners zur Verfügung. X-Clients können nun von demselben Rechner oder auch von einem anderen Rechner im Netzwerk darauf zugreifen, und das sogar von einem anderen Betriebssystem aus.

Bekannte X-Clients sind zum Beispiel die Fenstermanager *KDE* oder *Gnome* und die Bildbearbeitungssoftware *Gimp*. *X Window* ist deshalb nicht nur für die Fernsteuerung interessant, sondern auch als Alternative zu *Aqua*, denn es läuft unter *Darwin* und kann beispielsweise mit *Gnome* einen völlig anderen Schreibtisch realisieren. Und der kann wiederum parallel zu oder an Stelle von *Aqua* aufgestartet werden.

Der X-Client kann über das Netzwerk auch auf die Programme beispielsweise einer Silicon Graphics Workstation zugreifen und diese auf dem lokalen Rechner nutzen.

Da lediglich der X-Server hardwareabhängig ist, die X-Clients aber prinzipiell auf jedem X-Server laufen können, ist das Konzept von *X Window* auch unter Mac OS X höchst interessant, da sich dem Mac hier weitere gute Programme erschliessen.

Es sind mehrere Projekte im Gange, *X Window* auf den Mac zu portieren. Ein solches Projekt ist *XonX*: http://sourceforge.net/projects/xonx/.

Verzeichnisdienste

Mit dem Programm *Verzeichnisdienste* (*Directory Setup*) können Netzwerkdienste wie *NetInfo* und *LDAP* konfiguriert und ein- oder ausgeschaltet werden.

Standardmässig ist Mac OS X so konfiguriert, dass es beim Aufstarten versucht, eine Verbindung mit einem *NetInfo*-Server aufzubauen. Das ist natürlich nur bei solchen Macs interessant, die auch tatsächlich an ein Netzwerk angeschlossen sind, das entsprechende Dienste zur Verfügung stellt – sprich, die Zugriff auf ein Netzwerk haben, in dem auf einem Rechner *Mac OS X Server* läuft, das für *NetBoot* konfiguriert ist.

Macs, die sich allein auf weiter Flur befinden oder die *NetInfo*-Dienste nicht benötigen (das betrifft alle Macs in einem reinen Macintosh-Netzwerk ohne *Mac OS X Server*) können natürlich auch auf die entsprechenden Dienste völlig verzichten. Vorteil: Das Aufstarten geht schneller, weil der Suchvorgang nach den entsprechenden Servern entfallen kann.

Den Startvorgang beschleunigen Sie so:

1. Starten Sie das Programm *Verzeichnisdienste* respektive *Directory Setup* im Pfad */Applications/Utilities/*.
2. Wählen Sie *NetInfo* und *Konfigurieren…* und deaktivieren Sie die Optionen und auf jeden Fall auch das das Häkchen vor *NetInfo*, um den Dienst auszuschalten.

Ist eine Bearbeitung nicht möglich, dann müssen Sie zunächst das kleine Vorhängeschloss unten links per Mausklick öffnen. Dabei werden Sie nach einem Administrator-Passwort gefragt.

NetInfo Manager

Mit dem *NetInfo Manager* lassen sich wichtige Einstellungen und Informationen für das Netzwerk einsehen, erstellen und ändern. Aber Vorsicht! Sie können damit ganz schnell Schaden anrichten, wenn Sie inkonsistente Daten eingeben. Der normale Anwender ist in den Systemeinstellungen wie *Benutzer* und *Netzwerk* besser aufgehoben.

Während andere UNIX-Derivate mittels Dutzender Dateien im Verzeichnis */etc* konfiguriert werden, geschieht das unter Mac OS X in der einen Datenbank des *NetInfo Manager*. Das Verzeichnis */etc* existiert zwecks BSD-Kompatibilität zwar auch unter Mac OS X, wird aber nicht so intensiv beansprucht.

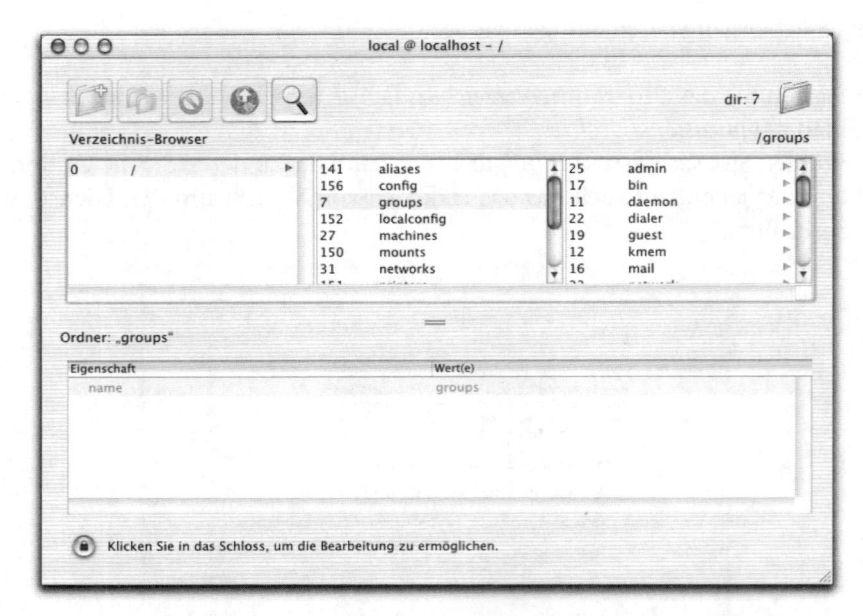

Der Dienst *netinfo* läuft unter Mac OS X ständig im Hintergrund, und wenn Sie das Programm *NetInfo Manager* aufstarten, dann holen Sie sich damit eine grafische Bedienoberfläche für *netinfo*. Sie können den Dienst aber ebenso gut über das *Terminal* und den Befehl *niutil* erreichen und steuern.

Wir wollen das aber lieber sein lassen, denn dazu bedarf es profunder Kenntnisse und eines exakten «Gewusst warum». Uns interessiert vor allem die Möglichkeit, mit dem *NetInfo Manager* einen Superuser (root) einzurichten: Siehe Abschnitt *Superuser* im folgenden Kapitel.

Netzwerk-Dienstprogramm

Das *Netzwerk-Dienstprogramm* ist im normalen Betrieb weitgehend uninteressant. Will heissen, wenn Sie entweder gar kein Netzwerk benutzen oder dort alles so funktioniert, wie es soll, dann brauchen Sie dieses Dienstprogramm auch nicht. Im Falle eines Fehlers allerdings kann es ganz hilfreich sein, um die Fehlerquellen einzukreisen und auszuschalten.

Bevor Sie aber hier versuchen, den Fehlern softwareseitig auf die Spur zu kommen, sollten Sie zunächst die Netzwerk-Hardware überprüfen (siehe Abschnitt *Netzwerk-Probleme beheben* gleich anschliessend).

Sind die Probleme dann noch nicht behoben, so starten Sie das *Netzwerk-Dienstprogramm* auf und kreisen den Fehler ein:

Information – Unter diesem Reiter erhalten Sie zunächst einige allgemeine Informationen über den Netzwerk-Anschluss. Hat der Rechner mehrere Netzwerk-Anschlüsse, dann können Sie den gewünschten oben im Pop-Up-Menü auswählen:

```
┌─ Netzwerk-Dienstprogramm ─────────────────────────────┐
│ [Information] Netstat  Ping  Lookup  Trace  Whois  Finger  Portscan │
│                                                                      │
│ Bitte wählen Sie die Netzwerk-Schnittstelle, über die Sie Informationen möchten: │
│ [Ethernet Schnittstelle (en1) ▼]                                     │
│ ┌─ Schnittstellen-Information ──┐ ┌─ Übertragungs-Statistiken ──┐    │
│ │ Hardware-Adresse 00:30:65:18:7f:7b │ │ GesendetePakete 18769 │    │
│ │ IP-Adresse(n) 10.0.1.2        │ │ Sendefehler 0              │    │
│ │ Verb.-Geschwindigkeit 11 Mb   │ │ Empfangene Pakete 16708    │    │
│ │ Verbindungs-Status Aktiv      │ │ Empfangsfehler 0           │    │
│ │ Hersteller Apple              │ │ Kollisionen 0              │    │
│ │ Modell Drahtloser Anschluss (8│ │                            │    │
│ └───────────────────────────────┘ └────────────────────────────┘    │
└──────────────────────────────────────────────────────────────────────┘
```

Die hier gezeigten Informationen betreffen übrigens eine *AirPort*-Karte.

Netstat – Hier lassen sich genauere Informationen zum Netzwerkverkehr abrufen. Dazu drücken Sie auf den Knopf *Netstat*:

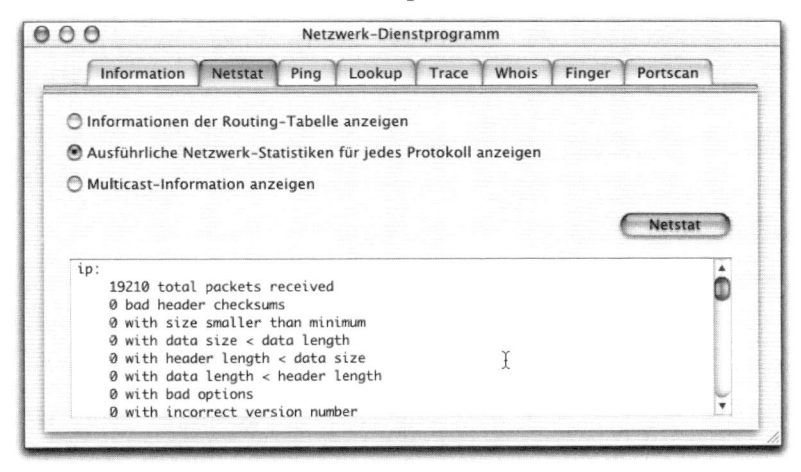

```
┌─ Netzwerk-Dienstprogramm ─────────────────────────────┐
│ Information [Netstat] Ping  Lookup  Trace  Whois  Finger  Portscan │
│                                                                      │
│ ○ Informationen der Routing-Tabelle anzeigen                         │
│ ● Ausführliche Netzwerk-Statistiken für jedes Protokoll anzeigen    │
│ ○ Multicast-Information anzeigen                                     │
│                                                       [ Netstat ]    │
│ ┌──────────────────────────────────────────────────────────────┐    │
│ │ ip:                                                          │    │
│ │    19210 total packets received                              │    │
│ │    0 bad header checksums                                    │    │
│ │    0 with size smaller than minimum                          │    │
│ │    0 with data size < data length                            │    │
│ │    0 with header length < data size                          │    │
│ │    0 with data length < header length                        │    │
│ │    0 with bad options                                        │    │
│ │    0 with incorrect version number                           │    │
│ └──────────────────────────────────────────────────────────────┘    │
└──────────────────────────────────────────────────────────────────────┘
```

Die Informationen, die Sie erhalten, bedürfen schon eines tieferen Verständnisses von Netzwerktypologien und -protokollen und wir wollen und können im Rahmen dieses Buches nicht näher darauf eingehen.

Ping – Unter dem Reiter *Ping* können Sie überprüfen, ob ein Rechner überhaupt im Netzwerk gefunden wird:

[Screenshot: Netzwerk-Dienstprogramm – Ping-Reiter mit Adresse 10.0.1.1, 10 Pings, Ausgabe mit 4 Antworten von 10.0.1.1]

Das kann nützlich sein, um schnell zu überprüfen, ob wenigstens die physikalische Netzwerkverbindung steht. Kommen die «Pings» richtig an und zurück, dann können Sie sich auf die Suche nach Fehlern in der Konfiguration respektive in den Protokollen machen. Die physikalische Verbindung jedenfalls steht.

Lookup – Informationen über Zugriffsrechte, Internetadressen und so weiter lassen sich hier abrufen:

[Screenshot: Netzwerk-Dienstprogramm – Lookup-Reiter mit Eingabe compuserve.de und geöffnetem Pop-up-Menü (Standard-Information, Internet-Adresse, Vollständiger Name (angekreuzt), CPU/OS Typ, Postfach-Information, Postfächer austauschen, Name-Server, Host-Name der Adresse, Start-of-authority, Text-Information, Bekannte Dienste, Sämtliche Informationen)]

Lookup verwaltet dazu einen eigenen Cache mit Informationen, kann aber auch auf Informationen von *Domain Name System* (DNS), Suns *Network Information Services* (NIS), Apples *NetInfo* und Dateien im Verzeichnis */etc* zugreifen.

Trace – Unter diesem Reiter können Sie eine IP- oder Web-Adresse eingeben und erhalten als Rückmeldung bei Druck auf den Knopf *Trace* den Weg zu dieser Adresse:

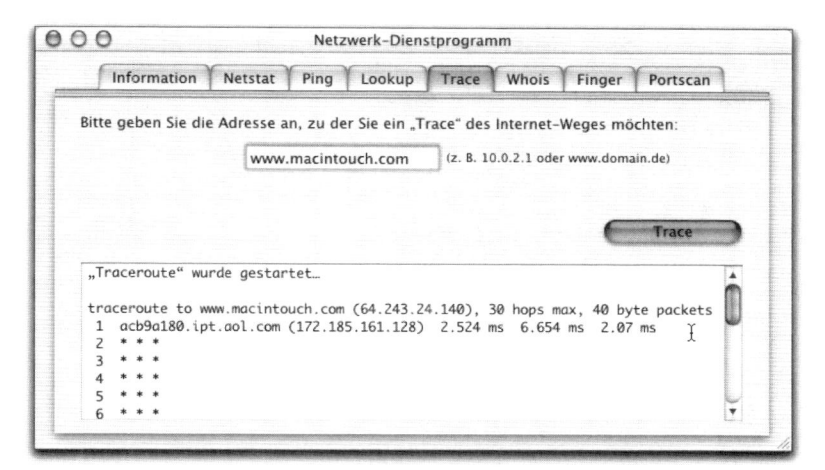

Whois – Dahinter verbirgt sich die Möglichkeit, einen Server auszuwählen und sich dann von dort bestimmte Informationen zu einer Internetadresse zu holen:

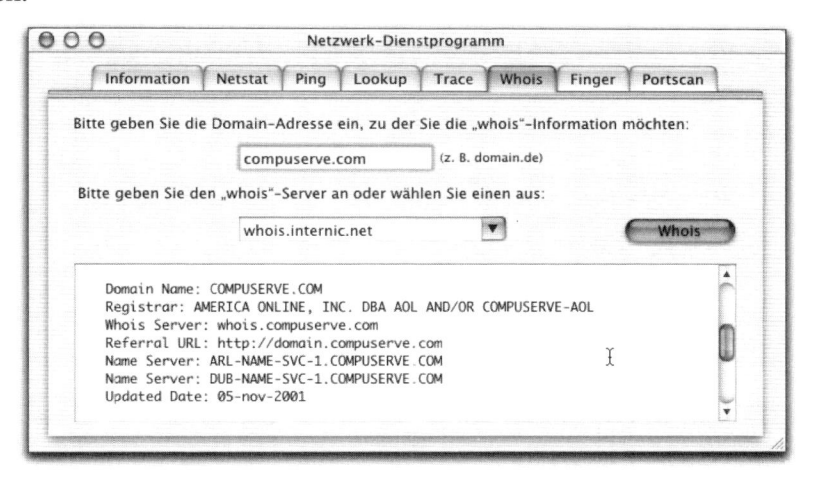

whois.ripe.net zum Beispiel zeigt europäische IP-Adressen und Domains an; *whois.arin.net* zeigt internationale IP-Adressen und Domains an.

Der Druck auf den Knopf *Whois* (= wer ist) startet die Suche.

Finger – Dieser Reiter erlaubt die Suche nach den Nutzern, wobei allerdings viele Server das «Fingern» untersagen:

Portscan – Hinter dem Reiter *Portscan* schliesslich verbirgt sich die Möglichkeit, nach den geöffneten Ports eines Netzwerkes zu suchen:

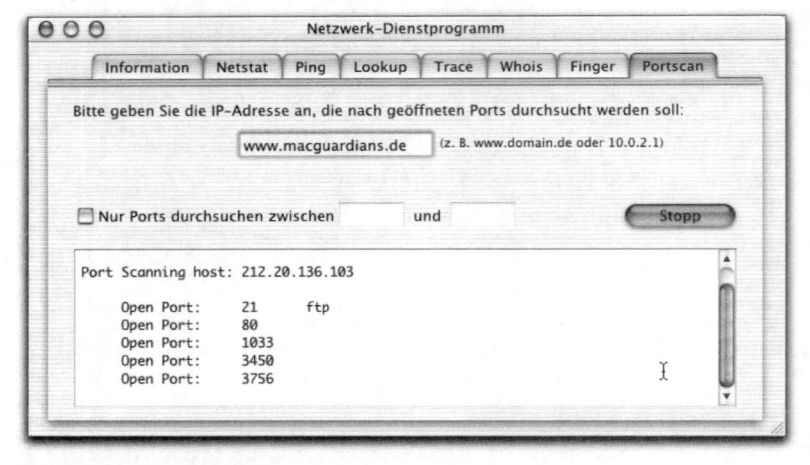

Netzwerk-Probleme beheben

Funktioniert ein Netzwerk nicht zu Ihrer Zufriedenheit, dann gibt es ein paar einfache Tests, um die Ursache zu finden. Die sollten Sie durchführen, bevor Sie das *Netzwerk-Dienstprogramm* starten und sich vielleicht vergeblich damit abmühen:

1. Überprüfen Sie die Verkabelung. *EtherTalk* benötigt Kabel, die mindestens Kategorie 3 erfüllen. Fast-*EtherTalk* benötigt Kategorie 5 oder besser.
2. Überprüfen Sie die Terminierung. Jedes Ethernet mit 10BASE5- sowie 10BASE2-Verkabelung muss an Anfang und Ende einen Terminator besitzen (soweit die Adapter nicht selbst terminierend sind). TX-Ethernet (mit den

übergrossen Telefonsteckern) muss nicht terminiert sein, benötigt aber einen Hub oder bei nur zwei Rechnern ein Cross-Kabel.
3. Beobachten Sie (sofern vorhanden) die LEDs, die den Netzwerkverkehr signalisieren. Leuchtet eine irgendwo nicht, ist dieses Kabel wahrscheinlich defekt.
4. Schliessen Sie alle Geräte nacheinander an und probieren Sie jeweils, ob das gesamte Netz noch funktioniert. So lassen sich ein defektes Kabel respektive eine defekte Netzwerk-Karte identifizieren.

Sicherheit

Die Frage nach Sicherheit oder Unsicherheit (respektive Offenheit) eines Computersystems stellt sich in dem Masse zunehmend, in dem der Computer Kontakt nach draussen aufnimmt. Ein Mac, eingeschlossen in einem Safe, ist auch dann ziemlich sicher, wenn das Betriebssystem alle Tore aufmacht. Ein Mac, der nur von einem Einzelnen benutzt wird und bis auf Strom- und Monitorkabel nichts nach aussen führt, ist auch noch ziemlich sicher.

Ist der Macintosh aber in ein Netzwerk eingebunden oder mit dem Internet verbunden, dann ist das niemals eine Einwegverbindung: Genauso, wie er nach draussen Kontakt aufnehmen kann, kommen Anfragen von draussen an ihn. Gegen die Böswilligen davon sollte man sich schützen.

Angreifer von aussen
In der Standardkonfiguration ist Mac OS X gegen Angriffe von aussen ziemlich gut geschützt. Noch laufen nämlich keine Serverdienste, die immer auch potenzielle Sicherheitslücken sind. Sowie Sie allerdings *File Sharing*, *ssh-* oder *FTP-Zugriff* aktivieren, können externe Benutzer auf Ihren Computer zugreifen und damit prinzipiell auch Dinge tun, die Sie nicht so gerne möchten.

Natürlich greifen die Zugriffsrechte, die Sie unter Mac OS X vergeben haben, auch bei Zugängen aus dem Netzwerk oder Internet. Die Sicherheitsmechanismen sind recht gut und ein unbedarfter Benutzer wird sie nicht so ohne weiteres überwinden können. Etwas anders stellt sich das dar, wenn ein Experte Zugriff auf Ihren Computer hat. Denn allein die Tatsache, dass er überhaupt darauf zugreifen kann und darf, eröffnet einen Zugang, über den er sich möglicherweise – sofern er erfahren genug ist – weiter gehende Zugriffsrechte verschaffen und dann auf Ihrem Rechner nach Belieben schalten und walten kann.

Angreifer von innen
Solche Angriffe von aussen sollen nicht bagatellisiert werden, stellen aber zumindest bei privaten Rechnern, die ja nicht ständig online sind, keine allzu

grosse Gefahr dar. Viel ernst zu nehmender sind Attacken, die Sie selbst (unwissentlich) auslösen. Das Prinzip ist eigentlich ganz einfach: Damit er Dinge machen kann, die er eigentlich nicht darf, müssen Sie dem Angreifer die Tore öffnen und ihn einlassen. Der Trick dabei ist rund 4000 Jahre alt (zumindest das erste dokumentierte Auftreten) und funktioniert damals wie heute überraschend gut. Die Griechen wollten Troja erobern und der Angreifer Ihren Rechner. Beide schicken ein trojanisches Pferd, kurz auch «Trojaner» genannt.

Ein «Trojaner» ist ein Programm, das – genau wie anno dazumal das trojanische Pferd – etwas versteckt, in dem Fall Programmcode. Getarnt ist das Ganze durch eine vorgeblich oder tatsächlich nützliche Applikation. Und der Angreifer muss nicht mehr Ihre Tore erstürmen, sondern er ist schon drin und kann sich jetzt mit all Ihren Benutzerrechten austoben.

Obwohl Mac OS X prinzipiell höhere Sicherheitsmechanismen bietet als das klassische Mac OS, hat es der Angreifer, ist er erst einmal eingedrungen, leichter als früher. Während das klassische Mac OS in weiten Teilen ausschliesslich über die grafische Benutzeroberfläche bedient werden musste und unerwünschte Aktivitäten deshalb schwer fielen und kaum unbemerkt bleiben konnten, liegt unter *Aqua* die *Shell*. Und die lässt sich auch blind befehlen, so dass der Benutzer es noch nicht einmal merkt, wenn auf dem Rechner nicht alles mit rechten Dingen zugeht.

Hinzu kommt, dass Mac OS X eine prinzipiell breitere Basis für Eindringlinge ist, denn ihm liegt UNIX zugrunde und damit gibt es eine zunehmend höhere Anzahl von fachkundigen Hackern. Denn wer sich mit UNIX oder Linux auskennt, dem bereitet es auch keine grösseren Probleme, Mac OS X anzugreifen.

POWER USER Deshalb ist es eine wirklich gute Idee, sich einen neuen Benutzer eigens für die Installation von Programmen anzulegen und natürlich möglichst nur solche Programme zu installieren, deren Herkunft und Integrität gewährleistet sind. Doch auch ein faules Ei kann in einer solchermassen abgesicherten Umgebung wenig anrichten und Sie können erst einmal in Ruhe ausprobieren, ob alles mit rechten Dingen zugeht. Kritisch wird es natürlich, wenn ein Programm bei der Installation von Ihnen die Superuser-Rechte haben möchte. Das sollten Sie wirklich nur ausnahmsweise zulassen, wenn die Herkunft der Programme zweifelsfrei geklärt ist.

Aus diesem Grunde sollten Sie auch auf System-Updates verzichten, die nicht vom offiziellen Apple-Server stammen: So gross die Versuchung auch sein mag, ein bereits vorab im Netz zu findendes Update zu installieren, es lohnt nicht.

11

Mac OS X Interna

Mac OS X Interna

Bereits im einleitenden Kapitel zu den Konzepten von Mac OS X war recht ausführlich von *Darwin* die Rede. Während es dort im Besonderen um die realisierten Technologien ging und was der Benutzer davon hat, soll hier noch ein wenig tiefer in das Konzept eingestiegen werden.

Wobei sich die folgenden Zeilen als Einleitung und erste Einführung verstehen. Bei tiefer gehendem Interesse an dem UNIX-Unterbau von Mac OS X ist weiterführende Literatur empfehlenswert.

Tatsächlich ist es so, dass Sie in dem Moment, in dem Sie irgendwelche Befehle ins *Terminal* eintippen und ausführen, unter Umgehung der Benutzeroberfläche *Aqua* direkt mit *Darwin* kommunizieren. Und wenn Sie *Aqua* abschalten, dann haben Sie trotzdem noch einen voll funktionsfähigen Computer vor sich, der dann allerdings über die Befehlszeile bedient werden will.

POWER USER Das geht nicht nur theoretisch, sondern auch praktisch: Wenn Sie sich nicht mit Ihrem Benutzernamen, sondern mit dem Befehl *>console* anmelden, dann wird nicht *Aqua* aufgestartet, sondern *Darwin* (dazu müssen Sie in der Systemeinstellung *Anmeldung* auf dem Reiter *Anmeldefenster* die Option *Eingabefelder für Name und Kennwort* abhaken). *exit* respektive *logout* verlässt *Darwin* und startet *Aqua* auf.

Halten Sie beim Start die Tastenkombination *Apfel-S* gedrückt, dann fährt der Rechner im so genannten *Single User Mode* hoch, in welchem der Mac nur durch Kommandozeilen gesteuert wird:

- *fsck* überprüft die Festplatte, *fsck -y* repariert sie.
- *reboot* startet den Mac neu.
- *halt* schaltet den Rechner aus.

Siehe auch den Abschnitt *Systemreparatur* im folgenden Kapitel.

Terminal und Shell

GRUNDWISSEN Für das Grundverständnis eines UNIX-basierten Betriebssystems ist wichtig, dass *Terminal* und *Shell* nicht dasselbe sind: Das *Terminal* ist gewissermassen das Fenster für die *Shell*. Es gibt (auch unter Mac OS X) mehrere *Shells* und je nachdem, welche davon das *Terminal* aufruft, unterscheidet sich die Funktionalität ein wenig. Das Programm *Terminal* simuliert gewissermassen Bildschirm und Tastatur eines UNIX-Terminals, so dass Ein- und Ausgaben für die *Shell* möglich werden. Deshalb wird manchmal auch der Begriff «Terminalemulation» benutzt.

Sie können auch heute noch am Programmsymbol erkennen, dass das früher mal ein Stück Hardware war.

Terminal

Das *Terminal* ist ein Programm, mit dem Sie per Kommandozeile auf die Befehle respektive (Mini-)Programme der *Shell* zugreifen können. Da *Darwin* ein UNIX-Derivat ist, funktionieren die meisten «echten» UNIX-Befehle auch hier. Die Bedienung erfolgt über ein *CLI* (Command Line Interface = wörtlich «Befehlszeileneingabe», besser mit «Kommandozeileninterpreter» übersetzt); der Rechner wird durch Texteingaben gesteuert.

Nach dem Starten von *Terminal* präsentiert sich das Programm in etwa so:

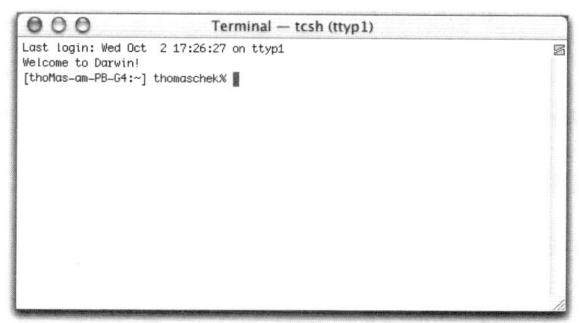

Sie sehen unter der Begrüssungsmeldung die Eingabeaufforderung (*Prompt* genannt), die Ihnen schon einiges verrät und sich folgendermassen zusammensetzt: *[Rechnername:aktuelles Verzeichnis] Benutzername%*.

Besonders wichtig ist das aktuelle Verzeichnis (*working directory*), da sich alle Pfadangaben, die nicht mit einem «/» beginnen, darauf beziehen. Die Tilde (~) besagt, dass Sie sich momentan in Ihrem privaten Ordner befinden – das ist derselbe Ordner, der im Finder beim Klick auf das Symbol *Privat* geöffnet wird. Dieses Verzeichnis wird in der Shell *home* genannt.

Hier gleich die ersten Tipps zur Bedienung:
- Durch Eingabe von *pwd* (*print working directory*) können Sie sich den aktuellen Verzeichnispfad ausführlich anzeigen lassen.
- *ls* (*list*) zeigt ein Inhaltsverzeichnis des aktuellen Ordners.
- *ls -a* zeigt eine ausführlichere Inhaltsangabe samt der unsichtbaren Dateien.
- *lsl -l* zeigt zudem die Benutzerrechte an (siehe Abschnitt *Dateien und Rechte* weiter hinten).

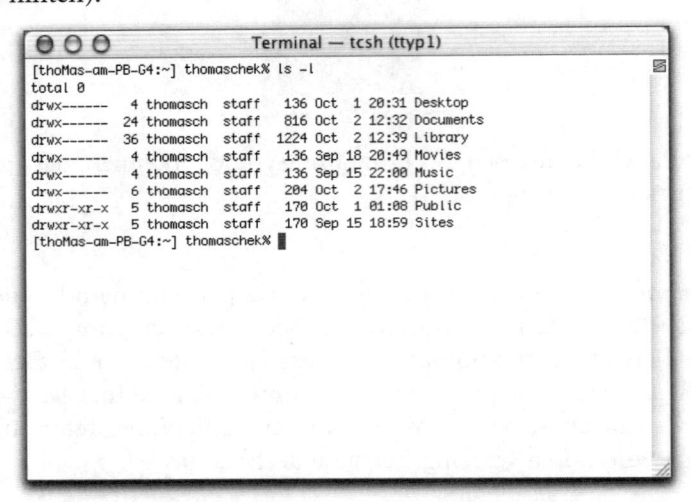

```
[thoMas-am-PB-G4:~] thomaschek% ls -l
total 0
drwx------   4 thomasch  staff   136 Oct  1 20:31 Desktop
drwx------  24 thomasch  staff   816 Oct  2 12:32 Documents
drwx------  36 thomasch  staff  1224 Oct  2 12:39 Library
drwx------   4 thomasch  staff   136 Sep 18 20:49 Movies
drwx------   4 thomasch  staff   136 Sep 15 22:00 Music
drwx------   6 thomasch  staff   204 Oct  2 17:46 Pictures
drwxr-xr-x   5 thomasch  staff   170 Oct  1 01:08 Public
drwxr-xr-x   5 thomasch  staff   170 Sep 15 18:59 Sites
[thoMas-am-PB-G4:~] thomaschek%
```

- *cd* (*change working directory*) wechselt zwischen den Verzeichnissen (siehe Abschnitt *Die wichtigsten Befehle*).

Ein grosser Vorteil dieser Programme ist, dass sie klein, schnell und äusserst effektiv sind. Denn sie müssen keine grafische Benutzeroberfläche und den damit verbundenen Verwaltungsaufwand mit sich herumschleppen. Kaum ist ein Befehl eingegeben, schon ist er ausgeführt.

Wenn man sich ein wenig mit dem *Terminal* beschäftigt, kann man schon verstehen, dass alte UNIX-Hasen darauf schwören und sich nicht so schnell von etwas anderem überzeugen lassen. Das hat unseres Erachtens zwei Gründe: Einen ganz praktischen, lassen sich doch mit ein paar eingetippten Buchstaben und Ziffern sehr viele nützliche Programme aufrufen und ausführen. Zum anderen darf wohl auch der psychologische Aspekt nicht unterschätzt werden, denn wer sich diese Syntax mühsam angeeignet hat, gehört einerseits ganz offensichtlich zu den «Experten» (wird er doch nur von wenigen anderen in dem verstanden, was er da macht). Auch ist es nicht ganz so einfach, eventuell sich eingestehen zu müssen, dass diese Mühe dann letztlich doch vergebens war, weil es jetzt über ein *GUI* (Graphics User Interface) fast schneller, auf jeden Fall aber intuitiver und auch für den Laien innerhalb von ein paar Minuten verständlich geht.

MERKET AUF! Wenn Sie vorhaben, sich mit den Befehlen ein wenig auseinander zu setzen: Legen Sie einen neuen Benutzer ohne Administrator-Rechte an und loggen Sie sich als dieser ein, bevor Sie Terminalbefehle eintippen. Dann können Sie relativ sorglos herumexperimentieren; es wird kein grosser Schaden im System angerichtet werden, denn kritische Befehle wie *sudo* (siehe Abschnitt *Superuser auf Zeit* weiter hinten) sind Ihnen dann verwehrt.

Was mit einer Befehlszeilen-Bedienung auf Sie zukommen kann, mag folgendes Beispiel illustrieren. Es kann und soll dabei keinesfalls darum gehen, diese Bedienung – oder deren Benutzer – als Relikte aus dem Computer-Steinzeitalter darzustellen. Ganz im Gegenteil war ja schon davon die Rede, dass so eine Befehlszeilen-Bedienung durchaus ihre Vorzüge haben kann. Das Folgende soll Sie vielmehr wappnen und vorbereiten. Und Ihnen noch einmal eindringlich vor Augen führen, wie entscheidend jedes einzelne Zeichen hier ist. Dazu ein Auszug aus einer E-Mail (es ging um Linux auf dem Mac):

> *> aus der konsole kann ich mit lpr -Premote datei auf den LaserJet drucken. Sobald ich aber vom Mac aus drucken möchte, wird der Job an den Farbdrucker geschickt. Was habe ich in der zweiten Zeile falsch gemacht?*
> *Probier mal folgende Schreibweise:*
> *:pr=|/usr/bin/lp -PStylus Color:*
> *bzw.*
> *:pr=|/usr/bin/lp -Premote:*

Eine grafische Benutzeroberfläche (GUI) dagegen hat immer eine mehr oder weniger hohe Redundanz eingebaut, das heisst, Befehle lassen sich auf mehrere Arten ausführen. So lässt sich beispielsweise ein Ordner unter *Aqua* über den Menübefehl *Ablage | Öffnen*, die Tastenkombination *Befehl-O*, per Doppelklick und via Kontextmenü öffnen. Im Terminal gibt es nur einen Weg, und der gleiche Befehl würde etwa so aussehen: *cd /Users/Benutzername/Documents/ iTunes.*

System per GUI konfigurieren

Mit Hilfe des kleinen Utilitys *TinkerTool*, das Sie auf unserer *SmartDisc* finden, lassen sich mit ein paar Mausklicks Optionen abhaken, die ansonsten nur der wirklich Kundige so ohne weiteres als Textbefehl aus dem Ärmel (respektive *Terminal*) schüttelt:

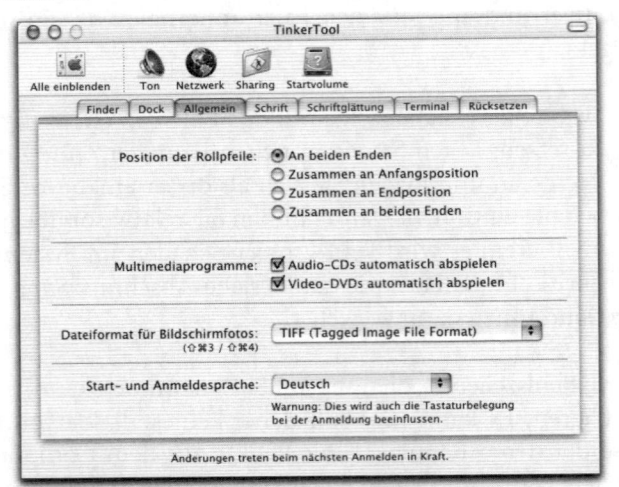

GRUNDWISSEN

Beachten Sie dabei, dass *TinkerTool* das System nicht in der Weise verändert, wie das früher notwendig war. Das Utility setzt lediglich einige Variablen in den Konfigurationsdateien auf andere Werte; beispielsweise von *0* auf *1*. Es führt keine neuen Funktionen ein, sondern schaltet lediglich von Apple nicht aktivierte Funktionen frei respektive um.

Das macht dieses kleine Hilfsprogramm äusserst sicher, wird doch nichts geändert, was nicht von Apple auch so vorgesehen ist (wenn auch nicht für die Öffentlichkeit). Möchten Sie alle Änderungen rückgängig machen und auf die Standardwerte setzen, dann müssen Sie *TinkerTool* ein letztes Mal aufrufen und die Standardwerte einstellen. Danach können Sie *TinkerTool* unbesorgt löschen, ohne dass etwas kaputt gehen kann.

Sie können es natürlich auch löschen, ohne die Standardwerte wieder einzustellen, dann bleiben eben die neuen Optionen in Betrieb.

SMART DISC

Und wer die *Shell* respektive ausgewählte Befehle lieber manuell bedient, der findet in *ShellShell* auf unserer *SmartDisc* ein Hilfsprogramm, mit dem sich so ziemlich jeder Shell-Befehl mit *Aqua*-Oberfläche ausstatten lässt:

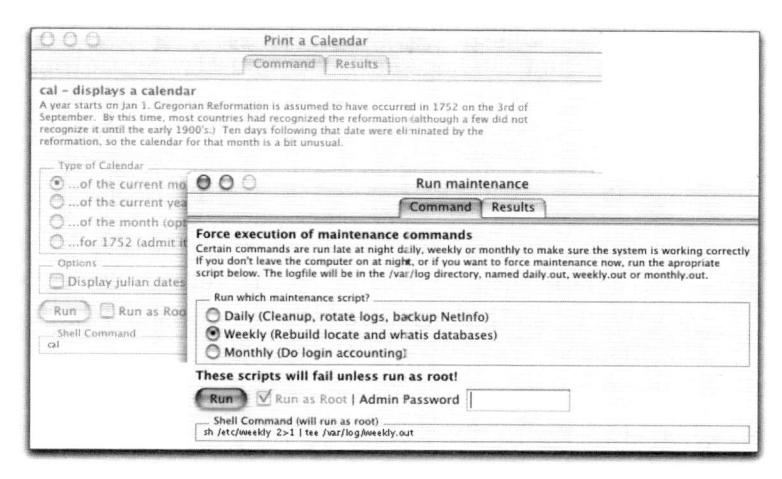

Terminal konfigurieren

Während der Beschäftigung mit dem *Terminal* und der Recherche darüber ist mir etwas ganz Lustiges passiert: Ich bin auf eine Webseite gestossen, auf der genauestens erklärt war, wie man die Farbgebung anpassen kann. Es war hochkompliziert, denn es bedingte etliche Änderungen ganz tief im System. Doch es schien mir interessant.

Das aber nur so lange, bis ich einmal das *Terminal* aufgerufen und dort den Menübefehl *Terminal | Fenstereinstellungen…* angewählt hatte. Da konnte ich plötzlich alles ohne Hickhack einstellen.

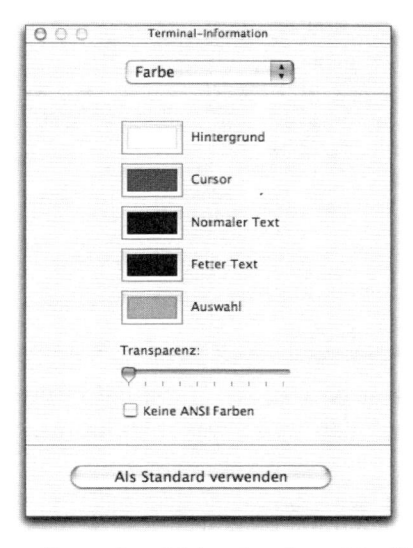

Das Bemerkenswerte an dieser Geschichte ist, dass sich die Menschen Mac OS X von zwei Seiten nähern und je nach Annäherungsrichtung gar nicht auf den

Gedanken kommen, dass einige Dinge anders angepackt tatsächlich ganz einfach sein können. Man kennt die Dinge von früher, und da waren sie kompliziert.

Klicken Sie sich also unverzagt und fröhlich durch die verschiedenen Einstelloptionen von *Terminal* und konfigurieren Sie sich das Ganze so, wie es Ihnen gefällt.

SMART DISC

Welche (farblichen) Möglichkeiten das eröffnet, können Sie sehr schön mit *Adam's Terminals* ausloten, die Sie auf unserer *Smart-Disc* finden.

Terminal bedienen

Den prinzipiellen Umgang mit dem *Terminal* möchten wir an einem Beispiel deutlich machen. Rufen Sie das *Terminal* aus dem Pfad *Startvolume/Programme/Dienstprogramme* auf.

Geben Sie jetzt *df* und *Return* ein, um das Programm *df* (steht für *disc free*) zu starten. Eine Statistik mit den angemeldeten Volumes, dem gesamten belegten und freien Speicherplatz sowie dem benutzten Speicherplatz in Prozent erscheint.

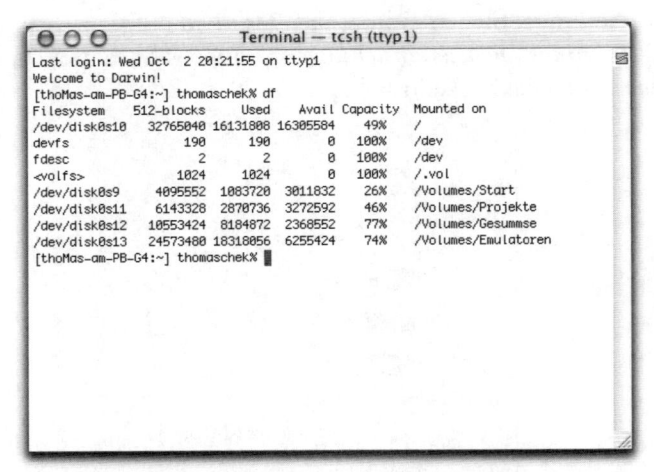

```
Last login: Wed Oct  2 20:21:55 on ttyp1
Welcome to Darwin!
[thoMas-am-PB-G4:~] thomaschek% df
Filesystem      512-blocks      Used     Avail Capacity  Mounted on
/dev/disk0s10     32765040  16131808  16305584    49%    /
devfs                  190       190         0   100%    /dev
fdesc                    2         2         0   100%    /dev
<volfs>               1024      1024         0   100%    /.vol
/dev/disk0s9       4095552   1083720   3011832    26%    /Volumes/Start
/dev/disk0s11      6143328   2870736   3272592    46%    /Volumes/Projekte
/dev/disk0s12     10553424   8184872   2368552    77%    /Volumes/Gesumme
/dev/disk0s13     24573480  18318056   6255424    74%    /Volumes/Emulatoren
[thoMas-am-PB-G4:~] thomaschek%
```

Sie erkennen den grossen Vorteil des *Terminal* respektive der Kommandozeilen-Bedienung: Wenn man weiss, was man da tut, geht das Ganze rasend schnell.

Wenn Sie jetzt bitte noch einmal *man df* eintippen, weisen Sie das *Terminal* an, das Handbuch zu dem Programm *df* aufzurufen und anzuzeigen:

- Mit der Leertaste können Sie seitenweise weiterblättern.
- *h* zeigt die Hilfe an.
- *q* beendet *man*.
- *apropos* sucht nicht nur nach dem Befehl, sondern auch nach Schlüsselwörtern in den *man-pages*. So findet *apropos shell* Interessantes, während *man shell* gar keine Treffer ergibt.
- Ist Ihnen das Handbuch zu unübersichtlich, so versuchen Sie es mal mit der Option *--help*. Ein gutes Beispiel ist hier *grep --help* statt *man grep*:

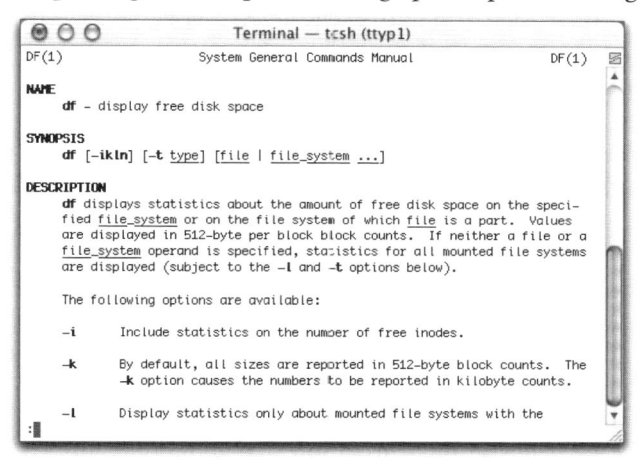

```
Terminal — tcsh (ttyp1)
DF(1)                   System General Commands Manual                  DF(1)

NAME
     df - display free disk space

SYNOPSIS
     df [-ikln] [-t type] [file | file_system ...]

DESCRIPTION
     df displays statistics about the amount of free disk space on the speci-
     fied file_system or on the file system of which file is a part.  Values
     are displayed in 512-byte per block block counts.  If neither a file or a
     file_system operand is specified, statistics for all mounted file systems
     are displayed (subject to the -l and -t options below).

     The following options are available:

     -i    Include statistics on the number of free inodes.

     -k    By default, all sizes are reported in 512-byte block counts.  The
           -k option causes the numbers to be reported in kilobyte counts.

     -l    Display statistics only about mounted file systems with the
```

Sie erkennen anhand der Erläuterungen des Handbuches auch gleich die Besonderheit, die viele dieser kleinen Programme mit sich bringen: Mit verschiedenen Schaltern können Sie dem Programm genau sagen, wie es sich verhalten soll. Im Fall des Befehls *df* etwa sorgt der Schalter *-k* dafür, dass die Kapazität in Ein-Kilobyte-Blöcken angegeben wird. Der vollständige Befehl lautet *df -k*. Selbstverständlich lassen sich die Schalter auch kombinieren; zu *df -ik* beispielsweise.

GRUNDWISSEN Die Handbücher sind alle in Englisch gehalten. Wer das nicht so gut spricht, um alles verstehen und anwenden zu können, der sollte sich auf jeden Fall noch ein Grundlagenbuch zu UNIX oder Linux zulegen. Es gibt zwar nicht überall alle Befehle und sie sind auch nicht immer exakt gleich, aber die wichtigen und grundlegenden Befehle ähneln sich sehr oder entsprechen sich sogar.

Nachteilig ist, dass wirklich jeder Befehl absolut exakt eingegeben werden muss – auch Gross- und Kleinschreibung sind wichtig. *d f* führt ebenso wenig zu einem Ergebnis wie *Df*. Was bei zwei Buchstaben noch ein wenig lächerlich klingen mag (die merke ich mir doch leicht), wird zu einem ernst zu nehmenden Problem, je komplexer die Befehlszeilen werden. Ein einziger Vertipper genügt und nichts geht mehr. Oder es passiert was völlig anderes.

VORSICHT FALLE So war einmal in einer Mailingliste zu lesen, dass der Befehl *kill 1* in den UNIX-Modus wechsele – tatsächlich killt er jedoch den Root-Prozess.

Und hier ein paar Spielereien, die Sie im Terminal völlig gefahrlos anstellen können:

- *defaults write com.apple.dock showforeground true* markiert die aktive Applikation mit einem blauen statt des schwarzen Dreiecks. Dazu ist ein Neustart (Befehl *Abmelden...* im Apfelmenü) des Systems notwendig.
- Mit *defaults write NSGlobalDomain Desktop.HasDarkBackground 0* respektive *defaults write NSGlobalDomain Desktop.HasDarkBackground 1* wird die Outline-Darstellung der Dateinamen auf dem Schreibtisch ein- respektive ausgeschaltet. Ein Neustart (*Abmelden...* oder *Befehl-Shift-Q*) ist notwendig.
- Mit den Befehlen *defaults write com.apple.finder ZoomRects true* und *defaults write com.apple.finder ZoomRects false* können Sie den Zoomeffekt beim Öffnen respektive Schliessen der Fenster ein- und ausschalten. Tippen Sie den Befehl ein und lösen Sie ihn mit der *Return*-Taste aus. Ein Neustart (*Abmelden...* oder *Befehl-Shift-Q*) ist notwendig.
- *defaults write com.apple.finder AppleShowAllFiles TRUE* respektive *FALSE* schaltet die Anzeige der unsichtbaren Dateien ein oder aus.
- *defaults write com.apple.Terminal TerminalOpaqueness 0.8* setzt die Transparenz des Terminal auf 80 Prozent; der Wert 0.7 stellt demgemäss 70-prozentige Transparenz ein.
- Mit dem kleinen Programm *finger* (Syntax: *finger Benutzername*) können Sie sich Informationen über den Benutzer anzeigen lassen:

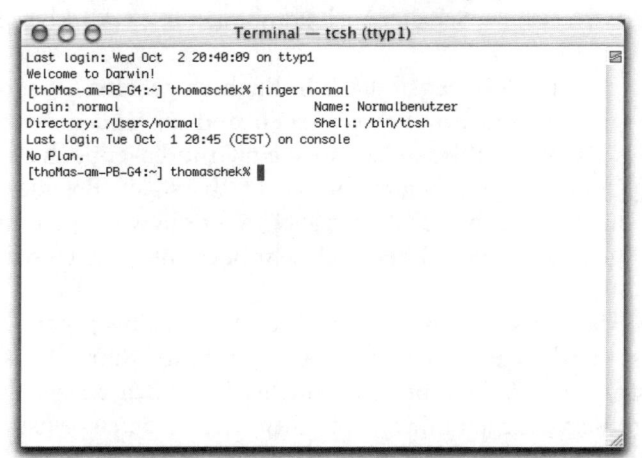

```
Terminal — tcsh (ttyp1)
Last login: Wed Oct  2 20:40:09 on ttyp1
Welcome to Darwin!
[thoMas-am-PB-G4:~] thomaschek% finger normal
Login: normal                           Name: Normalbenutzer
Directory: /Users/normal                Shell: /bin/tcsh
Last login Tue Oct  1 20:45 (CEST) on console
No Plan.
[thoMas-am-PB-G4:~] thomaschek%
```

Sie wissen ja bereits: Mit *man finger* rufen Sie das Handbuch dazu auf.

Tipps zum Terminal

Ein paar Tipps zur Bedienung:

- Mit den Pfeiltasten *hoch* und *runter* können Sie durch die bereits ins *Terminal* eingegebenen Befehle blättern. Wie viel sich *Terminal* merkt, legen Sie unter *Terminal* | *Fenstereinstellungen:* | *Puffer* fest.
- Die einmal eingegebenen Befehle merkt sich das *Terminal* – im Rahmen der bei *Zeilenpuffer* definierten Obergrenze – auch über das Beenden hinaus.
- Der Befehl *clear* löscht die Anzeige im Terminal.
- *Terminal* unterstützt Kopieren und Einsetzen, was viel Tipparbeit ersparen kann.
- Ziehen Sie ein Objekt ins Terminalfenster, dann wird dessen Verzeichnispfad eingesetzt.
- Tippen Sie doch einmal, um einen ersten Eindruck von *Shell*, *Terminal* und Betriebssystem im Allgemeinen zu bekommen, den Befehl *ls -a* ein und drücken Sie die *Return*-Taste: Daraufhin erhalten Sie alle Dateien des aktuellen Verzeichnisses aufgelistet; auch die unsichtbaren.
- Kommandos und Pfadangaben müssen nicht unbedingt ausgeschrieben werden. Betätigt man die *Tabulator*-Taste nach den ersten paar Buchstaben, so wird das Kommando oder der Pfad komplettiert. Beispiel: Durch Eingabe von *cd /U Tabulator S Tabulator* erhält man *cd /Users/Shared/»*. Existieren neben *Shared* weitere Ordner, die mit *S* beginnen, so stoppt die Komplettierung bei *cd /Users/S* und eine Liste aller Ordner, die mit *S* beginnen, wird ausgegeben. Tippt man dann *h Tabulator,* wird die Komplettierung zu Ende geführt. Das hört sich komplizierter an, als es ist. Einfach ausprobieren.

HEISSER TIPP Die Hinweise zur Tastenbedienung, die im Folgenden gegeben werden, funktionieren nicht nur im *Terminal*, sondern auch in etlichen anderen Programmen wie *TextEdit* oder *Mail*:

Control-K	löscht bis zum Zeilenende bzw. ganze Zeile.
Control-Y	fügt das mit *Control-K* gelöschte wieder ein.
Control-A	springt zum Anfang der Zeile.
Control-E	springt zum Ende der Zeile.
Control-D	Buchstabe rechts löschen.
Control-H	Buchstabe links löschen.

Das funktioniert auch in Kombination:

Control-A-K	löscht die aktuelle Zeile.
Control-A-K-K-K	löscht zwei Zeilen.

Control-A-K-Y   kopiert die aktuelle Zeile in den Zwischenspeicher.
Control-Y   fügt das Gelöschte an anderer Stelle wieder ein.

System überwachen

Was in Ihrem System augenblicklich so los ist, können Sie sich mit dem Befehl *top -u* ansehen. Sie erhalten eine Auflistung der aktiven Prozesse, der Schalter *-u* sortiert die Prozesse nach der Auslastung des Hauptspeichers.

```
Processes:   41 total, 2 running, 39 sleeping... 96 threads       20:48:10
Load Avg:  0.35, 0.38, 0.32    CPU usage: 13.8% user, 8.3% sys, 78.0% idle
SharedLibs: num =   97, resident = 21.3M code, 2.38M data, 7.00M LinkEdit
MemRegions: num = 3292, resident = 58.0M + 9.69M private, 96.3M shared
PhysMem:  66.9M wired, 66.9M active,  193M inactive,  327M used,  697M free
VM: 2.43G + 59.6M   6406(0) pageins, 0(0) pageouts

  PID COMMAND      %CPU   TIME   #TH #PRTS #MREGS RPRVT  RSHRD  RSIZE  VSIZE
  371 Microsoft   11.9%  8:56.54  6   130   313   19.9M  48.1M  38.1M  228M
  641 top          7.3%  0:02.21  1    14    17    200K   340K   496K  13.6M
  167 Window Man   1.8%  0:57.14  2   203   436   7.15M  31.5M  36.6M   130M
  634 Terminal     0.9%  0:03.49  3    64   137   1.49M  7.18M  6.03M  77.1M
    0 kernel_tas   0.0%  0:25.19 28     0     -      -      -   49.7M   641M
  407 Snapz Pro    0.0%  0:12.40  2   112   127   10.7M  16.2M  20.2M   104M
  105 configd      0.0%  0:10.61  3   100   122    960K  1.17M  1.81M  16.0M
  163 ATSServer    0.0%  0:10.98  2    42   180   1.02M  6.25M  2.18M   155M
  359 Finder       0.0%  0:10.25  3    86   151   4.10M  22.7M  16.1M   106M
  362 LaunchBar    0.0%  0:05.17  1    61   124   3.50M  7.53M  6.61M  78.9M
  331 loginwindo   0.0%  0:02.45  4   152   123   2.18M  7.39M  4.79M  79.4M
   51 kextd        0.0%  0:01.55  2    18    22    748K   676K   740K  15.0M
  352 pbs          0.0%  0:01.73  2    27    28    664K   888K  1.48M  14.6M
  355 Dock         0.0%  0:01.76  2    98   109    832K  10.5M  6.90M  76.5M
   74 dynamic_pa   0.0%  0:00.00  1    10    15     68K   316K   104K  1.29M
```

Processes: hier steht, wie viele Prozesse gestartet und aktiv sind.
Load Avg: gibt die durchschnittliche Auslastung mit Prozessen an.
SharedLibs: Statistik über die gemeinsam genutzten Bibliotheken.
MemRegions: Statistik über Anzahl und Speicherbedarf der Speicherbereiche.
PhysMem: zeigt die Auslastung des physikalischen Speichers (RAM) an.
VM: listet die Statistik des virtuellen Speichers auf. *pageins* beziehungsweise *pageouts* bezieht sich auf die eingelesenen (*pagein*) respektive ausgelagerten (*pageout*) Seiten; das sind die Speicherbereiche, die ins RAM eingelesen oder auf die Festplatte in den virtuellen Speicher geschrieben werden.

Darunter folgen dann die einzelnen Prozesse, aufgegliedert nach:

PID   Process ID; die Identifikationsnummer des Prozesses.
COMMAND   Name des Prozesses.
%CPU   zu wie viel Prozent lastet er den Prozessor aus.
TIME   wie viel CPU-Zeit hat der Prozess bislang beansprucht.
#TH   Nummer der Threads (Teilprozesse, die simultan abgearbeitet werden; besonders effektiv geht das auf einem Mehrprozessorsystem).
#PRTS   Anzahl der *Mach*-Ports.

#MREGS	Anzahl der Speicherbereiche.
RPRVT	der geschützte Speicherbereich.
RSHRD	der gemeinsam genutzte Speicherbereich.
RSIZE	die physikalische Speicherbelegung.
VSIZE	die virtuelle Speicherbelegung.

Sie können mit der Taste *k* (kill) und anschliessender Eingabe der Prozess-ID (= PID) Programme abschiessen. Beenden können Sie *top* mit *q*.

HEISSER TIPP Legen Sie das Terminalfenster mit *top* an eine Stelle, wo Sie es auch aus anderen Programmen heraus gut einsehen können: Die Anzeige wird ständig aktualisiert und Sie können genau erkennen, welche Programme wie viel Rechenpower erlangen.

An diesem Beispiel wird die gelungene Integration von System und *Aqua* deutlich: *top* lässt sich (neben anderen) auch über das Programm *CPU-Monitor* unter dem Menübefehl *Prozesse* aufrufen. Wer lieber grafisch orientiert arbeitet, braucht das *Terminal* also wirklich nur selten, wenn überhaupt.

Installationen überwachen
Hier ein weiteres Beispiel, das zeigt, wie nützlich die Shell sein kann und dass es tatsächlich möglich ist, umfangreiche und komplexe Operationen schnell und unkompliziert anzustossen.

Wird neue Software installiert, dann möchte der Benutzer in der Regel gerne wissen, welche Dateien wohin kopiert wurden. Schon unter dem klassischen Mac OS war es nicht ganz einfach, den Überblick zu behalten. Unter Mac OS X ist das noch schwieriger, denn neben den sichtbaren werden unter Umständen auch unsichtbare Dateien angelegt. Es wäre doch schön, eine übersichtliche Liste der neu installierten Dateien zu haben. Und es geht mit Hilfe der Shell auch relativ einfach:

1. Wenn das Programmpaket, das es zu installieren gilt, komprimiert ist, entpacken Sie es zunächst.
2. Entfernen Sie alle Wechselspeicher und Netzwerkvolumes. Dadurch kann der im Folgenden geschilderte Vorgang so schnell wie möglich durchgeführt werden. Sie können alternativ aber auch den gleich folgenden Befehl *find* mit dem Schalter *-x* benutzen. Damit wird die Ausweitung der Suche auf andere Datenträger unterbunden.
3. Rufen Sie das *Terminal* auf und loggen Sie sich mit dem Befehl *sudo -s* als *Superuser* in *root* ein. Sie brauchen den Zugang *root*, damit im Folgenden auch sämtliche Dateien gelistet werden können.

4. Geben Sie *find /* -print > temp1* ein. Damit wird das gesamte Dateisystem in eine Textdatei geschrieben. Das kann eine Weile dauern.
Von Dirk Eismann hier ein Tipp (es ist nicht die einzige Anregung, die er für die Neuauflage lieferte – DD – danke, Dirk!): «Für ganz Schreibfaule habe ich die Kommandozeile noch ein wenig gekürzt: *find > temp1 -x /*

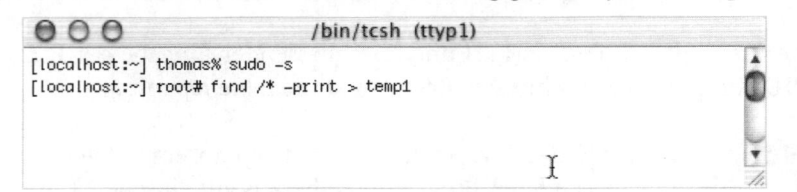

```
/bin/tcsh  (ttyp1)
[localhost:~] thomas% sudo -s
[localhost:~] root# find /* -print > temp1
```

5. Installieren Sie die Software.
6. Entfernen Sie gegebenenfalls zur Installation gemountete Volumes wieder und führen Sie den Befehl *find /* -print > temp2* aus. Eine zweite Textdatei, die das gesamte Dateisystem auflistet, wird geschrieben.
7. Mit dem Befehl *diff temp1 temp2 > temp-installiertedaten* werden nun diese beiden Listen verglichen und in die (viel kleinere) Datei *temp-installiertedaten* geschrieben.
8. Die jetzt nicht mehr benötigten Temporärdateien werden mit *rm -f temp1 temp2* gelöscht.
9. Sie finden die Datei *temp-installiertedaten* in oberster Ebene des Benutzerverzeichnisses, klicken Sie in einem Finder-Fenster auf *Privat*.

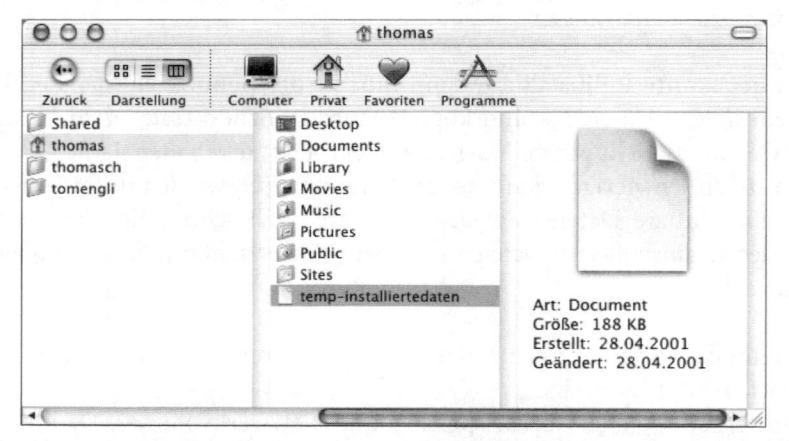

```
                    thomas
Zurück  Darstellung  Computer  Privat  Favoriten  Programme
 Shared              Desktop
 thomas              Documents
 thomasch            Library
 tomengli            Movies
                     Music
                     Pictures
                     Public
                     Sites
                     temp-installiertedaten    Art: Document
                                               Größe: 188 KB
                                               Erstellt: 28.04.2001
                                               Geändert: 28.04.2001
```

Jetzt können Sie mit einem Texteditor Ihrer Wahl die Datei *temp-installiertedaten* öffnen und sehen genau, was wo abgelegt wurde:

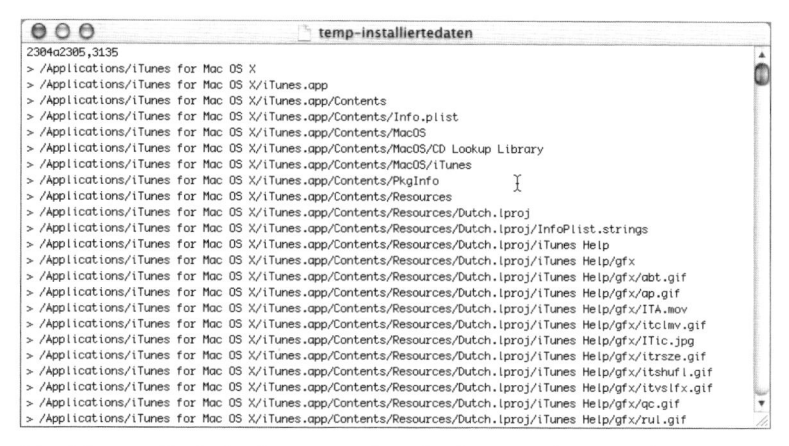

```
2304a2305,3135
> /Applications/iTunes for Mac OS X
> /Applications/iTunes for Mac OS X/iTunes.app
> /Applications/iTunes for Mac OS X/iTunes.app/Contents
> /Applications/iTunes for Mac OS X/iTunes.app/Contents/Info.plist
> /Applications/iTunes for Mac OS X/iTunes.app/Contents/MacOS
> /Applications/iTunes for Mac OS X/iTunes.app/Contents/MacOS/CD Lookup Library
> /Applications/iTunes for Mac OS X/iTunes.app/Contents/MacOS/iTunes
> /Applications/iTunes for Mac OS X/iTunes.app/Contents/PkgInfo
> /Applications/iTunes for Mac OS X/iTunes.app/Contents/Resources
> /Applications/iTunes for Mac OS X/iTunes.app/Contents/Resources/Dutch.lproj
> /Applications/iTunes for Mac OS X/iTunes.app/Contents/Resources/Dutch.lproj/InfoPlist.strings
> /Applications/iTunes for Mac OS X/iTunes.app/Contents/Resources/Dutch.lproj/iTunes Help
> /Applications/iTunes for Mac OS X/iTunes.app/Contents/Resources/Dutch.lproj/iTunes Help/gfx
> /Applications/iTunes for Mac OS X/iTunes.app/Contents/Resources/Dutch.lproj/iTunes Help/gfx/abt.gif
> /Applications/iTunes for Mac OS X/iTunes.app/Contents/Resources/Dutch.lproj/iTunes Help/gfx/ap.gif
> /Applications/iTunes for Mac OS X/iTunes.app/Contents/Resources/Dutch.lproj/iTunes Help/gfx/ITA.mov
> /Applications/iTunes for Mac OS X/iTunes.app/Contents/Resources/Dutch.lproj/iTunes Help/gfx/itclmv.gif
> /Applications/iTunes for Mac OS X/iTunes.app/Contents/Resources/Dutch.lproj/iTunes Help/gfx/ITic.jpg
> /Applications/iTunes for Mac OS X/iTunes.app/Contents/Resources/Dutch.lproj/iTunes Help/gfx/itrsze.gif
> /Applications/iTunes for Mac OS X/iTunes.app/Contents/Resources/Dutch.lproj/iTunes Help/gfx/itshufl.gif
> /Applications/iTunes for Mac OS X/iTunes.app/Contents/Resources/Dutch.lproj/iTunes Help/gfx/itvslfx.gif
> /Applications/iTunes for Mac OS X/iTunes.app/Contents/Resources/Dutch.lproj/iTunes Help/gfx/qc.gif
> /Applications/iTunes for Mac OS X/iTunes.app/Contents/Resources/Dutch.lproj/iTunes Help/gfx/rul.gif
```

Dieses Verfahren gibt jedoch nur Auskunft über neu hinzugefügte Dateien; geänderte Dateien (mit gleichem Namen) erfasst es nicht.

Die wichtigsten Befehle

Beim Eingeben von Befehlen können Wildcards oft sehr hilfreich sein. Das *?* steht für einzelne Zeichen, das *** für ganze Zeichenfolgen (inklusive keines Zeichens). *rm Test?* etwa löscht alle Dateien, die *Test1*, *Test2* oder sinngemäss lauten – nicht aber die Datei *Test*. *rm Test** dagegen löscht Dateien, die mit dem Begriff *Test* beginnen – *Test*, *Test1*, aber auch *Test 2.rtf*. Und *rm *.rtf* löscht alle Dateien, die auf *.rtf* enden.

man   (manual) Benutzerhandbuch lesen. Beispiel: *man top*.

pico   ruft den Texteditor *pico* auf. Beispiele: *pico* startet den Editor, *pico Test* startet den Editor und liest die Datei *Test* ein.

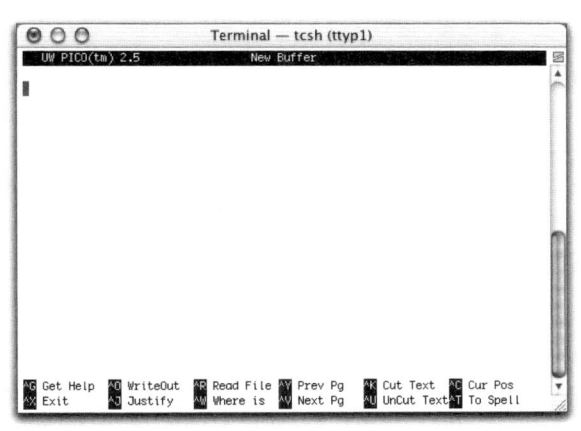

q beendet Prozesse, *Control-C* und *Befehl-Punkt* terminieren sie – das heisst, der laufende Prozess wird auch dann zuverlässig beendet, wenn er das eigentlich gar nicht möchte (weil er zum Beispiel auf eine Eingabe wartet).

ps (process status) zeigt die aktuelle Prozessliste an. Beispiel: *ps -aux* zeigt Informationen über die Prozesse aller Benutzer an.

top (show system usage statistics) zeigt eine ständig aktualisierte Prozessliste an. Beispiel: *top -u -s3* sortiert nach CPU-Auslastung und aktualisiert alle drei Sekunden.

ls (list directory contents) Verzeichnisinhalt anzeigen. Beispiele: *ls* (für das aktuelle Verzeichnis) oder *ls /Users/Benutzername/Library*; *ls -l* um die Benutzerrechte einzusehen (siehe Kapitel *Netzwerke – Zugriffsrechte*).

cd (change working directory) Verzeichnis wechseln. Beispiele: *cd* – eine Hierarchie nach oben, *cd /* wechselt ins Wurzelverzeichnis (root), *cd /Users/Benutzername/Documents* wechselt in den Ordner *Dokumente* des angegebenen Benutzers. Ist man bereits im Heimatverzeichnis, so genügt die Eingabe *cd Documents*.

mkdir (make directories) Ordner erstellen. Beispiel: *mkdir Test* legt den Ordner *Test* an.

rm (remove directory entries) Datei oder Ordner löschen. Beispiele: *rm Test* löscht eine Datei *Test*, moniert aber, wenn es sich bei *Test* um einen Ordner handelt. *rm -d Test* löscht den Ordner *Test*. Und *rm -R Test* löscht einen Ordner *Test* samt aller enthaltener Dateien. Doch Achtung: Bei *rm* erfolgt keine Rückfrage: gelöscht ist gelöscht!

cp   (copy files) Datei kopieren. Beispiele: *cp 'Test.rtf' 'Test Kopie.rtf'* kopiert die Datei *Test.rtf* in die Datei *Test Kopie.rtf*. *cp 'Test.rtf' /Dokumente* kopiert die Datei *Test.rtf* in das Verzeichnis *Dokumente*.

mv   (move files) Datei bewegen. Beispiel: *mv 'Test.rtf' /Dokumente* bewegt die Datei *Test.rtf* in das Verzeichnis *Dokumente*.

MERKET AUF! Aus den im Kapitel *Die Konzepte hinter Mac OS X* unter *Dateisysteme* geschilderten Gründen zerstören die Shellbefehle *cp* respektive *mv* Programmdateien, die Sie zwischen *HFS+* und *UFS* bewegen (Pakete werden richtig behandelt, und auch wenn Sie komplette Ordner kopieren, sollte das funktionieren). Wer die «Developer Tools» installiert hat, findet dort das Programm *CpMac*, das diese Arbeit im *Terminal* übernimmt und dafür sorgt, dass Programme beim Kopieren auf ein *UFS*-Volume funktionsfähig bleiben.

su   (substitute user identity) Benutzer beziehungsweise Zugriffsrechte wechseln. Beispiele: *su* und das richtige Passwort eröffnet Root-Rechte. *su heiner* wechselt zum Benutzer *Heiner*.

sudo   (execute a command as another user) führt einen Befehl mit den Rechten eines anderen Benutzers aus. Beispiele: *sudo rm -R Temp* löscht den Ordner *Temp* und alle Dateien darin mit Superuser-Status (nach Passwortabfrage). Weiteres siehe Abschnitt *Superuser auf Zeit* weiter hinten.

kill   (terminate a process) einen Prozess «hart» beenden. Beispiel: Mit *ps -avx* holen Sie sich die Liste der Prozesse und da insbesondere die Prozess-IDs, und mit *kill 246* können Sie dann diesen Prozess gewaltsam beenden.

shutdown   (close down the system at a given time) den Computer zu einem bestimmen Zeitpunkt herunterfahren. Beispiele: Mit *shutdown now* wird bis zum Kernel *Darwin* heruntergefahren. *shutdown -r now* führt einen Neustart durch. Gegebenenfalls müssen Sie sich die Rechte für diesen Befehl mit *su* oder *sudo* einfordern.

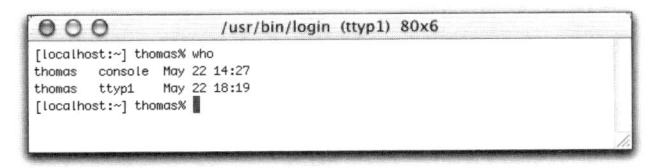

```
/usr/bin/login (ttyp1) 80x6
[localhost:~] thomas% who
thomas    console    May 22 14:27
thomas    ttyp1      May 22 18:19
[localhost:~] thomas%
```

who (display who is logged in) zeigt alle augenblicklich bei diesem System per Konsole, *telnet* oder *FTP* angemeldeten Benutzer an.

finger (user information lookup program) zeigt Informationen über den Benutzer. Beispiel: *finger Benutzername*.

chmod (change file modes) ändert die Zugriffsrechte einer oder mehrerer Dateien. Beispiele: *chmod a+r /Shared/*.mp3* macht alle *MP3*-Dateien im Ordner *Shared* für alle lesbar. Das Argument *a+rw* würde die Schreib- und Lese-Zugriffsrechte für all diese Dateien freischalten. Und der Befehl *chmod -R a+r Shared* durchläuft den Verzeichnisbaum rekursiv und vergibt Leseberechtigung für alle.

chown (change file owner and group) ändert den Besitzer und/oder die Gruppe einer oder mehrerer Dateien. Beispiel: *chown thomas 'Test.rtf'* weist die Datei *Test.rtf* dem Benutzer *Thomas* zu.

chgrp (change group) Benutzergruppe einer oder mehrerer Dateien ändern. Beispiel: Mit *group* holen Sie sich die Liste der Gruppen (siehe auch Abschnitt *Benutzer einrichten* im vorigen Kapitel) und mit *chgrp staff '*.rtf'* werden alle RTF-Dateien im aktuellen Verzeichnis der Gruppe *staff* zugewiesen.

Beachten sie, dass für etliche Befehle wie *chown* und so weiter der Status eines Adminstrators oder Superusers verlangt wird.

Für all jene, die des Englischen einigermassen mächtig sind, gibt es auch ein paar Spielereien im Terminal. Die angestossenen Befehle und die daraus resultierenden Fehlermeldungen sind nicht ohne Komik. Probieren Sie einmal folgende Befehle aus:

    «How would you rate Maschkes competence?
    ^How did the sex change operation go?
    %blow
    Bill Gates

Shell auswählen und verstehen

Bereits eingangs dieses Kapitels wurde angedeutet, dass es neben der standardmässig benutzten Shell auch noch weitere Shells gibt, die Sie benutzen können. Welche das jeweils sein soll, legen Sie im *Terminal* unter dem Menübefehl *Terminal | Einstellungen...* fest:

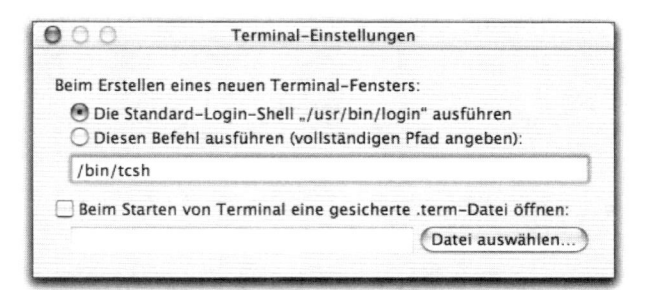

```
┌─────────────────────────────────────────────────┐
│ ● ○ ○         Terminal-Einstellungen            │
│                                                 │
│ Beim Erstellen eines neuen Terminal-Fensters:   │
│   ⦿ Die Standard-Login-Shell „/usr/bin/login"  │
│     ausführen                                   │
│   ○ Diesen Befehl ausführen (vollständigen      │
│     Pfad angeben):                              │
│   ┌─────────────────────────────────────────┐   │
│   │ /bin/tcsh                               │   │
│   └─────────────────────────────────────────┘   │
│                                                 │
│ ☐ Beim Starten von Terminal eine gesicherte     │
│   .term-Datei öffnen:                           │
│                            ( Datei auswählen... )│
└─────────────────────────────────────────────────┘
```

Anstelle der Shell *tcsh* können Sie hier auch eine der Shells *csh*, *sh* oder *zsh* eintragen. Das Programm *Terminal* wird daraufhin beim nächsten Mal diese Shell verwenden. All diese Shells wurden bereits mit Mac OS X installiert.

Neben den immer vorhandenen Standardbefehlen hat jede dieser Shells ihre Eigen- und Besonderheiten. Um sich mit den Eigenschaften einer Shell vertraut zu machen, rufen Sie am besten das Benutzerhandbuch dazu auf: Mit *man tcsh* beispielsweise erhalten Sie die Anleitung zu *tcsh*. Und wenn Sie *man zsh* eintippen, dann werden Sie sehen, dass das Handbuch zu dieser Shell so umfangreich geraten ist, dass es in mehrere Kapitel unterteilt wurde, die einzeln aufgerufen werden können. Kurz, es gibt da eine ganze Menge zu lesen und auch zu entdecken…

Superuser

Der normale Installations- und Anmeldevorgang sieht einen *Administrator* vor, der alle Rechte im Betriebssystem besitzt, die notwendig und nützlich sind. Das ist aber noch kein so genannter *Superuser*-Zugang. Erst der erlaubt die absolute Kontrolle über das gesamte System. Sowie das komplette Verwüsten desselben.

BEDENKEN SIE! Das ist nun aber noch lange kein Grund, überängstlich zu werden. Sie sollten sich lediglich der potenziellen Gefahren bewusst sein. Machen Sie deshalb im *root* auf gar keinen Fall etwas, von dem Sie nicht genau wissen, warum Sie das jetzt gerade tun.

Um in den Status eines *Superusers* (System-Administrator) zu gelangen, sind mehrere Wege denkbar. Sie können das über eine Kommandozeile im Terminal erreichen, müssen sich aber zunächst über das Programm *Netinfo Manager* anmelden:

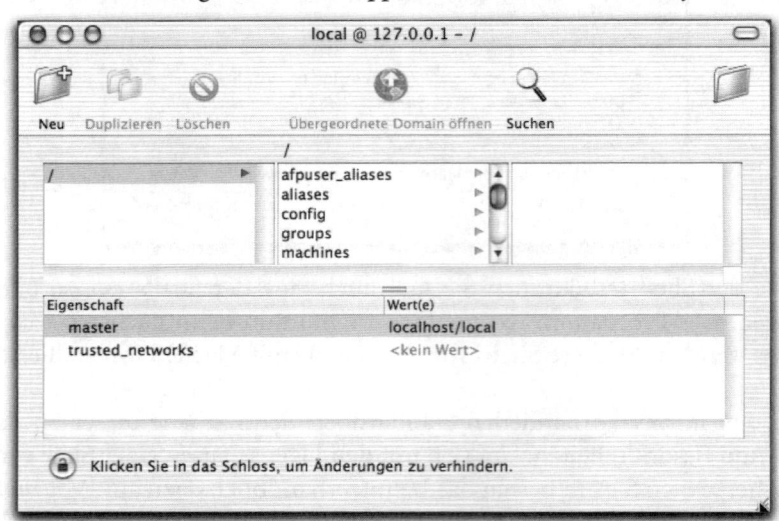

1. Starten Sie das Programm über *Applications | Utilities | Netinfo Manager*.

2. Wählen Sie den Menübefehl *Sicherheit | Identifizieren...* und geben Sie Ihr Administrator-Passwort ein.
3. Anschliessend können Sie sich über den Menübefehl *Sicherheit | Root-Benutzer aktivieren* als *Superuser* einloggen:

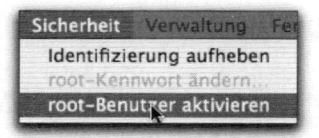

4. Beim erstmaligen Ausführen ist die Definition eines (neuen) Passworts für den Root-Zugang notwendig. Das System fragt automatisch danach.
5. Damit wird ein neuer Benutzer *Systemadministrator* angelegt. Wenn Sie sich künftig beim Aufstarten, Neustarten oder nach einem Abmeldevorgang mit diesem Namen oder dem Kurzwort *root* und dem richtigen Passwort anmelden, haben Sie den vollen Zugang zum System und können alles (auch kaputt) machen.

MERKET AUF!

Damit Sie sich via *Terminal* per *su* als Superuser anmelden können, muss im *Netinfo Manager* der Menübefehl *Domain | Sicherheit | Root-Benutzer aktivieren* ausgeführt worden sein.

Während Ihnen der Befehl *sudo* (siehe gleich unter *Superuser auf Zeit*) einen zeitweisen Superuser-Zugang verschafft, können Sie sich mit dem Befehl *su* dauerhaft als *root* (auch via *Terminal*) einloggen. Dazu wird es aber notwendig, zunächst ein Root-Passwort festzulegen (siehe obige Schritte 1–3), denn mit dem Passwort eines Administrators können Sie zwar *sudo*, nicht aber *su* ausführen.

POWER USER Wir empfehlen dringend, einen eigenen Root-Zugang zu definieren, diesen aber nur als absolute Ausnahme zu nutzen. Normalerweise sollten Sie sich als Administrator oder gar ganz normaler Benutzer ohne weitergehende Zugriffsrechte anmelden. Das ist sicherer und genügt fürs tägliche Arbeiten vollauf.

HEISSER TIPP Widerstehen Sie grundsätzlich der Versuchung, sich dauerhaft als *Superuser* einzuloggen, und wählen Sie statt dessen den Befehl *sudo*: Sie können auch damit jeden Befehl im *root* ausführen, werden aber danach wieder aus dem Status des *Superusers* rausgeworfen. Das ist einfach sicherer.

Superuser auf Zeit

Sie können sich auch direkt über das *Terminal* als *Superuser* auf Ihrem Computer anmelden:

Starten Sie das Programm *Terminal* und tippen Sie *sudo su* oder *sudo -s* ein. Sie werden nach einem Passwort gefragt und geben hier Ihr Administrator-Passwort ein. (Das ist jenes Passwort, das Sie bei der ersten Installation von Mac OS X definiert haben.)

HEISSER TIPP Der Befehl *sudo* funktioniert nur, wenn Sie als *Administrator* eingeloggt sind. Andernfalls verweigert Ihnen das Betriebssystem die notwendige Berechtigung.

Sie haben jetzt einen temporären Root-Zugriff, bis Sie *Terminal* beenden. Auf diese Weise können Sie sich die Rechte eines *Superusers* sichern (sofern benötigt), vermeiden aber andererseits das (noch riskantere) Einloggen als *root* beim Aufstarten.

Der Befehl *sudo* ist standardmässig fünf Minuten lang aktiviert, das heisst, innerhalb dieser Zeit sind Sie Superuser. Mehr dazu erfahren Sie mit dem Befehl *man sudo*.

HEISSER TIPP: Wenn Sie im *Terminal* arbeiten und Ihr Passwort abgefragt wird, dann beachten Sie bitte folgende Besonderheit: Es wird beim Eintippen nicht angezeigt; der Cursor bewegt sich also überhaupt nicht. Tippen Sie das Passwort unbeeindruckt davon ein und drücken Sie *Return*.

Dateien und Rechte

Im *Terminal* können Sie sich mit dem Befehl *ls -l* die Zugriffsrechte für einen bestimmten Pfad anzeigen lassen. Das sieht zum Beispiel so aus:

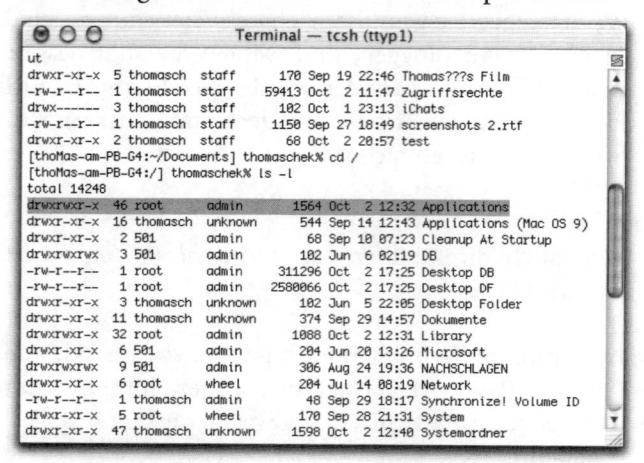

```
ut
drwxr-xr-x   5 thomasch  staff    170 Sep 19 22:46 Thomas???s Film
-rw-r--r--   1 thomasch  staff  59413 Oct  2 11:47 Zugriffsrechte
drwx------   3 thomasch  staff    102 Oct  1 23:13 iChats
-rw-r--r--   1 thomasch  staff   1150 Sep 27 18:49 screenshots 2.rtf
drwxr-xr-x   2 thomasch  staff     68 Oct  2 20:57 test
[thoMas-am-PB-G4:~/Documents] thomaschek% cd /
[thoMas-am-PB-G4:/] thomaschek% ls -l
total 14248
drwxrwxr-x  46 root      admin   1564 Oct  2 12:32 Applications
drwxr-xr-x  16 thomasch  unknown  544 Sep 14 12:43 Applications (Mac OS 9)
drwxr-xr-x   2 501       admin     68 Sep 10 07:23 Cleanup At Startup
drwxrwxrwx   3 501       admin    102 Jun  6 02:19 DB
-rw-r--r--   1 root      admin 311296 Oct  2 17:25 Desktop DB
-rw-r--r--   1 root      admin 2580066 Oct  2 17:25 Desktop DF
drwxr-xr-x   3 thomasch  unknown  102 Jun  5 22:05 Desktop Folder
drwxr-xr-x  11 thomasch  unknown  374 Sep 29 14:57 Dokumente
drwxrwxr-x  32 root      admin   1088 Oct  2 12:31 Library
drwxr-xr-x   6 501       admin    204 Jun 20 13:26 Microsoft
drwxrwxr-x   9 501       admin    306 Aug 24 19:36 NACHSCHLAGEN
drwxr-xr-x   6 root      wheel    204 Jul 14 08:19 Network
-rw-r--r--   1 thomasch  admin     48 Sep 29 18:17 Synchronize! Volume ID
drwxr-xr-x   5 root      wheel    170 Sep 28 21:31 System
drwxr-xr-x  47 thomasch  unknown 1598 Oct  2 12:40 Systemordner
```

Ganz am Anfang der Zeilen finden Sie ein *d* – oder auch nicht. Das *d* steht für *directory* (Verzeichnis) und wird allen Ordnern vorangestellt. Bei Dateien fehlt es naturgegeben.

Wenn Sie sich die markierte Zeile einmal genauer anschauen, dann sehen Sie ganz am Anfang die vergebenen Zugriffsrechte für drei Anwenderklassen:

- Eigentümer, der das Objekt erstellt hat
- Gruppe des Eigentümers
- Alle anderen Benutzer des Systems

Besitzer für den Ordner *Applications* ist hier im Beispiel *root* mit den Rechten *rwx*, das heisst, er darf lesen, schreiben und ausführen. Dieselben Rechte *rwx* sind an die Gruppe *admin* vergeben, der *root* angehört. Das bedeutet, jeder Benutzer, der sich als Administrator einloggt, kann in diesem Ordner lesen, schreiben und ausführen. Die Gruppe *Andere* schliesslich hat die Rechte *r-x*, was bedeutet, dass diese Benutzer den Ordner sehen und öffnen, aber nichts hineinschreiben oder verändern dürfen.

Diese Zugriffsrechte gelten für den Ordner. Das sagt aber noch nichts über die Zugriffsrechte der einzelnen Dateien aus, die in diesem Ordner liegen. Auch hier wird für jede Datei separat bestimmt, was für Rechte die jeweiligen Benutzer haben:

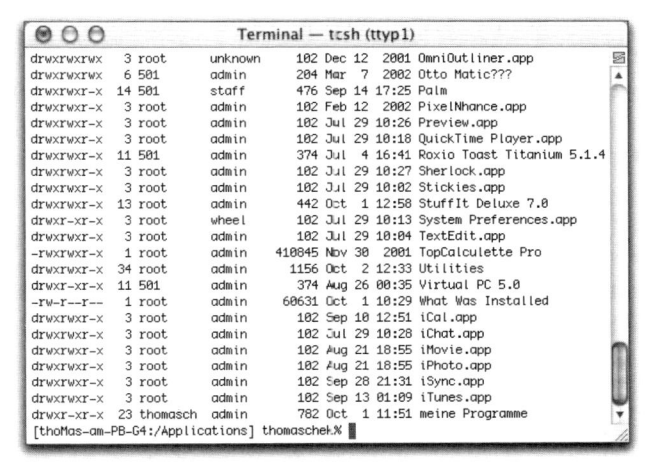

```
Terminal — tcsh (ttyp1)
drwxrwxrwx   3 root      unknown    102 Dec 12  2001 OmniOutliner.app
drwxrwxrwx   6 501       admin      204 Mar  7  2002 Otto Matic???
drwxrwxr-x  14 501       staff      476 Sep 14 17:25 Palm
drwxrwxr-x   3 root      admin      102 Feb 12  2002 PixelNhance.app
drwxrwxr-x   3 root      admin      102 Jul 29 10:26 Preview.app
drwxrwxr-x   3 root      admin      102 Jul 29 10:18 QuickTime Player.app
drwxrwxr-x  11 501       admin      374 Jul  4 16:41 Roxio Toast Titanium 5.1.4
drwxrwxr-x   3 root      admin      102 Jul 29 10:27 Sherlock.app
drwxrwxr-x   3 root      admin      102 Jul 29 10:02 Stickies.app
drwxrwxr-x  13 root      admin      442 Oct  1 12:58 StuffIt Deluxe 7.0
drwxr-xr-x   3 root      wheel      102 Jul 29 10:13 System Preferences.app
drwxrwxr-x   3 root      admin      102 Jul 29 10:04 TextEdit.app
-rwxrwxr-x   1 root      admin   410845 Nov 30  2001 TopCalculette Pro
drwxrwxr-x  34 root      admin     1156 Oct  2 12:33 Utilities
drwxr-xr-x  11 501       admin      374 Aug 26 00:35 Virtual PC 5.0
-rw-r--r--   1 root      admin    60631 Oct  1 10:29 What Was Installed
drwxrwxr-x   3 root      admin      102 Sep 10 12:51 iCal.app
drwxrwxr-x   3 root      admin      102 Jul 29 10:28 iChat.app
drwxrwxr-x   3 root      admin      102 Aug 21 18:55 iMovie.app
drwxrwxr-x   3 root      admin      102 Aug 21 18:55 iPhoto.app
drwxrwxr-x   3 root      admin      102 Sep 28 21:31 iSync.app
drwxrwxr-x   3 root      admin      102 Sep 13 01:09 iTunes.app
drwxr-xr-x  23 thomasch  admin      782 Oct  1 11:51 meine Programme
[thoMas-am-PB-G4:/Applications] thomaschek%
```

Die meisten dieser Berechtigungen können Sie auch im Finder sehen und ändern (sofern Sie berechtigt sind), wenn Sie die Information zu einem Objekt aufrufen:

```
Information: QuickTime Player
▼ Allgemein:
       QuickTime Player
Art:       Programm
Größe:     9,8 MB (9.758.281 Bytes)
Ort:       Start X:Programme:
Erstellt:  Mo, 29. Jul 2002, 10:18 Uhr
Geändert:  Mo, 29. Jul 2002, 10:18 Uhr
Version:   QuickTime Player 6.0.1 Copyright
           Apple Computer, Inc. 1989-2002
☐ Geschützt
▶ Name & Suffix:
▶ Übersicht:
▶ Sprachen:
▼ Eigentümer & Zugriffsrechte:
   Eigentümer: system
       Rechte: Lesen & Schreiben
       Gruppe: admin
       Rechte: Lesen & Schreiben
       Andere: Nur Lesen
▶ Kommentare:
```

Das gilt allerdings nicht für das x-Bit. Möchten Sie wissen, ob *execute* gesetzt ist, müssen Sie das *Terminal* verwenden. Die Verwaltung erledigt der Finder aber automatisch. So wird *execute* beim Erstellen von neuen Ordnern immer automatisch für alle vergeben. Wird einer Benutzerkategorie das Leserecht entzogen, dann wird *execute* ebenfalls automatisch gelöscht.

Bei Dateien besagt ein vergebenes *execute*, dass diese ausführbar sind (Programme oder Shell-Skripte). Wenn man nicht gerade selbst Skripte schreibt, besteht also keine Veranlassung, *execute* zu ändern.

Mit diesem Wissen können wir nun daran gehen, einen beliebigen Ordner für andere freizugeben (oder zu sperren). Wir wollen ihn der Gruppe *staff* zuweisen, was wiederum bedeutet, dass jeder, der sich an diesem Computer einloggt (auch über Netzwerk oder Internet) und sich ausweisen kann, Zugriff auf diesen Ordner erhält:

1. Loggen Sie sich als der betreffende Benutzer ein.
2. Holen Sie sich das Benutzerverzeichnis in ein Fenster.
3. Rufen Sie mit *Befehl-I* die Information zu einem Ordner auf und wählen Sie im Pop-Up die Option *Zugriffsrechte*.

4. Bei *Gruppe:* ändern Sie die Zugriffsberechtigung von *Keine* auf *Lesen und Schreiben*.

POWER USER Zugriffsberechtigungen können Sie auch im *Terminal* vergeben: *chmod u=rwx,g=rx,o=r Objektname* vergibt die spezifizierten Rechte an die drei Anwenderklassen. *ls -l Objektname* zeigt Ihnen, ob alles richtig funktioniert hat.

Wenn ein Benutzer das Schreibrecht über einen gemeinsam genutzten Ordner innehat, kann er in diesem Ordner Dateien umbenennen und löschen – auch wenn sie ihm gar nicht gehören. Soll dies verhindert werden, kann der Inhaber des Verzeichnisses das so genannte *Sticky-Bit* für die Gruppe setzen.

Hier die Erklärung anhand des Ordners *Shared*, der der gemeinsamen Nutzung von Dateien dient und standardmässig bei der Installation von Mac OS X angelegt wird. Gibt man *l /Users* im *Terminal* ein, so kann man sich die Zugriffsrechte der Benutzer-Ordner ansehen (darunter ist auch der Ordner *Shared*):

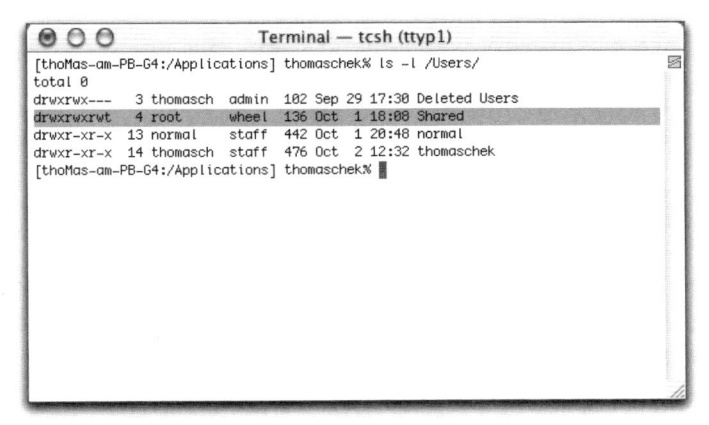

```
[thoMas-am-PB-G4:/Applications] thomaschek% ls -l /Users/
total 0
drwxrwx---   3 thomasch  admin  102 Sep 29 17:30 Deleted Users
drwxrwxrwt   4 root      wheel  136 Oct  1 18:08 Shared
drwxr-xr-x  13 normal    staff  442 Oct  1 20:48 normal
drwxr-xr-x  14 thomasch  staff  476 Oct  2 12:32 thomaschek
[thoMas-am-PB-G4:/Applications] thomaschek%
```

An dem *t* in der markierten Zeile erkennen Sie, dass das *Sticky-Bit* gesetzt ist. Deshalb kann man in diesem Ordner nur seine eigenen Dateien umbenennen und löschen.

Sollen alle Nutzer in *Shared* uneingeschränkt an den gemeinsamen Dateien arbeiten können, kann das *Sticky-Bit* mit folgender Kommandozeile entfernt werden (allerdings nur von einem Benutzer mit Administratorrechten): *sudo chmod a-t /Users/Shared*.

Programme kompilieren

Programme werden unter Mac OS X – und das ist neu auf dem Macintosh – teilweise auch im Quellcode angeboten. Das trifft vor allem auf freie Software zu. Der Anwender muss diese Programme kompilieren, um sie zu installieren.

Damit das klappt, müssen Sie die Developer-CD installieren. Bei der jeweiligen Software finden Sie eine Anleitung, wie das Programm zu installieren ist. Hier ein Beispiel für das Programm *Lynx*:

1. Laden Sie die Quelldateien aus dem Internet.
2. Starten Sie *Terminal* und loggen Sie sich als *root* ein.
3. Mit dem Befehl *cd Pfad* gehen Sie in das Verzeichnis mit den Archiv-Dateien.
4. Mit *tar -zxpf lynx2-8-3.tar.gz* entpacken Sie das Archiv.
5. Gehen Sie mit *cd Pfad* in das neue Verzeichnis.
6. Der Befehl *configure* startet die Konfigurationsdatei.

7. Der Befehl *make* startet die *Make*-Datei.
8. Mit *make install* schliesslich wird das Programm installiert.

Jetzt können Sie – sofern alles gut gegangen ist – den Browser *Lynx* starten.

Sinngemäss laufen alle Installationen so ab. Die Details entnehmen Sie bitte jeweils den beigefügten Anleitungsdateien.

Developer CD

Es ist sicherlich kein dummer Schachzug, dass Apple mit Mac OS X gleich auch die *Developer-CD* mitliefert; wie der Name bereits sagt: Es ist eine CD für Entwickler. Darauf befindet sich eine komplette (komponentenbasierte) Entwicklungsumgebung, die sich durchaus auch mit teuren käuflichen Programmen wie *Delphi* oder *Code Warrior* messen kann.

Auf ihr finden sich die notwendigen Entwicklungswerkzeuge, um in C++, Objective C und Java zu programmieren. Wer sich dafür interessiert respektive das Programmieren in diesen Sprachen beherrscht, für den lohnt sich in jedem Fall die Installation der rund 200 Megabyte umfassenden Entwicklungsumgebung.

Alle normalen Anwender allerdings, die nicht programmieren möchten, können auch auf die Installation der Developer-CD verzichten. Zwar finden sich darauf auch ein paar Utilities, die dem normalen Anwender sehr nützlich sein können, und man mag auch versucht sein, die Entwicklungsumgebung schon aus diesen Gründen zu installieren. Stossen Sie allerdings auf Hinweise bezüglich solcher Hilfsprogramme von der Developer-CD, dann forschen Sie lieber erst einmal auf unserer *SmartDisc* oder im Internet (zum Beispiel unter `www.versiontracker.com`) nach einem Pendant aus dem Freeware-Bereich.

Die Chancen stehen nämlich sehr gut, dass Sie so ein mindestens ebenso leistungsfähiges Werkzeug finden und sich so die grosse Installation ersparen können.

Auf die Möglichkeiten der Programmierung unter Mac OS X im Rahmen dieses Buches einzugehen, würde viel zu weit führen und benötigte vor allen Dingen auch einen sehr grossen Umfang an Informationen, die für den normalen Anwender (mich selbst eingeschlossen) völlig uninteressant sind. Es soll deshalb speziellen Titeln zur Java- und C-Programmierung vorbehalten bleiben, die entsprechenden Grundlagen und Techniken zu schildern.

GRUNDWISSEN Auf der Developer-CD ist auch sehr viel Dokumentationsmaterial enthalten, und wer sich für die tieferen Gefilde von Mac OS X interessiert und des Englischen mächtig ist, sollte sie sich vielleicht doch installieren…

Mac OS X Interna kurz gefasst

- Experimentieren und Neues ausprobieren macht sehr viel Spass, hat aber auch seinen Preis. Damit Sie nicht mit Ihren letzten Nerven bezahlen, sollten Sie nur in abgesicherten Umgebungen experimentieren.
- Legen Sie einen Experimentier-Benutzer an. Dort installieren und probieren Sie alles in Ruhe aus, und wenn es zuverlässig klappt, kann es für andere Benutzer übernommen werden.
- Für tiefere Eingriffe ins System und alle *root*-Aktivitäten legen Sie am besten ein eigenes Arbeitsvolume an, von dem Sie aufstarten können.

12

Tipps, Tricks und Problemlösungen

Tipps, Tricks und Problemlösungen

In diesem Kapitel sollen abschliessend all die Massnahmen geschildert werden, die einerseits zu einem stabilen und flotten System beitragen und die andererseits im Fall eines Notfalls dafür sorgen können, dass weder wichtige Daten verloren gehen noch die Wiederherstellung zur Geduldsprobe ausartet.

Notmassnahmen

Programme terminieren
Mit *Befehl-Wahl-ESC* erhalten Sie einen Dialog und können ausgewählte Programme «abschiessen»:

Im Gegensatz zum klassischen Mac OS ist das eine «saubere» Methode, da aufgrund der geschützten Speicherarchitektur von Mac OS X kein Programm mehr das gesamte System beeinflussen kann. Sie können diese Massnahme also unbesorgt ergreifen, ohne dass hinterher ein Neustart empfehlenswert wäre. Der Mac läuft auch so stabil weiter.

Im *Prozess-Monitor* (*ProcessViewer*) können Sie über den Menübefehl *Prozesse | Prozess beenden* oder per Doppelklick einen ausgewählten Prozess beenden. Im Gegensatz zu *Befehl-Wahl-ESC* erreichen Sie hier alle Prozesse, zum Beispiel auch das *Dock*.

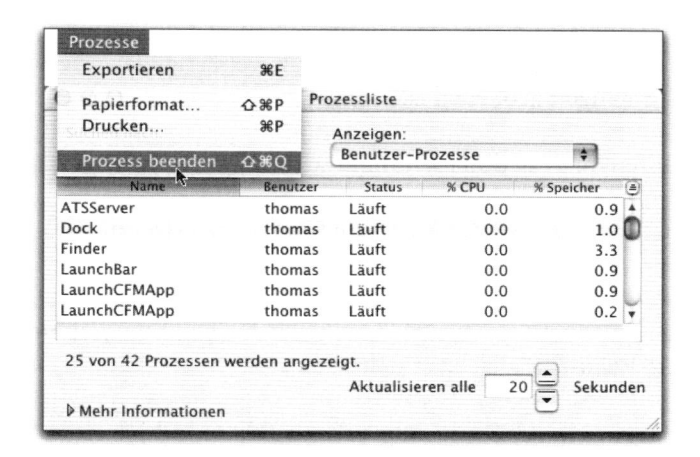

Rechner ausschalten

Ausschalten können Sie einen Mac jederzeit per Druck auf die *Einschalttaste*:

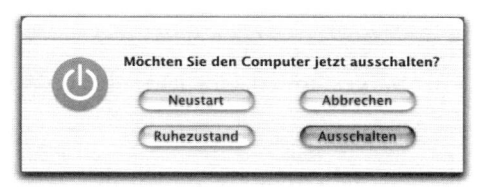

Die Dialogbox kann übrigens auch per Tastatur bedient werden: *R* (Restart) – Neustart, *S* (Sleep) – Ruhezustand, *Return* – Ausschalten, *ESC* – Abbrechen.

Auf manchen Rechnern – so dem iMac – erscheint dieser Dialog nicht. In dem Fall können Sie:

- Mit kurzem Druck auf die Einschalttaste den Ruhezustand aufrufen.
- Mit langem Druck (etwa 4–5 Sekunden) den Rechner gewaltsam ausschalten. Das aber sollten Sie nur in Notfällen tun, denn dabei wird nichts gesichert.
- Den Rechner über das Apfelmenü in den Ruhezustand versetzen und ausschalten.

Befehl-Control-Einschalttaste erzwingt einen Neustart, entspricht in der Wirkung einem Druck auf den *Resettaster* und startet einen (hängenden) Mac neu.

Hilft das nicht, dann halten Sie die *Einschalttaste* ein paar Sekunden lang gedrückt.

Diese Tastenkombination zum gewaltsamen Neustart des Computers funktioniert aber bei USB-Tastaturen nicht immer zuverlässig, ganz besonders dann nicht, wenn er hängen geblieben ist.

Falls keine Tastenkombination mehr hilft, sollte die *Reset-Taste* gedrückt werden.

Und als letzte Rettung wird der Mac vom Stromnetz getrennt.

Nach solchen Problemen ist es eine gute Idee, das *PRAM* (Parameter RAM) zu löschen (auch «zappen» genannt): Direkt nach dem Einschalten oder Neustarten *Befehl-Wahl-P-R* gleichzeitig drücken.

Das *PRAM* ist ein kleiner Speicherbereich im Macintosh, der sich merkt, welche Mausgeschwindigkeit Sie eingestellt haben, wie viele Farben der Monitor zeigen soll und Ähnliches mehr. Geraten diese Einstellungen durcheinander, dann kann das manchmal auch der Mac tun.

Passwort vergessen?

Haben Sie ein Passwort vergessen, so gibt es mehrere Wege, es wiederzubekommen:

- Im *Schlüsselbund* sehen Sie alle mit Kennwörtern versehenen Dateien respektive Programme und können sich (gegebenenfalls nach Eingabe des Master-Kennwortes = Administrator-Kennwort) die einzelnen Kennworte wieder ins Gedächtnis rufen (Register *Einstellungen | Kennwort einblenden*).
- Haben Sie Ihr Administrator-Kennwort vergessen, dann starten Sie von der Mac OS X System-CD (Taste *C* beim Systemstart gedrückt halten, um vom internen CD-Laufwerk aufzustarten). Jetzt wird automatisch das Programm *Install Mac OS X* aufgestartet. Und dort haben Sie über den Menübefehl *Installer | Kennwörter zurücksetzen* die Möglichkeit, jedem einzelnen Benutzer ein neues Kennwort zuzuweisen.

Optionen beim Start

Startup Manager: *Wahltaste* beim Aufstarten drücken. Das System bootet mit dem *Startup Manager*. An USB, IDE und im Netzwerk wird nach alternativen Startlaufwerken gesucht, von denen dann eins ausgewählt werden kann:

NetInfo-Boot: Wird die Taste *N* beim Systemstart gedrückt, dann versucht der Mac, eine Verbindung zu einem *NetInfo*-Server aufzubauen. Wenn so einer existiert, können Sie sich dort System und Benutzereinstellungen abholen.

Von System-CD starten: Taste *C* beim Aufstarten drücken. Der Mac startet von CD-ROM, sofern eine CD im internen (!) CD-ROM-Laufwerk eingelegt und sich darauf ein startfähiges System befindet.

X-Start: Die Taste *X* startet Mac OS X, wenn auf dem Startvolume Mac OS 9 als Startsystem eingestellt ist (und schaltet auf Mac OS X als Startsystem um).

FireWire Target Disk Modus: Zwei Rechner per *FireWire* verbinden, keine anderen *FireWire*-Geräte anschliessen. Host-Computer kann angeschaltet sein. Target-Computer einschalten und sofort die Taste *T* drücken. Der Target-Computer verhält sich wie eine externe *FireWire*-Festplatte.

Verbose Modus: Tastenkombination *Befehl-V* beim Aufstarten drücken. Statt des netten Begrüssungsbildschirms erscheint eine ausführliche Textauflistung des Bootvorganges – der so genannte *Verbose Modus*.

Auf diese Weise wird der (lange) Startvorgang von Mac OS X auch viel einsichtiger. Es ist schon eine ganze Menge an Prozessen und Diensten, die da erstmal gestartet sein wollen.

Und wer im *Terminal* die Befehlszeile *sudo nvram boot-args=«-v»* eingibt und damit den *Verbose Modus* dauerhaft einschaltet, kann in den Tenor einer E-Mail einstimmen: «So macht das doch schon richtig was her und meine Kollegen glauben nicht mehr, ich hätte 'ne Spielkonsole für Yuppies gekauft».

Single User Modus: Tastenkombination *Befehl-S* beim Aufstarten drücken. Mac OS X wird im *Single User* Modus aufgestartet (siehe Abschnitt *Systemreparatur*).

Konsole: In eine Konsole starten: Geben Sie im Anmeldungsdialog >*console* statt des Benutzernamens ein. Mit *exit* verlassen Sie *Darwin* wieder.

Open Firmware

Wenn Sie Ihren Mac mit der Tastenkombination *Befehl-Wahl-O-F* aufstarten, dann wird *Open Firmware* aufgerufen. Für den Benutzer ist das normalerweise nicht nur relativ, sondern absolut uninteressant, und er startet denn am besten gleich auch mit *mac-boot* (zu tippen als *macßboot*, da zu dem Zeitpunkt noch die amerikanische Tastaturbelegung aktiv ist) seinen Rechner weiter durch.

Dazu ein wenig Hintergrundinformation: *Open Firmware* wird unmittelbar nach dem Einschalten des Computers und nach dem *POST* (Power On Self Test) aktiviert und dient im Wesentlichen dazu, die Hardware zu initialisieren und zu konfigurieren. Diese Komponente ist ein entscheidender Teil der neuen Rechnerarchitektur von Apple, die *New World* genannt wird, weil sie so neu und anders ist.

New World Rechner, das sind alle iMacs und iBooks, alle neueren PowerMacs mit transluzentem Gehäuse und alle neueren PowerBooks. Sie sind mit *Open Firmware* in der Revision 2.x und höher ausgestattet.

Old World Rechner sind die beigefarbenen und die nicht-tranzsluzenten älteren Modelle und alten PowerBooks. Sie haben *Open Firmware* in der Revision 1.x oder gar keine *Open Firmware*.

Die Version erfahren Sie übrigens, wenn Sie den *Apple System Profiler* starten. Was dort bei *Boot ROM Version* steht, ist gleichzeitig auch die Version der *Open Firmware* (Abbildung hierzu siehe bitte nächste Seite, oben).

Die Rechnerarchitektur der *New World* zeichnet sich vor allem dadurch aus, dass das *ROM* kleiner (und unbedeutender) geworden ist. Dort finden sich – im Gegensatz zu früheren Macintosh-Rechnern – nurmehr die für das Einschalten absolut notwendigen Routinen. Der grosse Rest ist in einer Datei untergebracht, dem so genannten *Bootinfo File*, das beim Systemstart in einen geschützten Speicherbereich geladen wird. Vorteil: Diese Datei und damit die Funktionalität des Computers kann einfach geändert werden, beispielsweise dann, wenn sich Fehler zeigen.

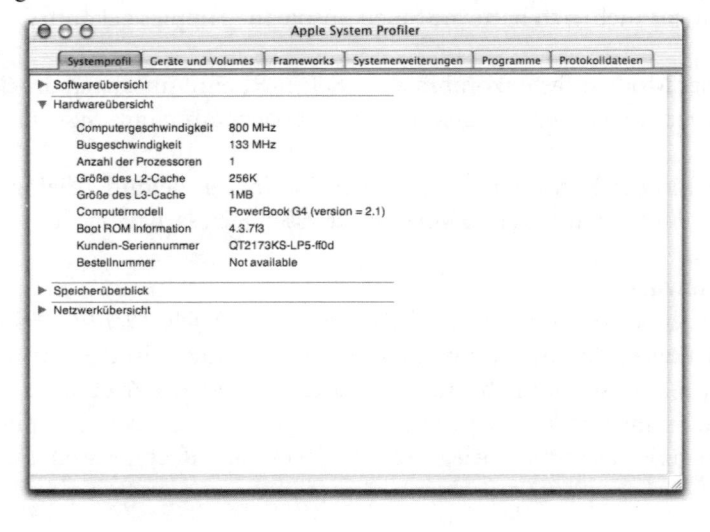

Der Startvorgang läuft im Groben so ab:

1. *POST* – der Power On Self Test – legt los und initialisiert und überprüft die Hardware schon einmal teilweise. Und gibt den berühmten Startton aus, der signalisiert, dass soweit alles klargeht.
2. Den restlichen Startvorgang übernimmt *Open Firmware* und kümmert sich unter anderem um folgende Dinge: Die erkannte Hardware wird vollständig initialisiert, die Erweiterungsslots wie Steckkartenplätze oder der PC-Karten-Slot werden überprüft, das *Bootinfo File* wird gesucht und ausgeführt. Dann übergibt *Open Firmware* die Kontrolle an das Mac OS und beendet sich.
3. Mac OS X setzt nun den Startvorgang fort und bedient sich dabei der Informationen aus der Datei */etc/rc*, woraufhin die Dateien aus dem Verzeichnis */etc/startup* ausgeführt werden. Jetzt wird beispielsweise überprüft, ob von CD-ROM gebootet wird, es werden alle erkannten Dateisysteme initialisiert, Erweiterungen zum Kernel werden geladen, der virtuelle Speicher wird aktiviert und schliesslich wird der Ordner */system/library/startupitems* abgearbeitet, in dem sich beispielsweise die *p-services*, das sind Programme für die Netzwerk-Initialisierung und so weiter, befinden. Abschliessend wird dann noch *Aqua* geladen und der Mac präsentiert sich Ihnen in voller Pracht.

NVRAM resetten

Auch wenn wir eben behauptet haben, dass die *Open Firmware* normalerweise für den Anwender völlig uninteressant ist, so gibt es doch Ausnahmen: Eine davon ist der Reset des NVRAM, den Sie dann durchführen sollten, wenn Ihr Mac muckt. Damit setzen Sie diesen auf die Standardwerte zurück. Gehen Sie dazu so vor:

1. Starten Sie mit der Tastenkombination *Befehl-Wahl-O-F* in die *Open Firmware*.
2. Geben Sie *reset-NVRAM* ein und drücken Sie *Return*.
3. Geben Sie *set defaults* ein und drücken Sie *Return*.
4. Geben Sie *reset-all* ein und drücken Sie *Return*.

Der Macintosh startet neu.

Passwort in «Open Firmware» setzen

Für Mac OS X 10.1 und neuere stellt Apple ein kleines Utility zur Verfügung, das es erlaubt, einen Passwortschutz in der *Open Firmware* freizuschalten. Mit dem *Open Firmware Password Utility* (siehe `www.apple.com/de`) kann die standardmässig abgeschaltete Passwortabfrage aktiviert werden.

FEHLERTEUFEL Notwendig ist dazu ein Mac mit einer *Open Firmware* der Revision 4.17 oder besser (siehe *Apple System Profiler*: die *Boot ROM Version* ist gleichzeitig die Version der *Open Firmware*). Apple warnt ausdrücklich davor, das Verfahren bei nicht unterstützten Rechnern anzuwenden, da es die Hardware beschädigen kann.

Diesen Passwortschutz sollten all jene nutzen, die erhöhte Sicherheitsanforderungen stellen. Wenn er aktiviert ist, gilt Folgendes:

- Die Taste *C* zum Aufstarten von CD ist blockiert.
- Die Taste *N* zum Aufstarten von einem *NetBoot*-Server ist blockiert.
- Die Taste *T* zum Aufstarten als (scheinbare) Festplatte an einem anderen Mac mit *FireWire* ist blockiert.
- Das Starten in den *Verbose Modus* (*Befehl-V*) ist blockiert.
- Das Starten in den *Single User Modus* (*Befehl-S*) ist blockiert.
- Ein Reset des PRAM (Paramter RAM via *Befehl-Wahl-P-R*) ist blockiert.
- Der *Startup Manager* (*Wahltaste* beim Start) kann nur nach Eingabe des Passwortes benutzt werden.
- Eine Passwortabfrage erfolgt auch, wenn in *Open Firmware* (beim Start *Befehl-Wahl-O-F* drücken) Befehle eingegeben werden.

Um doch von CD starten oder das PRAM resetten zu können, ist zunächst die Sequenz zu durchlaufen, wie sie soeben im Abschnitt *NVRAM resetten* beschrieben wurde.

Letztlich bleibt zu bedenken, dass das Passwort geändert respektive gelöscht werden kann, wenn eine der folgenden Voraussetzungen zutrifft:

- Jeder Benutzer mit Administratorrechten.
- Physischer Zugriff auf das Innenleben des Computers.
- Start mit Mac OS 9.

Kurz, der Macintosh ist zwar besser geschützt, aber er ist nicht unangreifbar. Bei wirklich hohen Sicherheitsanforderungen muss deshalb auch gewährleistet sein, dass der Computer nicht für längere Zeit unbeaufsichtigt bleibt – in dem Fall wird er besser weggeschlossen, so dass kein Zugriff möglich ist.

Systemkonfiguration optimieren

Spezielle Software wie das Kontrollfeld *Erweiterungen Ein/Aus* unter dem klassischen Mac OS, mit dem aktuell nicht benötigte Systemerweiterungen abgeschaltet werden, um mehr Speicher frei zu bekommen und – vor allem bei fremden Erweiterungen – ein möglichst stabiles System zu erhalten, ist unter Mac OS X unnötig. Prozesse, die nichts zu tun haben, verbrauchen weder Rechenzeit noch Hauptspeicher; das System lagert sie auf Festplatte aus. Siehe auch das Kapitel *Die Konzepte von Mac OS X*.

Voreinstellungen ändern

Was früher unter dem klassischen Mac OS im so genannten *Ressourcen-Zweig* einer Datei respektive in den Voreinstellungsdateien gespeichert war (und mit *ResEdit* geändert werden konnte), wird jetzt oft in so genannten *XML*-Dateien (Extensible Markup Language) gespeichert. Das sind im Prinzip einfache Textdateien in einer speziellen Syntax, die sich mit einem geeigneten Editor auch anpassen und ändern lassen.

Sie können dazu entweder das Programm *Property List Editor* von der Developer-CD oder aber das noch etwas übersichtlichere Programm *PrefEdit* benutzen.

Beachten Sie dabei, dass sich manche Änderungen nur durchführen lassen, wenn Sie sich als *System-Administrator* angemeldet haben (siehe Abschnitt *Superuser* im vorangegangenen Kapitel).

Wir empfehlen Ihnen *PrefEdit* oder ein vergleichbares Programm (zu finden auf unserer *SmartDisc*) schon allein aus dem Grund, weil das die Installation der rund 200 Megabyte von der Developer-CD überflüssig macht.

Die grundsätzliche Bedienung ist eigentlich ganz einfach: Sie suchen sich den gewünschten Parameter aus und ändern dort einen Wert oder eine Variable. Die kleine Schwierigkeit beginnt damit, nun auch zu wissen, welchen Parameter Sie warum und wie ändern möchten. Es würde nun viel zu weit führen und auch gähnend langweilig werden, wollten wir alle Parameter aufführen und erläutern. In den entsprechenden Kapiteln und Abschnitten dieses Buches finden Sie, so es angezeigt ist, an passender Stelle weitere Hinweise zur Modifikation.

Viele der Einstellungen in den *XML*-Dateien bedürfen auch gar keiner eigenen Einstellung, ja Sie sollten es im Gegenteil sogar sorgsam vermeiden, dort etwas zu verschlimmbessern. Trotzdem lohnt es sich, mit einem Programm wie *PrefEdit* einmal ein wenig in den Systemtiefen zu forschen und sich dann die ein oder andere Einstellung an persönliche Vorlieben anzupassen.

MERKET AUF! Dabei sollten Sie aber wirklich nur solche Werte ändern, von denen Sie genau wissen, wozu sie dienen. Zumal etliche dieser Einstellungen viel bequemer und verständlicher über *Systemeinstellungen...* im Apfel-Menü des Finders erfolgen können. Dazu gehören zum Beispiel Datum- und Zeitformate, Netzwerkeinstellungen und so weiter.

Wer des Englischen ein wenig mächtig ist, wird auch viele der Begriffe und Parameter verstehen. Hier ein paar Anregungen:

- Unter *Globale Einstellungen | AppleHighlightColor* können Sie die Markierungsfarbe verändern: Der Wert *1 – 1 – 0* etwa setzt die Auswahlfarbe auf ein reines Gelb. Die Notation der Farben erfolgt in RGB-Werten, wobei die *1* einem Wert von einhundert Prozent entspricht. Mit dem kleinen Hilfsprogramm *DigitalColor Meter* aus dem Ordner */Applications/Utilities* werden die Farbwerte des Bildschirms beim Überstreichen mit der Maus angezeigt; wahlweise auch in prozentualer RGB-Notation. So finden Sie – beispielsweise in einem Zeichenprogramm – die gewünschten Farbwerte, die Sie dann in die *XML*-Datei einsetzen können.
- Unter *com.apple.finder – finder.haSTrasH* können Sie sich den Papierkorb, der normalerweise im *Dock* enthalten ist, auch auf dem Schreibtisch des Finder anzeigen lassen, wenn Sie hier den Wert *1* einsetzen.
- Unter *com.apple.finder – ZoomRects* können Sie mit den Werten *0* respektive *1* entscheiden, ob beim Öffnen und Schliessen der Fenster ein Zoomeffekt sichtbar sein soll.

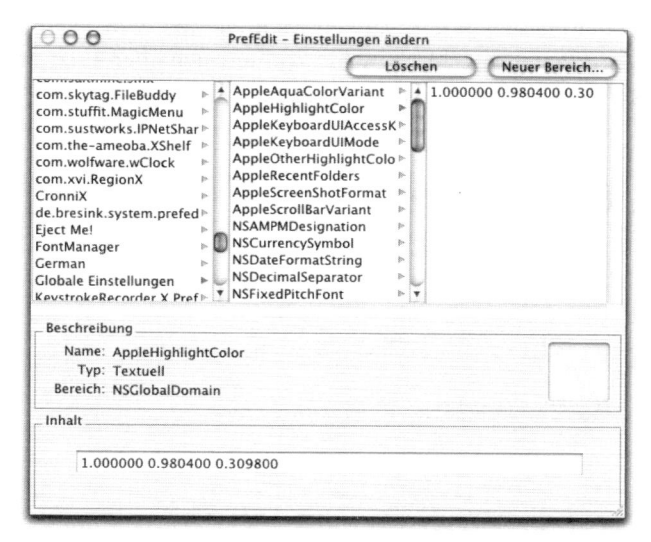

Diese Beispiele sollen hier genügen, Sie ein wenig zum Herumspielen mit den *XML*-Dateien zu animieren. Sie werden dabei auf einige Funktionen stossen, die Apple zwar vorgesehen, aber (bislang) verborgen hat.

Die meisten Einstellungen werden erst wirksam, wenn Sie entweder einen Neustart durchführen oder sich ab- und wieder anmelden.

Sind Sie als normaler Benutzer eingeloggt, dann können Sie auch nur die Einstellungen dieses Benutzers ändern. Melden Sie sich dagegen als *root* an, dann können Sie auch globale Einstellungen ändern, die für alle Benutzer gelten. Aber hier gilt wie immer: Besondere Vorsicht ist angesagt.

Voreinstellungen bereinigen

Auch unter Mac OS X gibt es einen Ordner *Preferences*, in dem die Programme ihre Voreinstellungsdateien ablegen. Praktisch jedes Programm, das jemals aufgestartet wurde, hinterlässt hier seine Spuren. Und die bleiben, auch wenn das Programm selbst längst Geschichte ist.

Es ist deshalb eine gute Idee, den Ordner *Preferences* ab und an zu entmisten. Wobei hinzugefügt sein soll, dass solch verwaiste Voreinstellungsdateien dem System in keinster Weise Schaden zufügen können. Sie sind nur überflüssig und belegen Festplattenspeicher.

Im Übrigen ist es immer eine sehr gute Idee, die Voreinstellungsdatei eines Programms zu löschen, wenn das Programm muckt. Oft ist eine defekte Voreinstellungsdatei dafür verantwortlich.

Sie können die entsprechenden Dateien manuell aus dem Verzeichnis */Users/ Benutzer/Library/Preferences* löschen. Sie können sich aber auch der Hilfe eines Utilities wie *PrefsOverload* bedienen, das Sie auf unserer *SmartDisc* finden.

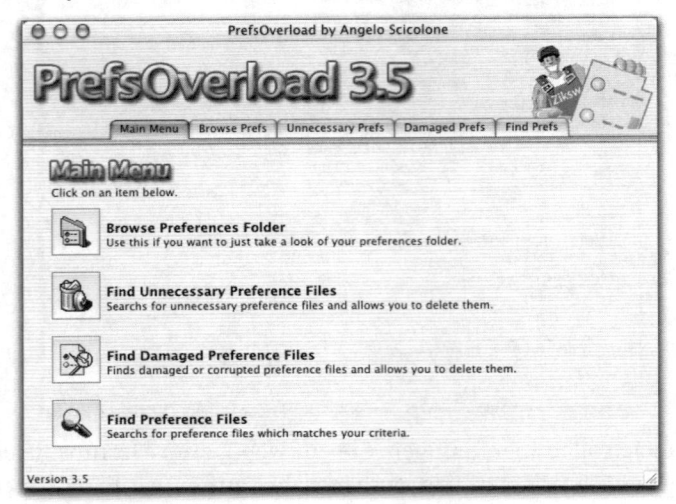

Systemwartung

POWER USER

Im Gegensatz zu den klassischen Versionen des Mac OS ist Mac OS X ein ausgesprochenes Mehrbenutzer- und Server-Betriebssystem. Das heisst, man geht davon aus, dass der Rechner ständig verfügbar sein muss und deshalb auch ständig eingeschaltet ist.

Daraus folgt auch, dass bestimmte Aufgaben wie beispielsweise die Systemwartung automatisch erledigt werden, dies aber zu nachtschlafener Zeit, wenn der Rechner mit hoher Wahrscheinlichkeit nicht so ausgelastet ist. Es schadet deshalb auf keinen Fall (abgesehen vom Energieverbrauch), wenn Sie Ihren Macintosh ab und an einmal auch über Nacht eingeschaltet lassen (kein Ruhezustand), damit die Systemwartung auch greifen kann.

Die Wartungsarbeiten können Sie aber auch jederzeit im *Terminal* erledigen:

- *sudo sh /etc/daily* für die tägliche Wartung.
- *sudo sh /etc/weekly* für die wöchentliche Wartung.
- *sudo sh /etc/monthly* für die monatliche Wartung.

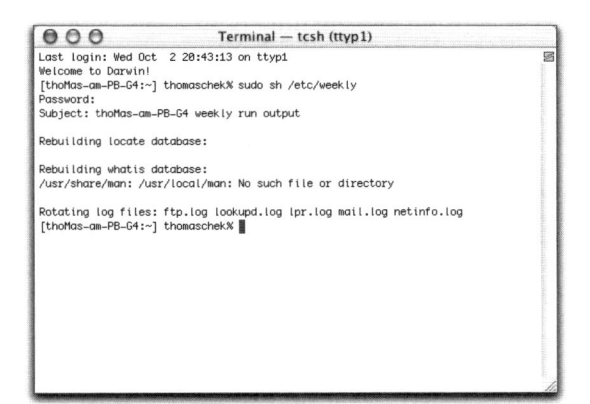

Sie können sich zu diesem Zweck aber auch das kleine Utility *MacJanitor* von unserer *SmartDisc* holen, mit dem Sie die Systemwartung manuell jeder Zeit anstossen können:

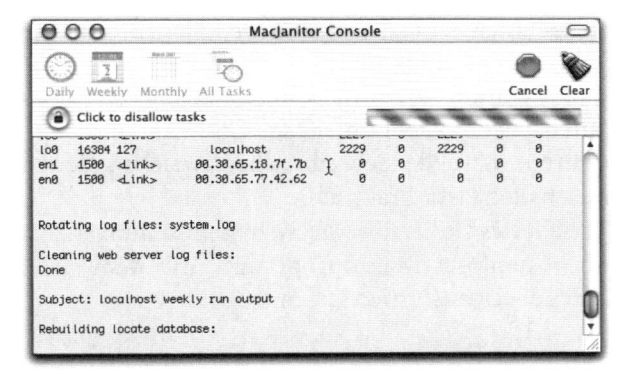

Arbeitsumgebung optimieren

Ein Rat und auch ein Tipp, sofern Sie erfahrener Mac-User sind: Versuchen Sie nicht, partout die Funktionalität von OS 9 wiederherzustellen. Arbeiten Sie erst einmal mit den Konzepten von OS X und ergänzen Sie erst dann, was sinnvoll und hilfreich ist. Kurz, versuchen Sie nicht, aus OS X ein klassisches Mac OS zu zaubern, sondern erweitern Sie Mac OS X.

Eine ganze Menge Anregungen in Form von Hilfsprogrammen finden Sie auf unserer *SmartDisc*. Weiterhin können wir folgende Webseiten empfehlen:

```
http://www.versiontracker.com
```

Täglich aktualisierte Versionsinformationen zu allen Programmen von Freeware bis Kommerz zu Mac OS und Mac OS X.

`http://softrak.stepwise.com/Softrak`
Eine gut gepflegte Webseite mit neuen Programmen und neuen Versionen zu Mac OS X, Mac OS X Server und *OpenStep*.

`http://www.macosxapps.com`
Informationen zu neuen Programmen und Versionen und ein sehr gutes Programmarchiv.

Einige besonders nützliche Programme möchten wir hier besonders erwähnen, wobei uns bewusst ist, dass das nur eine Anregung sein kann und dass sich die Vorlieben und Bedürfnisse eines jeden Benutzers anders gestalten. Durchforsten Sie die *SmartDisc* und die genannten Webseiten:

LauchBar	Nicht ganz billiges Shareware-Programm, das aber per Tastenkürzel einen fantastisch schnellen Zugriff auf Programme und Dokumente erlaubt.
NexBar	Ein Programmstarter und -umschalter aus den guten alten NEXT-Zeiten, wiederbelebt unter Mac OS X.
Space	Mehrere virtuelle Schreibtische, zwischen denen sich schnell umschalten lässt. Praktisch.
TinkerTool	Schlicht *das* Utility, um die Systemeinstellungen zu optimieren.
Youpi Key	Ein kostenloses Makroprogramm, mit dem sich Aktionen auf Tastendruck ausführen lassen.

Systemreparatur

Wenn Sie kurz nach dem Einschalten die Tastenkombination *Befehl-S* gedrückt halten, wird Mac OS X im *Single User Mode* aufgestartet. Das bedeutet, es wird nur die absolut notwendige Systembasis geladen und von der Festplatte kann nur gelesen werden.

Bei Problemen können Sie dann den Befehl *fsck -y* aufrufen. (Achtung: die amerikanische Tastaturbelegung ist aktiv; Sie müssen deshalb als Deutscher *fsck ßz* tippen, als Schweizer *fsck 'z.*)

Damit wird ein *file system consistency check* angestossen. Das Programm überprüft und repariert nötigenfalls die Dateistruktur. Mit dem Schalter *-y* weisen Sie das Programm an, alle Anfragen automatisch zu bestätigen.

Wenn dabei Fehlermeldungen auftreten, sollten Sie *fsck -y* wiederholen, bis keine Probleme mehr gefunden werden.

Mit *exit* setzen Sie den Startvorgang fort.

Mehr zur Funktionsweise von *fsck* und den Schaltern erfahren Sie wie immer, wenn Sie im *Terminal* den Befehl *man fsck* eingeben und so das Handbuch zu diesem Programm aufrufen.

Standardprozedur

Wenn Sie Probleme mit Ihrem Macintosh haben, dann sollten Sie folgende Massnahmen in der angegebenen Reihenfolge durchführen. Gehen Sie schrittweise vor, bis eine der Massnahmen (hoffentlich) zum Erfolg führt:

1. Neustart.
2. Voreinstellungsdatei zu einem Programm löschen, das Probleme bereitet.
3. PRAM resetten.
4. Festplatte überprüfen mit dem *Festplatten-Dienstprogramm*. Beim Startvolume in den *Single User Mode* (*Befehl-S* beim Start) starten und *fsck -y* eintippen.
5. *NVRAM* resetten – siehe weiter vorn.

System überwachen

Das Programm *Konsole* gibt die Systemmeldungen von Mac OS X aus. Hier können Sie genau sehen, welche Dienste wann gestartet wurden und was damit los ist. Und wenn es etwas zu vermelden gibt, dann wird das Programm automatisch in den Vordergrund geholt.

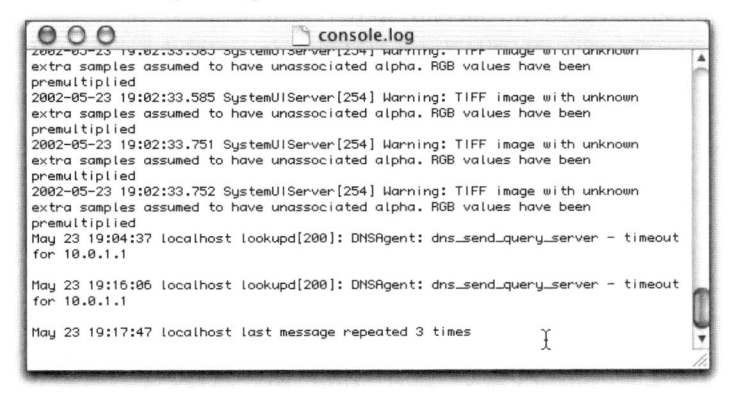

Falls Probleme auftreten, kann ein Blick auf *Konsole* helfen. Mehr dazu können Sie im Kapitel *Hilfsprogramme für Mac OS X* nachlesen.

Wenn Sie im *Terminal* den Befehl *vm_stat 1* eingeben, werden die Aktivitäten des virtuellen Speichers angezeigt, die Anzeige wird jede Sekunde aktualisiert (*vm_stat 10* aktualisiert alle zehn Sekunden). Beobachten Sie die letzten beiden Spalten. *pageins* listet die Anzahl der von der Festplatte ins RAM zurückgeholten Seiten (in vier Kilobyte grossen Speicherblöcken), *pageouts* bezeichnet die Anzahl der ausgelagerten Seiten.

```
000                 Terminal — tcsh (ttyp1)
Mach Virtual Memory Statistics: (page size of 4096 bytes, cache hits 6%)
  free  active  inac wire   faults   copy zerofill reactive pageins pageout
175261   17088 50711 19084  1726019  34856  862887        0    7157       0
175260   17086 50584 19214      136      0        3        0       0       0
175260   17086 50584 19214        5      0        2        0       0       0
175260   17086 50584 19214        5      0        2        0       0       0
175255   17086 50589 19214       10      0        7        0       0       0
175255   17086 50589 19214        5      0        2        0       0       0
175213   17086 50631 19214       47      0       44        0       0       0
175212   17086 50632 19214        6      0        3        0       0       0
175212   17086 50632 19214        5      0        2        0       0       0
175171   17086 50673 19214       46      0       43        0       0       0
175171   17086 50673 19214        5      0        2        0       0       0
175171   17086 50673 19214        5      0        2        0       0       0
174254   17086 51590 19214      921      0      919        0       0       0
174254   17086 51590 19214        5      0        2        0       0       0
q174254  17086 51590 19214        8      0        3        0       0       0
174254   17086 51590 19214        5      0        2        0       0       0
174254   17086 51590 19214        5      0        2        0       0       0
174254   17086 51590 19214        5      0        2        0       0       0
174253   17086 51591 19214        6      0        3        0       0       0
^C
[thoMas-am-PB-G4:~] thomaschek%
```

Sie erkennen hier, wie stark das Betriebssystem auf den virtuellen Speicher setzt. Nicht selten wird einem Programm mehr virtueller als physikalischer Speicher zugewiesen. Und das Ganze wird natürlich «dynamisch» verwaltet, will heissen, freigegebene Speicherbereiche kommen sofort anderen Programmen zugute. Ein Programm ist jetzt auch nicht mehr auf einen vorher fest zugewiesenen Speicherbereich angewiesen, sondern bekommt den Speicher dynamisch vom Betriebssystem zugeteilt. In der Summe ist die Speicherverwaltung unter Mac OS X damit viel effektiver, variabler und stabiler.

Stellen Sie allerdings durchgängig sehr hohe Werte bei *pageins* und *pageouts* fest, dann sollten Sie das ein oder andere Programm beenden – oder mehr RAM einbauen (lassen).

Von Zeit zu Zeit sollten Sie auch die Swapfiles kurz kontrollieren, um sicherzustellen, dass keins Ihrer Programme sich ungebührlich verhält. Wenn eine Applikation ein «Speicherloch» hat und ständig neuen Speicher anfordert, kann es vorkommen, dass das Swapfile (Auslagerungsdateien für virtuellen Speicher) im Laufe der Zeit immer grösser wird – und unter Mac OS X laufen der Computer und viele Programme sehr lange oder gar ständig, das werden Sie bald feststellen.

Rufen Sie dazu im Finder den Menübefehl *Gehe zu | Gehe zum Ordner…* auf und tippen Sie */var/vm* ein:

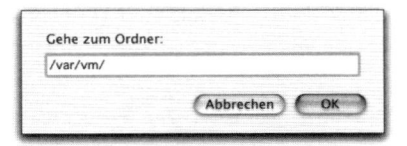

Haben Sie da mehr als zwei bis drei Swapfiles, einige davon vielleicht noch sehr gross, dann sollten Sie alle Programme beenden. Mac OS X gibt den Speicher daraufhin wieder frei und löscht unnötige Auslagerungsdateien.

Letztlich können Sie mit dem Menübefehl *Gehe zu | Gehe zum Ordner…* und mit der Eingabe von */var/log* noch überprüfen, dass die Log-Dateien nicht zu gross geworden sind. Es sollten sich hier keine übergrossen Dateien finden – mehr als ein paar Megabyte ist auf jeden Fall zu viel.

Doppelklicken Sie auf verdächtig grosse Log-Dateien, *Konsole* öffnet sich und Sie können erkennen, welches Programm hier übermässig häufig seine Zustandsberichte schreibt.

Startvolume erzwingen

Wenn Ihr Startvolume nicht mehr gefunden wird, dann probieren Sie Folgendes: Halten Sie beim Starten die Tastenkombination *Befehl-Wahl-O-F* gedrückt, dann gelangen Sie in die *Open Firmware*. Geben Sie jetzt ein:

    boot hd:9,\System\Library\CoreServices\BootX

Beachten Sie, dass die englische Tastaturbelegung aktiv ist!

hd: bezeichnet dabei die interne IDE-Festplatte, *9* ist die Nummer der (ersten) Partition. Befindet sich bei Ihnen OS X auf der zweiten, geben Sie eine *10* ein, für die dritte eine *11* und so weiter. Mit *dev / ls* können Sie sich auch die gesamte erkannte Hardware auflisten lassen.

Ist der Start erfolgreich, können Sie das Startvolume in den *Systemeinstellungen…* unter dem Apfel-Menü neu auswählen.

Laufwerke warten

Beim Starten und Beenden führt Mac OS X routinemässig eine Überprüfung der Laufwerksstruktur durch. Das gilt allerdings nur für das Startlaufwerk und ab und an sollten Sie – schon der Vorsorge wegen – ein Reparaturprogramm Ihre Laufwerke untersuchen lassen.

Apples *Festplatten-Dienstprogramm* (*Disk Utility*) ist das Mittel der Wahl, wenn es Probleme mit Fest- und Wechselmedien und den Dateien auf einem solchen Problemvolume gibt, denn es kann viele Fehler reparieren.

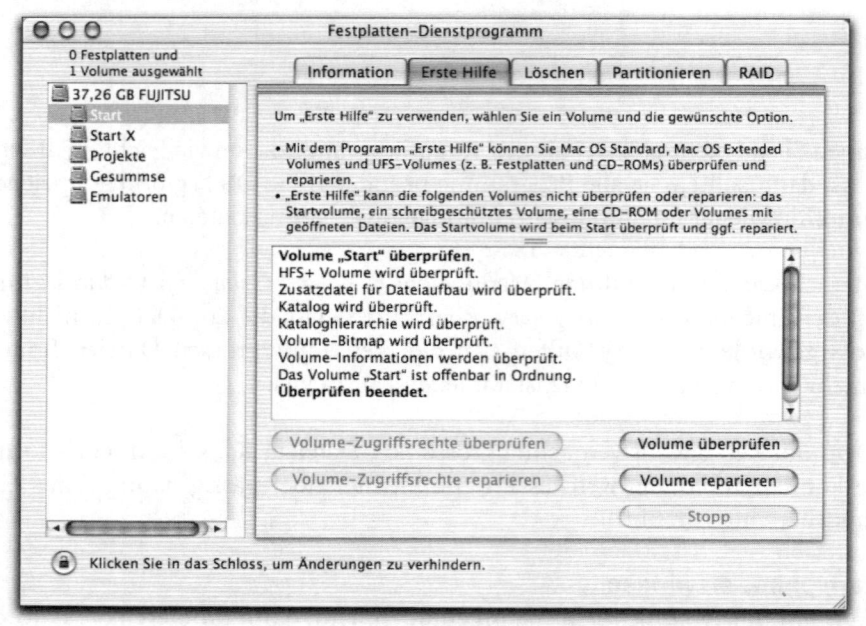

Mehr dazu lesen Sie bitte im Kapitel *Hilfsprogramme für Mac OS X* unter *Festplatten-Dienstprogramm* nach.

CDs auswerfen

Zunehmend bringt die Musikindustrie kopiergeschützte CDs unters Volk, die aber auf Computern erhebliche Probleme bereiten können (einige Einlassungen dazu können Sie im Kapitel *Programme für Mac OS X* im Abschnitt *Legal oder illegal?* nachlesen):

- Vermeiden Sie es grundsätzlich, kopiergeschützte CDs einzulegen. Sie sollten durch den Hinweis «Auf PC/Mac nicht abspielbar» kenntlich sein.

Versuchen Sie Folgendes, wenn so eine CD bei Ihnen feststeckt:

- Etliche CD-Laufwerke haben ein kleines Loch zum Auswerfen; drücken Sie mit einer aufgebogenen Büroklammer hinein, um den Auswurfmechanismus zu aktivieren.
- Drücken Sie beim Neustart so lange die Maustaste, bis die CD hoffentlich ausgeworfen wird.

- Starten Sie *iTunes* und wählen Sie den Menübefehl *Steuerung | CD auswerfen*.
- Halten Sie beim Starten die Tastenkombination *Befehl-Wahl-O-F* gedrückt und geben Sie dann in *Open Firmware* den Befehl *eject cd* ein.
- Versetzen Sie den Rechner in den Ruhezustand und wecken Sie ihn wieder auf. Dabei halten Sie die Auswurftaste (*F12*) auf der Tastatur gedrückt.

Backup des Systems

Mac OS X lässt sich aufgrund der vielen unsichtbaren Dateien und der unterschiedlichen Zugriffsrechte nicht so einfach sichern oder auf ein anderes Volume kopieren wie Mac OS 9. Während es beim klassischen System genügt, den kompletten Systemordner an die gewünschte Stelle zu kopieren, sind für eine lauffähige Kopie von Mac OS X besondere Schritte zu tun.

Doch es funktioniert, und es gibt sogar mehrere Wege zum Ziel:

- Starten Sie von der Restore-CD, die Ihrem Rechner beiliegt und sichern Sie das X-Startvolume mit *Apple Software Restore* (im *Restore Image.img* auf der Restore-CD zu finden) auf eine andere Festplatte oder Partition. Die Grösse des zu sichernden Volumes ist aber (noch) auf maximal 4 Gigabyte begrenzt.
- Alternativ können Sie auch mit *Disk Copy* in ein Disketten-Image sichern (Menübefehl *Image | Neues Image vom Laufwerk…*).
- Nicht ganz so zuverlässig wie diese beiden Methoden ist der *Carbon Copy Cloner*, den Sie auf unserer *SmartDisc* finden (gegebenenfalls versuchen Sie es mehrmals). Dafür ist die Grösse des Quellvolumes nicht begrenzt.

Backup der Daten

Was Mac OS X und die Datensicherung angeht, herrscht bei einigen Anwendern ein wenig Verwirrung, besitzt doch das System so viele unsichtbare Dateien. Nun, das kann ein Problem sein, wenn Sie das System selbst sichern oder funktionsfähig auf ein anderes Laufwerk kopieren möchten. Wie es dennoch geht, davon war soeben die Rede.

Für das normale Backup der eigenen Daten und Dokumente spielt das «Versteckspiel» aber überhaupt keine Rolle, denn OS X versteckt keine einzige Dokument-Datei vor Ihnen! Sofern Sie die Zugriffsrechte haben, natürlich. Alle Dateien, die den Benutzer interessieren respektive die er selbst anlegt, bleiben immer und überall sichtbar!

«Backup»

Wer es sich besonders einfach machen möchte, kauft sich bei *.Mac* ein (www.apple.com/de/mac) und kann dann das Backup-Programm *Backup* von Apple nutzen, um seine Daten auf der *iDisk* oder auf CD/DVD zu sichern:

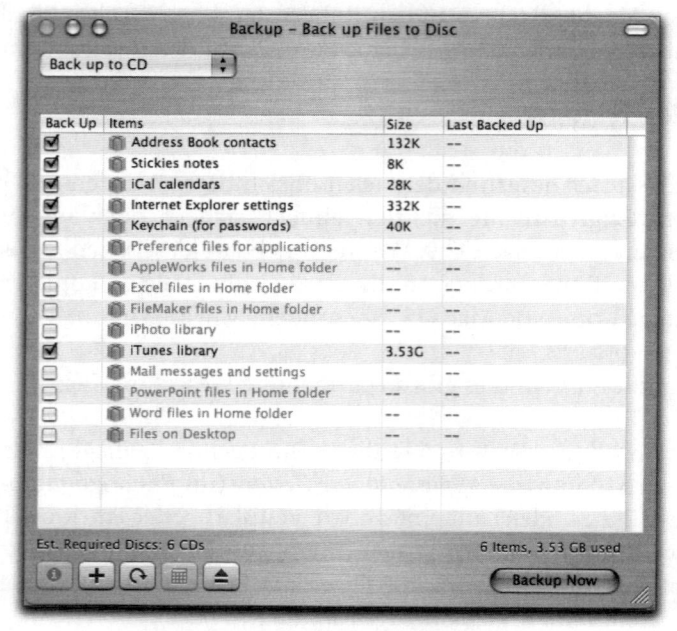

Es kennt schon alle wichtigen Nutzerdaten, die es zu sichern gilt; weitere Ordner können leicht hinzugefügt werden.

Leider setzt Apples Programm auch für die Sicherung auf CD oder DVD eine gültige bezahlte *.Mac*-Mitgliedschaft voraus!

Daten sammeln

Vor einem Backup ist erst mal wichtig, zu wissen, was eigentlich genau gesichert werden soll, damit nichts vergessen wird. Wir schlagen folgendes Vorgehen vor:

- Schaffen Sie ein Volume für Ihre wichtigen Daten (auf das standardmässig alle Benutzer zugreifen können). Dort werden alle Dokumente organisiert und gesichert. Das ist beim Suchen – und Finden – übersichtlich, und auch beim Backup.
- Grundsätzlich versuche ich immer, auf der Datenpartition alle Daten abzulegen, auch wenn ein Programm sie gern woanders sähe: So ist z. B. auch die E-Mail-Datenbank von *Entourage* auf dem Volume *Projekte* abgelegt. Dort, wo *Entourage* sie eigentlich erwartet – unter */Users/Benutzer/Documents/*

Microsoft-Benutzerdaten – liegt eine gleichnamige Aliasdatei dieses Ordners. Wenn das Alias genauso benannt ist wie das Original, akzeptieren die Programme das in aller Regel klaglos.
- Kleinkram und Daten von *iTunes* und dergleichen belassen Sie in Ihrem Heimatverzeichnis, das standardmässig beim Speichern der Daten vorgeschlagen wird. Die Ordner *Dokumente, Pictures*, etc. müssen dann natürlich auch in den Backup-Vorgang mit einbezogen werden. Auch im Heimatverzeichnis ist nichts Wichtiges unsichtbar!
- Nicht zu vergessen die Dokument-, Bild- und Audio-Ordner der anderen Benutzer – jeder hat ein Heimatverzeichnis und viel darin!
- Unwichtige Voreinstellungsdateien ignoriere ich einfach. Oft werden da nur ein paar unbedeutende Dinge wie etwa die Position der Fenster gespeichert – das lässt sich, wenn das Programm neu installiert ist, problemlos mit ein paar Mausklicks in den *Einstellungen* wieder auf den alten Stand bringen.
- Wichtige Vorgaben, in denen viel Arbeit steckt, wie zum Beispiel die Dokumentvorlage *Normal* von *Word*, merke ich mir, und sie werden dann beim sowieso fälligen letzten Backup mit gesichert. Schauen Sie hier nach:
    - Native und Carbon-Programme: *Users/Benutzer/Library/Preferences/*.
    - *Classic*-Programme: *Startlaufwerk/Systemordner/Preferences*.
    - Office-Daten: */Users/Benutzer/Documents/Microsoft-Benutzerdaten*.
    - *Word*-Tastenkürzel sind in der Dokumentvorlage *Normal* (*/Applications/Microsoft Office X/Vorlagen*) gespeichert.
    - Das *Adressbuch* finden Sie im Verzeichnis */Users/Benutzer/Library/Adresses/Address Book.addressbook*.
    - Die Daten des *Notizzettels* sind im Verzeichnis */Users/Benutzer/Library/.StickiesDatabase*.
- Damit das Ganze nicht zu einer Suchorgie mit heftigstem Überlegen kurz vor dem Partitionieren wird (was ist wichtig und wo finde ich es?), habe ich mir angewöhnt, alle Dateien, die gesichert werden sollten, zu notieren, sowie sie mir auffallen. *Notizzettel* ist ein guter Ort, so etwas festzuhalten.

Sicherungsstrategien

Die Festplatte gehört zu den zuverlässigsten Massenspeichern. Dennoch ist keine Festplatte dieser Welt vor einem Headcrash – und damit dem Daten-GAU – gefeit. Spätestens jetzt ist es an der Zeit, sich mit den verschiedenen Peripheriegeräten auseinander zu setzen, die für die Datensicherung in Frage kommen.

- Disketten haben sehr wenig Kapazität (1,4 Megabyte) und sind langsam.
- Zip- und Superdisk-Laufwerke sind etwas flotter, aber mit rund 120 Megabyte Kapazität auch nicht eben üppig bemessen.

- Eine interne oder externe zweite Festplatte ist hervorragend für die tägliche Datensicherung geeignet. Sie ist schnell und man kann darauf System und Daten sichern, so dass beim Ausfall der ersten nahtlos weitergearbeitet werden kann. Wer möchte, kann es auch mit einem RAID probieren, das die beiden Festplatten automatisch spiegelt – siehe Kapitel *Hilfsprogramme für Mac OS X* im Abschnitt *RAID*.
- Ein CD- oder DVD-Brenner schliesslich ist ideal, um die Daten ab und an nochmals dauerhaft zu sichern, um sie dann idealerweise an einem anderen Ort zu lagern. (Mir ersparte das einmal Tage der Arbeit: Als ich nach Monaten wieder eine Layout-Datei aufrief, um sie zu überarbeiten, stellte ich fest, dass sie defekt war. Natürlich merkt das ein Backup-Programm nicht und sichert unverdrossen. Doch ich musste nur den CD-Stapel mit den Sicherungsgenerationen durchgehen und nach einer noch intakten Kopie suchen – die sich glücklicherweise fand.)

Eine gute Backup-Strategie berücksichtigt drei Gefahren:

- Die Daten auf der Festplatte können (versehentlich) gelöscht oder zerstört werden.
  Sie sollten sich deshalb – möglichst aktuell – auf einem zweiten Speichermedium befinden. Das bedeutet: Ein Backup macht nur Sinn, wenn es regelmässig in nicht zu langen Zeitabständen durchgeführt wird. Für die meisten Anwender wird die tägliche Sicherung bei Arbeitsende ideal sein.
- Das Sicherungsmedium kann zerstört werden.
  Eine Zip ist defekt, eine Wechselplatte fällt herunter und zerbricht... Die Daten sollten deshalb abwechselnd auf mehreren Datenträgern gesichert werden (= rotierendes Backup).
- Das Archiv kann zerstört werden.
  Es kommt nicht allzu oft vor, aber manchmal eben doch: Ein Zimmer- oder Hausbrand, Überschwemmung, ein Regal stürzt ein. Solche Desaster können Computer und Backup-Medien vernichten. Wichtige Backups sollten deshalb auf jeden Fall zusätzlich an einem externen Ort gelagert werden.

Daten sichern

Eine einfache und doch recht zuverlässige Strategie arbeitet mit drei – oder mehr – Sätzen Wechselmedien, die rotierend benutzt werden: Arbeit A1, A2, ... Arbeit B1, B2, ... Arbeit C1, C2, ...

Am Montag wird auf Satz «A» gesichert, am Dienstag auf «B», am Mittwoch auf «C» und am Donnerstag dann wieder auf «A», Freitags auf «B», usw. Geschieht dann am Donnerstagabend das Unglück, dass sowohl die Daten auf der Festplatte wie auch jene des Satzes «C» defekt sind, so kann auf Satz «B» vom Dienstag zurückgegriffen werden. Der ist hoffentlich intakt, und verloren ist «nur» die Arbeit von zwei Tagen. Das ist zwar schlecht, aber immer noch besser, als die Arbeit von Wochen, Monaten oder Jahren zu verlieren.

RAFFINIERT Mit Hilfe des Programms *Sherlock* können Sie ein Backup nur der Dateien durchführen, an denen Sie Änderungen vorgenommen haben: Stellen Sie in der *Finden*-Dialogbox die Option *Geändert nach* ein und geben Sie als Datum den Vortag an, ab dem Sie die Daten gesichert wissen wollen. Nach *Alles auswählen* (*Befehl-A*) können Sie sämtliche markierten Dateien in einem Schwung auf das Backup-Medium ziehen.

Wenn Sie das regelmässig machen, können Sie *Sherlock* auch einfach nach allen Dateien suchen lassen, die am aktuellen Tag geändert wurden und diese dann auf Ihr Backup-Medium ziehen.

Sehr bequem ist das natürlich nicht, wenn viele Dateien und mehrere Ordner oder Volumes zu überwachen sind. In dem Fall ist ein Backup-Programm weit komfortabler, denn die Bedingungen müssen nur einmal formuliert werden, künftig arbeitet es automatisch.

Für die allermeisten Fälle können wir Ihnen die Shareware *XcopyX* empfehlen, die Sie auf unserer *SmartDisc* finden und die nahezu alles leistet, was ein gutes Backup-Programm auszeichnet.

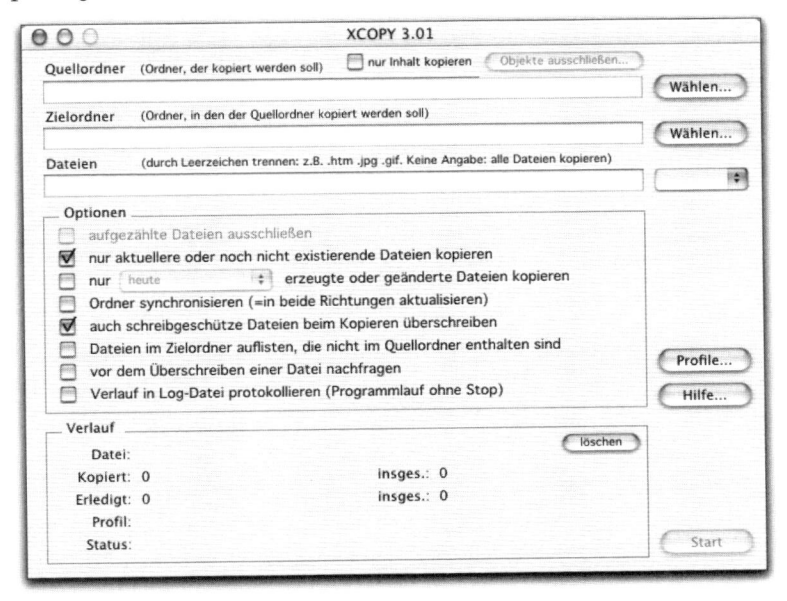

Es muss allerdings gewährleistet sein, dass das Zielvolume im Finder erscheint – ein Backup auf Bandlaufwerke oder CD-R ist damit nicht möglich.

Ein grosser Vorteil – in unseren Augen – ist bei *XcopyX* die Tatsache, dass die Dateien 1:1 kopiert und nicht in einem speziellen Backup-Format abgelegt werden. Das wiederum bedeutet, dass die Sicherungskopien auch ohne das Backup-Programm zugänglich sind. Bei proprietären Backup-Formaten dagegen kommt man an die Sicherung nur, wenn auch das erstellende Programm vorhanden ist.

Index

.Mac 452

A

AAC-Audio..259
Abspiellautstärke...237
Acrobat 386
Acrobat Reader 79, 204, 385-386
ADC 221
Additional Print Drivers....................................40
Admin..545
Administrator...... 41, 163, 326, 370, 542, 545-546, 625, 627-628
Adressbuch 204, 518, 523, 655
AES-Verschlüsselung 292
AFP..453, 553-554
AGP..81
AIFF...233, 247, 249
AirPort....................91, 405, 409, 444, 470, 577
AirPort Admin. Dienstprogramm 284, 409, 477, 483, 576-577
AirPort Assistent 284, 474
AirPort Basisstation 473, 489-490, 575, 577
AIX...67
Aktualisierer 47
Album 409
Aliasdatei..93, 150, 147, 302
Allgemeine Einstellungen.............................415
Andere 546
Anmeldung..155, 608
Antialiasing..98, 200, 369
Apache 73, 586, 591
API..84
Apple
- Display Connector..221
- Double...507
- DVD Player 410
- File Protocol 554
- Service 284
- Software Restore 653
- System Profiler 30, 284, 411
AppleScript...209, 470, 477
AppleShare 583
Applet Launcher..307
AppleTalk 200, 386, 409, 416
Application Programming Interface.............84
Aqua...70, 87
Atlookup..386
Atprint 387

Audible-Dateien...234
Aufspringende Ordner...................................120
Ausschalten..111
Ausschneiden 350
Auswahl...411, 443
AutoAusfüllen..526
Automatisch. Anmeldung 546
Autostart-Worm..432
AutoVervollständigen 525, 527

B

Backup 27, 301, 654
Base 64 507
Bedienungshilfen 188
Benutzer 104, 190, 542-543
Benutzer-Ordner...543
Benutzerrechte 114, 546
Benutzte Objekte...111
Bilder..107
Bildschirmaufnahme 122
Bildschirmfoto 287-288, 347
Bildschirmschoner 81, 105-106, 164-167
BinHex...507
Binhex-Format...538
Bitmap 367
Bitmap-Schriften 367
Bluetooth 98, 465
Bootinfo File 640-641
BootP...449
Bridge 483, 490, 556, 575, 577
Briefkasten...108
Browser 227, 492
BSD...70
BSD Subsystem...40, 69
Build...50

C

Cache 530, 533
Carbon..84
Case preserving 92, 341
Case sensitive..92, 342
Cd 622
CD-R...390
CD-RW...390
CD/DVD brennen 115, 390-391
CHAP..450

INDEX

Chgrp 624
Chmod 587, 624
Chown 624
CIFS/SMB-Protokoll 554, 587
CISC 68
Classic 26, 29, 74, 98
CLI 67, 609
Client 542, 561, 585
Clip 352
Cluster 90, 93
Cocoa 84
ColorSync 106, 173, 180, 288, 355-356, 375, 417
ColorSync Dienstprogramm 288, 356
Command Line Interpreter 67
Cookies 538
Cp 623
CPU 26
CPU-Monitor 158, 288, 619
Creator 93, 342

D

Darwin 28, 70-71, 608-609, 639
Dateien abgleichen 417
Dateikonvertierung 426
Datenkorruption 300
Datentransfer 87
Datum & Uhrzeit 191, 418
Defragmentieren 297
DES-Verschlüsselung 292
Developer-CD 55, 104, 632
Dfont 368
DHCP 449, 558
DHCP-Server 558, 576
Diagnoseprogramm 284, 411
DialAssist 419
Dienste 112, 154, 198, 288, 302, 327, 347
Digital Video Interface 221
DigitalColor Farbmesser 290, 359
DigitalColor Meter 644
Digitale Bilder 215
Directory Setup 598
Disk Copy 290, 292, 329, 390, 653
Disk Utility 293
Disketten-Image 46, 290-291, 329
Distiller 386
DNS 449
Dock 123, 155

Docklet 129
Documente 107
Downlink 461
Drag&Drop 351
DropStuff 318, 538
Druckerauflösung 368
Druckerauswahl 313, 379
Druckerserver 542
Druckertreiber 40, 105
Druckvorschau 280, 375, 383
DVD 405
DVD Player 217
DVI 221
Dynamic Host Configuration Protocol 558
Dynamic_pager 75

E

E-Mail 521
E-Mail-Adressen 521
Eigentümer 546
Einfingerbedienung 189
Energie sparen 174
Entwürfe 520
Erscheinungsbild 164, 420
Erste Hilfe 294, 296
Erweiterungen Ein/Aus 398, 422
Euro 319

F

FAQ 496
Farbkalibrierung 356
Farbmanagement 104-105, 173, 288, 310
Farbmanagementsysteme 354
Farbpalette 372
Farbraum 354
Farbtemperatur 362
FAT / FAT32 92
Favoriten 116, 141, 334, 529
Festplatten-Dienstprogramm 35, 56, 293, 303, 306, 652
Festplattenorganisation 301
Festplattenreparatur 296
File Exchange 425
File Sharing 200, 562, 570, 573
File Transfer Protocol 554
Filesystem 67

Filme 107
Finden 152, 154, 337
Finder 119
Finger 603, 624
Firewall 457, 461, 463, 560
FireWire 225, 249
FireWire Target Disk 639
Firmware 31
Firmware-Update 31
Flatrate 451
Font 365
Fontmanager 371
Formularblock 144-145
Fragmentierung 297
Frameworks 106, 286
FreeBSD 68, 70
Freemailer 506
FTP 449, 493, 554
FTP-Zugriff 587

G

Gamma 361
Gamut 354
Gast 566
Gateway 556
Gesamtfarbverschiebung 362
Geschützt 144
GhostScript 386-387
GNU-Lizenz 213
Gruppe 206, 546-547
GUI 69, 101, 611

H

HFS 90, 303
HFS+ 35, 90, 303, 341
Hierarchical File System 90
Hilfe 117
Hintergrunddruck 375, 381
Hintergrundfarbe 134
Hören 189
HTML-Mail 512
HTTP 449, 554
Hub 551
Hybrid-CD 392
Hypertext Transfer Protocol 554

I

iCal 221
ICC-Profil 104-105, 288, 355
iChat 522
iDisk 452, 654
IMAP 453, 504-505
iMovie 225-226, 254
Indizierung 121
Ink 175
Inkwell 175
Installation von Programmen 331
Installationsprogramm 306
Installationsprotokolle 332
Installer 306
Internet Explorer 523
Internet Protocol 554
Internet Protocol Helper 458
Internet Realtime Transport Protocol 186, 253
Internet Service Provider 451
Internet-Verbindung 227, 469, 584
Internetzugang 42
Intranet 590
IP 450, 554
IP-Adresse 555
iPhoto 227
iPod 248
iPod Software Updater 249, 306
IrDA Modemanschluss 465
ISO 9660 92
ISoundSticks 238
ISP 451
iTools 42, 505
iTunes 233, 236, 248

J

Java 85, 309
Java Virtual Machine 85, 307
Java Web Start 308
Junk-Mail 515

K

Kalibrieren 180, 311, 360, 362
Kalibrierungs-Assistent 310, 360
Kennwortabfrage 165

INDEX

Kennwörter zurücksetzen 47, 57, 156, 638
Kernel..67
Kernel Extensions 286
Kernel Panic..78, 438
Kill 623
Klammeraffe...319
KlickStarter...429
Kommandozeilen-Interpreter.......................67
Konsole...311, 649
Kontrasteinstellung.......................................361
Kontrollfelder 162, 405
Kontrollleiste 430
Kopieren 145, 345, 350
Kopieren in Netzwerken...............................592

L

LAN..87
Landeseinstellungen 168
Landesflagge...169
LaserWriter...581
Laufwerke konfigurieren 33, 35, 304
Lautstärke, Toneingang und -ausgang........181
LDAP.........................207, 321, 449, 511, 598
Library 104, 107
Link..493
Linux..67, 69, 585
LISA..64
Listendarstellung...135
Livevideo 268
LocalTalk..377, 550
Lookup 602
Löschen..298
ls 622

M

Mac OS Extended Format 35, 90
Mac OS Standardformat.................................90
Mac OS X Server 586
MAC-Adresse...555
Mach..68-70, 286
Mail..204, 250, 347, 523
Mail-Server..521
Mailingliste...497
Makrorekorder...211
Man..621
Maus...176, 190

Mauszeiger..176
Media Access Control 555
Memo erstellen..250
MenuExtra plugin...............................110, 210
MIDI...79, 186
Mikrokernel..68
MIME..506
mkdir...622
Monitore...179
Monitorkalibrierung.....................................360
Monolithischer Kernel...................................68
MP3..233, 247
MP3-Player...247
MPEG-4..259
Multicast-Rate 478
Multifinder...407
Multiprozessing...77
Multitasking 103
Multithreading 77
Musik...107
mv 623

N

NAT..489
NAT-Router 471, 489-490, 577
NetBoot..543, 586, 598
NetInfo..321, 598-600
NetInfo Manager....................312, 599, 625
NetInfo-Server...598
Netstat...601
Nettiquette...497
Netzwerk-Dienstprogramm.......................312
Netzwerkdienste..404
Netzwerkdrucker................................381, 386
Netzwerkstart..198
Netzwerkzone..387
Neustart..111
New World..640
Newsgroup..495-496
Newsserver..495
NEXTcube..60
NEXTSTEP...60, 70
NFS..554, 583
niutil..600
Notizzettel...........................250, 339, 347, 413
NTP...450
NVRAM resetten 641

O

Öffentlich...107
Öffnen mit..113
Open Firmware 47, 639, 641
Open Source..71
Open Transport..87
OpenGL..78-79
OpenSSH..48, 596
OPENSTEP..70
OpenType..369
Ordnungsstrukturen................................143

P

Pageins...618
Pageouts...618
Paket-Technologie....................................89
Pakete..87, 325
PAP..450, 554
Papierkorb.......................................122, 125
Partitionieren..................................299-301
Passwort.......41, 53, 57, 156, 171, 546, 628, 638
Passwortschutz......................................642
PDF...78-79, 374, 385-386
Peer-to-Peer-Netz............................542, 585
Pico...596, 621
PID..619
Ping...601
POP..453, -505
Portable Document Format...................374
Portscan..604
Portumleitung..479
POSIX..91
POST...640-641
PostScript Printer Description...............377
PostScript-Datei.....................................386
PostScript-Fonts.....................................367
Power On Self Test..................................641
PowerPC..20
PPP..450
PPP over Ethernet..................................463
PPPoE..................................463, 485, 578
Präemptives Multitasking........................76
PRAM..638
Preferences..105
Print Center....................................313, 379
Printer Sharing..............381, 457, 559, 582
Printerfonts..367
ProcessViewer..................75, 289, 334, 636
Programm-Management........................97
Programme..105
Programmpakete....................................327
Projektordner...339
Prompt..609
Protokoll...53
Protokolldateien.....................................286
Prozess beenden............................313, 315
Prozess-Monitor.............................315, 636
ps..622

Q

Quartz........................78, 80, 189, 279, 369
Quartz Extreme..80
QuickDraw 3D..270
QuickTime.....78-79, 173, 183, 234, 252-253, 257, 280
QuickTime Player............................234, 252
QuickTime Pro.................................184, 252, 257
QuickTime VR...271

R

Radio..244
Radiosender...244
RAID..304-305
Realtime Streaming Protocol.........186, 253
Rechner..273, 413
Rechtschreibprüfung...............250, 278, 350
Regionalcode...219
Rendezvous.....................................82, 381
RISC...20, 68
rm...622
Rohlinge..390
Root....................44, 544-545, 600, 626, 628
Rotierendes Backup..............................656
Router..449, 556-557
RTF...93
rtp...186, 253
rtsp...186, 253

S

Samba..554, 586-587
Scanner..215

Schalter	615
Schlüsselbund	315, 433, 638
Schlüsselbund-Kennwort	548
Schreibtisch	107, 171
Schreibtischbild	171
Schreibtischdatei	400
Schreibtischhintergrund	81, 104, 167
Schriftfamilie	366
Schriftglättung	164
Schriftgrösse	134
Schriftsystem	366
Screenshot	122, 288
Script Editor	211, 237
ScriptMenu	105, 110, 209
Secure Shell	587
Seitenhalter	532
Selbstauslöser	288
Server	542, 561, 585
Sharing	456, 565
Shell	67, 609
Sherlock	151-152, 209, 414, 501
Shutdown	623
Sicherheitsmechanismen	47
Signatur	513
Simple Network Management Protocol	552
Single User Mode	549, 608, 639, 648-649
SLP	554
SMB	554, 583
SNMP	552
Software-Aktualisierung	51, 192-193, 434
Solaris	67
Sommerzeit	191
Sonderzeichen	320
Sortierreihenfolge	314
SoundSticks	203
Spaltenbreite	133
Speakable Items	196
Speicher	435
Speicherarchitektur	74
Speicherfragmentierung	97
Speichermanagement	97
Sprachausgabe	198
Spracherkennung	196, 214
Sprachpakete	43, 168, 406
Sprachsteuerung	196, 213-214
ssh	595
Staff	545
Standard-E-Mail-Programm	454, 458
Standard-Web-Browser	454, 458
Standardstimme	198
Startlaufwerk	30, 295, 300, 436
Startobjekte	106, 172, 203, 402, 413
Startreihenfolge	172, 204
Startton	641
Startup Manager	29, 436, 638
Startvolume	28, 31, 33, 37, 198, 400, 405, 435-436
Stationsabstand	478
Statusanzeige	138
Statusleiste	138
Sticky-Bit	630
Streaming Proxy	269
StuffIt Expander	318
StyleWriter	377
su	623
Subnetzmaske	556
Suchen	152, 531
Suchmaschine	209
sudo	623
Suffix	120, 343
Suitcase	371
Superuser	95-96, 545, 600, 625-626
Swapfile	75, 650
Swapspeicher	158
Symbolanordnung	134
Symbolgrösse	134
Symbolic links	93, 148
Symbolleiste	103, 132
System	105
System-Administrator	625
Systemanforderungen	25
Systemeinstellungen	162
Systemerweiterungen	286
Systemleistung optimieren	40, 330
Systemordner	106
Systemprofil	286
Systemstabilität	97
Systemwartung	646-647

T

Tastatur	189, 318, 414
Tastaturbelegung	170
Tastatureinstellungen	437
Tastaturlayout	170
Tastaturmenü	169-170
Tastatursteuerung	181
TCP	450, 554

TCP/IP 437, 450, 554, 562, 570, 573
Teilbereiche 53, 108, 299, 301
Teilnetzmaske 556
Telnet 48, 595-596
Terminal 76, 148, 178, 252, 320, 386, 608-610, 628, 650
Text-to-Speech 196
TextEdit 275, 278, 348
Themen 420
Timbuktu 593
Timeserver 191
Ton 181
Tondatei 439
top 158, 289, 618, 622
Totalcrash 78
Trace 602
Trackpad 177
Transmission Control Protocol 554
True Blue Environment 397, 400
TrueType 367-368
Twisted Pair 551
Type 93, 342

U

UDF 92
UDP 450, 554
UFS 35, 91-92, 303, 341
UFS-Volume 156
Uhr 279
Unicode 369
Universal Disk Format 92
UNIX Dateisystem 35
UNIX File System 35, 91
Update 47
Update_prebinding 40, 330
Upgrade 47
Uplink 461
USB Printer Sharing 439
Uuencode 507

V

vCard 206, 208
Verbose Modus 639
Verlauf 529
Verschieben 145, 345

Verschlüsselung 291
Verzeichnisdienste 321, 598-599
VFS 71
Video on demand 268
Videostreaming 185
Virtuelle Realität 271
Virtueller Speicher 435
VisiCalc 63
Visitenkarte 206
VNC 593, 595
Volumecache 435
Voreinstellungsdateien 105
Vorschau 280-281
VPN-Verbindung 470, 584

W

WAN 87
Warnton 106, 181, 200, 438
Warteschlange 375, 379
WAV .... 233, , 249
Web Sharing 587, 590
Web-Sites 107
WebDAV 453, 583
WEP 482, 577
Wheel 545
Who 624
Whois 603
Widerrufen 115
Wiederholen 115
Wildcards 338
Wincode 507
Windows NT 69
www 492

X

X Window 597
XML 643

Z

Zeichensatz 109, 365
Zeitzone 191
Zugriffsrechte 108, 628
Zwischenablage 115, 350

SmartBooks im Internet

Einen stetig aktualisierten Überblick über unser gesamtes Buchprogramm inklusive aller Neuerscheinungen finden Sie auf unserer Homepage unter

www.smartbooks.ch
www.smartbooks.de

Schauen Sie mal vorbei!

Buchprogramm und Anzeigen

Günter Schuler
Das Profibuch zu QuarkXPress 5
592 Seiten, vierfarbig
mit CD-ROM (Mac/Win)

ISBN 3-908490-56-1
€ 59.90 (D) / CHF 99.–

Günter Schuler
Photoshop 7 Das Kreativkochbuch
ca. 480 Seiten
mit CD-ROM (Mac)

ISBN 3-908492-06-8
€ 49.90 (D) / CHF 89.–

Dipl.-Des. Stefan Haase
Das Praxisbuch zu Macromrdia Dreamweaver MX
224 Seiten
mit CD-ROM (Mac/Win)

ISBN 3-908492-40-8
€ 34.90 (D) / CHF 59.–

J. Cibula, S. Kägi, S. Michel
Das Profibuch zu Macromrdia Flash MX
496 Seiten
mit CD-ROM (Mac/Win)

ISBN 3-908492-09-2
€ 44.90 (D) / CHF 79.–

SMARTBOOKS   VERLAGSPROGRAMM

Günter Schuler
Das Kreativ-Kochbuch zu Adobe Illustrator 10
576 Seiten, vierfarbig
mit CD-ROM (Mac/Win)

ISBN 3-908490-87-1
€ 59.90 (D) / CHF 99.–

Günter Schuler
Photoshop 6 – Das Kreativ Kochbuch
464 Seiten, vierfarbig
mit CD-ROM (Mac/Win)

ISBN 3-908491-38-X
€ 54.90 (D) / CHF 89.–

Günter Schuler
Type Design & Schriftfonts
Der Typo-Atlas
544 S., vierfarbig, 2. Aufl.,
mit CD-ROM (Mac/Win)
und Poster

ISBN 3-908490-28-6
€ 49.90 (D) / CHF 89.–

Marco Cattarozzi
Colormanagement mit ICC-Profilen in der Praxis
336 Seiten, vierfarbig
mit CD-Rom (Mac/Win)

ISBN 3-908490-91-X
€ 64.90 (D) / CHF 99.–

Martin Eckert
Das Profibuch zu Adobe InDesign 2
ca. 320 Seiten, vierfarbig
mit CD-ROM (Mac/Win)

ISBN 3-908491-91-6
€ 49.90 (D) / CHF 89.–

Prof. Dirk Slawski
Digitale Bildbearbeitung
336 Seiten,
mit CD-ROM (Mac/Win)

ISBN 3-908492-13-0
€ 49.90 (D) / CHF 89.–

Dr. Joachim Gartz
Das Insiderbuch zu Corel Bryce 5
304 Seiten, vierfarbig
mit CD-ROM (Mac/Win)

ISBN 3-908491-86-X
€ DM 99.– (D) / CHF 89.–

Martin Eckert
Adobe Acrobat 5
288 Seiten
mit CD-ROM (Mac/Win)

ISBN 3-908491-04-5
€ 44.90 (D) / CHF 79.–

Publishing & Design

Anna Kobylinska und
Filipe Preiera Martins
PDF-Workflow
417 Seiten
mit CD-ROM (Mac)

ISBN 3-908491-99-1
€ 44.90 (D) / CHF 79.–

Filipe Pereira Martins und
Anna Kobylinska
Das Profibuch zu Adobe GoLive 5
480 Seiten, vierfarbig
mit CD-ROM (Mac/Win)

ISBN 3-908490-95-2
€ 54.90 (D) / CHF 89.–

Filipe Pereira Martins und
Anna Kobylinska
Das Profibuch zu Adobe GoLive 6
ca. 800 Seiten
mit CD-ROM (Mac/Win)

ISBN 3-908492-36-X
€ 49.90 (D) / CHF 89.–

Thomas Maschke
Digitale Fotografie
ca. 300 Seiten, vierfarbig
mit CD-ROM (Mac/Win)

ISBN 3-908491-55-X
€ 44.90 (D) / CHF 79.–

LERNEN • SPASS HABEN • WEITERKOMMEN! SMARTBOOKS

Ralph Wittmann
Professionelle Planung und Durchführung von Internetprojekten
128 Seiten
mit CD-ROM

ISBN 3-908491-02-9
€ 29.90 (D) / CHF 45.–

Milan Krizanek
Dynamische Websites
608 Seiten
mit CD-ROM

ISBN 3-908491-06-1
€ 44.90 (D) / CHF 79.–

Willy Krieg
FrameMaker 6
240 Seiten, vierfarbig
mit CD-ROM (Mac/Win)

ISBN 3-908491-43-6
€ 49.90 (D) / CHF 89.–

Stefanie Guim Marcé
Das Praxisbuch zu DreamWeaver MX
ca. 400 Seiten
mit CD-ROM (Mac/Win)

ISBN 3-908492-03-3
€ 39.90 (D) / CHF 69.–

Philippe Jean-Richard
Das Praxisbuch zu Dreamweaver UltraDev
496 Seiten, vierfarbig
mit CD-ROM (Mac/Win)

ISBN 3-908491-35-9
€ 50.65 (D) / CHF 89.–

Stefanie Guim Marcé
Das Profibuch zu Dreamweaver UltraDev 4
288 Seiten
mit CD-ROM (Mac/Win)

ISBN 3-908491-53-3
€ 49.90 (D) / CHF 89.–

Jan Cibula und Simon Kägi
Flash 5 – Professionelles Design & ActionScripting
512 Seiten
mit CD-ROM (Mac/Win)

ISBN 3-908490-96-0
€ 54.90 (D) / CHF 89.–

Frank Schöttke
CINEMA 4D Release 7
256 Seiten, vierfarbig
Mit CD (Win/Mac)

ISBN 3-908491-74-6
€ 50.65 (D) / CHF 89.–

Publishing & Design

Oliver Pott und Tom Groth
Wireless
Strategien, Methoden und Konzepte für das mobile Internet
192 Seiten

ISBN 3-908491-52-5
€ 25.50 (D) / CHF 38.–

Dr. Oliver Pott und Harald Zapp
Professionelle IP-Telefonie
128 Seiten

ISBN 3-908491-02-9
€ 39.90 (D) / CHF 69.–

H.-J. Bullinger (Hrsg.), D. Thommen, M. Ammann
E-Business in der Praxis
256 Seiten

ISBN 3-908491-97-5
€ 49.90 (D) / CHF 79.–

Peter Fischer
Lexikon der Informatik
566 Seiten
5. aktualisierte und erweiterte Auflage

ISBN 3-908492-22-X
€ 19.95 (D) / CHF 35.–

Internet-Fachbücher

SmartBooks Verlagsprogramm

Mac-Fachbücher

Thomas Maschke
Hallo iBook!
448 Seiten
mit CD-ROM (Mac)
3. aktualisierte und
erweiterte Auflage

ISBN 3-908492-01-7
€ 39.90 (D) / CHF 69.–

Thomas Maschke
**Das SmartBook
zu Mac OS X**
640 Seiten
mit CD-ROM (Mac)

ISBN 3-908491-42-8
€ 39.90 (D) / CHF 69.–

Dirk Wenzel
**Vide-Publishing
mit dem Macintosh**
176 Seiten
mit CD-ROM Mac

ISBN 3-908490-52-9
€ 36.90 (D) / CHF 65.–

Thomas Maschke
Hallo iMac
528 Seiten
vollständig überarbeitet und
aktualisiert

ISBN 3-908492-28-9
€ 39.90 (D) / CHF 65.–

Thomas Maschke
**Das PowerBuch
zum Apple PowerBook**
448 Seiten
mit CD-ROM (Mac)

ISBN 3-908491-57-6
€ 44.90 (D) / CHF 79.–

Thomas Maschke
**Microsoft Office 2001
für Macintosh**
400 Seiten mit CD-ROM
2. Auflage 2001

ISBN 3-908491-28-2
€ 36.50 (D) / CHF 55.–

Dirk Wenzel
FinalCut Pro 3
320 Seiten, vierfarbig
mit CD-ROM

ISBN 3-908491-12-6
€ 39.90 (D) / CHF 69.–

Marc Buchser
**Mac OS X
Programmierung**
ca. 320 Seiten
mit CD-ROM (Mac)

ISBN 3-908492-32-7
€ 49.90 (D) / CHF 89.–

Computer

Christian Degen
AutoCAD 2002
672 Seiten
mit CD-ROM (Win)

ISBN 3-908491-13-4
€ 59.90 (D) / CHF 99.–

Dr. Christopher Busch
**Das Profibuch zu
FileMaker Pro 5.5**
416 Seiten,
mit CD-ROM (Mac/Win)

ISBN 3-908491-62-2
€ 44.90 (D) / CHF 79.–

N., M. und Chr. Busch
**Das Grundlagenbuch
zu FileMaker Pro 5**
368 Seiten
mit CD-ROM (Mac/Win)

ISBN 3-908489-86-5
€ 36.90 (D) / CHF 65.–

Martin Kämpfen
**2002 Tipps & Trick
Das Macintosh-Kompendium**

688 Seiten

ISBN 3-908489-60-1
€ 49.90 (D) / CHF 89.–

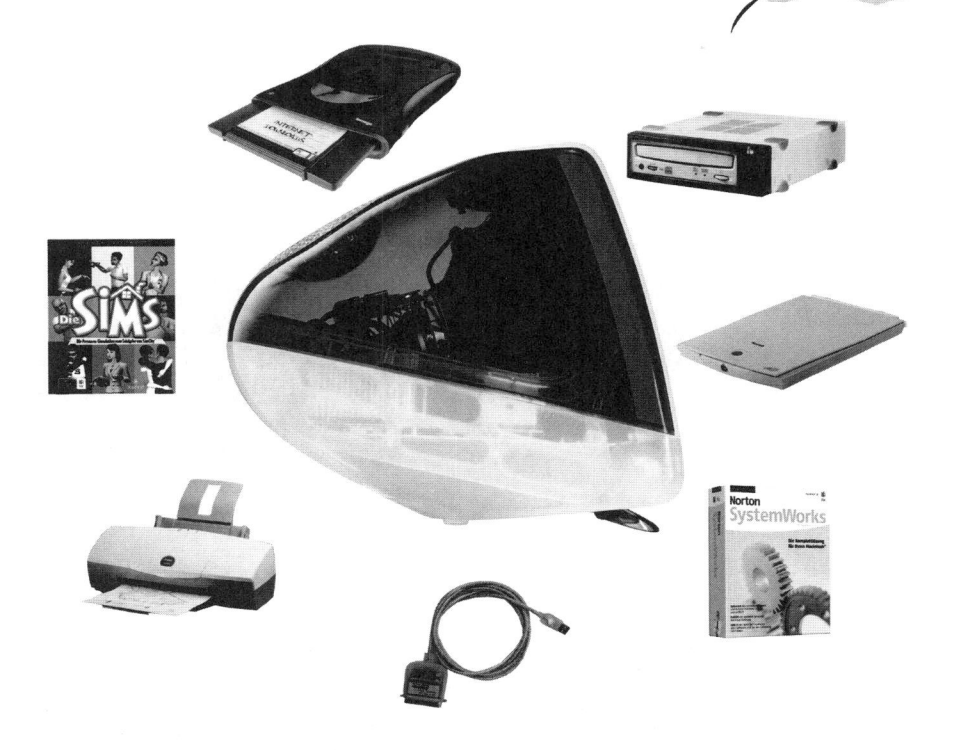

Alles rund um den Mac!

GRAVIS Shops – 22 x in Deutschland: **Aachen:** Vaalser Straße 20-22 I Tel.: 02 41-3 03 03 I **Berlin-Schöneberg:** Hauptstraße 75 I Tel.: 0 30-7 84 60 11 I **Berlin-Charlottenburg:** Franklinstraße 8 I Tel.: 0 30-3 90 22-333 I **Bielefeld:** Kreuzstraße 1 I Tel.: 05.21-12 12.21 I **Bochum:** Viktoriastr. 66-70 I Tel.: 02 34-1 20 01 I **Bonn:** Bertha-von-Suttner-Platz 1-7 I Tel.: 02 28-69 00 20 I **Bremen:** Am Wall 127 I Tel.: 04 21-17 00 00 I **Dortmund:** Rheinische Straße 47 I Tel.: 02 31-16 30 47 I **Düsseldorf:** Herzogstraße 40-42 I Tel.:02 11-37 50 11 I **Essen:** Huyssenallee 85 I Tel.: 02 01-20 07 01 I **Frankfurt/M.:** Mainzer Landstr. 316 I Tel.: 0 69-7 30 60 00 I **Hamburg:** Grindelallee 25 I Tel.: 0 40-44 14 38 I **Hannover:** Am Klagesmarkt 17 I Tel.: 05 11-1 61 23 58 I **Karlsruhe:** Gartenstraße 56 b I Tel.: 07 21-84 35 22 I **Köln:** Luxemburger Straße 181 Tel.: 02 21-5 46 24 88 I **Mannheim:** Berliner Straße 32 I Tel.: 06 21-41 44 41 I **München:** Dachauer Straße 35 I Tel.: 0 89-59 34 47 I **Münster:** Hammer Straße 70 Tel.: 02 51-53 30 53 I **Nürnberg:** Nelson-Mandela-Platz 18 I Tel.: 09 11-44 44 88 I **Stuttgart:** Reinsburgstraße 15 I Tel.: 07 11-62 78 63 I **Wiesbaden:** Adelheidstraße 21 I Tel.: 06 11-3 08 20 20 I **Wuppertal:** Gathe 63 I Tel.: 02 02-44 48 44 I Shopöffnungszeiten: Montag bis Freitag: 10.00 – 19.00 Uhr I Samstag : 10.00 – 16.00 Uhr I Technik: Mo.-Fr. I

GRAVIS Mail Bestellhotline: 0 30-390 22-222

www.gravis.de

World of Macintosh DATA QUEST AG
The New Digital Lifestyle

- Kompetente Beratung in unseren fünf Filialen in Dietikon, Zürich, Luzern, Zug und Bern •
- Leistungsfähiger Support- und Reparaturservice rund um den Apple Macintosh •
- Online-Shop mit über 2'000 Artikeln unter www.dataquest.ch •
- Support Hotline 0900 57 62 92 SFr. 3.13/Min. •

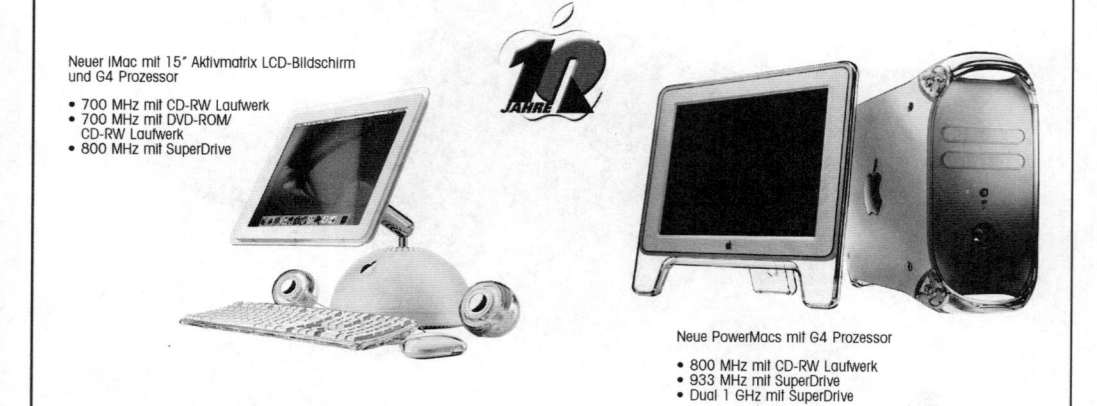

Neuer iMac mit 15" Aktivmatrix LCD-Bildschirm und G4 Prozessor
- 700 MHz mit CD-RW Laufwerk
- 700 MHz mit DVD-ROM/CD-RW Laufwerk
- 800 MHz mit SuperDrive

Neue PowerMacs mit G4 Prozessor
- 800 MHz mit CD-RW Laufwerk
- 933 MHz mit SuperDrive
- Dual 1 GHz mit SuperDrive

Neue iBooks G3 mit TFT-XGA-Aktivmatrix Bildschirm

iPod – MP3 Player für 1'000 Songs

- 14.1" TFT-Bildschirm
- 600 MHz mit DVD-ROM/CD-RW Laufwerk

- 12.1" TFT-Bildschirm
- 500 MHz mit CD-ROM Laufwerk
- 600 MHz mit DVD-ROM/CD-RW Laufwerk

PowerBook G4 mit 550/667 MHz

Viele interessante Angebote, Aktionen und Occasions-Geräte finden Sie unter www.dataquest.ch

DATA QUEST

3000 **Bern 7**	Theaterplatz 8	031-310 29 39
8953 **Dietikon**	Moosmattstrasse 30	01-745 77 99
6003 **Luzern**	Kasernenplatz	041-248 50 70
6300 **Zug**	Hirschenplatz	041-711 95 28
8001 **Zürich**	Limmatquai 122	01-265 10 10

Apple Center
Apple Authorized Service Provider